1月8日，学校在知行堂举办全国党建工作示范单位揭牌仪式，党委书记张京泽，党委副书记、校长黄泰岩，党委副书记、纪委书记马文喜分别为三个全国党建工作示范单位揭牌

1月17日，宁夏回族自治区党委统战部常务副部长、宁夏回族自治区民委党组书记陆军，宁夏回族自治区民委主任杨志文等一行来我校考察调研

1月17日，学校少数民族艺术闪耀“一带一路”驻华大使新春联谊会

1月18日，黄泰岩校长看望资深教授戴庆厦

1月28日，北京市委组织部教育工委领导来校慰问困难党员和假期留校学生

3月2日，贵州省人民政府与中央民族大学签署战略合作协议

3月22日，马文喜副书记带队赴人民日报“中央厨房”参观学习

4月9日，北京大学生人文知识竞赛研讨会在校举行

4月17日，学校召开国家级一流专业2019年申报工作部署会

4月26日，蒙古国科学院向王满特嘎教授颁发蒙古国科学院外籍院士证书并合影留念

5月20日，学校举办中国兴边富民战略研究院成立大会暨首届中国兴边富民论坛

5月31日，校领导走访慰问幼儿园

6月6日，北京市委常委、统战部长齐静在校主持召开党的政治建设座谈会并视察社区

6月13日，美术学院举办成立60周年作品展

6月20日，全国政协副主席，中央统战部副部长，国家民委党组书记、主任巴特尔来校调研

6月21日，2019年度毕业典礼在体育馆举行

6月24日，中国共产党中央民族大学第八届委员会召开第四次全体（扩大）会议，
党委书记张京泽讲授党的政治建设主题党课

6月30日，学校举办“不忘初心 牢记使命”系列活动之教职工合唱比赛

7月1日，教育部副部长翁铁慧来校调研“双一流”建设和思想工作时参观博物馆

7月13日，学校召开七十周年国庆游行动员部署指挥部第一次全体大会

7月15日，在操场进行国庆活动训练的民大学子们飒爽英姿

7月16日，北京市委常委、教工委书记王宁到丰台校区考察调研，
称赞民大丰台校区进展令人惊喜

7月16日，学校教职工赴城川干部培训学院参加“不忘初心 牢记使命，
做‘四有好老师’”专题培训班

7月21日，国际教育学院首个海外“汉语国际教育实践基地”在新西兰建立

8月3日，北京市委组织部领导来校视察师生们训练情况

8月17日，龙春林教授带研究生在云南省怒江傈僳族自治州调研

9月，完成国庆方阵彩排的民大同学们

9月6日，2019级新生开学典礼在大操场举行

9月10日，学校召开2019年教师节表彰座谈会

9月12日，“双一流”中期自评专家评审会在校举办

9月19日，党委副书记、校长黄泰岩，副校长石亚洲慰问学校参加全国民运会的运动员团队

9月24日，学校访法巡演团在斯特拉斯堡总领馆国庆招待会演出

9月25日，迎接中央第十一巡回督导组赴民大开展主题教育督导工作

9月27日，知名高校在琼举办中外合作办学协调推进会

10月1日，校领导们出发参加国庆游行活动

10月1日，音乐学院学生参加国庆群众游行广场合唱

10月1日，国庆游行结束之后师生合影留念

10月10日，校领导集中学习“不忘初心 牢记使命”主题教育谈体会

10月30日，校领导参观新中国成立70周年大型成就展

11月6日，学校宣讲团赴新疆农业大学宣讲时合影留念

11月11日，历任校领导参观丰台校区

11月15日，学校举办参加国庆70周年活动总结表彰大会

11月29日，学校党委副书记、校长黄泰岩教授出访南美并在巴西利亚大学举办优秀青年人才引进说明会

12月1日，法学专业设立40周年暨卓越法治人才培养论坛在校举办

12月7日，副校长麻国庆教授在“城乡发展与社会治理现代化”研讨会暨第三届“费孝通田野调查奖”颁奖仪式上做报告

12月25日，国家民委离退休干部局领导来校慰问“全国离退休干部先进个人”胡振华教授

12月27日，学校举办高层次人才聘任仪式

12月30日，中国共产党中央民族大学第八届委员会第五次全体会议（扩大）召开

12月31日，“杰出校友”张小娟同志先进事迹报告会在中慧楼举行

12月31日，丰台校区教职工公租房奠基仪式在丰台校区进行

中央民族大学年鉴

2019

YEARBOOK OF MINZU UNIVERSITY OF CHINA

主编◎石亚洲　马国伟

中央民族大學出版社
China Minzu University Press

图书在版编目（CIP）数据

中央民族大学年鉴.2019 / 石亚洲，马国伟主编. —北京：中央民族大学出版社，2021.9

ISBN 978-7-5660-1949-3

Ⅰ.①中… Ⅱ.①石… ②马… Ⅲ.①中央民族大学—2019—年鉴 Ⅳ.①G649.281-54

中国版本图书馆 CIP 数据核字（2021）第 124940 号

中央民族大学年鉴（2019）

主　　编　石亚洲　马国伟
策划编辑　吴　云
责任编辑　李苏幸
封面设计　汤建军
出版发行　中央民族大学出版社
　　　　　北京市海淀区中关村南大街 27 号　　邮编：100081
　　　　　电话：（010）68472815（发行部）　传真：（010）68932751（发行部）
　　　　　　　　（010）68932218（总编室）　　　　（010）68932447（办公室）
经 销 者　全国各地新华书店
印 刷 厂　北京鑫宇图源印刷科技有限公司
开　　本　787×1092　1/16　彩页：26　印张：49
字　　数　1022 千字
版　　次　2021 年 9 月第 1 版　2021 年 9 月第 1 次印刷
书　　号　ISBN 978-7-5660-1949-3
定　　价　180.00 元

《中央民族大学年鉴·2019》

主　　编：石亚洲　马国伟

副主编：周翊兰

组稿人：（按部门顺序排序）

王耀宇	王　宇	韩宇则	张晓蕾	王　蔚
东　瑛	毅　敏	周　陈	王江玲	程旭辉
丁春燕	吴　力	丁　冉	杨晓瑜	张　月
刘金珠	元裕盛	严　杨	杨剑霞	马立群
赵万庆	段文银	周洪峰	安灵芝	李少梅
刘绍伟	买力克	王　乔	张　姝	赵逸妍
刘昌翠	吕姗姗	许多莎		

目 录

规章制度

教职工情况

学生情况

机构设置

教学与科研

国际交流与合作

财务、校产与基建

图书馆、博物馆与档案馆工作

附属中学

奖励与表彰

中央民族大學
MINZU UNIVERSITY OF CHINA

要点、计划和总结

中央民族大学 2019 年工作要点

民大党发〔2019〕6 号

2019 年 2 月 21 日

2019 年学校工作的总体思路是：深入学习贯彻党的十九大精神，以习近平新时代中国特色社会主义思想为指导，牢固树立“四个意识”，坚定“四个自信”，坚决做到“两个维护”，全面落实全国和全市高校思想政治工作会议精神、全国和全市教育大会精神，坚持党对学校工作的全面领导，深化改革创新，切实推进学校“双一流”建设。

一、加强党的建设，全面推进从严治党

（一）以党的政治建设为统领，坚持党要管党，全面从严治党，贯彻落实党的路线方针政策和重大决策部署，确保办学正确政治方向。加强党风廉政建设，深入开展廉政教育和警示教育，铸牢拒腐防变的思想基础，确保中央八项规定落地生根。加大监督执纪力度，用好监督执纪“四种形态”，巩固反腐败斗争成果。召开全面从严治党工作会议。

（二）把学习贯彻习近平新时代中国特色社会主义思想不断引向深处。修订党委理论学习中心组学习制度，制定校院两级理论学习中心组学习计划、党员干部培训计划，深入学习党的十九大和十九届二中、三中全会精神，强化有关民族工作、教育工作的理论、方针和政策学习，不断提高领导干部思想政治理论水平和工作能力；办好北京市习近平新时代中国特色社会主义思想研究中心中央民族大学研究基地和北京高校中国特色社会主义理论研究协同创新中心，着力产出一批高质量理论成果。

（三）加强基层组织建设，强化基层党组织管党治党的主业意识和主体责任，加强党支部规范化建设，提高发展党员质量，推进教师党支部书记“双带头人”培育工程，探索建立学校党建工作联席会议制度。

（四）加强干部队伍建设，落实党政职能部门任期目标责任制，进行管理岗位全员聘任工作，做好全校正科级实职干部选拔聘任。进一步加强年轻干部培养工作，加强干部梯队化建设。举办两期处级干部培训班，分批选派院长参加教育培训班，提升干部管理能力。

（五）加强统战工作。进一步加强民主党派和无党派代表人士的政治思想教育，继续做好“心桥工程”工作。

二、以铸牢中华民族共同体意识为主线，切实加强思想政治工作

（六）认真贯彻落实全国和全市高校思想政治工作会议精神、全国和全市教育大会精神，牢牢掌握意识形态工作领导权。制定实施《中央民族大学关于铸

牢中华民族共同体意识的工作方案》。进一步加强阵地建设和管理，加快校园传统媒体和新兴媒体深度融合，加强和改进网络舆论引导工作。做好新中国成立70周年庆祝活动。

（七）坚持立德树人根本任务，深入实施学校《关于加强和改进新形势下学校思想政治工作的实施方案》。抓好课程思政和思政课程建设，提升思想政治教育针对性和有效性；强化教职工的思想政治教育工作，加强师德师风建设，切实提高教职工思想政治素质。

（八）进一步推进大学文化建设，努力营造“美美与共，知行合一”的育人氛围。传承弘扬红色基因，培育开展内涵丰富、主题鲜明的校园文化活动。

三、推进“质量立校”战略，提升人才培养能力

（九）贯彻落实全国教育大会和新时代全国高等学校本科教育工作会议精神，继续开展教育思想大讨论，制定实施《中央民族大学振兴本科教育行动计划》。

（十）以新文科、新工科建设为着力点，全面对接教育部“六卓越一拔尖”人才培养计划以及一流专业和一流课程“双万计划”，2—3个专业争创北京市和国家级一流专业，10—15门课程争创一流课程。

（十一）建强教师教学发展中心。大力推进教育教学与信息技术的深度融合，提升教师教学能力和教学管理效益。

（十二）进一步加大生源基地建设力度，探索多元招生模式；调整和优化中国少数民族语言文学专业招生，实现大类招生全覆盖。

（十三）加大就业指导教育改革力度，开展二次考研毕业生追踪调研，力争本科生升学率达到40%；继续做好毕业生需求数据、去向数据的收集分析，提高就业服务的精准性和有效性；围绕提质增量加大市场拓展力度，确保2019届毕业生初次就业率不低于90%。

（十四）进行博士研究生招生“申请-审核制”试点工作，提高吸引优质生源竞争力；制定研究生科研项目管理办法，完善研究生科研项目运行机制，助力提升研究生科研创新能力，2019年研究生科研成果争取在原有基础上增幅50%。组织开展研究生导师遴选工作和复审工作，强化导师第一责任人意识。扩大研究生规模，2019年招收研究生较2018年力争增长10%左右，努力实现在校研究生总数突破5000人。

四、推进“人才强校”战略，加强人才队伍建设

（十五）坚持党管人才原则，建立领导干部联系人才工作机制，加大支持力度，搭好工作平台，聚集优势力量，发挥高端人才在“双一流”建设中的带头引领作用。

（十六）深化人事聘用制度改革，完成全员聘用工作，积极推进教师岗位分类管理工作。推进绩效工资改革，进一步促进和保障人员激励约束机制建设和运行。

（十七）组织好各类推优评奖和人才项目工作，做好第一批“四个层次”人才的聘期考核和第二批“四个层次”人才的遴选工作。继续加强师资队伍培育工作，做好推优评奖和人才项目申报及职称评审工作。

（十八）做好人才引进和公开招聘工作，争取新进专任教师具有博士学位人员占比达85%以上，加大高层次人才引进力度。

（十九）根据国家养老保险政策，完成全体教职工养老保险清算工作、启动职业年金征缴清算相关工作。完善“中央民族大学人力资源管理系统”等基础资料库建设工作。

五、推进“特色兴校”战略，提升学科建设水平

（二十）加强民族学学科群建设，以民族学一级学科为引领，带动学校整体学科水平全面提升。

（二十一）做好北京高校高精尖学科建设，充分发挥民族类学科特色，服务北京“四个中心”。

（二十二）完善“双一流”建设管理体制机制，出台学校“双一流”建设管理办法。分层推进学科建设，提升学科竞争力。

（二十三）出台学位点建设及动态调整实施方案，进一步加强学位授权点建设工作，做好学位授权点随机抽评迎评工作。

（二十四）加大国家智库建设力度，努力成为国家高端智库试点建设单位。

六、推进“管理强校”战略，提高管理效能和水平

（二十五）开展管理流程再造工作，优化学校内部控制流程；完善办事流程，提高管理工作和为师生发展服务的效率；抓好党委常委会和校长办公会各项决议的落实，加强督查督办工作，全面提高执行力。

（二十六）启动管理信息综合平台三期建设。继续完善信息门户、数据门户、服务门户、资源门户功能；进一步推动校务数据治理，实现以本科生全培养过程为主线的全量数据的互联互通和交换共享。

（二十七）实施校园一卡通升级改造工程。推动丰台新校区智慧校园建设。开展信息系统等级保护测评工作。

（二十八）进一步推进完善政府会计制度实施工作。加强项目库建设，做好2020—2022年支出规划和财政专项论证、申报和评审工作。加大预算执行力度，达到财政部序时进度要求，完成项目预算支出年度绩效评价工作。

（二十九）做好干部离任审计和任中审计工作。积极配合上级部门完成各项审计监督检查工作，全面落实整改工作。

（三十）持续做好全校资产清查工作，资产清查覆盖率达100%；加快资产报废，提高资产使用效益，其中，力争存量拟报废资产处置率达80%，增量拟报废资产处置率达100%；积极推进学校实验室建设管理平台应用；制定实施实验室安全检查周查月报制度，确保实验室安全检查工作无死角、全覆盖；加强采购工作的指导和培训，严格对照财务执行率时间节点，100%完成财政专项招标采购工作。

（三十一）充分发挥群团组织优势，通过工会、教代会、团委、学生会等组织，积极推进师生依法参与学校民主管理，提升学校科学化管理水平。

七、推进“开放办校”战略，提升交流合作水平

（三十二）围绕“双一流”建设，加强校地合作，积极实现项目落地。

（三十三）做好校友联络和资源挖掘工作，争取社会捐赠突破500万元。

（三十四）扩大与世界一流大学、一流学科和“一带一路”相关国家高校开展深层次务实合作，新建境外一流大学以及“一带一路”沿线国家高校合作伙伴关系6—8对，促进国（境）外优质教育资源与学校教学科研有机融合。探索国际合作助力特色鲜明的“新文科”“新工科”建设路径。加快推进中外合作办学项目建设与申报，力争建设中外合作办学项目1—2个，发挥中外合作办学项目的牵动引领作用。

（三十五）做好“高端外国专家引进计划”等引智项目的组织申报与实施，充分用好外专经费，聘请150名外籍教师来校工作、讲学，发挥好外国专家作用，服务学校“双一流”建设。

（三十六）提高学生国际化培养质量，制订学生境外访学考核制度，重点推进国家留学基金委项目、校级“创新型人才国际合作培养”“世界一流大学访学”“一带一路访学”等项目的实施，派出300名学生赴境外访学。

（三十七）提升师资队伍国际化水平，全年出国访学研修三个月以上人员达20人次以上。

（三十八）大力推广“锦绣中华·魅力民大——中国民族文化走出去”品牌项目，争取文化和旅游部、国家汉办3个海外演出项目；办好“京台学者共研会”“海峡两岸族韵喜福汇”“中华民族文化周·澳门”等人文交流活动，提升中华民族文化的世界影响力。

八、加强科研管理，提升科研和服务社会能力

（三十九）研究修订《中央民族大学科学研究奖励办法（试行）》，完善科研奖励机制。全面落实科研平台考核办法，提升科研服务水平。国家级项目力争获批70项左右，其中科技类国家级项目力争获批15项以上，国家艺术基金获批10项以上；科研经费总计争取达到5000万元。A+类以上论文数突破30篇；教育部高等学校科学研究优秀成果奖（人文社会科学）获奖数达到3项，北京市哲学社会科学优秀成果奖获奖数达到3项。

（四十）继续推进科研基地、实习基地建设。加强科研成果转化力度，不断拓宽咨政成果上报渠道，在咨政成果上稳定规模、保持质量。

（四十一）确保《中央民族大学学报（哲学社会科学版）》办刊质量，制定促进学校期刊发展计划，加强期刊推送平台建设。进一步优化出版社管理体制，提高出版社的经营管理水平，确保出版质量。

九、改善师生工作学习环境，大力推进新校区建设

（四十二）进一步提高资金筹措和保障能力，确保学校重大改革发展任务，特别是新校区建设的资金需求。

（四十三）完成财政专项和新校区等其他建设项目的采购工作。

（四十四）深化后勤管理体制改革，确保后勤保障体系顺利运转，提高后勤服务质量和满意度。持续深入推进家属院环境整治，完善社区公共服务体系，提升物业化管理水平。

（四十五）推进图书馆现代化建设，提升面向读者服务水平。加强博物馆工作，提升服务人才培养和教学科研的能力水平。

（四十六）继续推进与校外大型医院的医疗联合体建设，为师生员工就医提供方便；加强医务人员业务学习，提升校医院服务水平。推动落实北京市医耗联动综合改革各项重点工作任务。推进家庭医生签约服务，为签约居民提供科学的健康管理和基本医疗服务。

（四十七）丰台校区完成第一组团内外装修工程，完成第二组团主体建设工程并启动装修工程，完成第三组团的可研、初设及概算的报审，施工图强审及开工，主体工程完工。做好2020年5000名学生入驻的配套工作。推进丰台校区公租房建设。继续协调推进海南校区建设，加大开展自由贸易区研究和人才培训工作力度。

（四十八）发挥附属中学集团化办学优势，固化、稳定新政策，实施新的办学模式，继续拓宽办学方式和区域，提高办学能力和服务水平。继续加强幼儿园软件和硬件方面建设，申报一级一类幼儿园。

十、强化平安校园建设，构建和谐平安校园

（四十九）重点做好抵御校园传教渗透和严防意识形态渗透工作，及时排查安全隐患，防范化解重大风险。

（五十）积极申报消防和安防专项资金项目，进一步提升校园技防监控系统建设和管理水平，保证消防设备设施完备有效。

（五十一）落实安全责任制，进一步探索安全教育模式，扩大安全教育范围，促进全员安全教育体系建设。加强师生心理健康教育和咨询工作，实施精细化排查，及时有效开展心理危机预防与干预。

附件：中央民族大学2019年主要工作任务清单

附件

中央民族大学2019年主要工作任务清单

主要工作大类项目	序号	工作任务	完成时限	牵头部门	配合部门
一、加强党的建设，全面推进从严治党	1	全面贯彻落实党的十九大和十九届二中、三中全会精神，强化有关民族工作、教育工作的理论、方针和政策学习	全年工作持续推进	党委宣传部	党委各部门、各基层党组织
	2	坚持党要管党，全面从严治党，贯彻落实党的路线方针政策和重大决策部署，确保办学正确政治方向	全年工作持续推进	纪委办公室、监察处	
	3	召开全面从严治党工作会议	3月底前	纪委办公室、监察处	
	4	落实党政职能部门任期目标责任制	4月底前	党委组织部	学校办公室、发展规划处
	5	举办两期处级干部培训班，分批选派院长参加教育培训班	全年工作持续推进	党委组织部（党校）	学校办公室
	6	进行管理岗位全员聘任工作，做好正科级实职干部选拔聘任	6月底前	人事处、党委组织部	校内各单位
	7	做好迎接国家民委宗教工作督察的工作	根据国家民委通知推进	党委统战部	党委各部门、各基层党组织
二、以铸牢中华民族共同体意识为主线，切实加强思想政治工作	8	认真贯彻落实全国和全市高校思想政治工作会议精神、全国和全市教育大会精神，继续深入实施学校《关于加强和改进新形势下学校思想政治工作的实施方案》	全年工作持续推进	党委宣传部	党委教师工作部、党委学生工作部、校团委、教务处，各院系
	9	制定《中央民族大学关于铸牢中华民族共同体意识的工作方案》	7月中旬	学校办公室	相关职能部门
	10	积极组织参与在首都举办的新中国成立70周年等重大活动相关工作	全年工作持续推进	党委学生工作部、校团委	保卫部、后勤保障处、校医院等单位和部门、各院系

续表

主要工作大类项目	序号	工作任务	完成时限	牵头部门	配合部门
三、推进“质量立校”战略，提升人才培养能力	11	制定实施《中央民族大学振兴本科教育行动计划》，起草《中央民族大学本科人才培养质量评价指标体系》，初步形成学校和院系两级管理的质量评价指标体系	7月中旬	教务处	各院系
	12	全面对接教育部“六卓越一拔尖”人才培养计划，制定一流专业和一流课程建设方案	3月底前	教务处	各院系
	13	组织开展研究生导师遴选工作和复审工作	12月底前	研究生院	各院系
四、推进“人才强校”战略，加强人才队伍建设	14	开展全校各单位、部门处级以下管理、辅导员工作岗位聘用工作	5月底前	党委组织部、人事处	
	15	深化人事聘用制度改革，完成全员聘用工作	12月底前	人事处	科研处
	16	推进绩效工资改革，进一步促进和保障人员激励约束机制建设和运行	10月底前	人事处	各院系
	17	组织好各类推优评奖和人才项目工作，做好第一批“四个层次”人才的聘期考核和第二批“四个层次”人才的遴选工作	6月底前	人事处	科研处、各院系
五、推进“特色兴校”战略，提升学科建设水平	18	出台学位点建设及动态调整实施方案	12月底前	研究生院	
	19	做好“双一流”建设项目预算工作	3月底前	发展规划处	财务处、人事处、研究生院、教务处、科研处、国际合作处、各院系
	20	做好2019年北京市共建项目立项工作	3月底前	发展规划处	人事处、教务处、文学与新闻传播学院、继续教育学院、民族博物馆
	21	制定《中央民族大学“双一流”建设管理办法》	根据教育部通知推进	发展规划处	人事处、研究生院、教务处、科研处、国际合作处、财务处

续表

主要工作大类项目	序号	工作任务	完成时限	牵头部门	配合部门
六、推进“管理强校”战略，提高管理效能和水平	22	实施校园一卡通升级改造工程，开展信息系统等级保护测评工作	11 月底前	信息化建设管理处	各单位、各部门
	23	积极配合上级部门完成各项审计监督检查工作，全面落实整改工作	全年工作持续推进	审计处	相关单位
	24	持续做好全校资产清查工作；加快资产报废，提高资产使用效益；推进实验室建设管理平台应用；制定实施实验室安全检查周查月报制度；加强采购工作的指导和培训，严格对照财务执行率时间节点，100%完成财政专项招标采购工作	全年工作持续推进	资产管理处	各单位、各部门
	25	继续推进学校内部控制建设，完成内部控制建设报告	全年工作持续推进	财务处	各部门
	26	加强项目库建设，做好 2020—2022 年财务规划和改善基本办学条件项目论证、评审和申报工作	8 月底前	财务处	各相关部门
	27	加强预算执行督导，提高预算执行率，完成项目预算支出年度绩效评价工作	全年工作持续推进	财务处	各项目执行单位
	28	推进完善政府会计制度实施工作	全年工作持续推进	财务处	
七、推进“开放办校”战略，提升交流合作水平	29	加强校地合作，发挥校友作用，争取社会捐赠突破 500 万元	全年工作持续推进	国内合作处	
	30	扩大与世界一流大学、一流学科和“一带一路”相关国家高校开展深层次务实合作，新建境外一流大学以及一带一路沿线国家高校合作伙伴关系 6—8 对，促进境外优质教育资源与学校教学科研有机融合。加快推进中外合作办学项目建设与申报，力争建设中外合作办学项目 1—2 个	全年工作持续推进	国际合作处（港澳台事务办公室）	人事处、教务处、研究生院、科研处、各院系
	31	做好“高端外国专家引进计划”等引智项目的申报与实施，充分用好引智经费，聘请 150 名外籍教师来校工作、讲学	全年工作持续推进	国际合作处（港澳台事务办公室）	人事处、教务处、研究生院、科研处、各院系

续表

主要工作大类项目	序号	工作任务	完成时限	牵头部门	配合部门
	32	加强学生国际化培养质量，制订学生境外访学考核制度，重点推进国家留学基金委项目、校级“创新型人才国际合作培养”“世界一流大学访学”“一带一路访学”等项目的实施，派出300名学生赴境外访学	全年工作持续推进	国际合作处（港澳台事务办公室）	教务处、研究生院、各院系
	33	大力推广“锦绣中华·魅力民大——中国民族文化走出去”品牌项目，争取文化和旅游部、国家汉办3个海外演出项目；办好“京台学者共研会”“海峡两岸族韵喜福汇”“中华民族文化周·澳门”等人文交流活动	全年工作持续推进	国际合作处（港澳台事务办公室）	党委宣传部、相关院系
八、加强科研管理，提升科研和服务社会能力	34	修订《中央民族大学科学研究奖励办法（试行）》，进一步完善科研奖励评价机制	12月底前	科研处	各院系
九、改善师生工作学习环境，大力推进新校区建设	35	进一步提高资金筹措和保障能力，确保学校重大改革发展任务，特别是新校区建设的资金需求	全年工作持续推进	财务处	资产管理处、审计处、基本建设管理处（丰台校区建设办公室）
	36	持续深入推进家属院环境整治，完善社区公共服务体系，提升物业化管理水平	全年工作持续推进	后勤保障处	资产管理处
	37	丰台校区要完成第一组团内外装修工程；完成第二组团主体建设工程并启动装修工程；完成第三组团的可研、初设及概算的报审，施工图强审及开工，主体工程完工；推进公租房建设	全年工作持续推进	基本建设管理处（丰台校区建设办公室）	财务处、审计处、资产管理处
	38	继续协调推进海南校区建设	全年工作持续推进	海南校区筹建处	
十、强化平安校园建设，构建和谐平安校园	39	做好抵御校园传教渗透和严防意识形态渗透工作	全年工作持续推进	党委宣传部、党委统战部、保卫部	党委学生工作部、校团委
	40	积极申报消防和安防专项资金项目，进一步提升校园技防监控系统建设和管理水平	全年工作持续推进	保卫部	信息化建设管理处

中央民族大学2019年工作总结和2020年工作计划

一、以党的政治建设为统领，扎实推进全面从严治党和“不忘初心、牢记使命”主题教育，坚持党对学校工作的全面领导

2019年，学校领导班子以习近平新时代中国特色社会主义思想为指导，扎实开展“不忘初心、牢记使命”主题教育，坚定推进全面从严治党，增强“四个意识”，坚定“四个自信”，做到“两个维护”，切实履行管党治党、办学治校的主体责任，把全面从严治党引向深入，全面加强党的建设，加强领导班子自身建设，大力加强和改进思想政治工作，把全面从严治党要求贯穿于学校各项工作中。

（一）深入学习贯彻习近平新时代中国特色社会主义思想，强化理论引导

坚持学思贯通、真信笃行，把深入学习习近平新时代中国特色社会主义思想贯穿始终，武装头脑、淬炼忠魂、走心走深走实。及时召开全委会、常委会、校党委理论中心组扩大学习会、座谈会，认真研读《习近平新时代中国特色社会主义思想学习纲要》《习近平关于“不忘初心、牢记使命”论述摘编》，开展理论学习，指导实践活动。对照党的十九届四中全会和全国民族团结进步表彰大会对高等教育的新部署、对民族工作的新要求，以学校“双一流”建设为出发点、落脚点，积极融入北京“四个中心”建设，出台一系列新制度、新举措，切实推动党的十九届四中全会和全国民族团结进步表彰大会精神在全校落地生根。

（二）扎实开展主题教育，坚持正确办学方向，不断强化管党治党主体责任

扎实开展“不忘初心、牢记使命”主题教育，印发实施《中央民族大学关于开展“不忘初心、牢记使命”主题教育的实施方案》和《中央民族大学关于开展“不忘初心、牢记使命”主题教育重点工作专项整治方案》，全面把握“守初心、担使命，找差距、抓落实”的总要求，召开专题学习研讨会4次，紧紧围绕中央要求的9个专项整治、中央和国家机关工委关于党的政治建设重点督查反馈的问题、“三个结合”中存在的突出问题、调查检视发现的问题和师德师风方面存在的突出问题，找痛点、抓关键，着力把问题找准找实，把根源挖深挖细，把措施定硬定精，研究制定了37项具体整治措施，学校领导班子成员讲授党课11次，处级领导班子讲授党课213次，全面推进学校各项工作实现高质量发展。

全面接受中央第七巡视组的巡视，形成了《中共中央民族大学委员会向中央巡视组的工作汇报》和《中共中央民族大学纪律检查委员会工作报告》，以“大起底”工作为契机，加强党的政治建

设、完善党内监督体系、推动全面从严治党向纵深发展。坚定维护以习近平同志为核心的党中央权威和集中统一领导，加强政治纪律和政治规矩教育，不断提高政治站位、牢固树立“四个意识”、坚守政治信仰、站稳政治立场，在思想上政治上行动上同以习近平同志为核心的党中央保持高度一致。

以提升二级党委（党总支）组织力为重点，加强基层党组织规范化建设。制定实施《中央民族大学发展党员预审材料免审单位准入实施办法》，推动基层党组织规范化标准化建设。深入院系座谈了解《中央民族大学加强党支部规范化建设的实施方案》落实情况，开展党支部工作手册检查，更新基层党组织换届工作台账工作，建立各级党组织委员台账，严格组织生活制度，处置失联党员，对于已停止党籍满2年的23位失联党员给予了相应组织处置。完成1个软弱涣散党支部验收摘帽工作，切实提高基层党建规范化标准化水平。实施教师党支部书记“双带头人”培育工程，完善党组织书记“双培养”机制，教师党支部书记“双带头人”全部配备到位。建设全国党建工作标杆院系、样板支部、“双带头人”工作室，评审遴选3个二级单位党组织、20个党支部开展学校党建工作标杆院系、样板支部培育工作。

（三）深化作风督查、巡察，推动全面从严治党政治责任落实落地

结合《中国共产党问责条例》修订，要求各二级单位党委、党总支、直属党支部做好学习宣传工作，让党规党纪刻印在每个党员心上。针对学校人、财、物等关键部门、关键领域、关键岗位和关键环节，启动专项巡察，以从严治党的实际成效营造良好的政治生态环境。召开从严治党工作会和警示教育大会，强化管党治党主体责任、监督责任，将全面从严治党不断引向深入。继续做好微信公众号“清风民大”推送工作，加强党风廉政建设宣传教育。

加大执纪审查力度。2019年，进行谈话函询36人次、发出协查函21件次，撰写核查报告12个，对相关人员进行提醒谈话和通报批评共计3人次，积极推动相关单位及其负责人深化整改。

（四）始终把握社会主义办学方向，全方位提升思想政治工作水平

深入落实中办、国办《关于全面深入持久开展民族团结进步创建工作铸牢中华民族共同体意识的意见》，印发实施《中央民族大学关于铸牢中华民族共同体意识的工作方案》，深化爱国主义和民族团结教育，有效引导学校各民族师生铸牢中华民族共同体意识和不断强化“五个认同”意识，把学校建设成为铸牢中华民族共同体意识、民族大团结的坚实阵地。调整中国语言文学学科相关院系，成立中国语言文学学部，组建设置实体化的中国少数民族语言文学学院，适应学校“双一流”建设发展需要，促进各民族交往交流交融。制定实施《中央民族大学师德建设长效机制实施办法》《中央民族大学教师师德考核办法》，强化师德师风建设，完善师德师风长效机制。

制定实施《中央民族大学2019年宣传思想工作要点》，推动党的创新理论成果产出落地，为学校建设发展提供坚强的思想保证和强大的精神动力。确保“两会”“新中国成立70周年”等重要时间节点校园安全稳定。2019年，没有发生一起重大安全事件和群体性事件，妥

善处理了学校发生的突发性事件，维护了学校和谐稳定。

做好“周查月报”工作，创新学生档案管理工作方式，提升学生事务管理的精细化水平。实施“大学生思想政治教育专项课题研究计划”和“辅导员工作室培育计划”，提升辅导员专业化和科学化水平。分赴新疆34个县市，对58名学生开展家访。修订实施《中央民族大学本科生家庭经济困难学生认定管理办法》，切实做到精准识别、精准帮扶。学校舞蹈学院获得“全国民族团结进步模范集体”荣誉称号；管理学院学生李莉瑶获得“全国民族团结进步模范个人”荣誉称号。

（五）完善选人用人机制，优化队伍结构，激发全体教职工工作潜力

制定实施《中央民族大学科级及以下岗位聘任（用）工作方案》，完成科级及以下岗位聘任（用）工作，实际聘任科长（主任）161人、科级以下工作人员413人，未聘9人，激发教职工工作潜力和动力。制定实施《中央民族大学2019年干部培训计划》，加强干部培训，建设高素质专业化干部队伍，提升干部政治能力和专业素养。制定实施《中央民族大学科级干部和科员聘任工作方案》，建设正科级实职干部队伍，完善学校科级管理体制，提升管理效能。

二、坚持实施内涵式发展，推动学校各项事业迈上新台阶

2019年，学校领导班子以党和国家战略为指导，以民族团结进步为担当，围绕立德树人这一任务，推进“双一流”建设，深化教育教学体制改革，各项事业取得全面发展。

（一）学校年度重点工作取得新收获

学校2019年工作要点中列出10个方面40项重点工作任务（全年持续推进任务23项），其中推进绩效工资改革，进一步促进和保障人员激励约束机制建设和运行、出台学位点建设及动态调整实施方案、实施校园一卡通升级改造工程，开展信息系统等级保护测评工作、修订《中央民族大学科学研究奖励办法（试行）》，进一步完善科研奖励评价机制等9项任务正在积极推进当中，其他工作均已顺利完成（截至11月22日）。推动习近平新时代中国特色社会主义思想“三进”工作落实，按照北京市委教育工委的工作部署，如期完成“习近平新时代中国特色社会主义思想在京华大地的生动实践”之12345热线案例教学的编写工作。修订印发《中央民族大学党委理论学习中心组学习细则》，校党委理论中心组召开专题学习会22次，其中，扩大学习会7次（截至11月15日）。起草完成了《中央民族大学贯彻落实〈关于深化新时代学校思想政治理论课改革创新的若干意见〉实施方案》。

在国庆70周年活动中，学校承担了群众游行、广场音乐区表演、广场联欢表演、文艺晚会演出和庆祝活动志愿服务等五大任务，共组织3207名师生参加，2个单位、10名师生获国庆70周年活动总指挥部表彰，2名优秀少数民族学生参加国庆工作总结大会受到习近平总书记的亲切接见。组建参加国庆活动优秀师生代表宣讲团深入新疆维吾尔自治区、西藏自治区、宁夏回族自治区、广东省、国家民委机关、北京市教育系统等地开展“小我融入大我，青春献给祖国”主题宣讲。

（二）“双一流”建设跨入新阶段

印发《“双一流”建设中期自评工作

方案》，召开“双一流”建设中期自评工作动员会和“一流学科群”中期自评工作会，高质量完成“双一流”建设中期自评。编制《“双一流”建设2018年度进展报告》，梳理和总结学校“双一流”建设成效。制定实施《中央民族大学一流专业与一流课程建设方案》，推进学校一流专业和一流课程建设质量以及卓越拔尖人才培养能力的进一步提升。起草《第五轮学科评估筹备阶段工作方案》和《第五轮学科评估绩效奖励办法》，保证第五轮评估学科建设目标顺利完成。起草《丰台校区和海淀校区功能划分方案》，做好新老校区规划论证工作。起草《疏解非首都功能 助力雄安新区建设》有关材料，助力京津冀一体化和北京市非首都功能疏解。报送“十四五”规划编制前期工作有关材料，发挥相关领域规划论证能力。顺利完成16个国家级一流专业、5个北京市一流专业、3个北京市重点建设一流专业的申报工作。其中5个申报北京市一流专业建设（经济学、音乐学、文物与博物馆学、生态学、光电信息科学与工程）已公示完毕，2个申报北京市重点建设一流专业（民族学、新闻学）通过第一轮评审进入答辩评审阶段。

（三）师资队伍建设取得新成效

建设一流大学，需要有一流师资队伍作为支撑，始终将师资引进和师资培育作为提升师资队伍水平的抓手，加大政策支持、条件保障和制度激励的力度。修订《中央民族大学高层次人才管理办法（修订）》《中央民族大学师资博士后管理办法（试行）》，保证教学、科研、管理和服务等各项工作顺利进行。完成第二批“四个层次”人才的遴选工作，完成春季专业技术岗位聘用的职称评审工作，做好各类奖项和人才称号人选推荐工作。加强师资培训力度，100%完成基础台账中136名教师资格证认定及整改工作，提高教师队伍业务能力水平。2019年，引进18名高层次人才，组织教师参加培训、研修108人次。生命与环境科学学院程勇教授课题组关于精神分裂症发病新机制研究论文被国际精神病学权威杂志《Schizophrenia Bulletin》在线发表，杨宗丽老师获得“全国模范教师”称号，杨敏老师获全国“宝钢基金”奖。

（四）人才培养质量达到新水平

制定实施《中央民族大学全面振兴本科教育行动计划》，构建以铸牢中华民族共同体意识为基石的一流本科人才培养体系。启动“书香民大”系列文化育人课程建设行动，切实提高学生的审美情操和人文素养。深化“应用型专业+民族语”“一带一路建设+传统专业”“民族英才班”“新工科实验班”等特色人才培养模式改革，推进新文科和新工科专业建设。参与各项影响力较大的学科竞赛32类，获得省部级及以上奖励600项，参与学生5000人次，首次获得美国（国际）大学生数学建模竞赛（MCM/ICM）特等奖提名奖和全国大学生工程训练综合能力竞赛一等奖。在“第十二届全国‘荷花奖’民族民间舞比赛”中获两项最高奖。在第五届中国“互联网+”大学生创新创业大赛中1个项目入选“互联网+”决赛并获得国家级三等奖。QS公布的2020年亚洲大学排名，学校位列301—350位，较2019年进步50位。

制定出台《中央民族大学博士研究生“申请—审核制”招生实施办法（试行）》，修订《中央民族大学研究生招生考试初试自命题题库建设管理办法》《中央民族大学硕士研究生招生考试自命题工作规范》，提高研究生招生选拔质量，确保研究生招生的公平公正。做好学位点申报建设和申报的摸底调研及动态调整工作，进一步促进学校学位点布局合理化。稳定留学生教育规模，招收来自43个国家和地区的592名留学生来校学习。积极开拓继续教育培训市场，完成干部及专业技术人才培训2730余人次。

（五）服务社会工作与科研能力得到新提升

提升科研创新能力对建设“双一流”的战略支点作用，推动科研成果数量提升、质量创新。2019年国家社科基金年度项目达到36项，在全国高校中排名第13位，学校国家社科基金各种类别项目连续四年保持在每年50项以上，其中，年度项目连续四年立项数都在30项以上，稳定在第一梯队。根据科睿唯安发布的2019年“高被引科学家”名单，信息工程学院教授、硕士生导师袁杰入选跨学科领域名单，学校首次有学者获得此项殊荣。

成立铸牢中华民族共同体意识研究院、国家民委民族美术创意创新研究中心、中国边疆民族历史研究院、中国兴边富民战略研究院、光电子研究中心等，服务党和国家重大战略需求，构筑铸牢中华民族共同体意识阵地。主办“2019年第十届东北亚民族文化论坛”，举办“中国兴边富民战略研究院成立大会暨首届中国兴边富民论坛”，承办“第三届全国民族生态学大会”“全国重点大学中文发展论坛第二十次会议”等高规格学术交流活动，扩大学校学术影响力。始终牢记办学使命，响应党和国家战略号召和民族地区经济社会发展需要，与贵州省人民政府、阿坝藏族羌族自治州人民政府、新疆霍尔果斯经济开发区管理委员会、中央民族歌舞团、北京市气象局、河北民族师范学院等民族地区政府和高等院校、科研机构等签订合作协议6份，在教学科研、人才培养和文化传承等方面深入合作，主动服务民族地区和少数民族发展。

学校89名师生代表北京市参加第十一届全国少数民族传统体育运动会，民族健身操队囊括三个项目的三块金牌，龙舟队荣获两个二等奖、三个三等奖，木球队荣获三等奖，陀螺队荣获女单三等奖。学校被北京市教委授予“阳光杯”优胜校荣誉称号，被北京市民宗委授予第十一届全国民运会“突出贡献奖”。

（六）综合服务能力迈上新台阶

不断推进内部控制建设，提高财务管理水平，研究制定《中央民族大学“双一流”建设专项资金管理办法》，完成18位离任领导干部经济责任审计工作。创新服务方式，全面启动网上预约报账系统，通过信息门户、微信群等开展财务专题答疑。积极拓宽筹资渠道，有力保障了丰台校区建设顺利推进。积极响应北京市委关于建设“宜居之都，首善社区”的号召，继续提升家属区整治工作，社区公共卫生环境和车辆管理成效明显。提升校园综合治理水平，重新规划、施划停车泊位173个，缓解校园停车难问题。继续提升固定资产设备报废处置工作水平，完成70个单位合计6368台（件）资产处置。提升《中央民族大学学报（哲学社会科学版）》和《民族教育研究》办刊质量；严格选题，提高出版社的经营管理水平。构建大统战联动工作格局，扎实推进民主党派自身建设。发挥国内合作处在学校办学中的作用，服务校友、服务学校中心工作。重视和加强离退休教职工管理和服务工作。完成校史展建设并顺利开展；举办“忆初心，担使命——馆藏中央访问团受赠锦旗展”。

（七）新校区建设取得新突破

全力推动新校区建设。丰台校区已完成第一组团教学科研楼项目内外装修工程和第二组团建设项目结构封顶和初装修工作，第三组团取得国家民委可研批复，公租房项目相关前期手续已完成，为学校实现2020年5000名学生进校奠定了坚实的基础。调整海南校区原有办学定位、办学内容，适应海南政府新需求。积极推动中央民族大学海南研究院建设，已获得可行性报告批复、用地预审批复、选址意见批复并进入了初步设计阶段。

（八）对外交流合作获得新提升

不断拓展国际交流合作领域和渠道，是一流大学的重点工作。我们一直以文化传承与创新、人才培养和科学研究作为对外交流和国际合作的出发点。全年与国外和港澳台地区高校签署28份合作协议，接待国（境）外来访69批次。组织5个校级公务团和2个艺术演出团出访，“锦绣中华·魅力民大”在法国、巴巴多斯等国交流巡演。组织选派383名学生赴国（境）外访学、交流，邀请、聘用221位外籍专家来校工作讲学。获批国家外专局引智经费达到1224万元。持续推进与港澳台地区的交流合作，通过澳门中华民族文化周、中华一家亲等交流活动，展示中华民族多元文化。

三、按照“五大战略”“三步走”要求，扎实推进“双一流”建设，推动学校事业稳步发展

总结2019年的工作，成绩固然可喜，差距也不可小觑。一是通过“双一流”建设自评自查反映出学校与建设世界一流大学的总体目标相比还存在办学资源支撑力度不够、办学特色不突出、创新能力不足。二是与其他“双一流”建设高校相比，高层次师资队伍建设任重道远，师资队伍的引育能力还需进一步加强，师资团队整体素质还需进一步提高。三是学校管理的方式方法还有待改进，内部管理的精细化水平有待提高，抓落实的劲头还有待加强。四是丰台校区建设进度还需进一步加快，学校办学条件亟须进一步改善。

2020年，我们将继续以习近平新时代中国特色社会主义思想为指导，全面贯彻落实中央和国家民委、北京市委等上级部门的工作部署，进一步探索铸牢中华民族共同体意识的理论，推进《中央民族大学一流大学和一流学科建设方案》和第八次党代会确定的任务，确保年度工作目标顺利实现。

（一）全面贯彻落实党的十九大、十九届四中全会精神和全国民族团结进步表彰大会精神

坚持党要管党，全面从严治党，增强“四个意识”，坚定“四个自信”，做到“两个维护”，始终坚持党的领导，坚持社会主义办学方向。在持续开展的“不忘初心、牢记使命”主题教育活动中，力戒形式主义，确保良好效果。深化“三转”要求，推动落实“两个责任”，坚决防止“四风”问题反弹回潮。

（二）加强干部队伍建设

培育校级标杆院系、样板党支部、“双带头人”工作室。推进教师支部书记“双带头人”培育工程。完善学校处级干部、优秀年轻干部数据库，优化干部梯队建设，强化干部教育培训，做好干部离任

审计。

（三）推进人事制度改革

推进师德师风建设长效机制，强化教职工思想政治教育和师德师风建设。优化绩效工资核算和管理体系，完善激励与约束相结合的绩效考核管理机制。加强师资队伍培育工作，做好高层次人才引进和公开招聘工作。

（四）不断释放制度效能

践行发展战略规划，强化学校顶层设计，完善内部控制建设，提升管理精细化水平，实现职能管理体系的服务化、效率化、网络化。加快形成以制度为行为准绳的浓厚氛围，确保把制度优势更好转化为治理效能。

（五）深化文化育人理念

全方位培育铸牢中华民族共同体意识，秉承“文化育人、实践育人”的办学传统，教育引导各族师生牢固树立各民族水乳交融、唇齿相依、休戚相关、荣辱与共的观念，牢固树立“三个离不开”思想，不断增强“五个认同”。打造“四有”好老师，做好“六观”教育。加强参与新中国成立70周年活动成果宣传，深入持久开展爱国主义和民族团结教育，引领全校各民族师生与党同心同德、同向同行。开展红色革命教育活动，接受思想洗礼、学习革命精神、传承红色基因，树立正确理想信念。

（六）深入推进“双一流”建设

按照“三步走”战略的建设目标，全力做好第五轮学科评估各项工作，深化“双一流”管理体制机制建设，做好项目预算统筹安排和执行进度推进工作。分层分类推进学科建设，做好项目考核与立项工作。保证丰台校区第一组团、第二组团完成竣工验收，第三组团主体结构和市政基础配套工程，启动教职工公租房项目建设。积极推进海南研究院和海南校区建设。

中共中央民族大学委员会2019年度工作总结

2019年，在国家民委党组和北京市委的正确领导下，在社会各界的关心支持下，学校党委以党的政治建设为统领，扎实推进全面从严治党和“不忘初心、牢记使命”主题教育，坚持党对学校工作的全面领导。

一、深入学习贯彻习近平新时代中国特色社会主义思想，强化理论引导

学校党委把深入学习习近平新时代中国特色社会主义思想贯穿始终，武装头脑、淬炼忠魂、走心走深走实，坚决做到“两个维护”，加强政治纪律和政治规矩教育，不断提高政治站位、牢固树立“四个意识”、坚定“四个自信”。学校党委第八届委员会成立以来，共召开全委会5次。2019年，共召开党委常委会会议24次，研究讨论议题206个，其中传达学习事项47个，研究讨论事项

159个，研究议定事项均已完成，并取得良好效果；召开校党委理论中心组专题学习会22次，其中，扩大学习会7次。党委常委讲授“加强学校党的政治建设确保办学正确政治方向”专题党课9次，召开党的政治建设专题民主生活会，通过个人自学、中心组集体学习、专题研讨等方式深入学习习近平总书记关于教育的重要论述，特别是关于高校党的政治建设的重要讲话、重要批示精神。认真学习《中共中央关于加强党的政治建设的意见》《中共北京市委贯彻〈中共中央关于加强党的政治建设的意见〉的措施》《中共北京市委关于加强高校党的政治建设的若干措施》，学习全国和全市教育大会、高校思政会、学校思想政治理论课教师座谈会以及关于加强高校党的政治建设有关会议的精神，学习中央和市委关于开展“不忘初心、牢记使命”主题教育的有关精神。通过召开党员干部代表、教职工代表、学生代表专题座谈会，班子成员分别召开分管或联系单位座谈会的方式，广泛听取基层单位和师生的意见建议，共计召开座谈会10场，征求到了涉及坚持正确政治方向、坚定政治信仰、坚持党的政治领导、提高政治能力、净化政治生态等5个方面意见建议。深入开展“四必谈”的谈心谈话，找准差距和不足、明确努力方向和整改措施。认真研读《习近平新时代中国特色社会主义思想学习纲要》《习近平关于“不忘初心、牢记使命”论述摘编》，开展理论学习，指导实践活动。体现了党委坚持学思贯通、真信笃行的精神和主体意识，发挥了党对学校工作的全面指导和领导核心作用。对照党的十九届四中全会和全国民族团结进步表彰大会对高等教育的新部署、对民族工作的新要求，以学校“双一流”建设为出发点、落脚点，积极融入北京“四个中心”建设，出台一系列新制度、新举措，切实推动会议精神在全校落地生根。

二、深入开展主题教育，严格履行管党治党主体责任

按照中央和国家机关工委以及国家民委党组的统一部署和全面把握“守初心、担使命，找差距、抓落实”的总要求，印发实施《中央民族大学关于开展“不忘初心、牢记使命”主题教育的实施方案》和《中央民族大学关于开展“不忘初心、牢记使命”主题教育重点工作专项整治方案》，扎实开展“不忘初心、牢记使命”主题教育，紧紧盯住党中央关心、师生关切、学校发展的重点难点问题，精准聚焦，围绕中央要求的9个专项整治、中央和国家机关工委关于党的政治建设重点督查反馈的问题、“三个结合”中存在的突出问题、调查检视发现的问题和师德师风方面存在的突出问题，召开专题学习研讨会4次，找痛点、抓关键，着力把问题找准找实，把根源挖深挖细，把措施定硬定精，学校领导班子成员分别组成12个调研组，下沉一线，深入各自分管领域、联系部门开展调查研究，面对面听取各族师生的意见和建议，形成了13份高质量的调研报告，研究制定了98项具体整治措施，讲授党课11次，处级领导班子讲授党课213次，实现学校各项工作高质量发展。

坚持和完善党委领导下的校长负责制，修订完善《中共中央民族大学委员会常务委员会会议议事规则》《中央民族大学校长办公会议议事规则》，制定实施《中央民族大学党政主要领导经常性沟通制度实施办法》，严格加强学校党委对学校党的建设的全面负责、对学校工作的全面指导，切实发挥领导核心作用。

全面接受中央第七巡视组的巡视，完善党内监督体系、推动全面从严治党向纵深发展。在思想上政治上行动上同以习近平同志为核心的党中央保持高度一致，坚守政治信仰、站稳政治立场。

学校党委以提升二级党委（党总支）组织力为重点，加强基层党组织规范化建设。制定实施《中央民族大学发展党员预审材料免审单位准入实施办法》，推动基层党组织规范化标准化建设。深入院系座谈了解《中央民族大学加强党支部规范化建设的实施方案》落实情况，开展党支部工作手册检查，更新基层党组织换届工作台账，建立各级党组织委员台账。完成 1 个软弱涣散党支部验收摘帽工作，切实提高基层党建规范化标准化水平。严格组织生活制度，处置失联党员，对于已停止党籍满 2 年的 23 位失联党员给予了相应组织处置。制定实施院系党政联席会议制度，强化基层党组织的主导与引领作用，实施教师党支部书记“双带头人”培育工程，完善党组织书记“双培养”机制，构建形成了“党委—二级单位党委—基层教工党支部”三级选人用人体系，切实发挥基层党支部在选人用人中的把关作用。建设全国党建工作标杆院系、样板支部、“双带头人”工作室，评审遴选 3 个二级单位党组织、20 个党支部开展学校党建工作标杆院系、样板支部培育工作，其中 2 个党支部建成为全国样板党支部。

三、始终坚持社会主义办学方向，筑牢思想政治工作生命线

学校党委深入落实中办、国办《关于全面深入持久开展民族团结进步创建工作铸牢中华民族共同体意识的意见》，制定实施《中央民族大学关于铸牢中华民族共同体意识的工作方案》，进一步深化爱国主义和民族团结教育，有效促进各民族师生交往交流交融，引导各民族师生铸牢中华民族共同体意识和不断强化“五个认同”意识，把学校建设成为铸牢中华民族共同体意识、民族大团结的牢固阵地。调整中国语言文学学科相关院系，成立中国语言文学学部，组建设置实体化的中国少数民族语言文学学院，适应学校“双一流”建设发展需要，扎实推动民族团结进步创建工作。

制定实施《中央民族大学 2019 年宣传思想工作要点》，推动党的创新理论成果产出落地，为学校建设发展提供坚强的思想保证和强大的精神动力。制定实施《中央民族大学师德建设长效机制实施办法》《中央民族大学教师师德考核办法》，强化师德师风建设，完善师德师风长效机制。

值得一提的是胡振华教授获得“全国离退休干部先进个人”荣誉称号，舞蹈学院获得“全国民族团结进步模范集体”以及管理学院学生李莉瑶获得“全国民族团结进步模范个人”荣誉称号。

2019 年，是重大活动集中年。学校党委全力以赴确保“两会”“新中国成立 70 周年”等重要时间节点校园安全稳定。全年没有发生重大安全事件、群体性事件和责任事故，妥善处理了学校发生的突发性事件，维护了学校和谐稳定。在国庆 70 周年活动中，学校承担了群众游行、广场音乐区表演、广场联欢表演、文艺晚会演出和庆祝活动志愿服务等五大任务，共组织 3207 名师生参加，2 个单位、10名师生获国庆70周年活动总指挥部表彰，2名优秀少数民族学生参加国庆工作总结大会受到习近平总书记的亲切接见。组建参加国庆活动优秀师生代表宣讲团深入新疆维吾尔自治区、西藏自治区、宁夏回族自治区、云南省、广东省、四川省、国家民委机关、北京市教育系统等地开展“小我融入大我，青春献给祖国”主题宣讲。

四、持续推进巡察，压紧压实全面从严治党政治责任

学校党委召开从严治党工作会和警示教育大会，强化政治担当，履行主体责任、监督责任，不断推动全面从严治党向纵深发展。针对学校人、财、物等关键部门、关键领域、关键岗位和关键环节，启动专项巡察，以从严治党的实际成效营造良好的政治生态环境。结合《中国共产党问责条例》修订，要求各二级单位党委、党总支、直属党支部做好学习宣传工作，让党规党纪刻印在每个党员心上。2019年，进行谈话函询36人次、发出协查函21件次，撰写核查报告12个，对相关人员进行提醒谈话和通报批评共计3人次，有效督促相关单位及其负责人深化整改。

五、坚持党管人才，开展全员聘任，推进绩效工资改革，激发教职工内生动力

2019年，根据十九大以来中央关于深化教师队伍建设、完善人才评价机制及高层次人才工资分配激励机制的有关精神，对《中央民族大学高层次人才管理办法》进行了修订，同时提高了高层次人才的奖励绩效，按照党管人才、保证质量宁缺毋滥、定性与定量相结合并切实破除“五唯”的原则，经过严格评审，最终131名教师入选。在全校范围内推进全员聘任工作。管理岗位完成科级及以下岗位聘任（用）工作，实际聘任科长（主任）161人、科级以下工作人员413人，因为工作表现不够积极，有9人未获聘，取消绩效工资，转入人才交流中心学习提高。全员聘任激发教职工工作潜力和动力，建设正科级实职干部队伍，完善学校科级管理体制，提升管理效能。学校党委推进专业技术岗位全员聘任，在校内外近20次调研的基础上，制定《中央民族大学校内岗位聘用方案（2020-2022）》，目前正在落实中。配合全员聘任制，配套上调绩效工资，有效稳定了教师队伍、激发了全员工作的积极性。

完成专业技术岗位聘用的职称评审工作，做好各类奖项和人才称号人选推荐工作。加强师资培训力度，完成基础台账中136名教师资格证认定及整改工作，提高教师队伍业务能力水平。2019年，引进18名高层次人才，组织教师参加培训、研修108人次。生命与环境科学学院程勇教授课题组关于精神分裂症发病新机制研究论文被国际精神病学权威杂志《Schizophrenia Bulletin》在线发表，杨宗丽老师获得“全国模范教师”称号，杨敏老师获全国“宝钢基金”奖。

六、以“双一流”建设为牵动，推动学校综合协调发展取得新成绩

在丰台校区建设方面，已完成第一组团教学科研楼项目内外装修工程和第二组团建设项目结构封顶和初装修工作，第三组团取得国家民委可研批复，公租房项目相关前期手续已完成，并已正式奠基，为学校实现2020年5000名学生进校，奠定了坚实的基础。调整海南校区原有办学定位、办学内容，适应海南政府新需求。积极推动中央民族大学海南研究院建设，已获得可行性报告批复、用地预审批复、选址意见批复并进入了初步设计阶段。

研究制定《第五轮学科评估筹备阶段工作方案》和《丰台校区和海淀校区功能划分方案》。获批 12 个国家级一流专业，4 个北京市一流专业、1 个北京市重点建设一流专业，获批 4 个北京市优质课程。QS 公布的 2020 年亚洲大学排名，学校位列 301-350 位，较 2019 年进步 50 位。对学科建设基本状态数据进行系统摸底，全面梳理了学校 27 个一级学科自第四轮学科评估以来的建设成效，对各一级学科建设基本情况做到了心中有数。完成了《“双一流”建设 2018 年度进展报告》，组织开展了“双一流”建设中期自评工作。城市民族学、民族艺术学、质谱成像与代谢组学成功入选北京高校高精尖学科，获批 1400 万专项经费。

不断拓展国际交流合作领域和渠道，全年与国外和港澳台地区高校签署 28 份合作协议，接待国（境）外来访 69 批次。组织 5 个校级公务团和 2 个艺术演出团出访，“锦绣中华 · 魅力民大”在法国、巴巴多斯等国交流巡演。组织选派 383 名学生赴国（境）外访学、交流，邀请、聘用 221 位外籍专家来校工作讲学。获批国家外专局引智经费达到 1224 万元。

2020 年，学校党委将继续以习近平新时代中国特色社会主义思想为指导，全面贯彻落实中央和国家民委党组、北京市委等上级部门的工作部署，进一步探索铸牢中华民族共同体意识的理论，确保年度工作目标顺利实现。

中央民族大学全面振兴本科教育行动计划

民大校发〔2019〕88 号

2019 年 8 月 31 日

本科教育是提高我国高等教育质量的最重要基础。为深入贯彻习近平新时代中国特色社会主义思想和党的十九大精神，全面落实全国教育大会、新时代全国高等学校本科教育工作会议精神，依据《教育部关于加快建设高水平本科教育 全面提高人才培养能力的意见》《中央民族大学一流大学建设高校建设方案》《中央民族大学深化本科教育教学改革意见》，围绕提高人才培养能力这一总目标，特制定《中央民族大学全面振兴本科教育行动计划》。

一、指导思想和目标原则

（一）指导思想

以习近平新时代中国特色社会主义思想为指导，坚持社会主义办学方向，坚持立德树人根本任务，铸牢中华民族共同体意识，立足“服务国家战略和民族团结进步事业，服务少数民族和民族地区发展”的办学宗旨，以扎根中国大地建设世界一流大学为总体目标，坚持“以本为本”，推进“四个回归”，秉承“美美与共、知行合一”的大学精神和“文化育人、实践育人”的办学传统，以学生为主体、以教师为主导，以专业建设为单元，持续深化教育教学改革，全面提高人才培养质量。

（二）建设目标

构建以铸牢中华民族共同体意识为基石的一流本科人才培养体系，将思政铸魂、文化育人和实践育人理念落实到本科教育教学全过程，全面提升专业建设水平和人才培养能力，为国家培养“信念执着、勇于担当、务实奉献，具有家国情怀，自觉维护祖国统一和民族团结的优秀人才”。

到2025年，学校本科教育呈现全面振兴局面，专业布局结构进一步合理，力争10-15个专业进入国家和省部级一流专业行列，20-30门课程成为国家级和省部级一流课程，2-3个项目进入国家“六卓越一拔尖”人才培养计划；思政铸魂、文化育人和实践育人体系日臻完善，全面深化激励学生刻苦读书学习、引导教师潜心教书育人的教育教学体系改革，形成目标导向、学生中心、持续改进的本科教学质量保障体系。

（三）基本原则

思想引领，文化筑基。以习近平新时代中国特色社会主义思想为引领，以铸牢中华民族共同体意识为基石，传承红色基因，用社会主义核心价值观育人铸魂。充分践行“美美与共、知行合一”大学精神，将人才培养理念厚植于中华民族优秀文化沃土，使其成为学校本科教育发展之基、力量之源。

立德树人，学生为本。坚持立德树人根本任务，把立德树人融入思想道德教育、文化知识教育、社会实践教育环节，提高学生思想水平、政治觉悟、道德品质和文化素养。以促进学生全面发展为中心，加强素质教育，激发学生学习兴趣和潜能，激励学生爱国、励志、求真、力行。

服务需求，强化优势。适应国家战略和民族团结进步事业，以及少数民族和民族地区发展需求，强化学校办学优势，优化专业结构，改革课程体系，构建特色鲜明的高水平人才培养体系。

优化机制，突出质量。落实学校“双一流”建设目标任务，建立以学生为中心、以成效为导向的本科教育教学体制机制，开拓创新，打造一流，追求卓越。

二、主要任务

（一）构建新时代特色育人体系

1. 实施思政铸魂工程

全面加强思想政治理论课教师队伍建设。大力推进习近平新时代中国特色社会主义思想研究基地和马克思主义学院建设，邀请党政领导、名家学者开展系列政治理论和业务素养培训，打造一支专兼结合的高水平思政课教学队伍。

全面深化思想政治理论课教学改革。坚持“八个相统一”原则，改革思政课教学内容和教学方法，实施“部长进课堂”“书记校长进课堂”“名师名家进课堂”“全校同上一堂课”“学生线下线上同学习”的教学方式改革。打造特色思政“金课”，建设思政课名师示范课堂。

全面推进课程思政建设。统筹学校课程思政建设，将“三观塑造”“家国情怀”教育纳入专业教育教学工作，使思想政治教育与专业教育有机融合，同向同行。设立课程思政教学改革项目，打造一批课程思政示范课堂，形成独具特色的课程思政体系。

实施国家重大活动育人计划。充分发挥国家重大活动育人效应，将参加国家重大活动作为培养人才的重要环节，引导学生积极参与，提高学生思想政治素养，培养学生的爱国主义情操，厚植家国情怀。

全力推进教师思政铸魂教育。完善多层次、广覆盖、重实效的教师思政教育培训体系，加强新进教师思政主题培训，开展优秀教师代表“追寻红色基因”城川培训，推进面向全体教师的“不忘初心、牢记使命”主题教育活动和争做“四有”好老师的主题培训活动，实施“双带头人”培育工程等，推动全体教师政治素养与学术涵养同进步、思政水平与教学水平同提高。

2. 实施文化育人工程

打造“书香民大”系列文化育人通识课程品牌。开设“文学与艺术”“历史与文明”“哲学与宗教”“经济与社会”“自然与生命”“全球化与领导力”“艺术体验与审美鉴赏”“运动与健康”“劳动与价值需求”等系列通识课，通过读书会、大讲堂、对话等多样化教学方式方法，寓价值观引导于知识传授，提升学生综合素养和思辨能力。

大力推进民族团结主题实践活动。以铸牢中华民族共同体意识为主线，深入推进民族团结共建、红色“1+1”“青年红色筑梦之旅”活动、“石榴籽”计划等，使爱国主义教育入脑入心。大力开展民族韵律操推广、少数民族传统节日庆典、“礼敬中华优秀传统文化”等校园文化品牌，践行“美美与共、知行合一”的大学精神。

大力推进文明交流互鉴品牌活动。以构建人类命运共同体为主线，建好中外人文交流中心，持续推进“锦绣中华、魅力民大”“国际大讲堂”“非洲文化周”“中亚文化周”“‘一带一路’国家文化交流日”“族韵喜福会”“澳门中华青年文化周”等系列海内外文化交流活动，探索形成文明交流互鉴的“民大模式”。

3. 实施实践育人工程

持续深化创新创业教育与实践教学改革。大力推进创新创业教育与通识教育、专业教育深度融合，将创新教育贯穿于专业教育、实践教学、就业创业等人才培养全过程，进一步优化“全覆盖、全融合”创新创业教育体系。以中国“互联网+”大学生创新创业大赛等国内外重要赛事为抓手，以赛促创、以创促学。

构建创新创业教育协同育人模式。以问题为导向，以学科专业为支撑，深化理工类、人文艺术类、社会科学类专业产学研相结合的协同育人机制改革，形成“学校–企业–院所–地方”四位一体的协同育人模式。

加强实践教学和创新创业平台建设。扩建学校大学生创新创业中心（56创），建设一批高质量的校外实践教育、创业示范、文化创意、科技创业实习基地和实践教学基地，打造一批学科交叉类型的创新基地和创新工作室，成为创新创业创意的孵化器。建设10门具有示范引领作用的创新创业通识课程，开设创新创业基础班、提高班和精英班。

加强虚拟实验平台建设。深入推进信息技术与实验教学深度融合，建设多校区共享的“中央民族大学虚拟实验中心”，拓展实验教学广度和深度，鼓励支持学院申报国家虚拟仿真实验项目。争取建成5-10个涵盖人文类、社科类、理工类及艺术类等学科的虚拟仿真实验项目，提高实验教学质量和实践育人水平，成为培养学生实践能力和创新精神的重要基地。

建设民大特色的社会实践体系。充分发挥国家重大活动的实践育人功能，构建与思政课课堂教育相衔接的主题实践教育活动。发挥学校学科专业特色，围绕国家重大需求和民族地区经济社会发展，全方位开展系统性的社会调查与实践活动；广泛开展少数民族文化艺术进学校、进社区等活动，打造高端少数民族文化艺术实践品牌。实施本科生体质健康提升计划，建强大学生高水平运动队和各类体育运动俱乐部，全面提升大学生体质健康水平。

（二）打造高水平人才培养体系

1. 实施拔尖人才培养计划

探索“书院制”人才培养模式改革，立足“孝通班”人才培养模式，探索实施民族学、社会学、历史学、哲学等学科专业大类招生培养，建立本硕博一体化拔尖人才培养体系，培养基础宽厚、创新思维活跃的高峰学科拔尖人才。根据国家基础学科拔尖人才培养计划2.0要求，大力支持相关基础学科拔尖人才培养。

2. 实施卓越人才培养计划

对接国家卓越人才培养计划2.0，依托学校计算机科学与技术、光电信息科学与工程、环境工程等工科专业，实施卓越工程师培养计划；依托学校新闻学类专业，实施卓越新闻传播人才培养计划；依托学校法学专业，实施卓越法治人才培养计划。力争2-3个项目入选国家卓越人才培养计划。

3. 实施特色人才培养计划

以国家战略需求为导向，围绕国家“一带一路”建设、区域与国别研究、边疆长治久安、生态文明建设、民族艺术传承创新等重大需求，深化“应用型专业+民族语”“一带一路建设+传统专业”“民族英才班”“新工科实验班”等特色人才培养模式改革，扩大实验班试点范围和规模，为国家重大战略及“一带一路”建设培养输送急需的复合型人才。

4. 实施国际化人才培养提升计划

拓宽国际合作培养途径，开设定制化学生境外访学项目，扩大公派留学生规模。大力支持本科生境外攻读研究生，做好政策咨询和辅导。开设国际理解教育通识课程，探索外籍学业导师制度，设立“国际组织人才”本科荣誉项目，培养具备国际视野、通晓国际规则、能参与国际事务和国际竞争与合作的复合型人才。加强“留学民大”品牌建设，建好“一带一路”国家人才培养基地和境外优秀生源基地。

5. 实施本科生就业核心竞争力提升计划

构建分阶段、分专业、分行业、分职业的职业生涯规划教育和就业指导服务体系，实现就业指导精准化、就业服务全程化。实施“就业合作伙伴”计划，建立学校、毕业生和用人单位三方联动机制，提升学生就业核心竞争力。大力支持本科生继续攻读研究生，设立英语、数学高阶学习课程，为有意愿继续升学学生提供服务与支持。

（三）构建一流专业建设体系

1. 实施一流专业建设项目

构建一流专业建设体系。制定实施学校《一流专业和一流课程建设方案》，按照“上水平、追卓越”专业认证标准，构建国家级、省部级、校级三级一流专业建设体系，力争10—15个专业进入国家和省部级一流专业行列。制定学校专业建设质量评价标准，实行校内定期专业评估，积极推进国际国内专业认证，力争10个专业通过国家专业认证。

大力推进新文科和新工科专业建设。建设可持续发展学院，构建适应新时代国家发展需要的融媒体、人工智能、可持续发展、全球环境治理、国家安全等多学科交叉的新兴专业。

打造全英文授课专业。以中外合作办学项目和机构建设为引领，引进国外优质课程资源，搭建与国际接轨的人才培养新平台，重点打造民族学、社会学、环境科学等全英文授课专业，大力提升国际化人才培养水平。

2. 实施一流课程建设项目

构建一流课程建设体系。紧密结合一流专业建设，大力支持相关专业的一流课程建设，构建国家级、省部级、校级三级一流课程建设体系。大力推进信息技术与教育教学深度融合，建设一批高水平的特色通识课程和专业课程。争创国家级和省部级一流课程20—30门，建设校级一流课程150—200门。

推动课堂教学革命。主动适应“互联网+教育教学”和“人工智能+教育教学”新时代，大力推广混合式教学、翻转课堂、“大班授课、小班研讨”等新型教学模式，倡导启发式、参与式、互动式、案例式等多样化教学方法，构建线上线下融通、课内课外互动的学习空间，打造“金课”。遴选推广15—20个具有示范引领作用的名师课堂。

（四）构建一流师资队伍建设体系

1. 实施师德师风建设项目

开展名师风范宣传活动，打造良好师德师风环境。围绕“四个相统一”，实施师德师风培训制度，增强教师教书育人责任感和使命感。严格落实师德师风规章制度，实行师德师风一票否决。

2. 实施高水平师资“引育”项目

大力推进高层次人才“引育”，重点引进学科专业领军人才，建设高层次教学创新团队。完善校内高层次人才培育选拔机制，形成领军人才、骨干人才、优秀青年人才梯队结构合理的高水平师资队伍。加大境外高水平教师聘用力度，加强外聘教师队伍建设，提高外聘教师对本科教学的贡献度。

3. 实施青年教师发展项目

聘用培养一批德才兼备青年人才，优化学科专业梯队结构。大力推进师资博士后制度，培育教师后备力量。实施青年教师培训项目，提升青年教师教学能力和教学研究水平。实施青年人才发展和国际化支持计划，依托国家各类人才支持项目，鼓励支持优秀青年人才海外合作研究和教学进修。

4. 实施教师教学能力提升项目

充分发挥学校教师教学发展中心作用，持续开展课堂教学效果提升专项培训，分类实施新入职教师教学基本技能培训、成长期教师教学能力提升、成熟期教师教学研究交流等项目，立项建设信息技术与教育教学深度融合项目，促进教师改革教学方式方法，提高教育教学水平。

5. 实施基层教学组织建设项目

完善基层教学组织运行机制建设，按照专业类、课程群或公共课程设置系、教研室、实验中心、教学团队等，打造学术共同体，增强基层教学组织凝聚力，有效开展教育教学研究与改革，全面加强基层教育教学组织工作。鼓励跨学科专业组建基层教学组织，探讨新文科、新工科专业建设内涵，研究构建创新型课程体系，助推学科专业交叉融合。

（五）完善教育教学质量保障体系

1. 健全“全过程”教学质量标准

根据学校办学定位和本科人才培养目标，完善专业建设标准、课程建设标准、教学过程标准、教学管理标准四大质量标准体系，重点加强课程标准和教学效果标准建设，全面提升教育教学活动规范化和科学化水平。

2. 完善“全覆盖”教学质量监控

实施覆盖所有教师、所有课程、所有教学环节的教学质量监控，制定《本科教学质量监控办法》，完善“学校-学院-基层教学组织”三级教学质量监控体系，建强由优秀在职教师和退休教师组成的专项督导队伍，优化“学评教”方法和指标体系，建立教学质量实时反馈和评价结果运用机制，全面提升教师教学质量。

3. 开展“全方位”人才培养质量评价

建立专业评估制度，实施新办专业保合格、基础性和应用性专业上水平、特色优势专业追卓越的三级专业评估与认证工作。建立学院人才培养质量评价制度，制定实施《学院人才培养质量评价办法》和指标体系，以评价促质量。开展“系统化”毕业生外部评价，建立毕业生就业跟踪调查联动机制，形成常态化就业跟踪调查数据共享和周期性总结报告制度，全面提升人才培养质量。

（六）构建全面振兴本科教育制度体系

1. 构建激发学生学习动力和专业志趣的制度体系

深化大类招生培养改革。根据学校事业发展需要扩大本科生招生规模。适应国家高考招生制度改革，探索实施按学科类或跨学科类进行大类招生培养的制度体系。加大生源基地建设力度，开展艺术类、民族语言类、特色应用专业类的生源基地建设。

完善学生学业管理制度。改革学生转专业制度，满足学生个性发展需要。推动本硕贯通、双学位、辅修制等制度建设，拓展学生个人发展空间。完善学分认定和课程免修制度，满足学生自主学习需要。加强学习过程考核评价，探索实施非标准答案考试方式，提高学生学习难度和学业挑战度。

2. 构建激发教师倾心本科教学动力的制度体系

加强教师教学激励制度建设。修订《中央民族大学教学工作奖励办法》，注重教师教育教学效果，加大对专业建设贡献突出、教学业绩显著教师的奖励力度，增设教学名师奖。优化教师教学考核机制，探索教学团队考核方式，在职称评聘、绩效考核等方面提高教学评价比重。

加强教师教学约束机制建设。把承担本科教学工作作为教师考核的基本要求，探索实施教师分类管理和分类评价机制，开展教师教学质量考核评价。严格执行教授为本科生上课制度，实施职称晋级和人才评审等教学条件一票否决制。

3. 构建激发学院重视本科教学活力的制度体系

激发学院投身本科教学的积极性。完善招生-培养-就业联动机制，通过培养和就业质量调控招生专业和招生计划。推进实施学院教学经费包干制度，给予院系更多办学自主权。实施学院人才培养质量评价制度，评价结果将与学院本科教学经费投入相挂钩。

完善学院人才培养方案适时调整机制。适应新时代国家发展需求，根据新文科和新工科建设要求，适时调整课程结构，完善实践教学环节，深化创新创业教育改革，为构建高水平专业人才培养体系提供保障。

全面实施本科人才培养全过程信息化管理。加强数据门户、“学生一张表”“教师一张表”、教育教学质量监测数据平台建设等，打通人事管理、教学管理、科研管理、学生管理等信息管理系统，实现学校各类数据资源共享，为学院人才培养、教学管理、学生学业预警等提供数据和技术支撑。

三、组织保障

（一）加强党委对本科教育的全面领导

坚持党对学校发展的全面领导，全面落实党委领导下的校长负责制。牢牢把握正确的社会主义办学方向，贯彻落实新时代本科教育各项方针政策，扎根中国大地办民族高等教育，坚持立德树人，坚持培养德智体美劳全面发展的社会主义建设者和接班人。

（二）加强组织机构建设

成立学校全面振兴本科教育领导小组，全面加强本科教育教学管理工作。强化学校“‘质量立校’工作组”职能，实施联席会议制度，加强部门间、部门与学院间的统筹协调工作，组织实施好“全面振兴本科教育行动计划”。

（三）加强经费投入保障

完善本科教育教学经费长效保障机制，拓展经费来源渠道，加大本科教育教学经费投入，学校办学资金优先向本科教育教学经费投入。

（四）加强条件建设

学校办学资源配置优先保证本科教育教学需要，全面推动教育教学信息化建设，加强智慧教室、信息化实验室、实践教学基地、创新创业平台等条件建设，为开展信息化教学、实验实践教学、创新创业教育活动等提供基础条件保障。

（五）注重教育思想与成果宣传

持续开展新时代高等教育改革宣传工作，不断更新教育教学理念，强化全校师生对于本科教育核心地位的思想认识。加强学校本科教育教学成果和经验总结宣传工作，鼓励教师积极从事本科教学和人才培养研究，努力营造全面振兴本科教育的良好氛围。

年度特载

实干进取，担当有为

——在职能部门领导班子换届聘任大会上的讲话

张京泽

2019年1月10日

刚才，邹吉忠同志宣布了学校党委的任命决定，我代表学校党委，向新聘任处级领导干部表示热烈的祝贺，向退出领导岗位的同志表示由衷的敬意，特别要向关心学校干部队伍建设、积极参与和大力支持干部换届聘任工作的广大干部职工表示诚挚的谢意！

此次换届聘任工作严格按照中央精神和国家民委党组、北京市委有关要求进行，符合条件的同志积极参与，广大干部教师热切关注，换届聘任工作圆满完成并取得良好成效。

此次换届聘任工作的三个特点：

准备充分，基础扎实。年初，学校党委就把此项工作列入学校工作要点，党委组织部开始了前期准备工作，通过认真学习中央、国家民委党组和北京市委关于机构调整和干部选拔任用有关精神，调研了15所“双一流”高校、5所“211”高校及5所委属高校，对相同层次高校的机构设置、干部队伍情况做了深入研究，掌握了具体情况，形成了学校的机构调整方案和换届聘任方案。明确了机构调整和换届聘任工作的指导思想、工作原则、工作程序和政策要求，优化了部门职能，明晰了部门权责，确定了干部队伍建设的目标方向、主要任务和改革措施。

干部、教师积极参与，热情关注。此次换届聘任工作得到了全校干部教师的热情关注和大力支持。我和校领导班子成员认真听了134位同志的竞聘演讲，充分体现了勇于竞争、积极向上的精神风貌。大家认真准备、缜密思考，从不同角度提出了许多具有建设性的思路和建议，必将对学校的各项工作产生积极的推动作用。参加民主推荐、考察谈话和测评的每一位同志都本着对学校事业负责、对干部负责的高度使命感、责任感，正确行使民主权利，为学校选贤荐能，为党委的科学决策提供了可靠的依据和保证。同时，还有不少教职工进行了旁听，充分体现了广大教职工爱校如家的思想情怀。

加强监督，严肃纪律。为确保这次干部聘任工作健康有序进行，防止和纠正选人用人上的不正之风，进一步营造风清气正的环境，学校党委对参与此次换届聘任工作各级组织和领导干部提出要严格执行纪律规定、严格服从学校党委决定、严肃监督执纪问责的要求。严格落实“凡提四必”，即干部档案“凡提必审”，个人有关事项报告“凡提必核”，纪检监察机关意见“凡提必听”，反映违规违纪问题线索具体、有可查性的信访举报“凡提必查”。充分发挥群众监督和纪检监督的作用，增强工作的透明度，确保干部选拔任用工作的公正性、准确性和科学性。

关于此次换届聘任工作取得的显著成效：

优化了干部队伍结构。通过此次聘任，78名职能部门处级领导干部中，女干部从换届前的23名增至28名，提高了6%；中共党员从换届前的64名增至70名，提高了7%；硕士研究生以上学历从换届前的53名增至65名，提高了15%。这次新聘任领导班子平均年龄由46.4岁降低到42.1岁，其中正职平均年龄由49.5岁降低到了46.2岁，副职平均年龄由44.5岁降低到了40.4岁，40岁以下处级干部由18名增加为32名，干部队伍结构优化显著。

严格执行干部任期制，加大干部交流力度。此次换届工作，按照中央和有关文件要求，严格执行任期制，明确任期为3年，任满两届进行交流轮岗。建立了干部能上能下、能进能出的机制。47名留任的同志中有21人调整了部门，23名新提任的同志中有9人为交流提拔，交流比例达到43%，其中7名同志是在院系和职能部门间进行的交流。20名同志因任期届满、年龄原因或者机构调整原因没有继续聘任，我与部分同志进行了谈话，大家都表示服从组织安排，并对学校的发展寄予了厚望，这种精神非常难能可贵。他们在原任岗位上为学校事业的改革发展做出了重要贡献。他们为民大奉献了青春，贡献了智慧，我们应该向他们表示敬意。

加强了年轻干部的选拔任用。23名新提任干部平均年龄38.7岁，其中1名正处级干部为80后。换届后，学校25个职能部门中，有19个领导班子成员均为70后。目前，全校62个处级机构中，有32个领导班子中都有80后成员。大家能够被选拔聘用，既是组织培养的结果，也是自身努力的结果。同志们大多比较年轻，你们是中央民族大学的生力军。一个单位有没有生气和活力，工作有没有干劲和激情，关键要看有没有一支好的队伍，有没有一支年龄结构合理、后劲充足的队伍。

树立了注重实绩的用人导向。此次换届，按照习近平总书记的要求，坚决防止简单以票取人的做法，更加科学地、全面地评价干部的实绩，激励更多干部活跃在改革发展的主战场、奋战在创建一流的第一线、奔走于服务师生员工的最前沿。在涉险滩、啃硬骨头的改革攻坚期，更加注重实干实绩，努力形成勇于担当、敢于负责的用人导向。学校综合改革方案的进一步落实，第八次党代会精神的进一步实施，“双一流”建设的进一步推进，关键要靠我们的干部教师，关键要靠一支品德优、素质高、能力强的干部队伍。通过这次竞聘，一大批年富力强的优秀干部通过自己的才华和工作实绩脱颖而出，走上了新的领导岗位，体现了学校党委坚持任人唯贤、德才兼备的用人导向。对学校核心竞争力的提高，对保证学校事业的快速健康发展必将意义深远。

在此，对大家提几点要求：

新时代要有新作为，新班子要有新气象。作为新一届职能部门领导班子，大家要不忘初心、牢记使命，切实增强“四个意识”，坚定“四个自信”，自觉做到“两个维护”，坚持以习近平新时代中国特色社会主义思想为指导，全面贯彻落实党的十九大精神和习近平总书记关于民族工作、教育工作的重要指示批示精神，更加自觉地把部门工作放在学校“双一流”建设大局中来谋划和推进。对大家的要求，概括为 12 个字，开好局，带好头，强素质，严要求。

开好局。对于一个新班子来说，如何开好局起好步非常关键，能不能完成学校党委交给的任务，能不能形成整体合力，能不能更好地服务于学校改革发展稳定的大局，对大家是一个考验。要想开好局，起好步，必须要有明确的工作思路。新班子上任后可能会遇到许多“棘手”的问题。班子成员，特别是一把手，必须集思广益，形成开展工作的清晰思路。要深入开展调查研究，拿出足够的时间和精力，既要学习上级的政策、精神，又要深入基层、深入干部师生一线，集民智、聚民力，在历届班子打下的良好基础上，形成推动改革发展的新举措。必须要“理旧账”，要善于从“理旧账”中吃透情况。面对遗留问题，不仅要管，还要管到底、解决好。要防止把“旧账”变成“呆账”“坏账”。绝不允许出现“新官不理旧账”的情况。我们的干部要敢于担当责任，勇于直面矛盾，善于解决问题。事业就像接力赛，一棒接着一棒跑，每一棒都要全力以赴。要一任接着一任干，一张蓝图绘到底。要凝聚人心。人心齐，泰山移。新班子的磨合是一个动态的过程，是一个不断深化的过程，只有通过工作的摔打、心灵的交融，才会形成合力。班子成员要有谦虚的态度、容人的气度，严于律己，形成新班子新的风气。要运用智慧，让想干事、能干事、干成事的干部，从内心“热”起来，积极调动他们干事创业的热情。要发挥每个人的聪明才智，使部门工作形成良好局面。

带好头。学校“双一流”建设目标和各方面任务都已明确，昨天，大部分同志都听了院系任期目标责任和“双一流”建设考核评议会，我们取得了一定成绩，但还面临不少问题，有些问题院系可以解决，有些需要职能部门的同志们带头主动对照问题领任务，要认真钻研、狠抓落实，共推“双一流”建设。我们的处级干部既是指挥员又是战斗员，那就是重要事项亲自部署、重大方案亲自把关、关键环节亲自协调、落实情况亲自督察。时时处处事事带头干，带头抓，做表率。各班子要坚持民主集中制，集体领导和分工负责相结合，齐心协力，把各项工作做得更好。要带头牢固树立“四个意识”，要带头做到忠诚干净担当，要带头履行全面从严治党的责任。各部门领导班子要切实负起全面从严治党的主体责任，每位班子成员都要从我做起，以上率下，以高标准严要求抓好党建，带好队伍，清正廉洁，要习惯于在监督下开展工作，自觉接受师生员工监督。

强素质。干好任何工作，能力素质至关重要，体现着一个人的能力、水平、修养、学识、包容、大度。希望同志们要有忧患意识，居安思危。要多拿别人的长处比自己的短处，这样才能找到差距，不断进步。如果不提高综合素质，不及时提高能力水平，就会掉队，就会与岗位不适应，就会被调整。学校有 2000 多教职工，一定有更能干的，绝不能因一个或几个干部的不努力、不作为而影响拖延学校事业的发展。要善于学习。学习能使人开阔视野，能使人增长见识才干，能使人大度大气。早在1939年毛泽东主席就讲过：“我们队伍里边有一种恐慌，不是经济恐慌，也不是政治恐慌，而是本领恐慌。”2013年，习近平总书记在中央党校建校80周年庆祝大会上强调：本领恐慌在党内相当一个范围、相当一个时期都是存在的。只有全党本领不断增强了，“两个一百年”的奋斗目标才能实现，中华民族伟大复兴的“中国梦”才能梦想成真。所以，我们要自觉把学习当作一种政治责任、一种生活方式、一种精神追求、一种高尚境界，通过学习不断提升理论水平，通过学习增长才干。要胸怀大局。只有胸怀大局才能把握大势，才能在前进的过程中不偏离轨道，不走弯路。同志们要具备战略眼光，而不是只顾眼前。开展工作要解放思想，避免思维僵化，要站在前沿领域，推动学校改革发展。要着眼长远。只有着眼长远才能把握当下，要树立“功成不必在我”的理念，多做一些打基础、利长远的事情，避免急功近利。着眼长远，就要注重研究战略性、前瞻性、全局性问题，有些事在短时间内可能看不到明显成效，随着时间推移，效果会逐渐凸显。要善于改革创新。改革开放40年来取得的成绩充分证明，只有改革创新才能激发活力，只有改革创新才能形成强大动能。改革创新是党和国家事业发达的根本动力，也是我们中央民大工作保持蓬勃活力的不竭源泉。要想推进“双一流”建设目标顺利实现，必须解放思想、勇于创新。

严要求。党要管党，首先是要管好干部；从严治党，关键是从严管理干部。对于党委、纪委以及组织部来说，对干部必须要坚持严管和厚爱相结合。对于广大干部来说，事事要以身作则，处处要严于律己，时刻要清正廉洁。作为领导干部，手中自然会掌握这样那样的权力，大家一定要清醒地认识，这些权力是组织赋予我们的，寄托着广大师生员工对我们的信任，一定要保持清醒，经得起考验，经得住诱惑。在这里要特别强调，在党风廉政建设上，绝不放宽尺度，绝不放任自流，绝不心慈手软。

同志们，我们肩负的使命光荣，责任重大。希望大家努力工作，不负重托，为实现学校“双一流”建设交一份满意的答卷。

贯彻落实“质量立校”战略　努力提升办学质量

——在春季学期干部培训大会上的讲话

张京泽

2019年2月22日

根据学校工作安排，今明两天我们召开干部培训大会，主题是贯彻落实“质量立校”战略，努力提升办学质量。

过去一年，我们以不懈努力、积极进取的态度，改革创新的精神，圆满完成2018年度的各项工作，取得了可喜的成绩。2019年，是新中国成立70周年，也是学校“双一流”建设极为关键的一年。为了进一步贯彻全国教育大会、全国高校思政工作会议、新时代全国高校本科教育工作会议、第26次全国高校党的建设工作会议精神，全面推进学校第八次党代会提出的“质量立校”战略，我们专门举办此次培训。有句话说得好，不谋全局者不足以谋一域，我们既要埋头拉车，更要抬头看路；既要脚踏实地，更要仰望星空。我们必须要准确把握高等教育改革发展的形势与任务、方向与路径、目标与要求，因势而变、顺势而为，才能更好地让中央民大的改革创新发展融入全国高校改革发展的大局之中、大势之中。下面，我就学习贯彻全国教育大会等有关会议精神，贯彻落实好“质量立校”战略，谈四个问题，希望同志们在工作中正确理解，准确把握。

第一，坚持办学正确政治方向。

这是一个根本性问题。我们的办学必须坚持为人民服务，为中国共产党治国理政服务，为巩固和发展中国特色社会主义制度服务，为改革开放和社会主义现代化建设服务。党和国家历届领导人都非常关心中央民族大学的建设和发展。近年来，习近平同志和俞正声、刘延东等同志多次来校视察工作，对中央民族大学提出殷切期望和更高的要求。看中央民族大学，首先是从政治上看，首先要看我们的办学方向是否正确。坚持办学正确的政治方向，是中央民族大学安身立命之本。

坚持办学正确政治方向，就要加强党的建设。习近平总书记在全国教育大会上指出，各级各类学校要把抓好学校党建工作作为办学治校的基本功，把党的教育方针全面贯彻到学校工作各方面。党建工作不能玩虚功、搞花架子、做表面文章，必须抓得实而又实、严而又严。我们要把党建与“双一流”建设同规划、同部署、同落实、同考核。

坚持办学正确政治方向，就要加强和改进思想政治工作。思想政治工作是学校各项工作的生命线，在人才培养体系中具有基础性地位和引领性作用。思想政治工作只能加强不能削弱、只能前进不能停滞、只能积极作为不能被动应对，要充分认识思想政治工作在办学治校、立德树人中的特殊重要性。中央民族大学的每一个人都承担着思政工作的责任，思想政治工作与我们息息相关，要融入我们的日常工作。我们不能片面地认为加强思想政治工作，就是针对学生，其实对广大教师和干部的思想政治工作恰恰是我们以前重视不够、是我们尤其需要加强和改进的。

坚持办学正确政治方向，就要铸牢中华民族共同体意识。关于铸牢中华民族共同体意识，中央专门发了文件，把此项工作提到前所未有的高度，作为民族院校的排头兵领头羊，中央民大必须要突出民族团结进步教育重要地位，充分发挥多民族文化在育人中的独特作用，深化独具特色的“六观教育”（即马克思主义世界观、人生观、价值观、祖国观、民族观、宗教观），加强“三个离不开”和“五个认同”教育，坚持把民族团结和爱国主义教育贯穿于教书育人、管理育人、服务育人全过程。

第二，建设高水平教师队伍。

教育是党之大计、国之大计，教师又是立教之本、兴教之源。要从战略高度认识和加强教师队伍建设，要引导教师做有理想信念、有道德情操、有扎实学识、有仁爱之心的好老师。要想办好中央民族大学，必须要建设一支高水平、高素质的教师队伍。

高水平的教师要树立良好的师德师风。师德师风是评价教师的第一标准。我们的老师应该执着于教书育人，要有情怀、有定力，要坚持道德情操的底线。我们要严格执行《新时代教师职业行为十项准则》《教育部关于建立健全高校师德建设长效机制的意见》，严格执行《中央民族大学师德规范》《中央民族大学师德“一票否决制”实施办法》，要将师德一票否决制贯穿于教师聘任、考核评价、选人用人、科研项目、职务职称晋升等各个方面。

高水平的教师要具备一流的教育教学能力。一流的教师必须具备一流的教育教学能力。教师的教学能力水平直接影响学生的培养质量。要坚持“以本为本”，把本科教育放在人才培养的核心地位、教育教学的基础地位、新时代教育发展的前沿地位。要引导教师热爱教学、倾心教学、研究教学，潜心教书育人。我们的老师要把培养学生、提高自身素质作为一门硬功夫来炼，否则，就不会被学生认可，就会被淘汰。

高水平的教师要具备一流的科研能力。科研水平是学校办学实力和社会声誉的重要标志，也是学校教学质量的关键支撑。作为一所大学，要致力于服务国家的战略需求，解决国家的重大问题。作为一所研究型大学，我们应该是高层次创新人才培养的重要基地，也是高水平科研成果的重要源泉。我们的教师要聚焦国家重大问题，开展国家急需的战略性研究，要参与其中，发挥积极作用。只有教师活跃在科研前沿，才能把学生带到最前沿的科研领域进行实践，才会培养出更高水平的学生。

高水平的教师要具备一流的社会服务能力。教学、科研和社会服务是高校教师的三项基本职能，也是体现高校核心竞争力的重要因素。高校社会服务主要体现在人才培养、科学研究和资政建言等方面。为提高社会服务能力，学校通过各种途径为大家积极搭建平台，同时需要我们的教师要具备过硬的本领，努力提高自身科学研究的水平和科研成果转化的能力。要根据自身的学术特点，主动开辟社会服务的新局面。

高水平的教师应当是践行“四个相统一”的模范。习近平总书记对广大教师提出，要坚持教书和育人相统一，坚持言传和身教相统一，坚持潜心问道和关注社会相统一，坚持学术自由和学术规范相统一。中央民大的教师要自觉践行，模范贯彻。

第三，形成高水平的人才培养体系。

大学的根本任务就是培养人才。形成高水平的人才培养体系，要把立德树人作为根本任务，把人才培养的质量和效果作为检验一切工作的根本标准，要从学科体系建设、教学体系建设、教材体系建设和管理体系建设等方面统筹推进，把思想政治工作贯穿其中。

形成高水平的人才培养体系，要加强学科体系建设。学科是学校发展的生命线。任何一所一流大学，都源于一流的学科建设，没有一流的学科就没有一流的大学。学科建设是要有规划的。各学科发展不能漫无目的、放任自流，学校、学院、系要树立学科规划意识，根据国家经济社会发展需求和教育发展规律，对学科的整体布局进行规划。学科不是一成不变的。随着科学技术、学术和社会的进步，学科也在不断地演进变化中。学校对学科的投入不能搞平均分配，一定要有重点。要把人才引进、经费投入、资源配置进行合理布局，确保进该进的人，花该花的钱，进来的人要个顶个发挥作用，花了的钱要产出效益，要结合所设定的目标把学科建设好、发展好。

形成高水平的人才培养体系，要加强教学体系建设。我们既要关注“教”，也要关注“学”；既要注重知识传授，也要注重能力培养；既要抓好课堂教学主渠道，也要抓好实践育人关键点。课程是实现育人目标的重要载体，要创新课程建设体系，提升课程建设水平。要坚持知行合一，学以致用，掌握真才实学，努力成为可堪大用、能担重任的栋梁之材，成为担当民族复兴大任的时代新人。

形成高水平的人才培养体系，要加强教材体系建设。教材是体现国家意志、传承民族文化的重要载体，是老师教学、学生学习的主要工具。我们的教材，必须要坚持马克思主义指导地位，要体现中国和中华民族风格，体现党和国家对教育的基本要求，体现国家和中华民族基本价值观，体现人类文化知识积累和创新成果。作为民族院校，我们要把民族团结进步教育、铸牢中华民族共同体意识贯穿到教材体系中。

形成高水平的人才培养体系，要加强管理体系建设。学校的管理工作纷繁复杂，我们要加强教学管理、学生管理、教师管理、行政管理等各个管理体系的建设，明晰思路，健全制度，明确分工，责任到人，使学校整体工作有序推进。我们要构建体系更加完备、组织更加协调、流程更加优化、运转更加高效、监督更加有力的工作体制机制和内部管理运行制度，坚持依法治教、依法办学、依法治校，努力形成遵章守纪、精益求精的良好氛围，切实提升管理服务效能和内在工作活力。

第四，加强制度创新和体制机制改革。

改革开放四十年所取得的光辉成就启示我们，制度创新和体制机制改革是激发活力、产生动力的最有效途径。国家如此，大学更是如此。当前，学校的发展可谓机遇与挑战并存，进入“双一流”建设高校是我们遇到的大好机遇，但“双一流”动态调整的现实也是我们面临的巨大挑战。如何能够把握好机遇，应对挑战，是考验我们这一代民大人智慧的关键。

民大并非完美无缺，面对各种各样的问题矛盾，我们要去解决它、消灭它，而解决的前提在于发现问题和提出问题。从这个意义上说，解决问题固然重要，但发现问题同样重要。解决问题需要魄力和行动力，发现问题和提出问题需要眼力和判断力。能不能发现并提出问题，要靠敏于观察、勤于思考、见微知著、落叶知秋，要经常做到心中有数、脑中有事和眼里有活。

如何看待新形势下我们存在的问题。经过七十多年的发展，中央民大取得了一个又一个显著成就，从1978年进入全国重点大学，到1999年进入“211工程”；从2004年进入“985工程”，再到现在的“双一流”建设高校。中央民大的历史是辉煌的，但当前面临的问题和考验也是十分严峻的。我们进入了“双一流”高校行列，目标宏伟，举世瞩目，关键要看自身强不强；任务艰巨，催人奋进，关键要看贡献大不大；要求具体，励人攻坚，关键要看社会认不认。可以说，前有标兵，后有追兵。我们的一级博士学位点仅有5个，上一轮申报剃了光头；第四轮学科评估只有民族学一个A+，国家级的奖项和荣誉我们收获得很少。这些都是当前学校发展所面临的问题与矛盾。去年，网上有2篇文章对学校提出了批评，提出中央民大为什么全军覆没，认为“中央民族大学应该降格”。如何看待这些问题和矛盾？虽然观点偏激，但让我们警醒，让我们增强了危机感和忧患意识。我们要从“最坏处”着眼，向“最好处”努力。事物的发展是不断发生变化的。有时“坏处”可能变成“好处”，原本“好处”又可能变成“坏处”。危机往往“危”中蕴含着新的机会，关键在于把握住大局和大势、规律和潮流，保持住定力和动力、干劲和韧劲。机会是留给有准备的人，成功是留给有行动的人。

如何应对新形势下我们所面临的问题与挑战。体制机制改革是“对症良方”。习近平总书记在全国教育大会上指出，改革是教育事业发展的根本动力，要以改革来激活力、增动力。随着“双一流”建设的推进，高校的竞争也日益加剧，如何去竞争？体制机制改革是必然途径，否则学校就没有活力，就失去动力，更谈不上竞争力。对于中央民族大学来说，要想提高学校的整体实力，必须发挥好我们2000多教职员工的作用，激发这2000多人的动力活力、干劲和热情。动力和潜力如何激发，靠的是科学合理的制度和体制机制。根据学校《综合改革方案》《“十三五”规划》和第八次党代会所作出的战略部署，我们正在有计划、有步骤地统筹推进四个方面体制机制改革。

一是干部队伍体制机制改革。2017年、2018年，我们先后进行了院系、校属单位和职能部门的换届，我们在干部队伍中建立了能上能下的机制，一大批想干事、能干事的干部聘任到领导岗位上，大家干事创业的激情和热情有了很大提高，敢担当、善作为的能力得到激发。今年，我们还要推进管理岗位全员聘任工作，按照所确定的岗位、责任、编制进行全校管理岗干部的竞争上岗，激发处级以下管理干部的积极性。

二是教师队伍体制机制改革。近期，武汉大学“非升即走”的聘期制报道关注度很高。2015 年武汉大学开始采取 3 年+3 年两个聘期的做法，首个三年没有通过，可续聘三年，还是无法晋升副教授的将予以解聘。“非升即走”源于美国高校，1994 年清华大学最早在部分院系试点，此后有不少高校陆续启动。较早实行“非升即走”的清华大学在 1998—2002 年中，未续聘的占签聘人数 10%；北京大学在 2003 年启动聘任制，淘汰率在 20%左右。“非升即走”是大势所趋。事实上，越来越多的大学已经加入这个行列，据统计，39 所“985”高校中，至少已有 31 所已经实行“非升即走”制度。山东大学校长樊丽明曾公开宣称，实施这一制度以来，“一批高层次人才脱颖而出，人才培养质量日益提高，国内外学术声誉显著提升。”实践证明，这是一项有利于推进高水平研究型大学建设的人事制度。

上学期，我们召开了党委全委会议，专门研究了在教学科研岗位推行全员聘用制事宜，全委会一致认为推行全员聘用制势在必行。2016 年以来中央陆续出台了一系列文件，要求大力加强教师队伍的体制机制改革，让有能力、有干劲的教师有岗位、有待遇，教师队伍的能上能下、能进能出要在中央民族大学形成生动实践。今年，我们要在深化人事聘用制度改革上下功夫，要推进全员聘任工作，进一步健全激励机制和约束机制。相信通过改革，一定会激发大家的潜力，一定会形成积极向上的工作局面。

三是教学工作体制机制改革。要实现内涵式发展，必须要创新人才培养机制，把人才培养作为中心工作，全面提高人才培养能力。各院系要积极探索适应自身特点的培养模式，着重培养适应社会需要的创新型、复合型、应用型人才。把创新创业教育贯穿人才培养全过程，建立健全学科专业动态调整机制，加强课程体系和实训基地建设，完善学分制，实施灵活的学习制度，鼓励教师创新教学方法。深入推进协同育人，促进协同培养人才制度化。要促进我们的教育体制更加符合教育规律、更加符合人才成长规律、更能促进学生的全面发展。

四是科研工作体制机制改革。要加强协同性科研攻关。回顾学校历史上所承担的重大研究任务，无不是协同作战，单打独斗是出不了大成果的，个人的力量永远比不上团队的力量。在科研工作体制机制改革中，我们的评价体系要更加注重质量，更加科学合理，更加注重科研成果的转化，更加注重社会的服务能力和水平。我们要探索引入代表作评价制度。项目是学科建设的载体，只有通过重大项目的研究，才能产出重大科研成果，获得重大奖项，培养和锻炼高水平学者，提高学科的整体水平，这些要素都是相辅相成、相得益彰的。

2019 年要做好的几项重要工作。

前面讲的四个问题，是我学习教育大会和总书记关于教育工作重要讲话和重要论述的一些体会，同大家一起研究探讨是为了更好地明确思路，更好地把握高等教育改革发展的大势，更好地做好今年和今后一个时期的各项工作。2019 年，可以说是一个攻坚之年，是爬坡过坎的关键之年，我们要做好啃硬骨头的准备。有几项工作我们要重点谋划，重点推进。

一是关于一级学科博士点申报工作。上一轮博士点申报工作给我们留下惨痛的教训，本轮申报一定要总结经验，提前规划，整合资源，补齐短板，务必取得突破。不论是已经申请下来的博士点，还是即将申请的单位，大家都要有忧患意识，已有的博士点，要考虑建设情况是否达到相应的建设水平；准备申请的，要做好充足的准备。

二是关于学科评估。这两年我们一直围绕学科建设推进了一系列举措，不论是政策、经费还是人才引进都给予了倾斜。各学院也都签订了目标责任书，各学科建设目标非常明确，大家要对照目标责任书抓好落实。学校的资源总量是有限的，人、财、物一定要跟着规划走，跟着各单位所取得的成绩、所做出的贡献走。新一轮的学科评估大家要按照既定目标去努力，必须在第四轮评估的基础上，有进步、有提升。

三是关于绩效改革。工资是广大教职工最关心的问题，也是校领导班子最关切的问题。学校多次向国家民委、人社部汇报，争取政策支持，寻找解决措施；人事处也一直在调研，研究如何找到推进办法。今年，我们准备下大力气，结合全员聘任制，完善绩效工作分配管理制度，努力推进绩效改革，总体导向是由过去的职务职级体系向岗位价值和工作业绩导向转变。最近看到一个词叫“非对称风险”。对称，是指权力和责任相匹配，收益和风险相匹配，也就是说你有多大的权力就要承担多大的责任；追求多高的利益，就要承受多高的风险。而非对称，是指权力和责任、收益和风险不相匹配，这就积累了很大风险。如果没有风险共担的机制，人就会尽一切可能为自己谋取利益，把风险往别人身上转移，我们在绩效改革中必须避免“非对称风险”。

四是关于新校区建设。目前，新校区 2.3 万平方米教学科研楼已经封顶，今年要完成装修；第二组团 14 万平方米已经全面开工，计划今年年底完工，并启动装修；第三组团 10 万平方米可研报告已经上报，拟于今年开工，新校区建设正在紧锣密鼓进行中。新校区指挥部要肩负起广大师生重托，要把新校区建设成为精品工程、样板工程、平安工程、廉洁工程。

大家关心的问题都是学校关注的重点问题，往往这些问题是最复杂、最难解决的，但是，只要大家共同努力，办法总比困难多，问题总会一个一个解决掉的。

五是关于校园安全稳定。今年，大事多，国家多项重要活动在京召开，第二届“一带一路”高峰论坛、北京世界园艺博览会、亚洲文明对话大会以及建国 70 周年系列活动陆续召开。敏感点多，我们学校的安全稳定备受关注，今年我们依然要把安全稳定工作作为重中之重，让党和人民放心，为首都安全稳定做出我们应有的贡献。

六是关于加强意识形态工作。我们要把意识形态工作作为一项极端重要的工作来抓。今年的大事要事多，给学校的意识形态工作提出了新的要求。各级党组织书记、行政负责人要担负起政治责任和领导责任，认真落实意识形态责任制，各部门、各院系要提前预判，下好先手棋，要从“风平浪静”中看出“暗流涌动”，要加强阵地管理，做好重点人的思想政治工作，加强学生社团管理，引导广大青年学生凝聚爱国热情，铸牢中华民族共同体意识。

七是关于加强党的建设。要坚持把党的政治建设摆在首位，把党建工作作为一项常抓不懈的基本功，把全面从严治党各项要求落实到党建工作中。要加强党的基层组织建设，使基层党组织成为师生最贴心、最信赖的组织依靠，成为学校教书育人的坚强战斗堡垒。学校现有党支部248个，党员4727人，师生党员要发挥先锋模范作用，自觉做到在党爱党、在党言党、在党为党。要坚持新时代党的组织路线，坚持正确用人导向，把政治过硬、品行优良、业务精湛、锐意进取的优秀干部选配到学校各级领导岗位上来。过去两年，我们进行了处级干部换届，今年，加强干部培训，提高干部能力素质要成为一项重要工作，要引导广大干部成为忠诚、干净、担当、干事、创业的好干部。实践证明，一个干部出问题，往往是“私”字作祟。一个人如果把自己的功名利禄看得太重，举得太高，就容易掉入各种各样的陷阱。作为一名干部，必须心底无私，用正确的世界观立身，以正确的事业观做事，要堂堂正正、清清白白、干干净净。

八是关于教育部本年度推进的几项重要工作。

今年，教育部将推进新工科、新文科建设；将部署实施一流专业建设“双万计划”（建设10000个国家级一流专业点，建设10000个省级一流专业点），其中2019年中央高校要建立1400个；将实施基础学科拔尖学生培养计划，拟建260个基础学科拔尖学生培养基地，现有基地重新申报；将实施一流课程“双万计划”（遴选10000门国家级一流课程；遴选10000门省级一流课程）；将实施三级专业认证，开展所有专业合格认证；将推进一流师资建设，树选20个高校教师教学发展中心典型，力推60个高校基层教学组织工作先进单位，这项工作我们做在了前头，去年我们已经出台了《中央民族大学基层教学组织建设管理办法（试行）》；今年的中央高校教改专项经费将投入25亿元。

这些项目、计划，我们要去争取，每个项目的含金量都很高，教务处、发展规划处要会同各教学单位做好统筹、谋划、申报工作。我们一定要全力以赴地争取，这是对我们既往工作水平的检验，也是对我们竞争力的考验。

这八项重点工作都对应相关部门、分管领导，希望你们切实负起责任，为中央民族大学的各族师生员工交一份满意答卷。

同志们，新学期已经开始，2019年工作要点也已经印发，大家要突出重点，真抓实干，攻坚克难，确保各项任务落地见效，确保圆满完成全年目标任务。

在2019年全面从严治党工作会议上的讲话

张京泽

2019年3月29日

近三年来，我们坚持每年年初专门召开会议，研究部署全面从严治党工作，充分体现了学校党委管党治党、反腐倡廉的坚定决心。刚才，文喜同志就2018年学校全面从严治党工作进行了总结，部署了今年的工作任务。成绩可圈可点，任务依然艰巨。

下面，我就做好今年的工作，讲三点意见。

第一，认清新形势，不断增强全面从严治党的责任感和紧迫感。

党的十八大以来，以习近平同志为核心的党中央把全面从严治党纳入“四个全面”战略布局，以坚定的决心、顽强的意志、空前的力度，坚决改变管党治党宽松软状况，以对党和人民高度负责的担当精神、政治远见和顽强意志坚定不移全面从严治党，深入推进党的建设新的伟大工程，持之以恒正风肃纪、反腐惩恶，成效显著，向人民交上了满意的答卷。党的十九大作出了中国特色社会主义进入新时代的重大政治论断，提出党的建设新的伟大工程在“四个伟大”中起“决定性作用”，进一步凸显新时代加强党的建设关乎全局、至关重要的地位和作用。

过去一年，学校党委主动担负管党治党和办学治校主体责任，深入学习贯彻习近平新时代中国特色社会主义思想，不断加强党的领导，坚持社会主义办学方向，坚持立德树人，坚持服务大局，坚持改革创新，按照中央要求推进全面从严治党工作，学校党的领导更加有力，党内政治生活更加严肃，基层组织建设更加夯实，政治生态和工作氛围更加清爽。总的看，在大家的共同努力下，学校党的建设和全面从严治党工作取得了明显成效。去年，我们在委属高校党建述职测评中排第一。但是，我们也要清醒地认识到，对标新时代高校党的建设总要求，面对学校“双一流”建设新需要，我们还有不少问题需要解决，还存在不小差距需要追赶。比如，学校党组织政治引领、思想引领、发展引领能力还不足，以全面从严治党推动全面从严治教、全面从严治学效果还不明显；以党风带教风、促学风有待进一步加强；学校党的建设还存在“上热、中温、下凉”的现象，有些基层党组织落实主体责任还不够到位；一些干部凡事按照“老办法、老规矩”，习惯“想当然、大概齐”，对一些问题习以为常、知而不改等等。

这些问题暴露出：学校全面从严治党力度还不够、压力传导还不到位。对此，我们必须始终保持清醒认识，始终保持高度警觉。办好中央民族大学，必须要依靠党的坚强领导，学校“双一流”建设任务很艰巨、很繁重、很紧迫，还有很多“硬骨头”要啃、有很多攻坚战要打。我们要从面临的新形势和新挑战中不断增强责任感和紧迫感，越是在爬坡过坎的关键时期，越是要保证我们的方向不能偏、干劲不能减、风气不能坏、态势不能变。正如总书记 告诫的那样：“在全面从严治党这个问题上，我们不能有差不多了，该松口气、歇歇脚的想法，不能有打好一仗就一劳永逸的想法，不能有初见成效就见好就收的想法。”全面从严治党必须持之以恒、毫不动摇，始终保持永远在路上的执着和韧劲。要通过全面从严治党，推进学校各项事业稳步健康发展。

第二，明确新任务，扎实推动全面从严治党向纵深发展。

2019年是新中国成立70周年，五四运动100周年，也是学校“双一流”建设，特别是深入推进“质量立校”的关键之年，无论从站在国家发展层面，还是着眼学校自身建设，都可以说是大事多喜事多难事多，敏感时间节点多，全面从严治党责任重大。我们要以习近平新时代中国特色社会主义思想为指导，深入贯彻落实全国教育大会精神，贯彻落实习近平总书记在十九届中央纪委三次全会上的重要讲话和全会精神，遵照国家民委党组、教育部党组和北京市委工作部署要求，持之以恒，狠抓落实，推动全面从严治党向纵深发展，为学校“双一流”建设提供坚强政治保证。

一是坚持抓深抓实党的思想建设，在理论武装上下功夫。思想建设管长远、管方向、管根本，忠诚源于理论清醒，追随因为信仰坚定。加强党的思想建设最核心的就是深入学习贯彻习近平新时代中国特色社会主义思想，这是我们必须坚持的首要政治任务和长期战略任务，是做好一切工作的基本前提。今年，我们要按照中央的部署安排，深入开展“不忘初心、牢记使命”主题教育活动，加强党委理论学习中心组学习，重视干部教师队伍教育培训，推进使用“学习强国”平台。要引导全校党员干部和广大师生全面系统学、及时跟进学、联系实际学，不断提升学习质量和效果，学出绝对忠诚、学出坚定信念、学出自觉自信、学出责任担当、学出能力水平。要牢牢把握意识形态的主动权和制高点，加强宣传思想阵地建设和管理，管好课堂教学、管好媒体平台、管好科研成果；对于破坏和干扰祖国统一民族团结的声音，对违背党的民族政策的言论和行为，要勇于坚决抵制，要敢于发声亮剑，要善于正本清源，旗帜鲜明地拥护和执行中央关于民族工作的各项决策部署，努力在铸牢中华民族共同体意识上创新工作举措，形成长效机制，抓出成绩成效。

二是坚持把党的政治建设摆在首位，在强化政治要求上下功夫。党的政治建设是党的根本性建设，决定党的建设方向和效果，最核心的就是坚决做到“两个维护”，始终在政治立场、政治方向、政治原则、政治道路上同党中央保持高度一致。最近，中央下发了《中共中央关于进一步加强党的政治建设的意见》和《中国共产党重大事项请示报告条例》两份重要文件，对新时代加强党的政治建设和全面从严治党提出了明确具体要求，全校各级领导干部必须认真学习领会，不断强化思想自觉和行动自觉，坚决贯彻执行。我们要不断严明党的政治纪律和政治规矩，强化党员意识和组织观念，做到“五个必须”。要始终坚持党管干部原则，新修订的《党政干部选拔任用条例》，强调把政治标准放在首位，为新时代党的干部工作提供了根本遵循，树立明确的干部选用导向，全体党员干部要把自己摆进去，看看自己是否符合新的标准，符合新的要求，不断提升政治素质和担当意识；对于那些对中央的精神、对学校党委的决策表态和行动不一、当面和背后不一、内心和表现不一的干部，要及时辨别，坚决调整。去年，我们制定实施了《关于干部人事有关工作重要事项请示报告办法》《关于完善谈心谈话制度的有关规定》等一系列党内文件，要切实落实到位。

三是坚持驰而不息推进作风建设，在抵制形式主义、官僚主义上下功夫。习近平总书记指出，形式主义、官僚主义害死人，是不作为、不负责、不担当的表现。去年，我们针对全校职能部门和校属单位开展了“不担当、不作为”专项治理工作，一些部门和干部不同程度存在服务意识淡薄、工作落实不够、效率不高，面对复杂难事不敢为、不会为等问题；有的干部表态快、做工差、追求表面文章，存在重留痕、轻实效的情况。这些问题的出现，根本上就是形式主义和官僚主义思想作祟，必须严抓严管，持续整改。加强作风建设，还要在抓落实上再发力，要坚持问题导向和目标导向相统一，结合岗位、结合工作实际出对策，出方案，出成效；学校各级领导干部必须身先士卒，率先垂范，重要工作亲自部署、重大问题亲自过问、重要环节亲自协调、落实情况亲自督办。要持续巩固中央八项规定成果，严格落实学校关于落实中央八项规定的实施细则，持之以恒、久久为功，坚决防止“四风”问题反弹回潮。

四是坚持抓好党风廉政建设和反腐败斗争，在强化监督执纪问责上下功夫。刚才，文喜同志通报了去年学校收到和处理信访举报件的情况。可见，大家反映的问题还是不少。要紧盯容易滋生腐败的关键岗位、关键人、关键环节，比如招生招聘、选人用人、后勤基建、科研经费、项目招投标、大宗采购等。还有就是一定要把新校区建成廉洁工程，千万不能出现大楼建起来了，干部倒下去了的情况。教育千遍，不如问责一次。要通过严肃查处违纪违规问题，形成有效震慑，一体化推进不敢腐、不能腐、不想腐。同时，也要坚决抵制诬告、诬陷等行为，及时为敢于干事创业、敢于担当作为的好干部澄清正名、消除顾虑、撑腰鼓劲，形成鲜明的工作导向。

第三，把握新要求，切实担负管党治党办学治校的政治责任。

党的十八大以来，在习近平总书记亲自领导下，党中央就加强高校党的建设工作出台了一系列重要文件，作出了一系列重要部署。2016 年、2018 年，总书记又分别在全国高校思想政治工作会议和全国教育大会上发表重要讲话，对新时代高校党的建设指明了方向，为我们抓好学校党的建设，推进全面从严治党提供了根本遵循，提出了明确要求。

一是要切实把管党治党的主体责任落实到位。学校各级党组织和领导干部要牢固树立“抓好党建就是最大政绩”“不抓管党治党就是严重失职”的观念，善于把握学校党建工作的规律性和特殊性，推动党建与业务有机融合。要紧紧抓住立德树人的根本任务，以强化管党治党主体责任为前提，以提高党员师生员工思想政治素质为重点，以建立健全党建工作考核评价体系为保障，通过强化政治建设和理论武装，确保坚持办学正确政治方向；通过加强作风建设，激发党员教师、干部求真务实、积极作为的责任担当，使党建工作成为业务工作特别是“双一流”建设的重要引领和推动力，实现同向发力、相互促进、相得益彰。要认真贯彻落实《中国共产党支部工作条例（试行)》，结合学校实际，推进党支部规范化建设，着力提升党支部组织力、凝聚力和战斗力。要不断加强基层组织建设，及时调整完善基层党组织设置，基层党组织要按期换届或调整增补委员。

二是要切实把管党治党的监督责任落实到位。习近平总书记指出，“党内监督是永葆党的肌体健康的生命之源”。监督首先是党委的责任，不能全部推给纪检组织，这一点必须明确。新《党章》明确纪委“协助党的委员会推进全面从严治党”。纪检组织是监督的专责部门，要突出主责主业，坚持把监督挺在前面，严字当头，坚持有案必查、有腐必惩，逐步把高压态势的不敢腐、制度约束的不能腐和启发人觉悟的不想腐一体推进。要充分运用好监督执纪“四种形态”，认真贯彻落实《国家民委系统运用监督执纪第一种形态办法》，从严管理，及时教育，使抓早抓小、严抓严管成为常态。

还有一点，就是要切实把师德师风建设常抓不懈。从近几年教育系统网络舆情来看，师德师风问题无疑排在首位。反映的问题主要有：有发表错误言论的、与学生发生不正当两性关系的、与学生存在利益交换的、有学术不端的、有违法使用科研经费的等等。有些情况也发生在我们中央民族大学，比如，我们某学院有一位教师对女学生骚扰问题，造成不良影响，被学校解聘。还有一位教授，政治意识淡薄，公开发表违背党的政策的文章被严肃处理，给学校声誉造成极坏影响。当然，这只是我们掌握的，或者是已经事发的情况。是否还有隐藏没有暴露的，也不好说，希望各单位在这方面要多做些工作，摸清底数。

师德建设是一场持久战。党中央高度重视，习近平总书记对广大教师提出了“四有好老师”“四个相统一”“四个引路人”的殷切期望，用“三个传播”“三个塑造”（传播知识、传播思想、传播真理、塑造灵魂、塑造生命、塑造新人）阐明了人民教师的崇高使命。3 月 18 日，总书记在学校思政课教师座谈会上，又专门对思政课教师队伍建设提出了“坚持政治要强、情怀要深、思维要新、视野要广、自律要严、人格要正”六个方面的要求。总书记的重要指示，是我们抓好师德师风建设的根本遵循，也是我们的努力方向。巴特尔同志在国家民委全面从严治党工作会议上指出，委属高校要巩固和发挥好培养少数民族干部和优秀人才的阵地作用，不断加强教师和学生思想政治工作，决不允许有人打着学术旗号自行其是，宣扬错误观点，甚至攻击党的民族政策；更决不允许有人诱导、毒害民族高校学生成为“三股势力”的追随者、国家事业的破坏者，要让每一位民族院校学生都成为维护祖国统一和民族团结的楷模。教育部在2018年12月14日专门召开全国师德师风建设工作视频会议，陈宝生同志强调，要夯实主体责任，坚持失责必问、问责必严；对师德失范行为，必须以零容忍的态度，依法依规严肃惩处。我们要认真贯彻落实好中央的重要精神，按照国家民委、教育部的有关要求，在抓实教师队伍管理上下功夫。要切实落实好《新时代高校教师职业行为十项准则》。“十项准则”是新时代我国教师职业领域第一部行为准则，也是我国教师队伍建设历史上第一部成体系的职业行为准则，要把落实好“十项准则”作为今后一段时期师德师风建设的首要任务，使之成为带电的高压线，让顶风违纪者付出代价，在这方面必须旗帜鲜明。要加强制度细化和落实。关于师德师风建设方面，这几年教育主管部门先后提出“红七条”“一票否决制”等严令，要做好制度的“立改废”工作，坚持问题导向，突出针对性，切实把师德失范“一票否决”落到实处，让每一位教师知准则、守底线。要关口前移，预防为先。师德问题常起于毫末，很多引起社会广泛关注的师德问题，往往是历史沉积的结果。我们要树立抓早抓小意识，把好教师入口关，注重品德考察，严格教学、科研等纪律要求，开展师德问题预警监测和筛查，及时掌握情况，及早化解苗头性、倾向性问题，做到防微杜渐。

同志们，事业成败关键在党，关键在从严治党。让我们紧密团结在以习近平同志为核心的党中央周围，奋发有为，团结一致，推进学校党的建设迈上新台阶，推进全面从严治党向纵深发展，推进“双一流”建设取得新成绩，以优异成绩庆祝新中国成立70周年。

在全校干部大会上的讲话

张京泽

2019 年 7 月 13 日

按照学校党委工作安排，今天，我们在这里召开全校干部大会，总结上半年工作。参加今天会议的有，学校全体处级以上干部、二级教授，列席会议的有科长（主任）。今天会议有两项议程：一是各位校领导结合分管工作，对照《中央民族大学 2019 年工作要点》确定的 40 条工作任务，就完成情况、取得成效，未完成原因、何时完成向大家做报告；二是请黄泰岩校长代表学校领导班子总结上半年工作。

下面请马文喜、宋敏、石亚洲、再帕尔·阿不力孜、邹吉忠、王丽萍、田琳、张艳丽同志依次报告……

会议第二项，请黄泰岩校长代表学校领导班子总结上半年工作……

每学期末我们进行工作总结，每学期初进行工作部署和干部培训，这已经成为我们的一项工作机制。刚才，各位校领导都结合分管工作报告了 2019 年工作要点完成情况，总结了取得的成效。黄校长代表学校领导班子全面总结做了一个很好的讲话，大家讲得都很好。在同志们的共同努力下，我们的许多工作有了新突破，取得了新成绩。

学校的改革与发展受到国家民委、教育部、北京市委的关注与支持，6 月 20 日，全国政协副主席、国家民委主任巴特尔同志来校调研指导工作；6 月 6 日，北京市委常委、统战部部长齐静同志，28 日，北京市委常委张延昆、王宁同志先后来校调研；7 月 1 日，教育部副部长翁铁慧同志来校调研；对学校工作给予充分肯定，同时，对学校未来发展方向提出了意见和建议。

通过刚才各位校领导的报告，从工作的完成数量来看还需要进一步加快进度，从工作的完成质量上来看也需要进一步提升。我们现在取得的成绩是今后工作的基础，我们现在查摆的不足是今后工作的借鉴，我们今天总结上半年的工作，目的就是为了查漏补缺，贯彻好、执行好、落实好《中央民族大学 2019 年工作要点》，确保全年工作高质量圆满完成。

为更好完成 2019 年各项任务，加快推进学校“双一流”建设，我提四点要求：

工作要抓重点。要坚持问题导向，补短板、填漏洞、强弱项，提质增效，夯基固本，要勇于斗争打硬仗。要把重点工作找准抓住。要围绕铸牢中华民族共同体意识这条主线开展工作；要不断深化体制机制改革；要全面推进“双一流”建设。这是我们的中心工作，也是重点工作，我们要抓住关键点。

工作要抓实。临渊羡鱼，不如退而结网。任何美好的空想都不如动手实干。工作中，我们要把握三个原则，内容要实，不要搞形式主义。安排要实，我们开展的每一个任务都要有实际的内容、实际的意义。结果要实，要有思想认识提高的结果，要有工作改进的结果，要有师生满意的结果。

工作要抓紧。定下来的事，就要抓紧干，既定的方针政策，就要抓紧落实。明日复明日，明日何其多？工作要点年初已经明确，各项工作任务都有完成时限。从时间上看，一周要有一周的安排，每月要有每月的安排。从对象上看，每一级都要抓紧，领导班子要抓紧、主要领导干部要抓紧、所有的干部、教师要抓紧。

工作要抓好。胡适先生的《差不多先生传》讽刺了当时中国社会那些处事不认真的人，许许多多的人就在“差不多”的圈套里度过一生。我们在工作中也要吸取教训，工作要认真、求实、求效、精益求精。抓工作，要有成效意识。我们做任何一个决策，完成任何一项工作，都是有预期的，在完成后要检视，是否达到预期效果，还存在哪些问题，都要认真总结归纳，这样才会达到预期目标，这样才会推动学校事业不断发展。

同志们，今天我们专门对上半年的工作进行了总结，各位同志回去要对照各自工作计划和工作任务进行认真梳理总结，完成好的要坚持做得更好，完成不好的要迎头赶上。暑假马上就要到了，大家既要休息好，同时，也要做好值班安排，要加强对广大师生的安全教育，要为下学期的工作做好准备，确保全年工作保质保量圆满完成。

我就讲这些。祝大家假期愉快。

新时代中央民族大学的使命、责任与担当

——“不忘初心、牢记使命”主题教育党课讲稿

张京泽

2019 年 10 月 10 日

党中央在中华人民共和国成立 70 周年、中国共产党执政 70 周年之际，在全党开展“不忘初心、牢记使命”主题教育意义重大，正当其时。10 月 1 日，在庆祝中华人民共和国成立 70 周年大会上，习近平总书记发表重要讲话，深情回望 70 年前新中国成立这一伟大事件，赞扬 70 年来全国各族人民取得举世瞩目的伟大成就，宣示前进征程上不断创造新的历史伟业的坚强决心和坚定信心，

号召全党全军全国各族人民更加紧密地团结起来，不忘初心，牢记使命，继续把我们的人民共和国巩固好、发展好，继续为实现“两个一百年”奋斗目标、实现中华民族伟大复兴的中国梦而努力奋斗。

近一个月以来，根据中央的部署，按照国家民委指导组的具体要求，我们开展了集中学习、交流研讨、专题辅导，充分做好了调研准备，深入开展主题教育。学校领导班子集中学习了《习近平关于“不忘初心、牢记使命”重要论述选编》《习近平新时代中国特色社会主义思想学习纲要》，并进行了交流研讨，大家普遍认为，思想认识受到了深刻洗礼，进一步找准了差距不足，明确了改进方向。今天，我结合在国家民委参加第一批主题教育的体会，以及这段时间的学习和思考，和大家作一个交流。

一、办好中央民族大学，必须始终牢记中国共产党的初心和使命

“一切向前走，都不能忘记走过的路；走得再远、走到再光辉的未来，也不能忘记走过的过去，不能忘记为什么出发。”中国共产党作为百年大党，如何永葆先进性和纯洁性、永葆青春活力，如何永远得到人民拥护和支持，如何实现长期执政，这是每一个中国共产党人要接续回答的问题；中央民族大学作为一个拥有70多年办学历程的民族高校，如何在党的领导下，坚持办学正确政治方向，办各族人民满意的教育，培养德智体美劳全面发展的社会主义建设者和接班人，这是每一个民大人应该深思的问题。

要深刻认识中国共产党的初心和使命。

1840年鸦片战争以后，许多志士仁人开始了救亡图存、振兴中华的斗争。他们纷纷组建政治团体和政党，据统计，辛亥革命后，出现的政党与政党性组织共312个，都想推翻清朝统治和帝国主义压迫，但无论这些仁人志士怎么努力，怎么流血，其最终的结局都是没能改变中国任人宰割、受人欺凌的悲惨命运，中国依然四分五裂，依然贫穷落后，依然战乱不止。历史注定只有中国共产党才能救中国，这是历史的选择，是人民的选择。

纵观我们党走过的98年历程、新中国成立70年来的历程，并不是一帆风顺的，是在曲折中前进的。主要体现在，马克思主义政党夺取政权不容易，巩固政权更不容易；功成名就时做到居安思危、保持创业初期那种励精图治的精神状态不容易；执掌政权后做到节俭内敛、敬终如始不容易；承平时期严以治吏、防腐戒奢不容易；重大变革关头顺乎潮流、顺应民心不容易；把这么大的一个党管好很不容易；把这么大的一个党建设成为坚强的马克思主义执政党更不容易。这是总书记的深刻思考，也是我们每个共产党人应该深刻学习思考的问题。

10月1日上午，庆祝中华人民共和国成立70周年的群众游行方阵从天安门前依次走过，其中，坚持毛泽东思想、坚持邓小平理论、坚持“三个代表”重要思想、坚持科学发展观、贯彻习近平新时代中国特色社会主义思想五个标语方阵庄严地展现在天安门前。这些思想和理论是马克思主义中国化的具体体现，是中国共产党带领中国人民与时俱进的具体体现，是中国共产党不忘初心、牢记使命的生动体现。作为一名共产党员，我们要了解这些思想的由来，知其然也要知其所以然。党的七大把毛泽东思想确立为中国共产党的指导思想。毛泽东撰写了大量重要理论著作，深刻总结和全面系统地阐述了中国革命的一系列重大理论问题，吸收抗日战争的新经验，形成了比较系统的哲学思想、军事思想、统一战线思想和党的建设思想。在全国解放战争时期和新中国建立以后，毛泽东思想继续得到发展。毛泽东关于社会主义革命和社会主义建设的重要思想，集中体现在《在中国共产党第七届中央委员会第二次全体会议上的报告》《论人民民主专政》《论十大关系》《关于正确处理人民内部矛盾的问题》《在扩大的中央工作会议上的讲话》等主要著作中。1978 年，十一届三中全会召开，把全党全国工作重心转移到经济建设上来，当时的中国，最需要解决的问题就是什么是社会主义、怎样建设社会主义。邓小平在党的十二大指出，把马克思主义的普遍真理同我国的具体实际结合起来，走自己的道路，建设中国特色社会主义，这就是我们总结长期历史经验得出的基本结论。从此，中国特色社会主义这个名字应运而生。邓小平围绕建设中国特色社会主义，对什么是社会主义、怎样建设社会主义进行了理论思考和总结概括，逐步形成建设有中国特色的社会主义理论，党的十五大把这一理论正式命名为邓小平理论。1992 年，党的理论创新又一次实现了历史性突破，江泽民在党的十四大提出，从计划经济转到社会主义市场经济的革命性变革。世情、国情、党情的新变化，把建设一个什么样的党、怎样建设党的问题，突出摆在中国共产党面前。2000 年 2 月，江泽民在广东省考察时提出了“三个代表”重要思想。他指出，我们党要不断巩固自己的执政地位，必须紧跟世界发展进步的潮流，始终代表中国先进生产力的发展要求、先进文化的前进方向和最广大人民的根本利益。2003 年，一场“非典”在我国肆虐成灾，给中国人敲响了“发展”的警钟，促使我们反思发展的目的和方式等问题。2003 年 7 月 28 日，胡锦涛在全国防治“非典”工作会议上指出：我们讲发展是党执政兴国的第一要务，这里的发展绝不只是指经济增长，而是要坚持以经济建设为中心，在经济发展的基础上实现社会全面发展。我们要更好地坚持全面发展、协调发展、可持续发展的发展观。党的十六届三中全会将这一发展观正式命名为科学发展观。党的十八大以来，习近平总书记以“我将无我，不负人民”的赤子情怀，立足时代之基，回答时代之问，积极围绕新时代坚持和发展什么样的中国特色社会主义、怎样坚持和发展中国特色社会主义这一重大时代课题，深刻结合新的时代条件和实践要求，在新时代坚持和发展中国特色社会主义各个方面，提出了一系列具有开创性意义的新理念新思想新战略，创立了习近平新时代中国特色社会主义思想，为新时代发展马克思主义作出了中国的原创性贡献。2013 年 8 月，总书记在一次会议上讲了一段发人深省的话：我们中国共产党人能不能打仗，新中国的成立已经说明了；我们中国共产党人能不能搞建设搞发展，改革开放的推进也已经说明了；但是，我们中国共产党人能不能在日益复杂的国际国内环境下坚持住党的领导、坚持和发展中国特色社会主义，这个需要我们一代一代共产党人继续作出回答。

党的十九大把“不忘初心，牢记使命，高举中国特色社会主义伟大旗帜，决胜全面建成小康社会，夺取新时代中国特色社会主义伟大胜利，为实现中华民族伟大复兴的中国梦不懈奋斗”作为大会主题，总书记深刻指出，中国共产党人的初心和使命，就是为中国人民谋幸福，为中华民族谋复兴。这个初心和使命是激励中国共产党人不断前进的根本动力。全党同志一定要永远与人民同呼吸、共命运、心连心，永远把人民对美好生活的向往作为奋斗目标，以永不懈怠的精神状态和一往无前的奋斗姿态，继续朝着实现中华民族伟大复兴的宏伟目标奋勇前进。

要深刻认识中国共产党创办民族高等教育的重大意义。

1941 年 9 月 18 日，中国共产党在延安创办了第一所民族学院——延安民族学院。那时，革命斗争正处于艰苦时刻，内战外患交加，日本帝国主义疯狂地侵略我国，国民党反动派对外采取消极抗战，对内掀起反共高潮，在这种形势下，我们党需要大批抗战干部，包括少数民族干部，因而成立了延安民族学院。延安民族学院创办 8 年时间，培养了大批少数民族干部，为新中国的诞生作出了积极的贡献。

从 1950 年开始，我们党陆续兴办了多所民族学院。国家民委直属高校 6 所。无论在革命、建设时期，还是在改革开放新时期，民族院校的办学宗旨始终与党和国家中心工作紧密相连，为促进民族团结进步事业和民族地区经济社会发展做出了重要贡献。

要深刻认识中国共产党创办中央民族大学的战略考量。

为庆祝中华人民共和国成立 70 周年，国家举办了“伟大历程 辉煌成就——庆祝中华人民共和国成立 70 周年大型成就展”。成就展全方位展现了新中国走过的光辉历程，其中“中央民族学院设立”，作为 70 周年重要成就单独展示，是全国高校中唯一一所单独展示的高等院校。

新华社 9 月 27 日发布了中华人民共和国大事记（1949 年至 2019 年），其中记载：1950 年 11 月 24 日，政务院第六十次政务会议批准《培养少数民族干部试行方案》和《筹办中央民族学院试行方案》。1951 年 6 月 11 日，中央民族学院开学。

中央民族大学出现在中华人民共和国成就展和大事记中，足以证明，党中央对中央民族大学的高度重视，也体现了中央民族大学是中国共产党创办民族高等教育的伟大创举。经历了七十多年的办学历程，中央民族大学的办学方向始终同党和国家的要求同心同向，中央民族大学的育人目标始终同党和国家的重大战略步调一致。当前，我们更加清晰地感受到，新中国的 70 年，是中华民族赓续千年梦想、走向民族复兴的历史进程；中央民族大学 70 多年的办学历程，是一代又一代民大人逐梦追梦，实现民大不断发展的历史进程。新时代，我们要始终牢记党和国家赋予我们的神圣职责和使命，坚持立德树人的根本任务，深化民族团结进步教育，铸牢中华民族共同体意识，培养德智体美劳全面发展的社会主义建设者和接班人。

二、深刻检视中央民族大学的差距和不足

这次“不忘初心、牢记使命”主题教育的总要求是守初心、担使命，找差距、抓落实。其中，找差距，就是检视我们存在的问题与不足，是更好推进中央民族大学改革与发展的重要途径和有效方法。这两年，结合学校工作中的一些问题与思考，我也调研了多所“双一流”高校和民族高校，学校领导班子在本学期开学前，专门召开常委会，就学校存在的问题与不足进行了一次深入剖析，检视学校发展中存在的差距和不足。结合这些问题，近期还要继续深入开展调研，有针对性地寻找和提出解决问题的有效办法。对照习近平总书记关于民族工作和教育工作的重要论述和批示指示精神，结合让学生忙起来，让教学活起来，让管理严起来，让毕业难起来，让质量提起来的时代要求，对照学校“双一流”建设的目标，我认为，中央民族大学要在以下几个方面进行深入检视和反思。

一是学习贯彻习近平总书记关于民族工作和教育工作的重要论述和指示批示精神是否到位？

党的十八大以来，党中央陆续召开了中央民族工作会议、全国高校思想政治工作会议、全国教育大会、学校思政课教师座谈会、全国民族团结进步表彰大会等会议，习近平总书记发表了重要讲话，中央也出台了一系列文件。近年来，我们狠抓总书记的系列重要讲话、重要批示指示精神的贯彻落实，推动了学校工作向前发展。但我们也要清醒地认识到，仍存在学习贯彻中央精神不及时、不到位的现象，以至于中央民族工作会议召开后，一些不当言论、错误观点还在我们的教师身上出现。总书记在全国教育大会上强调，要加强教师队伍建设，对教师提出高标准、严要求，是天经地义的，既是对学生负责，也是对民族负责。对照四有好老师、四个相统一的标准，我们还有多少差距？结合这次主题教育的要求，学校层面、学院层面都要对照检视存在的问题。今年6月，中办国办印发了《关于进一步弘扬科学家精神加强作风和学风建设的意见》，明确规定了院士工作站的设立和运营要求：“每名未退休院士受聘的院士工作站不超过1个、退休院士不超过3个，院士在每个工作站全职工作时间每年不少于3个月。”为什么会有这样的要求呢？一位2017年底才当选的工程院院士李兆申，以“跑马圈地”的紧迫感、“只争朝夕”的速度，不到两年已在全国23个省、直辖市、自治区设立院士工作站、院士工作室88家，有时同一天挂牌两个，中国工程院已经启动调查。这样的科学家哪有时间和精力再去追求真理、勇攀高峰？我们没有院士，但我们的教授有没有类似的现象？有没有“满天飞”的教授？

我们的广大教师要大力弘扬胸怀祖国、服务人民的爱国精神；大力弘扬勇攀高峰、敢为人先的创新精神；大力弘扬追求真理、严谨治学的求实精神；大力弘扬淡泊名利、潜心研究的奉献精神；大力弘扬集智攻关、团结协作的协同精神；大力弘扬甘为人梯、奖掖后学的育人精神。要加强作风和学风建设，营造风清气正的教学科研环境，要崇尚学术民主，要坚守诚信底线，要反对浮夸浮躁、投机取巧，要反对科研领域“圈子”文化。

二是我们的理念是否能够跟得上新时代发展的步伐？

理念决定思路，思路决定出路。2017年9月，我们进入了“双一流”建设A类高校行列，这是继学校进入“211工程”“985工程”之后，迎来的又一次重大机遇，全校上下无不为此欢呼、为此自豪。我们千万不能在一片喝彩声、赞扬声中丧失了奋斗的精神，逐渐陷入安于现状、不思进取的状态。我们必须冷静下来面对一些现实问题，既然进入“双一流”建设高校行列，人家就会把我们放在这个水平线上去对比，去考量，我们就得在这个水平线上接受考核。“双一流”实行动态调整，考核非常严格，对于推进学校“双一流”建设，我们一步也不能错，一刻也不能停，一天也耽误不起，要有时不我待、居安思危的紧迫感。我们不能忘记两年前网络上出现的两篇对我们的批评文章，《中央民族大学为什么全军覆没》《中央民族大学的确应该降格了》，姑且不说评论得是否准确，这种警醒值得我们深思。当前，我们有很多方面，距离目标还很远，需要提高的空间还很大。不论是高层次人才数量，还是师资队伍水平；不论是办学规模，还是经费总量；不论是国家级教学成果数量，还是高水平科研成果数量等等，都处于“双一流”建设高校这个群体的末端，甚至不及没有进入“双一流”建设高校的很多学校。面对这些问题，我们要深刻反思，是什么因素制约我们的发展。我们缺高层次人才、缺项目、缺资金，可实际上缺的是与时俱进的理念，缺的是激发广大教师干部活力、创造力的体制机制。我们跟人家差距的根源就在思想观念上。有的高校20年前就在实施“非升即走”的人事制度改革，但我们现在还存在吃“大锅饭”的现象。我们必须要有紧迫感，我们要深刻认识严峻的形势。不得不承认，我们有的同志安于现状，缺乏忧患意识，总是陶醉在过去的辉煌之中；有的同志思想闭塞，过于保守，错失了许多发展机遇；有的同志干事创业的动力不足，得过且过，阻碍学校事业的发展。

回顾学校的发展历程，中央民族大学从创办到今天，每一个时期，都承载着特殊使命，这也是我们存在的价值和意义所在。要想使学校发展跟得上时代步伐，肩负起党和人民的期望和使命，我们既要守正，也要创新，要顺应社会的期盼与要求，发挥好中央民大应有的作用，找准我们的定位，彰显我们不可替代的特色。这就要求我们，要准确把握高等教育发展大势，超前识变、积极应变、主动求变。

三是我们的管理是否符合一流大学的要求？

任何一个单位如果没有一套精细化的管理办法或体制机制，那这个单位要么衰败，要么就是走在衰败的路上。上学期放假前的干部大会上，我举了一个胡适的《差不多先生传》，就是要提醒大家，在开展工作时不能只图个差不多、大概齐，这样于事业不利，于自己也不利。管理是一种责任，我们每一位干部都要把这种责任扛起来，任何事情要多问个究竟，任何环节要多几个设想，要有把事情做到自己的最好，做到极致这样一种精神。只要我们用心，细节随处可见，只要认真对待每一个细节，那我们的工作不愁做不好。比如，“美与共、知合一”、中慧楼只开一个门的例子。这些简单的事，体现了我们的精细化管理水平还很差。诸如此类的问题，我们的工作人员、处长，包括分管领导都应该去想、去管，这样，学校的管理水平才会不断提升。我们有些同志粗枝大叶，马马虎虎，满足于一般化，缺少精细、精准、精致的功夫。我们的各级干部，工作中要追求精细化管理，如果我们要求不严格，层层压力都会递减，最后使学校定的规章制度都形同虚设。

提高中央民族大学的管理水平，要从我们自身做起，从我们的各位领导干部做起，不当“差不多先生”。我们要带动各个岗位上的干部、教师精心打造管理服务中的每一个环节，精心设计、上好每一节课程、精心做好每一件事。

四是我们的考核是否能够严格执行？

我们常说，严管就是厚爱，靠什么管？考核是一种有效的手段。事实证明，越是严格的考核，干部、教师的能力提升越快。我们要利用平时考核、年度考核、专项考核、任期考核这些制度，发挥好干部、教师考核的指挥棒、风向标、助推器作用，激励引导广大干部、教师以更好的状态、更实的作风投入工作中去。我看了学校的制度汇编，各种考核条例不少，必须要对照条例严格执行。比如，我们 2018 年度的教职工考核结果，8 人基本合格，6 人不合格，其中，有的教师已经不是第一次不合格了，应该怎么处理？是不是严格执行了？比如，《中央民族大学本科教学质量与教学改革工程实施意见》（民大校发〔2007〕223 号）中明确规定，教授、副教授为本科生上课，作为岗位评聘的必需条件；《中央民族大学教学岗位教师教学工作考核与奖励办法（试行）》（民大校发〔2013〕180 号）明确规定，教授教学工作量应达到 216 学时/年，且每学年至少承担一门 36 学时（含）以上的本科生课程；副教授教学工作量应达到 216 学时/年，且每学年至少承担两门 36 学时（含）以上或一门 72 学时（含）以上的本科生课程。多个文件明确提出要求，但 2018 年，我们的教授中有 20 多人没有给本科生上课。这是教授的失职，还是考核的失职？要认真反思，严肃整改。上个月，教育部高教司司长吴岩透露，教育部将出台新规定，明确大学教授和副教授如连续三年不给本科生上课，将被清理出教师系列。有些问题是因为我们的考核机制不完善，但有些是因为我们的考核执行不严格。考核是一种手段，考核结果的运用是激发干部、教师活力的关键所在，也是我们进行的每一次考核的目的所在。我们一定要避免干多干少一个样、干好干坏一个样；一定要避免认认真真进行了考核，稀里糊涂就这么过去，那就失去了考核的意义了。一定要奖优惩劣，让优秀的人受表彰、受肯定、有收获，要让不合格的人从根本上受触动，特别要触动他的切身利益，要让那些整天心不在焉、混日子的人混不下去。我们既要加强对干部、教师的考核，也要加强对学生的考核管理。最近，中国人民大学给予 16 名学生退学处理，原因是根据《中国人民大学本科生学籍管理规定》“在读时间达到基本学习年限，应修未修、不及格课程累计超过 20 学分的，应予退学处理。”我们要科学合理建立健全相关考核管理机制，促进人才培养质量不断提升。

五是我们是否具备应对挑战、解决矛盾的斗争精神？

党的十八大以来，以习近平同志为核心的党中央以壮士断腕、刮骨疗毒的决心和斗志开展了全面从严治党，成效显著。总书记多次强调，我们不能自满，要清醒认识到，党内存在的政治不纯、思想不纯、组织不纯、作风不纯等突出问题尚未得到根本解决，“四大考验”“四种危险”依然复杂严峻，党的自我革命任重而道远，决不能有停一停、歇一歇的想法。领导干部要经受严格的思想淬炼、政治历练、实践锻炼，在复杂严峻的斗争中经风雨、见世面、壮筋骨，真正锻造成为烈火真金。试想，如果没有斗争精神，秦岭1000多栋违建别墅何以被拆除；如果没有斗争精神，祁连山国家级自然保护区生态环境问题何以整改；如果没有斗争精神，全面从严治党成效何以如此显著（从2012年12月至2019年6月，中纪委立案审查中管干部389人，涉嫌犯罪移送司法机关155人）。

中央民族大学在70多年的办学实践中取得了辉煌成绩，现在又进入了“双一流”建设高校，昨天的成功并不代表今后能够永远成功，过去的辉煌并不意味着未来可以永远辉煌。学校的发展正处在一个船到中流浪更急、人到半山路更陡的时候，正处在一个愈进愈难、愈进愈险而又不进则退、非进不可的时候，还有许多要我们跨越的“雪山”和“草地”“娄山关”和“腊子口”。敢于刀刃向内，勇于自我革命是当前民大人必须具备的一种精神，唯有这样，中央民族大学的未来才会更加辉煌。事实证明，如果没有斗争精神，家属院不会有现在的井然有序；如果没有斗争精神，天池餐厅不会被收回；如果没有斗争精神，我们的教学、科研、管理、服务也一定不会跟得上“双一流”的建设步伐。

三、以开展主题教育为契机，加快推进学校“双一流”建设

这次主题教育，我们要围绕理论学习有收获、思想政治受洗礼、干事创业敢担当、为民服务解难题、清正廉洁做表率的目标深入开展。特别是马上要进行的找差距、抓落实阶段，更要高度重视，取得实效。要想深入解决学校发展中面临的一些突出问题，就要抓住问题的本质，要找准问题的根源，切实解决好。工作中，要牢牢把握以下几项工作。

一要牢牢把握高等教育发展方向的“四个服务”。习近平总书记在全国高校思想政治工作会议上强调，“我国有独特的历史、独特的文化、独特的国情，决定了我国必须走自己的高等教育发展道路，扎实办好中国特色社会主义高校。我国高等教育发展方向要同我国发展的现实目标和未来方向紧密联系在一起，为人民服务，为中国共产党治国理政服务，为巩固和发展中国特色社会主义制度服务，为改革开放和社会主义现代化建设服务”。我们只有深刻理解“四个服务”的含义，才能深刻理解为什么要坚持把立德树人作为根本任务，把思想政治工作贯穿教育教学全过程，才能深刻理解究竟应该“培养什么样的人、如何培养人，为谁培养人”。

具体到中央民族大学，我们要始终坚持社会主义办学方向，把立德树人作为根本任务，聚焦国家重大战略需求，发挥民大所长。总书记强调，办好中国的世界一流大学，必须有中国特色。我们要把中央民族大学的特色凝练好、彰显好、运用好、发展好。“四个服务”体现了党的教育方针和社会主义办学方向的内在要求，学校党委要切实发挥领导核心作用，履行管党治党、办学治校的主体责任，大力加强学校党的建设，深入推进综合改革和“双一流”建设。

二要牢牢把握内涵式发展的关键所在。实现高等教育内涵式发展，是习近平总书记在十九大报告中对高等教育提出的新要求。内涵式发展是相对于外延式发展而言的，更注重内在品质和潜力挖掘，主要通过内部的深入改革，激发活力，增强实力，提高竞争力，在量变引发质变的过程中，实现实质性的跨越式发展。主要目的就是优化结构、提高质量、增加效益。在学校发展过程中，规模和数量是基础，质量和效益是本质，提高质量、扩大效益是学校的中心任务。特色是内涵发展的必然途径；学科发展要有所为、有所不为，发挥我们所长；科学研究要突出解决实际问题，而不是片面追求数量。我们要合理把握数量和质量的统一，提质增效；合理把握当前和长远的和谐统一，不仅要满足今天的需要，更要适应未来的挑战；合理把握团队和个人的和谐统一，既要有领军人才，也要有团队协作，优势互补，形成合力；合理把握投入和产出的效率，不断降低办学成本，提高办学的经济效益和社会效益。

三要牢牢把握体制机制的核心关键作用。党的十八大以来，中央印发了《关于深化教育体制机制改革的意见》《关于深化人才发展体制机制改革的意见》《关于全面深化新时代教师队伍建设改革的意见》《关于分类推进人才评价机制改革的指导意见》《关于深化项目评审、人才评价、机构评估改革的意见》等一系列文件，中央民族大学要结合工作实际，建立遵循教育规律、人才成长规律，着力形成充满活力、富有效率、更加开放、有利于高质量发展的体制机制。我们要扭转不合理的评价体系，坚决克服唯票数、唯分数、唯论文、唯帽子等顽障痼疾，着力解决指挥棒问题。我们已经实现了干部队伍和管理队伍的全员聘任，下一步，我们要加强教师队伍建设，推进教师队伍的全员聘任，要充分激发学校的生机活力，既要加强奖励机制，也要强化约束机制。我们要着眼于“教好”“学好”“管好”，强化从严治校机制，健全管理制度体系，形成更好的校风、教风、学风。我们要根据建设现代化强国需要，加强教学科研管理，调整优化学科结构、专业设置，促进学科高质量发展。

四要牢牢把握铸牢中华民族共同体意识这条主线。铸牢中华民族共同体意识已经写入党章，是当前民族工作的一条主线。作为民族高等教育的排头兵、领头羊，我们要承担好铸牢中华民族共同体意识的责任和使命。学校正在组织有关专家学者加强理论研究和阐释，争取对中华民族共同体意识从内容、理论以及实践等方面进行全面系统研究。今年7月，学校已经印发《中央民族大学关于铸牢中华民族共同体意识的工作方案》，各部门、各单位要贯彻好执行好，要把铸牢中华民族共同体意识作为战略性、基础性、长远性工作抓实抓好，贯穿于立德树人全过程。要探索有效路径，凝练民大特色，打造课程精品，努力在铸牢中华民族共同体意识方面作出示范、树立标杆。

9月27日，习近平总书记出席全国民族团结进步表彰大会并发表重要讲话。总书记指出，我们辽阔的疆域是各民族共同开拓的；我们悠久的历史是各民族共同书写的；我们灿烂的文化是各民族共同创造的；我们伟大的精神是各民族共同培育的。总书记强调，实现中华民族伟大复兴的中国梦，就要以铸牢中华民族共同体意识为主线，把民族团结进步事业作为基础性事业抓紧抓好。要坚持党的领导，团结带领各族人民坚定走中国特色社会主义道路；要把各族人民对美好生活的向往作为奋斗目标，确保少数民族和民族地区同全国一道实现全面小康和现代化；要以社会主义核心价值观为引领，构建各民族共有精神家园；高举中华民族大团结的旗帜，促进各民族交往交流交融；依法治理民族事务，确保各族公民在法律面前人人平等。我们要认真学习贯彻总书记的讲话精神，切实把铸牢中华民族共同体意识的责任落实到位。

7月25日，中华人民共和国成立70周年民族工作创新与发展座谈会召开，中共中央政治局常委、全国政协主席汪洋出席会议并讲话。他讲了6个创新：要创新加强民族团结的方式，深化民族团结进步教育，引导各族群众牢固树立正确的祖国观、历史观、民族观，自觉维护国家最高利益和民族团结大局。要创新支持民族地区加快发展的方式，坚决攻克深度贫困堡垒，切实巩固脱贫攻坚成果，增强自我发展能力。要创新少数民族流动人口服务管理方式，坚持平等对待、一视同仁，坚持依法处理涉及民族因素的矛盾纠纷。要创新少数民族优秀传统文化保护方式，在增进对中华文化认同的基础上，推动各民族文化创造性转化和创新性发展，构建各民族共有精神家园。要创新做少数民族信教群众工作方式，坚持党的宗教工作基本方针，坚持我国宗教中国化方向，促进宗教健康有序发展。要创新民族工作体制机制和运转方式，着力夯实基层基础，高度重视少数民族干部、民族地区干部、民族工作干部队伍建设，为民族团结进步事业提供坚实组织保障。我们要深入学习领会这6个创新，要准确把握新时代民族工作的着力点。

五要牢牢把握加强党的政治建设是办好中央民族大学的根本保障。政治建设是党的根本性建设，决定着党的建设的方向和效果。中央民族大学肩负着培养各民族德智体美劳全面发展的社会主义建设者和接班人的神圣使命。总书记指出，“我们的高校是党领导下的高校，是中国特色社会主义高校。”“办好我国高等教育，必须坚持党的领导，牢牢掌握党对高校工作的领导权，使高校成为坚持党的领导的坚强阵地。”落实新时代党的建设重点任务，中央民族大学党委首先要把政治建设摆在首位，坚决维护以习近平同志为核心的党中央权威和集中统一领导，牢固树立“四个意识”，高度自觉地向党中央看齐，向党的理论和路线方针政策看齐，向党中央决策部署看齐；严守党的政治纪律和政治规矩；坚决贯彻党的教育方针和民族政策，牢固树立马克思主义民族观，深化民族团结进步教育，铸牢中华民族共同体意识，加强各民族交往交流交融，增强“五个认同”，促进各民族像石榴籽一样紧紧抱在一起，自觉在思想上政治上行动上同以习近平同志为核心的党中央保持高度一致，自觉把学校工作放到实现中华民族伟大复兴的全局中去思考、谋划和推动；按照“双一流”建设要求，脚踏实地、创新发展。

同志们，站在新中国成立70周年的历史节点，在全党深入开展“不忘初心、牢记使命”主题教育之际，回顾过往，我们党一路走来，从嘉兴红船到井冈山，从井冈山到延安，从延安到西柏坡、到北京，走出了一条具有中国特色的革命建设道路，走进了中国特色社会主义新时代，创造了感天动地的发展奇迹，中华民族迎来了从站起来、富起来到强起来的伟大飞跃。中央民族大学伴随着新中国的发展历程，一路从延安大砭沟到国子监、到白石桥、到丰台王佐，始终坚持办学正确政治方向，坚持为党育人、为国育才的初心使命，取得了丰硕的历史成果。展望未来，我们要坚持中国共产党的领导，坚持立德树人的根本任务，用习近平新时代中国特色社会主义思想武装头脑、指导实践、推动工作，为加快推进“双一流”建设，培养德智体美劳全面发展的社会主义建设者和接班人努力奋斗。

深入学习贯彻十九届四中全会精神，扎实推进学校治理水平和治理能力现代化

——在中国共产党中央民族大学第八届委员会第五次全体（扩大）会议上的讲话

张京泽

2019年12月30日

同志们：

今天我们召开党委全委会扩大会议，主要任务是，统一思想、凝聚共识，深入学习贯彻十九届四中全会精神，扎实推进学校治理水平和治理能力现代化。

2019年10月28日至31日，党的十九届四中全会在北京胜利召开。全会审议通过了《中共中央关于坚持和完善中国特色社会主义制度、推进国家治理体系和治理能力现代化若干重大问题的决定》，习近平总书记在全会上发表了重要讲话。应该说，用一次中央全会专门研究国家制度和国家治理问题并作出决定，这在我们党的历史上是第一次，具有重要的里程碑意义。

十九届四中全会全面总结了中国特色社会主义制度建设的历史性成就，集中概括了我国国家制度和治理体系的显著优势，深刻阐述了支撑中国特色社会主义制度的根本制度、基本制度、重要制度，深入回答了在我国国家制度和国家治理体系上“坚持和巩固什么、完善和发展什么”这个重大政治问题，既有理论上的新概括又有实践上的新要求，既提出了“过河”的任务，又提供了过河的“桥”和“船”，为坚持和完善中国特色社会主义制度、推进国家治理体系和治理能力现代化提供了目标纲领和

行动指南，更为我们健全完善大学治理体系、提升治理能力、加快推进“双一流”建设提供了重要遵循。各单位各部门要把学习贯彻十九届四中全会精神作为当前和今后一个时期的重大战略任务，坚持好、发展好、落实好、运用好。

下面，我主要讲三个方面。

一、充分认识坚持和完善中国特色社会主义制度、推进国家治理体系和治理能力现代化的重大意义

党的十九届四中全会，是在新中国成立70周年之际，在“两个一百年”奋斗目标历史交汇点上，召开的一次具有开创性、里程碑意义的重要会议。会议充分体现了以习近平同志为核心的党中央高瞻远瞩的战略眼光和强烈的历史担当，对决胜全面建成小康社会、全面建设社会主义现代化国家、巩固党的执政地位、实现国家长治久安，具有重大而深远的意义。

要充分认识到，这是我们取得70年辉煌成就的根本保障。新中国成立70年来，我们党带领中华民族实现了从站起来、富起来到强起来的伟大飞跃。特别是党的十八大以来，以习近平同志为核心的党中央，提出了一系列新理念新思路新战略，解决了许多想解决但没有解决的事情，办成了许多想办成但没办成的事情，党和国家事业取得了辉煌的历史性成就。在“不忘初心、牢记使命”主题教育中，我们在座的很多同志都去参观了新中国成立70周年成就展，亲眼见证了我们党领导人民创造的举世瞩目的经济快速发展奇迹和社会长期稳定奇迹。作为高等教育的亲历者，我们也切身感受到了高等教育从小到大、由弱到强、从规模空前扩大到质量不断提升的跨越式发展历程。这些辉煌成就充分证明，中国特色社会主义制度和国家治理体系是党和人民在长期实践探索中形成的科学制度和治理体系，是能够管得住现在、跟得上发展、经得起实践检验的制度和治理体系，是能够持续推动国家发展进步、中华民族实现伟大复兴的制度和治理体系，来之不易，必须倍加珍惜。

要充分认识到，这是我们建设社会主义现代化国家、实现中华民族伟大复兴的必然选择。我们党坚信“解决中国的问题只能在中国大地上探寻适合自己的道路和办法”。我们党深入思考和探索怎样建设社会主义、怎样治理中国的问题，虽然也有过严重曲折，但在国家治理体系和治理能力上积累了丰富经验、取得了重大成果。特别是在改革开放40多年的伟大实践中，我们党以全新的角度思考和探索国家治理体系和治理能力问题，探索出一条具有中国特色的社会主义发展道路。党的十八大以来，制度建设被摆在了更加重要的位置上。党的十八届三中全会首次提出“推进国家治理体系和治理能力现代化”这一重大命题，并推出了336项重大改革举措，推动国家治理体系和治理能力现代化取得重大进展。党的十九届三中全会明确提出：“我们党要更好领导人民进行伟大斗争、建设伟大工程、推进伟大事业、实现伟大梦想，必须加快推进国家治理体系和治理能力现代化，努力形成更加成熟更加定型的中国特色社会主义制度”。由此可见，坚持和完善中国特色社会主义制度，推进国家治理体系现代化是实现“两个一百年”奋斗目标的题中应有之义，也是我们实现新的跨越发展的必然选择。

要充分认识到，这是我们应对复杂挑战、推动新时代改革开放不断前进的现实要求。当今世界正处于百年未有之大变局，大国战略博弈全面加剧，国际体系和国际秩序深度调整，人类文明发展面临的新机遇新挑战层出不穷，不确定不稳定因素明显增多。我们面临的风险挑战之严峻前所未有。正如习近平总书记所说："中华民族伟大复兴，绝不是轻轻松松、敲锣打鼓就能实现的。"越接近国际舞台中央，越处于国际矛盾的风口浪尖，越有许多的硬骨头要啃、有许多的难关要克服、有许多的挑战要应对。与此同时，国内改革进入攻坚期和深水区，面临更多深层次的体制机制问题，难度更大、要求更高、情况更加复杂。习近平总书记在庆祝改革开放40周年大会上强调，要坚持"方向不变、道路不偏、力度不减，推动新时代改革开放走得更稳、走得更远"。这就要求我们必须以坚持和完善中国特色社会主义制度、推进国家治理体系和治理能力现代化为主轴，依靠更加成熟完备的制度体系深化改革、应对挑战、赢得主动。

二、牢牢抓住学校贯彻落实十九届四中全会精神的关键点着力点

我们在贯彻落实党的十九届四中全会精神时，首先要主动思考我们该干什么、怎么干的问题，学校层面应该如何行动，部门院系层面应该如何行动，教职员工应该如何行动。结合这段时间的学习和思考，我想有以下几件事情，是需要我们下大力气谋划好、落实好的工作。

第一，坚持完善学校党的全面领导制度。新时代坚持和完善中国特色社会主义制度、推进国家治理体系和治理能力现代化，首要的一条就是要把完善党的全面领导制度，放在头等重要位置。总书记指出，"我们的高校是党领导下的高校，是中国特色社会主义高校。""办好我国高等教育，必须坚持党的领导，牢牢掌握党对高校工作的领导权，使高校成为坚持党的领导的坚强阵地。"完善学校党的全面领导制度，直接关系到"培养什么人、怎样培养人、为谁培养人"的根本问题，关系到我国教育现代化的方向和目标。党委领导下的校长负责制是我国高校领导体制的根本制度，是推进高校内部治理结构改革的基本前提和根本要求。党委要切实履行管党治党、办学治校的主体责任，发挥把方向、管大局、做决策、抓班子、带队伍、保落实的领导作用，支持校长依法独立负责地行使职权，确保党的教育方针全面贯彻落实。前不久，根据中组部和教育部有关文件精神，学校修订完成了党委常委会会议议事规则和校长办公会议议事规则，进一步明晰了决策内容、程序和要求，探索建立了更加科学的有利于党委领导、校长负责的运行机制。要建立不忘初心、牢记使命的制度，总结挖掘主题教育期间的典型经验和有效做法，以制度固化成果，以制度推广成果，探索建立主题教育常态化推进的制度、办法，并要一以贯之地坚持好、完善好和发展好。

第二，推动形成立得住、行得通、真管用、有效率的现代大学制度体系。习近平总书记反复讲，鞋子合不合脚，只有穿的人才知道。中国特色社会主义制度好不好、优不优越，中国人民最清楚，也最有发言权。同样的道理，学校各项规章制度怎么样，我们的广大师生员工最有发言权。制度的好坏，不在于多，而在于精，在于管不管用、能不能切中要害、解决问题，能不能激发人的动力、活力和创造力。邓小平同志有句名言："制度好可以使坏人无法任意横行，制度不好可以使好人无法充分做好事，甚至会走向反面。"这句话的含义，大家应该都有切身体会。这几年，我们做了一系列的改革，其目的就是要建立更加完善、更加有效的制度，推进学校事业更好更快发展。当前，学校现在正处于事业发展的关键期，在深入推进综合改革的大背景下，干部、教师、教学、科研、管理等等，方方面面都面临着改革，要充分结合学校实际，把制度制定与学校中心工作结合起来，与全面推进依法治校结合起来，与深化学校综合改革结合起来，制定切实好用管用的好制度，搞好制度的配套衔接，增强制度的整体功能，形成充满活力、富有效率、更加开放、有利于高质量发展的办学体制机制。

第三，扎实推动学校治理体系与治理能力现代化。大学治理是国家治理体系和治理能力在高等教育领域的落实和体现，是立足高等教育贯彻中国特色社会主义制度和国家治理体系的具体实践，是国家治理系统的重要组成部分。今年2月，中共中央、国务院印发了《中国教育现代化2035》，部署了"十大战略任务"，其中之一就是"推进教育治理体系和治理能力现代化"。与此同时，还印发了《加快推进教育现代化实施方案(2018—2022年)》，要求"深化教育领域放管服改革，推进学校治理现代化"。这两个文件共同构成了教育现代化的顶层设计和行动方案，对高校推进治理体系和治理能力现代化提出了明确要求。推进治理体系和治理能力现代化，既是中央的部署要求，也是学校推进内涵式发展、提升综合竞争力的现实需要。学校要发展，必须把放管服改革作为推动发展的内生动力，进一步捋顺内部治理体系，最大限度地盘活一切资源，激发干事创业的动力活力。要突破传统的思维模式和工作方法，要打破定式、主动出击、主动作为。学校从"211""985"到现在的"双一流"，每个阶段都进入了国家重点建设行列，搭上了快速发展的列车，学校各项事业都有了一定的发展。但我们更要有强烈的危机感和忧患意识。我们距离一流大学的目标还有差距，对比其他"双一流"高校还有不足。比如高层次人才，西南财经大学去年一年获评5个长江学者，目前我们总共才4个(含一个青年长江学者)；今年的优青结果也出来了，中南民大有1人入选，我们一个都没有；比如论文、项目，2018年CSSCI论文数量统计，中国人民大学2293篇，我们367篇，人大专任教师1800人，我们1200人，人大平均1人发1篇，我们3人发1篇；比如，今年的国家自然科学基金，人大53项，中南民大31项，我们只有14项。这些差距都反映出我们还存在着管理体制机制不顺、资源配置不科学不合理、内生动力创造力不足等这样那样的问题。这些问题的解决，需要我们从顶层设计上思考，如何进一步完善学校的治理体系，如何提升我们的治理能力和水平。我想，一是要加快推动管理重心下移，以权责划分为核心，整合优化学校教育教学资源，把人权、事权和财权下放给学院，建立以学院为管理重心的运行体制，扩大学院办学自主权，推进管理方式向“放管服”转变，释放学院活力，激发学院动力。二是要建立协调顺畅的工作推进机制。要深入推进“管理强校”战略，进一步厘清权责清单和权责边界，进一步畅通信息、推动工作、协同联动、形成合力，有效推进学校重点工作落实落地。三是要建立导向鲜明的考核评价机制。要充分发挥考核指挥棒、风向标的作用，系统完善用人机制、岗位聘用、职称评审和岗位考核等配套制度，特别是做好教师队伍的全员聘任工作，以有效的机制激发广大教师的积极性、主动性、创造性，推动树立讲竞争、重担当、改革创新、干事创业的鲜明导向。要强化考核结果运用，把绩效工资与年度考核结果紧密挂钩，奖优罚劣、奖勤罚懒，让能干者、实干者有动力、有舞台、有收获，让平庸者、观望者没市场，让制度立起来，让考核严起来。

第四，全面深化铸牢中华民族共同体意识。党的十九届四中全会从13个方面系统总结了我国国家制度和国家治理体系的显著优势，其中一个方面就是“坚持各民族一律平等，铸牢中华民族共同体意识，实现共同团结奋斗、共同繁荣发展的显著优势”。这一显著优势，可以从新中国成立70年来我国民族团结进步事业取得的辉煌成就中得到充分证明。铸牢中华民族共同体意识是中央民族大学的安身立命之本，是中央民族大学的职责所在。我们1941年在延安成立的时候，毛泽东同志为学校题写“团结”二字，从根本上讲，也是要求我们铸牢中华民族共同体意识。所以，在铸牢中华民族共同体意识方面，中央民族大学应该成为先行试验田，应该出成绩、出经验、出理论。一是要提升理论认识。铸牢中华民族共同体意识内涵丰富、思想深邃，是我们党新时代民族工作的重大理论创新和实践创新，是民族工作的主线，也是我们做好民族团结进步工作的根本遵循。要提高站位、强化学习、深化认识，深刻理解铸牢中华民族共同体意识的重大意义。要加强研究阐释。前不久，学校参与了中央统战部、中央宣传部、教育部、国家民委四部委联合设立的铸牢中华民族共同体意识研究基地的申报，已经获批。我们要努力探索铸牢中华民族共同体意识理论和实践前沿，做出民族院校的特色与风范。二是要探索创新实践路径。我们要在铸牢中华民族共同体意识的实践路径上加大探索，切实发挥学校在铸牢中华民族共同体意识上的引领示范作用。今年7月，学校已经印发《中央民族大学关于铸牢中华民族共同体意识的工作方案》，各部门、各单位要贯彻好执行好，要把铸牢中华民族共同体意识作为战略性、基础性、长远性工作抓实抓好，贯穿于立德树人全过程。三是要做好总结凝练工作。既要会干工作，又要善于总结提炼。要把学校在铸牢中华民族共同体意识上的好的做法与工作成效，及时归纳好、总结好、提炼好，突出民大特色，努力在铸牢中华民族共同体意识方面作出示范、树立标杆。

三、强化制度意识，维护制度权威，做制度执行的表率

制度的生命力在于执行。正如总书记所指出的，“诚然，我们的制度体系还要完善，但当前突出的问题在于很多制度没有得到严格执行。”这也是我们学校存在的问题。我们有很多很好的制度，但却没有发挥作用，问题就是出在没有严格落地执行、执行不好也不追究上。

要抓实制度意识教育。制度意识是制度执行的前提。有一个概念叫“制度空转”，讲的是看起来制度在努力地做功，但实际并没有发挥任何作用，不是说这个制度不好，而是因为没有人在意它，没有人维护它，更没有人遵守它。所以，要通过开展宣传教育，让广大师生干部深刻认识制度的价值、领会制度的精神、熟知制度的内容，真正从内心深处形成尊崇制度、敬畏制度和遵守制度的良好意识，形成遵规守纪的思想自觉，进而落实到行动上。

要抓严制度执行。总书记强调，“制度是硬约束不是橡皮筋”。制度一经形成，就要不打折扣严格执行。要坚持制度执行到人到事到底，敢于较真、敢于碰硬，绝不能失之于宽、失之于软。领导干部要带头重视制度、带头执行制度，率先垂范和以身作则地学习、尊重、执行和维护制度，真正当好守规的带头人、执规的铁面人。

要抓牢监督检查。严格的监督检查是提升制度执行力的关键。用监督传递压力，用压力推动落实。对那些视制度为无物、在执行制度时对自己有利的就执行、没利的就不执行的，对那些游走在破规违纪边缘、打“擦边球”、钻制度“空子”的，对那些有令不行、有禁不止、随意变通、恶意规避的，对那些踩“红线”、越“底线”、闯“雷区”的，要严肃查处、绝不姑息，切实维护制度的严肃性和权威性。要健全问责机制，坚持有责必问、问责必严，把监督检查、目标考核、责任追究有机结合起来，形成制度执行的强大推动力。

同志们，坚持和完善中国特色现代大学制度建设、推进治理体系与治理能力现代化，是一项久久为功的基础性工程。我们要全面贯彻落实党的十九届四中全会精神，把制度建设摆在突出位置，建好制度、用好制度，加快推进学校治理体系和治理能力现代化，为推进学校“双一流”建设、办好人民满意的教育提供有力保证。

凝心聚力 攻坚克难 协同奋进
为“双一流”建设做出新贡献

——在第六届教职工代表大会暨第十四次工会会员代表大会第三次全体会议上的报告

黄泰岩

2019年1月11日

现在，我代表学校向大会报告学校2018年工作情况和2019年工作思路，请审议。

一、2018年工作回顾

2018年，在国家民委、教育部、北京市的正确领导下，在社会各界的关心支持下，全校各族师生员工同心同德、共同奋斗，学校改革发展持续稳步推进，各项工作都取得了显著进步和较好成绩。

（一）加强党的全面领导，推进全面从严治党

学校坚持党的全面领导，牢固确立习近平新时代中国特色社会主义思想的根本指导地位，切实将思想和行动统一到中央的重大决策部署上来，及时召开党委全委会、常委会、理论中心组扩大学习会、座谈会，深入推进习近平新时代中国特色社会主义思想和党的十九大精神进教材、进课堂、进头脑，开设了《习近平新时代中国特色社会主义思想研究》系列市级思想政治理论课《坚持人民当家作主》，制定实施了《中央民族大学学习贯彻全国和北京市教育大会精神宣讲对谈工作方案》，获批了北京市习近平新时代中国特色社会主义思想研究中心重大项目1项，重点项目1项，一般项目2项，在《求是》《光明日报》杂志报纸上发表理论文章8篇。

全面加强党的建设，严格落实管党治党、办学治校主体责任，持续推动全面从严治党向纵深发展、向基层延伸，专门召开了全面从严治党会议、警示教育大会，开展“不担当、不作为”问题专项治理工作，制定实施了《中共中央民族大学委员会关于贯彻〈中央政治局贯彻落实中央八项规定实施细则〉的办法》，年内谈话函询54人次、发出协查函24件，正式上报核查报告4份，诫勉谈话1人次，发出监督建议3份。依纪依规完成23位离任干部的经济责任审计工作，完成新老校区建设与修缮工程跟踪审计、科研经费使用审计、经济合同审签等工作。顺利完成党政职能部门机构调整，职能部门数量由33个调整为25个，处级干部岗位由87个调整为82个，管理岗位由172个调整为171个；严格落实干部任期制，推进干部年轻化，圆满完成党政职能部门机构领导班子换届和领导干部聘任工作，实现“能上能下”，建立任期目标责任制，提升了干部队伍综合素质和专业化水平。

（二）深化教育教学改革，培养一流创新人才

学校始终坚持立德树人的根本任务，召开了本科教学工作会议，全面实行大类招生培养，继续开设“民族语零起点班”“民族语+应用专业”和“‘一带一路’建设+传统专业”等多个实验班，完成了65个本科专业培养方案（2018版）修订工作，形成了通识教育、专业教育、实践创新和学科基础、专业基础、专业方向的多层次多类别课程体系。获批教育部新工科研究与实践项目3个，在42所“双一流”大学中并列第6位；成功入选第二批北京市“一带一路”国家人才培养基地项目和北京地区高校大学生创业园高校分园，荣获北京市高等教育教学成果奖一、二等奖、第九届北京市大学生人文知识竞赛一等奖、第十七届全国大学生机器人大赛 RoboMaster 机甲大师赛全国总决赛一等奖，第四届中国“互联网+”大学生创新创业大赛铜奖2项、北京赛区总决赛项目一等奖2个、二等奖6个、三等奖12个，第十一届全国大学生创新创业年会“优秀论文奖”和“我最喜爱的项目”奖，第二十一届中国大学生篮球联赛（北京赛区）女篮冠军，第九届华北五省市（区）舞蹈大赛一等奖14项、二等奖16项、三等奖2项、第五届全国大学生艺术展演一等奖、亚洲舞蹈艺术节舞蹈大赛一等奖4项、二等奖4项。

开展首次导师资格复审工作，严格把关研究生导师遴选的原则、条件和程序；完成研究生导师遴选工作，2018年新增博士生导师24人、新增学术型硕士生导师30人、新增专业硕士导师81人；加强研究生教育管理，提高硕士学位论文匿名评审抽检比例，开展研究生课程建设项目35项和人才培养与教育管理工作坊项目14项；深化博士研究生招生改革，制定实施博士研究生“申请—审核制”招生办法，启动2019年民族学与社会学学院博士研究生“申请—审核制”招生试点工作。

全力做好毕业生就业工作，截至2018年10月31日，学校本科毕业生就业率为90.01%，研究生就业率为97.95%，全校就业率为92.71%。积极发展留学生教育，招收来自46个国家的624名外国留学生来校学习。依托国家专业技术人才继续教育基地和国家民委民汉双语教育基地，先后面向5个自治区、以及5个自治区外的3个自治州举办干部培训班。

（三）深化人事制度改革，强化师资队伍建设

学校坚持党管人才原则，全面实施“人才强校”战略，召开了人才工作会议，把人才工作列为学校工作的重中之重。公开招聘各类岗位人员53人，引进高层次人才11名。设立了校级最高荣誉奖项“杰出育人奖”，表彰在人才培养、教学科研、思政教育、管理服务等方面做出突出贡献的教职工。3人当选政协第十三届全国委员会委员，1人当选政协北京市第十三届委员会常务委员，1人当选全国妇联副主席；1人入选第四期全国会计领军人才培养工程特殊支持计划，1人入选第三批国家“万人计划”哲学社会科学领军人才，1个团队获颁“全国高校黄大年式教师团队”；2人荣获第六届国

家民委突出贡献专家奖，3 人荣获国家民委教学名师奖，3 人荣获国家民委青年教学标兵奖；3 人荣获北京市师德先锋奖，3 人荣获北京市高等学校教学名师和青年教学名师；3 人荣获宝钢优秀教师奖，9 人入选 2018—2022 教育部高等学校教学指导委员会委员，其中 1 人当选民族学类专业教学指导委员会主任委员。

加强人事制度体系建设，制定实施了《中央民族大学教职工日常管理暂行规定》《中央民族大学教职工纪律处分暂行规定》《中央民族大学基层教学组织建设管理办法》，建立新入职教职工预聘制度，细化博士后的管理方式，专门召开师德师风建设专题会议，处理违反师德师风问题教师 3 人。

（四）加强学科内涵建设，全面提升综合实力

进一步凝练学科方向，优化学科布局，完成第四轮学科评估分析报告，召开学科建设工作会议，制定实施了《中央民族大学学科建设整改方案》，确定了所有学校要求建设的学科在第五轮学科评估冲击目标。

主动服务北京“四个中心”建设，在民族团结进步教育、民族文化传承与弘扬、助力健康北京、绿色北京等方面充分发挥办学优势，获批 5000 万元经费支持。发挥办学优势和特色，积极组织申报了城市民族学、民族艺术学、质谱成像与代谢组学三个学科参评北京市高精尖学科，积极发展前沿和交叉学科。

（五）着力增强创新能力，不断提升科研水平

召开科研工作会议，总结近年来学校科研工作成绩经验，表彰科研工作优秀组织单位和先进个人。加大科研经费支持，年内投入自主科研项目经费 561 万元重点支持青年教师科研能力提升和创新团队建设；投入 1208 万元，对校级以上科研平台给予经费支持。不断完善项目资金管理，提高使用效率，2018 年中央高校基本科研业务费 561 万元提前在 9 月底全部执行完毕，2019 年中央高校基本科研业务费达到 1122 万元，实现了翻倍增长。

选举产生了第十一届学术委员会，成立了中国少数民族非物质文化遗产研究中心；“一带一路”民族文化大数据中心协同创新（新疆）基地，建设“中国少数民族地区综合社会调查与数据库”；召开中国海南自由贸易区（港）发展论坛、第二十四届中国电子学会青年学术年会、“边疆发展中国论坛 2018”国际学术会议，扩大了学校学术影响力。

科研成绩再创新高，年内获批国家级项目 88 项，其中国家重点研发计划重点专项 1 项，教育部哲学社会科学研究重大课题攻关项目 2 项，国家艺术基金项目 10 项，国家自然科学基金 13 项，国家社科基金项目 62 项；获批国家民委“一带一路”国别和区域研究中心 5 个、“服务国家战略服务民族工作重大现实问题研究”8 项，省部级以上科研获奖 22 项，省部级以上单位采纳资政报告 24 项，其中获得政治局常委批示 2 项。

（六）扎实推进对外交流，实现协同合作共赢

积极履行服务国家战略、服务民族地区和少数民族的政治使命与社会责任，圆满完成中非合作论坛北京峰会志愿服务、全国少数民族参观团接待任务和庆祝改革开放 40 周年文艺晚会《我们的四十年》演出任务，与平安科技有限公司

协力打造人工智能音乐联合实验室，发起成立了“一带一路”民族艺术教育联盟，与宁夏回族自治区、广西壮族自治区、西藏自治区、青海玉树藏族自治州等12个自治区、州人民政府和高校签订战略合作协议，开启校地校际合作新篇章。为贯彻落实习近平总书记对乌兰牧骑事业发展的重要指示精神，学校举办了内蒙古乌兰牧骑音乐创作高级研修班和内蒙古乌兰牧骑舞蹈编导高级研修班。

扎实开展国际交流合作，学校馆藏少数民族珍本古籍成功入选海外中国文化项目库，加入中国—中东欧国家高校联合会、“南亚东南亚大学联盟”，先后与英国、美国等国际知名高校签订42份合作协议，在海南校区举办韩国明知大学中国语言文化短期培训班，赴斐济、新西兰等国开展“锦绣中华·魅力民大——中国民族文化走出去”，斐济总理姆拜尼马拉马等政要给予高度赞誉，人民日报（海外版）等主流媒体也高度评价。

（七）积极改善办学条件，努力营造美好环境

丰台校区建设项目取得中央在京重点建设项目确认函，教学区取得不动产权证书，第一组团2.38万㎡主体工程封顶竣工，第二组团14.56万㎡建设获批发改委初步设计和概算批复，第一批资金2.8亿元国家投资已经下达，已全面开工建设；多方筹措资金，贷款7000万元专项用于丰台校区教学科研楼项目。海南校区筹建工作也在积极推进，国家民委联合海南省政府共同向教育部申请异地办学资格，成立了海南校区筹建处、海南自由贸易试验区研究与培训中心。民大附中教育教学质量稳步提升，再次荣获“全国百强中学”荣誉称号，同时积极发挥集团化办学优势，不断拓宽办学区域，启动广西钦州、青海玉树、云南丽江、四川乐山、河北雄安等地开办附中学校。

进一步优化校园、家属区环境，制定了社区综合整治工作方案，集中开展违法违规建设的拆除工作，完成社区内149处约2911㎡违法建设的彻底拆除以及非法经营销售等问题的清理整治工作；完成了44间办公用房和109户租赁公有住房的整顿工作，全面启动了家属院社会环境升级改造与公共服务提升工程。

（八）坚持服务民生导向，夯实基层治理基石

学校高度重视师生健康，今年全校教职工医疗经费在年初预拨4000万元的基础上，年底又追加320万元，以确保医疗基本保障。学校增设教职工集体福利专项，在现有职工集体福利发放额度的基础上，每年增加投入经费200万元用于法定节日慰问、极端天气慰问、生日慰问、结婚慰问、生病住院慰问。开展暑期专项家访活动，赴新疆12个地州市28个县，慰问58户经济困难、学业困难学生家庭。加大助学服务力度，发放各类助学金1100万余元，发放临时困难补助4.6万元，减免在校孤儿学生学费约15.7万元。

制定实施《中央民族大学首问负责制》，不断增强学校管理人员的服务意识、责任意识和“马上办”的效率意识；优化信息门户服务体系，基本实现“让数据多跑路、让师生少跑路”；调整校内报文流程，精简文件运转环节，切实提高网上办公效率；开展安全隐患大排查、大清理、大整治工作，消除安全隐患，

维护校园安全和稳定。

各位代表、同志们：

过去一年学校所取得的成绩，离不开国家民委、教育部、北京市等上级部门的亲切关怀，也离不开社会各界的关心支持，更离不开全校师生员工的辛勤付出。在此，我谨代表学校，向关心和支持学校改革发展的各级领导和社会各界人士表示衷心的感谢，向全校师生员工致以崇高的敬意！

虽然我们取得了不少成绩，但同时，我们也深刻认识到，与国内更高水平的“双一流”建设高校相比，与世界一流大学总体目标相比，我们在发展过程中还存在不少短板、面临诸多瓶颈，主要表现在：德智体美劳全面培养的教育体系还不够完善；师资队伍结构不够合理，院士、长江学者、杰出青年等高层次人才比例偏低；学科专业发展不平衡、布局不够合理，尤其是高水平的学科数量和科研成果不多；国际化办学水平不够高，同世界一流大学开展高水平合作办学还不够多；管理服务效能还不够高、内生活力激发不够；办学空间狭小、办学资源紧张，文化传承与社会服务的能力还不够高；教职工工资待遇近7年没有提高，与北京市同类高校相比有比较大的差距；新校区公租房建设还没有突破性进展等等。这些发展中遇到的问题，有些是需要我们以时不我待的紧迫感，用实实在在的拼劲去干的；有些是由于客观因素，学校当前面临的现实困难。困难不可怕，关键是我们全校上下要凝聚智慧和力量去应对，共同去面对学校未来的发展。

二、2019年主要任务

2019年是新中国成立70周年，是全面建成小康社会关键之年，同时也是我校全面深化综合改革、加快推进“双一流”建设的攻坚之年。学校工作的总体思路是：以习近平新时代中国特色社会主义思想为指导，全面贯彻党的十九大和十九届二中、三中全会精神，紧紧围绕学校第八次党代会提出的“五大战略”，精准对接“双一流”建设实施方案，落实立德树人根本任务，深化教育教学改革，努力培养德智体美劳全面发展的社会主义建设者和接班人。明年要抓好以下重点工作任务：

（一）坚持党对一切工作的领导

党政军民学，东西南北中，党是领导一切的。坚持党要管党，全面从严治党，增强“四个意识”、坚定“四个自信”，坚决维护党中央权威和集中统一领导，不断提高党把方向、谋大局、定政策、促改革的能力和定力，把党的领导贯彻和体现到学校工作的各个领域。

（二）抓好干部队伍管理

落实党政职能部门任期目标责任制，实现“能上能下”；设置党政职能部门科级机构，完成正科级实职干部选拔聘任工作；加强年轻干部培养，加强干部梯队化建设；加强干部教育培训，做好干部任中和离任审计。

（三）推进教育教学改革

深入贯彻落实全国教育工作会议精神，全面振兴本科教育，建立专业动态调整机制，抓好专业内涵建设与教材编写、使用，建设“金课”、淘汰“水课”，把立德树人贯穿人才培养全过程；制定研究生课程建设实施意见，启动慕课和智慧教室建设，完成研究生教育一体化管理系统和多功能自助打印系统建设。

（四）深化人事制度改革

推进教职工思想政治教育和师德师风建设。完成全员聘用工作，积极推进教师岗位分类管理工作，完善绩效工资分配管理制度，进一步促进和保障人员激励约束机制建设和运行。做好高层次人才引进、公开招聘和四个层次人才选聘等工作。

（五）提高科研创新和社会服务能力

开展“国家基金预研工作坊”“优秀科研创新团队”建设，做好国家级项目申报工作，争取国家自然科学基金项目数有所提升，国家级项目总数保持稳定。开展“青年学术团队引领”“青年教师科研能力”等项目建设，提升青年教师科研能力。完善科研奖励制度，激发教师的科研积极性和主动性。全面推动科研平台2019年年度考核工作。规范成立学术委员会各类专业委员会。

（六）加快推进“双一流”建设

完善“双一流”建设管理体制机制，做好项目库建设和绩效考核工作；做好学科的分类规划和建设工作，分层推进学科建设，提升学科核心竞争力。

（七）积极拓展办学空间

完成丰台校区第一组团内外装修、第二组团主体及装修工程，全力推动第三组团开工建设，确保2020年9月第一批学生约5000人入驻丰台校区。进一步加强与教育部、国家民委、海南省政府沟通协调，力争早日获批异地办学资格，积极推进海南校区建设进度。

（八）做好安全稳定工作

全力做好五四运动100周年和建国70周年庆祝活动相关工作，凝聚各族师生的爱国热情和激情，提高敏感节点的政治站位，坚决保持校园安全稳定。

各位代表、同志们：

2019年，学校将紧紧团结依靠全校各族师生员工，迎难而上，同舟共济，更加聚力攻坚克难，更加奋进改革发展，不断提升各族师生员工的获得感、幸福感、荣誉感，落实好党和人民赋予的办学使命和时代责任。习近平总书记强调，人民有信心，国家才有未来，国家才有力量。我们全校教职工有信心，中央民族大学才有未来，才会更有力量。我们要坚持学校党委的正确领导，坚定不移地深化改革，牢牢坚持“五大战略”，积极创建具有民大特色、民大风格和民大气派的世界一流大学之路，在新中国成立70周年即将到来之际，创造出让我们自豪骄傲的民大奇迹！

愿你同阳光奔跑，争做春天的骄傲

——2019届毕业典礼致辞

黄泰岩

2019年6月21日

今天，我们第一次在体育馆隆重举行盛大的毕业典礼，是让更多的毕业生们多一个“种草”民大的理由；第一次在毕业典礼上表彰“中央民族大学优秀毕业生”，是让你们再次绽放最美丽的风景；第一次特邀胡振华先生等前辈上台拨穗，是让你们在对话“大师”中传承民大血脉。这是我们最后精心为你们烹制的“民大味道”。

同学们，当时的你们是最好的你们，现在的我们是最好的我们，从相聚到再见，你们在母校留下了一段最美的青春和难忘的记忆。我到民大任校长四年来，有幸从你们的全世界路过，由于遇见你们，“我才有了这段最好的时光”。我看着你们成长，从“曾经是少年”成长为男神女神；你们陪着我慢慢变老，无论明天我在哪里，我仍然会把你们当成手心里的宝，我不是“苏大强”，“爱你们三千遍”！

请允许我借此机会代表张京泽书记，代表学校：

向毕业生同学们致敬！你们迎接“极限挑战”，攻克一个个学习堡垒，跨越一道道学术难关，获得“官宣”毕业；你们成功实施“破冰行动”，在国内外一个个大赛上摘金夺银，成就“飞驰人生”；你们发挥民大优势，进行“降维打击”，斩获一个个骄人战绩。这一切的一切，都证明了我在2015年你们入学典礼上所说的“民大为拥有你们倍感荣幸和骄傲”；证明了你们微信中所说：“中央民族大学，是时候惊艳全国了！”

向到西部、到基层就业的同学们致敬！服务民族地区，是民大办学的天职。你们学习前辈好榜样，到民族地区、到基层就业，用实际行动，践行民大精神，履行民大职责，厉行青年担当。这充分证明：民大毕业生是一批信得过、靠得住、用得上的自己人。正如一位毕业四年到西部工作的校友所说：“一直不忘美美与共、知行合一校训，不后悔到西部工作。”

向辛苦的老师们致敬！你们携带延安红色基因，弘扬民大独有文化，遵循民族教育规律，任劳任怨、无怨无悔、呕心沥血，培养出了一批批优秀学子。你们应得到尊重，享有尊严，使你们能尽己所能培养出更优秀的学生，成为名师大家，在多个领域展示如《中国诗词大会》般的民大教师风采。

向家长们致敬！世界上没有一个民

族，能像中华民族的父母们这样，为了孩子们的学习成长，心甘情愿，含辛茹苦，奉献一切。今天，孩子们在你们的庇佑和守望中顺利毕业，投之以桃，报之以李，我相信：民大的毕业生们一定会有“你养我长大，我陪你变老”的感恩之心。

向校友们致敬！校友是学弟学妹们的榜样和后盾，因为你们的优秀，学弟学妹们充满自信；因为你们的支持，学弟学妹们人才辈出；因为你们对母校的牵挂，学弟学妹们薪火相传、不负韶华。正如校友所说：“一朝民大人，一生民大魂。”

同学们，知否，知否，已是毕业路口。此时，你们既有“向往的生活”，也有难以言喻的感伤，更有刻骨铭心的不舍。前不久，我和你们的代表们座谈，与他们一起乘哆啦A梦的时光机重温你们的民大时光，触摸你们的民大故事，感念你们在民大的花样年华，体味你们对民大的深深眷恋，真真切切感受到了你们对母校、对老师们的感恩情怀。正如同学们所说：“时光在变，母校在变，我也在变，但我爱民大的心，亘古不变。”

同学们，母校也永远爱着你们，无论你们是身居北京，还是远走天涯；是就业创业，还是继续求学，民大都会一如既往地“罩着你”！母校是每一个民大人永久的“家园”。正如你们所说：“你不曾真的离去，你一直在我心底。”

同学们，世界处于百年未有之大变局，我国将实现第一个百年目标，进而开启第二个百年征程，新一轮科技革命突飞猛进，经济社会生活日新月异。你毕业在这复杂多变的世界里，大江大河的漩涡中，跨越关口的攻坚期，如何做到不迷失、不掉队、不放弃，看到最美的风景，成就最好的自己，我给你们三点建议：

有定力。不忘初心，牢记使命；顶住诱惑，砥砺前行；坚持到底，就是胜利。做到“在动荡的时代做不动荡的自己（俞敏洪）”。一是增强辨别力。坚持“两点论”，在全局中明辨是非；突出“重点论”，在趋势中明辨方向；坚守“目的论”，在人民期盼中明辨责任。二是强化自制力。坚持目标导向，在矢志不渝中精准发力；突出品格修炼，在复杂的环境中恪守正道；坚守平常心，在淡泊名利中成为“追梦人”。三是提高免疫力。坚持阅读经典，在博古通今、学贯中西中点亮心灵之灯；突出问题导向，在解决重大问题中坚定“四个自信”；坚守底线思维，在防范系统风险中确保安全。道路千万条，安全第一条，行为越红线，余生两行泪。

勇创新。人生没有定式，唯有创新，方能勇立潮头。一是创新思维。坚持时代引领，在众人皆醉你半醒中超越自我；突出守正出奇，在打破常规中超越思维定式；坚守科学精神，在自由探索中超越狭隘高墙。二是创新资源配置。坚持重点突破，在打造“硬核”优势中百战百胜，华为的成功，就是集中所有弹药对准电信这个城墙口近30年持续冲锋的结果；突出资源整合，在打造“平台”中顺应“+”的时代；坚守开放创新，在构建人类命运共同体中共建共享。三是创新实践。坚持实践第一，在大胆尝试中挖掘“国家宝藏”；突出敢为人先，在敢想敢为中发现前所未有的风景；坚守实践标准，在脚踏实地中仰望星空。

敢奋斗。幸福都是奋斗出来的。要奋斗，就离不开一个“狠”字！正如华为鼓舞员工士气所说：没有伤痕累累，哪来皮糙肉厚，英雄自古多磨难！一是要有狠的意志。坚持百折不挠的决心，在倔强中活出无人能及的精彩；突出艰苦奋斗的精神，在锤炼中“争做春天的骄傲”；坚守王者风范，在使命必达中形成“泰山压顶不弯腰”的霸气。任正非面对美国的全面绞杀，不仅没有被吓倒，反而诙谐地认为，一个强大的美国竟然害怕我这个“小老鼠”。二是要有狠的毅力。坚持不懈努力，在拼搏中走完自己选择的路；突出坚定执着，在逆境中仍能同阳光奔跑；坚守梦想，在永不放弃中将人生的不可能变成可能。三是要有狠的干劲。坚持全力以赴，在工作中勇于拼搏；突出工作绩效，在提高效率中不负光阴；坚守工匠精神，在精益求精中“C位出道”！

最后，请允许我以《流浪地球》中的话结束今天的致辞：

希望是像钻石一样珍贵的东西，无论最终结果将我们导向何处，我们决定，选择希望！

同学们，只要你们拥有希望，坚持自己的梦想，努力拼搏，我相信，全世界都会为你们让路！

祝你们好运！谢谢大家！

中央民族大学
MINZU UNIVERSITY OF CHINA

党建与统战

中央民族大学2019年全面从严治党工作要点及任务分工

民大党发〔2019〕9号
2019年3月26日

2019年学校全面从严治党工作的总体要求是：以习近平新时代中国特色社会主义思想为指导，深入贯彻党的十九大、十九届二中、三中全会精神和十九届中央纪委三次全会精神，全面落实党中央从严治党的各项要求，牢固树立“四个意识”，坚定“四个自信”，坚决做到“两个维护”。按照国家民委、教育部、北京市有关工作部署和要求，强化理论武装和政治引领，加强思想政治教育和师德师风建设，严肃监督执纪问责，规范重点领域和关键环节权力运行，一体推进不敢腐、不能腐、不想腐，为学校“双一流”建设提供坚强保障。

一、强化理论武装和政治引领，层层推动责任落实

（一）持之以恒学习贯彻习近平新时代中国特色社会主义思想，深入开展“不忘初心，牢记使命”主题教育，结合学校“双一流”建设实践、结合本单位职能职责、结合2019年工作要点，在学懂弄通做实上取得新进展，把学习成果转化为忠诚履职尽责的思想自觉和实际行动。

（二）以政治建设为统领，加强党的建设。认真学习领会《中共中央关于加强党的政治建设的意见》，坚决维护习近平总书记在党中央的核心、全党的核心地位，坚决维护党中央权威和集中统一领导。严格执行《关于新形势下党内政治生活的若干准则》《中国共产党重大事项请示报告条例》，领导干部带头严肃党内政治生活，保持健康的同志关系和工作关系。

（三）从坚持政治原则、严明政治纪律的高度，紧盯形式主义、官僚主义新动向新表现，督促党员领导干部把“两个维护”落实在实际行动上，做到政令畅通，令行禁止。持之以恒落实中央八项规定精神及其实施细则，紧盯年节假期和重点问题，对享乐主义、奢靡之风等歪风陋习露头就打，巩固成果，久久为功。

（四）强化责任担当，落实管党治党责任。明确党委主体责任、纪委监督责任；明确党委书记第一责任人责任、领导班子其他成员分管领域内的管党治党政治责任，层层递进；纪委协助党委推进全面从严治党，加强对履行全面从严治党责任情况的监督检查。用好问责利器，对履行职责不力、落实责任不到位的，严肃追责问责。

责任主体：校党委　校纪委　各单位各部门

主要负责部门：党委办公室　党委组织部　党委宣传部　纪委办公室　监察处

主管领导：张京泽　黄泰岩　马文喜　石亚洲　邹吉忠

二、加强思想政治教育、师德师风建设，坚持办学正确政治方向

（一）牢牢掌握意识形态工作领导权。严格落实意识形态工作责任制，不断增强政治敏锐性和政治鉴别力，紧紧围绕思想政治教育、理论文章刊发、出版物审读、重大信息上报等问题，把住阵地关、讲台关、平台关，坚决反对和抵制各种错误观点。

（二）充分认识思想政治工作在办学治校、立德树人中的特殊重要性，重视学生、教师和干部的思想政治工作，将“六观教育”融入日常，贯通学科体系、教学体系、管理体系，自觉维护祖国统一和民族团结，坚决维护学校政治安全。

责任主体：校党委　各单位各部门

主要负责部门：党委宣传部　党委教师工作部　党委学生工作部　校团委　教务处　科研处　出版社有限责任公司　期刊社

主管领导：张京泽　黄泰岩　马文喜　宋敏　再帕尔·阿不力孜　邹吉忠　王丽萍

（三）加强师德师风建设。严格执行《新时代教师职业行为十项准则》《教育部关于建立健全高校师德建设长效机制的意见》，严格执行《中央民族大学师德规范》《中央民族大学师德“一票否决制”实施办法》，将师德“一票否决制”贯穿于教师聘任、考核评价、选人用人、科研项目、职务职称晋升等各个方面。

责任主体：校党委　各单位各部门

主要负责部门：党委教师工作部

主管领导：张京泽　黄泰岩　王丽萍

三、强化主业主责意识，增强基层党组织战斗力

（一）坚持党委领导下的校长负责制，强化基层党组织管党治党的主业意识和主体责任，推动形成落实党的领导纵到底、横到边、全覆盖的工作格局。严肃认真开展组织生活，认真落实“三会一课”、民主生活会、领导干部双重组织生活、民主评议党员、谈心谈话等制度。进一步完善决策内容和程序，健全基层党组织在教职工聘用、晋职晋级、评奖评优工作中把好政治关、师德关的工作机制。严格执行发展党员工作程序，严格入党材料的审查，严明发展党员工作纪律。

（二）认真落实《中央民族大学加强党支部规范化建设实施方案》，进一步推进支部标准化、规范化建设，着力提升基层党支部的组织力、感召力、引领力和执行力。推进教师党支部书记“双带头人”培育工程。进一步健全组织制度，创新学生党支部工作方法，助推党建工作和学生管理工作双融合、双促进，切实发挥基层党组织的战斗堡垒作用。

责任主体：校党委　各二级单位党组织

主要负责部门：党委组织部　党委学生工作部

主管领导：张京泽　黄泰岩　邹吉忠　王丽萍

四、加强纪律建设，做实做细监督职责

（一）严格执行《中国共产党纪律处分条例》，重点强化政治纪律和组织纪律，带动廉洁纪律、群众纪律、工作纪律、生活纪律严起来。贯通运用监督执纪“四种形态”，严格依纪依法行使纪律审查权力，实现政治效果、纪法效果和社会效果的有机统一。严肃查处诬告陷害行为，鼓励干部担当作为。

（二）重点抓好《国家民委系统运用监督执纪第一种形态办法（试行）》《中央民族大学关于完善谈心谈话制度的有关规定》的落实，强化政治担当。党组织在运用第一种形态中负主体责任，学校纪委、党委组织部按照管理权限开展监督工作，抓早抓小抓严，防微杜渐，咬耳扯袖、红脸出汗，做到监督常在、形成常态，营造敢于监督与自觉接受监督的浓厚氛围。

（三）履行好监督第一职责、首要职责。深化纪检监察工作“三转”，加强监督的再监督。坚持问题导向，根据信访举报、问题线索和案件审查反映的问题，做好监督监察建议。按照上级巡视要求做好自查工作，针对发现或反馈的问题，强化对巡视整改落实情况的监督。进一步完善校内巡察，把巡察工作与整治师生反映强烈的问题相结合，与解决日常监督中发现的问题相结合，增强监督实效。

责任主体：校党委　校纪委　各单位各部门

主要负责部门：党委办公室　党委组织部　纪委办公室、监察处

主管领导：张京泽　黄泰岩　马文喜　石亚洲　邹吉忠

五、坚持不敢腐、不能腐、不想腐一体推进，巩固反腐败斗争压倒性胜利

（一）保持高压态势，形成不敢腐的震慑。重点查处党的十八大以来不收敛不收手、问题线索集中、师生反映强烈的问题，特别是对十九大以后仍然不知敬畏、胆大妄为的作为重中之重；重点查处学术权力、行政权力与经济利益相互交织产生的腐败问题；重点查处选人用人、招生招聘、经费管理、大宗采购、项目招投标、职称评审、学术研究等领域的腐败问题。

（二）严格执行各项规章制度，扎牢不能腐的笼子。进一步理顺党政职能部门职责，优化权力运行体制机制，规范主要负责人职责权限，明确岗位职责和工作流程，在落实制度、维护制度上下功夫，把权力关进制度的笼子里。

（三）加强经常性教育，增强不想腐的自觉。强化问责条例和党内法规的学习教育培训，继续开展好党性教育、纪律教育、警示教育、任前廉政谈话等，通过正反两方面教育，引导党员干部强化党性锻炼，筑牢思想防线。

责任主体：校党委　校纪委　各单位各部门

主要负责部门：党委办公室　党委组织部　纪委办公室、监察处

主管领导：张京泽　黄泰岩　马文喜　石亚洲　邹吉忠

六、坚持打铁必须自身硬，打造忠诚干净担当的纪检监察队伍

坚守政治机关定位，以政治建设为统领，把思想政治工作贯穿纪检监察工作全过程，自觉做到“两个维护”。严格执行《中国共产党纪律检查机关监督执纪工作规则》，按照规定权限、规则、程序开展工作。优化完善线索处置、谈话函询、初步核实、立案审查、审理的制度流程规范。严格执行请示报告制度。加强二级单位纪检队伍建设。打造忠诚

坚定、担当尽责、遵纪守法、清正廉洁的纪检监察队伍，推动学校纪检监察工作高质量发展。

责任主体：校党委　校纪委

主要负责部门：党委组织部　纪委办公室、监察处

主管领导：张京泽　马文喜　邹吉忠

七、规范重点领域和关键环节权力运行，防控廉政风险

（一）坚持党管干部原则，认真学习贯彻新修订的《党政领导干部选拔任用工作条例》，严把选人用人政治关、品行关、能力关、作风关、廉洁关。认真落实《中央民族大学处级领导干部选拔任用工作纪实办法》，认真落实干部档案“凡提必审”、个人有关事项报告“凡提必核”、纪检监察机关意见“凡提必听”、线索具体的信访举报“凡提必查”，加强选人用人全程监督和倒查追责。

责任主体：校党委　校纪委

主要负责部门：党委组织部　纪委办公室、监察处

主管领导：张京泽　马文喜　邹吉忠

（二）进一步健全完善公开招聘制度，规范公开招聘工作，严把审核关、招聘过程关和对外公示关，加强职称评审和人才引进管理工作。

主要负责部门：人事处　各单位各部门

主管领导：王丽萍

（三）进一步加强因公、因私出国（境）管理工作，把好国际合作交流中的政治审查关。

主要负责部门：党委组织部　纪委办公室、监察处　人事处　党委保卫部　国际合作处

主管领导：马文喜　宋敏　邹吉忠　王丽萍

（四）进一步加强审计工作，充分发挥审计监督职能。依纪依规做好干部任中、离任经济责任审计。做好新校区工程项目全过程跟踪审计和各项建设修缮工程审计。监督审计整改落实并积极发挥《审计建议书》的作用，及时提出意见建议，控制风险。加强对外聘审计公司的管理。

主要负责部门：党委组织部　审计处

主管领导：邹吉忠

（五）严明招生工作纪律，健全集体决策制度和各层级各环节招生考试责任制，进一步加强对艺术类、高水平运动员、保送生等特殊类型招生工作，以及继续教育、外国留学生和港澳台学生、附属中学招生工作的风险防控。严格执行教育部关于研究生招生和培养管理的规范性要求，加强监督。

主要负责部门：研究生院　招生就业处　国际教育学院　继续教育学院　附属中学　各招生单位

主管领导：宋敏　石亚洲　再帕尔·阿不力孜　田琳

（六）完善经费分配、经费预算执行等管理制度，严格执行各项财经法规，加强对“双一流”建设项目、教育改革专项、改善基本办学条件等财政专项经费、基本建设经费、科研经费等管理，提高财务管理规范化水平。

主要负责部门：人事处　教务处　科研处　发展规划处　财务处　审计处　国际合作处　基本建设管理处（丰台校区建设办公室）　资产管理处　后勤保障处

信息化建设管理处　各有关单位

主管领导：宋敏　石亚洲　再帕尔·阿不力孜　邹吉忠 王丽萍　田琳　张艳丽

（七）重点强化新校区建设廉政风险的防控。抓好投资立项、合同变更、资金支付、项目验收、批量物资设备采购等重要环节规范管理和监督。严格执行各类招标采购法规，打造阳光工程。

主要负责部门：审计处　基本建设管理处（丰台校区建设办公室）　资产管理处

主管领导：石亚洲　邹吉忠　田琳

（八）严格执行国有资产预算、采购、处置、出租等程序规定，强化程序监管与约束，严控设备资产工作风险点。

主要负责部门：资产管理处　图书馆　博物馆　校医院

主管领导：石亚洲　邹吉忠　王丽萍

（九）完善教育基金会管理，建立定期财务报告制度，依法规范受捐工作，确保资金管理使用安全。

主要负责部门：财务处　审计处　国内合作处　附属中学

主管领导：石亚洲　邹吉忠　田琳　张艳丽

（十）进一步做好党务校务公开工作，加强干部任用、职称评聘、出访出境、招生、交换留学、本科生转专业、推免研究生、奖助学金评定、评优评先等重要信息的公开，增强监督的有效性。

主要负责部门：党委办公室、校长办公室　各单位各部门

主管领导：石亚洲

中央民族大学2019年宣传思想工作要点

民大党发〔2019〕14号

2019年3月28日

2019年学校宣传思想文化工作的总体要求是：高举习近平新时代中国特色社会主义思想伟大旗帜，提高政治站位，深入贯彻党的十九大和十九届二中、三中全会精神，进一步贯彻全国教育大会、全国高校思想政治工作会议、新时代全国高校本科教育工作会议、第26次全国高校党的建设工作会议精神，增强“四个意识”，坚定“四个自信”，坚决做到“两个维护”，坚持统一思想、坚定信心，坚持稳中求进、守正创新，着力管好校园意识形态阵地，着力构建“三全育人”机制体制，着力营造庆祝新中国成立70周年的热烈氛围，着力助推学校“双一流”建设，着力提高工作精细化水平和队伍专业化能力，更好地承担起举旗帜、聚民心、育新人、兴文化、展形象的使命任务，发出民大声音、展现民大形象、

讲述民大故事，为学校建设发展提供坚强的思想保证和强大的精神动力。

一、高举一面旗帜，推动习近平新时代中国特色社会主义思想深入人心

（一）问题：习近平新时代中国特色社会主义思想的常态化、长效化理论宣传教育机制还未完全建立，距离“学懂弄通做实”尚有差距，理论成果还不多。

（二）目标：聚焦理论武装，把学习习近平新时代中国特色社会主义思想作为首要政治任务，继续深化推动党的创新理论成果产出落地。

（三）举措：高举习近平新时代中国特色社会主义思想伟大旗帜，把深入学习贯彻习近平新时代中国特色社会主义思想作为重中之重。

1. 修订印发《中央民族大学理论学习中心组细则》，组织好校院两级理论学习中心组学习；抓实抓牢抓好党委理论学习中心组 2019 年学习的计划制定和工作开展，进一步提升中心组学习质量。（牵头单位：党委宣传部）

2. 推进理论学习制度化常态化，发挥好“学习强国” App 等网络学习平台作用，全面系统学习掌握党的创新理论的科学体系和精神实质。（牵头单位：党委宣传部）

3. 发挥好马克思主义学院作为中国特色社会主义理论研究协同创新中心的作用，围绕习近平新时代中国特色社会主义思想在少数民族和民族地区、京华大地和高校的生动实践开展专题研究，推动研究阐释由概念性阐释向创新型阐释转化。（牵头单位：科研处、马克思主义学院）

4. 统筹优秀教学资源，加强课程思政建设，深入推进习近平新时代中国特色社会主义思想“三进”工作。（牵头单位：党委学生工作部、教务处、马克思主义学院）

二、完成四项任务，壮大主流舆论影响力

（一）问题：2019 年大事多、喜事多、节点多，但宣传工作与中心工作联系不够紧密、内容供给不足不优的情况依然存在，仍需进一步以重大活动、重要工作为契机深化宣传思想工作，主旋律宣传教育仍需进一步加强。

（二）目标：聚焦政治安全、氛围营造、改革发展，落实立德树人根本任务，坚持因势利导，用爱国主义精神和艰苦奋斗精神引领师生思想，增强工作主动性与时效性，确保全年工作稳中有进的目标。

（三）举措：

1. 打赢意识形态“主动仗”

（1）压紧压实意识形态工作责任制，进一步优化落实机制、量化工作指标、细化潜在风险，做好会商研判、情况通报、风险防控、管控处置等工作。（牵头单位：党委宣传部、党委保卫部）

（2）开展哲社科报告会、研讨会、论坛、讲座和校内文化活动专项巡查、抽查，切实加强宣传思想文化阵地管理。（牵头部门：党委宣传部、学校督查室、党委保卫部、教务处等）

（3）强化舆情监测和研判，特别是重大主题活动、重要政策出台、重要时间节点和校园热点难点问题的专题研判、宣传报道、舆论引导，建立健全舆情专报直报制度，形成主流舆论强势。（牵头部门：党委宣传部、校团委）

2. 唱响国庆 70 年“主旋律”

（1）以庆祝新中国成立 70 年为契

机，把弘扬爱国主义和民族团结精神贯穿全年，坚决完成好中央和国家民委、北京市交办的群众游行、联欢晚会等重大政治任务、服务保障以及氛围营造、校园布置等工作。（牵头部门：党委宣传部、党委学生工作部、校团委）

（2）精心组织“学起来”“唱起来”“讲起来”“做起来”的教育活动，精心组织推出歌颂祖国、展现发展成就的优秀音乐、舞蹈、影像作品，激发师生爱国爱校的热情。（牵头部门：党委宣传部、校团委、文学与新闻传播学院、音乐学院、舞蹈学院、美术学院）

3. 营造“双一流”攻坚战良好舆论氛围

坚持主动策划、联动传播，继续做好“新时代@教育”“新闻前线”等深度策划，广泛宣传教学科研管理新理念、新举措、新经验，深入挖掘、深情讲述师生的感人故事，把一个个特色“盆景”转化为遍布全校的靓丽“风景”。（牵头单位：党委宣传部）

4. 建设好校史展

发挥好红色校史的育人作用，完成校史展布展工作，全片铺开校史宣传。（牵头单位：党委宣传部、资产管理处、民族博物馆）

三、打造一个平台，构建全媒体宣传格局

（一）问题：宣传工作的方式方法距离新时代师生需求还有一定差距，干部员工适应信息化要求、强化互联网思维不够主动，宣传作品的传播力、引导力、影响力还有待提升。

（二）目标：聚焦内容够用、方法管用、队伍过硬，在体制机制、政策措施、流程管理上加快媒体融合，加快从媒体相加迈向媒体相融，推进一体化发展。

（三）举措：

建立建设适应高校体积的“中央厨房式”融媒体中心，坚持“导向为魂、内容为王、移动为先、创新为要”，整合报刊、广播、电视、网络、新媒体等校园媒体资源，探索打造媒体服务、党建服务、政务服务的融合媒体平台。（牵头单位：党委宣传部、信息化建设管理处、文学与新闻传播学院）

四、产出一批成果，使民大主旋律更加响亮、正能量更加强劲

（一）问题：与上级宣传思想工作主管单位及中央级主流媒体联系还不够紧密，总结宣传亮点工作的主动性和能力还不强，主动发声还不够多、效果还有待提升。

（二）目标：聚焦守正创新，着力破解制约宣传工作的难点难题，强化总结、交流和宣传，不断提升整体工作水平。

（三）举措：

1. 主动外推宣传作品百余件次。围绕重大议题精心策划开展重大主题宣传，结合学校实际，大力选树优秀师生典型、发出民大声音、展现民大形象、讲述民大故事，充分展示新中国成立70年来特别是中央民族大学第八次党代会以来民族高等教育的光辉历程、显著成绩和宝贵经验，进一步完善内宣外宣、网上网下、校内校外的媒体联动报道格局；修订制定《中央民族大学新闻宣传工作管理办法》《中央民族大学对外宣传工作管理办法》等，继续强化与中央媒体的对接沟通机制，各展所长、同频共振。（牵头单位：党委宣传部、党委教师工作部、党委学生工作部、教务处、科研处、研究生院、国内合作处等）

2. 开拓途径，提升在中央级媒体刊发理论文章数量和质量。（牵头单位：党委宣传部、科研处、马克思主义学院等）

3. 打造并推广一批“最美课堂”课程思政建设项目。（牵头单位：教务处、党委宣传部）

4. 拍摄制作一部主题宣传片。（牵头单位：党委宣传部、信息化建设管理处）

中央民族大学2018年度党建工作总结

民大党报〔2019〕5号

2019年1月20日

2018年学校党委认真学习贯彻习近平新时代中国特色社会主义思想和党的十九大精神，深入贯彻落实全国、北京市高校思想政治工作会议精神、中央民族工作会议精神和全国、全市教育大会精神，切实贯彻落实学校第八次党代会精神，坚持为党和国家重大战略需求和民族团结进步事业服务、为少数民族和民族地区发展服务的办学宗旨，不断树牢“四个意识”，坚定“四个自信”，坚决做到“两个维护”，提高政治站位，加强理论研究，发挥民族教育优势，促进基层党建与立德树人深度融合，为学校“双一流”建设凝聚力量。

一、加强党的领导，推动习近平新时代中国特色社会主义思想往实里走、往深里走、往心里走

（一）加强习近平新时代中国特色社会主义思想的学习贯彻和研究阐释

学校党委始终坚持把思想政治建设摆在关键位置，通过全委会、常委会、党委理论中心组（扩大）学习会等形式，深入学习习近平新时代中国特色社会主义思想和党的十九大精神，强化党对学校工作的全面领导，把方向、管全局、抓根本，切实履行管党治党、办学治校的主体责任和全面责任，把中央关于民族工作、教育工作方针政策落实到办学实践中。学校获批成为北京市习近平新时代中国特色社会主义思想研究中心研究基地之一，并获得北京市重大、重点等研究课题4项；党委书记张京泽走上讲台，开展“铸牢中华民族共同体意识，做维护人民当家作主的坚定守护者”专题讲座，为《习近平新时代中国特色社会主义思想研究》系列市级思想政治理论课开讲；党委副书记、校长黄泰岩通过承担教育部《习近平新时代中国特色社会主义经济思想体系研究》专项课题、深入研究新时代中国特色社会主义经济的理论前沿问题，科学阐释和大力宣传习近平新时代中国特色社会主义经济思想，接受纪念改革开放40周年《求是》访谈专访，在《求是》《人民日报》《光明日报》《经济学家》《北京日报》《辽宁大学学报》等报纸杂志上发表《改革

开放使中国实现从赶上时代到引领时代的伟大跨越》《以现代市场体系保障高质量发展》《改革开放40年中国特色社会主义政治经济学的创新发展》《中国改革开放40年的经济发展经验》《马克思主义在当代中国的鲜活价值》《新时代改革开放的继承和创新》等多篇学习体会文章。

（二）围绕服务国家战略、民族工作重大现实问题，组建研究团队，深入开展协同攻关

立足服务国家战略，积极参与并圆满完成中非合作论坛北京峰会志愿服务、全国少数民族参观团走进民大活动、庆祝改革开放40周年文艺晚会《我们的四十年》演出等重大政治任务；发起成立了“一带一路”民族艺术教育联盟；积极履行服务民族地区和少数民族的政治使命与社会责任，与宁夏、内蒙古师范大学等地方政府和高校签订12份战略合作协议，开启校地校际合作新篇章；与内蒙古自治区人民政府签订《关于支持推进乌兰牧骑事业发展合作项目》，开办“乌兰牧骑音乐创作高级研修班”，组织师生赴内蒙古开展“争当乌兰牧骑文艺轻骑兵”主题实践活动；民大附中稳步提高教学质量，再获“全国百强中学”，积极服务民族基础教育，先后在青海玉树、云南丽江等地合作办学，承担青海、贵州等多省区市多批次教师免费挂职学习，与民族地区共享首都北京优质教育资源。

不断拓展国际及港澳台地区交流合作广度与深度，与18所高校签署合作协议，加入中国-中东欧国家高校联合会和南亚东南亚大学联盟；全年接待国外和港澳台地区来访团组55批次；获批国家外专局引智经费1116万元再创新高，实施国家级、校级重点引智项目61个，新建3个校级学科创新引智基地；“锦绣中华·魅力民大——中国民族文化走出去”艺术团赴新西兰、斐济和瓦努阿图等国巡演，传播推介中国优秀民族文化，斐济总理等政要给予高度赞誉，人民日报（海外版）等主流媒体高度关注；在我国台湾忠信学校建立“中央民族大学台湾教学研究与实习重点基地”，首次批量接收我国台湾地区免试生，6项涉台调研课题获得北京市台办重点立项；与香港中文大学合作举办教育部“万人计划”项目。

（三）发挥党委领导核心作用，多次召开会议专题研究党建工作，加强顶层设计，助推“双一流”建设

学校党委全年共召开31次常委会专题研究党建工作。开展“不担当不作为”专项治理和全面“巡察督导”工作，实施“首问首接责任制”，落实“管理强校”战略；建立健全督查工作体制机制，进一步完善立项、分解、交办、承办、催办、反馈、通报工作机制，将74项重点工作任务列入2018年督查督办工作台账，定期在全校范围内发布《督查通报》6次，确保学校重点工作顺利推进。围绕党委常委会、校长办公会做出的重要决议、师生关心的热点难点问题，定期开展跟踪督查，针对督查过程中发现的问题，不定期向有关部门发布《督办通知单》，推动各项决议落实、解决问题及时。

实施学院领导班子“任期目标责任制”，落实“质量立校”战略，提升办学质量。创新干部管理体制，为全面提升学校的教学、科研、管理和社会服务水平，制定《中央民族大学学院（系）领导班子和领导干部任期目标责任制实施办法》，将学校“双一流”建设和第八次党代会确定的目标任务分解到各个单位，

与28个学院（系）签订任期目标责任书，任期目标做到可实现、可考核、可量化，并将任期目标完成情况纳入年度考核体系，作为领导班子和领导干部年度考核重要依据。

（四）勇于担当作为，破解民生难题

书记直接领导、校长靠前指挥，加大力度改善师生学习生活条件。集中开展社区内147处违法建设拆除及非法经营销售、待拆迁户等问题的清理整治工作，通过悬挂宣传条幅20余条、发放综合整治动员宣传单千余份、分期分批约谈违法建设相对人280余人次、组织召开综合整治动员大会、在职人员动员会、走访200余户违法建设重点户等工作步骤，基本实现空间腾退、留白增绿、消除隐患、改善环境，得到了社区居民的真诚拥护和学校师生员工的广泛支持；完成了40余间办公用房和100余户租赁性质公有住房的整顿工作，解决了长期想解决而未解决的工作难题，树立了担当作为的良好形象。

二、强化党建引领，为“双一流”建设提供组织保障

（一）优化机构设置，推进干部人事制度改革

深入学习贯彻落实全国组织工作会议精神，精心谋划党政职能部门领导班子换届和领导干部聘任工作。专题研讨全国组织工作会议精神，切实将全国组织工作会议精神落实到学校干部选任和队伍建设的各项工作中。科学设置党政职能部门机构和岗位，对京内外10余所高校进行调研，经反复充分论证，制定了《党政职能部门机构调整方案》，将原来的33个机构整合为25个，明晰了权责，优化了职能，着力构建适应学校内涵发展和“一流大学”建设需求的管理体制与工作运行机制；制定《党政职能部门换届和领导干部聘任工作方案》，核减了处级干部岗位5个，管理人员岗位2个，并根据“双一流”建设需要，科学设置岗位，加大对负责重点工作的部门人员投入。严格执行任期制和聘任制，凡任期满两届的不得聘任原岗位，推进37名干部交流任职，占17%；提拔40岁以下优秀年轻干部47人，占49.5%，平均年龄降低4岁，67名干部未获聘，真正实现了能上能下。

启动实施院（系）领导班子任期目标责任制，出台任期目标责任制实施办法，与各学院（系）主要负责人签订了任期目标责任书，并进行了院（系）任期目标责任年度评审；加大干部培训，举办处级干部培训班4期，共培训处级干部700余人次；利用高等教育管理干部在线等平台开展全校处级干部、党员在线学习，共计2825人次；完成51名教师党支部书记的网上专题培训任务；注重做好党外知识分子的思想政治引导工作。

积极推荐优秀干部到党政机关、地方和民族地区挂职锻炼。强化实践锻炼，选派15名处级领导干部和专业人才赴武陵山片区、北京市委挂职锻炼。借调6名优秀年轻干部参与国家民委、北京市委教工委、学校重大重点工作。向北京市委推荐8名优秀年轻干部，其中1名干部被北京市委选派到丰台区挂职；推荐优秀年轻干部参与社会工作、服务群众，党委委员、教授蒙曼成功当选全国妇联副主席。

（二）以提升组织力为重点，加强基层组织建设

全面贯彻党的十九大和十九届二中、三中全会精神，紧密结合“两学一做”学习教育常态化制度化建设，深入学习

贯彻落实全国组织工作会议精神，重点推进基层组织体系建设。先后制定实施《中共中央民族大学委员会关于院（系）党组织会议和党政联席会议制度的规定》《中央民族大学党支部规范化建设实施方案》《中央民族大学教学科研一线教师党支部书记考核激励办法》，提高基层党组织工作规范化水平，不断激发组织活力；根据《北京高校党建和思想政治工作基本标准》入校检查反馈意见，狠抓落实整改。坚决整顿软弱涣散党支部7个。优化“B+T+X”的党支部工作体系，发挥“双带头人”支部书记作用，促进党建和业务双融合、双促进。响应“街道吹哨”，1318名在职党员积极报到，推进“全面治理”。积极落实中组部和国家民委党组要求，广泛开展“弘扬爱国奉献精神，建功立业新时代”主题教育活动。经过精心培育和推荐，中国民族理论与民族政策研究院教工党支部入选教育部首批全国高校“双带头人”教师党支部书记工作室、生命与环境科学学院党委获评“全国党建标杆院系”、马克思主义学院教工第一党支部获评为“全国党建工作样板党支部”、药学院研究生王绍辉获评“全国高校百名研究生党员标兵”。

（三）深化民族团结进步教育，铸牢中华民族共同体意识

一是发挥课堂教育阵地作用。探索形成特色鲜明的“六观”教育课程体系，深入开展“五个认同”“三个离不开”教育，对在校的学生，主要是通过公共政治理论课——民族理论与政策课、思政课、形势政策课等课程的讲授，做到了各个教学层次全覆盖。实现党的民族、宗教方针政策进课堂、进头脑。

二是加强师德师风建设，落实立德树人根本任务。先后制定实施《中央民族大学基层教学组织建设管理办法》《中央民族大学全面落实研究生导师立德树人职责实施细则（试行）》《中央民族大学教师行为规范》《师德一票否决实施办法》《教职工纪律处分暂行规定》等制度，健全师德建设长效机制；在全校开展“做新时代‘四有’好老师和‘四个引路人’”学习实践活动；专门召开加强师德师风建设会议、举行新进教师宣誓，对全体教师提出明确要求；积极探索在高端人才中发展党员，接收理学院院长、学科带头人陈根祥为中共预备党员；设立学校最高奖项“杰出育人奖”，选树典型，对在人才培养、教书育人、教学科研、思政教育、管理服务等方面取得显著成绩、做出突出贡献的教职工予以表彰奖励。评选出22名“杰出育人奖”获得者，并且在全校范围内进行“弘扬爱国奋斗精神、建功立业新时代”宣讲。严肃处理违反师德师风教师，创新人才培养模式，培养“进得来、用得上、干得好”的各民族优秀人才。

三是发挥少数民族学生管理优势，服务首都安全稳定。深入开展实施和精心组织参与新生引航工程、十佳大学生评选、自强之星寻访、民族团结结对共建、少数民族学生思想教育帮扶、暑期赴新疆专项家访、“北京高校理论名师大讲堂”“名家领读经典课程”等系列主题教育活动，着力拓宽教育载体和路径，切实增强教育针对性和实效性。加强北京高校辅导员“民族·宗教”培训研修基地建设，继续承担全市高校辅导员民族宗教领域培训任务，举办民族宗教培训班8期，培训741人次。在北京市委教育工委和学校党委的关心支持下，配齐配强了学校少数民族学生专职辅导员，正式挂牌成立了北京高校少数民族学生

教育管理服务工作站，连续组织举办了两期“首都高校少数民族学生专职辅导员专题培训研修班”，学校少数民族学生教育管理工作经验先后在北京市、教育部等相关专题培训研修班上作专题交流并受到广泛关注与积极评价，学校学生思想政治教育工作在首都高校的影响力进一步扩大、在民族高校中的“排头兵”地位更加稳固。

四是做好少数民族师生党员发展工作。发挥少数民族党员干部、教师和学生党员的榜样作用，帮助、带动少数民族学生积极向党组织靠拢；设立校级党建研究课题、申报北京市研究项目，探索出了“政治标准放首位”“思想交流一对一”“政审环节向前移”“指标分解看实际”的精准培养方式，实现了质量数量双提升。

四、深入推进全面从严治党，加强纪律监督和纪律审查

不断强化管党治党主体责任，专门召开全面从严治党工作会议，研究部署从严治党重点工作，提出明确工作要求，将从严治党不断引向深入；制定实施《中共中央民族大学委员会关于贯彻〈中央政治局贯彻落实中央八项规定实施细则〉的办法》，不断巩固“八项规定”成果，严防“四风”问题反弹回潮。

（一）加大执纪审查力度，实践“四种形态”

坚持突出重点，加大对“一把手”、重点领域以及群众反映强烈问题线索的办理力度，2018 年进行谈话函询 54 人次、发出协查函 24 件次，正式上报核查报告 4 个，发出监督建议 3 份。继续实践监督执纪“四种形态”，重点运用好第一、第二种形态，对经过初核有明确错误事实，但尚未达到纪律处分标准的相关人员进行诫勉谈话共计 1 人次。同时压实二级党委全面从严治党主体责任，督促二级党委第一种形态上下功夫。

（二）突出重点，关口前移，加强日常监督工作

积极探索“三转”后监督工作方式方法，结合信访举报和学校工作重点，梳理问题易发、多发领域和环节，事前提醒，防微杜渐。本着对干部高度负责、对组织高度负责的态度，严把党风廉政意见回复关。2018 年，向学校组织人事部门和上级有关单位发出干部廉政情况意见函 29 件，共 280 人次。认真组织开展对各二级单位党风廉政建设责任制落实情况的专项检查，并拟对人、财、物等关键部门、关键领域、关键岗位和关键环节进行重点抽查。

（三）开展宣传教育，让党规党纪刻印在每个党员心上

开展党风廉政教育宣传月活动。组织开展了主题为“不忘初心 牢记使命廉洁诚信 遵规守纪”党风廉政教育宣传月活动，组织在职教职工党员和学生党员参加党纪党规知识测试，参与人数 2266 人。组织新修订的《中国共产党纪律处分条例》的配发和学习工作。为全体在职党员配发了单行本，要求各二级单位党委、党总支、直属党支部抓好学习宣传工作。继续做好微信公众号“清风民大”推送工作。共推送文章 180 余篇，近 1600 人关注，取得了较好的效果。

（四）多渠道开展警示教育，引导党员干部时刻敲响廉洁从政的警钟

组织正处级干部、近三年新提任的处级干部和后勤管理处、新校区建设指挥部各组成部门干部 150 余人先后分三批参观北京市全面从严治党警示教育基地、海淀区反腐倡廉警示教育基地，运

用生动的案例教育广大党员知敬畏、守底线，严守党规党纪。召开警示教育大会，利用民委系统内和我校具有典型意义的案例警示全校各级领导干部和全体教职工，以身边人、身边事为镜鉴，吸取教训、深刻反思、警钟长鸣。

（五）深化作风督查，防止“四风问题”反弹回潮

紧盯年节假期和重点问题，密切关注“四风”问题新动向新表现，在办公网和微信公众号分别发布廉政提醒，并于节后进行专项检查。在对信访件进行核查过程中，对发现有作风问题苗头性倾向的单位和个人，及时提醒、批评教育。同时，畅通举报渠道，加大群众监督力度，学校作风建设取得长足进步。

五、定期督查，加强意识形态管理

学校党委常委会定期听取、研究意识形态工作，把意识形态工作情况作为领导班子考核的重要指标。定期在全校范围开展意识形态工作督查，并在关键节点进行专门巡查、专项检查，把各项责任落细、落小、落地、落实；不断加强阵地建设和管理，严格执行“一会一报”，全年全校审查、备案的各级各类报告会、研讨会、讲座、论坛共735项，其中涉外187项，开展全校各类媒体的登记备案和规范管理，确保重要阵地的管理严而有序，从场地、人员、内容管理等各个环节守住底线；认真做好迎接中央宗教工作督查的工作，制定了《关于迎接中央宗教工作督查的方案》《中央宗教工作督查任务分解表》，全校动员开展工作，形成支撑材料61盒。中央宗教工作督查组进校后开展了听取汇报、座谈会、访谈会、查阅资料、现场考察、部分学校领导与部门领导和院系领导及辅导员的测试等一系列工作，对学校的宗教工作给予了充分肯定。

六、把握正确的政治导向、思想导向和文化导向，努力构建平安校园

全面落实安全稳定责任制和风险防范机制，建立健全风险防范评估机制，强化安全稳定信息队伍建设，健全信息收集、定期会商、重点人稳控等工作机制，做到底数清、信息准，反应及时，防控有效，确保了“中非合作论坛”“全国少数民族参观团”等重大活动期间以及有关敏感时间节点校园安全稳定；加强突发事件应急处理，全年制止和处理扰乱校园秩序行为6起，抓获各类违法犯罪10余人；完善安防消防体系建设，扩大安装高清摄像机点位，优化升级平安校园综合管理平台，着力提升安全事故预防、处置能力。

七、深化改革创新，推进学校各项事业迈上新台阶

一年来，学校始终坚持改革创新，狠抓落实，围绕立德树人这一根本任务，推进实施学校发展“五大战略”，在教育教学改革、人才队伍建设、学科建设、科研和服务社会、对外合作交流、管理服务水平等方面取得了显著成效，迈上了新台阶。

一是深化教育教学改革，切实提升人才培养质量。制定实施《中央民族大学学习贯彻全国和北京市教育大会精神宣讲对谈工作方案》《中央民族大学研究生课程教学管理办法》；注重大力发展留学生教育和国际汉语教育，努力提升继续教育办学水平；注重提高就业指导和服务的精准性和有效性。

二是不断加强学科建设水平，提升科研服务能力。研究制定《中央民族大学学科建设整改方案》，进一步优化学科结构、凝练学科方向、理顺学科关系；发挥学校

特色和学科优势，服务北京“四个中心”建设，获批北京市与中央高校共建一流大学经费支持5000万元；积极组织城市民族学、民族艺术学、质谱成像与代谢组学三个学科参评北京市高精尖学科，争取北京市的政策支持和条件保障。

三是深化体制机制改革，全力推进人才强校战略。首次召开人才工作会议，明确提出四大势在必行的改革，即强化人才激励机制、建立人才约束机制、形成科学的人才选用机制、创建人才优先发展保障机制，围绕立德树人根本任务和“双一流”建设战略任务，对学校人才工作做出全面部署。

四是提升管理效能和服务水平，全力推进管理强校战略。不断提高信息化工作水平，加强财务管理和内部审计监督。

五是创新工作思路和流程，新校区建设取得突破性进展。扎实推进新校区建设，丰台校区建设项目取得《中央在京重点建设项目确认函》，教学区取得《中华人民共和国不动产权证书》，第一组团教学科研楼主体工程已封顶竣工，第二组团获批发改委初步设计和概算批复，已全面开工建设；积极推进海南校区筹建工作，国家民委、海南省人民政府向教育部报送《关于筹备建设中央民族大学海南校区的函》，成立了海南校区筹建处、海南自由贸易试验区研究与培训中心，稳步推进各项筹建工作。

一年来，党建工作成绩可喜。然而，对标中央要求和《北京市高校党建和思想政治工作基本标准》，学校党建工作依然存在以下问题。

一是党建推动学校各项事业发展的作用尚未充分发挥。学校党委站在服务党和国家战略和民族团结进步事业、服务首都发展和“四个中心”建设的高度攻坚克难、创新发展的实效还不够；学校治理体系和治理能力现代化水平还有待提升，推动学校发展改革的有效制度尚不完善，机制体制还不够健全；学校干部和教师按“双一流”建设要求开展工作的危机感、紧迫感还不强，干部队伍和人才队伍的素质与能力亟待提高。

二是基层党建工作不平衡，精细化、实效性还不够。虽然在全校范围内加强了基层党组织规范化建设，并开展了专项督查，但个别基层党组织负责人对基层党组织凝聚人心、推动事业发展的职责使命认识不清，“第一责任人”意识不强；部分党支部，尤其是教师党支部的组织生活质量不高、亮点和特色不多、战斗力不强；少数党员党性觉悟不强，先锋模范作用发挥还不充分。学校对基层党建的深入分析研判、跟踪调查、精细化指导还不够；各部门党建工作还不够平衡；党建促改革发展的实效性还有待进一步提高。

三是干部队伍激励约束保障机制还需进一步完善。专职党务干部、专职辅导员和思政课专任教师的数量不充足，队伍还不够优化；对科学有效的干部考核评价体系还没有完全建立，激励机制还不够健全；培养选拔年轻优秀干部的方法不多、手段不新；党务干部职务职级“双线晋升”制度尚未建立，干部干事创业的积极性、主动性和创造性没有被充分激发。

2019年，学校将以习近平新时代中国特色社会主义思想为指导，继续贯彻落实全国和北京市高校思想政治工作会议精神、中央民族工作会议精神以及全国和北京市教育大会精神，落实市第十二次党代会精神，加强和改进党建与思想政治工作，持续推进完成第八次党代会确定的任务，确保年度各项工作的任务顺利完成。

一是自觉用习近平新时代中国特色社会主义思想武装头脑、指导实践、推动工作，提高政治站位，将办好中央民族大学放到党和国家工作全局和民族团结进步事业大局去谋划，与国家同呼吸、共命运。

二是进一步加强党对学校工作的全面领导，深入推进全面从严治党。学校党委要担负起管党治党、办学治校的主体责任和全面责任，树牢“四个意识”，坚定“四个自信”，坚决做到“两个维护”，始终坚持社会主义办学方向；切实把作风建设作为长期任务，坚决防止“四风”问题反弹回潮。

三是不断激发基层党组织活力，抓好基层党建“第一责任人”，加强跟踪指导，建立健全干部激励机制，创新党建和思想政治工作方式，形成中央民族大学党建工作新经验。

四是以问题为导向，进一步坚持和完善党委领导下的校长负责制，不断改革创新，凝聚师生共识，全面落实学校第八次党代会提出的战略部署，推进“双一流”建设。完善“双一流”建设管理体制机制，做好项目库建设和绩效考核工作；分层推进学科建设，做好学科的分类规划和建设工作，提升学科竞争力。出台学位点建设及动态调整实施方案，进一步加强学位授权点建设工作，做好学位授权点随机抽评迎评工作。深入贯彻落实全国教育大会和新时代本科教育工作会议精神，实施振兴本科教育行动计划，以新文科、新工科建设为抓手，优化学科专业结构，构建高水平人才培养体系，提高人才培养能力。

五是积极参与服务新中国成立 70 周年、“五四运动” 100 周年、澳门回归祖国 20 周年纪念活动，以及党和国家举办的各类重大政治活动，确保校园安全稳定工作。

六是加强大学文化建设。培育铸牢中华民族共同体意识，把中华优秀传统文化全方位融入学校思想道德教育、文化知识教育等各环节，融入学生学习、生活等方面的认识和意识中，引领广大师生做中华优秀传统文化的传承者、践行者。

七是提升管理能力水平，深化干部人事制度改革。加强学校顶层设计，推进管理制度建设，增强内部管理的精细化水平，构建科学高效管理体系；推进教职工思想政治教育和师德师风建设；完成全员聘用工作，积极推进教师岗位分类管理工作，完善绩效工资分配管理制度，进一步促进和保障人员激励约束机制建设和运行；落实党政职能部门任期目标责任制；推进党政职能部门科级机构设置，完成正科级实职干部选拔聘任工作；加强年轻干部培养，注重干部梯队化建设；加强干部教育培训，做好干部离任审计。

八是加快推进新校区建设。完成第一组团内外装修，第二组团主体及装修工程，第三组团开工建设。积极推进海南校区建设进度。

2019 年是新中国成立 70 周年，是全面建成小康社会关键之年，也是我校全面深化综合改革、不断推进“双一流”建设的攻坚之年。学校党委将以习近平新时代中国特色社会主义思想为指导，牢固树立“四个意识”，坚定“四个自信”，全面加强和改进新时代学校党的建设，加快“双一流”建设，推进教育现代化，为办好人民满意的高等教育作出新的更大的贡献。

中央民族大学党委理论学习中心组学习细则

民大党发〔2019〕12 号

2019 年 3 月 28 日

第一章　总　则

第一条　为规范和加强中央民族大学校党委、二级单位党组织理论学习中心组的理论学习，根据《中国共产党党委（党组）理论学习中心组学习规则》及《中共国家民委党组贯彻落实〈中国共产党党委（党组）理论学习中心组学习规则〉》有关要求，结合学校实际，制定本实施细则。

第二条　理论学习中心组学习是学校两级领导班子和领导干部理论学习的重要组织形式，是严肃党内政治生活、强化党性修养的重要内容，是加强两级领导班子思想政治建设的重要制度，是提高领导干部治校能力和领导水平的重要途径。

第三条　理论学习中心组学习必须以政治学习为根本，以深入学习贯彻习近平新时代中国特色社会主义思想为首要任务，以掌握和运用马克思主义立场、观点、方法为目的，坚持围绕中心、服务大局，坚持知行合一、学以致用，坚持问题导向、注重实效，坚持依规管理、从严治学，坚持在理论学习上走在前、作表率。

第四条　理论学习中心组学习要纳入校党委和二级单位党组织意识形态工作责任制和党建工作责任制，认真抓好贯彻落实。

第二章　组织与职责

第五条　校党委理论学习中心组由校级党员领导干部组成，二级单位党组织理论学习中心组由本级党委领导班子成员组成，可根据学习需要适当吸收有关人员参加。

第六条　校党委对本级理论学习中心组学习负主体责任，对二级单位党组织理论学习负领导责任。校党委书记、二级单位党组织书记是理论学习中心组学习第一责任人，主要职责是：审定学习计划、确定学习主题、提出学习要求、主持集体学习研讨、指导和督促中心组成员学习，完善学习制度等。书记不能参加学习时，由主持日常工作的负责人代行职责。

分管宣传思想工作的校党委副书记、二级单位党组织副书记是理论学习中心组的直接责任人，主要职责是配合书记做好理论中心组学习的组织工作。

第七条　校党委理论学习中心组学

习秘书由党委宣传部负责人担任，主要职责是：拟制年度学习计划和方案、起草年度学习情况报告和阶段性总结、管理学习档案、牵头负责理论学习中心组专题学习等相关工作；党委办公室协助做好学习服务工作，并牵头负责理论学习中心组日常传达学习等相关工作。

第三章　学习内容、形式与要求

第八条　理论学习中心组学习内容包括：

（一）马克思列宁主义、毛泽东思想、邓小平理论、“三个代表”重要思想、科学发展观，习近平新时代中国特色社会主义思想；

（二）党章党规党纪和党的基本知识；

（三）党的路线、方针、政策和决议，党中央、国务院关于民族工作的重大决策部署；

（四）党的民族理论、民族政策和民族基本知识；

（五）国家法律法规，特别是民族工作、高等教育工作的法律法规；

（六）社会主义核心价值观；

（七）党的历史、中国历史、世界历史和科学社会主义发展史；

（八）推进中国特色社会主义事业所需要的经济、政治、文化、社会、生态、科技、军事、外交、宗教等方面知识；

（九）高等教育改革发展实践中的重点、难点问题；

（十）党的建设和全面从严治党的重要问题；

（十一）党中央和上级党组织要求学习的其他重要内容。

第九条　理论学习中心组的学习形式包括：

（一）集体学习研讨（主要形式）。把重点发言和集体研讨、专题学习和系统学习结合起来，深入开展学习讨论和互动交流，以中心组成员自己学、自己讲为主，适当组织专题讲座、辅导报告。

（二）个人自学。理论学习中心组成员应当根据形势任务的要求，结合工作需要和本人实际，明确学习重点，研读必要书目，下功夫刻苦学习。

（三）专题调研。理论学习中心组成员应当把理论学习与专题调研结合起来，深入基层、深入群众、深入实际，扎实开展调查研究，深化理论学习。

（四）充分利用网络学习平台，创新学习方式，改进学习方法，拓宽学习渠道，提升学习效果。增强学习的针对性和实效性。

第十条　理论学习中心组的学习要求：

（一）坚持把学习马克思主义理论作为做好一切工作的看家本领，把学习党的基本理论与学习党的理论创新成果结合起来，把握精神实质，掌握精髓要义，做到真学真懂真信真用。

（二）理论学习中心组成员应当发挥“关键少数”的示范和表率作用，紧密结合学校改革发展实际，自觉学习、带头学习，努力成为建设学习型党组织和学习型领导班子的精心组织者、积极促进者、自觉实践者，学以致用、用以促学、学用相长，把学习成果转化为有效的政策举措。

（三）理论学习中心组集体学习研讨每学期不少于2次，中心组成员每年至少在集体学习研讨中作 1 次重点发言，撰写 1 篇学习心得、调研报告或者理论文章。

（四）校党委理论学习中心组成员每年至少参加 1 次所联系的二级单位党组织理论学习中心组的学习。

第四章　学习管理与考核

第十一条　校党委理论学习中心组每年年初按照党中央部署、国家民委和北京市委安排，结合工作实际，制定年度学习计划，并于每年 2 月底前报送给国家民委党组备案；每年 1 月底前向国家民委党组报送上一年度学习情况、中心组成员的学习心得、调研报告和理论文章。

二级单位党组织理论学习中心组每年 1 月底前向校党委报送上一年度学习情况和相关材料；每年春季开学第一周内向校党委报送本年度学习计划。

第十二条　理论学习中心组实行学习考勤制度。每次集体学习研讨，出席人数不少于三分之二，因工作需要或其他原因确需请假的，应提前向书记请假，并及时补学。

第十三条　理论学习中心组实行学习档案制度。档案内容包括：学习制度，中心组负责人、成员及学习秘书名单，年度学习计划，年度学习情况报告及统计表，阶段性工作总结，中心组成员发言材料，考勤记录和学习记录，中心组成员学习心得、调研报告和理论文章。学习档案由专人管理。

第十四条　理论学习中心组实行学习督查制度。校党委理论学习中心组学习情况接受国家民委党组督查。校党委对二级单位党组织理论学习中心组学习情况进行督查，督查采取自查、普查或者抽查等方式进行。督查内容包括：理论学习中心组年度学习计划落实情况（学习制度执行情况、中心组负责人履行职责情况、中心组成员参加学习情况、学习档案设立和管理情况），中心组成员运用理论指导实践情况（学习成果转化为有效的政策措施情况、研究解决改革发展稳定中重大问题情况、推动党的建设和全面从严治党情况等）。

二级单位党组织理论学习情况将纳入二级单位领导班子和领导干部年度考核。

第五章　附　则

第十五条　本细则适用于校党委理论学习中心组学习、各二级单位党组织理论学习中心组学习。

第十六条　本细则由党委宣传部负责解释。

第十七条　本细则自印发之日起施行。此前有关规定与本细则不一致的，以本细则为准。

中央民族大学党委理论学习中心组 2019 年学习计划

民大党发〔2019〕13 号

2019 年 3 月 28 日

2019 年是新中国成立 70 周年，也是学校推进“双一流”建设的关键之年。根据国家民委党组和北京市委的工作部署以及《中央民族大学党委理论学习中心组学习细则》的具体要求，结合学校实际，制定 2019 年度理论学习计划。

一、指导思想

高举中国特色社会主义伟大旗帜，以习近平新时代中国特色社会主义思想为指导，全面贯彻党的十九大和十九届二中、三中全会精神，深入贯彻落实全国教育大会精神和全国宣传思想工作会议精神，促进理论学习中心组成员进一步坚定“四个自信”、强化“四个意识”、做到“两个维护”，切实发挥好中心组的示范引领作用，为推进学校各项事业发展提供思想保证、理论支持和精神动力。

二、学习专题

（一）习近平新时代中国特色社会主义思想

1. 深入学习领会习近平新时代中国特色社会主义思想的科学理论体系。结合《习近平新时代中国特色社会主义思想三十讲》和《习近平新时代中国特色社会主义思想学习纲要》等辅导材料，进一步深刻把握这一重要思想所涵盖的各个领域、各个方面，深刻把握这一思想中“8 个明确”和“14 个坚持”是有机统一、不可分割的整体，深刻把握这一思想同马克思列宁主义、毛泽东思想、邓小平理论、“三个代表”重要思想、科学发展观既一脉相承又与时俱进的关系。通过深入学习，努力在对这一科学理论体系的系统认识和把握上达到新高度，在自觉用新思想指导主观世界和客观世界改造上取得新成效。

2. 深入学习习近平总书记在省部级专题研讨班上的重要讲话精神。通过学习，要深刻认识和准确把握外部环境的深刻变化和我国改革发展稳定面临的新情况新问题新挑战；要深刻认识增强忧患意识、做到居安思危是我们党治国理政的一个重大原则，着力提高防控能力、增强打好防范化解重大风险攻坚战的信心；要坚持底线思维，保持高度警惕，为决胜全面建成小康社会、实现中华民族伟大复兴的中国梦提供坚强保障。

3. 深入学习习近平总书记在中青年干部培训班上的重要讲话精神。通过学习，要进一步加强理论修养，始终不忘我们是共产党人、是革命者，增强干事创业本领，以实际行动诠释对党的忠诚和对理想信念的坚定，以实际行动服务人民、勇于担当。

今年要特别关注和学习习近平总书记在庆祝新中国成立70周年、五四运动100周年等重要时间节点，十九届四中全会上的重要讲话精神，关注和学习其他相关理论热点，为进一步做好各项工作提供思想动力和理论支撑。

（二）全面从严治党战略思想

1. 深入学习习近平总书记关于全面从严治党的重要论述。继续结合《党章》《关于新形势下党内政治生活的若干准则》《中共中央关于加强党的政治建设的意见》《中国共产党重大事项请示报告条例》等学习材料，通过深入学习，进一步增强推进党的政治建设的自觉性坚定性，加强组织领导，强化责任担当，准确把握重大事项请示报告的重要意义、基本原则、主要内容和工作要求，模范遵守党章党规，强化思想自觉和行动自觉。

2. 深入学习习近平总书记十九届中央纪委三次全会上的重要讲话精神。结合《全会公报》等学习材料，把思想和行动统一到习近平总书记重要讲话精神上来，不断进行自我革命，用好我们党永葆先进性和纯洁性的制胜法宝，主动担当作为，驰而不息推进党风廉政建设和反腐败斗争，敢于斗争、善于斗争，不松劲、不停歇，以永远在路上的坚韧和执着认真履职尽责，扎实推进全面从严治党。

3. 深入学习领会习近平总书记关于意识形态工作的重要论述和中央的重大部署和基本要求。重点分析和把握当前意识形态领域的倾向性问题，旗帜鲜明坚持真理、立场坚定批驳错误，把握好做工作的具体要求，把思想认识统一到中央对当前意识形态领域的分析和研判上来。认真落实好党委意识形态工作责任制，研讨做好大学生思想政治工作的新方式，切实担负起意识形态工作主体责任。

（三）党中央关于高等教育和文化工作的相关指示精神

1. 继续深入学习全国教育大会精神。通过学习，要进一步准确把握全国教育大会的战略要求，全面贯彻党的教育方针，坚持马克思主义指导地位，坚持中国特色社会主义教育发展道路，坚持社会主义办学方向，立足基本国情，遵循教育规律，坚持改革创新，以凝聚人心、完善人格、开发人力、培育人才、造福人民为工作目标，培养德智体美劳全面发展的社会主义建设者和接班人，加快推进教育现代化、建设教育强国、办好人民满意的教育，为决胜全面建成小康社会作出新的更大的贡献。

2. 学习党和国家关于教育现代化的重要文件精神。结合《中国教育现代化2035》和《加快推进教育现代化实施方案（2018—2022年）》等材料，明确推进教育现代化的重点任务，大力推进教育理念、体系、制度、内容、方法、治理现代化，着力提高教育质量，进一步提高创新能力、社会服务能力和文化传播能力。

3. 学习国家关于校园文化建设的相关会议和文件精神。要提高把中华优秀传统文化全方位融入学校思想道德教育、文化知识教育、艺术体育教育、社会实践教育等各环节，融入学生生活、学习的方方面面的认识和意识，加强校园文化建设、引领广大师生做中华优秀传统文化的传承者、践行者。

（四）党中央关于民族工作的重要指示精神

认真学习党和国家关于民族工作的重要会议和文件精神，认真学习党和国家领导人对民族工作的重要指示精神，进一步提高做好民族工作的能力和水平，进一步掌握民族工作领域意识形态工作的领导权、主动权、管理权和话语权的意识和能量，不断增进“五个认同”。

（五）其他理论热点

结合相关学习资料，深入学习党中央关于全面深化改革、做好经济工作、做好扶贫攻坚工作等方面的重要部署，研讨社会热点理论问题以及国际形势，认清中国外交战略，把思想和行动统一到党中央的要求上来。

三、学习要求

（一）坚持理论联系实际的优良学风，紧密联系党和国家事业发展要求，紧密联系学校改革发展的各项任务以及工作中出现的新情况、新问题。

（二）校党委书记为理论学习中心组学习的第一责任人，中心组成员因故不能参加学习要向书记请假。中心组成员至少要在集体学习研讨中作1次重点发言，至少撰写1篇学习心得、调研报告或者理论文章；至少参加1次所联系的二级单位党组织理论学习中心组的学习。

（三）学习以集体学习研讨为主要形式，以中心组成员自己学自己讲为主，确保集体研讨有思考、有深度、有见地。同时采用自学、调研等多种学习形式，要充分利用“学习强国”App等网络平台，增强学习的针对性和实效性。

（四）党委宣传部安排专人担任学习秘书，牵头负责理论学习中心组专题学习相关工作，做好专题学习方案、记录、归档等工作；党委办公室牵头负责理论学习中心组日常传达学习等相关工作，并将学习记录等学习档案及时交由学习秘书统一管理。

附件：中央民族大学党委理论学习中心组名单（2019年）

附件

中央民族大学党委理论学习中心组名单（2019年）

校党委书记　张京泽

校党委副书记、校长　黄泰岩

校党委副书记、纪委书记　马文喜

校党委常委、副校长　宋敏

校党委常委、副校长、统战部部长　石亚洲

校党委常委、副校长、组织部部长　邹吉忠

校党委常委、副校长　王丽萍

校党委常委、副校长　田琳

校党委常委、总会计师　张艳丽

中共中央民族大学委员会关于加强党的政治建设的实施方案

民大党报〔2019〕34 号

2019 年 7 月 9 日

为认真贯彻落实《中共中央关于加强党的政治建设的意见》（中发〔2019〕4 号）和习近平总书记关于高校党的政治建设重要批示精神，切实加强学校党的政治建设，推进全面从严治党向纵深发展，根据北京市委《关于加强高校党的政治建设的若干措施》（京发〔2019〕9 号）和国家民委党组《贯彻落实〈中共中央关于加强党的政治建设的意见〉的实施意见》（民党发〔2019〕18 号），结合我校实际，制定本实施方案。

一、坚持办学正确政治方向，培养中国特色社会主义事业建设者和接班人

（一）坚决做到“两个维护”

1. 健全完善党中央和北京市委、国家民委重大决策部署、习近平总书记指示批示贯彻落实工作机制和督查问责机制，把各项要求不折不扣贯彻落实到管党治党、办学治校全过程。

主要责任单位：党委办公室、校长办公室　纪委办公室、监察处　各单位各部门

完成时限：按照北京市委统一部署

2. 开展党中央和北京市委、国家民委决策部署落实情况“回头看”，列出问题清单，逐项抓好整改。

主要责任单位：党委办公室、校长办公室　纪委办公室、监察处

完成时限：2020 年 11 月

（二）办好中国特色社会主义大学

1. 深入研究中央民族大学扎根中国大地，建设“世界一流大学”的目标要求、内涵指标和实现路径，统一思想认识，变为行动自觉。

主要责任单位：党委办公室、校长办公室　发展规划处　各单位各部门

完成时限：2021 年 11 月

2. 坚持党的全面领导要求和中国特色社会主义大学政治属性，并落实到谋划、推动学校改革发展的各项工作中。

主要责任单位：党委办公室、校长办公室　发展规划处　各单位各部门

完成时限：2020 年 11 月

3. 按照“内涵、特色”发展的要求，统筹做好“双一流”项目建设，提升大学教学，增强服务国家发展、民族地区经济社会发展和北京“四个中心”建设的能力。

主要责任单位：党委办公室、校长办公室　发展规划处　各单位各部门

完成时限：长期坚持

4. 健全教师评价、学生评价和学术

评价体系，确保正确的政治方向、价值取向、学术导向，防止和纠正把政治与业务割裂开来、对立起来，确保政治和业务融为一体、高度统一。

主要责任单位：党委教师工作部、人事处　党委学生工作部、学生处　教务处　研究生院　科研处

完成时限：2021 年 11 月

（三）全面落实立德树人根本任务

1. 认真开展“不忘初心、牢记使命”主题教育，抓好立德树人根本任务“大学习大讨论大落实”活动，坚守为党育人、为国育才的初心和使命。

主要责任单位：党委组织部　党委宣传部

完成时限：2019 年 11 月

2. 探索构建德智体美劳全面培养，以铸牢中华民族共同体意识为核心的教育体系，以高水平的思想政治工作体系贯通学科体系、教学体系、教材体系、管理体系，提高人才培养能力。

主要责任单位：教务处　研究生院　党委学生工作部　校团委及有关单位

完成时限：2021 年 11 月前完成阶段性工作并长期坚持

二、坚定政治信仰，推进习近平新时代中国特色社会主义思想进教材、进课堂、进头脑

（一）抓好科学理论武装

1. 落实学校党委和二级单位党组织理论学习中心组学习制度，深入学习贯彻习近平新时代中国特色社会主义思想。

主要责任单位：党委宣传部

完成时限：长期坚持

2. 实施专项培训计划、年轻干部理想信念宗旨教育计划，开展政治理论轮训。

主要责任单位：党委组织部

完成时限：按照北京市委统一部署

3. 举办新学期干部培训班，学习贯彻习近平新时代中国特色社会主义思想，落实上级和党委决策部署，研讨改革发展难题。

主要责任单位：党委组织部

完成时限：长期坚持

4. 建强北京市马克思主义与民族团结教育协同创新中心、北京市习近平新时代中国特色社会主义思想研究中心中央民族大学研究基地，加强理论研究阐释，推出一批高水平理论成果。

主要责任单位：马克思主义学院

完成时限：2019 年 11 月

5. 深入推进思想引领工程，以“不忘初心、牢记使命”主题教育、新中国成立 70 周年、建党 100 周年等重大活动为契机，开展系列主题教育。

主要责任单位：党委宣传部

完成时限：2021 年 11 月

6. 聘请高级专家和领导干部线上线下给全校学生上课，打造全校本科生同上《形势与政策》课的教学模式，推进“浸入式”宣讲常态化。

主要责任单位：马克思主义学院　教务处　研究生院　党委宣传部

完成时限：2021 年 11 月

（二）提升思想政治理论课质量

1. 实施思想政治理论课教师培养引进计划，完善思想政治理论课教师专业技术职务晋升评聘制度，按照“政治要强、情怀要深、思维要新、视野要广、自律要严、人格要正”要求，配齐建强队伍。

主要责任单位：人事处　教务处　研究生院

完成时限：2021 年 11 月前完成阶段性任务并长期坚持

2. 提高教师教学水平，引导教师潜心教学、“在马言马”，让有信仰的人讲信仰。

主要责任单位：人事处

完成时限：长期坚持

3. 争创并建好国家级、市级重点马克思主义学院。

主要责任单位：马克思主义学院

完成时限：2022 年 11 月

4. 打造一批省部级思想政治理论课、精品视频课，开展“习近平新时代中国特色社会主义思想在京华大地的生动实践案例教学”。

主要责任单位：马克思主义学院

完成时限：2021 年 11 月前形成阶段性成果并长期坚持

5. 强化课程育人作用，开展“最美课堂”建设与评选工作，推动专业课程与思政课程同向同行。

主要责任单位：教务处　研究生院及各学院

完成时限：2021 年 11 月前形成阶段性成果并长期坚持

（三）增强思想政治工作实效

1. 发挥基层教学组织、基层学术组织作用，严格落实每月一次教师集中理论学习制度，提升教师政治素养。

主要责任单位：教务处　人事处　研究生院

完成时限：长期坚持

2. 开展个性化深度辅导和心理疏导，运用大数据等新技术提升工作精准度，强化辅导员政治引领和研究生导师育人职责，解决思想问题和实际问题相结合。

主要责任单位：党委学生工作部、学生处　研究生院　党委教师工作部

完成时限：2022 年 11 月

3. 开展本（预）科生基本情况周查月报制度，及时掌握学生动态，增强工作主动性、前瞻性、针对性和实效性。

主要责任单位：党委学生工作部、学生处

完成时限：长期坚持

4. 开展民族团结结对共建计划，丰富民族团结教育的载体、形式和内容，铸牢中华民族共同体意识。

主要责任单位：党委学生工作部、学生处

完成时限：长期坚持

5. 落实好《中共中央民族大学委员会关于铸牢中华民族共同体意识工作方案》。

主要责任单位：党委办公室、校长办公室

6. 落实校级领导干部深入基层“五个一”工作制度，加强与学生的沟通联系，做好师生知心人、热心人、引路人。

主要责任单位：党委办公室、校长办公室

完成时限：长期坚持

（四）守好意识形态前沿阵地

1. 压紧压实意识形态工作责任制，优化落实机制、量化工作指标、细化责任清单、明确管理职责，确保意识形态阵地守得住、管得好。

主要责任单位：党委宣传部　校团委　教务处　党委学生工作部　科研处　研究生院　党委教师工作部、人事处　国际合作处　信息化建设管理处　离退休工作处等相关部门

完成时限：2019 年 11 月

2. 组织专家围绕热点难点问题集体

攻关，推出一批正本清源、批驳错误思潮的理论成果。

主要责任单位：科研处

完成时限：2019年11月

3. 严把教材政治关，探索教学大纲、教案、教辅材料年审制度。

主要责任单位：教务处　研究生院

完成时限：2019年11月

4. 严格落实论坛、讲座、学术沙龙等报告审批制度，加强网络意识形态阵地管理和应急处置，强化舆情监测和研判，重点管好新媒体。

主要责任单位：党委宣传部　保卫部　教务处　科研处　校团委　信息化建设管理处

完成时限：长期坚持

5. 加强思想舆论引导，巩固壮大主流思想舆论。

主要责任单位：党委宣传部

完成时限：长期坚持

6. 加强党对学生会和学生社团的领导，开展专项治理，加强全程监管，突出政治标准配齐配强指导教师。

主要责任单位：校团委

完成时限：2021年11月前完成阶段性工作并长期坚持

7. 健全高校防范校园传教和抵御渗透长效机制，严禁在校园进行宗教活动。

主要责任单位：党委统战部　保卫部

完成时限：长期坚持

三、坚持党的政治领导，把党的领导贯穿办学治校、教书育人全过程

（一）坚持和完善党委领导下的校长负责制

1. 完善学校党的领导体制，健全党委统一领导、各方协调运行的工作机制。

主要责任单位：党委办公室

完成时限：长期坚持

2. 完善学校党委常委会和校长办公会等议事决策规则，进一步明晰议事决策内容、程序和要求。

主要责任单位：党委办公室、校长办公室

完成时限：长期坚持

3. 健全党委书记、校长经常性沟通制度。

主要责任单位：党委办公室、校长办公室

完成时限：长期坚持

4. 落实党委领导下的校长负责制执行情况报告制度。

主要责任单位：党委办公室、校长办公室

完成时限：长期坚持

（二）提升领导班子整体功能

1. 严格落实党组织按期换届制度。

主要责任单位：党委组织部

完成时限：长期坚持

2. 教学科研单位负责人是中共党员的同时任党委（党总支、直属党支部）副书记。

主要责任单位：党委组织部

完成时限：长期坚持

3. 实施学院、职能部门和校属单位任期目标责任制，强化领导班子成员责任担当。

主要责任单位：党委组织部

完成时限：长期坚持

4. 强化学校党委常委和学院党委（党总支、直属党支部）委员意识，落实“党政同责”“一岗双责”要求，把党的要求贯彻到分管领域具体工作中。

主要责任单位：党委组织部　党委办

公室

完成时限：长期坚持

（三）改进党的领导方式

1. 实施管理强校战略，推进学校治理能力现代化。

主要责任单位：党委办公室、校长办公室

完成时限：长期坚持

2. 认真贯彻民主集中制，严格落实“三重一大”决策制度，实行“一把手”末位表态制度，领导班子成员认真执行集体决定并及时报告落实情况。

主要责任单位：党委办公室、校长办公室　党委组织部

完成时限：长期坚持

3. 加强和改进领导干部深入基层联系师生工作，落实领导干部联系党支部任务，走好网上网下群众路线。

主要责任单位：党委组织部　党委办公室

完成时限：长期坚持

4. 加强党对学术组织的领导，把政治立场和思想政治表现作为遴选成员的底线要求。

主要责任单位：科研处

完成时限：长期坚持

四、提高政治能力，夯实党在学校的政治根基

（一）增强基层党组织政治功能

1. 健全基层党组织把好政治关、发挥作用长效机制。

主要责任单位：党委组织部　二级单位党组织

完成时限：2020 年 11 月

2. 配强党的委员会特别是党组织书记。

主要责任单位：党委组织部　二级单位党组织

完成时限：2020 年 11 月

3. 完善学院党组织会议和党政联席会议决策内容和程序，保证教师党支部书记参与讨论决定本单位重要事项。

主要责任单位：党委组织部　学院党委（党总支、直属党支部）

完成时限：2019 年 11 月

4. 推动符合条件的学院党组织书记参加学术组织。

主要责任单位：党委组织部　科研处　学院党委（党总支、直属党支部）

完成时限：长期坚持

5. 实施组织力提升工程，增强基层党组织抓好思想政治工作的意识和能力。

主要责任单位：党委组织部　党委学生工作部　二级单位党组织

完成时限：2020 年 11 月

6. 加大在高层次人才、青年教师、少数民族学生中发展党员力度。

主要责任单位：党委组织部　党委学生工作部　党委教师工作部　二级单位党组织

完成时限：长期坚持

（二）突出统战和群团工作的政治属性

1. 开展党外知识分子凝心聚力工作，完善教育培训体系，健全联谊交友制度。

主要责任单位：党委统战部

完成时限：长期坚持

2. 加强对民主党派基层组织的政治领导，不断巩固共同思想政治基础。

主要责任单位：党委统战部

完成时限：长期坚持

3. 加强群团组织政治建设，充分发挥工会、共青团桥梁和纽带作用。

主要责任单位：校工会　校团委

完成时限：长期坚持

（三）提高党员干部政治本领

1. 建立领导干部定期交流研讨制度，有组织、有计划地在重大任务中和斗争一线培养选用干部，引导党员干部敢于斗争、勇于担当、善于履职。

主要责任单位：党委组织部

完成时限：长期坚持

2. 开展党务干部专题培训，增强政治本领。

主要责任单位：党委组织部

完成时限：长期坚持

3. 开展政治风险防范专项培训。

主要责任单位：党委宣传部　保卫部

完成时限：长期坚持

五、净化政治生态，营造风清气正的校园环境

（一）严肃党内政治生活

1. 严格落实“三会一课”、领导干部双重组织生活等制度。

主要责任单位：党委组织部　二级单位党组织

完成时限：长期坚持

2. 落实学校党委部门列席督导各单位各部门领导班子民主生活会制度。

主要责任单位：党委组织部

完成时限：长期坚持

3. 组织开好民主生活会和组织生活会，学院专职组织员列席学生党支部组织生活会和党员发展会。

主要责任单位：党委组织部　二级单位党组织

完成时限：长期坚持

（二）严明政治纪律和政治规矩

1. 持续开展忠诚教育，使讲政治、守纪律、懂规矩成为学校党员干部的行为准则。

主要责任单位：纪委办公室、监察处　党委组织部

完成时限：长期坚持

2. 严格执行《中国共产党纪律处分条例》，严肃查处违反政治纪律和政治规矩的问题。

主要责任单位：纪委办公室、监察处

完成时限：长期坚持

3. 严格执行重大事项请示报告制度，分学校、学院列出请示报告清单。

主要责任单位：党委办公室、校长办公室

完成时限：按照北京市委统一部署

4. 巩固集中整治形式主义、官僚主义成果，坚持对典型案件进行通报曝光和专题剖析，每年至少开展 1 次警示教育。

主要责任单位：党委办公室、校长办公室　纪委办公室、监察处

完成时限：长期坚持

5. 坚持和完善领导干部个人有关事项报告制度，加强登记备案人员因私出国（境）管理，落实《中央民族大学领导干部经济责任审计办法》，加强干部日常管理监督。

主要责任单位：党委组织部　审计处

完成时限：长期坚持

（三）突出政治标准选人用人

1. 严格执行《党政领导干部选拔任用工作条例》《高等学校领导人员管理暂行办法》，坚持把政治标准放在第一位。

主要责任单位：党委组织部

完成时限：长期坚持

2. 探索建立干部政治素质档案、干

部政治表现问题清单，加强跟踪了解和分析研判，强化政治把关。

主要责任单位：党委组织部

完成时限：按照北京市委统一部署

3. 严格执行干部选拔任用工作纪实制度，结合巡视巡察做好选人用人检查，对政治不合格的干部实行“一票否决”，已经在岗的坚决调整。

主要责任单位：党委组织部

完成时限：长期坚持

4. 坚持正确人才观，完善人才引进政治把关机制。

主要责任单位：党委教师工作部、人事处

完成时限：2020 年 12 月

（四）以优良党风引领校风师风学风

1. 实施红色基因传承工程，大力弘扬忠诚老实、公道正派、实事求是、清正廉洁等价值观。

主要责任单位：党委宣传部

完成时限：按照北京市委统一部署

2. 培育和弘扬大学精神，把社会主义核心价值观的要求落实融入学校规章制度和师生行为规范之中。

主要责任单位：党委宣传部　党委办公室、校长办公室　党委教师工作部　党委学生工作部

完成时限：2022 年 11 月

3. 实施教师社会主义核心价值观培育计划，及时掌握教师思想动态。

主要责任单位：党委宣传部　党委教师工作部

完成时限：2022 年 11 月

4. 开展“四有好老师、四个引路人”主题教育。

主要责任单位：党委教师工作部、人事处

完成时限：长期坚持

5. 研究制定师德考核指标体系，对师德失范行为实行“一票否决”。

主要责任单位：党委教师工作部、人事处

完成时限：长期坚持

6. 深化学风建设，开展科学道德、学术诚信专题教育和专项整治。

主要责任单位：科研处　党委学生工作部　党委教师工作部　教务处　研究生院

完成时限：长期坚持

（五）永葆清正廉洁的政治本色

1. 配合推进学校纪检监察体制改革。

主要责任单位：纪委办公室、监察处

完成时限：2019 年 11 月

2. 加强二级纪委（纪检员）队伍建设，提高履职能力和监督水平。

主要责任单位：纪委办公室、监察处

完成时限：长期坚持

3. 突出政治监督，强化对习近平总书记有关重要论述和指示批示贯彻落实情况、党中央有关决策部署、国家民委党组和市委教育工委有关要求贯彻落实情况的监督检查。

主要责任单位：党委办公室　纪委办公室、监察处

完成时限：长期坚持

4. 保持惩治腐败高压态势，聚焦党的十八大以来着力查处的重点对象，把党的十九大后仍然不知敬畏、胆大妄为者作为重中之重，深挖细查、严惩不贷。

主要责任单位：纪委办公室、监察处

完成时限：长期坚持

5. 用好监督执纪“四种形态”，重点查处违反中央八项规定精神及师德师风、科研经费管理、招生转学、基建工程等领域违纪违法问题。

主要责任单位：纪委办公室、监察处 有关单位和部门

完成时限：长期坚持

六、强化组织实施，齐抓共管学校党的政治建设

（一）落实主体责任

1. 学校党委常委会每年专题研究学校党的政治建设情况。

主要责任单位：党委办公室

完成时限：长期坚持

2. 健全学校党委负总责，党委办公室、党委组织部、党委宣传部、党委统战部、党委教师工作部统筹协调，学校纪委办公室、监察处监督执纪问责，有关部门各司其职、齐抓共管的党的政治建设工作格局。

主要责任单位：学校各单位各部门

完成时限：长期坚持

3. 把抓党的政治建设工作作为巡察、监督检查重要内容。

主要责任单位：党委办公室 纪委办公室、监察处

完成时限：长期坚持

4. 把抓党的政治建设纳入党建工作考核、党组织书记抓党建述职评议、领导班子和领导干部考核，并加强结果分析研判和综合运用，与领导班子调整和干部选拔任用工作挂钩。

主要责任单位：党委组织部

完成时限：长期坚持

（二）加强工作保障

1. 修订学校党建工作制度体系和校规校纪，明确党的政治建设要求。

主要责任单位：党委办公室、校长办公室 党委组织部

完成时限：2020 年 12 月

2. 加强党务干部队伍建设，按照不低于全校师生人数 1% 的要求配齐配强专职党务工作人员。

主要责任单位：党委教师工作部、人事处 党委组织部

完成时限：长期坚持

3. 加强辅导员队伍建设，按照 1∶200 和 1∶3000 的要求，配齐配强专职辅导员、心理健康专职教师。

主要责任单位：党委教师工作部、人事处 党委学生工作部

完成时限：长期坚持

4. 有计划地安排党务干部与行政干部、业务干部之间轮岗交流，提高优秀年轻干部的政治素质和觉悟能力。

主要责任单位：党委组织部

完成时限：长期坚持

5. 新提任的党委职能部门负责人要有学生工作经历，新提任的学院党组织负责人、党员院长一般要有党务工作经历。

主要责任单位：党委组织部

完成时限：长期坚持

中央民族大学2019年基层党建述职评议考核工作方案

民大党发〔2019〕41号
2019年12月17日

根据北京市委组织部《关于做好2019年度全市党委（党组）书记抓基层党建述职评议考核工作的通知》（京组通〔2019〕36号）和北京市委教育工委《关于做好2019年度高校党组织书记抓基层党建述职评议考核工作的通知》（京教工〔2019〕66号）要求，结合学校实际，制定本方案。

一、完善考核机制实现全面覆盖

在全校范围内开展2019年基层党建述职评议考核工作。根据党组织隶属关系，学校党委负责教学科研单位领导班子、二级党组织书记党建述职评议考核，二级党组织负责下属党支部党建述职评议考核工作。

二、教学科研单位领导班子、二级党组织书记党建述职评议考核

（一）考核范围和方式

各教学科研单位党组织书记代表本单位向学校党委述职，汇报本单位党建工作情况及个人发挥作用情况（中国少数民族研究中心、少数民族事业发展协同中心只汇报本单位党建工作情况）。

其他二级党组织（机关党委、后勤保障处直属党支部、离退休教职工党委、直属单位党总支、附属中学党委）书记向学校党委述职，只汇报个人抓党建工作情况。

述职评议考核工作由党委组织部组织实施。

（二）考核主要内容

2019年度述职评议考核，要突出党的政治建设，紧密围绕贯彻落实习近平总书记关于高校党的政治建设重要批示精神、全国和北京市高校思想政治工作会议精神、全国和全市教育大会精神、学校思想政治理论课教师座谈会精神、部属高校党的建设和思想政治工作座谈会精神，以党的政治建设为统领，深入开展“不忘初心、牢记使命”主题教育，落实年度基层党建重点任务和专项整治工作，提高基层党建工作质量。内容主要包括：1. 以钉钉子精神打好党的政治建设攻坚战，增强“四个意识”、坚定“四个自信”、做到“两个维护”，增强政治意识和政治能力，贯彻落实党的路线方针政策和党中央重大决策部署，做到“四个服从”，执行党章党规党纪，遵守政治纪律和政治规矩，强化基层党组织政治功能，把党的领导贯穿教书育人全过程等情况；2. 组织实施“不忘初心、牢记使命”主题教育，弘扬马克思主义学风，深入推进习近平新时代中国特色社会主义思想“三进”工

作等情况；3. 落实学校党委决策部署，党委组织部2019年工作安排，服务保障国庆70周年庆祝活动，抓好“三全育人”等情况；4. 严格落实意识形态工作责任制情况；5. 深化落实全面从严治党主体责任，坚持民主集中制，贯彻落实“三重一大”情况，锲而不舍落实中央八项规定精神，整治形式主义、官僚主义，全面加强纪律建设，一体推进不敢腐、不能腐、不想腐，层层压紧压实管党治党政治责任的情况；6. 突出履行基层党建工作责任，特别是履行党委主体责任、党委书记第一责任人职责情况；7. 突出查找和解决问题，回应上年度查摆的问题整改情况，深入剖析巡视巡察反馈等涉及基层党建方面的突出问题，提出进一步加强和改进工作的思路措施。

（三）具体工作安排

1. 扎实做好述职准备。

要认真梳理分析上年度整改承诺、今年基层党建重点任务完成情况和巡视、巡察等反映的涉及基层党建工作问题，查漏补缺、抓紧解决。

2. 认真撰写并提交述职报告。

单位述职报告要突出问题导向，注重用具体事例和数据说话，回应上年度查摆的突出问题和上级党组织检查、巡视巡察反馈的问题，展示一年来党建工作成效。述职报告严格控制在2000字以内，内容分为主要做法和成效、问题、思路三部分，主要做法及成效部分不要超过50%，问题部分不少于30%。

个人述职报告要突出本人亲力亲为抓基层党建工作情况。述职报告严格控制在1500字以内，内容分为主要做法和成效、问题、思路三部分，主要做法及成效部分不要超过50%，问题部分不少于30%。

述职报告电子版于2019年12月23日（周一）12：00前通过信息门户站内信发送至“组织部 张茜”。

3. 严肃开展述职评议。

2019年12月26日，学校召开党委常委扩大会议，进行教学科研单位领导班子、二级党组织书记党建述职评议考核，具体时间、地点另行通知。各教学科研单位单位述职及个人述职时间总共8分钟（中国少数民族研究中心、少数民族事业发展协同中心述职时间6分钟），其他二级党组织书记个人述职时间6分钟。述职要结合本年度工作实际，讲清楚抓基层党建工作情况、存在的突出问题及下一步打算，作出整改承诺，防止讲成绩浓墨重彩、讲问题轻描淡写，讲工作多、讲责任少。

学校党委书记现场进行点评，其他党委委员结合工作分工逐一进行点评，点出存在问题、指明努力方向，防止一团和气。同时，在参会人员范围内，对教学科研单位领导班子、二级党组织书记抓基层党建工作进行测评。

4. 严格考核并强化结果运用。

根据中央及北京市关于统筹规范督查检查考核工作的要求，基层党建工作考核结合年度考核进行。

教学科研单位领导班子党建述职评议考核纳入教学科研单位年度考核。

二级党组织书记党建述职评议考核，由学校党委综合平时掌握、调研了解和领导点评、现场测评等情况，经校党委常委会研究，对二级党组织书记本年度抓基层党建工作情况形成评价意见，并按“好、较好、一般、差”确定等次，对评价为“好”的，年度考核才能确定为优秀等次；对评价为“一般”“差”的，要进行约谈、限期整改，问题严重的要依据《中国共产党问责条例》严肃问责追责。

5. 持续抓好整改落实。

各单位及个人要认真梳理自己查摆、领导点评、群众评议、考核反馈指出的问题，列出问题清单、责任清单、整改清单，纳入2020年工作安排，逐项抓好整改落实，切实兑现整改承诺，防止问题“年年述、年年改、年年在”，学校党委将对照清单，跟踪问效。

三、党支部书记述职评议考核

（一）范围和方式

二级党组织以现场述职的方式，组织所属教学科研一线教师党支部、教职工党支部、学生党支部书记进行述职评议考核。

（二）主要内容

述职评议考核重点围绕加强党的政治建设，深入开展“不忘初心、牢记使命”主题教育，落实年度基层党建重点任务，提高基层党建工作质量进行。重点评议考核以下内容：1. 强化党支部政治功能情况；2. 实施“不忘初心、牢记使命”主题教育，弘扬马克思主义学风，深入推进习近平新时代中国特色社会主义思想“三进”工作等情况；3. 加强支部规范化建设，严肃党的组织生活，落实“三会一课”等基本制度，开展支部主题党日活动，“一个支部一个目标，一个党员一个任务”，红色“1+1”结对共建活动情况；4. 发展党员工作情况；5. 贯彻落实《党委组织部2019年工作安排》情况；6. 工作中存在的问题，加强和改进工作的思路措施。

（三）具体工作安排

1. 撰写述职报告。党支部书记全面总结党支部一年的工作情况，针对述职评议考核内容撰写述职报告，述职报告字数和要求由各二级党组织具体规定。

2. 述职评议考核。2020年2月28日（周五）前，各二级党组织以扩大会的形式，听取本单位党支部书记述职，述职会可邀请党员代表、群众代表参会，党委组织部派人列席会议。（联系人：张茜，联系电话：68932465）

述职评议会要结合实际，安排充足时间，确保会议效果。二级党组织书记、委员要对每个支部书记述职逐一进行点评，特别要点出存在的突出问题，指明努力方向；要组织参会人员进行现场测评。

3. 结果运用。二级党组织要综合平时了解、督促检查和述职评议会上点评、现场测评等情况，对党支部书记抓基层党建工作情况形成综合评价意见，按“好、较好、一般、差”四个等次做出总体评价。综合评价意见经党委（党总支）会议研究后向本人反馈，在一定范围内通报，同时作为评先评优、选拔任用干部的重要依据。对综合评价为“一般”“差”的，要进行约谈、限期整改，情况严重的依据《中国共产党问责条例》严肃问责。

4. 津贴发放。学院教学科研一线教师党支部书记下半年考核和津贴发放，结合党支部书记述职评议考核进行，填写提交《中央民族大学教学科研一线教师党支部书记年度考核表》（附件3），并于2020年3月6日（周五）前报送党委组织部，电子版通过信息门户站内信发送至“组织部 张茜”。

四、加强组织领导确保取得实效

各二级党组织要把基层党建述职评议考核，作为深入贯彻习近平新时代中国特色社会主义思想和深化“不忘初心、牢记使命”主题教育的重要举措，作为贯彻全国和北京市高校思想政治工作会议精神、全国和全市教育大会精神、学校思想政治理论课教师座谈会精神、部属高校党的建设和思想政治工作座谈会精神，推进全面从严治党向基层延伸，推动基层党组织全面进步全面过硬的重要抓手，认真组织、有序推进，防止搞形式、走过场。各二级党组织书记要坚持标准、亲自推动、严格把关。党委组织部要抓好组织实施，加强工作指导，抓好任务落实。

附件：

1. 述职人员名单

2. 中央民族大学教学科研一线教师党支部书记考核表

附件 1

述职人员名单

单位及个人述职（8 分钟）				
序号	述职人姓名	职务	时间	
1	王　洁	民族学与社会学学院党委书记	上午	8：35-8：43
2	格日乐图	中国少数民族语言文学学院党委常务副书记		8：48-8：56
3	邓光奇	文学院党委书记		9：01-9：09
4	刘翠兰	历史文化学院党委书记		9：14-9：22
5	吕炳丽	哲学与宗教学学院党总支书记		9：27-9：35
6	伊利贵	新闻与传播学院党委书记		9：40-9：48
7	李红梅	外国语学院党委书记		9：53-10：01
8	孙　英（他人代述）	马克思主义学院党总支书记		10：06-10：14
9	张玉刚	经济学院党委书记		10：19-10：27
10	李文娟	管理学院党委书记		10：32-10：40
11	杨莉萍	法学院党委书记		10：45-10：53
12	张　严	生命与环境科学学院党委书记		10：58-11：06
13	马现珠	药学院党总支书记		11：11-11：19
14	瓮　建	理学院党委书记		11：24-11：32
15	叶孔敏	信息工程学院党委书记		11：37-11：45
16	白艳秋	音乐学院党总支书记		11：50-11：58

续表

单位及个人述职（8 分钟）				
序号	述职人姓名	职务	时间	
1	马　娟 （他人代述）	舞蹈学院党总支书记	下午	14：00–14：08
2	陈　刚	美术学院党总支书记		14：13–14：21
3	姚显志	体育学院党总支书记		14：26–14：34
4	苏德毕力格	教育学院党委书记		14：39–14：47
5	周铁海	国际教育学院党总支书记		14：52–15：00
6	韩国鹏	预科教育学院党总支书记		15：05–15：13
7	朴承权	继续教育学院直属党支部书记		15：18–15：26
8	刘正发	中国少数民族语言研究院直属党支部书记		15：31–15：39
9	苏发祥	藏学研究院直属党支部书记		15：44–15：52
单位述职（6 分钟）				
序号	述职人姓名	职务	时间	
1	张金利	中国少数民族研究中心、少数民族事业发展协同中心党支部书记	下午	15：57–16：03
个人述职（6 分钟）				
序号	述职人姓名	职务	时间	
1	张文香	机关党委书记	下午	16：08–16：14
2	柯雅斌	后勤保障处直属党支部书记		16：19–16：25
3	包永全	离退休教职工党委书记		16：30–16：36
4	田　宁	直属单位党总支书记		16：41–16：47
5	佟丽娟	附属中学党委书记		16：52–16：58

附件 2

中央民族大学教学科研一线教师党支部书记考核表

（2019 年 7 月–12 月）

单位名称（盖章）：

<table>
<tr><td>姓　名</td><td></td><td>性　别</td><td></td><td>出生年月</td><td></td></tr>
<tr><td>民　族</td><td></td><td>入党时间</td><td></td><td>文化程度</td><td></td></tr>
<tr><td>职　务</td><td></td><td>专业技术职称</td><td></td><td>支部名称</td><td></td></tr>
<tr><td colspan="6">支部工作总结</td></tr>
<tr><td>二级党组织意见</td><td colspan="5">（公章）
书记（签章）：　年　月　日</td></tr>
<tr><td>被考核人意见</td><td colspan="5">签名：　年　月　日</td></tr>
<tr><td>党委组织部意见</td><td colspan="5">同意考核为：
年　月　日</td></tr>
</table>

A4 纸双面打印

中央民族大学学习贯彻党的十九届四中全会精神宣讲活动工作方案

民大党发〔2019〕43 号

2019 年 12 月 17 日

认真学习贯彻党的十九届四中全会精神，是当前和今后一个时期全党全国的重大政治任务。根据《中共中央办公厅关于做好学习贯彻党的十九届四中全会精神宣讲工作的通知》、中央“不忘初心、牢记使命”主题教育领导小组《关于在第二批“不忘初心、牢记使命”主题教育中认真学习贯彻党的十九届四中全会精神的通知》（教组发〔2019〕36 号）等有关文件和学校党委工作安排，现就深入开展学习贯彻党的十九届四中全会精神宣讲活动，制定如下工作方案。

一、总体要求

坚持以马克思列宁主义、毛泽东思想、邓小平理论、“三个代表”重要思想、科学发展观、习近平新时代中国特色社会主义思想为指导，增强“四个意识”，坚定“四个自信”，做到“两个维护”，全面、准确、深入宣讲党的十九届四中全会精神，引导全校广大党员干部师生把思想和行动统一到全会精神上来，把智慧和力量凝聚到实现全会确定的各项目标任务上来，为坚持和完善中国特色社会主义制度、推进国家治理体系和治理能力现代化，实现“两个一百年”奋斗目标、谱写中华民族伟大复兴中国梦的民大篇章而努力奋斗。

二、宣讲内容

以习近平总书记在党的十九届四中全会上的重要讲话精神和全会审议通过的《中共中央关于坚持和完善中国特色社会主义制度、推进国家治理体系和治理能力现代化若干重大问题的决定》为重中之重，以党中央批准的《党的十九届四中全会精神宣讲提纲》为基本依据，全面准确阐释好、解读好全会精神。紧紧围绕“坚持和巩固什么、完善和发展什么”这个重大政治问题，深入宣讲党领导人民探索推进国家制度建设和国家治理体系取得的历史性成就，深入宣讲坚持和完善中国特色社会主义制度、推进国家治理体系和治理能力现代化的总体要求、总体目标、重点任务和重大举措，深入宣讲学校贯彻落实习近平总书记对民族工作、教育工作重要讲话精神、推进学校治理体系和治理能力现代化的重要举措和成就。把制度自信作为一条红线贯穿到全会精神宣讲工作各方面，在全校营造中国特色社会主义制度自信的浓厚氛围。

三、宣讲安排

（一）配合做好中央、北京市宣讲工

作。安排好师生代表通过现场参加或观看视频等方式，积极参加中央宣讲团、北京市宣讲团报告会。

（二）校领导带头宣讲。党委常委到所分管的部门、联系的学院，结合相关领域实际带头开展宣讲。

（三）组建中央民族大学学习贯彻党的十九届四中全会精神宣讲团开展宣讲。在十九大精神宣讲团基础上，吸收5位政治素质好、理论水平高、宣讲能力强的马克思主义学院和管理学院教师骨干，成立中央民族大学学习贯彻党的十九届四中全会精神宣讲团，深入全校各部门、各单位开展宣讲。

面向全校师生开展分层分众宣讲，做到宣讲全覆盖，让宣讲走进思政课堂，增强青年大学生制度自信，扣好人生“第一粒扣子”。

在第二批“不忘初心、牢记使命”主题教育的理论学习、检视整改、健全制度等各项工作中用好宣讲团，把坚持和完善中国特色社会主义制度、推进国家治理体系和治理能力现代化放在更加突出的位置。

四、工作步骤

（一）集体备课。12月6日，宣讲团成员已进行集体备课、深入研讨，结合“不忘初心、牢记使命”主题教育，认真学习了习近平总书记在全会上的重要讲话、党的十九届四中全会公报、《中共中央关于坚持和完善中国特色社会主义制度、推进国家治理体系和治理能力现代化若干重大问题的决定》等，全面把握、准确领会全会精神。在此基础上，根据中央统一宣传口径，结合中央民族大学实际编写好宣讲稿。

（二）集中宣讲。12月下旬至1月底，宣讲团集中开展一次全校宣讲，并深入校内各部门、各单位开展宣讲；全国两会召开前，学校党委领导带头在全校开展一次集中宣讲，并结合下基层调研抓好宣传贯彻。

（三）延伸宣讲。全国两会召开前，依托干部培训、党员培训班、“新学期第一课”等载体，做好延伸宣讲。

五、工作分工

形成党委统一领导、党政工团齐抓共管、党委部门牵头协调、有关职能部门和学院共同参与的工作机制。

（一）党委办公室、校长办公室牵头负责校领导宣讲工作；

（二）党委宣传部负责统筹协调全校宣讲工作，精心做好组建校宣讲团和服务保障工作，做好宣传报道；

（三）党委组织部负责统筹做好延伸宣讲工作。

六、宣传报道

充分利用官方微信、微博、新闻网、校报以及资源门户等平台，及时做好校内宣传报道，积极反映宣讲活动的生动场景，聚焦干部师生参加宣讲活动的收获和体会，带动全校党员干部师生深入学习贯彻全会精神。总结好经验、好做法，积极邀请校外媒体采访、报道、转载、转播，扩大社会影响。

七、工作要求

（一）高度重视，精心组织。各部门各单位要充分认识开展学习贯彻党的十九届四中全会精神宣讲活动的重要意义，高度重视、周密部署、协同配合，切实加强领导、精心组织实施。

（二）把握导向，准确解读。严格按照中央精神，严守宣传纪律，把握好导向、把握好基调、把握好时效，全面准确深入阐释全会精神。

（三）结合实际，分众宣讲。采取通俗易懂的方式开展宣讲，善于运用鲜活生动、接地气的语言讲好中国故事，努力做到深入浅出、入脑入心。注重对象化、分众化、互动化，加强与基层干部师生进行面对面的交流。着力在武装头脑、指导实践、推动工作上下功夫，使宣讲工作取得实实在在的成效。

附件：中央民族大学学习贯彻党的十九届四中全会精神宣讲工作安排表

附件

中央民族大学学习贯彻党的十九届四中全会精神宣讲工作安排表

类别	时　间	工作内容	责任单位
配合做好中央、北京市宣讲工作	遵照上级单位指示	安排好师生代表通过现场参加或观看视频等方式，积极参加中央宣讲团、北京市宣讲团报告会	党委宣传部牵头，党委办公室、党委组织部、党委统战部、党委学生工作部等配合
校领导带头集中宣讲	全国两会前	面向全体处级干部开展1次集中宣讲。党委常委到所分管的部门、联系的院系，结合相关领域实际带头开展宣讲；党外校领导对党外人士、民主党派开展宣讲	党委办公室牵头，党委组织部、党委宣传部、党委学生工作部及有关二级单位配合
组建校内宣讲团开展宣讲	12月6日	组织马克思主义学院教师骨干开展集体备课	党委宣传部、马克思主义学院
	12月15日前	选拔5名政治素质好、理论水平高、宣讲能力强的党员专家学者，组建成立中央民族大学学习贯彻党的十九届四中全会精神宣讲团	党委宣传部、马克思主义学院、管理学院
	全国两会前	12月25日，宣讲团集中开展一次全校宣讲；全国两会前，宣讲团深入校内各部门、各单位开展宣讲	党委宣传部牵头，党委办公室、党委组织部、党委统战部、党委学生工作部配合
积极做好延伸宣讲	全国两会前	依托干部培训、党员培训班、“新学期第一课”等载体，积极做好延伸宣讲	党委组织部牵头，党委办公室、党委宣传部、党委统战部、党委学生工作部等配合

2019 年党组织状况

（一）年末党组织状况

党委 17 个，总支部委员会 10 个，党支部委员会 238 个，学生支部委员会 120 个，教工支部委员会 89 个，离退休支部委员会 29 个。

（二）全年发展党员情况

项　目		发展党员（人）
总　计		1037
性别	男	255
	女	782
民族	少数民族	482
	汉族	555
职业	管理人员	13
	专业技术人员	6
学历	研究生	38
	大学本科	304
	大学专科	0
	中专	13
	高中及以下	682
年龄	35 岁以下	1030
	36 岁至 59 岁	7

注：学历统计是统计已获得的最高学历，如在读博士研究生的学生统计为研究生，在读硕士研究生的学历统计为大学本科，在读本科生学历统计为高中

（三）年末党员人数及分布

项　　目		党员人数	项　　目		党员人数
党员总数		5012	学历	研究生	1721
正式党员		3891		大学本科	1979
预备党员		1121		大学专科	178
性别	男	1662		中专	1039
	女	3350		高中	1039
民族	汉族	3113		初中及以下	36
	少数民族	1899	职业	工人	2
年龄	35 岁以下	3146		管理人员、专业技术人员	1375
	36 岁至 45 岁	642		学生	2824
	46 岁至 55 岁	356		其中：研究生	431
	56 岁至 60 岁	150		大学本科、专科生	2393
	60 岁以上	718		离、退休职工	759
入党时间	1937. 7. 6—1945. 9. 2	0		其他	52
	1945. 9. 3—1949. 9	9			
	1949. 10—1966. 4	172			
	1966. 5—1976. 10	151			
	1976. 11—2002. 10	1021			

注：学历统计是统计已获得的最高学历，如在读博士研究生的学生统计为研究生，在读硕士研究生的学历统计为大学本科，在读本科生学历统计为高中

2019 年民主党派成员状况

名　称	人　数（人）	其　　中				负责人
		男	女	离退休	高级职称	
民革	29	10	19	18	14	熊文钊
民盟	61	28	33	35	40	索兴梅
民建	18	6	12	7	6	戴文红
民进	23	15	8	16	17	刘春兰
农工党	4	4	0	1	4	姜　峰
致公党	16	4	12	6	9	海淑英
九三学社	10	1	9	4	7	王俊丽
台盟	3	0	3	3	0	
合计	164	68	96	90	97	

2019 年台胞台属状况

名 称	人 数	其　　中				
		教师	工程师	干部	工人	退休
台胞	3			3		2
台属	27					

2019 年归侨侨联状况

名 称	人 数	其　　中				
		教师	工程师	干部	工人	退休
归 侨	11	11				11
侨联小组负责人		黎　燕				
侨联北京市委委员		何　威				

在民主党派市（区）委员会及专门工作委员会中任职情况

名　称	姓　名	在民主党派市（区）委员会中所任职务	在民主党派专门工作委员会中所任职务
民革	熊文钊	民革北京市第十五届委员会委员	民革北京市第十三届中央委员会社会与法制委员会委员
民盟	索兴梅	民盟北京市第十二届委员会委员	
致公党	海淑英		致公党北京市第九届妇女工作委员会副主任、海淀区委委员

中央民族大学各级人大代表、政协委员名单

人大代表：

人大十二届北京市代表：赵小兵

人大第十六届海淀区代表：敖俊梅　刘明新

政协委员：

政协第十三届全国委员会委员：张京泽　鄂义太　青觉

政协第十三届北京市委员会常委、委员：再帕尔·阿不力孜

政协第十三届北京市委员会委员：杨筑慧　班班多杰

政协第十届海淀区委员会委员：沙呷阿依　杨筑慧　海淑英　陈京

中央民族大学担任北京市民族联谊会第五届理事会理事名单

序号	姓　名	民　族	性别	职　　务	职　称	备　注
1	石亚洲	苗 族	男	学校党委常委、副校长、党委统战部部长	研究员	副会长
2	韦达提·米吉提	维吾尔族	男	校长助理	高级经济师	
3	江　波	壮 族	女	党委统战部常务副部长	副教授	常务理事
4	包永贵	藏 族	男	党办、校办主任	讲师	
5	余梓东	满 族	男	教师	教授	
6	杨筑慧	侗 族	女	教师	教授	
7	谭家健	黎 族	男	后勤保障处五级职员	副教授	
8	努尔巴汗	哈萨克族	男	中国少数民族语言文学学院副院长	副教授	
9	贾仲益	苗 族	男	教师	教授	
10	韩国鹏	锡伯族	男	预科教育学院党委书记	正处	
11	韦晓康	壮 族	男	教师	教授	
12	刘翠兰	鄂伦春族	女	历史文化学院党委书记	副教授	
13	毅　敏	鄂温克族	女	党委统战部办公室六级职员	讲师	
14	刘　越	赫哲族	女	教师	副教授	
15	杨　春	拉祜族	男	教师	教授	
16	李泽然	哈尼族	男	教师	副研究员	
17	努尔古丽	柯尔克孜族	女	中国少数民族语言文学学院办公室主任	助理研究员	
18	朱雄全	瑶 族	男	党委宣传部四级职员	研究员	
19	姜镕泽	朝鲜族	男	教师	副教授	
20	钟进文	裕固族	男	中国少数民族语言文学学院院长	教授	
21	朝格吐	蒙古族	男	中国少数民族语言研究院副院长	研究员	
22	巫　达	彝 族	男	民族学与社会学学院副院长	教授	

续表

序号	姓　名	民　族	性别	职　　务	职　称	备　注
23	周国炎	布依族	男	中国少数民族语言研究院副院长	教授	
24	赵富芬	白 族	女	预科教育学院副院长	讲师	
25	何 光	土家族	男	纪律检查委员会副书记、纪委办公室主任、监察处处长	副教授	
26	祁进玉	土 族	男	教师	教授	
26	谭　清	毛南族	女	教师	教授	
27	路义旭	仫佬族	男	党委组织部副部长	助理研究员	
28	何思源	京 族	女	教师	讲师	
29	马云峰	东乡族	男	离退休干部处科员	会计师	
30	刀慧娟	傣 族	女	国际教育学院团总支书记、辅导员	讲师	
31	海利木拉特	塔塔尔族	男	教师	讲师	

2019年党校干部教育培训工作计划

为进一步落实中央《干部教育培训工作条例》和《2018—2022年全国干部教育培训规划》，进一步加强学校干部队伍建设，根据《中央民族大学干部教育培训实施细则》（民大组〔2016〕2号），制定中央民族大学2019年干部教育培训计划。

一、指导思想

深入学习贯彻党的十九大和十九届二中、三中全会精神，以落实《2018—2022年全国干部教育培训规划》为主线，以学习贯彻习近平新时代中国特色社会主义思想为首要任务，以坚决维护习近平总书记的核心地位、坚决维护党中央权威和集中统一领导为最高政治原则，以坚定理想信念宗旨为根本，以全面提升综合素质和办学治校能力为重点，推进干部教育培训改革创新，进一步加强需求调研、改进考核评估、注重成果转化，切实增强培训的统筹性、针对性、实效性，为学校事业发展提供坚强的思想保证和人才支撑。

二、培训内容和方式

培训紧密结合民族高等教育特点和学校中心任务，结合岗位职责要求，以政治理论、政策法规、廉政教育、业务知识和技能培训等为基本内容，根据培训对象的需求安排不同的培训内容。主要采取讲授式、研究式、案例式、体验式等教学，辅以实地考察、学员论坛和研讨交流等方式。

三、培训主体班次

班　次	主要内容	学时	人数
处级干部培训班	党的基本理论教育、党性教育、专业化能力培训、知识培训	40	230
新提任处级干部培训班	专业化能力培训	50	33
科级干部培训	党的基本理论教育、党性教育、专业化能力培训、知识培训	40	160
党务干部培训班（党务干部、党支部书记）	1. 业务能力培训； 2. 党性教育（7月，城川）	40	250
在线学习：学习强国、高等教育在线平台	—	40	—
上级调训	—	—	—

中央民族大学
MINZU UNIVERSITY OF CHINA

规章制度

中央民族大学关于铸牢中华民族共同体意识的工作方案

民大党发〔2019〕27号

2019年7月13日

为了全面贯彻习近平新时代中国特色社会主义思想和党中央、国务院关于民族工作的重大决策部署，深入落实中办、国办《关于全面深入持久开展民族团结进步创建工作铸牢中华民族共同体意识的意见》，推动新时代全面深入持久开展民族团结进步创建工作，促进全校铸牢中华民族共同体意识，加强各民族师生交往交流交融，共同团结奋斗、共同繁荣发展，学校拟定如下工作方案。

一、总体要求

指导思想。高举中国特色社会主义伟大旗帜，坚持以习近平新时代中国特色社会主义思想为指导，全面贯彻党的十九大和十九届二中、三中全会精神，特别是习近平总书记关于教育工作和民族工作的重要论述，紧扣“中华民族一家亲，同心共筑中国梦”总目标，全面深入持久开展民族团结进步创建工作，大力营造中华民族一家亲的氛围，为实现中华民族伟大复兴中国梦凝聚磅礴的精神力量。

基本原则。

1. 坚持以铸牢中华民族共同体意识为根本方向。教育引导各族师生牢固树立各民族水乳交融、唇齿相依、休戚相关、荣辱与共的观念，牢固树立“三个离不开”思想，不断增强“五个认同”，把维护民族团结和国家统一作为最高利益、神圣职责。

2. 坚持以“中华民族一家亲，同心共筑中国梦”为总目标。深入开展中国特色社会主义和中国梦宣传教育，把各族师生智慧和力量凝聚到促进民族团结、共建美好家园上来，努力实现各民族和睦相处、和衷共济、和谐发展。

3. 坚持以学好用好国家通用语言为基本前提。在推广国家通用语言文字的进程中，培养好普通话与民族母语兼通的“双语”人才、“多语”人才，铸牢中华民族共同体意识的共同语言环境。

4. 坚持党委统一领导、各部门齐抓共管，形成工作合力。加强党对民族工作的集中统一领导，强化学校党委的主体责任，增强全校守护民族团结生命线的共同责任，推动党政主导、共建共享，形成全校师生共同推动民族团结进步创建工作的体制机制和环境。

总体目标。在全校各民族师生中持续深化爱国主义和民族团结教育，有效引导学校各民族师生铸牢中华民族共同体意识和不断强化“五个认同”意识。打造一支有理想信念、有道德情操、有扎实学识、有仁爱之心的“四有”好老师队伍，引导广大教师自觉做先进思想文化的传播者、中国共产党长期执政的坚定支持者。深化对大学生进行科学、系统、有效的马克思主义世界观、人生观、价值观、国家观、民族观和宗教观的“六观”教育，广泛激发各族学生奋发进取、成才报国的使命情怀，为培养思想政治过硬、专业水平扎实、综合素质突出的各民族优秀人才提供坚强保证，为更好地服务党和国家民族工作大局、实现“中华民族一家亲、同心共筑中国梦”作出新的更大贡献。

二、加强理论学习，巩固铸牢中华民族共同体意识思想基础

（一）把党的民族理论政策纳入各级党委理论学习中心组学习计划。健全民族团结进步教育常态化机制，把党的民族理论政策纳入校党委、二级单位党组织理论学习中心组的理论学习，学懂弄通做实，认真贯彻落实。（牵头单位：党委宣传部）

（二）把开展铸牢中华民族共同体意识同推进“两学一做”学习教育常态化制度结合起来。充分发挥基层党组织在铸牢中华民族共同体意识上的基础作用，以严把政治关，培育“双带头”人，推动铸牢中华民族共同体意识在基层扎根，督促党组织在教师引进、课程建设、教材选用、学术活动等重大问题上把好政治关。组织广大师生党员深入学习习近平新时代中国特色社会主义思想、党的十九大精神和中央民族工作会议精神。选派优秀干部赴民族地区挂职锻炼，进一步增强干部开展民族团结进步创建工作的能力。（牵头单位：党委组织部）

三、加强党的建设，健全民族团结进步教育常态化机制

（三）开展好“一个支部一个目标、一个党员一个任务”活动。将“开展民族团结进步创建工作铸牢中华民族共同体意识”纳入支部目标与党员任务，开展“六观教育”，实施好学生党员先锋工程、红色“1+1”结对共建活动及“我和我的祖国”主题教育。将民族团结进步教育纳入党员教育培训、干部教育培训，把党的民族理论政策列为培训的重要内容，举办发展对象、新党员、毕业生党员、党务干部、处级干部培训班。（牵头单位：党委组织部、党委学生工作部）

四、丰富活动形式，深化民族团结进步宣传统战教育

（四）传承发展中华优秀传统文化。结合学校实际和民族特色，策划组织一系列“礼敬中华优秀传统文化”活动，营造“美美与共”的校园文化氛围，激发各民族大学生的爱国情、强国志、报国行。紧扣“中华民族一家亲，同心共筑中国梦”的总目标，在教职工中开展“助推双一流，唱响新时代”合唱比赛、“不忘初心，牢记使命”摄影展等活动，在学生中鼓励运用各类媒体，开展多种形式的主题宣传、主题图片展、视频展播等，大力弘扬中华民族优秀文化。（牵头单位：党委宣传部、党委学生工作部、研究生院、校工会、校团委）

（五）运用新技术和新媒体打造实体化的宣传载体，继续深化民族团结进步宣传月、宣传周、宣传日活动。加强“滴灌式”宣传，发展壮大民族团结进步网上舆论阵地。加强党课研究室建设，不断完善精品党课师资库，培育民族团结教育精品课程，组织优秀师资队伍到基层开展宣讲。实施精神家园、助力民生、民族团结教育等工程。繁荣发展各民族优秀文化，与北京市民族联谊会组织好以“民族团结一家亲，同心共筑中国梦”为主题的在京少数民族节庆活动，不断夯实中华民族共同体的思想基础。搭建京津冀和扶贫协作、支援合作领域的民族团结进步创建平台，开展“心桥工程”品牌活动，引导党外知识分子积极参与精准扶贫、科技支农等志愿服务活动。充分发挥高校党外知识分子高端人才智库作用，服务北京城市少数民族工作，服务京津冀协同发展过程中的社会转型。组织党外知识分子开展“祝福祖国、展现各民族风采”的民族团结主题教育实践活动，让民族团结进步意识、中华民族共同体意识入脑入心。(牵头单位：党委宣传部、党委统战部)

五、加强人才队伍建设，保证民族团结进步创建工作师资水平

(六) 加强教师队伍民族团结进步教育培训。积极组织教师参加各类师德专题进修和培训，重点加强社会主义核心价值观教育，深入推进理想信念教育、民族团结教育、党风廉政教育、法制教育、心理健康教育、学术规范教育，提高教师教书育人的质量和水平。积极选树民族团结进步教育方面的师德典型，充分发挥教师在学校民族团结进步教育中的主导、示范和表率作用。(牵头单位：党委教师工作部)

(七) 健全完善处级领导干部和领导班子考核办法，将开展民族团结进步创建工作成效作为处级领导班子、处级干部考核的重要内容，让民族团结进步教育工作真正由“软尺子”变成“硬杠杠”。(牵头单位：党委组织部)

六、优化教学设计，推动民族团结进步创建工作向纵深发展

(八) 建立通识教育、专业教育、创新教育“三位一体”的教育体系，将铸牢中华民族共同体意识教育贯穿于教学工作全过程。推进通识教育课程的建设与改革，形成铸牢中华民族共同体意识教育的特色系列课程。建设系列以铸牢中华民族共同体意识为主题的慕课。启动中央民族大学“书香民大”系列文化育人课程建设计划，建设融中华民族文化传承创新、爱国主义与家国情怀教育于一体的综合素养课，以美育人、以文化人，使学生在自然科学、人文社会科学、艺术美育等通识素质教育中增强“四个自信”、坚定“五个认同”，进一步巩固爱国主义教育成果。(牵头单位：教务处、研究生院)

(九) 加强课堂教学督导，确保授课内容符合正确政治方向。严格教材审查力度，完善教材使用的规范管理，强化对教师自选教材和民族理论、民族语言、外文类教材审查力度，并按党中央最新精神进行修订。对首次使用的民族语教材，经院(系) 认定和审核，并组织校外专家进行审定。加强国家通用语言的学习与使用，铸牢中华民族共同体意识的共同语言环境。中国少数民族语言文学 (朝鲜、蒙古、维吾尔、哈萨克、藏) 专业招生时对考生明确提出国家通用语言成绩要求，并强化入学后对中国少数民族汉语水平等级考试 (MHK)，不合格者进入预科加强国家通用语言学习。修订和完善中国少数民族语言文学专业人才培养方案，实行“2+2”培养模式改革。“专业+民族语”人才培养将实行多民族、多语言的招生培养模式改革，不同民族的本科学生入学后，加强学科基础课程教学，所有课程全部要求使用国家通用语言授课。中国少数民族语言文学专业研究生招生中增加国家通用语言文字能力考核环节。修订完善《中央民族大学研究生学位论文撰写规范》，明确学位论文使用国家通用文字进行撰写。（牵头单位：教务处、招生就业工作处、研究生院）

（十）各门思想政治理论课程将习近平新时代中国特色社会主义思想“三进”工作精细化，重点突出民族团结进步教育、铸牢中华民族共同体意识内容，将具体内容梳理并对接到具体章节中，努力在思政课教学中突出民大特色。（牵头单位：马克思主义学院）

七、强化学科建设，提升民族团结进步创建工作科研水平

（十一）进一步在各类学术活动中加强对意识形态和政治方向的把关审核。严格履行申报、审批和备案制度，实行一会一报制。在课题研究、成果报奖、人才遴选、发表文章等科研活动中始终坚持马克思主义的指导地位，坚守学术规范和正确的政治方向。依托民族类特色学科，统筹推进新型智库建设，围绕民族地区和少数民族经济社会发展中的重大理论和现实问题以及国际问题，把民族问题智库建设同民族团结进步事业、铸牢中华民族共同体意识等紧密联系起来，提升建言献策水平，产出一批具有重要意义和价值的咨政报告，发挥民族高校人才库、思想库、智囊团的作用，为国家深化民族团结进步教育、铸牢中华民族共同体意识提供新见解和新主张。（牵头单位：科研处）

（十二）在中央高校基本科研业务费中设立“铸牢中华民族共同体意识”专项校级课题，组建由民族学与社会学学院、中国少数民族语言文学学院、历史文化学院和哲学与宗教学学院等相关单位专家学者，特别是青年学者组成的创新团队，积极开展相关研究，全面梳理“中华民族共同体”的历史渊源，系统分析“铸牢中华民族共同体意识”的理论体系，积极探索“铸牢中华民族共同体意识”的实践途径，确保研究成果有针对性和实效性。面向研究生设立铸牢中华民族共同体意识专项课题，加强民族团结进步研究。计划三年内每年从中央高校基本科研业务费中划拨专项经费50万元，支持研究生开展“铸牢中华民族共同体意识”专项课题研究。突出“科研育人”，培养好德智体美劳全面发展的社会主义建设者和接班人。（牵头单位：研究生院、科研处）

八、搭建民族沟通桥梁，确保各民族交往交流交融渠道顺畅

（十三）精心组织参与党和国家重大活动。充分利用学校组织各族学生参加党和国家重大活动机会较多、覆盖面较广这一特殊优势，特别是抓住2019年是新中国成立70周年、“五四”运动100周年等重大活动契机，精心组织参与党和国家系列重大活动，深入挖掘活动重大象征意义和深刻思想内涵，把组织参与活动过程打造成各族学生接受爱国主义和民族团结教育的生动课堂，积极引导各族学生在活动参与过程中不断深化民族团结共融意识和中华民族共同体意识。打造品牌主题教育活动。充分发挥学校基础和优势，抓住新生入学、毕业生离校、党员入党、团员入团等重要节点，通过《家园》《再见民大》《我从延安来》等主题教育晚会，让学生在感受艺术熏陶的同时进一步凝聚“中华民族一家亲，同心共筑中国梦”的思想共识。深化推广普及《爱我中华》韵律操。利用新生军训、主题校园文化活动等有效途径，在全校学生中推广普及《爱我中华》韵律操，以青年学生易于接受、乐于参与的方式，着力拓宽爱国主义和民族团结教育途径，进一步铸牢学校各族青年学生的中华民族共同体意识。利用学校学研优势，推动校地校企结对共建，加强产学研成果转化，提升学校服务民族地区能力，增进铸牢中华民族共同体意识。（牵头单位：党委学生工作部、校团委、国内合作处）

（十四）深入开展实施“民族团结结对共建促进计划”。积极引导不同院系之间着重围绕学习交流、文化交流、文体交流、实践交流、爱心交流等主题，广泛开展“民族团结进步结对共建”活动，选树表彰民族团结进步先进集体、先进个人等先进典型，着力培育增强各族学生正确的民族观和跨文化交流能力，带动激励广大学生不断强化民族团结进步的行动自觉和“中华民族一家亲”的情感认同。完善优化青年学生成长关爱帮扶机制。注重把抓好民族团结进步创建工作与帮助解决各族学生实际困难有机结合起来，不断完善优化“奖、助、贷、勤、免、补”等多元化、分层次、全覆盖的助学服务体系，完善优化课堂教学、个体咨询、团体辅导、危机干预等课内课外相结合、咨询引导相结合的心理健康教育体系，真正做到对各族学生在学业上给予更多指导、生活上给予更多帮助、心理上给予更多关爱，让学生真切感受到党和政府的关怀和中华民族大家庭的温暖，切实强化各族学生服务党和国家民族团结进步事业的成长成才志向。（牵头单位：党委学生工作部、校团委）

（十五）为推进民族团结进步创造有利条件，深入推进首都高校少数民族学生教育管理服务工作站、北京高校辅导员“民族·宗教”专题培训研修基地、校级辅导员工作室等平台建设，着力拓宽少数民族学生教育管理服务有效平台。深入开展实施“民族团结一家亲”结对认亲计划、少数民族学生思想教育帮扶计划、暑期赴边疆民族地区专项家访计划等一系列富有学校鲜明特色的学生工作创新项目，着力打造以民族团结教育和少数民族学生管理服务为特色的学生思想政治教育工作品牌，进一步促进学校各民族学生特别是边疆民族地区生源学生和内地生源学生之间的交往交流交融。从2019年开始，不同民族新生混合安排住宿。通过培养对象多元化、培养方式多样化、积极开展合作培训等方法，强化少数民族干部培训。（牵头单位：党委学生工作部、校团委、后勤保障处、继续教育学院）

九、强化平安校园建设，保证各民族交往交流交融环境和谐

（十六）抓好重点学生群体的思想教育帮扶工作。密切关注重点学生群体的思想动态，落实谈话教育和帮扶政策，及时更新工作台账，掌握学生情况，确保重点学生群体稳定。每逢重要时期和敏感时间节点，在做好重点人员思想教育工作的同时，学校指派专门人员加强与重点人员的联系沟通，通过点面结合、平战结合的方式，主动发现问题，防止发生意外事件。开展涉民族因素矛盾纠纷排查工作。每学期在全校范围内摸排涉民族因素矛盾纠纷，及时发现各类矛盾纠纷，有针对性地开展工作，将矛盾纠纷化解在苗头、萌芽状态和初始阶段。遇有发生影响民族团结的群体性事件，严格按照《中央民族大学突发事件应急处置预案》和各院系的《应急处置预案》及时开展工作，保障各民族师生的合法权益。(牵头单位：保卫部)

中央民族大学校内新闻宣传管理办法

民大党发〔2019〕28 号

2019 年 9 月 1 日

第一章　总　则

第一条　为进一步加强学校新闻宣传管理工作，维护学校新闻宣传工作严肃性科学性规范性，按照上级部门的指导意见和管理规范，结合学校实际情况，制订本办法。

第二条　本办法所称校内新闻宣传管理，是指以中央民族大学及其所属单位（部门）名义，通过校内各级媒体进行新闻宣传的管理，适用于校内各单位（部门）及全体师生员工。

第三条　校内新闻宣传坚持党管宣传、正面导向的原则，坚持正确的政治方向、舆论导向、价值取向，坚持围绕中心、服务大局，为学校改革发展提供思想引领、舆论引导和文化支撑。

第二章　内容形式

第四条　校内新闻宣传主要内容包括：

（一）学校学习贯彻党和国家的路线、方针、政策情况的宣传报道；

（二）学校的办学定位、办学理念、发展战略等方面的宣传报道；

（三）学校重要会议、重大活动及重要讲话、重要观点、理论文章的宣传报道；

（四）学校重要政策、重大举措、重要规章的宣传报道；

（五）学校改革发展建设取得的重要成就、典型经验、先进人物和团体的宣传报道；

（六）对新闻媒体有关报道的回应；

（七）其他需要及时宣传报道的事项。

第五条　本办法所指校内新闻宣传主要包括但不限于：校内报刊、校园网络平台、广播、电视、微博、微信、电子显示屏、橱窗、条幅、海报、宣传页等平台或形式开展的宣传报道。

第三章　组织管理

第六条　校内新闻宣传工作由学校党委统一领导，党委宣传部（新闻中心）牵头抓总，各单位（部门）按照职责分工，主动开展工作。

第七条 党委宣传部（新闻中心）校内新闻宣传工作的主要任务如下：

（一）负责全校新闻宣传工作的顶层设计、制度建设及组织协调；

（二）负责结合学校工作目标和重点，制定新闻宣传工作计划并组织实施；

（三）负责策划并组织学校重大题材、重要活动的新闻宣传；

（四）负责组织和协调对重大突发事件的新闻管理和舆论引导；

（五）负责学校官方媒体运营、管理；

（六）负责指导、检查及考核各单位（部门）新闻宣传工作；

（七）负责全校新闻宣传工作队伍建设；

（八）负责落实学校新闻宣传的其他任务。

第八条 各单位（部门）校内新闻宣传工作的主要任务如下：

（一）负责把好本单位（部门）新闻宣传政治关，把握正确舆论导向；

（二）负责策划实施本单位（部门）新闻宣传报道工作，积极挖掘新闻宣传资源；

（三）负责加强本单位（部门）新闻宣传工作制度建设、阵地建设和队伍建设；

（四）负责本单位（部门）新闻发布的保密审查及内容审核；

（五）负责做好本单位（部门）突发事件的舆情收集、整理、上报等工作，并配合做好舆论引导工作；

（六）负责落实本单位（部门）校内新闻宣传的其他任务。

第九条 校内新闻宣传和媒体管理工作遵循“谁主办，谁负责”的原则。各二级单位党委、党总支、直属党支部书记和职能部门主要负责人（或党支部书记）为本部门新闻宣传工作第一责任人，各单位（部门）需指定一名通讯员负责本部门新闻宣传具体工作。

第四章 工作规范

第十条 学校官方媒体发布的新闻报道，须经党委宣传部（新闻中心）审核。涉及学校主要负责人的宣传报道，须由党委办公室、校长办公室核准后，经学校官方媒体发布。

第十一条 学校官方媒体有重大新闻报道的优先发布权。各单位（部门）不得越级发布学校重大活动、重要会议、突发事件新闻及学校领导重要讲话，可适时转发、摘发学校官方媒体相关宣传报道；如需自主采写相关新闻应体现校级媒体发布的指导精神和主要内容。

第十二条 各单位（部门）承办学校重大活动须填写《中央民族大学校内宣传报道申报表》（附件），经单位（部门）主要负责人签字后，至少提前 2 个工作日报党委宣传部（新闻中心）统筹安排新闻报道。一般由承办单位（部门）于活动结束后 24 小时内提供新闻稿及照片。

第十三条 各单位（部门）自行举办的活动新闻报道等如需在学校官方媒体发布，由各单位（部门）完成并经本单位（部门）新闻宣传工作第一责任人审核后，报送党委宣传部（新闻中心）相关媒体发布。师生员工以个人名义向校级媒体报送新闻信息，须经本单位（部门）新闻宣传工作第一责任人核准后，再报送党委宣传部（新闻中心）。

第十四条 各单位（部门）通过自办媒体发布的内容需经本单位（部门）新闻宣传工作第一责任人或单位（部门）主要负责人审核后方可发布。对新闻宣传中未经批准擅自发布新闻或超越新闻发布范围、未经授权以学校名义或公职身份发布新闻、发布未经核实或虚假新闻、泄密等违反本管理办法，给学校工作造成损失和不良影响的单位（部门）及个人，将追究相应责任。

第十五条 学校新闻宣传报道要严格保守国家秘密，宣传材料（包括文稿、图片、刊物、视频、音频等）具有保密内容的必须妥善保管，不得私自外传。对造成泄密的按学校相关保密规定处理。

第十六条 对突发事件和重要事件的报道，要经学校党委研究同意后方可发布。突发事件所涉及的相关单位（部门）及个人不得自行向外提供消息。

第五章 附 则

第十七条 本办法自印发之日起施行。对外宣传工作相关规定参照《中央民族大学对外宣传工作管理办法》执行。

第十八条 此前有关规定与本办法不一致的，以本办法为准。违反上述规定，对学校造成不良影响的，将予以责任追究。

第十九条 本办法由党委宣传部（新闻中心）负责解释。

附件

中央民族大学校内宣传报道申报表

申报单位（部门）：

<table>
<tr><td colspan="2">拟报道事项</td><td colspan="4"></td></tr>
<tr><td colspan="2">联 系 人</td><td colspan="2"></td><td>联系电话</td><td></td></tr>
<tr><td colspan="2">地　　点</td><td colspan="2"></td><td>时　　间</td><td></td></tr>
<tr><td colspan="2">出席嘉宾</td><td colspan="4"></td></tr>
<tr><td colspan="6">活动主要议程（若以附件形式报送，此栏可不填写）</td></tr>
<tr><td>序号</td><td>时间</td><td colspan="3">内容</td><td>备注</td></tr>
<tr><td></td><td></td><td colspan="3"></td><td></td></tr>
<tr><td></td><td></td><td colspan="3"></td><td></td></tr>
<tr><td></td><td></td><td colspan="3"></td><td></td></tr>
<tr><td colspan="2">宣传亮点（特色）</td><td colspan="4"></td></tr>
<tr><td colspan="3">主办单位意见：

负责人签字（单位盖章）：
年　月　日</td><td colspan="3">党委宣传部（新闻中心）意见：

负责人签字（单位盖章）：
年　月　日</td></tr>
</table>

注：本表通过服务门户报送

中央民族大学对外宣传工作管理办法

民大党发〔2019〕29 号

2019 年 9 月 6 日

为进一步加强和规范学校新闻宣传工作，维护学校新闻宣传工作的严肃性科学性规范性，及时准确地发出民大声音、讲好民大故事、树立民大形象，提高学校的知名度和影响力，根据上级部门的指导意见和管理规范，结合学校实际情况，制定本办法。

第一条 学校对外宣传工作必须坚持正确的舆论导向，全面贯彻执行党和国家的路线方针政策；紧紧围绕学校中心工作开展对外宣传，通过准确、生动、及时的宣传报道，更好地展示和树立学校社会形象、提高学校知名度、增强学校师生员工凝聚力，为实现学校发展目标服务。

第二条 学校的对外宣传工作采取召开新闻发布会（含新闻通气会、记者见面会、情况介绍会等）、对外新闻宣传（邀请记者采访）、对外发布宣传品等形式。

第三条 学校对外宣传工作由学校党委统一领导，党委宣传部（新闻中心）归口管理。凡学校组织的重大活动和重要新闻事件、召开的重要会议、做出的重大决定和举措或涉及全校性的宣传报道，统一由学校党委宣传部（新闻中心）进行对外宣传。

第四条 学校鼓励校内各单位（部门）和个人采编、报道、宣传学校的重大战略部署、重大成就、特色工作以及先进典型人物等，支持校内各单位（部门）和个人在校外媒体上开展有助于提升学校整体形象的对外宣传工作。

第五条 学校各单位（部门）和个人对学校组织的对外宣传工作须积极支持和配合。若婉拒宣传或采访活动，应在收到通知当日告知党委宣传部（新闻中心），并说明可直接答复媒体的拒访理由，由党委宣传部（新闻中心）负责答复媒体。

第六条 对外宣传工作采取审核备案制，相关审核备案手续须提前 3 个工作日执行，审批通过后，各相关单位（部门）应予以协助：

（一）校外新闻媒体主动联系学校进行新闻采访、节目制作等，须向党委宣传部（新闻中心）提供采访函（盖有新闻媒体单位公章）、采访大纲、日程安排等材料；必要时需进一步提供拍摄计划、脚本等相关资料。

（二）由各单位（部门）组织的活动、会议等，若需通过党委宣传部（新闻中心）协助邀请社会媒体，由各单位（部门）填写《中央民族大学对外宣传申报表》（附件 1）连同新闻通稿，报请党委宣传部（新闻中心）审批同意，由党委宣传部（新闻中心）提供策划指导服务；若需其他部门或单位配合完成，需报相关单位会签。

（三）任何单位和个人如需以学校或单位（部门）名义自行邀请媒体或接受校外媒体采访，须由相关单位（部门）填写《中央民族大学对外宣传审核备案表》（附件2），报请党委宣传部（新闻中心）审批备案。

（四）学校各单位（部门）或个人采编和制作用于对外宣传的有关学校形象的宣传品（如视频、图片、画册、明信片、日历等），学校各单位（部门）向社会各方面推荐或报送的用于公开布设的有关学校形象的展览品或陈列品（如展板、实物、介绍材料等）等，须填写《中央民族大学对外宣传品发布审核备案表》（附件3），报经党委宣传部（新闻中心）审核后方可发行或送展。

第七条 学校各单位（部门）被采访报道或采编、制作宣传作品时，须严格遵守党和国家的路线方针政策、法律法规，不得泄露国家秘密，不得发布尚未出台的政策信息或预告未确定的重要活动，不得捏造、歪曲事实，不得污蔑、攻击他人或集体（单位）；接受采访前应了解清楚采访意图、采访主题及具体内容，并要求审看稿件小样，对新闻宣传效果负责。

第八条 相关单位（部门）有责任核实对外宣传、新闻报道、接受采访所形成的作品中涉及学校相关的数据以及关键性文字描述等。

第九条 被采访报道或采编、制作宣传作品的单位和个人，要主动收集见报稿件或播出视频（电子文件、播出带或光盘），对各种新闻媒体报道涉及相关单位（部门）、个人的新闻消息和宣传作品，该单位（部门）应及时收集和存档。

第十条 校外记者进校采访须出示记者证、工作证、介绍信等，经党委宣传部（新闻中心）批准，由党委宣传部（新闻中心）派人对接或协助采访。

第十一条 进校采访、制作节目的媒体记者或其他人员，应遵守我国法律、法规和学校各项规章制度。对违反有关法律和规章制度的有关人员，各单位（部门）及师生员工应向党委宣传部（新闻中心）和保卫部及时报告；有关部门和个人可以要求说明情况或责令停止采访拍摄活动，直至离开学校。

第十二条 对于在学校行政管辖范围内发生的或与本校人员相关的各类突发事件的报道及应对具体方式以应急预案为准，由党委宣传部（新闻中心）统一受理，其他任何单位和个人不得私自发布信息。突发事件报道遵循的原则是：以党的路线方针政策为指导，坚持正确的舆论导向；主动、准确、及时、得当，注重社会效果；有利于党和国家以及学校的工作大局，有利于校园的安全稳定和人心安定，有利于维护广大师生员工的切身利益和学校形象，有利于事件的妥善解决。

第十三条 有下列情形之一，给学校声誉造成恶劣影响的，学校将对相关责任人给予严肃处理：（一）未经批准擅自发布新闻或超越新闻发布范围的；（二）未经授权以学校名义或公职身份发布新闻的；（三）未经核实事件真相，发布虚假新闻的。

第十四条 师生员工以个人身份接受校外媒体采访，言责自负，可不适用本办法。

第十五条 本办法自印发之日起施行。此前有关规定与本办法不一致的，以本办法为准。本办法由党委宣传部（新闻中心）负责解释。

附件 1

中央民族大学对外宣传申报表

申报单位（部门）：

<table>
<tr><td colspan="2">拟报道事项</td><td colspan="3"></td></tr>
<tr><td colspan="2">联 系 人</td><td></td><td>联系电话</td><td></td></tr>
<tr><td colspan="2">地　　点</td><td></td><td>时　间</td><td></td></tr>
<tr><td colspan="2">出席嘉宾</td><td colspan="3"></td></tr>
<tr><td colspan="2">拟邀请媒体</td><td colspan="3"></td></tr>
<tr><td colspan="5">活动主要议程</td></tr>
<tr><td>序号</td><td>时间</td><td colspan="2">内容</td><td>备注</td></tr>
<tr><td></td><td></td><td colspan="2"></td><td></td></tr>
<tr><td></td><td></td><td colspan="2"></td><td></td></tr>
<tr><td></td><td></td><td colspan="2"></td><td></td></tr>
<tr><td colspan="2">宣传亮点（特色）</td><td colspan="3"></td></tr>
<tr><td colspan="3">主办单位意见：

负责人签字（单位盖章）：
年　月　日</td><td colspan="2">党委宣传部意见：

负责人签字（单位盖章）：
年　月　日</td></tr>
<tr><td colspan="2">会签部门意见</td><td colspan="3"></td></tr>
</table>

注：本表通过信息门户报送

附件 2

中央民族大学对外宣传审核备案表

填报日期：　　　年　　月　　日

<table>
<tr><td rowspan="2">发起单位
（个人）</td><td rowspan="2"></td><td>联 系 人</td><td></td></tr>
<tr><td>手 机 号</td><td></td></tr>
<tr><td rowspan="3">拟邀媒体</td><td colspan="3"></td></tr>
<tr><td colspan="3"></td></tr>
<tr><td colspan="3"></td></tr>
<tr><td>时　　间</td><td></td><td>地　　点</td><td></td></tr>
<tr><td>宣传形式</td><td colspan="3">文章稿件　　视频影像　　其他 ________</td></tr>
<tr><td>主要内容</td><td colspan="3"></td></tr>
<tr><td colspan="2">主办单位意见：

负责人签字（单位盖章）：
年　月　日</td><td colspan="2">党委宣传部（新闻中心）意见：

负责人签字（单位盖章）：
年　月　日</td></tr>
</table>

注：本表通过信息门户报送

附件 3

中央民族大学对外宣传品发布审核备案表

填报日期：　　　年　　月　　日

<table>
<tr><td rowspan="2">发起单位
（个人）</td><td rowspan="2"></td><td>联 系 人</td><td></td></tr>
<tr><td>手 机 号</td><td></td></tr>
<tr><td>名称</td><td colspan="3"></td></tr>
<tr><td>篇幅/时长</td><td colspan="3"></td></tr>
<tr><td>宣传形式</td><td colspan="3">接受采访　新闻通稿　图文制品
音像制品　其他：________</td></tr>
<tr><td>发布（放）平台
及时间</td><td colspan="3"></td></tr>
<tr><td>外宣原因
及主要内容</td><td colspan="3"></td></tr>
<tr><td colspan="2">主办单位意见：

内容是否涉密：是（　），否（　）；

内容是否属实：是（　），否（　）；

负责人签字（单位盖章）：
年　月　日</td><td colspan="2">党委宣传部（新闻中心）意见：

负责人签字（单位盖章）：
年　月　日</td></tr>
</table>

注：本表通过信息门户报送

中央民族大学关于开展“不忘初心、牢记使命”主题教育的实施方案

民大党发〔2019〕30号

民大党报〔2019〕37号

2019年9月23日

为中国人民谋幸福，为中华民族谋复兴，是中国共产党人的初心和使命。根据习近平总书记在“不忘初心、牢记使命”主题教育工作会议上的重要讲话精神和中央部署、国家民委党组安排，结合中央民族大学实际，制定本实施方案。

一、目标与任务

不忘初心、牢记使命，是加强党的建设的永恒课题，是全体党员、干部的终身课题。开展“不忘初心、牢记使命”主题教育，是以习近平同志为核心的党中央统揽伟大斗争、伟大工程、伟大事业、伟大梦想作出的重大部署，是用习近平新时代中国特色社会主义思想武装全党的迫切需要，是推进新时代党的建设的迫切需要，是保持党同人民群众血肉联系的迫切需要，是实现党的十九大确定的目标任务的迫切需要。

中央民族大学是在毛泽东、周恩来等老一辈无产阶级革命家的直接关怀下建立的，中央民族大学的发展历程始终和解决民族工作的重大问题相联系，始终和服务国家战略、服务民族地区经济社会发展需求相适应，始终和推进国家民族团结进步事业、培养少数民族人才相契合。可以说，永远跟党走的红色基因是中央民族大学的永恒初心，维护和促进民族团结、铸牢中华民族共同体意识、扎根中国大地建设世界一流民族大学是中央民族大学的终身使命。

中央民族大学各级党组织和广大党员干部要把开展“不忘初心、牢记使命”主题教育作为当前首要的政治任务，牢牢把握深入学习贯彻习近平新时代中国特色社会主义思想这个根本任务，全面把握守初心、担使命，找差距、抓落实的总要求，坚持抓思想认识到位、抓检视问题到位、抓整改落实到位、抓组织领导到位，充分借鉴运用第一批主题教育成功经验，以彻底的自我革命精神解决违背初心和使命的各种问题，努力实现理论学习有收获、思想政治受洗礼、干事创业敢担当、为民服务解难题、清正廉洁作表率的目标。

（一）理论学习有收获。教育引导学校广大党员干部原原本本学，以理论滋养初心、以理论引领使命，不断加深对习近平新时代中国特色社会主义思想，特别是习近平总书记关于民族工作、教育工作的重要论述的学习理解，学深悟

透、融会贯通、真信笃行，切实增强“四个意识”、坚定“四个自信”、做到“两个维护”。

（二）思想政治受洗礼。教育引导学校广大党员干部紧紧围绕为党育人、为国育才，突出党的政治建设，牢牢把握社会主义办学方向，紧扣立德树人的根本任务，全面贯彻党的教育方针和民族政策，牢固树立马克思主义民族观、深化民族团结进步教育，铸牢中华民族共同体意识，加强各民族交往交流交融，增强“五个认同”，促进各民族像石榴籽一样紧紧抱在一起，自觉在思想上政治上行动上同以习近平同志为核心的党中央保持高度一致。

（三）干事创业敢担当。教育引导学校广大党员干部勇于担当、敢于斗争，苦干实干、开拓进取，知重负重、攻坚克难，努力做到“三个特别”，明辨大是大非立场特别清醒，维护民族团结行动特别坚定，热爱各族群众感情特别真挚，发扬钉钉子精神，以更高标准、更严要求，高质量贯彻落实党中央民族工作决策部署和习近平总书记重要指示批示精神，努力创造经得起实践、人民、历史检验的实绩。

（四）为民服务解难题。教育引导学校广大党员干部坚守人民立场，践行全心全意为人民服务的根本宗旨，从服务国家和民族地区发展大局出发，着力解决党委领导下的校长负责制、基层党组织建设、教师队伍建设、意识形态工作、学生社团工作中存在的突出问题，健全全员全过程全方位育人的体制机制，为少数民族和民族地区经济社会发展提供人才支撑，努力让各族群众有更多获得感、幸福感、安全感。

（五）清正廉洁作表率。教育引导学校广大党员干部保持为民务实清廉的政治本色，知敬畏、存戒惧、守底线，公私分明，“亲”“情”分开，清白做人、干净做事，增强党员干部的政治定力、纪律定力、道德定力、拒腐定力，营造风清气正的政治生态。

二、总体工作要求

全面把握守初心、担使命，找差距、抓落实的总要求，坚持抓思想认识到位、抓检视问题到位、抓整改落实到位、抓组织领导到位。

（一）聚焦主题主线。要紧紧围绕学习贯彻习近平新时代中国特色社会主义思想，紧扣习近平总书记关于“不忘初心、牢记使命”重要论述开展主题教育，要在学懂弄通做实习近平新时代中国特色社会主义思想上下功夫。

（二）统筹推进四项重点措施。要把学和做结合起来，把查和改贯通起来，推动学习教育、调查研究、检视问题、整改落实有机融合、贯穿始终。

（三）突出问题导向。既着力解决党员、干部自身存在的问题特别是思想根子的问题，坚守理想信念、初心使命不动摇，又着力解决群众最关心最直接最现实的利益问题，以为民谋利、为民尽责的实际成效取信于民。

（四）把握主题教育着力点。紧紧围绕为党育人、为国育才，突出党的政治建设，紧扣立德树人的根本任务，聚焦贯彻落实习近平新时代中国特色社会主义思想和习近平总书记关于民族和教育工作的重要讲话精神，树立马克思主义民族观，铸牢中华民族共同体意识，不断增强“五个认同”，健全全员全过程全方位育人的体制机制，加强思想政治工作和思政课建设等，开展学习教育和调查研究，着力整改解决党委领导下的校长负责制、基层党组织建设、教师队伍建设、意识形态工作、学生社团工作中存在的突出问题。

通过主题教育，切实使全校党员、干部在理论学习上有收获，思想政治上受洗礼，干事创业上敢担当，为民服务上解难题，清正廉洁上做表率，更加自觉地为履行“四个服务”历史使命而努力奋斗。教师党员要回归教师本分，树立马克思主义民族观、教育观，教书育人、潜心科研，践行“四有”“四个引路人”“四个相统一”好教师的标准，立志“为中华民族伟大复兴而教书”；机关党员要永葆服务本分，紧紧围绕中心工作，服务广大师生，践行“三个表率一个模范”机关好党员标准；学生党员要回归学生本分，加强学习、锤炼党性，切实提升社会责任感、历史使命感和时代担当精神，铸牢中华民族共同体意识，心系家国，勇担大任，立志“为中华民族伟大复兴而读书”，在创建“学在民大”的优良学风中率先垂范，充分发挥先锋模范作用。

三、时间安排与范围要求

（一）时间安排

2019 年 9 月开始，11 月底结束。

（二）范围要求

在全校党员中开展，以处级以上领导干部为重点。

四、工作安排

主题教育要结合学校实际，创造性地开展工作，集中教育时间为 3 个月。

主题教育不划阶段、不分环节，坚持全面把握、一体贯彻总体要求和目标任务，把学习教育、调查研究、检视问题、整改落实贯穿全过程。

（一）认真开展学习教育。要将理论学习贯穿主题教育始终，采取个人自学和集中学习研讨相结合的方式，推动学习贯彻习近平新时代中国特色社会主义思想往深里走、往心里走、往实里走，把学习成效体现到增强党性、提高能力、改进作风、推动工作上来。

重点学习内容：组织党员领导干部通读《习近平关于“不忘初心，牢记使命”重要论述选编》，认真学习党章、《习近平新时代中国特色社会主义思想学习纲要》，深入学习习近平总书记在“不忘初心、牢记使命”主题教育工作会议、中央政治局第十五次集体学习、中央和国家机关党的建设工作会议和在内蒙古考察并指导开展“不忘初心、牢记使命”主题教育时的重要讲话，跟进学习习近平总书记最新重要讲话文章，特别是深入学习习近平总书记关于民族工作、教育工作的重要论述和指示批示精神，以及《习近平总书记关于民族工作重要论述摘编》《习近平总书记关于教育的重要论述摘编》等。认真学习党史和新中国史，注重运用各领域攻坚克难典型案例开展学习。

具体学习方式及安排：

1. 坚持原原本本学。党员领导干部要以自学为主，原原本本学、联系实际学、带着问题学，理解其核心要义和实践要求，自觉对标对表、及时校准偏差。

2. 集中学习研讨。在个人自学的基础上开展集中学习研讨，主要安排有：

（1）召开学校党委常委会传达学习中央“不忘初心，牢记使命”主题教育工作会议精神。6 月 6 日，全体校领导、处级干部学习中央“不忘初心、牢记使命”主题教育工作会议精神；8月29日，召开学校党委常委会议，结合“不忘初心、牢记使命”主题教育，检视学校改革发展中的差距及整改措施；9月16日，研究制定学校开展“不忘初心、牢记使命”主题教育实施方案。

（2）召开加强党的政治建设工作专题民主生活会，制定实施《中共中央民族大学委员会关于加强党的政治建设的实施方案》。6月10日，召开学校党委常委会议传达学习首都高校加强党的政治建设工作会议精神，传达学习中共北京市委印发《关于加强高校党的政治建设的若干措施》的通知精神；6月24日，召开党委全委会（扩大）会议，学校党委书记张京泽讲授加强党的政治建设主题党课；6月28日召开学校党委领导班子加强党的政治建设专题民主生活会；9月9日，召开学校党委常委会议传达学习《中共国家民委党组贯彻落实〈中共中央关于加强党的政治建设的意见〉的实施意见》精神，研究制定《中共中央民族大学委员会关于加强党的政治建设的实施方案》。

（3）召开学校“不忘初心、牢记使命”主题教育动员部署会（9月17日）。

（4）校领导集中学习研讨。深入学习习近平新时代中国特色社会主义思想，特别是习近平关于民族工作、教育工作的重要论述、《习近平新时代中国特色社会主义思想学习纲要》《习近平关于“不忘初心、牢记使命”重要论述选编》。党委常委同志进行集中学习研讨（9月26日—10月11日）。

（5）处级干部集中学习研讨。深入学习习近平新时代中国特色社会主义思想，特别是习近平关于民族工作、教育工作的重要论述、《习近平新时代中国特色社会主义思想学习纲要》《习近平关于“不忘初心、牢记使命”重要论述选编》。党委常委同志结合分管工作进行专题辅导，处级领导班子开展专题研讨（9月26日—10月11日）。

（6）组织学校党委理论学习中心组（扩大）集中学习研讨，交流心得体会。学校党委常委结合各自参加主题教育以来的切身感受谈体会认识，开展交流研讨；处级领导班子开展专题研讨。学习采取个人自学和集中学习研讨相结合的方式（9月27日—11月上旬）。

（7）讲专题党课。在学习教育、调查研究取得成果的基础上，学校党委书记在全校党员范围内讲专题党课（10月11日）；学校和各二级单位党员领导干部，在分管联系单位及所在党支部讲专题党课（10月中旬—11月上旬）。

（8）党支部集中组织学习。各党支部组织党员以个人自学为主，原原本本通读《习近平关于“不忘初心、牢记使命”论述摘编》，认真学习党章、《习近平新时代中国特色社会主义思想学习纲要》，组织1-2次集中学习，党支部书记要讲1次专题党课（9—11月）。

（9）举办专题培训班。举办党员发展对象、新党员培训班，深入细致学习习近平新时代中国特色社会主义思想和党中央关于开展“不忘初心、牢记使命”主题教育的部署要求，7月19—24日，举办“不忘初心、牢记使命，做‘四有好老师’”专题培训班；8月30—31日，举办新学期全校“不忘初心，牢记使命”干部培训班（9—11月）。

（10）开展党性教育活动。5月7日，举办“我从延安来”主题教育诗颂会；9

月 6 日，学校党委书记张京泽为全体 2019 级新生讲第一堂思政课；9—11 月，举办校史展、中央访问团受赠锦旗展、古籍特藏展等“不忘初心、牢记使命”主题展，举办“唱响新时代”教职工合唱比赛、“庆七一、迎国庆”知识竞赛；6 月—11 月，组织 3000 余名师生参加国庆重大活动、开展系列主题党日活动；9—11 月，组织观看《一生只为一事来》《决胜时刻》《回望延安》《不忘初心，继续前进》，引导广大党员和干部不断加强党性锻炼、提高党性修养。

（11）组织开展学校警示教育活动。以案为鉴、以案示警、以案促改（10 月）。

（二）深入开展调查研究。校领导班子结合党中央重大决策部署，结合学校初心使命，着眼查找自身问题和解决实际问题，立足职能职责和当前正在做的事情，沉下去了解校情、掌握实情，拿出破解难题的实招、硬招，推动党中央和国家民委党组决策部署、校党委决定决议落实落地。

1. 调研重点。突出“四个围绕”：

（1）围绕贯彻落实党中央决策部署和习近平总书记关于民族工作、教育工作重要讲话和指示精神情况；

（2）围绕健全全员全过程全方位育人的体制机制、加强思想政治工作和思政课建设情况；

（3）围绕解决党委领导下的校长负责制、基层党组织建设、教师队伍建设、意识形态工作、学生社团工作中存在的突出问题；

（4）围绕强化学校马克思主义民族观教育、民族团结进步教育、铸牢中华民族共同体意识教育、“五个认同”教育开展情况。

2. 调研要求：要树立鲜明问题导向，使调研过程成为加深对党的创新理论领悟的过程，成为密切联系群众的过程，成为推动事业发展的过程。

3. 调研工作安排：

（1）确定调研主题。校领导班子成员每人确定 1 个调研主题（9 月 27 日前），各处级领导班子研究确定 1~2 个调研主题（10 月 11 日前），并做好班子成员的分工，明确拟解决的关键问题，经学校主题教育领导小组办公室报国家民委。校办要统筹安排，避免扎堆调研，严格执行中央八项规定精神和国家民委党组实施细则办法。

（2）深入开展调研。校领导带队，分管（联系）单位领导班子参加，在校内和京内高校开展调研。找差距，检视存在的问题与不足，学习借鉴、研究探索有效破解方法。要一竿子插到底，掌握第一手资料，真正把情况摸清楚，把症结分析透，研究提出解决问题、改进工作的办法措施（9 月下旬—10 月中旬）。

（3）撰写调研报告。校领导班子成员撰写调研报告，经学校主题教育领导小组办公室报国家民委。调研报告应包括调研背景、方法过程、问题分析和政策建议等内容，要言之有物，有情况有分析、有解决问题的思路和举措（10 月 20 日前）。

（4）总结交流。组织学校党委理论学习中心组学习，交流调研成果；召开二级单位调研成果交流会，把提出的对策建议转化为解决问题的具体行动（10 月底）。

（三）全面检视突出问题。对习近平新时代中国特色社会主义思想和党中央决策部署，对照党章党规，对照初心使命，采取自己找、群众提、集体议、上级点等方式，查找差距不足，查找工作短板，一条一条列出问题，从思想、政治、作风、能力、廉政等方面，特别是从主观上、思想上进行剖析，撰写检视剖析材料，制定整改落实举措。

1. 广泛听取意见。学校领导班子要结合调查研究，通过集体座谈、个别访谈、设置意见箱、利用网络平台等多种方式，广泛听取基层党员群众对领导班子、领导干部在“不忘初心，牢记使命”上存在突出问题的反映，对改进作风、改进工作的意见和建议。处级领导班子和班子成员要听取学校党委结合巡视巡察、干部考察、工作考核等情况所提出的意见。

2. 认真检视反思。

（1）检视重点：领导班子和领导干部要聚焦党的政治建设、思想建设、作风建设存在的突出问题进行检视反思。特别是要对照社会主义办学方向和立德树人根本任务，逐一检视正在推进的各项工作是否已经统一到党中央的最新精神上来；对照习近平总书记关于民族工作和教育工作的重要论述和指示批示，逐一检视是否学深悟透、落细落实；对照树立马克思主义民族观、铸牢中华民族共同体意识、增强“五个认同”教育的各项迫切需要，对照高质量发展的各项目标任务，逐一检视是否拿出了政策举措、实招硬招；对照群众期待和典型榜样，逐一检视是否做到见贤思齐、担当作为。

（2）检视要求：党员领导干部一要对照党章党规，重点对照党章、《关于新形势下党内政治生活的若干准则》《中国共产党纪律处分条例》，联系思想工作实际，实事求是检视自身差距和不足，把问题找实、把根源找深，并明确努力方向。

二要聚焦党的政治建设、思想建设、作风建设存在的突出问题进行检视反思。

三要把自己摆进去、把职责摆进去、把工作摆进去，要联系思想工作实际，实事求是检视自身差距。学校党委及各处级领导班子要安排专门时间，召开对照党章党规找差距专题会议。领导班子主要负责同志要带头学、带头查、带头改，以上率下、作出示范，同时督促班子成员找准问题、解决问题。

（3）工作安排：

①召开校处级领导班子对照党章党规找差距专题会议。

②形成学校领导班子及成员各自的整改落实清单，经学校主题教育领导小组办公室报国家民委（10月17日前）。

（四）扎实抓好整改落实。突出主题教育的实践性，坚持边学边查边改，对调研发现的问题、群众反映强烈的问题、巡视巡察反馈的问题及检视突出的问题，逐项整改，形成学校领导班子整改落实的成绩单。整改措施要针对问题、落细落小，能改的立即改，一时解决不了的盯住改、限期改，一件一件整改到位。专项整治情况要以适当方式向党员干部群众进行通报。对专项整治中发现的违纪违规问题，要严肃查处。

1. 开展专项整治。

（1）重点整治。

①重点整治对贯彻落实习近平新时代中国特色社会主义思想和党中央决策部署置若罔闻、应付了事、弄虚作假、阳奉阴违的问题；

②重点整治干事创业精气神不够，

患得患失，不担当不作为的问题；

③重点整治违反中央八项规定精神的突出问题；

④重点整治形式主义、官僚主义，层层加重基层负担，文山会海突出，督查检查考核过多过频的问题；

⑤重点整治领导干部配偶、子女及其配偶违规经商办企业，甚至利用职权或者职务影响为其经商办企业谋取非法利益的问题；

⑥重点整治对群众关心的利益问题漠然处之、空头承诺、推诿扯皮，以及办事不公、侵害群众利益的问题；

⑦重点整治基层党组织软弱涣散、党员教育管理宽松软、基层党建主体责任缺失等问题；

⑧重点整治对黄赌毒和黑恶势力听之任之、失职失责，甚至包庇纵容、充当保护伞的问题；

⑨重点整治利用名贵特产、特殊资源谋取私利的问题。

（2）专项整改。结合国家民委党组《关于中央和国家机关工委党的政治建设重点督查反馈意见的整改方案》，抓好党的政治建设反馈意见的整改。

（3）集中整改。

一要结合主题教育中发现的学校在党委领导下的校长负责制、基层党组织建设、教师队伍建设、意识形态工作、学生社团工作中存在的突出问题，进行集中整改。

二要结合主题教育中查找的学校马克思主义民族观教育、民族团结进步教育、中华民族共同体意识教育、“五个认同”教育中存在的薄弱环节，进行集中整改。

三要结合学校实际，有针对性地列出理论学习、意识形态工作等需要整治的突出问题，进行集中整治。

2. 召开专题民主生活会（11 月下旬）。学校领导班子要召开专题民主生活会，运用学习成果，针对检视反思的问题，联系整改落实情况，红脸出汗，认真开展批评和自我批评；处级党员领导干部要以参加专题组织生活会的形式，围绕开展主题教育的学习、检视反思和整改落实情况等，剖析自我，开展批评和自我批评。

3. 召开专题组织生活会和民主评议党员。基层党支部要组织党员对照党章规定的条件和义务权利，对照《中国共产党廉洁自律准则》《关于新形势下党内政治生活的若干准则》《中国共产党纪律处分条例》，对照《共产党员不准信仰宗教和参与宗教活动若干规定（试行）》，对照群众提出的意见建议等，查找党员意识、担当作为、服务群众、遵守纪律、作用发挥等方面的差距和不足，一条一条列出问题，一项一项整改到位。各党支部要以“不忘初心、牢记使命”为主题召开一次专题组织生活会，开展民主评议党员。

五、组织实施

（一）加强组织领导。学校“不忘初心、牢记使命”主题教育在学校党委领导下开展。成立“不忘初心，牢记使命”主题教育领导小组，张京泽担任组长，黄泰岩、马文喜、邹吉忠任副组长，其他党委成员为领导小组成员。领导小组下设办公室，办公室主任由马文喜担任，邹吉忠任副主任，办公室成员由党办、组织部、宣传部、统战部、纪委办负责人组成。办公室内设综合组、宣传组、材料组、指导组，安排有关人员组成。

各部门各单位主要负责同志为第一责任人，负责本单位主题教育的组织实施。

（二）加强督促指导。学校领导班子成员要率先垂范，带头抓好理论学习、调查研究、检视反思、整改落实，防止只抓下级、不抓自身。校领导班子成员要加强对分管部门和联系学院的指导检查。要把开展主题教育同推进“两学一做”学习教育常态化制度化结合起来，同推动本部门本单位的中心工作结合起来，防止“两张皮”。对开展主题教育消极对待、敷衍应付的要严肃批评，对走形变样、问题严重的要给予组织处理。主题教育领导小组采取随机抽查、调研访谈、参加会议等方式，对各部门各单位开展主题教育进行督促指导，确保主题教育质量。

（三）加强宣传引导。有效发挥学校新闻宣传媒体作用，建立主题教育专题网站、专题微信、专题宣传栏，以新闻报道、典型宣传等形式，深入宣传党中央精神和国家民委党组部署要求，及时反映学校主题教育进展成效。要选树宣传全国模范教师、优秀教师、优秀校友、先进典型，尤其加大对秉持理想信念、保持崇高境界、坚守初心使命、敢于担当作为先进典型的宣传力度，形成学先进、当先进的良好风尚。加强正面引导，强化舆论监督，为主题教育营造良好氛围。

（四）做实基层党支部学习教育和检视整改。全体党员参加主题教育，要以党支部为单位，结合“两学一做”学习教育常态化制度化，依托“三会一课”、主题党日等进行，重点学好理论，对照党章党规检视整改，增强守初心、担使命的思想自觉和行动自觉。

（五）防止形式主义。各级党组织要结合实际，统筹安排，有序推进，把防止和克服形式主义要求落实到学习教育、调查研究、检视问题、整改落实的全过程，以好的作风开展好主题教育。主题教育不对写读书笔记、心得体会等提出硬性要求。调查研究不搞“作秀式”“盆景式”调研和不解决实际问题的调研。检视问题不大而化之、隔靴搔痒，不避重就轻、避实就虚，不以工作业务问题代替思想政治问题。整改落实不能口号喊得震天响、行动起来轻飘飘，不虎头蛇尾、久拖不决。要严格控制简报数量，重点刊发指导性强和反映突出问题的简报。

附件：1. 中央民族大学“不忘初心、牢记使命”主题教育领导小组成员名单

2.“不忘初心、牢记使命”主题教育主要工作任务表

附件 1

中央民族大学“不忘初心、牢记使命”主题教育领导小组成员名单

组　长：张京泽　党委书记
副组长：黄泰岩　党委副书记、校长
　　　　马文喜　党委常务副书记、纪委书记
　　　　邹吉忠　党委副书记
成　员：宋　敏　党委常委、副校长
　　　　石亚洲　党委常委、副校长
　　　　王丽萍　党委常委、副校长
　　　　田　琳　党委常委、副校长
　　　　李计勇　党委副书记、副校长
　　　　麻国庆　党委常委、副校长
　　　　张艳丽　党委常委、总会计师

领导小组下设办公室，负责“不忘初心、牢记使命”主题教育日常工作，内设综合组、宣传组、材料组、指导组。

主　任：马文喜
副主任：邹吉忠
成　员：张文香　包永贵　江　波　何　光　杜　林　马国伟　路义旭　董真祎

（一）综合组

具体负责统筹推进主题教育各项工作安排、情况综合、协调调研、服务保障等工作，研究制定学校主题教育实施方案，筹备领导小组会议和有关工作会议，负责与国家民委指导组沟通联络，完成领导小组交办的其他任务。

组　长：张文香
副组长：杜　林　马国伟　江　波　王海舟　路义旭

（二）宣传组

负责统筹协调相关媒体对中央精神、国家民委的部署安排、主题教育进展等的宣传报道，宣传先进典型，做好舆论引导，营造良好氛围。

组　长：董真祎
副组长：贺露露　刘　佳

（三）材料组

负责起草学校领导小组负责同志的讲话、汇报和党课材料等；向国家民委报送主题教育专项整治、总结等重要材料。

组　长：包永贵

副组长：王军杰　冯慧想　王润茜

（四）指导组

负责对各二级单位开展“不忘初心、牢记使命”主题教育进行指导。1. 督促各单位认真落实主题教育各项工作安排；2. 了解掌握主题教育进展情况，提出工作建议；3. 总结推广典型经验，发现问题督促解决；4. 重要情况及时向主题教育领导小组办公室反映，提出意见建议。

组　长：何　光

副组长：刘云喜　胡　鑫

下设十个指导小组：

第一指导小组：

组　长：张　严

副组长：李松洁

联络员：宗彦芳

指导单位（6 个）：党委办公室、校长办公室（学校档案馆、督查室）；党委组织部（党校、机关党委）；党委宣传部（新闻中心）；党委统战部；纪委办公室、监察处；党委教师工作部、人事处。

第二指导小组：

组　长：张玉刚

副组长：陈　钧

联络员：吴　凡

指导单位（6 个）：党委学生工作部（武装部）、学生处（学生资助管理中心）；保卫部、综合治理办公室；校团委；校工会（教代会）；教务处；研究生院、学位办公室。

第三指导小组：

组　长：田　宁

副组长：杨蔚宇

联络员：黄金东

指导单位（6 个）：发展规划处；财务处；招生就业工作处；审计处；国际合作处（港澳台事务办公室）。

第四指导小组：

组　长：李红梅

副组长：彭亚华

联络员：杨　晏

指导单位（6 个）：国内合作处（校友办、基金会）；基本建设管理处、丰台校区；资产管理处；后勤保障处、后勤保障处党总支；信息化建设管理处；离退休工作处、离退休教职工党委。

第五指导小组：

组　长：何　光

副组长：赵英男

联络员：李　昂

指导单位（6 个）：民族学与社会学学院；中国少数民族语言文学学院；经济学院；管理学院；法学院；马克思主义学院。

第六指导小组：

组　长：王红曼

副组长：肖春娟

联络员：刘国庆

指导单位（5 个）：文学院；新闻与传播学院；哲学与宗教学学院；历史文化学院；教育学院。

第七指导小组：

组　长：周杰晶

副组长：王永才

联络员：王　蔚

指导单位（5 个）：外国语学院；生命与环境科学学院；药学院；理学院；信息工程学院。

第八指导小组：

组　长：胡　鑫

副组长：赵丹华

联络员：潘妩媚

指导单位（5 个）：美术学院；舞蹈学院；音乐学院；体育学院；国际教育学院。

第九指导小组：

组　长：刘云喜

副组长：张　英

联络员：杨　怡

指导单位（5 个）：继续教育学院；预科教育学院；中国少数民族语言研究院；藏学研究院；中国少数民族研究中心、少数民族事业发展协同创新中心。

第十指导小组：

组　长：白　勇

副组长：臧　宁

联络员：张方译

指导单位（7 个）：图书馆；民族博物馆；校医院（疾病防控办公室）；期刊社；出版社有限责任公司；附属中学；直属单位党委。

附件 2

“不忘初心、牢记使命”主题教育主要工作任务表

内容			时间	参与人员
前期工作	结合“不忘初心、牢记使命”主题教育，检视学校改革发展中的差距，分析原因，提出整改措施。		8 月 29 日	校党委常委
	参加国家民委“不忘初心、牢记使命”主题教育总结大会。		9 月 3 日	校处级干部
	召开校党委常委会，研究制定主题教育实施方案。		9 月 16 日	校党委常委
	召开全校动员部署会。		9 月 17 日	校处级干部、党支部书记
	召开各二级单位动员部署会。		9 月 25 日前	各二级单位党组织
学习教育	自主学习	原原本本学、联系实际学、带着问题学，理解其核心要义和实践要求，自觉对标对表、及时校准偏差。	9–11 月	全体党员和处级以上领导干部
	集中学习	党委常委同志进行集中学习研讨	9 月 26 日–10 月 11 日	校党委常委
学习教育	专题辅导	校处级干部集中学习研讨，党委常委同志进行专题辅导，处级领导班子开展专题研讨	9 月 26 日–10 月 11 日	校处级领导班子
	理论中心组学习研讨	集中学习习近平总书记关于“不忘初心、牢记使命”的重要论述。学校党委常委谈体会认识，开展交流研讨；处级领导班子开展专题研讨	9 月 26 日	校处级领导班子
		集中学习习近平总书记关于民族工作、教育工作的重要论述。学校党委常委谈体会认识，开展交流研讨；处级领导班子开展专题研讨	10 月上旬	校处级领导班子
		学习《习近平新时代中国特色社会主义思想学习纲要》，党委常委轮流发言，分享学习心得体会	10 月下旬	校领导班子
		学习党章党规，对照党章党规检视问题，谈体会认识，开展交流研讨	10 月中旬–11 月上旬	校党委常委
		学习高等教育、民族团结先进事迹。学校党委常委谈体会认识，开展交流研讨；处级领导班子开展专题研讨	11 月	校处级领导班子
	讲专题党课	张京泽书记在全校处级领导干部和教师、学生党支部书记范围内讲专题党课	10 月 11 日	校处级干部、党支部书记

续表

内容			时间	参与人员
学习教育	讲专题党课	校处级党员领导干部在分管联系单位及所在党支部讲专题党课	10 月中旬-11 月上旬	全体党员领导干部
	党支部集中学习	以党支部为基本单位，组织 1—2 次集中学习，党支部书记讲 1 次专题党课	9-11 月	全体师生党员
	专题培训班	举办新学期全校干部培训班、“不忘初心、牢记使命，做‘四有好老师’”专题培训班、党员发展对象、新党员培训班	9-10 月	校处级干部；党支部书记；党员发展对象、新党员
	党性教育活动	举办“我从延安来”主题教育诗颂会；党委书记为全体 2019 级新生讲第一堂思政课；举办校史展、中央访问团受赠锦旗展、古籍特藏展等“不忘初心、牢记使命”主题展；举办“唱响新时代”教职工合唱比赛、“庆七一、迎国庆”知识竞赛；组织 3000 余名师生参加国庆重大活动；组织观看《一生只为一事来》《决胜时刻》《回望延安》《不忘初心，继续前进》	9-11 月	全体师生党员
学习教育	警示教育活动	开展学校警示教育活动。以案为鉴、以案示警、以案促改	10 月	校处级领导班子
调查研究	确定调研主题	校领导班子每人确定 1 个调研主题，经学校主题教育领导小组办公室报国家民委	9 月 27 日前	校领导班子
		各二级单位领导班子研究确定 1—2 个调研主题并做好班子成员的分工，明确拟解决的关键问题，报学校主题教育领导小组办公室	10 月 11 日前	处级领导班子
	深入开展调研	校领导带队，分管（联系）单位领导班子参加，在校内和京内“双一流”大学开展调研	9 月下旬-10 月中旬	校处级领导班子
	撰写调研报告	校领导班子成员撰写调研报告，经学校主题教育领导小组办公室报国家民委	10 月 20 日前	校领导班子
	总结交流	组织校领导班子理论中心组学习，交流调研成果	10 月底	校领导班子
		召开二级单位调研成果交流会	10 月底	处级领导班子
检视问题	广泛听取意见	在进行学习教育、调查研究的同时，采取自己找、群众提、集体议、上级点等方式，聚焦思想政治问题、改革发展难题，广泛听取意见，列出问题清单	9-11 月	校处级领导班子
	认真检视反思	召开对照党章党规找差距专题会议	10 月中旬前	校处级领导班子
		形成校领导班子思想和工作问题清单，经学校主题教育领导小组办公室报国家民委	10 月底	校领导班子
		上级指导组对校领导班子及成员提出意见	待定	校领导班子

续表

<table>
<tr><th colspan="3">内容</th><th>时间</th><th>参与人员</th></tr>
<tr><td rowspan="7">整改落实</td><td rowspan="3">开展专项整治</td><td>重点整治</td><td rowspan="3">10–11 月</td><td rowspan="3">校处级领导班子</td></tr>
<tr><td>专项整改</td></tr>
<tr><td>集中整改</td></tr>
<tr><td colspan="2">召开专题民主生活会</td><td>11 月下旬</td><td>校领导班子</td></tr>
<tr><td colspan="2">召开专题组织生活会和民主评议党员</td><td>11 月下旬</td><td>全体党员</td></tr>
<tr><td colspan="2">国家民委指导组评估有关工作</td><td>待定</td><td></td></tr>
<tr><td colspan="2">召开总结大会</td><td>11 月底</td><td>校处级干部、党支部书记</td></tr>
</table>

中央民族大学“不忘初心、牢记使命”主题教育重点工作专项整治方案

民大党发〔2019〕35 号

2019 年 11 月 15 日

为确保“不忘初心、牢记使命”主题教育取得扎实成效，根据《国家民委“不忘初心、牢记使命”主题教育专项整治工作方案》(民教办发〔2019〕15 号)和《中央民族大学关于“不忘初心、牢记使命”主题教育的实施方案》(民大党发〔2019〕30 号)，制定本方案。

一、指导思想

坚持以习近平新时代中国特色社会主义思想为指导，牢牢把握“守初心、担使命，找差距、抓落实”总体要求，不断增强“四个意识”、坚定“四个自信”、做到“两个维护”，切实提高“不忘初心、牢记使命”主题教育专项整治的思想自觉、政治自觉、行动自觉。按照坚持问题导向、坚持靶向施策、坚持贯通始终、坚持抓实见效的工作原则，以“小切口”推动“大整治”，着力补短板、强弱项、激活力、抓落实，真刀真枪推动措施落实落地、推动问题跟进解决，全面推进学校各项工作实现高质量发展。

二、目标任务

由学校党委书记、校长统筹抓总，校领导班子成员牵头负责，各单位各部门落实，全力做好主题教育专项整治工作，对照学校主题教育方案中列出的专项整治问题，找准差距不足，深挖问题根源，推进问题整改，强化效果评估，做到思想不松懈、整改不松劲，以专项整治的成果检验和展现主题教育的实效。

（一）聚焦整治重点，查找突出问题。找准重点整治 9 个方面突出问题的根源，推动主题教育专项整治不断深化、取得成效。

（二）实施“三化”管理，坚持一体推进。

1. 任务精准化。在对照自查的基础上，深入分析、精准查摆，逐项梳理盘点，逐一过筛归类，确保整治任务条目清晰、内容具体、靶向精准、含金量高。

2. 整治项目化。聚焦专项整治，实事求是地确定在主题教育期间能够实现的目标任务，制定切实可行的专项整治措施，明确任务书、路线图、时间表，开展项目化集中专项治理，有步骤、有重点、有针对性地推进整治工作。

3. 责任具体化。根据整治工作任务，逐项明确责任部门、责任人，做到任务到人、责任到岗、要求到位，确保整治事项件件有措施、事事有人抓，推动问题逐个整治清零。

（三）建立工作台账，实行对账销号。各单位各部门实行台账动态管理，及时跟踪专项整治落实情况，在实际整治过程当中不定期开展自查自纠工作，适时对专项整治效果进行“回头看”，随时“对账”、查缺补漏，及时进行修正完善，确保整治任务抓到底、落到位、改彻底。

三、整治专项

（一）整治贯彻落实习近平新时代中国特色社会主义思想和党中央决策部署置若罔闻、应付了事、弄虚作假、阳奉阴违的问题

牵头校领导：马文喜、石亚洲

牵头部门：党委办公室、校长办公室

措施 1. 健全完善党中央和国家民委、北京市委重大决策部署、上级领导批示指示贯彻落实工作机制和督查问责机制。

主要责任单位：党委办公室、校长办公室

整治时限：主题教育期间取得阶段性成果并长期坚持

措施 2. 梳理 2016 年中央巡视以来党中央和国家民委、北京市委决策部署落实情况，对尚未落实或落实不到位的，要一一查明原因，明确时限要求和工作措施。

主要责任单位：党委办公室、校长办公室

整治时限：主题教育期间完成

措施 3. 加大巡察整改力度，突出政治监督，深入查找偏离和违背党的政治方向的行为，巩固巡察成果。

主要责任单位：纪委办公室、监察处

整治时限：主题教育期间取得阶段性成果并长期坚持

（二）整治干事创业精气神不够，患得患失，不担当不作为的问题

牵头校领导：邹吉忠

牵头单位：党委组织部

措施 1. 加强理论学习。加强领导干部教育培训，把学习习近平新时代中国特色社会主义思想，特别是习近平总书记关于领导干部担当作为的重要论述作为全体领导干部学习的重点内容，严格执行党委理论学习中心组学习制度，严格执行校院两级理论学习中心组学习计划，开展处级干部、科级干部培训，增强干部政治本领。

主要责任单位：党委组织部

整治时限：主题教育期间取得阶段性成果并长期坚持

措施 2. 建立领导干部定期交流研讨制度，有组织、有计划地在重大任务中和斗争一线培养选用干部，引导党员干部敢于斗争、勇于担当、善于履职。

主要责任单位：党委组织部

整治时限：主题教育期间取得阶段性成果并长期坚持

措施 3. 制定年轻干部培养办法，形成优秀年轻干部名单，建立年轻干部档案，按照“缺什么、补什么”的原则开展针对性培养。

主要责任单位：党委组织部

整治时限：主题教育期间取得阶段性成果并长期坚持

措施 4. 加强和改进领导干部深入基层联系师生工作，落实领导干部联系党支部任务。

主要责任单位：党委办公室、党委组织部

整治时限：主题教育期间取得阶段性成果并长期坚持

措施5. 认真梳理领导班子和领导干部不担当不作为问题，一项一项进行集中整治，改进考核方式方法，突出干部担当作为情况考核，强化考核结果使用，切实解决干与不干、干多干少、干好干坏一个样的问题。

主要责任单位：党委组织部

整治时限：主题教育期间取得阶段性成果并长期坚持

措施6. 树立干事创业鲜明导向，大胆使用敢担当善作为的干部，增强干部干事创业的使命感、责任感和紧迫感。

主要责任单位：党委组织部

整治时限：主题教育期间取得阶段性成果并长期坚持

措施7. 健全激励保障机制，关心干部的身心健康，努力解决干部实际困难，特别是关心挂职干部、异地交流任职干部的工作生活。

主要责任单位：党委组织部

整治时限：主题教育期间取得阶段性成果并长期坚持

（三）整治违反中央八项规定精神的突出问题

牵头校领导：石亚洲

牵头单位：党委办公室、校长办公室

措施1. 认真学习习近平总书记关于坚决纠正“四风”、加强作风建设的重要指示精神，党中央、中央纪委有关决策部署及国家民委工作要求，深化思想认识。

主要责任单位：纪委办公室、监察处

整治时限：主题教育期间取得阶段性成果并长期坚持

措施2. 召开警示教育大会，通报曝光典型问题，加强警示教育力度，持续释放越往后执纪越严的强烈信号，不断巩固和拓展落实中央八项规定精神成果。

主要责任单位：纪委办公室、监察处、党委办公室

整治时限：主题教育期间取得阶段性成果并长期坚持

措施3. 校处级领导班子和领导干部要认真对照中央八项规定精神和《中共中央民族大学委员会关于贯彻〈中央政治局贯彻落实中央八项规定实施细则〉的办法》进行逐项自查，发现的问题要列入校处级领导班子和领导干部个人问题清单，切实抓好整改。

主要责任单位：党委办公室、学校各单位各部门

整治时限：主题教育期间取得阶段性成果并长期坚持

措施4. 学校相关单位、部门要聚焦公务接待、因公出国（境）、公务差旅、办公用房、公车改革等方面是否存在制度不完善情况；聚焦新闻报道等方面是否存在制度短板；聚焦评比表彰、津补贴和职工福利是否存在模糊地带，结合自身工作职责，对相关规章制度进行修订完善，进一步强化制度建设。

如现行制度已符合中央和上级最新要求，要作出说明。

主要责任单位：党委办公室、学校各单位各部门

整治时限：主题教育期间取得阶段性成果并长期坚持

（四）整治形式主义、官僚主义，层层加重基层负担，文山会海突出，督查检查考核过多过频的问题

牵头校领导：石亚洲

牵头单位：党委办公室、校长办公室

措施 1. 合理压减发文数量。精简文件，凡上级文件没有明确要求制定贯彻落实意见和实施细则的，一律不制发此类文件，也不直接转发上级机关文件，可结合实际制定务实管用的举措。

主要责任单位：党委办公室、校长办公室

整治时限：主题教育期间取得阶段性成果并长期坚持

措施 2. 坚决压缩文件篇幅，以学校党委或学校名义报送上级机关的综合报告，一般控制在 5000 字以内；专项报告一般控制在 3000 字以内。情况复杂、确有必要详细报告的有关内容可以通过附件反映。除规划类文件外，以学校党委或学校名义制发的政策性文件一般不超过 5000 字，其他文件一般不超过 3000 字。

主要责任单位：党委办公室、校长办公室

整治时限：主题教育期间取得阶段性成果并长期坚持

措施 3. 进一步改进信息工作，提高信息报送质量，增强时效性。

主要责任单位：党委办公室、校长办公室

整治时限：主题教育期间取得阶段性成果并长期坚持

措施 4. 减少会议数量。加强会议统筹，强化会议管理的计划性，可以合并召开的坚决合并。严禁随意拔高会议规格、扩大会议规模。未经校领导批准，不得要求各部门一把手和各单位主要负责同志参会。

主要责任单位：党委办公室、校长办公室

整治时限：主题教育期间取得阶段性成果并长期坚持

措施 5. 提高会议实效。会议要主题鲜明，任务明确，坚决防止同一事项议而不决、反复开会。领导讲话稿要尽量控制篇幅，提倡讲短话、讲实话。会议交流发言要简明扼要、务实高效，严格控制发言时间和人数。

主要责任单位：党委办公室、校长办公室

整治时限：主题教育期间取得阶段性成果并长期坚持

措施 6. 督查检查考核要以解决实际问题、回应群众诉求为目标，不得随意要求层层报材料，不能简单将领导批示、开会发文、台账记录等作为工作是否落实的标准，不能动辄签“责任状”，变相向二级单位推卸责任。

主要责任单位：党委办公室、校长办公室

整治时限：主题教育期间取得阶段性成果并长期坚持

措施 7. 加强对调研工作的统筹，制定年度调研计划、重点调研课题，不做同一主题的重复性调研，不干扰基层正常工作，强调调研成果转化，务求调研工作取得实效。

主要责任单位：党委办公室、校长办公室

整治时限：主题教育期间取得阶段性成果并长期坚持

（五）整治领导干部配偶、子女及其配偶违规经商办企业，甚至利用职权或者职务影响为其经商办企业谋取非法利益的问题

牵头校领导：邹吉忠

牵头单位：党委组织部

措施 1. 认真学习贯彻《中国共产党纪律处分条例》第 95、97 条规定的精神，深刻理解领导干部配偶、子女及其配偶违规经商办企业主要情形和禁止性要求，切实增强纪律意识、规矩意识。

主要责任单位：纪委办公室、监察处 党委组织部

整治时限：主题教育期间取得阶段性成果并长期坚持

措施 2. 组织对学校副司级以上干部的配偶、子女及其配偶违规经商办企业情况进行摸底。副司级以上干部依据《中国共产党纪律处分条例》第 95、97 条规定的精神，填写《配偶、子女及其配偶经商办企业情况表》（见附件），进行个人申报。党委组织部按照干部管理权限将情况表统一交国家民委人事司进行汇总登记。

主要责任单位：党委组织部

整治时限：主题教育期间完成

（六）整治对群众关心的利益问题漠然处之、空头承诺、推诿扯皮，以及办事不公、侵害群众利益的问题

牵头校领导：王丽萍、田琳、张艳丽

牵头单位：党委办公室

措施 1. 加快推进绩效工资改革。

主要责任单位：人事处

整治时限：主题教育期间取得阶段性成果

措施 2. 加快新校区公租房建设进度。

主要责任单位：基本建设管理处

整治时限：主题教育期间取得阶段性成果并加紧推进

措施 3. 推进学校信息化建设，进一步加强校务数据治理，推动信息系统的互联互通和数据共享，进一步完善服务门户建设，实现更多服务事项的网上办理，让数据多跑路，让师生少跑腿。

主要责任单位：信息化建设管理处

整治时限：主题教育期间取得阶段性成果

（七）整治基层党组织软弱涣散、党员教育管理宽松软、基层党建主体责任缺失等问题

牵头校领导：邹吉忠

牵头单位：党委组织部

措施 1. 加强党支部规范化建设。整顿软弱涣散党支部。继续加大对支部规范化指导和检查，党员领导干部每年参加基层联系单位党组织集体学习不少于 1 次并点评，党组织书记带头讲党课，每年不少于 1 次。

主要责任单位：党委组织部、党委学生工作部

整治时限：主题教育期间完成

措施 2. 选优配强党支部书记，深入推进教师党支部书记“双带头人”培育工程，教师党支部书记要兼任系（室）主任或副主任，选拔优秀辅导员、骨干教师、高年级学生党员担任学生党支部书记。

主要责任单位：党委组织部、党委学生工作部

整治时限：主题教育期间取得阶段性成果并长期坚持

措施 3. 严格执行《中央民族大学教学科研一线教师党支部书记考核激励办法（试行）》（民大党发〔2018〕28 号），进一步明确责任，激发一线教师党支部书记工作的积极性、主动性和创造性。

主要责任单位：党委组织部

整治时限：长期坚持

措施 4. 围绕学校中心工作，扎实推进基层党建工作创新，坚持以“教书育人、科研育人、实践育人、管理育人、服务育人、文化育人、组织育人”和“政治追求与成长成才”为主题，加强学习型服务型创新型党组织建设，持续推进学生党员先锋工程、红色“1+1”支部共建、“一个支部一个目标，一个党员一个任务”等活动。实施党建创新课题研究计划，有针对性地破解党建工作难点重点问题。

主要责任单位：党委组织部、党委学生工作部

整治时限：主题教育期间取得阶段性成果并长期坚持

措施 5. 举办党支部书记、党务干部、发展对象、新党员、毕业生党员培训班，着力加强对全体党员政治能力专项培训，把学习贯彻习近平新时代中国特色社会主义思想作为党员教育培训首要政治任务，结合“不忘初心、牢记使命”主题教育、“两学一做”学习教育常态化制度化，创新学习形式，确保教育培训取得实效。

主要责任单位：党委组织部、党委学生工作部

整治时限：主题教育期间完成

措施 6. 加大在高层次人才、青年教师、少数民族学生中发展党员力度。

主要责任单位：党委组织部、党委学生工作部、党委教师工作部、二级单位党组织

整治时限：主题教育期间取得阶段性成果并长期坚持

措施 7. 对照《关于新形势下党内政治生活的若干准则》要求，开好各级党组织民主生活会和组织生活会，严肃开展批评和自我批评，党员领导干部在所在支部参加双重组织生活。

主要责任单位：党委组织部

整治时限：2020 年 3 月

措施 8. 完善学院党组织会议和党政联席会议决策内容和程序，保证教师党支部书记参与讨论决定本单位重要事项。

主要责任单位：党委组织部、学院党委（党总支、直属党支部）

整治时限：主题教育期间取得阶段性成果并长期坚持

措施 9. 落实党建工作责任制，完善各级党组织书记述职评议考核工作机制。

主要责任单位：党委组织部

整治时限：2020 年 3 月

（八）整治对黄赌毒和黑恶势力听之任之、失职失责，甚至包庇纵容、充当保护伞的问题

牵头校领导：马文喜、李计勇

牵头单位：纪委办公室、监察处

措施：全面核查案件线索，要对涉黑涉恶线索，操纵、经营“黄赌毒”违法犯罪活动，以及妨碍公务、暴力抗法类涉黑涉恶线索，进行全面核查，积极与公安、检察院、法院沟通协调，逐条落实线索的处理情况。

主要责任单位：纪委办公室、监察处、保卫部

整治时限：长期坚持

（九）整治利用名贵特产、特殊资源谋取私利的问题

牵头校领导：马文喜

牵头单位：纪委办公室、监察处

措施：重点关注违反师德师风、科研经费管理、招生转学、基建工程等领域利用特殊资源谋取私利问题，加强教育，防止发生。

主要责任单位：纪委办公室、监察处、有关单位和部门

整治时限：长期坚持

四、实施步骤

重点工作专项整治工作分两个阶段进行：

（一）对照自查阶段（11月4日—11日）。各单位各部门要紧紧围绕主题教育专项整治突出问题进行全面梳理、全面排查，建立整改台账，制定整改措施，明确责任人。

（二）整治落实阶段（11月11日—18日）。要把“改”字贯穿始终，不走过场、不打折扣、不出偏差，以实实在在的行动集中力量抓好整改，确保整改取得真实效。牵头单位于11月20日前汇总各单位各部门整改情况，报学校主题教育领导小组综合组，综合组汇总形成学校重点工作专项整治报告，于11月25日前报国家民委党组直属高校主题教育领导小组办公室。

五、工作要求

（一）要加强组织领导，全面压实责任。在学校主题教育领导小组领导下开展工作，成立专门工作小组，组长由包永贵、何光、张文香同志担任，及时全面了解掌握工作进展，强化统筹督导。

各单位各部门要充分认识开展专项整治工作的重要性和必要性，做到思想到位、认识到位、组织到位、措施到位。指导组通过实地查看、走访座谈、查阅资料等方式及时对专项整治跟踪指导，对整治落实情况及成效逐一作出“定性+定量”的精准判断，对专项整治开展不力或搞形式走过场的及时督促改正。

（二）要坚持问题导向，着力解决突出问题。要把开展专项整治与贯彻落实党中央重大决策部署结合起来，坚持不隐瞒、不回避、不护短、不遮掩的原则，逐项明确任务，逐一细化措施，逐件落实责任，以务实管用的实招硬招着力解决一批事关群众切身利益的重点热点难点问题。

（三）要紧盯工作节点，狠抓整治效果。各牵头单位要对照方案，盯紧工作节点，狠抓整治效果，按时保质保量完成各项整治任务。要力戒图形式、走过场，防止搞纸上整改、虚假整改、敷衍整改。要实行销号式管理，一个一个跟踪问效，逐条逐项整治销号，确保各项整治工作落实到位。

（四）要强化开门整改，营造浓厚氛围。要采取多种方式，适时视情将专项整治落实情况在一定范围内进行通报，重点通报整治问题台账、整治措施、整治成效等方面情况，主动接受党员、干部、群众的监督。将整治落实情况纳入专题民主生活会、组织生活会的重要内容。强化宣传通报，既宣传整改先进典型，又通报整改走形式、敷衍应付等突出问题，进一步营造主题教育浓厚氛围。

（五）要着力“当下改”，着眼“长久立”。要坚持整治问题与建章立制相统一，既要全面对标对表，对症下药治顽疾，动真碰硬抓整改，对能够立即解决的问题，立行立改；又要坚持边整治边完善、边实践边总结，通过整治一个问题推动解决一类问题，促进阶段性成效转化为制度性成果。要把“四个结合”贯穿始终，把开展专项整治同做好当前各项重点工作、完成全年目标任务结合起来，坚持一体推进、协调开展。

中共中央民族大学委员会关于党政职能部门部分领导岗位聘任工作方案

民大党发〔2019〕37号

2019年11月25日

为做好学校党政职能部门部分领导岗位聘任工作，根据党的十九大精神、全国组织工作会议、教育大会精神和2019年3月17日中共中央印发的《党政领导干部选拔任用工作条例》等规定，结合学校实际，制定本方案。

一、指导思想

以习近平新时代中国特色社会主义思想为指导，全面贯彻落实党的十九大精神和全国组织工作会议精神，落实管理强校战略，坚持信念坚定、为民服务、勤政务实、敢于担当、清正廉洁的好干部标准，把政治标准放在首位，建设忠诚干净担当的高素质干部队伍，加强干部岗位交流，大力发现培养选拔优秀年轻干部，“坚持事业需要什么样的人就选什么样的人，岗位缺什么样的人就配什么样的人”，把大局意识强、主动作为、敢于负责、执行力强的干部选出来、用起来，为推进“双一流”建设提供坚强组织保障。

二、基本原则

（一）坚持党管干部原则和好干部标准，坚持德才兼备、以德为先、任人唯贤，突出政治导向，把政治标准贯穿干部选拔任用全过程；

（二）坚持事业为上、人岗相适、人事相宜的原则，把合适的人放到合适的位置上；

（三）坚持注重实绩、群众公认的原则，进一步树立正确的用人导向；

（四）坚持民主集中制和依法办事原则，充分发扬民主，精准科学选人用人。

三、聘任岗位

本次聘任正处级领导岗位3个：党委宣传部常务副部长（正处级）岗位，科研处处长岗位，发展规划处处长岗位；副处级领导岗位2个：党委教师工作部副部长、人事处副处长岗位，发展规划处副处长岗位。

新提任处级干部实行1年试用期。试用期满经考核合格者正式任用，不合格的，免去试任职务，按原职级安排适当工作。

四、任职条件和资格

（一）基本条件

1. 具有履行岗位职责所需的政治素质和政策水平，理想信念坚定。牢固树立“四个意识”，坚定“四个自信”，坚决做到“两个维护”，自觉在思想上政治上行动上同党中央保持高度一致，经得起各种风浪考验。全面贯彻执行党的理论和路线方针政策，坚决执行和贯彻落实学校党委的各项决定、决议，忠实履行立德树人的政治责任和社会责任。明辨大是大非的立场特别清醒，维护民族团结行动特别坚定，热爱各族师生感情特别真挚。

2. 具有与事业需要、岗位要求相匹配的业务素质、政策理论水平和相关专业知识。熟悉高等教育特别是民族高等教育办学规律，组织领导和管理能力强。坚持民主集中制，有大局观念和民主作风，密切联系群众，善于集中正确意见，善于团结同志攻坚克难，善于科学管理、沟通协调、依法办事、真抓实干。

3. 具有强烈的事业心、责任感和奉献精神。工作投入，担当负责，求真务实，真抓实干。有较强的服务意识和改革创新精神，认真调查研究，能够结合学校实际卓有成效地开展工作，工作实绩突出，群众威信高。

4. 能正确行使学校党委和广大教职工赋予的权力，公道正派，坚持原则，严于律己，清正廉洁。

（二）资格条件

1. 应聘正处级领导职务的，须具备下列条件之一：

（1）正处级干部或具有正处级岗位工作经历人员，五级职员；

（2）任职满两年的副处级干部或具有两年及以上副处级岗位工作经历人员；

（3）正高级专业技术职务人员。

其中，科研处处长岗位人选须具备正高级专业技术资格。

2. 应聘副处级领导职务的，须具备下列条件之一：

（1）副处级干部或具有副处级岗位工作经历人员，六级职员；

（2）任职满三年的正科级干部（科长、主任科员、七级职员）；

（3）高级专业技术职务人员或具有中级专业技术职务满三年的人员。

3. 忠于职守，实绩突出，贡献较大，群众认可度高。

4. 具有大学本科以上文化程度。身体健康。

以上任职年限计算截止时间为 2019 年 11 月 25 日。

五、聘任程序

（一）公布方案

公布部分领导岗位聘任方案及岗位、时间安排。

（二）报名和资格审查

应聘处级领导岗位者，根据岗位和任职条件、资格报名，填写报名意向表（附件 1）。

学校成立资格审查小组，对报名人员进行资格审查。审核结果报学校党委审批后，予以公布。

（三）民主推荐

对通过资格审核的报名人员进行会议推荐，参加推荐人员范围为：学校领导班子成员，各部门、各单位党政主要负责人。根据工作需要在相关单位进行个别谈话推荐。

（四）确定考察对象

根据工作需要、德才条件、人岗相适，参考民主推荐情况和日常考核、年度考核、一贯表现等情况，不唯票，不简单以票取人，结合岗位任职要求、个人报名和组织提名，在充分酝酿的基础上，由党委常委会研究确定拟聘人选考察对象。

（五）深入考察

对拟聘人选考察对象，由党委组织

部组织考察组进行全面深入考察。坚决防止干部“带病提拔”，组织考察中干部档案“凡提必审”、个人有关事项报告“凡提必核”、纪检监察机关意见“凡提必听”，反映违规违纪问题线索具体、有可查性的信访举报“凡提必查”。

（六）党委常委会讨论决定

根据考察情况，在充分酝酿的基础上，由党委常委会集体讨论决定拟聘人选。

（七）任前公示、办理任免手续

进行任前公示，公示结果不影响任职的，由党委组织部按程序办理任职手续。

六、有关要求

（一）各单位、各部门要以对学校事业发展高度负责的精神，按照本方案的要求认真做好相关工作。参加报名的同志要端正态度，严格遵守聘任程序和要求，确保个人信息准确无误。

（二）严肃纪律，严格执行学校党委《关于做好院（系）和校属单位领导班子换届和干部聘任工作纪律要求的通知》（民大党发〔2017〕118号），严禁选人用人上的不正之风。在聘任工作期间，学校纪委和党委组织部设立专门监督电话（68933192，68932465）并在三号办公楼一层设置监督意见箱。

（三）组织部门在具体实施聘任工作中，要严格按照规定程序办事，规范选人用人工作。凡违反规定的，要坚决追查，严肃处理。

附件：1. 中央民族大学党政职能部门部分领导岗位聘任报名意向表

2. 中央民族大学党政职能部门部分领导岗位聘任工作日程安排

附件 1

中央民族大学党政职能部门部分领导岗位聘任报名意向表

<table>
<tr><td>姓　名</td><td></td><td>性别</td><td></td><td>出生年月</td><td></td></tr>
<tr><td>民　族</td><td></td><td>籍贯</td><td></td><td>健康状况</td><td></td></tr>
<tr><td>政治面貌</td><td></td><td>入党时间</td><td></td><td>参加工作时间</td><td></td></tr>
<tr><td>专业技术职称</td><td></td><td>取得职称时间</td><td></td><td>熟悉专业有何专长</td><td></td></tr>
<tr><td>学　历</td><td></td><td rowspan="2">毕业院校系及专业</td><td colspan="3" rowspan="2"></td></tr>
<tr><td>学　位</td><td></td></tr>
<tr><td colspan="2">部门（单位）及职务</td><td colspan="4"></td></tr>
<tr><td>竞聘岗位</td><td colspan="5"></td></tr>
<tr><td>联系方式</td><td colspan="5">办公电话：　　　　　　　　手机：</td></tr>
<tr><td>简　历
（从参加工作前的毕业院校开始填起，起止时间到月）</td><td colspan="5"></td></tr>
<tr><td>奖惩情况</td><td colspan="5"></td></tr>
<tr><td>个人思想和工作情况简述（500 字以内）</td><td colspan="5"></td></tr>
<tr><td>本人承诺</td><td colspan="5">我郑重承诺：本人向组织提供的以上信息真实、准确、完整，如有虚假，由此引发的一切后果由本人承担。
签字：　　　　　　年　月　日</td></tr>
</table>

附件 2

中央民族大学党政职能部门部分领导岗位聘任工作日程安排

一、公布聘任方案（11 月 25 日周一）

通过校园信息门户网等形式公布部分领导岗位聘任的方案和岗位职数等有关信息。

二、报名（11 月 25 日周一至 11 月 27 日周三）

填写报名表，报名表可从校园信息门户网上下载或到党委组织部干部管理办公室领取，填写完毕后于 11 月 27 日周三下午 5：00 前送到党委组织部干部科（3 号楼 233 房间），过期不予受理。

三、资格审查（11 月 27 日周三）

资格审查小组对报名人员进行资格审查。

四、民主推荐（11 月 28 日周四至 12 月 3 日周二）

召开全校会议，对通过资格审核的报名人员进行会议推荐；在相关单位进行个别谈话推荐。

五、确定考察对象（12 月 4 日周三至 12 月 5 日周四）

学校党委研究确定考察对象。

六、组织考察（12 月 5 日周四至 12 月 16 日周一）

党委组织部组织考察组，按相关规定进行深入考察。

七、党委常委会讨论研究（12 月 17 日周二至 12 月 20 日周五）

党委召开常委会，讨论决定干部的聘任。

八、任前公示（12 月 20 日周五至 12 月 27 日周五）

通过校园信息门户网对拟聘任干部进行公示。公示结果不影响任职的，由党委组织部按程序办理任职手续。

九、任职上岗（12 月 30 日周一）

新任处级干部任职上岗。

中共中央民族大学委员会关于加强培养选拔优秀年轻干部工作实施办法

民大党发〔2019〕38号

2019年11月25日

第一章　总　则

第一条　为加强学校培养选拔优秀年轻干部工作，推进学校改革发展和一流大学建设，造就一支符合新时期好干部标准、忠诚干净担当、数量充足、充满活力的高素质专业化年轻干部队伍，根据2018年全国组织工作会议精神、中共中央《关于适应新时代要求大力发现培养选拔优秀年轻干部的意见》（中办发〔2018〕41号）和中共国家民委党组《关于加强培养选拔优秀年轻干部工作的实施意见》（民党发〔2019〕27号），结合学校实际，制定本实施办法。

第二条　优秀年轻干部培养选拔工作遵循以下原则：

（一）坚持党管干部，树立正确用人导向；

（二）注重干部发展潜力，重视培养提高；

（三）强化从严监督考核，实行动态管理；

（四）服从学校工作大局，统一调配使用。

第二章　条件和资格

第三条　优秀年轻干部应当具备下列基本条件：

（一）理想信念坚定，具有履行职责所需要的政治素质和理论水平，坚决执行党的基本路线和各项方针政策，自觉维护民族团结。牢固树立"四个意识"，坚定"四个自信"，做到"两个维护"，在思想上政治上行动上同以习近平同志为核心的党中央保持高度一致；

（二）有较强的组织领导和管理能力、潜力，具有全局观念和改革创新精神，敢于担当，能够把党的教育方针、政策同本单位、本部门的实际相结合，卓有成效地开展工作；

（三）作风民主，团结合作，善于听取师生员工意见，群众威信较高；

（四）有强烈的事业心和责任感，爱岗敬业，勤勉尽责，能够全身心投入工作，本领高强，实绩突出；

（五）依法依规办事，坚持原则，公道正派，严于律己，清正廉洁。

第四条　优秀年轻干部应当具备下列资格：

（一）一般具有硕士研究生以上学历；

（二）近 3 年年度考核均为合格及以上；

（三）身体健康。

第三章　选　拔

第五条　坚持把政治标准放在首位。注重政治品行、道德品质的一贯表现，切实把好政治关、品行关、作风关、能力关、廉洁关，坚决防止政治上的“两面人”，口是心非、言行不一的人，作风漂浮、热衷于自我设计、投机钻营的人，自律意识不强、不廉洁的人进入队伍。

第六条　坚持基层和实践导向。注重在教学科研一线发现立德树人、成果突出的年轻干部，注重在管理服务一线发现埋头苦干、创新有为的年轻干部，注重在推进重点难点工作中发现担当作为的年轻干部，注重在处理突发事件、危急情况中发现冲在一线的年轻干部。

第七条　建立优秀年轻干部数据库。在重大活动、谈话调研、干部培训、考核、换届等工作中发现信念坚定、为民服务、勤政务实、敢于担当、清正廉洁的优秀年轻干部，由党委组织部酝酿提出建议名单，报学校党委研究批准。优秀年轻干部名单实行组织掌握、分类管理。不公示、不公开，防止标签化。

第四章　培　养

第八条　建立优秀年轻干部成长档案。按照“缺什么，补什么”的原则，对优秀年轻干部逐人提出培养方向，落实培养措施，及时研判培养效果，建立上下联动、长期关注的干部接续培养锻炼机制。

第九条　加强优秀年轻干部思想政治教育培养。通过参加学校党委理论中心组（扩大）学习、专题研讨和承担党建课题等方式，深化习近平新时代中国特色社会主义思想教育，强化民族理论政策和高等教育发展学习研究，加强理想信念和党性党风党纪教育，提高优秀年轻干部的党性修养和政治素质。

第十条　加强优秀年轻干部业务培训和能力提高。根据学校工作需要和优秀年轻干部培养需要，有计划、有针对性地组织开展优秀年轻干部校内专题培训，选送到培训机构学习，到国（境）外学习研修，提高业务能力素质。

第十一条　加强优秀年轻干部实践锻炼。选派优秀年轻干部到重要岗位、吃劲岗位锻炼，承担急、难、险、重工作任务，提高实际工作能力。对岗位经历单一的干部有计划地进行岗位交流。

第五章　使 用

第十二条　坚持事业为上、人岗相适、人事相宜原则，坚持注重实绩、群众公认原则，着力破除论资排辈、平衡照顾、求全责备等观念，既看资历、经历，更注重能力、潜力，看本质、看主流、看长远。

第十三条　对领导班子进退情况、配备需求和优秀年轻干部储备分析研判，对有发展潜力、需要递进培养的优秀年轻干部选配到关键岗位上历练，对各方面条件比较成熟的及时提拔使用。

第十四条　坚持老中青相结合的梯次配备，用好各年龄段干部。选配处级领导班子时注意选拔40岁以下的正职和35岁以下的副职，大力发现培养37岁左右的正职和32岁左右的副职。根据工作需要，注重选拔年轻少数民族干部、女干部和党外干部，注意培养选拔讲政治、懂教育、善管理、精专业的复合型干部。

第十五条 大力选拔使用经过实践和多岗位锻炼的优秀年轻干部，除专业性较强的岗位外，提任正处级领导职务的，一般应具有两个以上副处级岗位任职经历，优先考虑具有教学科研单位工作经历或地方挂职任职经历的人选。对于职能部门确属特别优秀和有培养潜力的年轻干部，可根据工作需要提任到教学科研单位、校属单位历练。

第十六条 新提任的党委职能部门负责人要有学生工作经历；新提任的学院党组织负责人、党员院长，一般要有党务工作经历。注重从“双带头人”、教师中培养选拔院长、副院长人选。从职能部门、校属单位提任副处级领导职务的优先考虑有科长工作经历人员。

第六章 监督和管理

第十七条 加强优秀年轻干部的考察工作。对优秀年轻干部进行定期和不定期、综合与专项结合的考察，了解优秀年轻干部的政策理论水平和组织领导能力的提高情况、与培养目标的距离以及原有缺点、不足的改正情况等。考察结果作为优秀年轻干部培养、使用、调整的依据。

第十八条 建立优秀年轻干部动态管理制度。对不符合条件的及时调整，同时及时补充新的优秀人选。凡有下列情形之一的，应调整出优秀年轻干部名单：

（一）政治思想、道德品质、党风廉政等方面出现问题；

（二）工作失职，造成较大损失或不良影响；

（三）工作实绩不突出，发展潜力不大；

（四）年度考核中被评定为基本合格或不合格，民主测评优秀和合格票达不到三分之二；

（五）作风不实，威信不高，群众意见较大；

（六）由于健康原因，不能担负繁重工作任务或年龄偏大的；

（七）因其他原因，不适宜继续作为优秀年轻干部培养的。

第十九条 做好日常跟踪了解，与年轻干部开展谈心谈话，定期开展思想政治状况分析，教育引导年轻干部正确认识自己，摆正位置，知敬畏、懂规矩、守纪律，自觉接受监督。对年轻干部的苗头性、倾向性问题早提醒、早纠正，始终把年轻干部置于党组织管理监督之中。坚持严管和厚爱结合、约束和激励并重，充分调动年轻干部积极性、主动性、创造性。教育引导年轻干部踏实工作、自觉奉献，做到个人发展服从工作需要、组织决定。

第七章 组织领导

第二十条 学校党委定期听取年轻干部工作汇报，加强工作指导，及时解决问题。

第二十一条 党委组织部统筹做好优秀年轻干部工作，把优秀年轻干部工作作为干部队伍建设的一项重要内容。

第二十二条 各部门、各单位要围

绕学校事业发展和本单位工作需要，着眼长远、加强统筹、主动谋划，制定具体培养计划，把优秀年轻干部育出来、选上来、用起来。要认真贯彻落实学校党委要求部署，切实做好年轻干部培养选拔工作，积极向学校推荐和输送优秀年轻干部。

各部门、各单位党组织主要负责同志为本部门、本单位培养选拔年轻干部工作第一责任人，工作实效作为党建工作考核的重要内容。

第八章　附　则

第二十三条　本办法由党委组织部负责解释。

第二十四条　本办法自印发之日起施行。

中共中央民族大学委员会校处级领导班子“不忘初心、牢记使命”专题民主生活会工作方案

民大党发〔2019〕39 号，民大党报〔2019〕53 号

2019 年 11 月 28 日

根据国家民委《关于召开国家民委司局级领导干部“不忘初心、牢记使命”专题民主生活会的通知》（民教办发〔2019〕19 号）精神，按照学校主题教育工作部署，现制定学校校处级领导班子“不忘初心、牢记使命”专题民主生活会工作方案。

一、会议主题

紧扣学习贯彻习近平新时代中国特色社会主义思想这一主线，聚焦“不忘初心、牢记使命”这一主题，充分运用主题教育成果，突出力戒形式主义、官僚主义这一重要内容，围绕理论学习有收获、思想政治受洗礼、干事创业敢担当、为民服务解难题、清正廉洁做表率的目标，按照习近平总书记关于“四个找一找”的要求（对照新时代中国特色社会主义思想和党中央决策部署，对照党章党规，对照人民群众新期待，对照先进典型、身边榜样，坚持高标准、严要求，找一找在增强“四个意识”、坚定“四个自信”、做到“两个维护”方面存在哪些差距；找一找在知敬畏、存戒惧、守底线方面存在哪些差距；找一找在群众观点、群众立场、群众感情、服务群众方面存在哪些差距；找一找在思想觉悟、能力素质、道德修养、作风形象方面存在哪些差距）有的放矢进行整改，盘点收获、检视问题、深刻剖析。通过专题民主生活会，推动党员领导干部进一步增强“四个意识”、坚定“四个自信”、做到“两个维护”，推动领导班子

履职尽责、团结奋进，牢记初心使命，重整行装再出发，在新时代把党的自我革命推向深入。

二、召开时间

校领导班子民主生活会于2019年12月9日召开，处级领导班子民主生活会于2019年12月10日前召开。

三、参会人员

（一）校级领导班子民主生活会参会人员：学校领导班子成员、国家民委党组直属高校主题教育领导小组第一指导组成员、北京市委教育工委领导参加会议，学校主题教育领导小组办公室成员列席会议。

（二）处级领导班子民主生活会参会人员：分管（联系）校领导、处级领导班子成员、学校主题教育指导小组成员。

四、主要程序

（一）深入学习研讨。党员领导干部要认真学习贯彻习近平新时代中国特色社会主义思想，学习领会习近平总书记在“不忘初心、牢记使命”主题教育工作会议、中央政治局第十五次集体学习、中央和国家机关党的建设工作会议和在内蒙古考察并指导开展“不忘初心、牢记使命”主题教育时的重要讲话，学习贯彻习近平总书记关于民族工作重要论述和重要指示批示精神，认真学习党章、《关于新形势下党内政治生活的若干准则》《中国共产党纪律处分条例》，认真学习党史、新中国史，认真学习党的十九届四中全会作出的《中共中央关于坚持和完善中国特色社会主义制度、推进国家治理体系和治理能力现代化若干重大问题的决定》和习近平总书记在会上的重要讲话。认真学习党中央关于民主生活会的有关要求，提高思想认识，把握标准要求，把思想和行动统一到习近平总书记重要指示批示精神和主题教育的部署要求上来，打牢开好专题民主生活会的思想基础。

（二）深入谈心谈话。领导班子成员之间，班子成员与分管部门单位负责同志、与本人组织关系所在党支部党员代表，要开展谈心谈话，交流思想、交换意见。要紧扣不忘初心、牢记使命，谈参加主题教育的收获体会，谈守初心、担使命方面的差距不足，谈对整改落实的具体措施和意见建议。既要谈自身差距，又要谈对方不足，把问题谈开、把道理谈透、把思想谈通。要防止泛泛而谈不聚焦，防止只谈工作不触及思想，防止把谈心谈话变成简单交换会上批评意见。

（三）梳理检视问题。领导班子和班子成员对在学习研讨中查摆的问题、对照党章党规找出的问题、调研发现的问题、群众反映的问题、谈心谈话指出的问题、在坚持和完善中国特色社会主义制度、推进国家治理体系和治理能力现代化方面存在的问题等，进行系统梳理。同时，对上级党组织在巡视巡察、干部考察、工作考察中所反馈的问题和所指出的意见，对上年度民主生活会和巡视巡察专题民主生活会提出需要整改尚未整改到位的问题，进行梳理汇总。在此基础上，区分已经解决的、正在解决的、一时难以解决的情况，一条一条列出具体问题。

（四）撰写发言材料。领导班子和党员领导干部要把自己摆进去、把职责摆进去、把工作摆进去，分析问题症结，从思想、政治、作风、能力、廉政等方面剖析根源，特别是在主观上、思想上进行深刻检视，找准思想根子上的问题，并明确努力方向和改进措施。领导班子和班子成员撰写检视剖析材料，要直奔问题，不搞官样文章，不硬性规定字数。班子主要负责同志主持研究起草领导班子检视剖析材料，督促班子成员对照检视、谈心谈话，审阅班子成员检视剖析材料。

（五）严肃开展批评和自我批评。领导班子和党员领导干部要在对照党章党规找差距的基础上，按照照镜子、正衣冠、洗洗澡、治治病的要求，坚持“团结—批评—团结”的方针，以强烈的自我革命精神，以对党、对事业、对同志、对自己高度负责的态度，拿起批评和自我批评的武器，开展积极健康的思想斗争，打扫思想和政治上的灰尘，检身改过、日进日新。自我批评要勇于解剖自己、揭短亮丑，见人见事见思想。主要负责同志要代表班子做对照检查，带头开展自我批评。领导班子成员自我批评要深刻查摆主题教育检视的问题，既找理论短板、工作弱项，又找思想差距、作风不足，把自己的问题讲清楚，把问题根源讲透彻，把整改措施讲具体。相互批评要真点问题、点真问题，达到红脸出汗、排毒治病的效果。要出于公心、敢于直言，坚决克服不想批评、不敢批评的倾向。要提高相互批评的质量，从具体事情、具体问题入手，从政治上、思想上、作风上提意见，落细落小，以小见大。对待批评意见要虚怀若谷、闻过则喜，有则改之，无则加勉，不搞无原则的纷争。要按照有关规定，对主题教育专项整治中领导干部配偶、子女及其配偶经商办企业情况，对是否存在利用名贵特产、特殊资源谋取私利自查情况，对本人重大事项报告、巡视反馈、组织约谈函询等问题作出说明或检讨，受到问责的要作出深刻检查。

（六）抓好问题整改。要把抓好专题民主生活会后的问题整改，作为巩固提高主题教育成效的重要措施。要持续深化学习贯彻习近平新时代中国特色社会主义思想，通过强化理论武装，不断提高抓整改的思想自觉和行动自觉，不断提高促落实的工作能力和水平。要坚持加强党的集中统一领导和解决党内问题相统一，坚持守正和创新相统一，坚持严管和厚爱相统一，坚持组织推动和个人主动相统一，一项一项抓整改，一个一个改到位，切实取得让党员、群众看得见、摸得着、感受得到的成效。要根据对照党章党规找差距中找出的问题、在坚持和完善中国特色社会主义制度、推进国家治理体系和治理能力现代化方面特别是基层治理方面存在的突出问题和专题民主生活会上查摆出来的问题以及相互批评的意见，细化完善整改措施，明确整改时限，落实整改责任，防止说归说、做归做，只出题、不答题。需要建立健全制度的，要抓紧制定完善，要把建章立制和解决问题统一起来，把制定制度和执行制度统一起来，强化制度意识、维护制度权威、严格制度执行，要按照坚持和完善中国特色社会主义制度、推进国家治理体系和治理能力现代化的总体要求、目标任务和重大举措，认真查找反复出现问题背后的制度机制缺项和弊端，把该完善的制度机制完善起来，该堵塞的漏洞堵塞好，特别是要把主题教育中形成的学习贯彻习近平新时代中国特色社会主义思想和贯彻落实习近平总书记重要指示批示精神、认真查找整改突出问题、巩固拓展专项整治成果、联系服务群众等经验做法，及时总结提炼上升为制度，形成长效机制坚持好、完善好、运用好。整改情况要通过适当方式在一定范围内向党员、群众公开。要把专项整治列入专题民主生活会整改的重要内容，统筹推进。对开展专项整治列出的突出问题，在主题教育期间已经解决的，抓好巩固提高；尚未解决的，按照进度时限，紧盯不放，拿出过硬措施持续整治，做到问题不解决不松劲、解决不彻底不放手、群众不认可不罢休。

五、有关要求

（一）认真抓好组织实施。学校主题教育领导小组办公室综合组负责起草校领导班子专题民主生活会会议方案；各单位各部门主要负责人是开好这次专题民主生活会的第一责任人，要结合工作实际，严格按照各环节推进工作，研究制定本部门专题民主生活会会议方案，及时与指导小组沟通联系，确保专题民主生活会聚焦主题，不跑偏、不散光，开出高质量新气象。

（二）加强督促指导。学校主题教育指导小组，要参与所指导单位的专题民主生活会，做好记录，加强督促指导，对批评和自我批评搞“一团和气”“走过场”的，要及时叫停；对会议质量不高的，及时报学校主题教育领导小组决定是否重新召开会议。

（三）召开专题组织生活会。等中央主题教育领导小组部署后召开专题组织生活会和民主评议党员。

（四）报送情况报告。学校党委要在专题民主生活会召开后15天内向国家民委党组直属高校主题教育领导小组办公室、北京市委教育工委报送专题民主生活会情况报告（会议召开情况、会议记录、领导班子和校领导个人检视剖析材料、相互批评意见等）。各二级单位要在专题民主生活会召开后15天内向学校主题教育领导小组办公室指导小组报送专题民主生活会情况报告（会议召开情况、会议记录、相互批评意见等），指导小组汇总后报学校主题教育领导小组办公室综合组。

根据通知精神，年底不再召开统一安排的民主生活会。

中央民族大学关于建立健全师德建设长效机制的实施办法

民大党发〔2019〕40 号
2019 年 11 月 29 日

第一章 总 则

第一条 为深入贯彻全国高校思想政治工作会议精神、全国教育大会精神、全国师德师风建设工作视频会议精神，进一步加强和改进学校师德建设工作，根据《教育部关于建立健全高校师德建设长效机制的意见》《教育部关于全面落实研究生导师立德树人职责的意见》《新时代北京高校教师职业行为十项准则》《北京高校教师师德考核办法》《教育部关于高校教师师德失范行为处理的指导意见》等有关规定，结合我校实际，制定本办法。

第二条 本办法适用于在中央民族大学从事教育教学、人才培养、科学研究、管理服务工作的全体人员，同时包括兼职教师、访问学者和进修教师等。上述人员以下统称教师。

第二章 指导思想、基本原则和工作要求

第三条 指导思想

以习近平新时代中国特色社会主义思想为指导，全面贯彻党的教育方针，围绕落实学校立德树人根本任务和“双一流”建设目标，铸牢中华民族共同体意识，建立健全师德建设长效机制，按照“社会主义核心价值观”“‘四有’好老师”“四个引路人”“四个相统一”标准，引导广大教师以德立身、以德立学、以德施教、以德育德，争做党和人民满意的好老师。

第四条 基本原则

坚持价值引领，以社会主义核心价值观为学校教师崇德修身的基本遵循，促进教师带头培育和践行社会主义核心价值观。坚持师德为上，以立德树人为出发点和立足点，增强师德建设的针对性，培育教师高尚道德情操。坚持以人为本，关注教师发展诉求，落实教师主体地位，激发教师的责任感和使命感。坚持改革创新，不断探索新时代师德建设的特点和规律，运用教师喜闻乐见的方式方法，增强师德建设的实际效果。

第五条 工作要求

各级党组织、各部门和各单位要充分信任教师、热情关心教师、尊重教师主体地位，落实教师知情权、参与权、表达权、监督权，维护教师职业尊严和

合法权益。注重宣传教育、示范引领、实践养成相统一，政策保障、制度规范、法律约束相衔接，建立教育、宣传、考核、监督、激励与惩处相结合的师德建设工作机制。将师德建设贯穿教师日常教育教学、人才培养、科学研究、管理服务、国际交流等工作的全过程。把师德作为人员招聘、职务（职称）评审、岗位聘用、考核评价、评优奖励、导师遴选、申报项目、进修访学、各类人才计划推选及干部选拔任用等的首要标准，实施“师德一票否决制”。

第三章 基本要求

第六条 创新师德教育

（一）强化师德教育，引导教师树立崇高理想。落实立德树人根本任务，将师德教育摆在教师培养首位，把践行社会主义核心价值观和铸牢中华民族共同体意识贯穿教师职业生涯全过程，重视理想信念教育、法治教育和心理健康教育。

（二）发挥基层党组织和党员队伍作用。进一步加强教师党支部建设，充分发挥基层党支部的战斗堡垒作用，发挥教师党员的先锋模范作用。明确基层党组织要在把好教师政治关、师德关中发挥作用。为教师党员教育提供主题明确、形式多样、内容丰富的培训，进一步提升教师党员的理想信念、道德情操、专业素养与人文情怀，发挥教师党员在教书育人中的示范引领作用。

（三）加强教师教学规范教育和学术道德教育。加强教师对教学管理制度的学习，提高教师认真履行教学职责的主动性和自觉性。组织开展学术规范和学术诚信的教育学习，引导教师在科研活动中遵循实事求是的科学精神和严谨认真的治学态度，恪守学术诚信，遵守学术准则，尊重和保护他人知识产权等合法权益。

（四）做好新教师入职教育和教师发展培训。在新教师岗前培训中开设理想信念、师德师风、民族团结、校史校情等专题教育，健全老中青教师“传帮带”机制，发挥校内外师德先进典型、全国教书育人楷模、一线优秀教师、各级教学名师及优秀教师党员的榜样示范作用。完善以思想政治教育为先导、以提高师德修养为核心、以提高综合素养为目标的教师发展培训体系建设。帮助海外留学归国教师加强对中国国情、社情民情和校情的认识和了解，增强使命感和责任感。

第七条 加强师德教育宣传

（一）坚持师德宣传制度化、常态化、多样化，将师德宣传作为学校宣传工作的重要组成部分，把培育良好师德师风作为校园文化建设的核心内容。完善思想与典型示范紧密结合的师德宣传教育体系，通过多级多类校园媒体阵地，宣传师德典范，树立师德楷模，讲好师德故事，用典型的力量带动人，用先进的力量引导人，用榜样的力量鼓舞人。

（二）把握正确舆论导向，系统宣讲师德建设相关法规和文件精神，倡导师德教育宣传与理论研究相结合。组织高水平的教师团队开展师德课题研究，提高师德建设的实效性和长效性，提高教师师德建设的科学性，引领广大教师成为“有理想信念、有道德情操、有扎实学识、有仁爱之心”的好老师。

第八条 健全师德考核

（一）建立师德考核评估机制。强化人才项目遴选、职称评审、岗位聘任、干部选拔、评奖评优、绩效考核等环节师德师风审核把关。

（二）建立教师招聘和人才引进师德考察机制。加强思想政治和师德师风考察评估工作，全面考察候选人的思想政治和师德师风情况。各单位对引进人才的师德师风审核评估，凡未通过者，不得聘用和引进。

（三）师德考核结合教师年度考核进行，每年进行一次，由各单位师德建设考核工作小组负责组织实施，教师党员的师德考核要征求所在基层党支部意见。考核标准以《新时代北京高校教师职业行为十项准则》为基本依据，分别从坚定政治方向、自觉爱国守法、传播优秀文化、潜心教书育人、关心爱护学生、坚持言行雅正、遵守学术规范、秉持公平诚信、坚守廉洁自律、积极奉献社会等十个方面进行考评。

第四章　工作体系

第九条　完善师德建设领导体系。严格落实师德建设主体责任，建立和完善党委统一领导、党政齐抓共管、二级单位和党组织具体落实、教师自我约束的领导体制和工作机制，形成师德建设整体合力。学校党委书记和校长是师德建设第一责任人。各二级单位党政主要负责人对本单位师德建设负直接领导责任。班子成员实行党政同责、一岗双责，是本单位师德建设的第一责任人。

第十条　建立师德建设工作体系。学校成立由党委书记、校长任主任，相关党委副书记、副校长为副主任，党委组织部、党委教师工作部、党委宣传部、纪委办公室、党委学生工作部、教务处、科研处、研究生院、工会等部门负责人和教师代表为成员的师德建设委员会。学校师德建设委员会负责学校师德建设工作的总体规划与部署，提出完善师德建设相关政策和制度，对全校师德建设工作进行组织协调、检查评估，指导各学院、单位开展师德建设工作。师德建设委员会下设办公室，办公室设在党委教师工作部，负责师德建设的组织、指导、监督等日常工作。

各学院成立由党政领导、教师代表、分工会主席、党支部书记、管理干部和学生代表参加的师德建设考核工作小组，负责本单位师德师风制度建设、日常教育监督、宣传、考核、预防和师德失范问题处理等日常工作。学院师德建设考核工作小组成员名单及制定的师德规范须向学校师德建设委员会办公室报备。

第十一条　强化师德建设部门分工协作机制。党委教师工作部作为学校师德建设的牵头单位，在学校党委统一领导下，协调各相关职能部门和各学院组织开展师德建设工作。

（一）党委组织部是处级领导班子和干部道德建设的主责部门。

（二）党委宣传部是学校师德建设宣传、意识形态教育和氛围营造的主责部门。

（三）党委教师工作部、人事处是教职工师德建设行为规范考核监督的主责部门，负责牵头建立师德考核评价体系，落实师德建设中的奖励和实施“师德一票否决”相关制度及处罚措施。在教师培训中强化师德教育，对新入校教职工进行师德教育。

（四）教务处是本科（含预科）教学工作中教师师德建设的主责部门，负责完善和落实“学生评教”制度，协助完善和落实师德规范、“师德一票否决”等相关制度，加强教育教学过程中的师德建设。

（五）科研处是学术道德建设的主责部门，负责制定学术道德规范，对教职工开展学术道德教育，加强教职工学术研究中的道德监督，对学术失范、学术不端、学术腐败等进行认定。

（六）研究生院是研究生教学工作中及研究生导师师德建设的主责部门，负责导师培训中的师德教育，导师育人中的师德监督，协助落实“师德一票否决”相关制度，加强研究生导师的学术道德建设。

（七）党委学生工作部是辅导员的师德建设主责部门，对辅导员开展师德培训、道德行为进行监督，对道德失范行为进行认定。

（八）学校工会是对全体教职工开展职业道德教育的主责部门，负责开展职业道德教育活动，选树师德模范典型。

（九）各学院（部门）是本单位师德师风建设的直接负责者，具体落实好学校有关规章制度。

（十）广大教师是师德建设的践行主体，应当按照“四有好老师”标准严格要求自己。广大教师要充分认识到自己所担负的教书育人的神圣使命，自觉捍卫职业尊严，珍惜教师声誉，提升师德境界。要把师德修养纳入自身职业发展规划，将师德规范内化为自觉信念和实际行动，在日常工作生活中自觉遵守师德规范，养成师德自律习惯。

第十二条 建立师德问题报告制度。各单位、各部门发现教职工存在重大师德问题，应当主动、及时向学校师德建设委员会反映情况，不拖延，不隐瞒。

第十三条 建立师德师风快速反应机制。在师德舆情出现后，学校师德建设委员会及有关主责部门应及时会商研判，建立多部门联动应急处理快速反应机制，准确发布有关信息，主动、正确引导舆论。

第十四条 健全学生评教机制，完善学术道德规范，严格教师在教学科研活动中遵守师德师风的行为规范。

第十五条 完善师德建设相关保障机制。不断健全和完善师德建设保障体系。逐步完善学校师德建设规章制度，使师德建设规范化、科学化。加大对学校师德建设的经费投入，进一步保障各相关部门及各学院师德建设经费。抓好学校师德建设工作队伍建设，增强各级党组织负责人、宣传委员开展师德建设的自觉性和主动性，鼓励专业课教师参与师德建设工作。

第五章 激励、监督与问责

第十六条 注重师德激励

（一）充分发挥评优奖励的激励作用，深入开展学校优秀教师、杰出育人奖等荣誉的评选活动，形成对教师的有效激励。要大力表彰潜心教学、成绩突出的教师，要大力表彰埋头搞研究、成果丰硕的教师，要大力表彰热心公益、奉献社会的教师，让师德表现优秀的教师获得更好的发展。

（二）要把师德评价纳入专业技术职务评审、岗位聘用、研究生导师遴选、各类奖项评选的各个环节。在各类高层次人才评选中，同等条件下，师德表现突出的，应予优先考虑。

第十七条　执行“师德一票否决制”。在教师职称评审与岗位聘用、研究生导师遴选、人才计划遴选、评先评优及干部选拔、党员教育等方面加强对师德师风的把关，设立师德师风评估环节，师德师风不合格者不得聘用和录选。

第十八条　建立违反师德行为惩处机制。对违反师德师风行为，根据国家、北京市和学校师德师风有关规定进行严肃处理。

（一）应当给予处分的，根据《中央民族大学教职工纪律处分暂行规定》给予行政处分；

（二）需要实施“师德一票否决”的，根据《中央民族大学“师德一票否决”实施办法》实施“师德一票否决”；

（三）需要解除聘用合同的，按照《事业单位人事管理条例》相关规定进行处理；

（四）情节严重、影响恶劣的，依据《教师资格条例》报请主管教育部门撤销其教师资格；

（五）是中共党员的，同时给予党纪处分。涉嫌违法犯罪的，及时移送司法机关依法处理。

第十九条　学校师德师风建设要坚持权责对等、分级负责、层层落实、失责必问、问责必严的原则。对于相关单位和责任人不履行或不正确履行职责，有下列情形之一的，根据职责权限和责任划分进行问责：

（一）师德师风制度建设、日常教育监督、舆论宣传、预防工作等不到位；

（二）师德失范问题排查发现不及时；

（三）对已发现的师德失范行为处置不力、方式不当；

（四）已做出的师德失范行为处理决定落实不到位，师德失范行为整改不彻底；

（五）多次出现师德失范问题或因师德失范行为引起不良社会影响；

（六）其他应当问责的失职失责情形。

第二十条　教师出现师德失范问题，所在二级单位行政主要负责人和党组织主要负责人需向学校分别做出检讨，由学校依据有关规定视情节轻重采取约谈、诫勉谈话、通报批评、纪律处分和组织处理等方式进行问责。同时进行自查自纠与落实整改。

第六章　附　则

第二十一条　各单位应根据本办法，结合单位实际情况，建立相应的工作机制，确保师德建设工作有序推进。

第二十二条　本办法自发布之日起执行，原《中央民族大学师德规范》（民大校发〔2016〕7号）同时废止。

第二十三条　本办法由党委教师工作部负责解释。

2019年度处级领导班子和处级干部年度考核工作方案

民大党发〔2019〕42号

2019年12月17日

为加强和改进学校处级领导班子和处级干部年度考核工作，结合工作实际，制定本方案。

一、考核范围

学校处级领导班子、全体处级干部。

其中，在外挂职锻炼超过半年的，在挂职锻炼期间由挂职单位进行考核并确定等次，不足半年的在学校进行考核；被派出学习、培训的，根据学习、培训表现确定等次；病、事假累计超过半年的，参加年度考核，不确定等次。

二、考核原则

（一）突出分类考核，体现差异化。考核单位按党政职能部门、校属单位和教学科研单位分类进行。

（二）强化实绩考核，体现实干导向。以考核任期目标责任和年度工作任务完成情况为重点，突出工作实绩实效考核，树立讲担当、重作为、改革创新、干事创业的鲜明导向。

（三）坚持多维度考核，体现精准化。从校领导、本单位教职工、业务相关部门等多个维度，全面、客观考核处级领导班子和处级干部工作情况。

（四）加强班子和个人考核等次的关联，体现共进退。

领导班子考核结果作为处级干部考核等次确定的重要依据，引导班子成员加强沟通配合，团结一心开展工作，形成合力。

三、考核程序

（一）撰写总结和填报考核登记表（12月中旬前）

领导班子撰写本单位年度工作总结。处级干部撰写个人述职报告（3000字以内），并填写《中央民族大学处级干部年度考核登记表》。

年度工作总结和个人述职报告主要内容包括：

1. 用习近平新时代中国特色社会主义思想武装头脑，坚定理想信念，弘扬马克思主义学风，开展“不忘初心、牢记使命”主题教育情况；

2. 突出政治标准，增强“四个意识”、坚定“四个自信”、做到“两个维护”，贯彻落实党的路线方针政策和党中央重大决策部署，做到“四个服从”，执行党章党规党纪，遵守政治纪律和政治规矩等情况；

3. 履行全面从严治党责任情况，坚持民主集中制，贯彻落实“三重一大”情况，党建、政治建设、意识形态、思政、保密、统战等工作开展情况；

4. 贯彻学校党委决策部署、完成年度工作任务和任期目标责任情况；

5. 落实中央八项规定精神情况，廉政情况；

6. 存在的问题及今后的工作思路。

除上述内容外，教学科研单位领导班子还要重点总结党政联席会议执行情况；个人述职要求述职、述廉、述学、述德，主要包括本年度思想政治状况、个人政治品质和道德品行、履行岗位职责、完成重点工作、工作业绩和成果、廉洁自律等方面的情况及存在的主要问题和努力方向。二级党组织书记要突出贯彻落实全国高校思想政治工作会议、部属高校党的建设和思想政治工作座谈会精神，落实党建工作责任等情况；考核党组织书记首先看抓党建工作成效。主要负责人要着重报告抓班子带队伍、执行民主集中制、发挥表率作用等情况。领导班子其他党员处级干部要报告抓党建工作实绩。

（二）处级领导班子述职和民主测评（12月中下旬）

1. 党政职能部门、校属单位领导班子

（1）召开党政职能部门、校属单位年度考核述职测评会，各单位主要负责人代表班子在全校进行工作总结述职，并进行民主测评；

（2）由校督查室根据各党政职能部门贯彻落实学校2019年度工作要点和学校党委常委会、校长办公会决定事项的情况，对党政职能部门领导班子进行考核评价。

2. 教学科研单位领导班子

（1）召开教学科研单位任期目标考核述职测评会，各单位主要负责人代表班子在全校进行工作总结述职；

（2）召开教学科研单位党建工作考核述职测评会，各教学科研单位党组织书记代表班子汇报本年度党建工作情况。

（三）处级干部述职和民主测评（12月中下旬）

1. 各单位召开本单位全体人员会议，处级干部依次进行个人述职，并进行民主测评；

2. 召开二级党组织书记抓党建述职评议考核会，与教学科研单位党建工作考核述职测评会套开，各二级党组织书记就本人抓党建工作发挥作用情况进行述职，并进行民主测评；

3. 召开组织员年度考核述职测评会，组织员依次进行个人述职，并进行民主测评。

处级领导班子和处级干部年度考核民主测评表由党委组织部统一提供。

（四）个别谈话和了解核实（2020年1月初）

依据调研了解的情况，根据测评结果和考核工作需要，开展个别谈话和了解核实。

（五）确定考核等次（2020年1月中旬）

1. 考核等次分类。领导班子年度考核结果分为优秀、良好、一般、较差四个等次，处级干部年度考核结果分为优秀、合格、基本合格、不合格四个等次。

2. 提出考核等次建议。处级干部考核等次由各单位领导班子根据处级干部测评得分、工作实绩和平时工作表现提出考核等次建议，经分管（联系）校领导审核后，报考核领导小组办公室（党委组织部)。由考核领导小组办公室提出各单位、各部门领导班子、全体处级干部考核结果建议。组织员考核等次由党委组织部统筹研究提出。年度考核实行“师德一票否决”制。

3. 优秀等次名额。按照职能部门和校属单位、教学科研单位两类分别排序,确定优秀等次推荐名额。

未完成初次就业率(85%)指标、就业年终综合考核不达标的学院,主要负责人和分管领导不能评为优秀等次。由于预算执行滞后,导致学校财政拨款被核减、收回的,项目负责人年度考核不能评为优秀等次。

4. 研究确定考核结果。根据个别谈话情况、了解核实情况、考核等次建议,征求有关部门意见后,由党委常委会集体讨论确定考核结果。

四、考核等次运用

领导班子和处级干部年度考核结果是干部管理、奖惩、任免的依据。

五、工作要求

(一)各单位、各部门应于2019年12月31日(周二)前将领导班子年度工作总结和处级干部个人述职报告(电子版)发至党委组织部邮箱(mindazzb@163.com),《中央民族大学处级干部年度考核登记表》(纸质版,在附件中下载,A4纸,正反面打印,在被考核人意见处用黑色字迹签字笔签字并加盖单位公章),交到党委组织部干部管理办公室(3号楼233)。

(二)各单位、各部门要认真组织好本单位、本部门述职和民主测评工作,分管(联系)校领导出席,党委组织部派人参加。与分管(联系)校领导沟通后,将开会时间提前一周报党委组织部。该项工作应于2020年1月3日(周五)前完成。

附件:中央民族大学处级干部年度考核登记表

附件

中央民族大学处级干部年度考核登记表
（2019 年度）

单位：　　　　　　　　　　　　　　　　填表日期：

姓　　名		性　　别		出生年月	
政治面貌		文化程度		任现职时间	
现任职务					
个人总结					

续表

个人总结	
参加培训情况	
学校意见	签名 盖章 年 月 日
被考核人意见	签名 盖章 年 月 日
备注	

说明：1. “个人总结”应简明扼要，字数控制在1000字左右

2. 此表请按A4纸张填写，正反面打印，不可另附页

中央民族大学在“不忘初心、牢记使命”主题教育中开展师德师风专项整治工作方案

民大党报〔2019〕49 号

2019 年 11 月 26 日

为深入贯彻习近平总书记在全国高校思想政治工作会议的讲话精神、全国师德师风建设工作视频会议精神，进一步强化和改进学校师德师风建设工作，结合国家民委教科司《关于在“不忘初心、牢记使命”主题教育中开展师德师风专项整治的通知》（教科司字〔2019〕162 号）以及《中央民族大学关于“不忘初心、牢记使命”主题教育的实施方案》（民大党发〔2019〕30 号），制定本工作方案。

一、指导思想

以习近平新时代中国特色社会主义思想为指导，全面贯彻党的教育方针，围绕落实学校立德树人根本任务和“双一流”建设目标，铸牢中华民族共同体意识，建立健全师德建设长效机制，按照“社会主义核心价值观”“‘四有’好老师”“四个引路人”“四个相统一”标准，引导广大教师以德立身、以德立学、以德施教、以德育德，在思想上再深化、在认识上再提高、在成效上再巩固，争做党和人民满意的好老师。

二、目标任务

由学校党委统筹指导，分管教师思政和人事工作的校领导牵头负责，党委教师工作部、人事处作为牵头部门，学校相关职能部门、各教学科研单位负责具体落实，结合主题教育工作总体安排，开展师德师风专项整治工作。师德师风专项整治工作纳入学校主题教育整体工作中，严格对照教育部《关于全面落实研究生导师立德树人职责的意见》（教研〔2018〕1 号）、《新时代高校教师职业行为十项准则》（教师〔2018〕16 号）的要求，在全校范围内开展。师德师风专项整治重点找准师德师风存在的普遍性、突出性问题，深挖违反师德师风的根源，大力推进师德师风宣传教育，建立健全师德师风建设长效机制、师德考核评价体系、“师德一票否决”实施办法等一系列规章制度。

（一）聚焦师德师风，列出问题清单。找准师德师风存在的突出问题，查摆问题根源，推动专项整治不断深化、取得成效。

（二）建立工作台账，落实整改清单。各相关单位、部门根据工作台账实行动态管理，在对照自查自纠的问题清单基础上，深入分析，确保整改工作有步骤、有重点，做到任务到人、责任到岗、要求到位，及时跟踪落实情况，推

动整改问题全部整治到位。

（三）纳入学校主题教育整体工作，统筹推进落实。师德师风专项整治工作纳入学校主题教育整体工作，要坚持整治问题与建章立制相统一，既要全面对标对表、边查边改，对能够立即解决的问题，立行立改；又要坚持边整治边完善、边实践边总结，通过整治一个问题推动解决一类问题，促进阶段性成效转化为制度性成果。

三、专项整治

（一）整治师德师风行为规范制度文件不完善、不健全，不能完全适应新形势、新要求的问题

牵头部门：党委教师工作部、人事处

措施1. 修订完善师德师风建设相关制度文件

坚持党委领导，落实制度建设，修订和完善学校近年来出台的师德建设制度文件，建立健全师德建设的领导机制，形成师德师风建设管理长效机制。

主要责任单位：党委教师工作部、人事处

整治时限：2019年12月取得阶段性成果并长期坚持

措施2. 各司其职、各尽其责，建立上下联动、多部门齐抓共管的工作机制

严格落实师德建设主体责任，建立和完善党委统一领导、党政齐抓共管、学院（部）和基层党组织具体落实、教师自我约束的上下联动工作机制，强化学院（部）组织实施责任，形成师德建设整体合力。

主要责任单位：党委教师工作部、人事处、党委组织部

整治时限：2019年12月取得阶段性成果并长期坚持

措施3. 改善教师工作、学习和生活条件，构建师德师风建设保障机制

将师德师风建设与解决教师的实际问题相结合，改善教师的学习、生活和工作条件，提高教师社会地位，为师德建设提供有力的后勤保障。

主要责任单位：党委教师工作部、人事处、后勤保障处

整治时限：2019年12月取得阶段性成果并长期坚持

（二）整治师德师风宣传教育不系统、不深入，教师师德师风建设尚未完全入脑入心、见行见效的问题

牵头部门：党委宣传部

措施1. 将师德师风宣传教育纳入学校宣传思想工作统一部署，着力深化价值引导，创新方式，实现师德师风宣传教育制度化、常态化，把培育良好师德师风作为校园文化建设的核心内容。把握正确舆论导向，建立师德常态宣传制度，将每年9月份定为“师德师风主题宣传月”，集中开展以立德树人、教书育人为核心的师德建设主题宣传活动。

主要责任单位：党委宣传部

整治时限：2020年1月取得阶段性成果并长期坚持

措施2. 将师德教育作为教师培养首要任务，创新德育形式，强化师德师风教育

加强社会主义核心价值观教育，弘扬中华传统美德，把理想信念、职业道德、学术规范、法制观念和心理健康教育纳入师德教育必修内容。健全教师政治理论学习和师德教育制度，强化教师的理想信念教育和海外引进人才的国情教育，鼓励支持青年教师积极参与社会

实践和挂职锻炼。每年 9 月举办教师节庆祝活动，评选“我最喜爱的老师”，树立师德师风典型和教书育人楷模，营造崇德向上、静心从教的浓厚氛围。注重从个别教师师德失范事件中吸取深刻教训，反思师德教育不足。

主要责任单位：党委教师工作部、人事处、教务处、研究生院、党委宣传部

整治时限：2019 年 12 月取得阶段性成果并长期坚持

（三）整治师德师风过程监管不细致，教师思想动态掌握不及时、不全面的问题

牵头部门：党委教师工作部、人事处

措施 1. 严明教学意识形态安全底线和红线管理，严格落实课堂教学管理和研究生培养体系

严格教学管理和意识形态管理，建立健全课堂教学管理办法和管理体系，严明教学意识形态安全底线和红线，严格要求教师要始终与党和人民站在一起，自觉做中国特色社会主义的坚定倡导者和践行者。强化教学主管部门教务督导员定期或不定期教学监察和巡察制度以及集体或个人的课堂教学听课督导，监督教师课堂教学的规范性和研究生指导培养的规范性，提升教师教育教学质量和水平。

主要责任单位：教务处、研究生院

整治时限：2019 年 12 月取得阶段性成果并长期坚持

措施 2. 建立健全教师学术道德教育制度，强化学术科研规范管理和学术诚信建设

引导教师在学术研究、科研活动中遵循实事求是的科学精神和严谨认真的治学态度，恪守学术诚信，遵守学术准则，建立健全教师学术道德教育制度。强化科研规范管理和学术诚信建设，严谨治学，力戒浮躁，坚守学术良知，反对学术不端，对于抄袭剽窃、篡改侵吞他人学术成果，滥用学术资源的行为将根据教师行为规范和“师德一票否决”等管理办法给予严肃处理。

主要责任单位：科研处、研究生院

整治时限：2019 年 12 月取得阶段性成果并长期坚持

措施 3. 建立健全导师准入制度，完善研究生导师师德考核评价体系，强化研究生导师学术和教学管理

建立健全研究生导师上岗师德教育制度，强化对研究生导师教书育人的日常监督管理，研究生导师要为人师表、以身作则、举止文明、作风正派、自重自爱，真心关爱学生，严格要求学生，做学生良师益友，不得要求学生从事与教学、科研、社会服务无关的事宜，不得与学生发生任何不正当关系，严禁任何形式的猥亵、性骚扰行为，违反者将根据教师行为规范、“师德一票否决”及教职工纪律处分条例等规定进行严肃处理。

主要责任单位：研究生院、科研处

整治时限：2019 年 12 月取得阶段性成果并长期坚持

措施 4. 建立健全舆情快速反应机制，强化逾越意识形态红线行为的预防和处理

建立健全师德师风的舆情快速反应机制，由学校师德建设委员会及主责部门及时会商研判，建立多部门联动应急处理快速反应机制，构建学校、相关职

能部门、教学科研单位、教师、学生、家长和社会多方参与的师德监督体系，进一步运用好师德信箱、举报电话以及网络媒体等接受相关投诉和信息。倡导广大教职工要带头践行社会主义核心价值观，恪守意识形态红线行为预防和约束管理，不得通过课堂、论坛、讲座、信息网络及其他渠道发表、转发错误观点，或编造散布虚假信息、不良信息，违反者将根据教师行为规范、“师德一票否决”等规定进行严肃处理。

主要责任单位：党委宣传部、党委教师工作部、人事处

整治时限：2020 年 1 月取得阶段性成果并长期坚持

（四）整治师德师风考核制度不健全、评价体系不全面的问题

牵头部门：党委教师工作部、人事处

措施 1. 建立健全师德考核制度，制定考核实施办法，将师德考核作为教师考核的重要内容

建立健全师德考核制度，师德考核制度与教师年度考核同时进行，形成师德师风考核的长效管理机制，考核标准以《新时代北京高校教师职业行为十项准则》（教师〔2018〕16 号）为基本依据，从十个方面对教师师德进行考评。成立学校师德建设委员会，师德建设委员会负责学校师德建设工作的总体规划与部署，指导各学院、单位开展师德建设工作，统筹全校师德考核的领导、指导和监督工作。

主要责任单位：党委教师工作部、人事处、各教学科研单位

整治时限：2019 年 12 月取得阶段性成果并长期坚持

措施 2. 建立考核评估奖惩机制，考核结果存入教师档案，落实“师德师风一票否决”

建立师德考核评估奖惩机制，师德师风考核评价与人才项目遴选、职称评审、岗位聘任、干部选拔、评奖评优、绩效考核等环节直接挂钩，落实“师德师风一票否决”。通过每年年底组织开展教师师德考核，将考核结果存入教师档案，考核优秀者予以公示表彰；考核不合格者年度考核评定为不合格，在当年评审、聘用、晋级提拔等方面实行一票否决。

主要责任单位：党委教师工作部、人事处、各教学科研单位

整治时限：2019 年 12 月取得阶段性成果并长期坚持

措施 3. 完善教师准入制度，建立教师招聘和人才引进的师德考察机制，形成各单位层层审核把关的协同机制

加强对每年度公开招聘教师和引进高层次人才的思想政治和师德师风考察评估工作，全面考察候选人的思想政治和师德师风情况，形成各单位对招聘教师和引进人才的师德师风审核评估的协同机制，凡未通过者，不得聘用和引进。进一步完善教师准入制度，在人才引进、人事招聘中首要考察思想政治素质和道德品行，多渠道考察学术品德和师德修养，建立新进教师试用制度。

主要责任单位：党委教师工作部、人事处、各教学科研单位

整治时限：2019 年 12 月取得阶段性成果并长期坚持

措施 4. 建立完善违反师德行为惩处机制，强化对违反师德的审查认定和处理程序，对违反师德师风行为，将进行严肃处理、处分

师德师风监督管理坚持权责对等、分级负责、层层落实、失责必问、问责必严的原则。凡涉及违反师德行为的，视情节轻重和造成的社会影响，应当给予行政处分的，根据纪律处分规定给予行政处分；需要实施“师德一票否决”的，根据“师德一票否决”实施办法予以实施；是中共党员的，同时给予党纪处分；需要解除聘用合同的，按照《事业单位人事管理条例》的规定进行处理；情节严重、影响恶劣的，依据《教师资格条例》报请主管教育部门撤销其教师资格；涉嫌违法犯罪的，及时移送司法机关依法处理。

主要责任单位：纪委办公室、监察处、党委教师工作部、人事处、党委组织部、保卫部、各教学科研单位

整治时限：2019 年 12 月取得阶段性成果并长期坚持

四、实施步骤

专项整治工作分两个阶段进行。

（一）对照自查阶段（11 月 14 日—20 日）。各相关单位、部门要紧紧围绕主题教育师德师风专项整治突出问题进行全面梳理、全面排查，建立整改台账，制定整改措施，明确责任人。

（二）整治落实阶段（11 月 20 日—24 日）。对照整改台账和整改措施，党委教师工作部不打折扣、不出偏差，以实实在在的行动集中力量抓好落实整改，贯彻边落实边整改的工作思路和办法，力求形成师德师风建设管理长效机制，确保整改取得真实效。党委教师工作部汇总各单位各部门整改情况，综合汇总形成学校师德师风专项整治报告，报学校主题教育领导小组，由学校主题教育领导小组报国家民委党组直属高校主题教育领导小组办公室。

五、工作要求

（一）要加强组织领导，全面压实责任。在学校主题教育领导小组领导下开展工作，全面了解掌握工作进展，强化统筹督导。

（二）要坚持问题导向，着力解决突出问题。要把开展师德师风专项整治与贯彻落实党中央重大决策部署结合起来，逐项明确任务，逐一细化措施，逐件落实责任，着力解决一批事关群众切身利益的重点热点难点问题。

（三）要紧盯工作节点，狠抓整治效果。各相关单位要对照工作方案，盯紧工作节点，狠抓整治效果，按时保质保量完成专项整治任务。

（四）要着力“当下改”，着眼“长久立”。要坚持整治师德师风问题与建章立制相统一的目标，狠抓整改，对能够立即解决的问题，立行立改。坚持边整治边完善、边实践边总结的思路，通过整治问题查清根源，促进阶段性成效转化为制度性成果，推动建立健全师德师风长效管理体制机制。

中央民族大学博士研究生“申请—审核制”招生实施办法（试行）

民大校发【2019】1号

2019年1月4日

根据教育部、国家发展改革委员会、财政部联合印发的《关于深化研究生教育改革的意见》（教研〔2013〕1号）“建立博士研究生选拔‘申请—审核’机制，发挥专家组审核作用，强化对科研创新能力和专业学术潜质的考察”的要求，为进一步深化我校博士研究生招生体制改革，积极探索和构建符合博士研究生培养规律的招生机制，提高博士研究生招生选拔质量，更好地服务我校“双一流”建设，我校根据培养单位的需要，在博士研究生招生中逐步推进“申请—审核制”。为规范此项工作，保证公平、公正、公开地选拔专业基础扎实、科研能力强、具有培养潜质的优秀创新人才，结合我校实际，特制定本办法。

第一章　指导原则

第一条　坚持全面考核、择优选拔的原则，重点突出考生的创新能力、科研潜力和综合素质的考核。

第二条　发挥专家组在“申请—审核制”选拔中的学术评价作用，加强专家组的自律约束机制建设，自觉抵制不正之风，维护学术道德和规范。

第三条　坚持公正、公平、公开原则，做到政策透明、程序规范、结果公开，监督机制健全，维护考生的合法权益。

第二章　组织管理

第四条　“申请—审核制”是我校博士研究生招生的一种方式，在学校研究生招生领导小组的领导下进行。

第五条　招生单位的研究生招生工作领导小组，全面负责本单位博士“申请—审核制”招生文件的制定，考务管理、安全保密、考核录取、信息公开及考生申诉等工作，确保考试安全和录取公平。

第六条　招生单位成立专家考核小组（以下简称专家组）。专家组可按一级学科或二级学科组成，每个专家组至少由5名教授或担任博士生导师的副教授组成，专家组应严格按照本单位网上公布的实施细则，公正、公平、科学、合理地进行考核。

第三章　“申请—审核制”招生单位

第七条　我校各博士研究生招生单

位均可自愿申请实施博士研究生招生“申请—审核制”，以院系为单位，所招生专业均需实行“申请—审核制”。

第八条　招生单位应制定有效措施，完善自律机制，规范本单位的招生行为，既要发挥专家组的专业选拔作用，又要杜绝非学术因素的干扰。为切实保障考生合法权益，确保招生工作公平公正，各招生单位需制定《中央民族大学XX学院（系）年度博士研究生“申请—审核制”招生实施细则》，实施细则中需明确组织管理、招生专业、考生申请条件、选拔流程、考核时间、考核方式、考核内容、最终成绩计算、录取原则、监督及申诉渠道。还应包括考务和考试管理办法，明确招生命题、阅卷、笔试、面试等各项工作的组织管理、具体要求及工作纪律。

第九条　学校研究生招生领导小组对申请实施“申请—审核制”招生单位进行审核，审核通过的单位可实行博士招生“申请—审核制”。

第四章　学生申请条件

申请人除符合《中央民族大学年度博士研究招生简章》中规定的基本报考条件外，还需具备以下条件。

第十条　对外语水平的要求

（一）人文、社科和理工类专业的考生需具备以下条件之一

1. 英语：大学英语六级考试合格（六级成绩达到425分或者提供六级合格证书），或者雅思成绩（IELTS）≥6.0，或托福成绩（TOEFL）≥80，或以第一作者在英文国际期刊发表过专业学术论文；或在英语国家或地区获得过硕士或博士学位（需提供教育部留学服务中心的学位认证）；

2. 日语：通过日语专业四级或全国大学日语六级（CJT6）或日语能力测试（JLPT）N3及以上；或在日语国家或地区获得过硕士或博士学位（需提供教育部留学服务中心的学位认证）；

3. 俄语：通过俄语专业四级或全国大学俄语六级（CRT6）或俄罗斯联邦对外俄语等级考试B1及以上；或在俄语国家或地区获得过硕士或博士学位（需提供教育部留学服务中心的学位认证）；

4. 参加中央民族大学博士研究生外语水平考试，成绩合格。该项考试由我校统一组织，合格标准由我校制定。

（二）艺术类专业考生的外语要求由招生单位自行确定。

第十一条　具有较强的科研能力和较好的培养潜质，科研成果的具体要求由招生单位自行确定。

招生单位在制定本单位的“申请—审核制”实施细则时，可提出比学校基本报考条件更高的要求。

第五章　申请程序

第十二条　网上报名

符合申请条件的考生按照我校当年公布的招生简章要求，在规定时间内进行网上报名，填报报名信息，缴纳报名费（报名费一经缴纳，概不退还）。报考导师不得以任何理由拒绝符合条件的考生报考。

第十三条　提交申请材料

申请人网上报名成功后，在规定时间内向报考单位提交以下申请材料。

（一）通过网上报名系统打印的《中

央民族大学报考攻读博士学位研究生登记表》，须本人签名；

（二）有效身份证复印件 1 份，正反复印在一张 A4 纸上；

（三）硕士课程成绩单（加盖研究生院管理部门或档案管理部门公章）；

（四）硕士毕业证、学位证书复印件 1 份（应届毕业硕士生提交学校研究生学籍管理部门开具的在学证明或提供研究生证复印件，须入学时补交硕士毕业证、学位证书复印件并交验原件）；

（五）外语水平证明复印件；

（六）两名与报考专业相关的正高级专业技术职称的专家推荐信；

（七）二级甲等以上医院的体检表（体检项目至少包括肝功 2 项、常规体检、尿素氮、血常规、空腹血糖、胸透），有效期为报名截止日期前一个月；

（八）个人陈述：内容包括学习及学术研究的简要经历、经验、能力及其他原创性科研成果，须使用国家通用语言文字写作，不超过 2000 字；

（九）攻读博士学位期间拟开展的研究计划：包括申请人拟在攻读博士期间将要研究的主题，文献综述、研究内容、申请人对该主题已经进行的研究以及研究可能实现的创新等内容，须使用国家通用语言文字写作；

（十）非应届生提供硕士学位论文全文，应届毕业硕士生提供指导教师签名的学位论文摘要、目录和部分章节等；

（十一）在学术期刊上发表的学术论文、重要的获奖证书复印件、以及其他可以体现申请人科研能力的材料，如专利等；

（十二）报考定向就业的普通计划考生、在职的少数民族高层次骨干计划考生根据自身情况自愿提供定向单位人事部门同意全脱产攻读博士学位的证明；

（十三）报考“少数民族高层次骨干人才计划”的博士生须提交生源省区教育行政主管部门盖章的《少数民族高层次骨干人才计划博士研究生考生登记表》一份。

以上材料按编号顺序装订成册（硕士论文全文可单独成册），需加上封面、目录，在规定时间内寄（送）到报考单位。申请人应仔细核对本人是否符合申请条件，如实、准确提供上述所列申请材料，不得弄虚作假，包括学术造假或抄袭，一经查实，将取消申请资格、录取资格及学籍等，且 3 年内不再接受申请。

第十四条　申请资格审核

（一）形式审查：招生单位安排专人首先对申请材料进行形式审查，对不符合申请条件、未按时提交材料、材料不全、未按时缴纳报名费的申请人，视为审查不合格，已缴纳的报名费不予退回。

（二）导师审核：申请导师对通过院系形式审查的申请者材料进行审核，重点审核申请人的科研能力和培养潜力，依据招生单位制定的评分细则进行科学评价，形成导师的科研能力评价成绩，以百分制计，导师的科研评价分数低于 60 分，不能进入专家组审核。导师的科研评价成绩占科研能力评价总成绩的 50%。导师审核标准由招生单位制定。

（三）专家组评分：专家组对导师推荐的申请人材料进行科研能力评价，从学术经历、外语水平、科研成果、研究计划、专家推荐意见等方面进行评分，形成专家组的科研能力评价成绩，以百分制计，低于 60 分为不合格，不能进入综合考核。专家组的科研评价成绩占科研能力评价总成绩的 50%。专家组的评分细则由招生单位制定。

（四）名单确定：招生单位研究生招生工作领导小组根据考生的科研能力评价总成绩，按照一定比例择优差额选拔进入综合考核的名单，招生计划数与入围综合考核的考生人数的比例由招生单位确定，但不得超过 1∶3，等额选拔仅限于报考人数与招生计划数相等的情况。

（五）名单公示：招生单位将入围综合考核的名单上报研究生院审核后，在本单位网站上进行公示，公示包括科研能力评价成绩、主要科研成果及其他记分重要支撑材料，公示期为 5 个工作日。

第六章　综合考核

第十五条　考核时间

考核时间一般在 3 月中旬至 3 月底，招生单位也可根据学科特点，提前设立考核时间报研究生院备案。

第十六条　资格复审

招生单位应在综合考核前对申请者资格进行复审，考生需提供身份证原件、毕业证和学位证书原件（留学生提供教育部留学服务中心出具的学位认证报告原件）、应届生提供研究生证原件，外语水平证书原件和思想政治审核表以供报考院系查验。凡未进行资格复审或复审未通过者不能进入综合考核。

第十七条　综合考核方式及内容

综合考核的主要方式为笔试和面试，重点考察申请者对本学科前沿知识及最新研究动态的掌握情况，综合运用所学知识解决问题的能力，考生的专业素养、科研能力、创新能力及培养潜力。

（一）笔试：主要考查考生的专业基础知识，各招生单位须进行一门专业基础的综合笔试，笔试内容根据学科特点自行确定，考试时间 3 个小时，以百分制计，笔试成绩低于 60 分不予录取。笔试成绩是否计入综合考核成绩以及所占比例由招生单位自行确定。

（二）面试：主要考查考生的知识结构、科研背景和学术研究经历；考核考生的外语听力、口语能力和专业外文阅读能力；综合评价考生的科研能力、创新能力及培养潜力。每位考生面试时间不少于 20 分钟，每位考生面试的时间须相同，以百分制计。专家组成员独立打分，取平均成绩作为面试成绩，面试成绩低于 60 分不予录取。

（三）思想政治素质的考核：主要考核考生的思想政治表现、道德品质、遵纪守法等。面试过程中，可以适当方式对考生的道德、心理方面进行考察，如了解考生对自己优缺点的认识、家庭状况、人际关系、考博动机、职业规划等，考察结果仅作为参考，不计入最终成绩。

第十八条　综合考核注意事项

（一）专家组成员应当按时到岗，不得迟到、早退，考核过程中应关闭通信设备，不得接打电话，不得擅自离场，每位专家组成员应在完整考查考生表现后进行打分，打分应当现场独立评分，不得干扰他人评分。

（二）专家组成员和其他工作人员应恪守职责，严肃工作态度，坚决抵制外界各种干扰，不以任何方式向任何人泄露所接触和知悉的本次考核内容，不得泄露所知悉的打分情况和考生得分情况。

（三）考核全过程（笔试和面试）必须录音录像，专家组应认真做好每位考生的考核记录，全体专家组成员应在考核记录上签字。

第七章　最终成绩的计算

第十九条　最终成绩计算

（一）考生最终成绩为百分制，包括科研能力评价总成绩和综合考核成绩，分别占最终成绩的 50%。

（二）科研能力评价总成绩为百分制，包括报考导师的科研评价成绩和专家组的科研评价成绩，分别占科研能力评价总成绩 50%。

（三）综合考核成绩为百分制，包括面试成绩和笔试成绩，笔试成绩是否计入综合考核成绩以及面试和笔试成绩占综合考核成绩的比例由招生单位自行确定。

第二十条　最终成绩公示

考核工作结束后，招生单位须在本单位网站上公示进入综合考核考生的各项成绩，包括科研能力评价总成绩、笔试成绩、面试成绩、最终成绩，公示期为 5 个工作日。

第八章　录　取

第二十一条　招生单位根据教育部规定的“择优录取、保证质量、宁缺毋滥”的原则，按照招生计划和最终成绩排序确定拟录取名单，上报研究生院审核后，按要求进行公示。招生单位研究生招生工作领导小组对本单位的录取结果负责。

第二十二条　科研能力评价总成绩、笔试成绩、面试成绩低于 60 分、政审不合格、体检不合格的考生不予录取。

第二十三条　招生单位录取非全脱产学习的定向就业普通计划和在职的少数民族高层次骨干计划考生不能超过本单位年度招生计划总数的 20%。

第九章　监督与复议

第二十四条　实行校院两级监督制度。学校纪检监察部门和招生单位负责纪检的领导对招录考核工作进行监督。

第二十五条　实行责任制度和责任追究制度。招生单位要健全招生考核工作制度，严把质量关，切实维护考核工作的公正公平，对招生录取全过程和考核结果全面负责，对招录过程中出现重大事故的责任单位和相关人员，根据有关文件规定进行责任追究，对触犯刑律的，依法移交司法机关追究刑事责任。

第二十六条　实行复议制度。招生单位研究生招生领导小组对本单位各项考核成绩和录取结果负责，接受考生申诉，对申诉问题经调查属实的责成相关专家组复议。若考生对复议结果还有异议，可于收到招生单位复议结果后 5 日内向学校研究生招生工作领导小组提出申诉。

第二十七条　实行信息公开制度。招生单位要主动及时公布本单位申请审核制的招生政策、招生计划、考生资格、各项成绩、录取程序、录取结果及咨询申诉渠道。

第二十八条　实行回避制度。凡亲属报考本单位博士生的导师和工作人员，不得参加本单位当年的博士生招生录取工作。

第二十九条　实行保密承诺制度。招生单位研究生领导小组成员、考核专家、命题（含面试命题）教师、材料审核专家、相关工作人员都须签订博士生招生工作保密承诺书，严格按照保密承诺书要求执行。

第三十条　考核监督举报电话

中央民族大学监察处电话：010-68933192

中央民族大学研究生招生办公室电话：010-68938708

第十章　本实施办法自公布之日起实施，由研究生院负责解释

中央民族大学2019年公开招聘方案

民大校函〔2019〕3号

2019年1月9日

为加快推进我校“双一流”建设，贯彻落实“人才强校”战略，有序地做好人才招聘工作，确保选聘人员质量，根据《国家民委直属事业单位公开招聘人员暂行办法》（民党发〔2012〕6号）、《中央民族大学公开招聘办法》（民大校发〔2018〕435号）和《中央民族大学高层次人才管理办法》（民大校发〔2016〕151号）的规定和要求，结合我校实际，制定本方案。

一、公开招聘原则

遵循“按需设岗，公开招聘，平等竞争，严格考核，择优录用，聘约管理”的原则，以确保招聘的人员是岗位急需、德才兼备的优秀人才。

二、公开招聘岗位类型

教学科研岗位、辅导员岗位和教辅专业技术岗位。

三、公开招聘人员类型

高层次人才、留学回国人员、博士后出站人员、2019年应届高校毕业生和京内调入人员。

四、公开招聘条件

（一）基本条件

1. 具有中华人民共和国国籍，遵守宪法和法律，遵守党和国家民族政策，维护民族团结，具有良好的道德品行，热爱教育事业，身体健康。

2. 四个层次人才须符合《中央民族大学高层次人才管理办法》中所规定的条件。

3. 留学回国人员、博士后和高校应届毕业生等人员需符合国家有关部委规定的当年申请办理在京就业相关条件。

4. 非本校教职工配偶、子女及其配偶，及其他近亲属。

（二）各岗位的具体条件

1. 教学科研岗选聘人员应具有国内外知名高校或科研院所全日制本科和研究生教育经历，并获得学士、硕士和博

士学位。选聘本校毕业生或本校出站博士后的，一般应具有国内外知名高校或科研院所的学习经历。个别少数民族语言类、艺术类、体育类专业特别优秀毕业生可适当放宽。

2. 辅导员岗和教辅专业技术岗选聘人员应具有国内外知名高校全日制本科及研究生教育经历，并获得学士、硕士及以上学位。

教辅专业技术岗具有高级职称或者特殊专业技术人员，其学历学位可适当放宽。

3. 教学科研岗选聘人员应具有较高的学术水平、较强的科研能力和教学能力，以及应聘岗位所需的专业或者技能条件；辅导员岗须掌握从事高校管理工作必备的专业知识和技能，具有良好的文化素养和知识结构，有较强的组织协调、团队合作以及语言和文字表达能力；教辅专技岗选聘人员须具备所从事岗位要求的专业知识、技能以及相应的职称证书和执业资格证书。

辅导员岗选聘人员须是中共党员或中共预备党员，具有学生干部经历。

4. 各岗位年龄条件

（1）教学科研岗

应届京外毕业生需符合申请办理在京就业落户条件；

留学归国、博士后、京内调入的人文社科类、艺术类、体育类人员原则上不得超过40周岁；理工、医学类人员原则上不得超过38周岁；学历条件放宽者，其年龄不得超过30周岁。

（2）辅导员岗和教辅专业技术岗

教辅专业技术岗应届京外毕业生需符合申请办理在京就业落户条件；非应届毕业生年龄原则上不得超过35周岁；辅导员岗年龄原则上不超过27周岁，博士研究生可放宽到30周岁。

五、公开招聘程序

（一）教学科研岗位、工程实验岗位

1. 在国家民委、中央民族大学等网站公布招聘信息。

2. 用人单位与人事处同时接收应聘者简历，进行资格初审和复核。

3. 试讲和考核。

4. 拟聘人选进行身体检查，思想政治表现和人事档案审查。

5. 根据考核、审核和体检结果，报学校审批。

6. 拟聘人选公示。

7. 报国家民委审批。

8. 办理聘用手续，签订聘用合同。

（二）辅导员岗位和教辅专业技术岗位

1. 在国家民委、中央民族大学等网站公布招聘信息。

2. 用人单位接收简历、资格初审、初选。

3. 人事处同时接收简历、资格复核。

4. 笔试和面试。

5. 拟聘人选进行身体检查，思想政治表现和人事档案审查。

6. 根据考核、审核和体检结果，报学校审批。

7. 拟聘人选公示。

8. 报国家民委审批。

9. 办理聘用手续，签订聘用合同。

六、公开招聘组织保障

学校的公开招聘工作由人事部门、纪检部门和相关用人单位共同组织实施。

七、本方案由中央民族大学人事处负责解释

中央民族大学教学科研单位和教学辅助单位内部管理机构及岗位设置管理暂行办法

民大校发【2019】21 号

2019 年 3 月 22 日

为推进学校人事制度改革，加强人事管理科学化和规范化，进一步理顺教学科研单位和教学辅助单位管理体制，强化岗位职责，结合我校实际，制定本暂行办法。

一、设置原则

1. 学校统筹，宏观调控。

2. 按需设岗，统一管理。

3. 重点保障，动态管理。

4. 强化履责，责权统一。

二、机构及岗位设置

（一）机构设置

各教学单位一般内设两个二级管理机构，学院（系）办公室和党团与学生工作办公室，其中全日制在校学生 500 人以下的教学单位学院（系）办公室和党团与学生工作办公室合署办公；独立设置的科研机构设一个管理机构办公室，承担部分管理职能的教学单位内设管理机构可根据需要进行设立。教学辅助单位内部管理机构和业务机构根据工作实际需要予以设置。

（二）岗位设置

1. 各教学单位科级及以下管理岗和辅导员岗的设定以全日制在校学生数为核定基础，综合考虑学校学科建设规划进行设岗。

2. 全日制在校学生 500 人以下的教学单位设 3 个管理岗位，全日制在校学生 500 人以上的设 4 个管理岗位。

3. 各教学单位党团与学生工作办公室按照全日制在校学生数设置岗位。

4. 承担全校公共课教学的单位设公共课教学秘书岗位 1 个。

5. 独立科研机构设行政秘书岗位 1 个，视工作任务量可考虑增设科研秘书岗位 1 个。

6. 根据学科建设和发展需要增设承担相关工作和其他任务的岗位。

7. 学院（系）办公室和党团与学生工作办公室合署办公的只设一名主任。

8. 承担部分管理职能的教学单位和教学辅助单位岗位设置根据实际工作需要予以核定。

三、岗位职责及待遇

（一）岗位职责

1. 各教学科研单位办公室负责院（系）日常行政、教学管理、研究生培养、科研管理、学科建设管理和外事外联等日常运行工作。在院（系）党政负责人领导下，学院（系）办公室主任协助学院（系）党政负责人统筹、协调、落实办公室工作和院（系）领导交办的相关工作。办公室所有人员按照分工完成院系行政事务、财务管理、本科教学运行管理、研究生培养运行管理、科研管理和学科建设与规划管理等日常相关工作。各岗位人员既要完成岗位职责相关工作，同时要完成院系分管负责人交办的其他工作和办公室主任统筹协调的有关工作。

2. 党团与学生工作办公室负责院（系）党务、学生管理、辅导员工作、团总支工作和学生思想政治教育管理等相关工作。党团与学生工作办公室主任在院（系）党政负责人领导下，协助院（系）党政负责人统筹、协调、落实党团与学生工作办公室工作；辅导员在院（系）党政负责人领导和党团与学生工作办公室主任统筹协调下，完成辅导员职责及党团与学生工作办公室有关工作。各岗位人员既要完成岗位职责相关工作，同时要完成院系分管负责人交办的其他工作和办公室主任统筹协调的有关工作。

3. 承担部分管理职能的教学单位，办公室和党团与学生工作办公室之外的机构及人员履行相应业务职责。

4. 教学辅助单位办公室之外的其他内设业务机构，履行相应业务管理服务职责。

（二）岗位待遇

1. 各教学单位内设机构负责人按照正科级实职干部管理，其他管理人员按照相应职级进行管理；辅导员按照行政管理人员管理，个人待遇按照所聘职级或专业技术职务执行。

2. 教学辅助单位办公室负责人按正科级实职干部管理，其他人员按照行政管理人员管理，个人待遇按照所聘相应职级或专业技术职务执行。

四、岗位聘任（用）及考核

（一）岗位聘任（用）

1. 各教学科研单位办公室、党团与学生工作办公室岗位和教学辅助单位办公室、内设业务机构相应岗位，在全校范围内公开竞聘。符合条件的校内在岗事业编制人员、校聘非事业编合同制人员（科研项目合同制人员除外）按照个人意愿进行岗位竞聘。其中，各教学科研单位和教辅单位科长、主任由学校组织部按照干部选拔聘任的程序和原则在全校范围内进行考察、选拔、聘任；各办公室其他岗位人员由各用人单位对竞聘报名人员进行考察、选拔，按照人岗相适的原则提出各岗位拟聘用人选，报人事处审批后按程序聘用。

2. 各教学科研单位和教学辅助单位各内设机构全部岗位人员聘期三年（含试用期半年），到期后重新进行聘任（用）。

3. 未聘人员按照《中央民族大学未聘人员管理办法》进行管理。

（二）考核

考核分为试用期考核和聘期考核，试用期考核不合格者按照未聘人员管理。在聘期结束前，学校相关部门根据相应管理权限，对各单位、部门内设机构各岗位人员进行聘期考核；考核结果作为下一聘期聘任（用）的主要依据。

五、其他

1. 本办法中“以上”包含本数，“以下”不含本数。

2. 各教学科研单位根据具体工作需要可制定岗位职责细则和内部轮岗机制。

3. 本办法自发布之日起实施，由人事处负责解释。

中央民族大学科级及以下岗位聘任（用）工作方案

民大校发〔2019〕22 号

2019 年 3 月 22 日

为进一步深化干部人事制度改革，加强干部队伍建设，推进干部交流轮岗，增强干部队伍活力，打造一流管理服务队伍，培养优秀年轻干部，充分调动各级干部和各类人才的积极性、主动性和创造性，稳步推进学校各项事业的发展，结合学校实际，制定本方案。

一、指导思想

以习近平新时代中国特色社会主义思想为指导，全面贯彻党的十九大精神，落实管理强校战略，以信念坚定、为民服务、勤政务实、敢于担当、清正廉洁为标准，以优化学校科级及以下干部队伍结构为目标，把德才兼备、实绩突出、群众公认的优秀干部选拔到科级岗位上，按照人岗相适、人事相适原则将相应人员聘任（用）到合适岗位上，形成充满生机与活力的选人用人机制，不断推进学校干部人事工作的科学化、民主化、制度化，为学校“双一流”建设提供强有力的管理服务人才保障。

二、聘任（用）原则

（一）党管干部、党管人才原则；

（二）德才兼备、以德为先原则；

（三）鼓励流动、人岗相适原则；

（四）注重实绩、群众公认原则；

（五）公正公开、竞争择优原则；

（六）民主集中、依法依规原则。

三、组织领导

（一）成立学校聘任（用）工作领导小组，在学校党委的领导下，负责聘任（用）工作的实施。

组长：王丽萍

成员：张文香、杜林、刘晓华、刘云喜

聘任（用）工作领导小组办公室设在人事处，其中科长（主任）岗位聘任工作由党委组织部具体负责。

（二）党政职能部门、教学科研单位和教学辅助单位成立各单位聘任（用）工作小组，工作小组原则上由各单位领导班子成员组成，在学校聘任（用）工作领导小组的指导下，集体研究决策，开展本单位聘任（用）工作。

四、岗位和聘期

（一）岗位

本次聘任（用）的岗位包括以下范围：

1. 各党政职能部门内设机构全部岗位，包括科长（主任）岗位和其他工作人员岗位。

2. 各教学科研单位内设管理机构的全部岗位，包括科长（主任）岗位和其他工作人员岗位。

3. 教学辅助单位（图书馆、博物馆、校医院、期刊社）内设机构的全部岗位，包括科长（主任）岗位和其他工作人员岗位。

（二）聘期

此次聘任（用）的聘期为三年，聘任（用）的前半年为试用期。

试用期考核与当年年度考核一并进行。科长（主任）试用期考核合格者正式聘任，不合格者免去试任职务并安排适当工作；其他人员试用期考核合格者正式聘用，不合格者按照未聘人员进行管理。

五、聘任（用）人员范围

（一）校内在岗事业编制人员、校聘非事业编合同制人员（教学科研项目岗位合同制职工除外）均可报名。

工勤人员可按条件报名本次聘任（用）的上述全部岗位，也可申请原工勤技能岗位（工勤技能类岗位数不变，不再重新下达）。

（二）在院（系）和校属单位、职能部门领导班子换届中，因年龄不满一届未继续参加聘任的原处级干部，不参加此次聘任（用），原岗位保持不变。校团委副书记岗位不参加此次聘任。

（三）除上述（二）外，在“四、岗位和聘期”规定的聘任（用）岗位范围工作的所有人员必须参加本次聘任（用），填报报名表。如不参加，视为自动放弃聘任（用）机会，将按照《中央民族大学未聘人员管理暂行办法》进行管理。

六、聘任（用）条件和资格

（一）基本条件

1. 政治素质好。坚持以习近平新时代中国特色社会主义思想为指导，理想信念坚定，牢固树立“四个意识”，坚决做到“两个维护”，在思想上、政治上、行动上同党中央保持高度一致，坚决执行党的基本路线和各项方针政策。

2. 组织管理能力和执行力强。有独立开展工作能力，熟悉有关政策法规；有较强的服务意识和开拓精神，能在本职岗位做出实绩；善于科学管理、沟通协调、依法办事、推动落实。

3. 事业心和责任感强。爱岗敬业，全身心投入工作；求真务实，敢于担当；团结协作，有民主作风和全局观念；以身作则，遵纪守法，廉洁自律。

（二）科长（主任）岗位资格条件

1. 具有下列条件之一者，可申报科长（主任）岗位：

（1）七级及以上职员；

（2）科级副职或八级职员满3年及以上；

（3）高级职称专业技术人员，中级职称满2年及以上专业技术人员；

（4）取得博士学位后工作满1年及以上，或取得硕士学位后工作满4年及以上，或本科毕业工作满6年及以上。

2. 党群工作部门和党务工作相关岗位的科长人选，应当为中共党员。

3. 近3年年度考核均为合格及以上等次。

4. 身体健康。

以上任职年限计算截止时间为2019年3月18日。

（三）业务机构岗位资格条件

专业性较强的业务机构岗位，由本单位提出符合岗位规定的其他任职资格要求。

七、聘任（用）程序

（一）动员部署

1. 召开学校干部大会，部署聘任

（用）工作；公布聘任（用）方案及岗位、时间安排。

2. 各单位组织传达贯彻全校动员会议精神，鼓励和支持符合条件的同志参加聘任（用），按要求做好准备。

（二）科长（主任）聘任

1. 个人报名与组织审核

（1）个人报名。符合条件的人员，根据公布的科长（主任）岗位（附件1），填写报名意向表（附件2）交本人现所在单位。每人可填报2个岗位，并明确是否服从调剂。不服从调剂的，不得聘任到其报名岗位之外的其他科长（主任）岗位。

（2）组织审核。各单位根据实际情况，对报名人员进行初审，在报名意向表上加盖公章后（院系为党组织章）报党委组织部。

2. 资格审查

党委组织部成立资格审查小组，对报名人员进行资格复审。审查结果报学校聘任（用）工作领导小组审批后，予以公告。

3. 用人单位选聘

根据资格审查公告和报名意向表（由党委组织部提供），各单位聘任（用）工作小组对竞聘本单位人员进行选拔，充分了解意向人选的情况，经部处务会或院（系）党组织会议、党政联席会议讨论，并征求分管或联系校领导同意后，提出科长（主任）聘任意见，聘任意见及拟聘人员考察材料报党委组织部。

用人单位可以采取竞聘演讲、面试、面谈等灵活考察选拔方式。用人单位与个人应充分沟通，尽量避免一人同时被两个单位作为拟聘人选的情况。

4. 确定拟聘人选

根据各用人单位的聘任意见，在充分酝酿的基础上，由学校聘任（用）工作领导小组讨论决定拟聘人选。

5. 未聘岗位第二次选择

岗位无人报名、有报名但没有合适人员的，党委组织部反馈未获聘且服从调剂的人员名单，分别征求单位聘任（用）小组和干部本人意见，单位聘任（用）小组对意向人选按照程序考察讨论，再次将意见报党委组织部，经学校聘任（用）工作领导小组讨论决定拟聘人选。

6. 任前公示、办理任免手续

（1）公示。对拟聘人选进行公示，公示结果不影响任职的，由党委组织部按程序办理任职手续。

（2）任前谈话。各党政职能部门、教学辅助单位主要负责人、院（系）党委（党总支、直属党支部）书记，负责与本单位拟聘人选进行任前谈话。

（三）其他工作人员聘用

1. 报名

符合条件人员，根据公布的岗位（附件1），填报报名意向表（附件3），经本单位同意盖章后报送人事处。每人可填报2个岗位，并明确是否服从调剂。

2. 用人单位选聘

（1）各单位聘任（用）工作小组以适当方式对竞聘人员进行选聘。

（2）距退休年龄不满一年的人员，经个人报名申请，所在单位同意，可不占该单位岗位工作至退休。

3. 聘任（用）工作领导小组办公室审批

各用人单位将选聘结果报学校聘任（用）工作领导小组办公室审批。

4. 公示、聘用

聘任（用）工作领导小组办公室将聘用审批结果进行公示，根据公示结果按规定办理聘用手续。

（四）交接工作

新岗位人员，自学校正式发文5个工作日内办理完交接手续，到岗履职。

八、其他相关问题

1. 鼓励干部交流轮岗。现任专职一线辅导员报名院（系）党团与学生管理办公室之外岗位，按照《中央民族大学辅导员工作条例》（民大校发〔2018〕339号）文件执行。

2. 根据《关于适应新时代要求大力发现培养选拔优秀年轻干部的意见》（中办发〔2018〕4号）和学校加强干部梯队建设的需要，科长（主任）岗位既要大力选拔优秀年轻干部，同时也要注重发挥各个年龄段干部的作用。

3. 严格执行干部回避制度，有夫妻关系、直系血亲关系、三代以内旁系血亲关系以及近姻亲关系的，不得在同一单位担任双方直接隶属于同一领导人员的职务，或者有直接上下级领导关系的职务，也不得在其中一方担任领导职务的单位从事组织人事、纪检（监察）、审计、财务等工作。

4. 中央民族大学附属中学可参照本方案自行组织执行，聘任方案和聘任结果报组织部、人事处备案。

九、工作要求

（一）各单位、各部门要以对学校事业发展高度负责的精神，认真学习贯彻学校党委决定，统一思想、提高认识、加强领导、严格把关，按照本方案的要求认真做好相关工作。

根据规定，各单位聘任（用）工作小组在酝酿科长（主任）人选过程中要严格保密。使用统一试题的要严格遵守试题保密纪律。

（二）参加报名的同志要端正态度，严格遵守聘任程序和要求，确保个人信息准确无误。要讲政治、讲大局、讲纪律，坚持职业操守，做到在岗一天就履职尽责一天，确保思想不乱、工作不断、队伍不散、干劲不减、衔接到位。

（三）严肃纪律，严格执行学校党委《关于做好院（系）和校属单位领导班子换届和干部聘任工作纪律要求的通知》，严禁选人用人上的不正之风。在聘任工作期间，学校纪委和党委组织部设立专门监督电话（68933192，68932465）并在三号办公楼一层设置监督意见箱。

（四）组织人事部门在具体实施聘任工作中，要严格按照规定程序办事，规范选人用人工作。凡违反规定的，要坚决追查，严肃处理。

附件：

1. 中央民族大学科长（主任）聘任报名意向表

2. 中央民族大学其他工作人员聘用报名意向表

附件 1

中央民族大学科长（主任）聘任报名意向表

<table>
<tr><td>姓　名</td><td></td><td>性　别</td><td></td><td>出生年月</td><td></td></tr>
<tr><td>民　族</td><td></td><td>籍　贯</td><td></td><td>健康状况</td><td></td></tr>
<tr><td>政治面貌</td><td></td><td>入党时间</td><td></td><td>参加工作时间</td><td></td></tr>
<tr><td>专业技术职称</td><td></td><td>取得职称时间</td><td></td><td>熟悉专业
有何专长</td><td></td></tr>
<tr><td>学　历</td><td></td><td>学　位</td><td></td><td>取得学位时间</td><td></td></tr>
<tr><td colspan="2">毕业院校系及专业</td><td colspan="4"></td></tr>
<tr><td colspan="2">部门（单位）及职级</td><td colspan="4"></td></tr>
<tr><td colspan="2">联系方式</td><td colspan="4">办公电话：　　　　　　手机：</td></tr>
<tr><td>意向
岗位</td><td colspan="3">第一志愿：________________
第二志愿：________________
注意：报名非业务机构的只需填写到单位，报名业务机构的需明确到具体业务机构。如第一志愿：xx 学院，第二志愿：图书馆文献建设部</td><td>是否服
从调剂</td><td>请打“√”
是□ 否□</td></tr>
<tr><td>简 历
（从参加工作前的毕业院校开始填起，起止时间到月）</td><td colspan="5"></td></tr>
<tr><td>奖惩情况</td><td colspan="5"></td></tr>
<tr><td>近 3 年年度
考核结果</td><td colspan="5">2015 年度：　　　2016 年度：　　　2017 年度：</td></tr>
</table>

续表

个人思想和工作情况简述（500字以内）	
本人承诺	我郑重承诺：本人向组织提供的以上信息真实、准确、完整，如有虚假，由此引发的一切后果由本人承担。 签字： 年 月 日
本单位意见（院系为党组织）	①七级及以上职员；②科级副职或八级职员满3年及以上；③高级职称专业技术人员，中级职称满2年及以上专业技术人员；④取得博士学位后工作满1年及以上，或取得硕士学位后工作满4年及以上，或本科毕业工作满6年及以上。 该同志符合以上第__________条岗位资格条件。 是否同意推荐： 签字： （盖章） 年 月 日

注：此表正反打印、不可加页

附件 2

中央民族大学其他工作人员聘用报名意向表

<table>
<tr><td>姓　名</td><td></td><td>性别</td><td></td><td>出生年月</td><td></td></tr>
<tr><td>民　族</td><td></td><td>籍贯</td><td></td><td>健康状况</td><td></td></tr>
<tr><td>政治面貌</td><td></td><td>入党时间</td><td></td><td>参加工作时间</td><td></td></tr>
<tr><td>专业技术职称</td><td></td><td>取得职称时间</td><td></td><td>熟悉专业有何专长</td><td></td></tr>
<tr><td>学　历</td><td></td><td rowspan="2">毕业院校系及专业</td><td colspan="3" rowspan="2"></td></tr>
<tr><td>学　位</td><td></td></tr>
<tr><td colspan="2">部门（单位）及职务</td><td colspan="4"></td></tr>
<tr><td colspan="2">联系方式</td><td colspan="4">办公电话：　　　　　　　　手机：</td></tr>
<tr><td>意向岗位</td><td colspan="3">第一志愿：________________
第二志愿：________________
注意：报名非业务机构的只需填写到单位，报名业务机构的需明确到具体业务机构。如第一志愿：xx 学院，第二志愿：图书馆文献建设部</td><td>是否服从调剂</td><td>请打“√”
是□ 否□</td></tr>
<tr><td>简　历
（从参加工作前的毕业院校开始填起，起止时间到月）</td><td colspan="5"></td></tr>
</table>

续表

奖惩情况	
个人思想 和工作情 况 简 述 （500 字以内）	
本人承诺	我郑重承诺：本人向组织提供的以上信息真实、准确、完整，如有虚假，由此引发的一切后果由本人承担。 签字： 年 月 日
本单位意见 （院系为党组织）	是否同意推荐： 签字： （盖章） 年 月 日

注：此表正反打印、不可加页

中央民族大学一流专业与一流课程建设方案

民大校发【2019】27 号
2019 年 3 月 28 日

为深入贯彻习近平新时代中国特色社会主义思想和党的十九大精神，全面落实全国教育大会和新时代全国高等学校本科教育工作会议精神，推进学校一流专业和一流课程建设质量以及卓越拔尖人才培养能力的进一步提升，根据教育部《关于加快建设高水平本科教育全面提高人才培养能力的意见》精神，结合学校“双一流”建设任务目标、《中央民族大学深化本科教育教学改革意见》和《中央民族大学学科建设整改方案》，特制定本方案。

一、建设目标

根据学校“双一流”建设任务目标，经过 3—5 年的专业建设、课程建设和人才培养模式改革，全面推进学校一流专业、一流课程和卓越拔尖人才培养建设，确保学校若干专业进入国家一流专业行列、若干学科专业人才培养进入国家“六卓越一拔尖”人才培养计划、一批课程进入国家精品课程，全面提升学校专业建设水平和人才培养能力。

具体建设目标：

（一）一流专业建设目标

A 类：民族学、中国少数民族语言文学、舞蹈学、汉语国际教育。

B 类：社会学、历史学、文物与博物馆学、宗教学、音乐学、美术学、公共事业管理、财务管理、生态学、法学。

C 类：新闻学、哲学、经济学、教育学、服装与服饰设计、计算机科学与技术、光电信息科学与工程、环境工程。

新文科和新工科：支持相关学科专业立足学校“两个服务”办学宗旨，应对新一轮科技革命和产业变革，通过学科交叉融合，打造若干新的学校特色专业和一流专业。

（二）一流课程建设目标

1. 争创国家级一流课程：建设重点课程 20—30 门，争创国家一流课程 10—15 门。列入规划建设的一流专业，每个专业至少建设一流课程 2—3 门。

2. 争创省部级一流课程：建设重点课程 20—30 门，争创省部级一流课程 10—15 门。列入规划建设的一流专业，每个专业至少建设一流课程 2—3 门。

3. 培育省部级一流课程：建设重点课程 100—200 门。列入规划建设的一流专业，每个专业至少建设一流课程 5—10 门。

（三）人才培养建设目标

1. 争创国家卓越人才培养计划

（1）卓越工程师培养计划：包括计算机科学与技术、光电信息科学与工程、环境工程；

（2）卓越法治人才培养计划：包括法学；

（3）卓越新闻传播人才教育培养计划：包括新闻学。

2. 争创国家拔尖人才培养计划

（1）理工类：包括生物科学类、计算机类；

（2）人文社科类：包括中国语言文学类、历史学类、哲学类、经济学类。

二、建设原则

（一）瞄准一流，强化特色

根据学校“双一流”大学建设的目标任务，落实《中央民族大学学科建设整改方案》文件精神，重点支持学校创建A类和B类学科相关专业建设。

（二）整合资源，分层建设

充分整合学校专业建设、人才培养、教学条件等资源，实行专业建设、课程建设和人才培养计划统筹建设。根据教育部星级专业评估、特色专业评选结果，实施不同层次的专业建设和课程建设。

（三）强化目标，责权统一

加强学校和院系两级组织管理，明确建设工作的目标责任，建立专业建设责任人制度和专业建设保障制度。

（四）绩效考评，动态调整

实行绩效和动态管理制度，对没有达到建设目标的项目实行淘汰退出，对未列入规划但建设成效和目标达到要求的专业予以准入；对取得预期成效、达到建设目标的单位和人员予以奖励。

三、保障措施

（一）经费保障

加大经费资助力度。A类专业，每年资助100万元，连续资助3年；B类专业，每年资助50万元，连续资助3年；C类专业，每年资助30万元，连续资助3年；新文科、新工科建设专业，每年资助50万元，连续资助3年。

实行专款专用。资助经费只能用于与本科人才培养直接相关的教学调研、教学研究、教学会议、教学资料建设、学生实习实践、学生创新创业教育等教学项目支出。

（二）构建科学合理的学校本科教学质量指标体系，实施本科专业评估机制，探索建立学校、行业部门和用人单位共同参与的学生考核评价机制。

（三）院系建立校内外学术专家、行业专家、校友构成的专业建设工作小组和运行机制。

中央民族大学师资博士后管理办法（试行）

民大校发【2019】31 号

2019 年 4 月 2 日

第一章　总　则

第一条　为推进学校“双一流”建设，优化师资队伍结构，加大优秀年轻人才、高层次后备人才的引进和培养力度，进一步加强我校人才队伍建设，结合学校实际，制定本办法。

第二条　师资博士后制度是通过教师聘任和博士后申请将部分博士后作为师资培养并纳入师资队伍管理的一种制度。师资博士后主要以博士后科研流动站建设为平台，探索师资队伍培养新方法，将教师引进、培养、考核与博士后工作制度有机结合，建立师资引进、选拔、培养的新渠道。

第三条　师资博士后制度主要在一级学科博士点涵盖学科试行。按照师资博士后招聘的博士毕业生进入学校相关博士后科研流动站所涵盖的教学科研单位工作，出站时可按条件申请学校教学科研系列长聘岗位。

第二章　选聘条件及程序

第四条　选聘条件

师资博士后的选聘按照《中央民族大学公开招聘办法》《中央民族大学博士后管理工作实施细则》规定的条件，选聘德才兼备、爱岗敬业的优秀博士毕业生，有海外留学经历者优先聘用。

第五条　选聘程序

（一）制定招聘计划。流动站所在单位和相关学科根据学科发展规划和教师岗位需求，结合当年教学科研岗人员选聘计划，制定师资博士后选聘计划，报学校审定；

（二）发布招聘信息。报学校研究后，公布师资博士后招聘信息；

（三）用人单位初审和考核。用人单位按《中央民族大学公开招聘办法》的规定组织专业学术考核，经党政联席会研究确定初步人选并对其思想政治表现进行审查后报流动站进行复审；

（四）流动站审核。流动站学术委员会审核初步人选的情况，提出是否接受进站意见；

（五）人事处及有关部门对用人单位和流动站提出的初步人选进行研究，提出建议人选；

（六）人事处将建议人选提交学校人才队伍建设领导小组研究，确定拟聘建议人选；

（七）拟聘建议人选提交学校党委常委会研究，确定聘用人选；

（八）聘用人选体检合格、学校公示无异议后报上级主管部门备案审批；

（九）学校与聘用人员签订师资博士

后工作协议，办理博士后进站手续。

第三章　工作职责和待遇

第六条　师资博士后在站期间，需完成以下工作任务：

（一）按照协议师资博士后应完成的教学科研任务，以及用人单位根据本单位学科发展及实际工作需要，在协议中规定的其他工作任务。

（二）二级教学科研单位应为每名师资博士后确定一名合作教授对其进行科研和教学能力培养，完成助教任务。

（三）完成学校规定的新进教师上岗培训和青年教师发展计划的培训学习，完成高等学校教师资格认定事宜。

（四）鼓励担任班主任或兼职辅导员，按要求参加学院各类学习、交流以及学院安排的其他工作。

第七条　师资博士后在站期间，享受以下待遇：

（一）师资博士后为流动事业编制人员，不占学校固定事业编制，各单位按照学校教学科研岗人员方式管理。

（二）师资博士后按照讲师三级岗位标准核定基础工资和绩效工资。

（三）学校参照新入职非事业编教师缴纳社会保险和公积金。

（四）在项目申报、高水平成果奖励等方面与其他事业编制教师同等待遇。

第四章　考　核

第八条　师资博士后工作期一般为两至三年，工作期内参加博士后人员年度考核、中期考核与出站考核。

第九条　师资博士后按规定三年出站，提前完成师资博士后工作任务的，可申请两年出站，出站时经考核可聘至相应教学科研岗位；三年期满未达到申报长聘岗位条件者不再作为师资博士后培养，办理退站手续。

第五章　其他事项

第十条　师资博士后由博士后科研流动站和用人单位共同管理。用人单位要按照教师岗位的要求，将其纳入青年教师培养体系，安排指导教师，对其教学技能和科学研究能力进行指导。单位领导应加强与师资博士后的联系与沟通，从师德、能力、水平和潜力等方面对师资博士后进行考察。

第十一条　工作期满，经考核符合留校任教条件的师资博士后，应服从学校安排，签订正式聘用协议留校工作，来校工作时间自进站之日起算；对于符合留校任教条件的师资博士后，本人申请另行择业的，应按工作协议的规定支付违约金，否则按退站处理。

第十二条　对中途退站、擅自离站的师资博士后，依据博士后管理规定和工作协议条款处理。

第十三条　师资博士后在站期间取得的学术成果认定均要求为第一作者且以“中央民族大学”为第一单位。

第十四条　未尽事宜按照国家人事部《博士后管理工作规定》（国人部发〔2006〕149号）、人社部《关于贯彻落实〈国务院办公厅关于改革完善博士后制度的意见〉有关问题的通知》（人社部发〔2017〕20号）、《中央民族大学博士后管理工作实施细则》（民大校发〔2018〕292号）执行。

第十五条　本办法自正式实施起执行。

第十六条　本办法由人事处负责解释。

中央民族大学火灾风险隐患排查治理“三自活动”专项工作实施方案

民大校发〔2019〕46号

2019年5月20日

为全力维护学校持续的安全稳定，确保广大师生员工生命财产安全，以及新中国成立70周年庆祝活动等重要节点的消防安全，按照上级有关部门的工作部署要求，着眼提升全校火灾风险防范意识和排查整改能力，自即日起至国庆安保结束，在全校范围内开展火灾风险隐患“自知、自查、自改”活动，即“三自活动”专项工作，特制定本工作实施方案。

一、指导思想

以习近平新时代中国特色社会主义思想为指导，坚持问题导向、底线思维、风险防控，坚持关口前移、综合治理、群防群治，全面深化“平安校园”建设，深入开展火灾风险隐患“三自活动”，做到家庭生活、单位场所、行业系统火灾风险隐患“三个摸清”，实现火灾风险隐患自我认知意识、自我检查能力、自我整改水平“三个提升”，增强全体师生员工的火灾风险防范意识，提高火灾防控工作能力，夯实火灾防控基础，切实维护学校消防安全稳定形势。

二、组织机构

成立2019年中央民族大学“三自活动”专项工作领导小组，负责全校“三自活动”的组织、部署、实施和协调督查等工作。

组　长：马文喜

副组长：周　浩

成　员：学校办公室、保卫部、党委宣传部、党委学生工作部、党委教师工作部、研究生院、教务处、财务处、资产管理处、基本建设管理处、信息化建设管理处、后勤保障处、图书馆、博物馆、社区居委会及各二级学院（系）主要负责人

学校“三自活动”专项工作领导小组办公室设在保卫部。

三、工作原则

（一）坚持风险防范、关口前移。不断提高师生员工的火灾风险防范意识，将“人人都是安全员、人人都要保安全”成为单位和个人的自觉和习惯，立足发现在早、控制在小、消除在前，前移风险防范关口的末梢。

（二）坚持党政统领、齐抓共管。各单位党政主要领导要主动作为，借鉴“枫桥经验”，整合各种资源、凝聚各种力量，深入开展“三自活动”，形成党政统揽、齐抓共管的整体合力。

（三）坚持条块结合、单位主责。坚持“谁主管谁负责，谁使用谁负责”，各单位要结合本单位所管场所、所属人员，

细化建账、排查、管控等工作标准，将主体责任压实到单位和个人自身，实名制明确到网格和岗位人员。

（四）坚持常态整治、严管严控。将“三自活动”贯穿全年目标任务，常态化开展宣传教育、隐患排查、风险管控，做到风险隐患“边学、边查、边改、边防”，落实不放心、不托底、不把牢场所“一事一策”管控措施，实现常态整治、严管严控。

（五）坚持问题导向，突出重点。深入分析研判消防安全现状，找准火灾隐患风险，针对人员密集的学生公寓、教学楼、图书馆、文华楼、理工楼等高层建筑，用火用电频繁的食堂和公寓，消防基础薄弱的职工居住社区老旧房屋，要坚持最高标准、最严要求、最实措施，确保消防安全万无一失。

四、排查范围

本次专项工作排查范围覆盖全校，坚持“横向到边，纵向到底，不留死角”的原则，以各学院（系）、职能部门部门、校属单位为主体，引导发动全体师生员工，全员参与、主动参与，开展火灾风险隐患“三自活动”。聚焦“不起火、不亡人、不扩大”火灾防控“三道防线”，对照《火灾风险隐患指南（试行）》（附件1），自查自改各单位消防安全隐患。

五、重点任务

（一）强化宣传教育，做到风险隐患人人皆知

通过学校官方网站、微信公众平台、校园广播、校园视频播放系统、LED大屏，开设“三自活动”宣传专栏、专版、专题等方式，组织师生广泛学习火灾风险隐患，熟悉防火、灭火常识，提高灭火、逃生自救技能，引导师生认识火灾危险，自觉查改身边火灾隐患。

（二）强化督导检查，做到风险隐患全面自查

各单位要明确工作责任、量化任务指标、逐级分解任务。单位主要领导要分片包干、靠前指挥，跟踪问效，狠抓督导，确保组织领导到位、责任落实到位，人员部署到位、措施落实到位、检查督导到位。学校“三自活动”专项工作领导小组将组织对工作进展情况进行检查考评。

（三）强化责任落实，做到风险隐患全力自改

各单位要采取清单管理、绩效管控、平安校园创建等方式，引导师生自觉整改身边风险隐患。对单位一时自改不了的风险隐患，要加强监管，采取有效措施进行防范，确保不出现问题。对成因复杂、跨部门的重大风险隐患，要主动上报学校主管领导，并通知有关职能部门，由学校及职能部门综合协调、平稳有序地抓好隐患的整改落实工作。

六、实施步骤

第一阶段：动员部署（即日起至5月下旬）。

学校下发《关于加强“三自活动”专项工作，进一步做好消防安全管理工作的通知》，各单位根据通知精神，召开本单位“三自活动”专项工作动员部署会议，制定相关工作方案，建立和完善本单位消防安全管理责任体系和管理制度。

第二阶段：自查自改（5月下旬至6月下旬）。

各单位要分析研判本单位消防安全

现状，找准危险源、风险点和薄弱环节，最大限度发动师生参与火灾防控工作，全面组织火灾风险隐患查改活动，逐个场所、逐个部位开展自查自改活动，针对不放心、不托底的场所和部位，落实“一场所一预案、一隐患一措施”，切实采取严管严控、死看死守措施，确保消防安全。对无法自行整改的风险隐患要主动上报学校主管领导，并通知有关职能部门。每月20日前，各单位上报“三自活动”月工作小结、火灾风险隐患排查整改表（附件2、3）。

第三阶段：核查督改（6月下旬至8月中旬）。

各单位要对照《火灾风险隐患指南（试行）》（附件1），组织开展集中排查、随机抽查、重点核查，全面整改问题隐患，及时查漏补缺，建立机制、细化措施，有效防范化解风险。

第四阶段：评估管控（8月下旬至国庆安保结束）。

学校“三自活动”专项工作领导小组适时组织对各单位隐患摸排、风险化解工作开展情况做出专门的分析研判报告，对重大隐患及不放心、不托底、不把牢场所进行细致评估，严格关停取缔、搬离拆除、死看死守等严管严控措施，确保消防安全万无一失。

七、工作要求

（一）明确专人负责，强化信息反馈

各单位要加强组织领导，明确主管领导、责任部门和联络员，具体负责专项工作的协调部署、调度推进和信息反馈工作。

（二）结合当前工作，强化综合治理

各单位要将“三自活动”专项工作，贯穿在学校日常管理、教学、科研等各项工作中，不断提升消防安全水平，确保各项教学、科研等工作顺利开展。

（三）严格督导检查，强化措施落实

各单位要开展专项督导检查，提高工作针对性、实效性，确保各项措施落地见效。

附件：

1. 火灾风险隐患指南（试行）

2. 中央民族大学火灾风险隐患排查整改表

3. 中央民族大学二级单位消防安全管理信息表

附件 1

火灾风险隐患指南（试行）

为进一步提升全民安全隐患防范意识，提高市民识别、发现、化解安全隐患的能力和水平，营造全民参与、群防群治火灾防控浓厚氛围，消防部门从火灾成因、日常工作等方面入手，研究制定了《火灾风险隐患指南（试行）》，供广大市民、社会单位参考借鉴。

一、三种行为风险隐患

（一）用火行为

1. 卧床吸烟、酒后吸烟，随意丢弃烟头。

2. 打火机、火柴等点火器具随意放置，在阳光或高温物体周边长时间暴晒和热辐射，小孩随意拿取点火玩耍。

3. 室内点蜡烛、焚香、烧纸以及农村室外烧荒等使用明火行为。

4. 烧炕取暖、点蚊香驱蚊等行为。

5. 在禁止的区域、场所内燃放烟花爆竹，施放孔明灯。

6. 宾馆、饭店、商场、集贸市场、体育馆以及公共娱乐场所等公共聚集场所营业期间动用明火施工作业。

7. 在没有安全防护的情况下进行切割、焊接、防水施工等动火作业。

8. 明火作业人员超过规定时间和范围动用明火。

9. 明火作业人员无证操作或违反操作规程。

（二）用电行为

1. 选用和购买非正规厂家生产或没有质量合格认证的插座、充电器、电线、电褥子、电动自行车、电暖气、电炉子等电器产品。

2. 除冰箱等必须通电的电器外，在人员长时间离开时未进行关机断电，使其长时间通电过热或发生故障；手机、充电宝等电子设备长时间充电或边充电、边使用的行为。

3. 超过额定功率、超负荷安装使用电器设备；空调等大功率电器设备未单独供电，电线未独立敷设。

4. 高温灯具、大功率电器等用电设备安装在可燃易燃物上或与可燃物距离过近。

5. 电源插头与电源插座接触不实，固定插座松动；移动式插座老化或者串接、超负荷使用。

6. 拆装、改造电动自行车、三轮车、摩托车等电动车，扩大电容，增加续航里程；在室内为电动车或其蓄电池充电，从室内拉“飞线”充电，将带有蓄电池的电动车停放在建筑内；使用不匹配或质量不合格的充电器为电动车或其蓄电池充电。

7. 配电箱（柜）、弱电井、强电井内强电与弱电线路交织一起，堆放易燃可燃杂物。

8. 电线未做穿管保护直接穿过或敷设在易燃可燃物上以及炉灶、烟囱等高温部位周边；电气线路老化、绝缘层破损出现漏电、短路、过热等情况。

9. 电气线路乱接乱拉，以及使用麻花线、铰接方式连接或将不同型号、规格的电线连接等情况。

10. 自行或聘请不具有专业资质人员

维修、改造电气线路、维修保养电器产品。

11. 设有的 UPS 电源及蓄电池等备用电源更换不及时、保养检测不到位，易发生短路等故障。

（三）用油用气行为

1. 液化石油气罐存放在住人的房间、办公室和人员稠密的公共场所。

2. 超量储存液化石油气罐。

3. 液化石油气罐与其他火源同室布置。

4. 液化石油气设在地下室、半地下室或通风不良的场所。

5. 液化石油气罐总重量超过 100 公斤或钢瓶总数超过 30 瓶的未设置独立气瓶间。

6. 气瓶间与厨房有连通的门、窗、洞口。

7. 气瓶间未设置可燃气体浓度报警装置，未使用防爆型电器设备，开关安装在室内。

8. 燃气管道明设时，距离热源较近或敷设在灶具正上方。

9. 擅自更改燃气管道线路。

10. 燃气管线、连接软管、灶具老化，生锈，超出使用年限，未定期检测维护。

二、三类场所风险隐患

（一）居住场所

1. 在走廊、楼道、地下室等公共区域使用液化石油气罐生火做饭。

2. 生火做饭、烧水和使用微波炉期间无人看守，外出时未关火断气。

3. 空调、电风扇、饮水机、电热水器、照明灯具、电脑、插座等电气设备超负荷使用、超年限使用，以及长时间通电、不断电。

4. 使用电驱蚊器、电热毯、电热器、“小太阳”等电器设备驱蚊、取暖；将衣物、鞋袜放置在电暖器、“小太阳”等取暖设备上或周边烘烤。

5. 电线、移动式插座在被褥上或周边拉设、放置；电吹风、卷发棒、电熨斗使用后未冷却直接放在衣物、床面等可燃物上。

6. 楼道、阳台、窗外、床铺下堆积存放衣物、纸张、报刊、书籍等易燃可燃物品，以及存放汽油、烟花爆竹、大量酒精等易燃易爆物品。

7. 燃气灶具、液化石油气罐质量不合格及软管、阀门等配件老化脱落引发气体泄漏。

8. 室内为电动车及其蓄电池充电，或将带有蓄电池的电动车停放在室内。

9. 集体宿舍内使用液化石油气罐、电磁炉、电饭煲、微波炉、热得快等生火做饭、热饭、热水。

10. 出租房屋要按照《北京市房屋租赁管理若干规定》和《村民宅基地出租房消防安全管理导则（试行）》等法律规定，落实房东和租户的安全责任，并以签订合同合约、承诺书、保证书等方式作出具体的明确。

（二）办公场所

1. 电脑、打印机、传真机、扫描机、照明、网络路由器、空调、空气净化器、微波炉、饮水机等电器设备超负荷使用、超年限使用以及下班不断电，长时间通电使用。

2. 移动式插座长距离串接，插座负荷与所供电器设备功率不匹配。

3. 使用电热坐垫、“小太阳”、加热器、加湿器、风扇等电器设备，增加场所用电负荷。

4. 办公用纸大量堆积存放，废弃纸

张随意丢弃。

5. 人员工作岗位或办公座位调整频繁，电气线路多次拉设、挤压易出现绝缘层破损漏电，固定插座松动等情况。

6. 纸张、报刊、书籍等易燃、可燃材料距离电气设备较近或与之直接接触。

（三）餐厅厨房

1. 厨房油烟道、烤炉内油渍堆积过多，清洗不干净或未按照规定及时清洗，遇有做饭明火或高温烟气引发火灾。

2. 厨房做饭油锅过热，干锅、油质溢出锅外等做饭操作不当；动火做饭期间人员离开。

3. 蒸箱、烤箱、微波炉、搅拌机、绞肉机等大功率电器长时间运行或故障发热等情况。

4. 排风机、抽油烟机等电器设备油渍、灰尘附着，长时间高负荷使用，设备老化快易发生电气故障。

5. 冷库、冷藏室内采用易燃材料作为保温装饰材料，电气线路直接敷设或穿越保温材料，且电气线路常年通电运行，损耗较大，老化较快，故障率较高易引发火灾。

6. 燃气控制阀门损坏漏气，生火做饭结束后未及时关闭燃气所有控制阀门。

7. 超量储存油料等易燃、可燃材料。

8. 燃气表间燃气泄漏，遇明火发生爆炸；餐厅、食堂内电子显示屏超负荷使用、超年限使用以及长时间通电。

三、特定场所风险隐患

下列特定场所在存在上述三种行为和三类场所风险隐患的同时，还存在以下风险隐患。

（一）学校教育场所

1. 教学楼、体育馆、礼堂、游泳馆、俱乐部等学生活动场所内使用的音响、投影仪、空调、冬季辅助加热器等电器设备超负荷使用、超年限使用，以及长时间通电，使用后未断电。

2. 实验室、危化品仓库等未按规定贮存实验用剂，实验用剂混存，相互反应起火爆炸；危化品库房未采用防爆灯。

3. 实验时违反操作规程等行为。

4. 图书馆内电气线路、电子阅览设备、固定插座、移动式插座等通电物品与书籍、报纸、杂志、书柜等易燃可燃物品直接接触或距离较近。

5. 学生宿舍大量使用热得快大功率电器等，学生卧床吸烟和在床上使用台灯、蜡烛看书等行为。

6. 学生宿舍断电后未关闭用电设备电源。

（二）文物古建

1. 焚香、觐香、点蜡、长明灯区周边堆放杂物，与其他区域未做有效隔离，或将焚香、觐香、点蜡、长明灯器具直接放置在可燃易燃物上。

2. 文物建筑被居民占用，在文物木质本体结构中，使用明火做饭的行为。

3. 游客或工作人员携带打火机、火柴、香烟进入古建内，烟头、火柴梗未全部熄灭。

4. 照明、展览背景灯光长时间通电，超年限使用，未进行及时更换和检查。

5. 电气线路未穿管保护，直接敷设在文物木质结构本体上。

6. 文物修缮使用电气焊、防水修护等明火作业行为。

7. 文物建筑内使用卤钨灯等高温照明灯具和电炉等电加热器具。

（三）医疗养老机构

1. 医疗用电设备长时间通电或超负荷、超年限使用易发生电气故障。

2. 医用易燃、易爆药剂受到阳光辐射、周边热辐射发生自燃；医用蓄电池故障或蓄电池充电故障现象。

3. 高压氧舱内电气线路和设备未定期维护保养、出入人员未采取防静电措施、日常设备消毒清洗管理不当等；供氧设备设施管理使用不当，供氧线路与电气线路混敷等情况，易引发火灾。

4. 中草药库内的中草药未定期检查晾干，易发潮、发热引发自燃。

5. 医疗实验室、制药室、供氧站内未按规定剂量贮存乙醇、甲醇、丙酮、苯等易燃化学试剂，实验时违反操作规定等行为。

6. 药品未按照其化学性质、特点分类储存，在日晒、高温、遇潮、相互作用等情况下发生自燃、氧化放热等情况。

7. 病房区供病人使用的微波炉、热水器长时间使用。

（四）商场市场

1. 在经营区、库房区设置员工宿舍或值班宿舍，俗称“三合一”现象。

2. 设置的店铺前店后库，店铺存货间内使用电磁炉、热水器、微波炉、咖啡机、电饭煲等电器；在存货间内为电池充电；货物摆放较多且与照明灯、内部敷设的电气线路距离近或直接接触。

3. 儿童游乐场、游艺场所内设置的使用蓄电池驱动的游戏机、骑行（乘坐）玩具等娱乐设施，蓄电池短路、充电等故障情况直接引燃外部包裹或装饰的可燃材料。

4. 设置的培训、早教等机构，房间采用泡沫、海绵等易燃材料装饰，遇明火或房间内电气故障极易引发火灾。

5. 冷库、冷藏室内采用易燃材料作为保温装饰材料，电气线路存在直接敷设或穿越保温材料，且电气线路常年运行，损耗较大，老化较快，故障率较高，极易引发火灾。

6. 节庆、店庆等活动期间的临时装饰物（氢气球、易燃可燃物挂件、仿真圣诞树等）直接布置在电气线路、高温电器设备等处，易引发火灾。

7. 外卖骑手在店铺内为电动自行车蓄电池充电；商场内大量安装广告 LED 屏、霓虹灯和灯箱等，缺乏管理、年久失修易引发火灾；在橱窗和柜台内安装大量的照明灯具，私拉乱接电气线路、违规使用插线板、超负荷用电等，易引发火灾。

（五）宾馆饭店

1. 布草间内堆放大量换洗被褥，床单、毛巾等易燃可燃生活用品，与照明灯具距离过近；保洁人员在布草间内吸烟、为手机充电、使用存放电饭煲、热得快、热水器、咖啡机等情况易引发火灾。

2. 洗衣房内洗衣机长时间高负荷运行，洗衣机供电线路上覆盖或近距离接触待洗被褥；高温蒸洗的床单、被褥堆放时可能发生阴燃。

3. 客人酒后卧床吸烟，手机、充电宝、游戏机、电脑等电子产品长时间充电等情况易引发火灾。

4. 客房、走道的地毯、墙面采用易燃、可燃材料装饰，遇未灭烟头、电气线路故障易引发火灾。

5. 冷库、冷藏室内采用易燃材料作为保温装饰材料，电气线路存在直接敷设或穿越保温材料，且电气线路常年运行，损耗较大，老化较快，故障率较高易引发火灾。

6. 设置的会议厅，承办会议、婚庆、

公司年会等活动，增加用电设备，增大用电负荷，造成电气线路高负荷过热和故障引发火灾。

（六）公共娱乐场所

1. 灯光、音响等用电设备较多，功率较大，有的灯具表面温度可达500℃－700℃，与幕布、背景等可燃材料靠近和接触极易引发火灾。

2. 场所内包间、走道、墙壁、座椅采用泡沫、海绵、毛毯、木板等易燃可燃材料装饰，遇明火或电气故障引发火灾。

3. 客人举办庆祝活动点蜡烛、采用特殊灯光易引燃周边可燃物；节庆、店庆等活动期间的临时装饰物（氢气球、易燃可燃物挂件、圣诞树等）直接布置在电气线路、高温电器设备等处，易引发火灾。

4. 娱乐设施长时间通电运行，临时增加大功率用电设备等行为，易引发火灾。

5. 空气清新剂、杀虫剂等储存不当，在高温作用下易发生爆炸。

6. 物品库房内超量存放高度酒、易燃可燃物品，因管理不当、电气故障或贴近灯具高温部位易引发火灾。

（七）易燃易爆场所

1. 未采用防爆型电器设备，违规设置移动照明灯具。

2. 易产生静电的生产设备和装置未设置导除静电设施。

3. 携带火种进入易燃易爆场所，遗留或弥散的危险物品或粉尘未及时清理。

4. 动火、设备检修、临时用电等作业管理不规范；进入的人、车、物未落实防静电、防车辆高温尾气等措施或落实不到位。

5. 未按操作规程改装或修理，导致机械火星、摩擦生热、电火花和静电放电产生明火。

6. 易燃易爆物品未设置专用库房、货场或其他专用储存设施，未根据化学性质或不同的灭火方法进行分类、分项、分库储存。

（八）厂房库房

1. 厂房、库房焊割作业时周边易燃可燃物未清理，焊割设备故障、焊割易燃易爆设备或装置等行为。

2. 机械设施缺乏维护保养、供油系统故障导致摩擦发热；厂房内烘烤设备不严密、烘烤物距火源近、超过额度温度运行等行为；厂房冷却系统、压力系统故障，新出高温产品直接接触易燃可燃材料。

3. 人、车、物进入存有甲、乙类易燃易爆厂房、库房时未做防静电、车辆尾气未做防护处理等情况，易因静电产生火花、车辆尾气火种或高温烟气引发火灾爆炸。

4. 厂房、库房内生产原料、货物未按照其化学性质、特点分类储存，在日晒、高温、遇潮等情况下发生自燃、氧化放热等情况，或者相互反应引发火灾。

5. 专用冷库内采用易燃材料作为保温装饰材料，电气线路直接敷设或穿越保温材料，且电气线路常年运行，损耗较大，老化较快，故障率较高，极易引发火灾。

6. 厂房、库房内电瓶铲车、装卸车停放和充电。

7. 库房内堆放物品与照明灯具之间距离较近。

（九）施工现场

1. 切割、焊接、防水施工等明火作业未清理作业点及其周边和下方易燃、可燃杂物，未封堵周边孔洞。

2. 钢筋、板材切割、加工、压缩等作业未清理作业点及其周边易燃、可燃杂物。

3. 动火、动焊与铺设保温材料等交叉作业。

4. 乙炔、汽油等易燃易爆物品未设置专库存放，未单独分类存储，因存储环境发生化学反应引发火灾。

5. 物料堆场遇外来火源或人员吸烟等遗留火种引发火灾。

6. 在施建筑内违规设置库房存放易燃、可燃材料，施工现场调配油漆、稀料等行为。

7. 民工宿舍使用“小太阳”、电暖气、电磁炉等电器设备取暖、做饭以及烘干衣物；手机、充电宝等电器产品无人看管充电或放置在被褥上充电；未使用安全电压，电气线路未穿管保护。

（十）垃圾和废品回收场所

1. 办公，住宿，垃圾、废品加工分类、处理、贮存等在同一建筑或空间内，“人货混居”，俗称“三合一”现象。

2. 使用液化石油气、电磁炉、碳烤火炉、废旧可燃材料等生火做饭、取暖。

3. 以焚烧的方式处理垃圾、废品等行为。

4. 收集的燃放后烟花爆竹等垃圾可能未完全熄灭，存在复燃等情况。

5. 可燃易燃垃圾、废品长期大量堆积通风不畅发生阴燃；废品中夹杂的打火机、蓄电池等物品高温辐射、自身故障引发火灾。

6. 使用明火烧毁电线塑料绝缘层、电器设备获取金属导线、物质，以及使用乙炔、氧气进行废品切割等加工、处理的行为。

7. 电气线路乱接乱拉，未做穿管保护，直接穿越、搭设在易燃可燃废品堆垛上或距离堆垛过近。

8. 照明灯具较多且长期使用，距离废品距离过近；室外电气线路风吹日晒、碾压、老鼠啃咬破损漏电、短路故障；露天废品堆垛遇烟头、焊渣等外来火源。

（十一）轨道交通

1. 防排烟系统、空调系统、照明系统、FAS 系统、BAS 系统等系统的电器设备及配电线路过热、过载、短路等。

2. 蓄电池、变电站中的电器元件及配电线路以及铁轨电位接地电缆等过载、过热、短路等故障易引发火灾。

3. 车辆在停车场段检修期间，动火作业或者喷漆作业操作不当；停车场段内维修车、装卸车等车辆的停放和充电。

4. 停车场段和车站内易燃易爆物品未设置专库存放，为单独分类存储，因存储温度、湿度、通风等环境影响发生化学反应引发火灾。易燃易爆危险品品质变化、包装破损、渗漏、稳定剂短缺等情况。

5. 车站及停车场段的值班室、宿舍区、设备间、地面管理区等部位堆积的可燃物，由于外界火源引燃发生火灾，如自动扶梯内油污毛絮被烟头引燃、地面风亭及冷塔周边落叶被火源引燃等。

6. 乘客、员工在站台卫生间吸烟，随意丢弃烟头引燃垃圾等。

7. 乘客运行地铁上利用充电宝长时间给手机充电易引发火灾。

8. 运营车站内为电动自行车及其蓄电池充电，乘客携带有蓄电池的电动车乘坐地铁易引发火灾。

9. 运营车站内使用热得快、微波炉、电暖气等大功率电器易引发火灾。

10. 运营车站内广告灯箱和 LED 屏等，年久维护不及时易引发火灾。

附件 2

中央民族大学火灾风险隐患排查整改表

单位名称：______________ 填报人：____________ 手机号码：______________

序号	排查场所	风险隐患	责任人	整改措施及落实情况

附件 3

中央民族大学二级单位消防安全管理信息表

单位名称（公章）：________　　填报人：________　　手机号码：________

<table>
<tr><td colspan="2">责任分工</td><td colspan="2">姓　名</td><td>职务</td><td colspan="2">联系方式</td></tr>
<tr><td colspan="2">消防安全责任人</td><td colspan="2"></td><td></td><td colspan="2"></td></tr>
<tr><td colspan="2">消防安全管理人</td><td colspan="2"></td><td></td><td colspan="2"></td></tr>
<tr><td colspan="2">消防安全管理人员</td><td colspan="2"></td><td></td><td colspan="2"></td></tr>
<tr><td>序号</td><td>重点部位</td><td>责任人</td><td>职务</td><td>办公室房号</td><td>联系方式</td><td>备注</td></tr>
<tr><td></td><td></td><td></td><td></td><td></td><td></td><td></td></tr>
<tr><td></td><td></td><td></td><td></td><td></td><td></td><td></td></tr>
<tr><td></td><td></td><td></td><td></td><td></td><td></td><td></td></tr>
<tr><td></td><td></td><td></td><td></td><td></td><td></td><td></td></tr>
<tr><td></td><td></td><td></td><td></td><td></td><td></td><td></td></tr>
<tr><td></td><td></td><td></td><td></td><td></td><td></td><td></td></tr>
<tr><td></td><td></td><td></td><td></td><td></td><td></td><td></td></tr>
</table>

（填报说明：消防安全责任人为本单位主要负责人；消防安全管理人为本单位分管消防的负责人；消防安全管理人员为本单位具体落实消防安全管理的工作人员。重点部位为本单位所属的消防重点部门和场所，如实验室，礼堂，学生公寓，食堂，教学楼，图书馆，博物馆，网络机房，供水、电、气、热等系统等）

中央民族大学“双一流”建设中期自评工作方案

民大校发【2019】55号

2019年6月20日

根据国务院《统筹推进世界一流大学和一流学科建设总体方案》(国发〔2015〕64号)、教育部等部委联合发布的《统筹推进世界一流大学和一流学科建设实施办法(暂行)》(教研〔2017〕2号)和《关于高等学校加快“双一流”建设的指导意见》(教研〔2018〕5号)文件精神,按照教育部学位管理与研究生教育司《关于开展“双一流”建设中期自评工作的通知》(教研司〔2019〕5号)要求,为做好我校“双一流”建设中期自评工作,结合学校实际,特制定本方案。

一、指导思想

以习近平新时代中国特色社会主义思想为指导,深入贯彻落实党的十九大精神和全国教育大会精神,坚持党的领导,坚持社会主义办学方向,落实立德树人根本任务,坚持服务国家战略和民族团结进步事业、服务少数民族和民族地区经济社会发展的办学宗旨,按照《中央民族大学一流大学建设高校建设方案》的总体要求,扎根中国大地,努力培养各民族合格的社会主义建设者和接班人,铸牢中华民族共同体意识,以评促建,扎实推进特色鲜明的世界一流大学建设。

二、组织领导

为做好“双一流”建设中期自评工作,学校成立中央民族大学“双一流”建设中期自评工作领导小组,负责此次“双一流”建设中期自评的统筹领导和组织实施工作,具体如下:

组　长:张京泽、黄泰岩

副组长:王丽萍

成　员:麻国庆、包永贵、张文香、杜林、冯金朝、乌小花、魏国敏、胡华征、白勇、陈立新、张焰、孙立慧

领导小组办公室设在发展规划处,负责学校“双一流”建设中期自评工作具体事务。

三、自评原则

(一)坚持以一流为目标,以特色为引领原则

中期自评既要瞄准世界一流,又要体现中国特色,着力突出学校办学特色和优势,用特色争创一流,在一流中彰显特色。同时要积极融入国际国内第三方指标体系之中,考察各学科在第三方评价中的表现度和成长度。

(二)坚持以方案为基础,以目标为指引原则

中期自评要对标对表《中央民族大学一流大学建设高校建设方案》(以下简

称《建设方案》）中项目建设目标任务完成情况，围绕核心指标，对项目进展进行全面归纳、梳理、总结。

（三）坚持以问题为导向，突出建设成效原则

中期自评要以问题为导向，认真自查自评，如实总结建设项目完成的符合度、达成度、表现度、贡献度、成长度，突出项目建设成效，推动学校“双一流”加快建设、特色建设、高质量建设。

四、自评范围和内容

（一）自评时间范围

学校“双一流”建设中期自评工作以自我诊断评估为主，根据学校《建设方案》，全面对照检查学校自2016年1月以来“双一流”建设项目的进展情况和建设成效（项目名单见附件1）。

（二）自评内容

1. 各项目单位按照《建设方案》中所设定的建设任务与目标对2016年以来（2016年1月至2019年6月）的项目建设情况进行自查摸底，根据建设进展和自查情况形成本项目中期自评报告（提纲见附件2）。

2. 自评工作要围绕立德树人根本任务与新时代党的教育方针，重点考察建设效果与总体方案的符合度、建设方案主要目标的达成度、在第三方评价中的表现度、在服务国家和社会中的贡献度、自我比较的成长度。

3. 自评工作应以人才培养、创新能力、服务贡献和社会影响力为核心。自评总结报告要主观和客观相结合，定量与定性相结合，既有典型案例又有翔实数据。

4. 自评工作要突出项目建设成效，尤其是要围绕各项工作的重大创新、重大突破，解决社会经济实际问题的服务贡献等方面，进行总结与提炼。

五、自评工作安排

（一）动员阶段（6月中旬前）

学校组织召开“双一流”建设中期自评工作动员会，传达教育部文件精神，下发工作方案，布置工作任务，提出工作要求。

（二）自评自查阶段（7月初前）

各项目建设单位按工作方案要求，对照《建设方案》，认真对本项目2016年以来的建设情况，逐一开展自评自查，汇总、整理建设材料，撰写自评报告。

（三）形成学校自评报告并征求意见阶段（8月底前）

自评工作领导小组办公室根据各项目单位提交的分项目中期自评报告，撰写形成学校《“双一流”建设中期自评报告》。召开学校各学院、各部门教师座谈会，广泛听取学校教职工对学校“双一流”建设中期自评报告的意见和建议。

（四）专家评审阶段（9月上旬前）

学校召开“双一流”建设中期自评专家评审会，聘请校内外专家对学校“双一流”建设中期情况进行评价。

（五）报送教育部学校“双一流”建设中期自评报告（9月15日前）

六、自评工作要求

（一）高度重视，认真对待

“双一流”建设是党中央、国务院作出的重大战略决策，体现的是国家意志，反映的是国家需求，强调的是绩效产出。本次中期自评是国家对“双一流”建设的一次全面检视，将对学校下一阶段“双一流”大学建设产生重大影响。

各项目单位要高度重视，认真自评自查。既要全面总结、凝练成效、突出

亮点，又要逐项对标、查找不足、发现问题。要对照《建设方案》，以解决发现的问题为导向，以理清下一阶段努力的方向为目标，把“双一流”中期自评工作作为推进学校“双一流”建设的重要推手，高效实施，严格按照时间节点，集中全力精心做好此次“双一流”建设中期自评工作，力戒形式主义。

（二）密切配合，通力协作

学校“双一流”建设中期自评工作，涉及学校方方面面，是学校进入“双一流”建设高校以来各项工作的一次全面总结和汇报。因此各项目单位要本着对学校、学科发展高度负责的态度，增强“双一流”建设的使命感和责任感，充分认识此次自评工作的重要性和严肃性。

各项目单位负责人既是本单位的行政负责人，同时也是此次自评工作的主要责任人，要树立全局意识，明确责任分工，认真开展评估工作，通过全方位、多维度、多角度的评价，及时发现问题、提出改进措施，确保项目自评材料按时完成，奋力推进学校“双一流”建设高质量发展，不断开创特色鲜明的世界一流大学建设新局面。

（三）时间要求

各项目单位务必在7月1日之前将各项目中期自评总结报告纸质版、电子版提交发展规划处。

项目负责人签字盖章的纸质版材料送至发展规划处2号楼226室，电子版发送至：2015036@ muc. edu. cn。

联系人：张　焰，68931964

孙立慧，68933883

张丹辉，68933883

中央民族大学港澳台学生管理办法

民大校发【2019】81号

2019年7月11日

第一章　总　则

第一条　为进一步规范香港特别行政区、澳门特别行政区以及台湾地区学生（以下简称“港澳台学生”）的招生、教学、生活管理和服务，保证培养质量，保障港澳台学生合法权益，根据教育部、公安部、财政部、人力资源社会保障部、国务院台湾事务办公室、国务院港澳办公室印发的《普通高等学校招收和培养香港特别行政区、澳门特别行政区及台湾地区学生的规定》（教港澳台〔2016〕96号）文件精神，结合学校实际，制定本办法。

第二条　本规定所称港澳台学生，是指报考或入读中央民族大学的具有香港或澳门居民身份证和《港澳居民来往内地通行证》的学生，或具有在台湾居住的有效身份证明和《台湾居民来往大陆通行证》的学生。

第三条　学校按照“保证质量、一视同仁、适当照顾”的原则，按照内地（祖国大陆）法律法规和国家政策，视同于内地（祖国大陆）学生招收、培养、管理和服务港澳台学生。

第二章　招生与入学

第四条　招生就业工作处、研究生院负责按照国家有关规定，统筹协调港澳台本科生（含预科生）、研究生的招生宣传和录取工作。

第五条　符合报考条件的港澳台学生，可以通过联合招生考试；或参加内地（祖国大陆）统一高考、研究生招生考试合格；或者通过香港中学文凭考试、台湾地区学科能力测试等统一考试达到入学标准；或者通过教育部批准的其他入学方式，经录取获得入学资格。对未达到本科录取条件但经过一定阶段培养达到入学要求的港澳台学生，我校可以按相关要求招收为预科生。学习满一年经考核合格后，可转为本科生。学校可招收港澳台进修生、交换生和旁听生。

第六条　已获得大专以上学历或在内地（祖国大陆）以外的大学就读本科专业的港澳台学生，可向我校申请插入就读与原所学专业相同或相近的本科课程，试读一年。试读期满，考核合格，可转为正式本科生，并升入高一年级就读。

第七条　每年完成港澳台学生招生工作后，招生就业工作处、研究生院负责于每学年开始前将已录取的港澳台学生名单通知各相关部门和院系。

第八条　港澳台学生的入学与注册按照我校本科学生、研究生学籍管理的相关规定执行。

第九条　党委学生工作部、研究生院、各相关院系开展港澳台学生入学教育，帮助其适应生活环境和学业要求。

第三章　教学与培养

第十条　为保证港澳台学生的培养质量，学校将港澳台学生教学纳入学校总体教学计划，与内地（祖国大陆）学生执行统一的毕业标准。

第十一条　港澳台学生教学事务趋同内地（祖国大陆）学生，由教务处、研究生院归口管理。在保证相同教学质量前提下，学校根据港澳台学生学力情况和心理、文化特点，可开设特色课程，有针对性地组织和开展教学工作，计入总学分。港澳台学生可申请免修政治课和军训课学分，可以其他国情类课程（含公共选修课程）学分替代，由教务处、研究生院明确规定。

第十二条　为帮助港澳台学生适应学业，院系可为港澳台学生安排课业辅导，报教务处、研究生院、人事处备案，计入教师工作量。

第十三条　院系可按照教学计划组织港澳台学生参加教学实习和社会实践，适当考虑港澳台学生特点和需求。

第十四条　学校根据本科生学籍管理规定、研究生学籍管理规定为港澳台学生颁发毕业证书（结业证书、肄业证书）或者写实性学业证明，为符合学位授予条件的港澳台学生颁发学位证书。

第十五条　港澳台学生品学兼优者，

可申请与内地（祖国大陆）学生相同的本科生专业奖学金、研究生学业奖学金和国家助学金。港澳台学生可申请教育部设立的“台湾学生奖学金”“港澳学生奖学金”。学校为港澳台学生设立专项助学金。

第四章　管理和服务

第十六条　港澳台学生的管理和服务工作政策性强，涉及面多。各相关院系应安排专人负责，遵循“思想上积极引导，学习上严格要求，生活上适当安排”的原则。各相关部门对港澳台学生的管理应依据职责分工，密切配合，各司其职。

第十七条　港澳台事务办公室根据上级部门和学校的要求，贯彻执行党和国家有关港澳台学生工作的方针、政策，负责学校港澳台学生工作的政策指导；负责与校外相关部门的联络沟通；负责与校内相关职能部门协同合作为港澳台学生服务；负责台湾学生奖学金、港澳学生奖学金、学校专项助学金的评审和发放；组织港澳台学生进行国情教育。

第十八条　港澳台学生转专业、转学、退学、休学、复学等事宜，由教务处、研究生院参照内地（祖国大陆）学生的相关规定办理。

第十九条　党委学生工作部、研究生院负责为港澳台学生建立和保管档案，妥善保存其报考、入学时及在校期间形成的档案材料。

第二十条　财务处负责港澳台学生的收费和经费划拨。港澳台学生学费、住宿费及其他费用的收取执行与内地（祖国大陆）同类学生相同的收费标准。

第二十一条　党委学生工作部、校团委、院系负责港澳台学生的思想、学习生活日常管理。鼓励港澳台学生参加学校学生组织、社团，参与各类积极健康的学生活动，引导港澳台学生与内地（祖国大陆）学生交流融合。参照内地（祖国大陆）学生的相关政策，为港澳台学生在学期间参加勤工助学、志愿服务、创新创业活动提供服务。

第二十二条　后勤保障处（后勤集团）、院系负责港澳台学生的住宿安排，原则上安排与本院系所在班级其他学生同住；有特殊情况的适当给予照顾；有条件租住校外的，向后勤保障处（后勤集团）和院系报备，获得准许后可租住校外。

第二十三条　校医院负责港澳台学生的医疗保障，与内地（祖国大陆）学生执行同等医疗保障政策，或按规定参加北京市城镇居民基本医疗保险并享受有关待遇。

第二十四条　招生就业工作处做好港澳台学生的就业指导工作，完善就业信息渠道建设，提供就业便利。

第二十五条　校友工作办公室做好港澳台校友工作，完善工作机制，推进校友组织建设和发展。

第五章　附　则

第二十六条　本规定由港澳台事务办公室负责解释。

第二十七条　本规定自发布之日起施行。

中央民族大学“双一流”建设专项资金管理办法

民大校发【83】号

2019 年 8 月 8 日

第一章 总 则

第一条 为加快推进学校世界一流大学和一流学科建设，提升办学质量和创新能力，规范“双一流”建设专项资金的支出和管理，提高资金使用效益，根据《中央高校建设世界一流大学（学科）和特色发展引导专项资金管理办法》（财科教〔2017〕126 号）、《北京高校“双一流”建设资金管理办法》（京财教育〔2018〕2201 号）的有关规定，结合学校工作实际，特制定本办法。

第二条 学校“双一流”建设专项资金（以下简称“专项资金”）包括：中央高校建设世界一流大学（学科）和特色发展引导专项资金以及北京高校“双一流”建设资金等。

第三条 专项资金主要用于围绕学科建设的拔尖创新人才培养、师资队伍建设、提升自主创新和社会服务能力、文化传承创新、国际合作交流等方面。

第四条 专项资金的分配、使用和管理遵循“质量导向，突出重点；统筹规划，项目管理；注重绩效，动态调整”原则。

第二章 管理职责

第五条 学校“双一流”建设领导小组（以下简称领导小组）负责专项资金的中长期规划、年度计划、预算分配方案和绩效评价等重大事项的组织、协调与统筹管理。

第六条 发展规划处负责统筹专项资金的整体预算编制、经费划拨、绩效考评和监督管理等相关工作并负责组织重点建设学科的项目论证、预算编制、经费分配和绩效考评。财务处负责专项资金的收支管理与会计核算。

第七条 承担拔尖创新人才、师资队伍、提升自主创新和社会服务能力、文化传承创新、国际合作交流五类“双一流”建设任务的各项目负责人是专项资金的直接责任人，负责按照国家和学校有关规定开展预算编制、经费支出、绩效目标设置、绩效自评等活动，对经费使用的真实性、规范性和效益性负责。其中：

一、教务处、研究生院分别负责组织本科生、研究生拔尖创新人才项目的论证、预算编制、经费分配和绩效考评。项目文本由教务处汇总。

二、人事处负责组织师资队伍建设项目的论证、预算编制、经费分配和绩效考评。

三、科研处负责组织提升自主创新和社会服务能力项目、文化传承创新项目的论证、预算编制、经费分配和绩效考评。

四、国际合作处负责组织国际合作交流项目的论证、预算编制、经费分配和绩效考评。

第三章　预算管理

第八条　学校按照教育部批复的《中央民族大学一流大学建设高校建设方案》编制专项资金规划及项目预算。专项资金规划和项目预算应以师资队伍建设为重点，突出绩效目标。

第九条　项目建设单位应根据建设整体目标和具体任务，编制项目支出规划和下一年度预算，汇总到五类项目管理部门形成整体项目预算，于每年5月前报送至发展规划处，经领导小组审议后纳入项目库管理，并按相关程序进行评审。项目库实行动态管理，可适时增补调整库内项目。

第十条　发展规划处根据国家民委和北京市下达的项目预算“一下”控制数，统筹协调五类项目建设部门，结合学校下一年度工作重点，从项目库中选取项目形成年度专项资金预算方案。项目库作为年度预算编制的依据，未纳入项目库的项目不得安排预算。

第十一条　预算方案经领导小组审议并报学校党委常委会研究决定后上报国家民委，同时纳入下一年度校内预算。

第十二条　专项资金预算一经批复，一般不予调整。确需调整的，应严格按照学校预算管理程序进行。

项目类内调整的，金额在10万元以下的须经领导小组副组长审批；10万元（含）以上100万元以下的须经领导小组审议后报校长办公会审批；100万元（含）以上的须经领导小组审议后报学校党委常委会审批。

跨项目类别调整的，应由学校研究决定并报国家民委、财政部审批。调整的内容，必须已通过预算评审。

第十三条　学校须严格遵守国家及学校相关专项资金预算执行管理办法，保证预算执行序时进度。6月底前预算执行率不低于50%，9月底前不低于75%，12月底前达到100%。对于预算执行进度未达到要求的项目，学校将进行统筹调整。

第四章　支出与决算管理

第十四条　专项资金支出范围主要包括人员经费、设备购置费、维修费、业务费等。支出标准国家有明确规定的，按照规定执行；没有明确规定的，结合学校实际，按照勤俭节约、实事求是的原则确定支出标准。

第十五条　人员经费。主要用于培养、引进、聘任高层次人才、优秀团队以及师资队伍梯队建设等。

人员经费使用管理应当有利于促进学校人事管理制度改革创新，有利于建立健全规范有序的内部收入分配制度，有利于加大对高层次人才的激励。

第十六条　业务费。主要用于“双一流”建设所必须开支的办公费、印刷费、邮电费、市内交通费、差旅费、因公出国（境）费、会议费、培训费、劳务费、专家咨询费、委托业务费、租赁费、专用材料费等业务支出。

第十七条　设备购置费。主要用于完成“双一流”建设任务而购置必要的教学、科研仪器设备以及图书资料、数据库等支出。

第十八条　维修费。主要用于与“双一流”建设任务相关的教学、科研仪器、实验设备、教学科研用房和附属设施的修理、维护以及提供条件支撑的教学科研基础设施改造所发生的支出。

第十九条　专项资金不得用于偿还贷款、支付罚款、捐赠、赞助、对外投资等支出，不得用于房屋建筑物购建等支出，不得作为其他项目的配套资金，也不得用于按照国家规定不得开支的其他支出。

第二十条　专项资金的支付按照国库集中支付有关规定执行。属于政府采购范围的，应当严格执行国家政府采购、招投标等有关法律法规和学校相关管理制度。

第二十一条　专项资金的支出项目按照《中央预算单位公务卡强制结算目录》使用公务卡结算。劳务费、专家咨询费等支出，原则上应当通过银行转账方式结算，从严控制现金支付。

第二十二条　专项资金收支情况纳入学校年度决算，统一编报。年度结转结余资金按照国家有关规定执行。

第二十三条　使用专项资金所购置的资产均属国有资产，应纳入学校资产统一管理。

第五章　绩效评价与监督检查

第二十四条　年度终了，财务处、发展规划处会同五类项目管理部门对专项资金的使用情况进行绩效评价，形成年度绩效评价报告。年度绩效评价报告经领导小组审议并报学校党委常委会研究决定后上报国家民委。

第二十五条　年度绩效评价报告将作为下年度预算拨付的重要参考依据之一。对上年度预算执行缓慢或与绩效目标存在较大偏差的项目，将酌情核减或暂停拨付经费并限期整改。

第二十六条　各部门、各单位相关人员应当自觉遵守财政财务制度和财经纪律，规范和加强资金管理，自觉接受财务、审计、纪检监察部门的监督检查，努力提高资金使用效益。对于违规使用专项资金的行为，学校根据有关规定进行查处，追究相关责任人的责任。

第六章　附　则

第二十七条　本办法由财务处负责解释，自发布之日起施行。

中央民族大学中外合作办学管理办法

民大校发【2019】84号

2019年7月26日

第一章　总　则

第一条　为规范学校中外合作办学活动，加强中外合作办学管理，根据《中华人民共和国中外合作办学条例》和《中华人民共和国中外合作办学条例实施办法》，结合学校的实际情况，制定本办法。

第二条　本办法所称中外合作办学是指经教育部批准，在我校开办的与外国教育机构在学科、专业、课程等方面合作开展的以中国公民为主要招生对象的教育教学活动，包括中外合作办学项目及非独立法人中外合作办学机构。

第三条　中外合作办学必须遵守中国法律法规和我校的有关规定，按照“以我为主，为我所用，互利共赢”的原则，促进我校的学科建设和人才培养。

第四条　学校鼓励有条件的学院与学术水平和教育教学质量得到普遍认可的外国教育机构举办中外合作办学。

第二章　设立与审批

第五条　中外合作办学的办学层次和类别，应当与我校和外国教育机构的办学层次和类别相符合，并应当在我校已有或相近专业、课程范围内举办。外方合作者原则上应与我校有一定的合作交流基础，且拟举办专业在师资力量和科研水平等方面优于我校同类专业。

第六条　我校可以与相应层次和类别的外国教育机构进行多种形式的合作办学，具体包括共同制定和实施教育教学计划，在国外实施部分教育教学活动。

第七条　相关学院如需举办中外合作办学，应向国际合作处提交举办中外合作办学的申请报告、可行性论证、合作办学申请表、合作协议草案等申请材料，并将教学计划、师资配置方案交至教务处或研究生院审核，财务预算、成本测算交至财务处审核。申请材料由国际合作处审核并组织论证后，报学校讨论决定。学校决定举办的中外合作办学，由学校与外国教育机构签订合作协议，并向北京市教委和教育部申报。中外合作办学应在上级教育行政管理部门批准后施行。

第三章　管理机构与职能

第八条　中外合作办学工作在学校党委领导下开展，由国际合作处归口管理，项目招生、教学和管理纳入专业所在学院管理，相关职能部门给予积极的支持和配合。主要相关部门和专业所在学院的职责如下：

（一）国际合作处：负责对中外合作办学政策把握和解释；负责协调合作办学申报、评估、延期、变更、年度报告等；负责在学校领导下与合作方谈判；负责在项目实施过程中与合作方沟通协调。

（二）招生就业工作处：负责本科层次中外合作办学的招生计划、招生政策的制定；审核招生简章和广告；组织开展高考招生宣传咨询与录取工作；统筹毕业生就业创业等。

（三）教务处：负责审批本科层次中外合作办学的专业设置、培养方案和教学计划；负责本科生进校后的教学管理工作；对本科生日常教学执行计划、教学组织和运行进行指导和监督，定期对教学质量进行评估；将中外合作办学的质量监控纳入学校的质量管理体系；配合做好教育部本科层次中外合作办学评估、延期、变更以及年度报告；管理本科生学籍；对符合我校毕业条件的本科生颁发毕业证书和学位证书。

（四）研究生院：负责研究生层次中外合作办学的招生计划、招生政策的制定；审核招生简章和广告；组织开展研究生招生宣传咨询与录取工作等；负责审批研究生层次中外合作办学的专业设置、培养方案和教学计划；负责研究生进校后的教学管理工作；对研究生日常教学执行计划、教学组织和运行进行指导和监督，定期对教学质量进行评估；将中外合作办学的质量监控纳入学校的质量管理体系；配合做好教育部研究生层次中外合作办学评估、延期、变更以及年度报告；管理研究生学籍；对符合我校毕业条件的研究生颁发毕业证书和学位证书。

（五）财务处：负责中外合作办学的财务管理和会计核算工作；参与制订协议和章程的财务事宜；测算和审核办学成本、备案学费标准、财务收支等。

（六）专业所在学院：负责中外合作办学的具体实施，包括专业教学、教务管理、学生管理、外教管理、党建工作、项目评估等；负责制定具体实施细则并上报学校；配合招生就业工作处或研究生院做好招生宣传录取工作。

第四章　实施与管理

第九条　中外合作办学可以根据国家和学校的有关规定及项目合作协议，通过合法渠道引进课程和教材。引进的课程和教材应当具有先进性，内容不得与中国法律、法规相抵触。专业所在学院对开设课程和引进教材的内容进行初审，之后报教务处或研究生院复审。

第十条　专业所在学院应做好教学运行和管理工作，按期参加教育部中外合作办学评估和校内评估。未达到评估要求的，将暂停该中外合作办学下一年度招生计划，并进行限期整改。对教学质量仍达不到相关标准者，经学校研究后予以停办。

第十一条　专业所在学院每年须提交年度办学报告，内容应当包括中外合作办学的招收学生、课程设置、师资配备、教学质量等基本情况。

第十二条　中外合作办学的办学地点、招生规模、方式或专业设置变更前，应由专业所在学院报相关部门审核，审核通过后经学校批准报教育行政主管部门履行变更程序。

第十三条 中外合作办学如申请延期，应在招生有效期期满半年前提出申请并提交相关材料，由专业所在学院报相关部门审核，审核通过后经学校批准报教育行政主管部门履行延期程序。

第十四条 按照中央有关精神，中外合作办学应加强学生思想政治教育，发挥“两课”学习在思想政治工作中的主导作用，弘扬社会主义核心价值观。中外合作办学应建立完善的党团组织，组织学生定期开展活动。

第十五条 中外合作办学学生学籍依照学校的学生学籍管理办法执行。

第五章 经费管理与使用

第十六条 学校依法对中外合作办学实施财务管理。中外合作办学经费来源为项目注册学生的学费收入。在学校账户内设立中外合作办学专项，统一办理收支业务。中外合作办学收费标准的确定，须按照国家有关规定执行，并在招生简章中载明。中外合作办学的办学经费结余，应继续用于中外合作办学的教育教学活动和改善办学条件。

第十七条 中外合作办学具体经费支出及使用办法由财务处负责做出规定并解释，使用部门和专业所在学院必须严格管理、专款专用，发挥最大效益。财务处、审计处应加强对经费使用情况及使用效益的监督检查。

第六章 附 则

第十八条 本办法未涉及的方面，参照《中华人民共和国中外合作办学条例》《中华人民共和国中外合作办学条例实施办法》等相关法律法规执行。

第十九条 与港澳台高校开展合作办学参照此办法执行。

第二十条 本办法自发布之日起施行，由国际合作处负责解释。

中央民族大学募集捐赠奖励办法（试行）

民大校发〔2019〕89号

2019年9月9日

根据财政部和教育部有关文件精神，为充分调动学校各单位（包括院系所、机关职能部门、校属单位，以下统称“单位”）和广大师生（含离退休教职工，以下统称“个人”）在募集捐赠工作中的积极性，表彰单位和个人在募集捐赠工作中的贡献，促进师生尊重爱护校友、凝聚校友情谊，促进师生增强服务意识、集聚社会资源，共同建设“双一流”大学，特制定本办法。

第一章　总　则

第一条　学校设立“募集捐赠奖励基金”，对在募集捐赠工作中做出贡献的单位和个人给予奖励。职责范围内的募捐活动不在奖励范围。

第二条　凡通过合法途径为中央民族大学和北京中央民族大学教育基金会（以下简称“基金会”）募集到捐赠资金（含有价证券）的单位和个人均可获得奖励。

第三条　“募集捐赠奖励基金”来源为学校事业经费，财务处建立专户核算和管理奖励基金。

第四条　募集捐赠奖励纳入绩效奖励范围。

第五条　本办法的奖励只针对募集到的货币资金和有价证券，合作项目以及软件、仪器设备、书画等捐赠暂不在奖励范围内。

第二章　奖励条件和额度

第六条　对成功募集到捐赠的单位，按捐赠实际到账及学校实际受益情况给予相应的奖励。具体条件和额度如下：

（一）对单笔1万元（含）以上的非限定性货币捐赠资金：按照到账捐赠资金的20%给予奖励；

（二）对单笔1万元（含）以上的限定性货币捐赠资金：全校范围或多部门师生受益的，按照到账捐赠资金的20%给予奖励；单一部门师生受益的，按照到账捐赠资金的10%给予奖励；

（三）成功引进并实现的股票、债券等公益性有价证券捐赠，以捐赠产品过户日市场价格计算，学校给予10%的奖励。

第七条　对成功募集到捐赠的个人，按捐赠实际到账及学校实际受益情况给予相应的奖励。具体条件和额度如下：

（一）对单笔1万元（含）以上的非限定性货币捐赠资金：按照到账捐赠资金的10%给予奖励；

（二）对单笔1万元（含）以上的限定性货币捐赠资金：全校范围或多部门师生受益的，按照到账捐赠资金的8%给予奖励；单一部门师生受益的，按照到账捐赠资金的5%给予奖励；

（三）成功引进并实现的股票、债券等公益性有价证券捐赠，以捐赠产品过户日市场价格计算，学校给予5%的奖励。

第八条　单位所募集资金单笔达500万元以上的，或个人所募集资金单笔达100万以上的，由募集捐赠奖励评审委员会单独研究确定奖励额度，报学校批准后执行。

原则上，个人年度累计获奖励额度不超过50万元。

第九条　对协助学校募集到捐赠资金的单位或个人，视其在募集捐赠工作中发挥的作用、是否借助学校资源及捐赠资金使用有无限定条件等，按募集资金额的1%—5%给予单位或个人奖励。

第十条　各单位可对在募集捐赠工作中做出主要贡献的人员给予奖励，奖金从学校核发的奖励中支出，最高不得超过学校核发的单位奖励的50%。

第十一条　募集捐赠单位或个人为2个及以上时，根据单位或个人在募集捐赠工作中所起的作用给予奖励，总奖励额度不超过上述条款中规定的最高额度。其奖励分配由牵头单位或个人负责，且须在申请时明确各自的贡献度大小。

第十二条 对符合申请奖励条件的同一项目，单位和个人不能同时申请。

第三章 奖金的管理与使用

第十三条 核发给各单位的奖金由单位统筹管理和使用；核发给个人的奖金应按国家相关政策自行申报缴纳个人所得税。

第十四条 核发给各单位的奖励基金应在规定范围内使用，并接受学校有关部门的监督。具体使用范围如下：

（一）用于促进人才培养、学科发展、教师队伍建设和思想政治教育等工作；

（二）奖励在募集捐赠中有贡献的师生（含离退休教职工）；

（三）开展募集捐赠有关活动；

（四）开展促进学生发展、校友联络服务等工作；

（五）其他合理用途。

第十五条 各单位应制定本单位奖金分配使用方案。方案经本单位党政联席会议或部（处）务会通过后在财务处、人事处和国内合作处备案。

第四章 奖励程序

第十六条 学校成立募集捐赠奖励评审委员会（以下简称“评审委员会”），负责认定捐赠资金的额度、类别、学校受益情况等工作。成员由校长办公室、人事处、财务处、学生处、国内合作处等职能部门负责人组成，评审委员会主任由分管校领导担任，办公室设在国内合作处。

第十七条 学校每年年初对上一年度在募集捐赠工作中做出贡献的单位和个人进行奖励，具体程序如下：

（一）申请。每年年初由学校发布开展募集捐赠奖励评审的通知，符合奖励条件的单位和个人根据通知要求，在线填写《募集捐赠奖励申请表》，报评审委员会办公室；

（二）认定。评审委员会对申报奖励进行认定，并提出奖励建议；

（三）审批。评审委员会办公室将拟定的奖励建议报学校审批；

（四）发放。学校财务处根据学校的审批结果发放奖金。

第五章 附 则

第十八条 对在募集捐赠中做出突出贡献的单位和个人，除了前述的物质奖励外，由基金会颁发荣誉证书。

第十九条 在募集捐赠工作中，要严格区分单位行为和个人行为，任何单位和个人不得违规操作、弄虚作假，对借机谋取不正当利益、冒领奖金的单位和个人，要追缴奖金并严肃追究当事人责任。

第二十条 本办法未尽事宜由学校研究决定。本办法由国内合作处解释，自发布之日起执行。

《中央民族大学争取和鼓励校友及海内外人士捐（投）资助学实施办法》〔民大（校）字（2000）33 号〕和《中央民族大学接收捐赠奖励办法》（民大校发［2011］31 号）中与本办法不一致的，以本办法为准。

（附注：非限定性捐赠资金是指捐赠人对使用时限、用途和受益群体范围等未作出明确限定的捐赠资金；限定性捐赠资金是指捐赠人对使用时限、用途和受益群体范围等作出明确限定的捐赠资金）

中央民族大学高层次人才管理办法（修订）

民大校发〔2019〕90号

2019年9月11日

总　则

第一条　为加强学校一流师资队伍建设，引育高层次人才，切实推进学校“双一流”建设，根据《关于全面深化新时代教师队伍建设改革的实施意见》（中发〔2018〕4号）、《关于分类推进人才评价机制改革的指导意见》（中办发〔2018〕6号）、《关于深化项目评审、人才评价、机构评估改革的意见》（中办发〔2018〕37号）、《统筹推进世界一流大学和一流学科建设总体方案》（国发〔2015〕64号）、《中央民族大学章程》和《中央民族大学综合改革方案》等有关精神，制定本办法。

第二条　高层次人才分为领军人才、杰出人才、优秀人才和优秀青年人才四个层次。

第三条　高层次人才的遴选对象为我校在职在岗教师和拟引进的高层次人才。

第四条　高层次人才应符合下列基本条件：

（一）拥护中国共产党的领导，坚持中国特色社会主义道路，忠诚党的教育事业，热爱祖国，维护民族团结，遵纪守法，师德师风优良，具有良好的团队合作精神；

（二）治学严谨，学风正派，专业功底扎实深厚，掌握本学科国内外研究动态，对学科发展有前瞻性、战略性思维，具有解决重大学术问题的能力，在本学科领域取得突出学术成绩；

（三）能够高质量讲授学校人才培养方案规定的本科生和研究生课程；

（四）近3年年度考核结果为合格或以上等级。

第一部分　校内遴选

第一章　遴选方式和条件

第五条　高层次人才通过审核认定和综合评审两种方式进行遴选。

（一）审核认定：经学校依照审核认定程序认定后，聘为相应的高层次人才。

（二）综合评审：经学校依照综合评审程序评审后，聘为相应的高层次人才。

第六条　领军人才

（一）两院院士

1. 遴选方式：审核认定。

2. 遴选条件

当选中国科学院院士、中国工程院院士人员。

（二）资深教授

1. 遴选方式：综合评审。

2. 遴选条件

（1）年龄在61周岁（含）以上；

（2）在教学或科学研究领域做出系统的、创造性的成就和重大贡献，学术造诣高深，具有重大学术影响和很高学术声誉，为学界公认的领军人物；

（3）在本学科领域任教授、研究员20年（含）以上，独立或以第一导师身份承担博士研究生指导任务15年（含）以上；

（4）身体健康，能胜任应担负的学科建设、教学、科研和人才培养等工作。

第七条 杰出人才

杰出人才分为A档和B档。

（一）A档遴选方式和条件

1. 遴选方式：审核认定。

2. 遴选条件：

（1）年龄条件：距退休时间超过1年。

（2）学术条件：

近5年具有较高水平的教学或科学研究成果，或在学校学科建设、平台建设和项目开展中承担重大任务，同时符合下列条件之一，可审核认定为A档杰出人才：

A. 教育部“长江学者奖励计划”特聘教授（简称“长江学者”特聘教授）入选者；

B. 国家自然科学基金杰出青年科学基金（简称“杰青”）入选者；

C. 国家自然科学奖、科技进步奖、科技发明奖一等奖及以上获得者（个人排名前五名）；

D. “国家级教学成果奖”一等奖及以上获得者（个人排名第一）；

E. 教育部“高等学校科学研究优秀成果奖（人文社会科学）”特等奖获得者（个人排名第一）。

（二）B档遴选方式和条件

1. 遴选方式：审核认定和综合评审。

2. 遴选条件：

（1）年龄条件：距退休时间超过1年。

（2）学术条件：

审核认定条件：

近5年具有较高水平的教学或科学研究成果，或在学校学科建设、平台建设和项目开展中承担重大任务，同时符合下列条件之一，可审核认定为B档杰出人才：

A. 现任国务院学位委员会学科评议组召集人；

B. 现任教育部高等学校教学指导委员会专业委员会主任委员；

C. 现任教育部社会科学委员会学部召集人；

D. 现任教育部科学技术委员会学部主任委员；

E. 现任教育部专业学位全国教育指导委员会主任委员；

F. 国家高层次人才特殊支持计划（简称“万人计划”）领军人才入选者；

G. 全国模范教师；

H. 国家自然科学奖、科技进步奖、科技发明奖二等奖获得者（个人排名前三名）；

I. “国家级教学成果奖”一等奖获得者（个人排名前三）；

J. 教育部“高等学校科学研究优秀成果奖（人文社会科学）”一等奖获得者（个人排名第一）；

K. 国家科技重大专项负责人；

L. 国家重点研发计划项目负责人；

M. 成功申报国家重点实验室或国家工程技术中心的第一申报人；

N. 成功申报国家一流学科的第一申报人。

综合评审条件：

在学术上有特别突出成就者，可以通过综合评审遴选为B档杰出人才。

第八条　优秀人才

优秀人才分为A档和B档。

（一）A档遴选方式和条件

1. 遴选方式：审核认定。

2. 遴选条件

（1）年龄条件：距退休时间超过1年。

（2）学术条件

近5年具有较高水平的教学或科学研究成果，或在学校学科建设、平台建设和项目开展中承担重要任务，同时符合下列条件之一，可审核认定为A档优秀人才：

A. 教育部“长江学者奖励计划”青年学者项目（简称“青年长江”）入选者；

B. 国家自然科学基金优秀青年科学基金（简称“优青”）入选者；

C. “国家级教学成果奖”一等奖及以上获得者（个人排名前五）；

D. “国家级教学成果奖”二等奖获得者（个人排名第一）；

E. 国家自然科学基金重大项目或国家社会科学基金重大项目或教育部重大攻关项目主持人；

F. 教育部“高等学校科学研究优秀成果奖（科学技术）”一等奖获得者（个人排名前三）；

G. 教育部“高等学校科学研究优秀成果奖（人文社会科学）”二等奖获得者（个人排名第一）；

H. “北京市哲学社会科学优秀成果奖”一等奖及以上获得者（个人排名第一）；

I. “北京市科学技术奖”一等奖及以上获得者（个人排名前三）；

J. “北京市高等教育教学成果奖”一等奖及以上获得者（个人排名第一）。

（二）B档遴选方式和条件

1. 遴选方式：审核认定和综合评审。

2. 遴选条件

（1）年龄条件：距退休时间超过1年。

（2）学术条件

审核认定条件：

近5年具有较高水平的教学科学研究成果，或在学校学科建设、平台建设和项目开展中承担重要任务，同时满足下列条件之一者，可审核认定为B档优秀人才：

A. 国家高层次人才特殊支持计划（简称“万人计划”）青年拔尖人才入选者；

B. 国家自然科学基金重点项目或国家社会科学基金重点项目主持人；

C. 国家艺术类重大创作项目负责人；

D. 获国家艺术基金且符合学校科研奖励办法中认定为A类项目的主持人；

E. “国家级教学成果奖”二等奖获得者（个人排名前三）；

F. 教育部“高等学校科学研究优秀成果奖（科学技术）”二等奖获得者（个人排名前三）；

G. “北京市高等教育教学成果奖”一等奖及以上获得者（个人排名前三）；

H. “北京市教学名师奖”“国家民

委突出贡献专家”称号获得者；

I. 国家民委创新团队负责人。

综合评审条件：

近3年年均承担本科生课程36学时以上（含）且近5年论文、项目、成果或获奖等教学科研成绩满足下列条件者，可申报B档优秀人才：

A. 人文社科类和理工医类符合下列条件之一（各项中至少具有1篇A类及以上论文）：

Ⅰ.1项A+类；

Ⅱ.2项A类；

Ⅲ.1项A类和3项B类。

B. 艺术体育类符合下列条件之一：

Ⅰ.2篇B类论文；

Ⅱ.3项B类，且其中至少有1篇B类论文。

第九条 优秀青年人才

（一）遴选方式：综合评审。

（二）遴选条件

1. 年龄条件

人文社科、艺术体育类一般不超过45周岁，理工医类一般不超过40周岁。

2. 学术条件

近3年年均承担本科生课程72学时以上（含）且近5年论文、项目、成果或获奖等教学科研成绩满足下列条件者，可申报优秀青年人才：

（1）人文社科类和理工医类符合下列条件之一：

A. 1篇A类论文和1项B类；

B. 2篇B类论文和2项B类。

（2）艺术体育类符合下列条件：

1篇B类论文和1项B类。

第十条 优秀青年人才培育计划

（一）遴选方式：综合评审。

（二）遴选条件

1. 年龄条件

人文社科、艺术体育类一般不超过38周岁，理工医类一般不超过35周岁。

2. 学术条件

近3年年均承担本科生课程72学时以上（含）且近5年论文、项目、成果或获奖等教学科研成绩满足下列条件者，可申报优秀青年人才培育计划：

（1）人文社科类和理工医类符合下列条件：

2项B类或4项C类论文或教学科研项目。

（2）艺术体育类符合下列条件：

1项B类或2项C类论文或教学科研项目。

优秀青年人才培育计划遴选时根据学校分配的名额，按C类以上论文和项目综合进行计分评审。

第十一条 学校对在学科建设、人才培养、科学研究、服务社会、文化传承与创新等方面，工作成绩卓越，作出重大贡献，产生较大社会影响，对提高学校声誉有突出贡献的教师，可根据情况直接提名人选不同档次人才项目。

第二章 遴选程序

第十二条 审核认定程序

（一）二级教学科研单位教授委员会推荐、党政联席会议审议后，向人事处提出候选人；根据学校人才队伍建设特殊情况和需要，学校可以直接推荐候选人；

（二）人事处会同相关职能部门对申报材料进行审核；

（三）学校人才队伍建设领导小组审议候选人；

（四）学校党委常委会审批，确定拟聘人选；

（五）公示。

第十三条　资深教授综合评审程序

（一）学校人才队伍建设领导小组提出建议人选；

（二）学校学术委员会对建议人选进行学术评议；

（三）学校党委常委会研究审批，确定拟聘人选；

（四）公示。

第十四条　杰出人才、优秀人才、优秀青年人才、优秀青年人才培育计划综合评审程序

（一）二级教学科研单位教授委员会评议推荐、党政联席会议审议后，向人事处提出初步人选；根据学校人才队伍建设特殊情况和需要，学校可以直接推荐初步人选；

（二）人事处会同相关职能部门对初步人选材料进行审核；并对审核认定的各项成果打分排序；

（三）学校人才队伍建设领导小组审议初步人选，提出建议人选；

（四）学校学术委员会对建议人选进行学术评议；

（五）学校党委常委会研究审批，确定拟聘人选；

（六）公示。

第三章　聘期、工作职责和考核

第十五条　聘期

（一）院士、资深教授聘期参照国家关于院士退休年龄的规定；

（二）杰出人才、优秀人才、优秀青年人才、优秀青年人才培育计划人员聘期为3年；

（三）在聘期内调离学校或因本人原因无法继续履职的，或者违反学术道德、师德规范、国家法律法规的，取消人才资格和相应待遇；

（四）聘期结束时，根据遴选条件进行新一轮遴选。在聘期内，达到退休年龄的，终止高层次人才的聘用，停止相应待遇。根据学校发展规划情况，可在未入选高层次人才人员中进行补充遴选。

第十六条　工作职责

（一）杰出人才按照学校要求完成所聘相应岗位的工作任务，同时承担打造创新团队、产出高水平学术成果和咨询报告、申请国家级重大项目和争取国家级奖项等任务；

（二）优秀人才按照学校要求完成所聘相应岗位的工作任务，同时承担产出高水平学术成果和咨询报告、申请国家级项目和国家级奖项等任务；

（三）优秀青年人才和优秀青年人才培育计划人员按照学校要求完成所聘相应岗位的工作任务，同时承担产出高水平学术成果和咨询报告、申请重要项目和奖项等任务。

第十七条　考核

（一）考核内容为聘期内工作职责的完成情况。

杰出人才的考核以第十六条所述工作职责为内容，分别对聘期内开展的学科建设、科学研究、人才培养、师资队伍建设、社会服务和文化传承创新等方面开展的工作进行考核。优秀人才、优秀青年人才和优秀青年人才培育计划人员在聘期内完成的教学科研工作达到本层次或以上层次人才的认定条件或评审条件，即认定为较好地完成聘期任务；完成以下任务的，认定为考核合格：

1. 优秀人才

年均承担本科生课程36学时以上（含）且完成下列任务之一：

（1）人文社科类和理工医类

A.1 篇 A 类论文和 1 项 B 类；

B.4 项 B 类论文或项目。

（2）艺术体育类

2 项 B 类，其中至少有 1 篇论文。

2. 优秀青年人才

年均承担本科生课程 72 学时以上（含）且完成下列任务之一：

（1）人文社科类和理工医类

A.1 篇 A 类论文；

B.2 项 B 类，其中至少 1 篇 B 类论文。

（2）艺术体育类

1 项 B 类论文或项目。

3. 优秀青年人才培育计划

年均承担本科生课程 72 学时以上（含）且完成下列任务之一：

（1）人文社科类和理工医类

A.1 篇 B 类论文；

B.3 项 C 类论文或项目。

（2）艺术体育类

2 项 C 类论文或项目。

（二）考核分为年度考核和聘期考核。

1. 年度考核：聘期内第一年度末进行成果备案制考核，由所在二级教学科研单位对高层次人才第一年的履职情况进行考核，考核情况报人事处备案。第二年度末进行中期考核，已完成任务者继续按月发放奖励绩效工资；未完成者暂时停发奖励绩效工资，聘期结束考核合格者一次性补发所停发的奖励绩效工资，未完成者第三年奖励绩效工资不予发放。

2. 聘期考核：由人事处在聘期结束时对高层次人才聘期内的履职情况进行考核。考核结果在全校公示。

第四章 遴选人数和待遇

第十八条 遴选人数根据学校发展规划设定，并按人文、社科、理工医、艺体学科分配遴选名额。

第十九条 高层次人才在执行所聘专业技术岗位薪酬待遇的基础上，按照规定和相应标准在聘期内享受人才奖励绩效工资（见附表 1）。聘期内停止聘用或放弃履职者，停发相关人才奖励绩效工资。

第二十条 聘期内属于履行高层次人才相关任务的教学科研成果，不再单独发放教学科研奖励，超出部分可按规定核发。

第二部分 校外引进

第五章 引进条件

第二十一条 高层次人才的引进根据学科规划和人才队伍建设计划，按领军人才、杰出人才、优秀人才和优秀青年人才引进。

第二十二条 领军人才的引进方式和条件

（一）引进评审方式：审核认定或综合评审。

（二）引进条件

1. 自然科学领域内的两院院士或其他做出系统的、创造性的成就和重大贡献，学术造诣高深，具有重大学术影响和很高学术声誉，为学界所公认的领军人物；在哲学社会科学、文化艺术领域中做出系统的、创造性的成就和重大贡献，学术造诣高深，具有重大学术影响和很高学术声誉，为学界所公认的领军人物。

2. 身体健康，能胜任应担负的学科

建设、教学、科研和人才培养等工作。

第二十三条　杰出人才的引进方式和条件

杰出人才分为A档和B档。

（一）A档引进方式和条件

1. 引进方式：审核认定。

2. 引进条件

（1）年龄条件：一般不超过55周岁。特殊急需或对学科建设起实质性推动作用的可以适当放宽，但须严格论证。

（2）学术条件

符合校内遴选杰出人才A档条件。

（二）B档引进方式和条件

1. 引进方式：审核认定和综合评审。

2. 引进条件

（1）年龄条件：一般不超过50周岁。特殊急需或对学科建设起实质性推动作用的可以适当放宽，但须严格论证。

（2）学术条件

符合校内遴选杰出人才B档条件。

第二十四条　优秀人才的引进方式和条件

优秀人才分为A档和B档。

（一）A档引进方式和条件

1. 引进方式：审核认定。

2. 引进条件

（1）年龄条件：人文社科、艺术体育类一般不超过48周岁，理工医类一般不超过45周岁。特殊急需或对学科建设起实质性推动作用的可以适当放宽，但须严格论证。

（2）学术条件

符合校内遴选优秀人才A档条件。

（二）B档引进方式和条件

1. 引进方式：审核认定和综合评审。

2. 引进条件

（1）年龄条件：人文社科、艺术体育类一般不超过45周岁，理工医类一般不超过40周岁。特殊急需或对学科建设起实质性推动作用的可以适当放宽，但须严格论证。

（2）学术条件

符合校内遴选优秀人才B档条件。

第二十五条　优秀青年人才的引进方式和条件

（一）引进方式：综合评审。

（二）引进条件

1. 年龄条件

人文社科、艺术体育类一般不超过40周岁，理工医类一般不超过35周岁。特殊急需或对学科建设起实质性推动作用的可以适当放宽，但须严格论证。

2. 学术条件

符合校内遴选青年优秀人才条件

第六章　引进程序

第二十六条　审核认定和综合评审程序

（一）本人申请，同时提供两名国内外同行知名专家推荐意见；

（二）二级教学科研单位教授委员会评议推荐、党政联席会议审核后，向人事处提出初步人选；根据学校人才队伍建设特殊情况和需要，人事处可以直接推荐初步人选；

（三）人事处会同相关职能部门对初步人选申报材料进行审核；

（四）同行专家评议和校内评定。学校组织校外专家对初步人选进行学术评议，校学术委员会学部主任进行校内学术评议，评议意见和评定结果将作为下一步引进的依据；

（五）学校人才队伍建设领导小组审议初步人选，提出建议人选；

（六）学校党委常委会研究，确定引

进人选；

（七）公示。

第七章　聘期管理和考核

第二十七条　聘期管理

引进人才的聘期一般为5年。在聘期内，因本人原因无法继续履职的，或者违反学术道德、师德规范、国家法律法规的，解除聘用关系，取消相应待遇。

引进人才实施目标合同制管理，通过签订聘用合同和工作目标任务书，明确工作职责、目标任务、权利和义务、聘期管理与考核、违约责任等。聘用合同由学校、二级教学科研单位与引进人才三方签订，工作目标任务书作为聘用合同附件，由所在二级教学科研单位与引进人才签订。工作目标任务分为中期工作目标任务和聘期工作目标任务，引进人才工作目标任务应在高于引进层次综合评审条件的基础上由所在二级教学科研单位拟定，向学校提交引进申请时一并提交讨论研究作为是否引进的依据。

第二十八条　考核

引进人才的考核分为中期考核和聘期考核。

（一）中期考核：中期考核一般在引进后第三年度末进行，由所在二级教学科研单位组织进行，提出考核意见报人事处。考核认定合格的，继续聘用；考核认定不合格的，视情况终止聘用，取消相应待遇。

（二）聘期考核：由人事处组织在聘期结束时对引进人才聘期内的工作目标任务完成情况进行考核。考核认定合格的，进行长聘；考核认定不合格的，终止聘用，取消相应待遇。考核结果在全校公示。

第八章　待遇及其他

第二十九条　引进人才属京外调干入京的，其年龄要求需符合人社部的有关规定。

第三十条　引进人才在执行所聘专业技术岗位薪酬待遇的基础上，按照规定和相应标准在引进第一个协议聘期享受奖励绩效工资，从京外引进者视情况可享受相应安家费。聘期内为引进人才配套相应科研经费（见附表2）。

第三十一条　聘期内所有科研成果属于合同约定内容的，不再单独发放科研奖励，超出部分可按规定核发。

第三十二条　学校根据高层次人才的具体情况，经协商后提供其他相应待遇。

附　则

第三十三条　校内遴选已聘高层次人才，其在前一聘期按项目审核认定入选的，再次申请时不可以相同项目进行推荐申报。

第三十四条　本办法所涉及的论文、项目、成果和获奖，依照《中央民族大学科学研究奖励办法（试行）》（民大校发〔2015〕356号）和《中央民族大学本科教学工作奖励暂行办法（试行）》（民大校发〔2016〕24号）认定，如遇文件修订，按新修订的文件执行。项目时间以立项书确定的时间为准；奖项时间以证书落款时间为准。以团队形式取得的项目、成果或奖项，均须排名第一。其中成果仅指《中央民族大学科学研究奖励办法（试行）》第八条所列的“应用类科研成果”。1项A+类可审核为2项

A 类等级成果，1 项 A 类可审核为 2 项 B 类等级成果。

第三十五条　本办法自发布之日起实施。学校原《中央民族大学高层次人才管理办法（试行）》（民大校发〔2016〕151 号）同时废止。

第三十六条　本办法由党委教师工作部、人事处负责解释。

中央民族大学关于聘任校外专家的管理办法（试行）

民大校发【2019】92 号

2019 年 9 月 9 日

第一章　总　则

第一条　为加强学校人才队伍建设，提升学校综合竞争力，根据学校学科发展规划、“双一流”建设方案，创新发展模式，优化体制机制，充分利用校外人力资源，结合学校实际，制定聘任校外专家管理办法。

第二条　外聘专家须拥护中国共产党的领导，维护民族团结，遵纪守法，热爱教育事业，师德师风良好，具有良好的团队合作精神。外籍专家必须遵守中国法律法规，对华态度友好，不得危害中国的国家统一、安全和民族团结，不得传教或进行其他非法宗教活动，不得损害国家利益、社会公共利益和个人合法权益。

第三条　外聘专家须学风正派，治学严谨，专业功底扎实深厚，掌握本学科国内外研究动态，对学科发展有前瞻性、战略性思维，具有解决重大学术问题的能力。身体健康，能够高质量地开展教学科研工作。

第四条　外聘专家分为特聘教授、客座教授和名誉（荣誉）教授三类。

第二章　聘任条件

第五条　特聘教授为学校聘任的在学校承担一定教学、科研任务的境内外知名专家和学者，具有明确的聘期工作任务与考核目标，保证每年来校工作时间。根据学术声誉和地位，分为三个层次：

（一）第一层次人选为相关学科领域的顶尖专家。包括境内外院士、资深教授或具有同等学术水平和学术地位的境内外专家。

（二）第二层次人选为相关学科领域的知名专家。包括“长江学者”特聘教授、国家自然科学基金杰出青年科学基金获得者、“万人计划”领军人才，或者在境内知名大学、科研机构任职的具有同等学术水平和学术地位的知名专家，或者在境外著名高校、科研机构担任教授职务者。

（三）第三层次人选为相关学科领域的知名学者。包括“长江学者”青年学者项目入选者、国家自然科学基金优秀青年基金获得者、“万人计划”青年拔尖人才，或者在境内知名大学、科研机构任职的具有同等学术水平和学术地位的正高职称知名学者，或者在境外著名高校、科研机构担任副教授职务者。

第六条 客座教授为学校依据学科建设和社会服务需要聘请参与学校相关学术工作的境内外知名专家、学者和有一定学术背景和社会影响的政界、企业界、文化界等领域高层次人才。

第七条 名誉（荣誉）教授是学校授予一定人员的荣誉性学术称号。授予对象一般是在政治、经济、文化、教育、科技及其他社会各界中享有盛誉的专家学者和著名人士。

第三章 岗位职责

第八条 特聘教授应在推动学校事业发展、队伍建设、人才培养、科研创新、学术交流和国际合作等方面发挥作用，在聘期内履行以下职责：

（一）对学校学科的战略规划、发展方向和研究重点提供重要建议，促进本学科进入国际学术前沿；

（二）参加学校相关学科建设，积极参与组建具有国内外先进水平的学术创新团队和教育教学团队；

（三）参加学校面向国家重大战略需求和学校学科建设需要而开展的有关学术研究工作，积极争取并主持国家重大科研项目，力争取得重大标志性成果；

（四）开设本学科前沿领域的课程或讲座，指导或协助指导青年教师和学生；

（五）积极推动学校与海内外高水平大学等学术机构的交流与合作。

第九条 客座教授应在推动学校事业发展，提升学术水平，促进学术交流和国际合作等方面发挥作用，根据需要开展以下工作：

（一）根据学科建设需要，与校内人员合作开展科学研究；

（二）参与学校学术团队建设，参加有关学术活动，促进学术交流；

（三）开设本学科前沿领域讲座或课程。

第十条 名誉（荣誉）教授应在推动学校事业发展、开展国际合作与交流方面开展有关工作。

第四章 聘任与管理

第十一条 聘任程序

（一）二级教学科研单位根据学科建设和有关工作需要，提出建议人选，对其学术道德、学术造诣进行评价，并经党政联席会研究后报人事处；

（二）人事处会同有关部门，对初步人选研究后提出拟聘人选；

（三）人才队伍建设领导小组审议拟聘人员；

（四）学校党委常委会研究确定聘用人选；

（五）签订聘任协议，颁发聘书。

客座教授、名誉教授也可由学校直接提名推荐。

第十二条 聘期管理

（一）特聘教授的聘期一般为 3 年，来校工作时间一般为每年 1 至 3 个月。聘期内实行合同制管理，确定工作任务，实行年度评估和聘期考核。

（二）客座教授聘期一般为 2 至 5

年，工作考核按实际开展工作事项进行评估。

（三）名誉（荣誉）教授一经授予即为终生荣誉。

（四）二级教学科研单位应积极与外聘专家进行沟通与交流，组织好来校工作的开展，并加强在校工作期间的管理。

（五）校外专家聘期内如出现违法违规、违反师德师风规范等行为的，学校解除聘用关系，取消相关待遇，并追偿相应损失。

第五章　支持措施

第十三条　学校为受聘的特聘教授提供良好的工作条件和绩效薪酬，按不同层次和实际到岗时间核算发放。具体标准见附表《中央民族大学特聘教授聘期内绩效薪酬标准》。

第十四条　客座教授、名誉（荣誉）教授按其完成教学、研究生指导、讲座等工作情况，由二级教学科研单位按有关规定从单位经费中列支相关费用。

第十五条　二级教学科研单位为聘任的校外专家来校开展工作提供必要条件。外籍专家来校工作，应按《中央民族大学关于引进国外智力工作管理的暂行规定》（民大校发〔2011〕92号）做好相关聘用、管理和服务工作。

第六章　附　则

第十六条　本办法自印发之日起执行。

第十七条　本办法由党委教师工作部、人事处负责解释。

中央民族大学家庭经济困难学生认定管理办法（修订）

民大校发〔2019〕106号

2019年10月10日

家庭经济困难学生认定是学校推行国家助学贷款，评定国家奖助学金、实施勤工助学、困难补助和学费减免等工作的重要依据。为不断健全学校学生资助制度，进一步提升学生资助工作的针对性和实效性，根据教育部等六部门《关于做好家庭经济困难学生认定工作的指导意见》（教财〔2018〕16号）等文件精神，结合学校实际，修订本办法。

第一章　认定对象及原则

第一条　家庭经济困难学生是指本人及其家庭的经济能力难以满足在校期

间的学习、生活基本支出的学生。

第二条 本办法适用于学校招收的全日制本预科生及纳入全国研究生招生计划的全日制研究生。

第三条 坚持实事求是、客观公正。认定工作要从客观实际出发，以学生家庭经济状况为主要认定依据，认定标准和尺度要统一，确保公平公正。

第四条 坚持公开透明与保护隐私相结合。认定内容、程序、方法等透明，确保认定公正，同时尊重和保护学生隐私，严禁让学生当众诉苦、互相比困。

第五条 坚持积极引导与自愿申请相结合。引导学生如实反映家庭经济困难情况，主动利用国家资助完成学业，也要充分尊重学生个人意愿，遵循自愿申请的原则。

第二章 组织机构及职责

第六条 学校成立由分管学生工作的校领导为组长，党委学生工作部、研究生院、财务处及学院党委（党总支）负责同志为成员的学生资助工作领导小组，全面领导、监督家庭经济困难学生认定工作。领导小组办公室设在学生资助管理中心，具体负责组织开展家庭经济困难学生认定工作。

第七条 学院成立以分管家庭经济困难学生资助工作的学院负责人为组长，辅导员、班导师、党团与学生工作办公室主任等担任成员的认定工作组，负责所在学院家庭经济困难学生认定的具体组织和审核工作。

第八条 以班级（或专业）为单位，成立由辅导员为组长，班导师、学生代表等为成员的认定评议小组，开展民主评议工作。认定评议小组成员中，学生代表人数视班级（或专业）人数合理配置，要具有广泛的代表性，一般不少于所在班级总人数的 20%。认定评议小组成立后，其成员名单应在班级（或专业）范围内公示。

第三章 认定依据及标准

第九条 家庭经济困难学生认定要综合考虑如下因素：

（一）家庭经济因素。主要包括家庭收入、财产、债务等情况。

（二）特殊群体因素。主要指是否属于建档立卡贫困家庭学生、最低生活保障家庭学生、特殊供养学生、孤残学生、烈士子女、家庭经济困难残疾学生及残疾人子女等情况。

（三）地区经济社会发展水平因素。主要指校园地、生源地经济发展水平、城乡居民最低生活保障标准，学校收费标准等情况。

（四）突发状况因素。主要指遭受重大自然灾害、重大突发意外事件等情况。

（五）学生消费因素。主要指学生消费的金额、结构等是否合理。

（六）其他影响家庭经济状况的有关因素。主要包括家庭负担、劳动力及职业状况等。

第十条 家庭经济困难学生分为特别困难学生和一般困难学生。

（一）特别困难学生。建档立卡（未脱贫、返贫）贫困家庭学生、最低生活保障家庭学生、特困供养学生、无经济来源的孤儿、烈士子女原则上可以直接认定为特别困难学生。其他学生确定时重点考虑如下情况：

1. 父母一方已故或父母一方完全丧失劳动能力，失去主要经济来源的学生；

2. 残疾学生或残疾人子女且家庭经济特别困难；

3. 学生本人或家庭成员身患重大疾病，医疗费开支数额巨大，造成家庭严重负债的学生；

4. 家庭所在地区发生重大自然灾害或突发性灾祸，造成家庭财产损失严重的学生；

5. 父母双方均因失业、残疾、年迈等原因导致无收入或收入微薄，经济来源不足以支持正常学习生活的学生；

6. 其他原因造成家庭经济特别困难，基本学习、生活难以维持的学生。

（二）一般困难学生。确定时重点考虑如下情况：

1. 城镇户口，父母暂时双失业或一方暂时失业，另一方收入不足以维持正常学习或生活的学生；

2. 家庭经济负担较重且有两名及以上子女同时在非义务教育阶段上学或有两位及以上无固定收入老人需赡养的学生；

3. 家庭成员残疾或疾病而丧失部分劳动能力且家庭经济负担较重的学生；

4. 父母务农，家庭所在地位于艰苦边远地区且家庭收入不足以维持正常学习或生活的学生；

5. 家庭所在地区遭遇自然灾害或突发性灾祸，造成家庭财产损失较大的学生；

6. 其他原因造成家庭经济困难，基本学习、生活难以保障的学生。

（三）有下列情形之一者，不予认定为家庭经济困难学生或取消已认定的家庭经济困难学生资格：

1. 购买高档通信工具、电子产品、名牌服装和高档化妆品的；

2. 在校外租房者或经常出入网吧、酒吧、KTV 等娱乐场所的；

3. 日常消费明显超出正常消费水平的；

4. 节假日经常外出旅游的；

5. 有酗酒、赌博等不良习气的；

6. 弄虚作假获得家庭经济困难学生认定资格的；

7. 其他不予认定或应取消家庭经济困难学生认定资格的情况。

第四章　认定时间及程序

第十一条　家庭经济困难学生认定工作原则上每学期进行一次，每学年按照家庭经济困难学生实际情况进行动态调整。具体流程如下：

（一）提前告知。学校每学期初启动家庭经济困难学生认定工作，通过多种途径和方式，提前向学生告知认定工作事项，并做好资助政策宣传工作。

（二）个人申请。申请家庭经济困难学生需通过“中央民族大学学生工作管理信息系统”网页，如实填报个人相关信息，并向学院提交《家庭经济困难学生认定申请表》（附件 1）及相关证明材料复印件。

（三）班级（或专业）评议。认定评议小组根据学生提交的认定申请表及相关证明材料，并综合考虑学生日常消费情况等因素采取“面对面评议，背靠背打分”的方式进行评价，确定本班级（或专业）特别困难和一般困难学生，报学院认定工作组进行审核。

（四）学院审核。学院认定工作组要

认真审核班级（或专业）认定评议小组申报的初步评议结果。如有异议，应在征得班级（或专业）认定评议小组意见后予以更正；学院认定工作组审核通过后，要将家庭经济困难学生名单及档次，在全学院范围内进行不少于5个工作日的公示。

如无异议，将审核通过的《家庭经济困难学生认定申请表》（附件1）及《家庭经济困难学生认定统计表（本预科生）》（附件2）、《家庭经济困难学生认定统计表（研究生）》（附件3）报学校学生资助管理中心。如师生有异议，可通过有效方式向学院学生奖助工作评审小组提出质疑。学院学生奖助工作评审小组应在接到异议材料的3个工作日内予以答复。如对学院学生奖助工作评审小组的答复仍有异议，可通过有效方式向学校学生资助工作领导小组提请复议，学校学生资助工作领导小组在接到复议提请的3个工作日内予以答复。如情况属实，则做出调整。

（五）学校复审。学校学生资助管理中心负责汇总、审核学院认定结果，并将复审结果报学校学生资助工作领导小组审定。

（六）建档备案。学校学生资助工作领导小组审定后，学校汇总建立家庭经济困难学生信息库，并按要求录入全国学生资助管理信息系统。

第十二条 学校建立家庭经济困难学生认定结果复核和动态调整机制。

（一）建立学校、学院和班级“三级”监督管理机制，接受广大师生监督，对认定结果有异议的，各级及时回应与处理，发现问题，及时纠正。

（二）建立家庭经济困难学生信息档案复核机制，采取家访、个别访谈、大数据分析、信函索证、民主评议等方式提高家庭经济困难学生认定精准度，并进行动态调整。

第五章 教育与管理

第十三条 学院要关注学生家庭经济状况的变动，及时掌握学生在校期间因突发性事件等原因导致家庭经济困难的新情况，关心家庭经济困难学生的生活、学习等情况。

第十四条 学院要将学生资助与学生思想政治教育相结合，加强学生的诚信教育。教育学生如实提供家庭情况，并及时告知家庭经济状况显著变化情况。

第十五条 学生在申请家庭经济困难学生认定过程中，如发现有恶意提供虚假信息的情况，一经核实，学校将取消学生的认定资格和已获得的相关资助，并追回资助资金。情节严重的，将依据《中央民族大学学生违纪处分实施办法》等相关规定进行严肃处理。

第六章 附 则

第十六条 本办法自发布之日起施行，《中央民族大学本科生家庭经济困难学生认定管理办法》（民大校发〔2013〕154号）同时废止。

第十七条 本办法由学校学生资助管理中心负责解释。

附件：

1. 家庭经济困难学生认定申请表

2. 中央民族大学______学年家庭经济困难学生认定统计表（本预科生）

3. 中央民族大学______学年家庭经济困难学生认定统计表（研究生）

附件 1

家庭经济困难学生认定申请表

学校：________ 学院：________ 专业：______年级：______ 班级：_______.

<table>
<tr><td rowspan="2">基本情况</td><td>姓 名</td><td></td><td>性 别</td><td></td><td>出生年月</td><td></td><td>籍 贯</td><td></td></tr>
<tr><td>身份证号码</td><td colspan="2"></td><td>家庭人口</td><td></td><td>手机号码</td><td colspan="2"></td></tr>
<tr><td rowspan="2">家庭通信信息</td><td>详细通信地址</td><td colspan="7"></td></tr>
<tr><td>邮政编码</td><td colspan="2"></td><td>家长手机号码</td><td colspan="4"></td></tr>
<tr><td rowspan="6">家庭成员情况</td><td>姓名</td><td>年龄</td><td>与学生关系</td><td>工作（学习）单位</td><td>职业</td><td>年收入（元）</td><td colspan="2">健康状况</td></tr>
<tr><td></td><td></td><td></td><td></td><td></td><td></td><td colspan="2"></td></tr>
<tr><td></td><td></td><td></td><td></td><td></td><td></td><td colspan="2"></td></tr>
<tr><td></td><td></td><td></td><td></td><td></td><td></td><td colspan="2"></td></tr>
<tr><td></td><td></td><td></td><td></td><td></td><td></td><td colspan="2"></td></tr>
<tr><td></td><td></td><td></td><td></td><td></td><td></td><td colspan="2"></td></tr>
<tr><td>特殊群体类型</td><td colspan="8">建档立卡贫困家庭学生：□是 □否；最低生活保障家庭学生：□是 □否；
特困供养学生：□是 □否；孤残学生：□是 □否；烈士子女：□是 □否；
家庭经济困难残疾学生及残疾人子女：□是 □否。</td></tr>
<tr><td>影响家庭经济状况有关信息</td><td colspan="8">家庭人均年收入　　　　元。
家庭遭受自然灾害情况：　　　　　　。家庭遭受突发意外事件：　　　　　　。
家庭成员因残疾、年迈而劳动能力弱情况：　　　　　　　　　　。
家庭成员失业情况：　　　　　　　　。家庭欠债情况：　　　　　　　　。
其他情况：　　　　　　　　　　　　　　　　　　　　　　　　。</td></tr>
<tr><td>个人承诺</td><td colspan="5">承诺内容：</td><td colspan="2">学生本人（或监护人）签字</td><td></td></tr>
</table>

注：1. 本表用于家庭经济困难学生认定，可复印

2. 学校、学院、专业、年级、班级可根据实际情况选择性填写

3. 承诺内容需本人手工填写“本人承诺以上所填写资料真实，如有虚假，愿承担相应责任”

附件 2

中央民族大学______学年家庭经济困难学生认定统计表（本预科生）

学院（盖章）：______ 评议小组组长签字：______ 学院领导签字：______ 报送日期：

序号	姓名	性别	民族	学号	生源地	认定结果	户口类型	是否建档立卡	是否孤儿	是否单亲	是否残疾	是否低保	本人联系电话	备　注

认定结果为：特别困难、一般困难；户口类型为：农村、城镇

附件 3

中央民族大学______学年家庭经济困难学生认定统计表（研究生）

学院（盖章）：______________ 评议小组组长签字：______________ 学院领导签字：______________ 报送日期：____________

序号	姓名	性别	民族	学号	生源地	认定结果	户口类型	是否建档立卡	是否孤儿	是否单亲	是否残疾	是否低保	本人联系电话	备注

认定结果为：特别困难、一般困难；户口类型为：农村、城镇

中央民族大学毕业生就业奖励办法

民大校发【2019】107号

2019年10月16日

第一章　总　则

第一条　为贯彻落实中共中央办公厅、国务院办公厅《关于引导和鼓励高校毕业生面向基层就业的意见》（中办发〔2005〕18号）、《关于统筹实施引导高校毕业生到农村基层服务项目工作的通知》（人社部发〔2009〕4号）和《教育部关于做好2019届全国普通高等学校毕业生就业创业工作的通知》（教学〔2018〕8号）等文件精神，进一步引导毕业生把个人成长成才与国家特别是西部地区的经济社会发展紧密结合起来，结合我校实际情况，制订本奖励办法。

第二章　经费来源

第二条　本办法中的表彰奖励经费来源包括学校建设世界一流大学（学科）和特色发展引导专项资金、北京支持“双一流”高校建设项目经费、就业工作专项经费、用于就业工作的捐赠收入等。

第三章　奖励范围和条件

第三条　学校对到西部地区和基层单位、国际组织等一次性就业的应届统招统分本科毕业生、研究毕业生（定向、委培、少数民族骨干计划学生除外）给予表彰和奖励（以下简称“到西部基层就业学生”）。一次性就业是指学生已做就业派遣（二分）且在核定奖励时未做改派的。

第四条　本办法中的西部地区包括内蒙古、广西、重庆、四川、贵州、云南、西藏、陕西、甘肃、青海、宁夏、新疆12个省（市、自治区）以及湖北恩施、湖南湘西、吉林延边三个少数民族自治州。

第五条　本办法中的四省藏区指青海省海北、黄南、海南、果洛、海西、玉树六州，四川省甘孜、阿坝州及木里县，云南省迪庆州，甘肃省甘南州和天祝县。

第六条　本办法中的基层单位主要指县级及以下党政机关、企事业单位，也包括社会团体、非公有制组织和中小企业。

第四章　表彰奖励

第七条　学校为到西部基层就业学生发放荣誉证书。

第八条　对属于以下情况的到西部基层就业学生发放奖金：

（一）非新疆、非西藏生源毕业生到新疆、西藏就业，一次性奖励 3000 元；

（二）新疆、西藏、四省藏区生源少数民族毕业生到其他省区就业，一次性奖励 1500 元；

（三）到内蒙古、广西、贵州、云南、西藏、青海、宁夏、新疆等民族八省区就业，按学生为该省区生源与否，分别一次性奖励 1000 元（非该省区生源）和 500 元；

（四）到四川、重庆、陕西、甘肃四省市以及恩施、湘西、延边三州就业的，一次性奖励 500 元。

（五）参加“大学生志愿服务西部计划”项目，一次性奖励 2000 元。

（六）参加“三支一扶”项目者、参加“北京立德未来基金会”美丽中国支教项目者，一次性奖励 1000 元。

第九条　到国际组织实习、任职，一次性奖励 3000 元。

第十条　被中央和地方选调生项目录用，对西部地区选调生一次性奖励 600 元（含工作地在恩施、湘西、延边三地的），中东部（含中央选调）选调生一次性奖励 500 元。

第十一条　毕业后征兵入伍，一次性奖励 1000 元。

第十二条　以上所列项目不重复奖励，对于符合其中多项条件的学生，取奖金最高一项进行奖励。

第五章　评选程序

第十三条　招生就业工作处根据学生填报就业去向信息确定发放荣誉证书名单，并按学校确定的名额确定参加毕业典礼颁发荣誉证书人员。

第十四条　招生就业工作处于每年 10 月至 11 月启动就业奖励申请工作，由毕业生本人申报并提交在岗证明等材料，逾期不再受理。

第十五条　招生就业工作处审核毕业生提交的材料并进行公示，报学校批准后统一予以奖励。

第六章　附　则

第十六条　毕业生享受其他奖励政策者，不影响按照本办法进行表彰奖励。

第十七条　本办法由招生就业工作处负责解释，并根据国家政策导向、学校就业实际、经费预算等情况适时修订。

第十八条　本办法自公布之日起实施，适用于 2019 届及以后毕业的学生。原《中央民族大学关于鼓励应届毕业生到西部到基层就业的奖励办法（修订）》（民大校发〔2012〕126 号）同时废止。

中央民族大学教师师德考核办法

民大校发【2019】118号

2019年11月29日

第一章　总　则

第一条　为深入贯彻习近平新时代中国特色社会主义思想，进一步加强学校师德师风建设，根据《教育部关于建立健全高校师德建设长效机制的意见》《北京高校教师师德考核办法》《中央民族大学关于建立健全师德建设长效机制实施办法》《中央民族大学“师德一票否决”实施办法》等相关文件，结合学校实际情况，制定本办法。

第二条　本办法所指的师德，主要是教师的职业道德，具体是指教师在教育教学、人才培养、科学研究、教学管理、社会服务中处理个人与教育事业、个人与学生、个人与同事、个人与家长和其他社会成员之间的关系时，所应遵循的道德行为准则和规范。

第三条　师德考核是对学校教师自觉践行新时代“四有”好老师、“四个引路人”“四个相统一”的时代要求和恪守职业道德情况的评定，并通过考核结果反馈促使广大教师自觉提升职业道德修养，践行教师职业行为准则，强化以德立身、以德立学、以德施教、以德育德的职业追求，自觉担当起新时代教师的神圣使命。

第四条　考核原则是坚持以人为本，尊重教师主体地位；坚持师德为先，以立德树人为出发点和立足点；坚持公平公正，充分发挥优秀教师的示范引领作用。

第五条　本办法的考核对象是指教学科研岗、辅导员岗以及有教学任务的工程实验岗教师。

学校在岗其他人员参照执行。

第二章　考核组织保障

第六条　学校党委书记和校长共同管理师德考核工作，共同承担师德考核责任，是师德建设的第一责任人。学院党政主要负责人对本单位师德考核负直接领导责任。

第七条　学校师德建设委员会统筹全校师德考核的领导、指导和监督工作。学校师德建设委员会办公室具体负责师德考核日常工作。

第八条　各学院由师德建设考核工作小组负责组织实施本单位教师的师德考核工作，确定师德考核初步意见和考核档次。

第三章 考核内容及等级

第九条　考核依据《新时代北京高

校教师职业行为十项准则》，内容包括坚定政治方向、自觉爱国守法、传播优秀文化、潜心教书育人、关心爱护学生、坚持言行雅正、遵守学术规范、秉持公平诚信、坚守廉洁自律、积极奉献社会等十个方面。

第十条　考核分为平时考核和年度考核。平时考核主要考核教师日常师德表现和遵守纪律、履行岗位职责等情况。各学院实行动态考核，实时记录教师违反职业道德的行为，每学期要进行平时考核情况总结并书面报送党委教师工作部。

第十一条　师德年度考核等级一般分为优秀、合格、基本合格和不合格四个档次。凡教师出现《新时代北京高校教师职业行为十项准则》《中央民族大学教师行为规范》《中央民族大学“师德一票否决”实施办法》等文件所列“负面清单”行为的，该教师师德考核档次确定为基本合格或不合格，其他人员为合格以上档次。对获得广大师生和社会高度认可的，事迹突出，在本单位能够发挥立德树人模范和表率作用的教师，年度师德考核档次可确定为优秀，优秀档次比例原则上应不超过参加年度师德考核人员总数的20%。

第四章　考核程序

第十二条　师德年度考核与教职工年度考核一并进行。师德年度考核程序为：

（一）教师个人自评。教师本人对照考核内容和评价要求标准，逐项自我评定，并填写《中央民族大学教师师德考核评价表》（以下简称《师德考核评价表》）；

（二）学院确定初步考核结果。学院师德建设考核工作小组对教师《师德考核评价表》进行审核，并制定本单位的师德综合评议规定，一般在教师自评的基础上，采取同事互评、学生测评、综合评议相结合的方式进行，确定师德考核初步意见和考核等次。经学院党政联席会讨论同意并签署意见后报党委教师工作部、人事处；

（三）学校师德建设委员会办公室对各学院上报的师德考核初步意见和考核等次进行审定，提出考核建议，报学校师德建设委员会研究后确定结果；

（四）学院将考核结果通知每一位被考核教师，经教师签字确认后，存入教师个人档案；

（五）学校将考核结果上报上级师德考核工作领导小组办公室。

第十三条　学院对拟作出师德考核基本合格或不合格的，应当告知当事人调查认定的事实及依据，听取教师本人意见，提出改进建议，坚持正面引导。

第十四条　师德考核结果出现较大争议时，应根据相关部门实际调查情况报学校党委常委会研究确定。

第五章　考核结果运用

第十五条　师德考核结果纳入教职工年度考核。

第十六条　师德考核结果运用于教师管理和职业发展全过程，作为岗位聘用、职称评定、职务晋升、工资晋级、干部选任、申报人才计划、申报科研项目、学习进修、评奖评优等工作中的重要依据。

第十七条　凡在师德年度考核被确定为合格及以上档次的教师，按照有关政策规定晋升薪级档次和享受各种待遇；

凡在师德年度考核中被确定为优秀档次的教师在参与学校有关奖励或荣誉称号的评选时优先考虑。

第十八条 经学校认定师德考核基本合格的教师，年度考核结果不能评为合格及以上档次；师德年度考核不合格的教师，年度考核应评定为不合格，实行“师德一票否决”。

第十九条 对有严重师德失范行为、影响恶劣者，按有关规定予以党纪处分、行政处分、撤销教师资格、解聘等处理，涉及违法犯罪的应及时移交司法部门处理。

第六章 考核监督机制

第二十条 学校师德建设委员会办公室以师德年度报告、抽查等方式不定期排查各学院教师师德状况，并上报学校及上级主管部门。

第二十一条 在师德舆情出现后，学校师德失范调查处理委员会及各单位师德建设考核工作小组应迅速展开调查，及时回应并上报学校及相关主管部门。

第二十二条 各学院要切实负起责任，全面、认真做好教师考核工作，对在师德考核过程中有徇私舞弊、监管不力、推诿隐瞒、造成不良影响或严重后果的，学校将根据情况给予严肃处理，并追究主要负责人的责任。

第七章 附 则

第二十三条 本办法由党委教师工作部负责解释，自发布之日起实施。

中央民族大学教师行为规范（修订）

民大校发【2019】119 号

2019 年 11 月 29 日

第一章 总 则

第一条 为深入贯彻落实习近平新时代中国特色社会主义思想，落实全国高校思想政治工作会议精神和《中共中央国务院关于全面深化新时代教师队伍建设改革的意见》部署，切实加强师德师风建设，引导广大教师自觉践行社会主义核心价值观，争做“四有”好老师和“四个引路人”，根据《新时代北京高校教师职业行为十项准则》《中央民族大学师德建设长效机制实施办法》《中央民族大学“师德一票否决”实施办法》等规定，结合学校实际，修订本规范。

第二条 本规范是对中央民族大学

教师个人品行和职业操守的基本要求。

第三条 本规范适用于中央民族大学全体教职工。

以学校名义从事教学、科研工作的兼职教师、访问学者及进修教师等人员适用本规定。

第二章 基本职业道德规范

第四条 坚定政治方向。坚持以习近平新时代中国特色社会主义思想为指导，树立实现中华民族伟大复兴的共同理想，坚定“四个自信”，拥护中国共产党的领导，拥护党的路线方针政策，全面贯彻党的教育方针，维护国家利益和民族团结。

第五条 自觉爱国守法。忠于祖国，忠于人民，恪守宪法原则，遵守法律法规，自觉履行公民义务，依法履行教师职责，模范遵守社会公德，自觉维护首都安全稳定和校园和谐，自觉遵守保密管理规定，遵守学校规章制度。

第六条 传播优秀文化。带头践行社会主义核心价值观，保持家国情怀、铸牢中华民族共同体意识，自觉传承中华优秀传统文化、革命文化和社会主义先进文化，加强古都文化、红色文化、京味文化和创新文化教育，弘扬真善美，传递正能量。

第七条 潜心教书育人。落实立德树人根本任务，树立崇高的职业理想，掌握现代教育理论，更新教育理念，思维要新，视野要广，忠于职守，乐于奉献，坚持以德立身、以德立学、以德施教、以德育德，遵循教育规律和学生成长、成才规律，坚持教书和育人相统一，坚持言传和身教相统一，因材施教，教学相长，持续提升教育教学质量。

第八条 关心爱护学生。严慈相济，诲人不倦，尊重学生人格，真心关爱学生，严格要求学生，公平公正对待学生，做学生良师益友。

第九条 坚持言行雅正。为人师表，以身作则，仪表端庄，举止文明，作风正派，尊重同事，团结协作，规范使用自媒体，自重自爱。

第十条 遵守学术规范。严谨治学，力戒浮躁，潜心问道，勇于探索，坚持学术自由和学术规范相统一，坚持实事求是，坚守学术良知，反对学术不端。

第十一条 秉持公平诚信。坚持原则，处事公道，光明磊落，为人正直，淡泊名利，志存高远。

第十二条 坚守廉洁自律。严于律己，清廉从教。树立优良学风教风，以高尚师德、人格魅力和学识风范教育感染学生。

第十三条 积极奉献社会。坚持潜心问道和关注社会相统一，履行社会责任，承担社会义务，提供专业服务，维护社会正义，引领社会风尚，贡献聪明才智，树立正确义利观。

第三章 违规的行为

第十四条 工作关系方面的违规行为包括：

（一）在教育教学活动中有违背党的路线方针政策、国家法律、法规或社会伦理的言行；

（二）通过网络或其他方式发表损害国家形象和民族团结的言行；

（三）接受境外资助从事损害国家利益或者危害国家安全活动的行为；

（四）在课堂出现攻击、诽谤党的领导和抹黑中国特色社会主义的言论；

（五）在招生、考试、推优、保研等工作中徇私舞弊的行为；

（六）弄虚作假、抄袭剽窃、篡改侵吞他人学术成果、违规使用科研经费以及滥用学术资源和学术影响的行为；

（七）擅自停课、调课或请人代课的行为；

（八）学术成果故意重复发表的行为；

（九）对学术批评者进行压制、打击或报复的行为；

（十）其他违反学校教学管理和学术道德规范的行为。

第十五条 师生关系方面的违规行为包括：

（一）损害学生合法权益的行为；

（二）组织、诱导学生参加宗教活动、非法组织以及“黄、赌、毒”和迷信活动的行为；

（三）索要或收受学生及家长的礼品、礼金、有价证券、支付凭证等财物的行为；

（四）在课堂上发牢骚、泄怨气，把不良情绪传导给学生造成严重影响的行为；

（五）对学生实行性骚扰或与学生发生不正当关系的行为；

（六）侮辱学生或教唆学生侮辱、恐吓其他学生的行为；

（七）与有利益关系的在校学生发生恋爱关系的行为；

（八）利用教师身份进行利诱、威胁学生的行为；

（九）利用教师身份胁迫学生做与教育教学活动无关的行为；

（十）其他违反师生关系的行为。

第十六条 同事关系方面的违规行为包括：

（一）干扰或妨碍他人开展正常的教学、科研或管理工作的行为；

（二）在缺乏事实依据的情况下，伪造证据，以造谣、举报等形式恶意中伤他人的行为；

（三）对同事实施性骚扰或与同事发生不正当关系的行为；

（四）恶意泄露他人隐私的行为；

（五）利用职业身份进行利诱、威胁或者误导，损害他人合法权益的行为；

（六）其他违反同事关系的行为。

第十七条 学校关系方面的违规行为包括：

（一）通过网络或其他方式造谣、谩骂损害学校形象的行为；

（二）以非法方式表达诉求，故意扰乱正常教育教学秩序的行为；

（三）干扰学校正常工作秩序的行为；

（四）影响正常教育教学工作的兼职兼薪的行为；

（五）未经学校允许，擅自使用学校的有形或无形资产、资源的行为；

（六）有意破坏或煽动他人破坏学校设备、设施的行为；

（七）利用工作之便为本人或者他人谋取不正当利益的行为；

（八）其他损害学校声誉和合法权益的行为。

第十八条 社会关系方面的违规行为包括：

（一）通过弄虚作假、欺骗组织等不正当手段谋取个人利益的行为；

（二）采取谩骂、侮辱、诽谤、恐吓、威胁、打击报复等方式，干扰他人正常工作或生活的行为；

（三）参与或支持色情、吸毒、赌博、邪教组织活动等行为；

（四）寻衅滋事，聚众闹事，打架斗殴，毁坏公物的行为；

（五）其他违反社会公序良俗的行为。

第十九条 国家法律法规或学校规章制度禁止的其他行为。

第四章 附 则

第二十条 对教师违反职业道德行为的举报、受理、调查、处分、申诉等，按照《中央民族大学“师德一票否决”实施办法》《中央民族大学教职工纪律处分暂行规定》等文件的相关规定进行。

第二十一条 本规范自发布之日起执行，原《中央民族大学教师行为规范（试行）》（民大校发〔2018〕237 号）废止。

第二十二条 本规范由党委教师工作部负责解释。

中央民族大学“师德一票否决”实施办法（修订）

民大校发【2019】120 号

2019 年 11 月 29 日

第一条 为深入贯彻习近平新时代中国特色社会主义思想，落实全国高校思想政治工作会议精神和《中共中央国务院关于全面深化新时代教师队伍建设改革的意见》，进一步加强师德师风建设，根据《教师法》《高等教育法》《关于高校教师师德失范行为处理的指导意见》《新时代北京高校教师职业行为十项准则》《中央民族大学师德建设长效机制实施办法》《中央民族大学教职工纪律处分暂行规定》等规定，结合学校实际，修订本办法。

第二条 本办法所称“师德一票否决”指将教职工职业道德表现作为职务晋升、岗位聘用、干部选任、评奖评优、工资晋级、考核考评、申报人才计划、申报科研项目等事项的首要评价标准，对违反职业道德行为依法依规给予惩处。

第三条 本办法适用于学校全体教职工。

以学校名义从事教学、科研工作的兼职教师、访问学者及进修教师等人员适用本规定。

第四条 “师德一票否决”的审查、认定和处理应当坚持公平公正和分级管理的原则进行，做到事实清楚、证据确凿、定性准确、处理恰当、程序合法、手续完备。

第五条 学校成立师德失范调查处理委员会负责领导、协调、查处“师德一票否决”的审查认定处理工作。师德失范调查处理委员会主任由分管党委教师工作部的校领导担任，成员由党委组织部、党委宣传部、纪委办公室、党委教师工作部、人事处、教务处、科研处、学生工作部、研究生院、工会、教代会等部门负责人组成。师德失范调查处理委员会下设办公室，师德失范调查处理委员会办公室设在党委教师工作部，负责“师德一票否决”日常工作的具体实施。中央民族大学教职工申诉委员会负责接受和处理教职工对“师德一票否决”的投诉或申诉。

第六条 教职工凡有下列情形之一的，师德考核认定为不合格，实施“一票否决”：

（一）妄议党中央大政方针，在教育教学活动中和其他场合有损害党中央权威和集中领导、中国特色社会主义制度、违背党的路线方针政策及损害民族团结的言行；

（二）违反宪法和法律规定，损害国家利益、社会公共利益，违背社会公序良俗；

（三）在涉外活动中，有损害党和国家尊严、利益或安全的行为；

（四）通过信息网络或其他渠道发表、传播不当言论，散布虚假信息、不良信息造成负面影响，或发表损害国家形象和民族团结的行为；

（五）违反学校有关学术不端行为的相关规定；

（六）违反国家或学校相关规定的兼职兼薪行为；

（七）在教育教学及科研活动中遇突发事件，学生安全面临危险时，擅离职守、逃避责任；

（八）支使学生从事与教育教学、学术研究、能力提升无关的事宜，给学生造成严重的心理影响和精神压力；

（九）体罚或者以侮辱、歧视等方式变相体罚学生，打击报复学生；

（十）在招生、考试、推优评奖、保研等工作中弄虚作假、徇私舞弊；

（十一）索要或收受学生及家长的礼品、礼金、有价证券、支付凭证等财物，参加由学生或者家长支付费用的宴请、旅游、健身休闲等活动，利用家长资源谋取私利；

（十二）与有利益关系的学生建立恋爱关系，对学生实施性骚扰或与学生发生不正当关系；

（十三）未经学校授权，擅自使用校名、校徽等无形资产，或者擅自以学校名义行事；

（十四）以营利为目的，推销、兜售或诱导学生购买教辅读物、学习资料、学习用品等；

（十五）因违法违纪行为受到党纪、行政处分或刑事处罚；

（十六）无故不承担教学任务、管理工作，拒不接受学校分配的其他工作，影响恶劣；

（十七）对其他教师实施侮辱、诽谤、诬告陷害或殴打伤害等言行；

（十八）对批评、检举、控告进行阻挠、压制，或者将批评、检举、控告材料私自扣压、销毁，或者故意将其泄露给他人；

（十九）在考核、选举等活动中违背组织原则搞拉票、助选等非组织活动；

（二十）在教学、科研、人事、财

务、外事等管理工作中违反有关规定为本人或者他人谋取利益；

（二十一）弄虚作假，骗取职务、职级、职称、福利待遇、资格、学历、荣誉或其他利益；

（二十二）其他违反教师行为规范，造成恶劣影响的行为。

第七条　“师德一票否决”的审查认定和处理程序：

（一）学校各单位和各部门根据发现、举报、转收的违反职业道德的线索、材料，应及时开展调查工作。在调查过程中，应听取被调查人的陈述和申辩，形成书面材料，与调查取得的其他相关材料一并报党委教师工作部。

（二）党委教师工作部接到书面材料后，会同牵头工作部门对被调查人是否违反职业道德的情况进行初核。其中涉及意识形态的，由党委宣传部牵头初核；涉及教学行为、研究生导师行为的，由教务处或研究生院牵头初核；涉及学术道德的，由科研处牵头初核；涉及违纪违法的，由学校纪委办公室、监察处初核；涉及其他方面的由党委教师工作部、人事处或党委组织部牵头初核。

（三）初核牵头部门向被调查人所在单位反馈初核结果，经其所在单位的师德委员会和党政联席会集体研究，向党委教师工作部提出处理建议。

（四）党委教师工作部将初核结果和处理建议，报学校师德失范调查处理委员会，研究决定是否纳入“师德一票否决”，做出初步处理意见。

（五）师德失范调查处理委员会将初核结果、初步处理意见报学校党委常委会或校长办公会审定。

（六）“师德一票否决”处理决定的执行。党委教师工作部将学校认定的结果和处理决定书面送达教师所在单位，所在单位送达教职工本人。处理决定应包括受处理人员的姓名、单位、原所聘岗位名称及等级等基本情况、经查证的违反“师德一票否决”的事实、受处理的种类、期限和依据、不服处理决定的申诉途径和期限、处理决定的日期等内容，处理决定同时由党委教师工作部存档。

（七）如纳入“师德一票否决”的教职工对学校给予的处理决定有异议，自接到通知后的 7 个工作日内，可向学校师德失范调查处理委员会申请复核。学校师德失范调查处理委员会应在三十日内复核并做出复核结果。教师对复核结果不服的，可以按照《中央民族大学教职工申诉办法》的程序进行申诉，或按照有关规定向上级教育行政主管部门进行申诉。

第八条　对纳入“师德一票否决”的教职工，将做出如下处理：

（一）被纳入“师德一票否决”的教职工，情节轻微且未造成较大范围不良影响的，视情节可选用以下方式处理：

1. 给予批评教育，并在全校范围内通报批评；

2. 停止教学活动或调离原岗位；

3. 取消职务晋升、岗位聘用、干部选任、评奖评优、工资晋级、申报人才计划、申报科研项目等资格；取消个人当年校内绩效奖励；

4. 担任研究生导师的，限制招生名

额或暂停招生或建议取消导师资格。

（二）被纳入“师德一票否决”的教职工，情节较重且造成不良影响的，除按本条第一款处理外，还应根据《中央民族大学教职工纪律处分暂行规定》给予行政处分，包括警告、记过、降低岗位等级或撤职、开除，需要解除聘用合同的，按照《事业单位人事管理条例》《中华人民共和国劳动合同法》相关规定进行处理。情节严重，影响恶劣的教师应当依据《教师资格条例》，报请市教委撤销其教师资格；中共党员应移交纪委办公室进行党纪处分。涉嫌违法犯罪的，及时移送司法机关依法处理。

（三）同时具有两种以上师德失范行为需要处理的，应当分别确定处理意见。处理意见相同的部分不重复实施；处理意见不同的部分应同时实施，但不叠加延长实施期限。

第九条 师德处理界定的执行期限一般不少于 12 个月，对取消相关资格处理的执行期限一般不少于 24 个月。

第十条 被纳入“师德一票否决”的教职工，凡有以下情况的，除按本办法第八条规定给予处理外，按照《中央民族大学教职工纪律处分暂行规定》，给予记过及以上相应处分。涉嫌违法违纪或应当追究纪律责任的，移交学校纪委办公室进行处理。

（一）被纳入“师德一票否决”的教职工，批评教育后不予悔改又发生类似情况的；

（二）对可能造成的损失、不良影响放任不管，造成更大损失、严重影响的；

（三）具有其他严重情节的。

第十一条 受到“师德一票否决”处理的教职工要积极整改，其所在单位的党政领导应对其进行谈话教育，督促其整改。在“师德一票否决”期内没有再出现违反职业道德情形的，“师德一票否决”期满后，经本人书面申请，所在单位党政联席会集体讨论通过，报党委教师工作部，经学校党委常委会或校长办公会批准可解除“师德一票否决”，取消相关资格的，不同时恢复，须按相关规定重新申请。按《中央民族大学教职工纪律处分暂行规定》受到处分的，按照相关规定执行。

第十二条 对发现教师违反职业道德的情况或收到举报线索、材料，相关组织和单位处理不及时或者推诿隐瞒，将追究有关领导的责任。

第十三条 本办法自发布之日起实施，原《中央民族大学“师德一票否决”实施办法（试行）》（民大校发〔2018〕238 号）同时废止。

第十四条 本办法由党委教师工作部负责解释。

中央民族大学校内岗位聘用方案（2020—2022）

民大校发【2019】138 号

2019 年 12 月 20 日

为进一步深化我校人事改革，建立科学高效的管理体制和运行机制，不断推动学校事业科学创新发展，根据《中共中央 国务院关于全面深化新时代教师队伍建设改革的意见》及《中共中央办公厅 国务院办公厅关于分类推进人才评价机制改革的指导意见》《中共中央办公厅 国务院办公厅关于深化项目评审、人才评价、机构评估改革的意见》《国家民委事业单位岗位设置管理实施意见》《教育部关于深化高校教师考核评价制度改革的指导意见》等文件精神，结合学校实际，特制定 2020 至 2022 年度校内岗位聘用方案。

一、基本原则

以习近平新时代中国特色社会主义思想为指导，全面贯彻党中央精神，落实新发展理念；以推动学科与专业建设，增强学校核心竞争力，提高学校教学、科研和管理水平为目标；坚持尊重规律、问题导向、分类评价、客观公正、科学定位，建设一支高质量的教学、科研和管理队伍。

（一）统筹兼顾，持续发展

校内岗位聘用以现有人员队伍为基础，科学规划，稳妥实施；同时坚持岗位竞争原则，鼓励拔尖，充分调动各类人员的积极性，促进师资队伍健康、协调、持续发展。

（二）强化岗位，淡化身份

校内岗位聘用进一步强化岗位管理，淡化身份管理。落实“质量立校、人才强校、特色兴校、管理强校、开放办校”战略，促进学校科学发展。实行“以岗定薪，岗变薪变”，明确岗位职责，实施以绩效为导向的考核制度。

（三）两级聘用，合同管理

校内岗位聘用按岗位类别和等次，实行学校和二级单位两级聘用管理；按岗位要求聘用，实行合同管理；建立人员能上能下，能进能出的激励约束机制。

（四）分类评价，全面考核

校内岗位进行分类管理，按岗位特点和职责对聘用人员进行分类评价，从师德师风、人才培养、学科建设、教育教学、科学研究和社会服务工作等方面进行全面考核。

二、组织机构及职责

（一）学校成立校内岗位聘用工作领导小组，领导小组由学校党委书记和校长任组长，分管人事、组织、教务等工作的学校领导任副组长，人事处、组织部、教务处、科研处、研究生院、发展规划处的主要负责人任组员，全面负责校内岗位聘用工作。

领导小组下设办公室，办公室设在人事处，具体负责校内岗位聘用的组织实施、政策解释和投诉申诉受理工作。

（二）二级单位成立本单位岗位聘用工作组，负责本单位权限内的聘用工作。

三、岗位聘用程序及聘期管理

（一）聘用程序

1. 公布岗位设置、聘用条件和岗位职责；

2. 个人申请；

3. 单位聘用或提出拟聘意见；

4. 学校评审；

5. 校内公示；

6. 公布聘用结果，按聘用协议管理。

（二）聘用与聘期

1. 委党组管理干部的聘任与聘期，按照干部管理权限执行；学校管理干部和参加科级及以下岗位聘用人员的聘用与聘期，分别按处级干部聘任、职员评聘和科级及以下岗位聘用相应方案执行。

2. 学校教学科研岗位和未参加科级及以下岗位聘用的教辅专业技术岗位人员，聘期一般为3年，由学校统一组织聘用；聘期内达到退休年龄者，按期办理退休，校内岗位聘用合同自然终止。

3. 聘期内教学科研专业技术岗位教学科研型、科研教学型和教学型不得改变聘用岗位类型；专业技术职务晋升，按所聘岗位类型申报。

4. 一般为原岗位聘用，根据自身意愿也可申报低级别岗位聘用。

5. 劳动人事关系解除，校内岗位聘用合同自然终止。

6. 其他需要提前终止校内岗位聘用合同的情况，可缩短聘期或解除聘用。

（三）缓聘

岗位聘用时，受聘人员应具备相应聘用资格，存在下列情形之一者，学校予以缓聘：

（1）非公派出国（境）三个月以内不能返校履职者；

（2）分流待聘者；

（3）因病或非因公伤残请病假满六个月后不能恢复工作者；

（4）经有关部门鉴定为限制行为能力者；

（5）正在接受纪律审查或司法调查尚未做出结论者；

（6）上年度考核被确定为不合格，应当予以缓聘者；

（7）国家法律法规规定其他需要缓聘者。

四、岗位设置及上岗条件

（一）岗位设置

校内岗位设置分为专业技术系列、管理系列、工勤技能系列。

1. 专业技术系列

专业技术系列分设教学科研专业技术岗位、教学科研单位工程实验专业技术岗位和其他专业技术岗位。

（1）教学科研专业技术岗位分为二至十三级，其中三至七级分设教学科研型、科研教学型和教学型等3个类型。

科研教学型岗位仅在校级独立科研平台和校级非独立科研平台设置。

专门承担公共外语、大学体育、公共计算机全校公共课程的学院，按照专任教师数不低于90%的数额设置教学型岗位，不超过10%的数额设置教学科研型岗位。专门承担思想政治全校公共课程的学院，按照专任教师数不低于80%的数额设置教学型岗位，不超过20%的数额设置教学科研型岗位。

继续教育学院和预科教育学院，根据教学工作实际需要可设置教学型岗位。

（2）教学科研单位工程实验专业技术岗位分为五至十三级。

（3）其他专业技术岗位分为三至十三级。

编辑出版岗位和图书资料岗位分为三至十三级，辅导员岗位和医疗卫生岗位分为四至十三级，会计审计岗位和非教学科研单位工程实验岗位分为五至十三级。

2. 管理系列

管理系列分为委党组管理干部和学校管理干部。

委党组管理干部按照干部管理权限由国家民委确定；学校管理干部岗位分为四至十级。

3. 工勤技能系列

工勤技能系列岗位分为二至六级。

（二）上岗条件

1. 教学科研专业技术岗位

二级岗位上岗条件：具有教授（二级）专业技术职务。

三级岗位上岗条件：具有教授（三级）专业技术职务。

四级岗位上岗条件：具有教授（四级）专业技术职务。

五级岗位上岗条件：具有副教授（一级）专业技术职务。

六级岗位上岗条件：具有副教授（二级）专业技术职务。

七级岗位上岗条件：具有副教授（三级）专业技术职务。

八级岗位上岗条件：具有讲师（一级）专业技术职务。

九级岗位上岗条件：具有讲师（二级）专业技术职务。

十级岗位上岗条件：具有讲师（三级）专业技术职务。

十一级岗位上岗条件：具有助教（一级）专业技术职务。

十二级岗位上岗条件：具有助教（二级）专业技术职务。

十三级岗位上岗条件：新入职待聘人员。

2. 教学科研单位工程实验专业技术岗位和其他专业技术岗位

三级岗位上岗条件：具有正高（三级）专业技术职务。

四级岗位上岗条件：具有正高（四级）专业技术职务。

五级岗位上岗条件：具有副高（一级）专业技术职务。

六级岗位上岗条件：具有副高（二级）专业技术职务。

七级岗位上岗条件：具有副高（三级）专业技术职务。

八级岗位上岗条件：具有中级（一级）专业技术职务。

九级岗位上岗条件：具有中级（二级）专业技术职务。

十级岗位上岗条件：具有中级（三级）专业技术职务。

十一级岗位上岗条件：具有初级（一级）专业技术职务。

十二级岗位上岗条件：具有初级

（二级）专业技术职务。

十三级岗位上岗条件：新入职待聘人员。

3. 管理岗位

（1）委党组管理干部上岗条件：按国家民委规定执行。

（2）学校管理干部上岗条件

四级岗位上岗条件：现聘任为管理岗位四级职员。

五级 A 档岗位上岗条件：现聘任为校长助理（正处级）。

五级 B 档岗位上岗条件：现聘任为正处级实职干部。

五级 C 档岗位上岗条件：现聘任为正处级组织员或主持工作的副处级干部。

五级 D 档岗位上岗条件：现聘任为管理岗位五级职员。

六级 A 档岗位上岗条件：现聘任为副处级实职干部。

六级 B 档岗位上岗条件：现聘任为副处级组织员。

六级 C 档岗位上岗条件：现聘任为管理岗位六级职员。

七级 A 档岗位上岗条件：现聘任为正科级实职干部。

七级 B 档岗位上岗条件：现聘任为管理岗位七级职员。

八级岗位上岗条件：现聘任为管理岗位八级职员。

九级岗位上岗条件：现聘任为管理岗位九级职员。

十级岗位上岗条件：新入职待聘人员。

4. 工勤技能岗位

二级岗位上岗条件：现聘为技术工二级。

三级岗位上岗条件：现聘为技术工三级。

四级岗位上岗条件：现聘为技术工四级。

五级岗位上岗条件：现聘为技术工五级。

六级岗位上岗条件：现聘为普通工。

说明：后勤保障处工勤技能岗位由后勤保障处组织聘用，其余各单位工勤技能岗位由学校组织聘用。

五、岗位职责

（一）教学科研专业技术岗位基本职责

1. 按照校院两级管理的原则，学校确定教学科研专业技术二至七级岗位的基本岗位职责，各教学科研单位按照完成人才培养、学科建设、教学及学生指导、科学研究和社会服务等实际工作要求，在不低于学校基本岗位职责的基础上，确定本单位所有岗位的具体职责要求。在学校改革过程中出现的特殊情况，由学校研究决定。

2. 按照分类评价的聘用要求，各岗位的科学研究工作职责按照人文社科、理工医类和艺术体育类加以区分。社会服务工作任务分学校核定服务工作量和学院核定服务工作量，学校核定社会服务工作积分项目明细，由学校提出；学院核定社会服务工作积分项目明细，由各学院根据本单位工作实际提出。

3. 教学科研专业技术二至七级岗位基本职责

教学科研二级岗位
学科及队伍建设工作： 1. 承担学科、学位点和国家级、省部级各类基地、平台的申报、评估和建设工作，促成新的生长点，保证本学科完成既定建设目标，推动学科水平提升； 2. 提出有重要学术意义的研究方向和科研选题，推进学术交流； 3. 承担或参与省部级及以上学科及基地、中心、实验室等教学科研平台的工作任务； 4. 组建结构合理稳定的学术梯队，指导本学科青年教师教学科研工作，聘期内梯队中获批省部级及以上奖项、荣誉称号、咨政报告等应用成果 2 项或培养省部级及以上项目第一负责人 2 名。
教学及学生指导工作： 1. 课堂教学 完成本单位确定的不低于 4 学分的年度教学工作量，其中承担本科生（含预科生）课程不得低于 2 学分。 2. 本科生指导 （1）每年至少开设本学科前沿讲座 1 场次； （2）参与专业建设和学生指导： (聘期内至少承担下列诸项工作中 2 个单位工作量，因公外出而无法完成教学工作者可适当减免，原则上外出 1 年减免 1 个单位工作量) ①指导本科生毕业论文、科研项目、学科竞赛和创新创业竞赛，每年指导 2 篇或 1 个项目为 1 个单位工作量； ②指导本科生教育实习、专业实习、社会实践和军训，每年指导 1 次实习实践工作为 1 个单位工作量； ③主持校级课程建设、教材建设或教改项目，每门（部、项）每年为 1 个单位工作量； ④担任本科生（含预科生）班主任或辅导员，担任班主任或辅导员每年为 1 个单位工作量； ⑤校级科研平台人员，须参与本科生教学与学生指导，但对上述①-④项不做具体要求。 3. 研究生培养 聘期内履行研究生导师职责，高质量完成培养博士生、硕士生的任务。
科研工作（至少满足以下一项）： 人文社科、理工医类： 1. 一项 A 类及以上教学科研成果（论文、项目、获奖、应用）； 2. 一项 B 类教学科研成果（论文、项目、获奖、应用）和一项 C 类及以上教学科研成果（论文、项目、获奖、应用等）； 3. 三项教学科研成果（C 类论文、核心期刊论文、EI 收录期刊论文、C 类项目、省部级项目、省部级获奖、C 类应用），其中至少要有两项 C 类教学科研成果。 艺体类： 1. 一项 B 类及以上教学科研成果（论文、项目、获奖、应用）； 2. 两项教学科研成果（C 类论文、核心期刊论文、EI 收录期刊论文、C 类项目、省部级项目、省部级获奖、C 类应用），其中至少要有一项 C 类教学科研成果。
社会服务工作： 聘期内完成学校和学院规定的社会服务工作，且服务工作总量不低于 120 分，其中校级核定社会服务分值不低于 60 分（校级社会服务工作核定项目明细见附件 1）。

续表

教学科研三级岗位（教学科研型）
学科及队伍建设工作： 1. 参与学科、学位点和国家级、省部级各类基地、平台的申报、评估和建设工作，促成新的生长点，促进本学科完成既定建设目标，推动学科水平提升； 2. 提出有重要学术意义的研究方向和科研选题，推进学术交流； 3. 指导、组织所在学科的教学和科研工作； 4. 聘期内指导青年教师申报省部级以上项目，指导青年教师提升教学效果。
教学及学生指导工作： 1. 课堂教学 完成本单位确定的不低于 8 学分的年度教学工作量，其中承担本科生（含预科生）课程不得低于 3 学分。 2. 本科生指导 （1）每年至少开设本学科前沿讲座 1 场次； （2）参与专业建设和学生指导： （聘期内至少承担下列诸项工作中 3 个单位工作量，因公外出而无法完成教学工作者可适当减免，原则上外出 1 年减免 1 个单位工作量） ①指导本科生毕业论文、科研项目、学科竞赛和创新创业竞赛，每年指导 2 篇或 1 个项目为 1 个单位工作量； ②指导本科生教育实习、专业实习、社会实践和军训，每年指导 1 次实习实践工作为 1 个单位工作量； ③主持课程建设或教材建设，主持 1 门课程或 1 部教材建设每年计 1 个单位工作量； ④主持校级及以上教研或教改立项，主持 1 项每年为 1 个单位工作量； ⑤担任本科生（含预科生）班主任或辅导员，担任班主任或辅导员每年为 1 个单位工作量。 3. 研究生培养 研究生导师聘期内履行导师职责，高质量完成研究生培养任务。
科研工作（至少满足以下一项）： 人文社科、理工医类： 1. 一项 B 类及以上教学科研成果（论文、项目、获奖、应用等）； 2. 三项教学科研成果（核心期刊论文、EI 收录期刊论文、C 类项目、省部级项目、省部级获奖、C 类应用）。 艺体类： 1. 一项 C 类及以上教学科研成果（论文、项目、获奖、应用等）； 2. 两项教学科研成果（核心期刊论文、EI 收录期刊论文、省部级项目、省部级获奖）； 3. 一项教学科研成果（核心期刊论文、EI 收录期刊论文、省部级项目、省部级获奖），且同时完成一项创作作品（第一创作人）并在校外公开展演、公开展览； 4. 一项教学科研成果（核心期刊论文、EI 收录期刊论文、省部级项目、省部级获奖），且同时担任一次省部级及以上比赛教练（裁判）。
社会服务工作： 聘期内完成学校和学院规定的社会服务工作，且服务工作总量不低于 120 分，其中校级核定社会服务分值不低于 60 分（校级社会服务工作核定项目明细见附件 1）。

续表

教学科研三级岗位（科研教学型）
学科及队伍建设工作： 1. 参与学科、学位点和国家级、省部级各类基地、平台的申报、评估和建设工作，促成新的生长点，推动学科水平提升； 2. 提出有重要学术意义的研究方向和科研选题，推进学术交流； 3. 指导、组织所在学科的教学和科研工作； 4. 聘期内指导青年教师申报省部级以上项目。
教学及学生指导工作： 1. 课堂教学 完成本单位确定的不低于 4 学分的年度教学工作量，其中承担本科生（含预科生）课程不得低于 2 学分。 2. 本科生指导 （1）每年至少开设本学科前沿讲座 2 场次； （2）参与本科生毕业环节和创新创业项目及大学生学科竞赛活动等。 3. 研究生培养 研究生导师聘期内履行导师职责，高质量完成研究生培养任务。
科研工作（至少满足以下一项）： 1. 一项 A 类及以上教学科研成果（论文、项目、获奖、应用）； 2. 一项 B 类教学科研成果（论文、项目、获奖、应用等）和一项 C 类及以上教学科研成果（论文、项目、获奖、应用等）； 3. 三项教学科研成果（核心期刊论文、EI 收录期刊论文、C 类项目、省部级项目、省部级获奖、C 类应用），其中至少要有一项 C 类教学科研成果。
社会服务工作： 聘期内完成学校和学院规定的社会服务工作，且服务工作总量不低于 100 分，其中校级核定社会服务分值不低于 50 分（校级社会服务工作核定项目明细见附件 1）。
教学科研三级岗位（教学型）
学科及队伍建设工作： 1. 参与学科、学位点和国家级、省部级各类基地、平台的建设，完成学院分配的建设任务； 2. 争取省部级及以上教学改革立项项目（含精品教材项目）和省部级及以上的教学改革获奖项目（含教学成果奖励）； 3. 根据建设目标与具体要求制定或参与制定该专业的建设发展规划与实施计划（含教学梯队、教材、课程、网络教学、双语教学等建设与教学改革）； 4. 组织实施基地建设、课程建设、教材建设和相关实验室建设及实验教学的改革与建设； 5. 聘期内指导青年教师申报校级以上教学项目，指导青年教师提升教学效果。
教学及学生指导工作： 1. 课堂教学 完成本单位确定的不低于 16 学分（288 课堂学时）的本科生（含预科生、研究生公共课）年度教学工作量。

续表

2. 本科生指导

（1）每年至少开设本学科前沿讲座 1 场次；

（2）聘期内至少获得一次校级及以上教学类奖励；

（3）参与专业建设和学生指导：

（非专业负责人聘期内至少承担下列诸项工作中 3 个单位工作量，因公外出而无法完成教学工作者可适当减免，原则上外出 1 年减 1 个单位工作量）

①指导本科生毕业论文、科研项目、学科竞赛和创新创业竞赛，每年指导 2 篇或 1 个项目为 1 个单位工作量；

②指导本科生教育实习、专业实习、社会实践和军训，每年指导 1 次实习实践工作为 1 个单位工作量；

③主持课程建设或教材建设，主持 1 门课程或 1 部教材建设每年计 1 个单位工作量；

④主持校级及以上教研或教改立项，主持 1 项每年为 1 个单位工作量；

⑤担任本科生（含预科生）班主任或辅导员，担任班主任或辅导员每年为 1 个单位工作量。

3. 研究生培养

研究生导师聘期内履行导师职责，高质量完成研究生培养任务。

科研工作（至少满足以下一项）：

人文社科、理工医类：

1. 一项 C 类及以上教学科研成果（论文、项目、获奖、应用等）；

2. 一项教学科研成果（核心期刊论文、EI 收录期刊论文、省部级项目、省部级获奖）；

3. 主持一项校级教改项目或作为第一负责人获得一项校级教学奖项，且教学工作符合学校教学规范要求。

艺体类：

1. 一项 C 类及以上教学科研成果（论文、项目、获奖、应用等）；

2. 一项教学科研成果（核心期刊论文、EI 收录期刊论文、省部级项目、省部级获奖）；

3. 主持一项校级教改项目或作为第一负责人获得一项校级教学奖项，且教学工作符合学校教学规范要求；

4. 一项创作作品（第一创作人）并在校外公开展演、公开展览或担任一次省部级及以上比赛教练（裁判）。

社会服务工作：

聘期内完成学校和学院规定的社会服务工作，且服务工作总量不低于 100 分，其中校级核定社会服务分值不低于 50 分（校级社会服务工作核定项目明细见附件 1）。

教学科研四级岗位（教学科研型）

学科及队伍建设工作：

1. 参与学科、学位点和国家级、省部级各类基地、平台的申报、评估和建设工作，促成新的生长点，推动学科水平提升；

2. 提出有重要学术意义的研究方向和科研选题，推进学术交流；

3. 指导、组织、参加所在学科的教学科研规划、论证、申报等工作；

4. 聘期内指导青年教师申报省部级以上项目，指导青年教师提升教学效果。

续表

教学及学生指导工作： 1. 课堂教学 完成本单位确定的不低于 8 学分的年度教学工作量，其中承担本科生（含预科生）课程不得低于 3 学分。 2. 本科生指导 （1）每年至少开设本学科前沿讲座 1 场次； （2）参与专业建设和学生指导： （非专业负责人聘期内至少承担下列诸项工作中 3 个单位工作量，因公外出而无法完成教学工作者可适当减免，原则上外出 1 年减 1 个单位工作量） ①指导本科生毕业论文、科研项目、学科竞赛和创新创业竞赛，每年指导 2 篇或 1 个项目为 1 个单位工作量； ②指导本科生教育实习、专业实习、社会实践和军训，每年指导 1 次实习实践工作为 1 个单位工作量； ③主持课程建设或教材建设，主持 1 门课程或 1 部教材建设每年计 1 个单位工作量； ④主持校级及以上教研或教改立项，主持 1 项每年为 1 个单位工作量； ⑤担任本科生（含预科生）班主任或辅导员，担任班主任或辅导员每年为 1 个单位工作量。 3. 研究生培养 研究生导师聘期内履行导师职责，高质量完成研究生培养任务。
科研工作（至少满足以下一项）： 人文社科、理工医类： 1. 一项 B 类及以上教学科研成果（论文、项目、获奖、应用等）； 2. 三项教学科研成果（核心期刊论文、EI 收录期刊论文、C 类项目、省部级项目、省部级获奖、C 类应用）。 艺体类： 1. 一项 C 类及以上教学科研成果（论文、项目、获奖、应用等）； 2. 两项教学科研成果（核心期刊论文、EI 收录期刊论文、省部级项目、省部级获奖）； 3. 一项教学科研成果（核心期刊论文、EI 收录期刊论文、省部级项目、省部级获奖），且同时完成一项创作作品（第一创作人）并在校外公开展演、公开展览； 4. 一项教学科研成果（核心期刊论文、EI 收录期刊论文、省部级项目、省部级获奖），且同时担任一次省部级及以上比赛教练（裁判）。
社会服务工作： 聘期内完成学校和学院规定的社会服务工作，且服务工作总量不低于 100 分，其中校级核定社会服务分值不低于 50 分（校级社会服务工作核定项目明细见附件 1）。
教学科研四级岗位（科研教学型）
学科及队伍建设工作： 1. 参与学科、学位点和国家级、省部级各类基地、平台的申报、评估和建设工作，促成新的生长点，推动学科水平提升； 2. 提出有重要学术意义的研究方向和科研选题，推进学术交流； 3. 指导、参与所在学科的教学科研规划、论证、申报等工作； 4. 聘期内指导青年教师申报省部级以上项目。

续表

教学及学生指导工作：

1. 课堂教学

完成本单位确定的不低于4学分的年度教学工作量，其中承担本科生（含预科生）课程不得低于2学分。

2. 本科生指导

（1）每年至少开设本学科前沿讲座2场次；

（2）参与本科生毕业环节和创新创业项目及大学生学科竞赛活动等。

3. 研究生培养

研究生导师聘期内履行导师职责，高质量完成研究生培养任务。

科研工作（至少满足以下一项）：

1. 一项A类及以上教学科研成果（论文、项目、获奖、应用）；

2. 一项B类教学科研成果（论文、项目、获奖、应用等）和一项C类及以上教学科研成果（论文、项目、获奖、应用等）；

3. 三项教学科研成果（核心期刊论文、EI收录期刊论文、C类项目、省部级项目、省部级获奖、C类应用），其中至少要有一项C类教学科研成果。

社会服务工作：

聘期内完成学校和学院规定的社会服务工作，且服务工作总量不低于80分，其中校级核定社会服务分值不低于40分（校级社会服务工作核定项目明细见附件1）。

教学科研四级岗位（教学型）

学科及队伍建设工作：

1. 参与学科、学位点和国家级、省部级各类基地、平台的建设，完成学院分配的建设任务；

2. 争取省部级及以上教学改革立项项目（含精品教材项目）和省部级及以上的教学改革获奖项目（含教学成果奖励）；

3. 根据建设目标与具体要求，参与制定该专业的建设发展规划与实施计划（含教学梯队、教材、课程、网络教学、双语教学等建设与教学改革）；

4. 组织实施基地建设、课程建设、教材建设和相关实验室建设及实验教学的改革与建设；

5. 聘期内指导青年教师申报校级以上教学项目，指导青年教师提升教学效果。

教学及学生指导工作：

1. 课堂教学

完成本单位确定的不低于16学分（288课堂学时）的本科生（含预科生、研究生公共课）年度教学工作量。

2. 本科生指导

（1）每年至少开设本学科前沿讲座1场次；

（2）聘期内至少获得一次校级及以上教学类奖励；

（3）参与专业建设和学生指导：

（非专业负责人聘期内至少承担下列诸项工作中3个单位工作量，因公外出而无法完成教学工作者可适当减免，原则上外出1年减1个单位工作量）

①指导本科生毕业论文、科研项目、学科竞赛和创新创业竞赛，每年指导2篇或1个项目为1个单位工作量；

②指导本科生教育实习、专业实习、社会实践和军训，每年指导1次实习实践工作为1个单位工作量；

续表

③主持课程建设或教材建设，主持 1 门课程或 1 部教材建设每年计 1 个单位工作量； ④主持校级及以上教研或教改立项，主持 1 项每年为 1 个单位工作量； ⑤担任本科生（含预科生）班主任或辅导员，担任班主任或辅导员每年为 1 个单位工作量。 3. 研究生培养 研究生导师聘期内履行导师职责，高质量完成研究生培养任务。
科研工作（至少满足以下一项）： 人文社科、理工医类： 1. 一项 C 类及以上教学科研成果（论文、项目、获奖、应用等）； 2. 一项教学科研成果（核心期刊论文、EI 收录期刊论文、省部级项目、省部级获奖）； 3. 主持一项校级教改项目或作为第一负责人获得一项校级教学奖项，且教学工作符合学校教学规范要求。 艺体类： 1. 一项 C 类及以上教学科研成果（论文、项目、获奖、应用等）； 2. 一项教学科研成果（核心期刊论文、EI 收录期刊论文、省部级项目、省部级获奖）； 3. 主持一项校级教改项目或作为第一负责人获得一项校级教学奖项，且教学工作符合学校教学规范要求； 4. 一项创作作品（第一创作人）并在校外公开展演、公开展览或担任一次省部级及以上比赛教练（裁判）。
社会服务工作： 聘期内完成学校和学院规定的社会服务工作，且服务工作总量不低于 80 分，其中校级核定社会服务分值不低于 40 分（校级社会服务工作核定项目明细见附件 1）。
教学科研五级岗位（教学科研型）
学科及队伍建设工作： 1. 参与学科、学位点和国家级、省部级各类基地、平台的申报、评估和建设工作，承担学院分配的建设任务，促成新的生长点，推动学科水平提升； 2. 提出有重要学术意义的研究方向和科研选题，进行学术交流； 3. 参与所在学科的教学科研规划、论证、申报等工作； 4. 聘期内指导青年教师申报校级以上项目，指导青年教师提升教学效果。
教学及学生指导工作： 1. 课堂教学 完成本单位确定的不低于 8 学分的年度教学工作量，其中承担本科生（含预科生）课程不得低于 4 学分。 2. 本科生指导 （1）每年至少开设本学科前沿讲座 1 场次； （2）参与专业建设和学生指导： （非专业负责人聘期内至少承担下列诸项工作中 3 个单位工作量，因公外出而无法完成教学工作者可适当减免，原则上外出 1 年减 1 个单位工作量） ①指导本科生毕业论文、科研项目、学科竞赛和创新创业竞赛，每年指导 2 篇或 1 个项目为 1 个单位工作量； ②指导本科生教育实习、专业实习、社会实践和军训，每年指导 1 次实习实践工作为 1 个单位工作量；

续表

③主持课程建设或教材建设，主持1门课程或1部教材建设每年计1个单位工作量； ④主持校级及以上教研或教改立项，主持1项每年为1个单位工作量； ⑤担任本科生（含预科生）班主任或辅导员，担任班主任或辅导员每年为1个单位工作量。 3. 研究生培养 研究生导师聘期内履行导师职责，高质量完成培养研究生的任务。
科研工作（至少满足以下一项）： 人文社科、理工医类： 1. 一项C类及以上教学科研成果（论文、项目、获奖、应用等）； 2. 两项教学科研成果（核心期刊论文、EI收录期刊论文、省部级项目、省部级获奖）。 艺体类： 1. 一项C类及以上教学科研成果（论文、项目、获奖、应用等）； 2. 一项教学科研成果（核心期刊论文、EI收录期刊论文、省部级项目、省部级获奖）； 3. 两项创作作品（第一创作人）并在校外公开展演、公开展览或担任两次省部级及以上比赛教练（裁判）。
社会服务工作： 聘期内完成学校和学院规定的社会服务工作，且服务工作总量不低于80分，其中校级核定社会服务分值不低于40分（校级社会服务工作核定项目明细见附件1）。
教学科研五级岗位（科研教学型）
学科及队伍建设工作： 1. 参与学科、学位点和国家级、省部级各类基地、平台的申报、评估和建设工作，承担学院分配的建设任务，促成新的生长点，推动学科水平提升； 2. 提出有重要学术意义的研究方向和科研选题，进行学术交流； 3. 参与所在学科的教学科研规划、论证、申报等工作； 4. 聘期内指导青年教师申报校级以上项目。
教学及学生指导工作： 1. 课堂教学 完成本单位确定的不低于4学分的年度教学工作量，其中承担本科生（含预科生）课程不得低于2学分。 2. 本科生指导 （1）每年至少开设本学科前沿讲座1场次； （2）参与本科生毕业环节和创新创业项目及大学生学科竞赛活动等。 3. 研究生培养 研究生导师聘期内履行导师职责，高质量完成研究生培养任务。
科研工作（至少满足以下一项）： 1. 一项B类及以上教学科研成果（论文、项目、获奖、应用等）； 2. 两项教学科研成果（核心期刊论文、EI收录期刊论文、C类项目、省部级项目、省部级获奖、C类应用），其中至少要有一项C类教学科研成果。
社会服务工作： 聘期内完成学校和学院规定的社会服务工作，且服务工作总量不低于80分，其中校级核定社会服务分值不低于40分（校级社会服务工作核定项目明细见附件1）。

续表

教学科研五级岗位（教学型）
学科及队伍建设工作： 1. 参与学科、学位点和国家级、省部级各类基地、平台的建设，承担学院分配的建设任务，积极组织参加教学研讨交流； 2. 参与省部级及以上教学改革立项项目（含精品教材项目）和省部级及以上的教学改革获奖项目（含教学成果奖励）； 3. 根据建设目标与具体要求，参与制定该专业的建设发展规划与实施计划（含教学梯队、教材、课程、网络教学、双语教学等建设与教学改革）； 4. 参与实施基地建设、课程建设、教材建设和相关实验室建设及实验教学的改革与建设； 5. 聘期内指导青年教师申报校级以上教学项目，指导青年教师提升教学效果。
教学及学生指导工作： 1. 课堂教学 完成本单位确定的不低于 16 学分（288 课堂学时）的本科生（含预科生、研究生公共课）年度教学工作量。 2. 本科生指导 （1）每年至少开设本学科前沿讲座 1 场次； （2）参与专业建设和学生指导： （非专业负责人聘期内至少承担下列诸项工作中 3 个单位工作量，因公外出而无法完成教学工作者可适当减免，原则上外出 1 年减 1 个单位工作量） ①指导本科生毕业论文、科研项目、学科竞赛和创新创业竞赛，每年指导 2 篇或 1 个项目为 1 个单位工作量； ②指导本科生教育实习、专业实习、社会实践和军训，每年指导 1 次实习实践工作为 1 个单位工作量； ③主持课程建设或教材建设，主持 1 门课程或 1 部教材建设每年计 1 个单位工作量； ④主持校级及以上教研或教改立项，主持 1 项每年为 1 个单位工作量； ⑤担任本科生（含预科生）班主任或辅导员，担任班主任或辅导员每年为 1 个单位工作量。 3. 研究生培养 研究生导师聘期内履行导师职责，高质量完成培养研究生的任务。
社会服务工作： 聘期内完成学校和学院规定的社会服务工作，且服务工作总量不低于 80 分，其中校级核定社会服务分值不低于 40 分（校级社会服务工作核定项目明细见附件 1）。
教学科研六级岗位（教学科研型）
学科及队伍建设工作： 1. 参与学科、学位点和国家级、省部级各类基地、平台的建设工作，承担学院分配的建设任务； 2. 参与所在学科的教学科研规划、论证、申报等工作； 3. 参加青年教师教学科研研讨，申报科研项目，提升教学水平。

续表

教学及学生指导工作：

1. 课堂教学

完成本单位确定的不低于8学分的年度教学工作量，其中承担本科生（含预科生）课程不得低于4学分。

2. 本科生指导

（1）每年至少开设本学科前沿讲座1场次；

（2）参与专业建设和学生指导：

（非专业负责人聘期内至少承担下列诸项工作中3个单位工作量，因公外出而无法完成教学工作者可适当减免，原则上外出1年减1个单位工作量）

①指导本科生毕业论文、科研项目、学科竞赛和创新创业竞赛，每年指导2篇或1个项目为1个单位工作量；

②指导本科生教育实习、专业实习、社会实践和军训，每年指导1次实习实践工作为1个单位工作量；

③主持课程建设或教材建设，主持1门课程或1部教材建设每年为1个单位工作量；

④主持校级及以上教研或教改立项，主持1项每年为1个单位工作量；

⑤担任本科生（含预科生）班主任或辅导员，担任班主任或辅导员每年为1个单位工作量。

3. 研究生培养

研究生导师聘期内履行导师职责，高质量完成培养研究生的任务。

科研工作（至少满足以下一项）：

人文社科、理工医类：

1. 一项C类及以上教学科研成果（论文、项目、获奖、应用等）；

2. 两项教学科研成果（核心期刊论文、EI收录期刊论文、省部级项目、省部级获奖）。

艺体类：

1. 一项C类及以上教学科研成果（论文、项目、获奖、应用等）；

2. 一项教学科研成果（核心期刊论文、EI收录期刊论文、省部级项目、省部级获奖）；

3. 两项创作作品（第一创作人）并在校外公开展演、公开展览或担任两次省部级及以上比赛教练（裁判）。

社会服务工作：

聘期内完成学校和学院规定的社会服务工作，且服务工作总量不低于80分，其中校级核定社会服务分值不低于40分（校级社会服务工作核定项目明细见附件1）。

教学科研六级岗位（科研教学型）

学科及队伍建设工作：

1. 参与学位点的申报建设工作，承担学院分配的建设任务；

2. 参与所在学科建设和科研规划、论证、申报等工作；

3. 参与国家级、省部级各类基地、平台的申报、评估、建设工作；

4. 参加青年教师科研研讨，申报科研项目，提升科研水平。

续表

教学及学生指导工作： 1. 课堂教学 完成本单位确定的不低于4学分的年度教学工作量，其中承担本科生（含预科生）课程不得低于2学分。 2. 本科生指导 （1）每年至少开设本学科前沿讲座1场次； （2）参与本科生毕业环节和创新创业项目及大学生学科竞赛活动等。 3. 研究生培养 研究生导师聘期内履行导师职责，高质量完成培养研究生的任务。
科研工作（至少满足以下一项）： 1. 一项B类及以上教学科研成果（论文、项目、获奖、应用等）； 2. 两项教学科研成果（核心期刊论文、EI收录期刊论文、C类项目、省部级项目、省部级获奖、C类应用），其中至少要有一项C类教学科研成果。
社会服务工作： 聘期内完成学校和学院规定的社会服务工作，且服务工作总量不低于70分，其中校级核定社会服务分值不低于35分（校级社会服务工作核定项目明细见附件1）。
教学科研六级岗位（教学型）
学科及队伍建设工作： 1. 参与学科、学位点和国家级、省部级各类基地、平台的建设，承担学院分配的建设任务； 2. 参与校级及以上教学改革立项项目（含精品教材项目）和校级及以上的教学改革获奖项目（含教学成果奖励）； 3. 根据建设目标与具体要求，参与制定该专业的建设发展规划与实施计划（含教学梯队、教材、课程、网络教学、双语教学等建设与教学改革）； 4. 参与实施基地建设、课程建设、教材建设和相关实验室建设及实验教学的改革与建设； 5. 聘期内参加青年教师教学研讨，提升教学水平。
教学及学生指导工作： 1. 课堂教学 完成本单位确定的不低于16学分（288课堂学时）的本科生（含预科生、研究生公共课）年度教学工作量。 2. 本科生指导 （1）每年至少开设本学科前沿讲座1场次； （2）参与专业建设和学生指导： （非专业负责人聘期内至少承担下列诸项工作中3个单位工作量，因公外出而无法完成教学工作者可适当减免，原则上外出1年减1个单位工作量） ①指导本科生毕业论文、科研项目、学科竞赛和创新创业竞赛，每年指导2篇或1个项目为1个单位工作量； ②指导本科生教育实习、专业实习、社会实践和军训，每年指导1次实习实践工作为1个单位工作量；

续表

③主持课程建设或教材建设，主持1门课程或1部教材建设每年为1个单位工作量； ④主持校级及以上教研或教改立项，主持1项每年为1个单位工作量； ⑤担任本科生（含预科生）班主任或辅导员，担任班主任或辅导员每年为1个单位工作量。 3. 研究生培养 研究生导师聘期内履行导师职责，高质量完成培养研究生的任务。
社会服务工作： 聘期内完成学校和学院规定的社会服务工作，且服务工作总量不低于70分，其中校级核定社会服务分值不低于35分（校级社会服务工作核定项目明细见附件1）。
教学科研七级岗位（教学科研型）
学科及队伍建设工作： 1. 参与学科、学位点和国家级、省部级各类基地、平台的建设工作，承担学院分配的建设任务； 2. 参与所在学科的教学科研规划、论证、申报等工作； 3. 参加青年教师教学科研研讨，申报科研项目，提升教学水平。
教学及学生指导工作： 1. 课堂教学 完成本单位确定的不低于8学分的年度教学工作量，其中承担本科生（含预科生）课程不得低于4学分。 2. 本科生指导 （1）每年至少开设本学科前沿讲座1场次； （2）参与专业建设和学生指导： （非专业负责人聘期内至少承担下列诸项工作中3个单位工作量，因公外出而无法完成教学工作者可适当减免，原则上外出1年减1个单位工作量） ①指导本科生毕业论文、科研项目、学科竞赛和创新创业竞赛，每年指导2篇或1个项目为1个单位工作量； ②指导本科生教育实习、专业实习、社会实践和军训，每年指导1次实习实践工作为1个单位工作量； ③主持课程建设或教材建设，主持1门课程或1部教材建设每年为1个单位工作量； ④主持校级及以上教研或教改立项，主持1项每年为1个单位工作量； ⑤担任本科生（含预科生）班主任或辅导员，担任班主任或辅导员每年为1个单位工作量。 3. 研究生培养 研究生导师聘期内履行导师职责，高质量完成培养研究生的任务。
科研工作（至少满足以下一项）： 人文社科、理工医类： 1. 一项C类及以上教学科研成果（论文、项目、获奖、应用等）； 2. 两项教学科研成果（核心期刊论文、EI收录期刊论文、省部级项目、省部级获奖）。

续表

艺体类： 1. 一项 C 类及以上教学科研成果（论文、项目、获奖、应用等）； 2. 一项教学科研成果（核心期刊论文、EI 收录期刊论文、省部级项目、省部级获奖）； 3. 两项创作作品（第一创作人）并在校外公开展演、公开展览或担任两次省部级及以上比赛教练（裁判）。
社会服务工作： 聘期内完成学校和学院规定的社会服务工作，且服务工作总量不低于 80 分，其中校级核定社会服务分值不低于 40 分（校级社会服务工作核定项目明细见附件 1）。
教学科研七级岗位（科研教学型）
学科及队伍建设工作： 1. 参与学科、学位点和国家级、省部级各类基地、平台的申报建设工作，承担学院分配的建设任务； 2. 参与所在学科建设和科研规划、论证、申报等工作； 3. 参加青年教师科研研讨，申报科研项目，提升科研水平。
教学及学生指导工作： 1. 课堂教学 完成本单位确定的不低于 4 学分的年度教学工作量，其中承担本科生（含预科生）课程不得低于 2 学分。 2. 本科生指导 （1）每年至少开设本学科前沿讲座 1 场次； （2）参与本科生毕业环节和创新创业项目及大学生学科竞赛活动等。 3. 研究生培养 研究生导师聘期内履行导师职责，高质量完成培养研究生的任务。
科研工作（至少满足以下一项）： 1. 一项 B 类及以上教学科研成果（论文、项目、获奖、应用等）； 2. 两项教学科研成果（核心期刊论文、EI 收录期刊论文、C 类项目、省部级项目、省部级获奖、C 类应用），其中至少要有一项 C 类教学科研成果。
社会服务工作： 聘期内完成学校和学院规定的社会服务工作，且服务工作总量不低于 70 分，其中校级核定社会服务分值不低于 35 分（校级社会服务工作核定项目明细见附件 1）。
教学科研七级岗位（教学型）
学科及队伍建设工作： 1. 参与学科、学位点和国家级、省部级各类基地、平台的建设，承担学院分配的建设任务； 2. 参与校级及以上教学改革立项项目（含精品教材项目）和校级及以上的教学改革获奖项目（含教学成果奖励）； 3. 根据建设目标与具体要求，参与制定该专业的建设发展规划与实施计划（含教学梯队、教材、课程、网络教学、双语教学等建设与教学改革）； 4. 参与实施基地建设、课程建设、教材建设和相关实验室建设及实验教学的改革与建设； 5. 聘期内参加青年教师教学研讨，提升教学水平。

续表

教学及学生指导工作： 1. 课堂教学 完成本单位确定的不低于16学分（288课堂学时）的本科生（含预科生、研究生公共课）年度教学工作量。 2. 本科生指导 （1）每年至少开设本学科前沿讲座1场次； （2）参与专业建设和学生指导： （非专业负责人聘期内至少承担下列诸项工作中3个单位工作量，因公外出而无法完成教学工作者可适当减免，原则上外出1年减1个单位工作量） ①指导本科生毕业论文、科研项目、学科竞赛和创新创业竞赛，每年指导2篇或1个项目为1个单位工作量； ②指导本科生教育实习、专业实习、社会实践和军训，每年指导1次实习实践工作为1个单位工作量； ③主持课程建设或教材建设，主持1门课程或1部教材建设每年为1个单位工作量； ④主持校级及以上教研或教改立项，主持1项每年为1个单位工作量； ⑤担任本科生（含预科生）班主任或辅导员，担任班主任或辅导员每年为1个单位工作量。 3. 研究生培养 研究生导师聘期内履行导师职责，高质量完成培养研究生的任务。
社会服务工作： 聘期内完成学校和学院规定的社会服务工作，且服务工作总量不低于70分，其中校级核定社会服务分值不低于35分（校级社会服务工作核定项目明细见附件1）。

说明：

1. 双肩挑人员承担课堂教学工作任务予以减半，但承担本科生（含预科生）教学工作量不得低于2学分；

2. 聘期内达到退休年龄并办理退休手续的，科研工作不作要求；

3. 专业负责人特指基层教学组织主任、副主任和研究生导师组组长；

4. 科研论文、项目以及各类奖项，要以中央民族大学为第一署名单位、第一依托单位或授奖单位；在“三报一刊”发表理论文章，按北京市委宣传部要求执行；

5. 艺术体育类专业、计算机软件和硬件系统科研成果形式可以根据学校认定的转化方案计算成果；

6. A+、A类、B类、C类论文是指学校教学科研奖励办法中分类规定的期刊；核心期刊是指南大版中文核心期刊（CSSCI）、北大版中文核心期刊（中文核心期刊要目总览）、中国人文社会科学核心期刊（中国社会科学院文献信息中心）和中国科学引文数据库（CSCD，中国科学院文献情报中心）列明的全部期刊。

7. 岗位任务基本要求中所指的科研项目包括教学研究项目。教学方面的成果奖励等同于相应层次的科研成果奖励。科研奖励办法规定的纵向项目和教学项目按立项时间计算，其他类别项目按结项时间计算。

（二）教学科研单位工程实验专业技术岗位基本职责

1. 各教学科研单位工程实验专业技术五至七级岗位的基本职责：

完成本单位确定所聘岗位的工程实验教育教学工作任务，其中聘期内科学研究至少完成以下一项：

（1）一项C类及以上教学科研成果（论文、项目、获奖、应用等）；

（2）一项教学科研成果（核心期刊论文、EI收录期刊论文、省部级项目、省部级获奖）；

（3）主持一项校级教改项目或作为第一负责人获得一项校级教学奖项。

2. 各教学科研单位工程实验专业技术八级及以下岗位的基本职责：

完成本单位确定所聘岗位的工程实验教育教学工作任务及其他岗位职责。

说明：

聘期内达到退休年龄并办理退休手续的，科研工作不做要求。

（三）其他专业技术岗位基本职责（含辅导员岗位、会计审计岗位、医疗卫生岗位、编辑出版岗位、图书资料岗位、非教学科研单位工程实验岗位）

1. 其他专业技术三至四级岗位的基本职责

完成本单位确定所聘岗位的基本职责，其中聘期内科学研究至少完成以下一项：

（1）一项C类及以上教学科研成果（论文、项目、获奖、应用等）；

（2）两项教学科研成果（核心期刊论文、EI收录期刊论文、省部级项目、省部级获奖）；

（3）一项教学科研成果（核心期刊论文、EI收录期刊论文、省部级项目、省部级获奖），且同时主持一项校级教学科研项目或作为第一负责人获得一项校级教学科研奖项。

2. 其他专业技术五级及以下岗位的基本职责

完成本单位确定的所聘岗位职责。

说明：

聘期内达到退休年龄并办理退休手续的，科研工作不做要求。

（四）管理岗位基本职责

1. 委党组管理干部职责

委党组管理干部的岗位职责以及履职考核，按干部管理权限执行。

2. 学校管理干部职责

四级岗位（四级职员）：服从党委统一领导，认真贯彻党的路线、方针和政策，遵守国家法律、法规和学校规章制度，执行领导干部管理规定，围绕学校的根本任务完成岗位工作；任处级领导职务的，同时按照相应岗位职责要求执行。

五级A档（校长助理）：服从党委统一领导，认真贯彻党的路线、方针和政策，遵守国家法律、法规和学校规章制度，执行领导干部管理规定，在校长直接领导下，围绕学校的根本任务完成岗位工作。兼任其他岗位的，须同时完成所聘岗位职责。

五级B档（正处级实职干部）：服从党委统一领导，围绕学校的发展目标和中心任务，主持制定并组织实施本单位、部门的发展规划、年度计划和具体方案。加强本单位领导班子建设和党建工作，带领本单位全体教职工认真贯彻执行党的路线、方针、政策及学校的各项决定。加强学科建设和师资队伍建设，不断提高本单位、部门的教学、科研和管理水平，认真贯彻落实“质量立校、人才强校、特色兴校、管理强校和开放办校”五大战略。完成上级、学校党委和行政领导交办的其他工作任务，在现工作岗位做出实绩。

五级C档：

正处级组织员：岗位职责按照《组织员聘任和管理办法（试行)》中有关要求执行。

主持工作的副处级干部：岗位职责参照正处级实职岗位工作职责要求执行。

五级D档（五级职员)：参照管理岗六级A档岗位职责和要求执行。

六级A档（副处级实职干部)：认真贯彻执行党的路线、方针、政策及学校的各项决定，协助正职围绕学校的发展目标和中心任务，制定并带头实施本单位的发展规划、年度计划和具体方案，协助正职搞好领导班子、基层党建、师资管理队伍和学科建设等工作。积极主动做好本单位改革、发展和稳定的各项工作。完成上级、学校党委、行政领导和本单位正职交办的其他工作任务，在现工作岗位做出实绩。独立解决分管范围内出现的矛盾和问题。

六级B档（副处级组织员)：岗位职责按照《组织员聘任和管理办法（试行)》中有关要求执行。

六级C档（六级职员)：参照管理岗七级A档或B档岗位职责和要求执行。

七级A档（正科级实职干部)：认真贯彻执行党的路线、方针、政策及学校的各项决定，协助分管领导围绕学校的发展目标和中心任务，认真实施本单位的发展规划、年度计划和具体方案。完成本单位领导交办的各项工作任务，检查、督促科室工作人员完成工作任务，协助分管领导做好本单位改革、发展和稳定的各项工作。

七级B档（七级职员）及以下岗位职责由各相关单位按照工作需要确定具体工作岗位职责。

（五）工勤技能岗位基本职责由各相关单位按照工作需要确定具体工作岗位职责。

（六）各单位在不低于学校制定各岗位基本职责的基础上，制定各岗位具体职责和考核方案，并报送学校岗位聘用工作办公室，审定备案后实施。

六、考核

（一）考核原则

1. 学校统筹和二级单位负责相结合

考核重心下移，突出二级单位管理职能。学校按照考核有关程序和岗位职责基本要求指导和监督二级单位考核工作。各二级单位根据学校规定各岗位职责基本要求和本单位教学科研工作任务、学科发展规划和管理服务实际，确定不低于学校基本要求的教学、科研、管理服务等工作任务，制定本单位教职工考核实施细则，按照权限对本单位教职工进行考核。

2. 全面考核与分类重点考核相结合

对教职工思想政治素养、师德师风、工作能力、遵守工作纪律等进行全面考核，同时根据所聘岗位性质和岗位职责，对学科建设、教学科研和社会服务等工作进行分类重点考核。

3. 年度考核和聘期考核相结合

对教职工的思想政治表现、师德师风、岗位履职和课堂教学等工作进行年度考核；按照所聘岗位职责对思想政治表现、师德师风、岗位履职和学科建设、学生指导（培养)、科学研究、社会服务等工作进行聘期考核。

（二）考核人员范围

考核范围为当年在岗的事业编制教职工和非事业编制校聘合同制职工。非公派出国（境）、待聘全年不在岗超过6个月者及因疾病或非因工负伤连续请假满6个月后不能恢复工作者，当年不予考核。按照《中央民族大学未聘人员暂行管理办法》相关规定，在自主择业期间和离岗待退期间的未聘人员，不参加年度考核。

（三）考核机构权限、内容与方式

1. 人事处根据职权对考核工作进行统筹，负责指导和监督其权限内的考核工作。各二级单位成立考核组按照本单位在人事处备案的考核实施细则，组织管理权限内的考核工作。

2. 处级及以上管理干部的考核，按照干部管理权限进行。

3. 科级及以下岗位的年度考核由各单位按要求组织，聘期考核按照《中央民族大学科级及以下岗位聘任（用）工作方案》中的规定，由学校统一安排。

4. 教学科研岗人员和未参加科级及以下岗位聘任（用）的教辅专技岗位人员的思想政治表现、师德师风和教学工作按照年度进行考核，科研工作和社会服务工作按照聘期统一组织考核。

（四）考核结果及运用

1. 年度考核：年度考核分为优秀、合格、基本合格和不合格四个等次

（1）年度考核确定为优秀等次者，须思想政治表现、师德师风、业务能力及工作业绩突出，按不超过单位考核人数的15%比例确定；

（2）基本合格与不合格的确定，各单位可在本单位考核实施细则中参考本办法附件2《考核基本合格、不合格参考事项》自行确定。

2. 聘期考核：聘期考核分为合格与不合格两个等次

（1）合格：认真履行岗位职责，较好完成聘期工作目标任务；

（2）不合格：履行岗位职责不力，未完成聘期工作目标任务，或工作中发生重大失误，造成重大损失或社会影响恶劣。

3. 考核结果实行“师德一票否决”

学校实行“师德一票否决制”，凡师德考核不合格者，一律视为考核不合格。聘期最后一年的年度考核与聘期考核可以合并进行。

4. 考核结果的应用

考核结果作为教职工晋升、续聘、流转、低聘、缓聘、解聘、奖惩及享受工资待遇的重要依据。

（1）年度考核结果应用

年度考核结果为合格及以上者，次年可以按有关规定晋升工资，可申请更高职级和等级岗位聘用，并按其年度工作任务完成情况核发绩效工资。

年度考核结果为基本合格者，次年不得晋升工资，按照确定基本合格等次的具体事项，根据国家有关规定，考核当年或次年不得参加更高职级和等级聘用；按规定扣发绩效工资。连续两年考核基本合格者，由所在单位领导对其进行诫勉谈话，并可根据情况进行岗位调整。

年度考核结果为不合格者，次年不得晋升工资，按照确定不合格等次的具体事项，根据国家有关规定，考核当年或次年不得参加更高职级和等级聘用，并根据不同情况给予诫勉谈话、调整岗位、低聘、解聘等处理。按规定扣发绩效工资。连续两年考核不合格，可在聘

期内流转、低聘、解聘。

非事业编合同制职工的年度考核结果按照《中央民族大学非事业编制岗位合同制职工考核办法（试行）》和《中央民族大学非事业编制岗位合同制职工聘用管理办法》的规定，作为聘期考核、续聘、解聘的依据。

（2）聘期考核结果应用

聘期考核结果确定为“合格”等次：

①具有下一聘期继续受聘本岗位的资格。

②符合下一聘期晋升岗位等次的必要条件。

聘期考核结果确定为“不合格”等次：

①当年年度考核不得确定为合格及以上等次；下一聘期，用人单位可不与其签订聘用合同。

②继续聘用人员，须在下一个聘期降低聘任档次，并扣回其在考核不合格聘期内本人全部“绩效工资”的20%。

（五）考核程序

1. 各单位按照学校工作部署，依据本单位考核实施细则组织考核，并在本单位进行公示。

2. 各单位确定考核结果报人事处备案，学校根据不同考核权限审核审批后兑现相应待遇。

七、附则

（一）各单位制定的考核实施细则不得与本方案相冲突；

（二）此前文件与本方案规定不一致的，以本方案规定为准；

（三）本方案自公布之日起实施，教学工作任务由教务处和研究生院负责解释，科学研究工作任务由科研处负责解释，岗位聘用其他事宜由人事处负责解释；

（四）附属中学、幼儿园和出版社参照本方案制定具体的岗位聘用方案，报学校岗位聘用工作领导小组备案后实施。

附件：

1. 学校社会服务工作核定项目明细

2. 考核基本合格、不合格参考事项

附件 1

学校社会服务工作核定项目明细

一、服务工作的分类及计分统计

（一）服务兼职工作

1. 校级以上（不含校级）服务兼职工作

（1）区级以上（全国、市、区级）人大代表、政协委员及政府聘任的特约人员；

（2）国务院学科组成员、国家基金委评委；

（3）二级及以上学会（协会）主任（理事长）、副主任（副理事长）及秘书长（副秘书长）；

（4）核心学术杂志主编、副主编；

（5）北京高校专业技术职务评审委员；

（6）教育部各类教育、教学、科技委员会委员；

（7）全国性、区域性教学方面的研究会委员；

（8）北京市教育工会委员、经审委员、女教职工委员；

（9）区级（街道）以上（全国、市、街区）精神文明建设指导委员会委员；

（10）区级以上（全国、市、街区）侨联委员；

（11）区级以上民主党派主委、副主委、委员；

（12）其他我校组织部认可为服务兼职工作的区级以上的各类委员会委员。

统计折算办法：以上每项最多可折合 20 分，累计折合不能超过 40 分。

2. 校级服务兼职工作

（1）校学术委员会、学位委员会、教学指导委员会、聘任委员会委员；

（2）学校各类委员会委员和工作小组成员；

（3）学校教代会主席团成员、工会委员会委员、专门委员会成员、教代会（工代会）代表；

（4）学校教学巡视组、督导组成员；

（5）促进学校或学院与国外大学的合作，签署具有实质性合作的协议（例如学生联合培养、教师培养等）；

（6）承担学历留学生和港澳台侨学生的招生宣传工作；

（7）推动学校与一流大学或知名企业、机构签署具有实质性合作的协议；

（8）在中央民族大学校友会、北京中央民族大学教育基金会任职。

统计折算办法：以上每项最多可折合 15 分，累计折合不能超过 30 分。

3. 院级服务兼职工作

（1）学院各类委员会委员和学院教学巡视组、督导组成员；

（2）中国共产党党委、党总支委员和支部书记、支部委员；

（3）二级教代会主席团成员、工会分会委员会委员、二级教代会（工代会）代表和工会小组长；

（4）负责外籍教师（含外籍讲学、讲座人员）的管理等国际合作相关工作；

（5）推动二级单位与一流大学或知名企业、机构签署具有实质性合作的协议；

（6）在院校友会、北京中央民族大学

教育基金会学院分会任职。

统计折算办法：以上每项最多可折合10分，累计折合不能超过20分。

（二）学术活动

1. 校级以上（不含校级）学术和教学活动

（1）主办或参与组织国际学术（专业技术和教学）会议（如学术年会、专题研讨会等），担任大会主席、分会主席、大会组委会成员等职务；

（2）主办或参与组织全国学术（专业技术和教学）会议（如学术年会、专题研讨会等），担任大会主席、担任分会主席、担任大会组委会成员等职务；

（3）主办或参与组织港澳台学术（专业技术和教学）活动或会议（如学术年会、专题研讨会等），担任大会主席、分会主席、大会组委会成员等职务；

（4）主办或参与组织国内其他学术（专业技术和教学）会议（如学术年会、专题研讨会等），担任大会主席、大会组委会成员等职务。

统计折算办法：以上每项中每次活动最多可折合15分，累计折合不能超过45分。

2. 校级学术（专业技术和教学）活动

（1）主办或承办学校各类学术（专业技术和教学）活动（如学术报告会、专题研讨会等）；

（2）主办或承办学校其他学术（专业技术和教学）活动；

统计折算办法：以上每项中每次活动最多可折合10分，累计折合不能超过30分。

3. 院级学术（专业技术和教学）活动

（1）主办学院各类学术（专业技术和教学）活动（如学术报告会、专题研讨会等）；

（2）主办学院其他学术（专业技术和教学）活动。

统计折算办法：以上每项中每次活动最多可折合5分，累计折合不能超过25分。

（三）其他服务工作

1. 指导学生社团或正式学习组织；

2. 推荐学生就业或联系单位来校开展招聘工作；

3. 承担德育创新工程、党建课题及工会理论等相关研究立项课题；

4. 担任学校民主党派各支部主委、副主委、委员；

5. 担任学校侨联主席、委员；

6. 担任系（教研室）主任、测试（网络）中心主任、实验室主任；

7. 负责学校认定的各类群众性协会工作；

8. 募集社会资金助教助学并入账中央民族大学教育基金会；

9. 完成学校聘任委员会认可的其他服务性工作。

统计折算办法：以上每项最多可折合10分，累计折合不能超过40分。

二、服务工作的认定和考核

（一）参与并完成相应服务工作是学校各类各级职务岗位职责和聘任合同不可缺少的组成部分。教职工有义务提供参与服务工作的证明材料，作为各二级单位聘任委员会进行认定的依据。

（二）各二级单位聘任委员会负责对各类各级职务岗位受聘人员完成服务工作的情况实行聘期考核，并根据考核结果评定相应分值。

附件 2

考核基本合格、不合格参考事项

一、基本合格参考条件

（一）未完成年度教学工作量情况；

（二）研究生指导教师未完全按要求履行导师工作职责，造成不良影响，或所指导学生的学术（学位）论文被上级部门抽查结果为不合格；

（三）出现两次一般或一次较大教学事故；

（四）学生课堂教学质量评价有一门次课程不合格；

（五）受党纪或行政处分，应确定为基本合格等次的；

（六）应确定为基本合格的其他情形。

二、当年度出现以下情况之一，年度考核结果确定为不合格等次

（一）违反《中央民族大学“师德一票否决”实施办法（修订）》《中央民族大学教师行为规范（修订）》和《中央民族大学教师师德考核办法》等文件相关规定；

（二）违反国家法律法规，受到司法机关刑事处罚；

（三）严重违反学校规章制度，对学校教学、科研、管理、服务造成重大损失或不良影响；

（四）受党纪或行政处分，应确定为不合格等次的；

（五）本人存在学术不端行为，或所指导学生的学术（学位）论文存在学术不端行为；

（六）所指导研究生放任自流，造成恶劣影响，或在研究生培养过程中灌输错误政治观点；

（七）连续无故旷工 5 个工作日，或全年累计旷工 20 个工作日及以上；

（八）未完成年度教学工作量情况；

（九）当年学生课堂教学质量评价有两门（次）课程不合格，或出现两次较大教学事故或一次重大教学事故；

（十）无正当理由不参加考核以及在考核中弄虚作假；

（十一）拒不承担二级单位安排的工作任务或无故不参加学校或本单位组织的会议及政治、业务学习等集体活动全年累计次数达 1/4 以上；

（十二）未经批准，出国逾期不归达 5 个工作日；

（十三）因单位调整、撤销、合并或者缩减岗位需要调整工作，本人拒不服从组织安排；

（十四）其他违反国家及学校相关规定的情形；

（十五）各单位确定的不合格的其他情形。

中央民族大学学生申诉管理办法

（2019 年 12 月 25 日中央民族大学校长办公会议修订）

民大校发【2019】153 号
2019 年 12 月 31 日

第一章 总 则

第一条 为深入贯彻落实全面依法治校要求，切实保证学生处理处分行为的客观、公正、公平，切实维护学生合法权益，根据《普通高等学校学生管理规定》（教育部令第 41 号）、《中央民族大学学生管理规定》（民大校发〔2017〕303 号），结合学校实际，制定本办法。

第二条 本办法适用于具有中央民族大学正式学籍的本科生、预科生和研究生。

第三条 本办法所称“申诉”，是指学生对学校作出涉及本人权益的相关处理或者处分决定有异议时，提请学校重新处理之权利和行为。学生对学校的同一处理或者处分决定，只能提出一次申诉。

第四条 学生提出申诉要遵循尊重事实、诚实守信、严肃认真的原则。学校受理学生申诉要坚持公开、公平、公正和依法、依纪、依规处理的原则。

第二章 职能与组织机构

第五条 学生申诉处理委员会是学校受理学生申诉的专门机构，办公室设在校长办公室。

第六条 学生申诉处理委员会设主任 1 名，由主管学生工作的学校领导担任；设副主任 1 名，由校长办公室主要负责人担任；委员若干名，由学校职能部门负责人、教师代表、学生代表、负责法律事务的相关机构负责人等组成。根据需要，可聘请校外法律、教育等方面专家参加。委员构成人数应为单数，其中，教师代表和学生代表不得少于 50%。

第三章 申诉与受理

第七条 学生对学校的处理或者处分决定有异议的，可以在接到学校处理或者处分决定书之日起 10 日内，向学生申诉处理委员会提出书面申诉。

自处理或者处分决定书送达之日起，学生在申诉期内未提出申诉的视为放弃申诉，学校不再受理其提出的申诉。

处理或者处分决定书未告知学生申诉期限的，申诉期限自学生知道或者应当知道处理或者处分决定之日起计算，但最长不得超过 6 个月。

第八条 学生须向学生申诉处理委

员会办公室递交书面申诉申请书，并附学校作出的相关处理或者处分决定书复印件。申诉申请书应当写明下列内容：

（一）申诉人的姓名、性别、年龄、籍贯、所在学院、年级、专业、学号、有效联系方式、通信地址等基本情况；

（二）申诉的事项、理由及请求；

（三）相关文件及证据；

（四）申诉人本人签名和递交申诉申请的日期。

第九条 学生申诉处理委员会办公室接到学生申诉申请书后，应区别不同情况在10日内作出如下处理：

（一）予以受理，出具《受理通知书》。受理后5日内须将申诉材料提交学生申诉处理委员会复查；

（二）退回，出具《退回通知书》。申诉材料不齐备、不完整的，予以退回并通知申诉学生在5日内按要求重新递交申诉材料。无正当理由逾期不重新递交申诉材料的，按自动放弃申诉处理；

（三）不予受理。不予受理的范围为下列情形之一：

1. 超过规定申诉时限的；

2. 申诉人和申诉事由不符合本管理办法规定的；

3. 申诉人对同一处理或者处分决定重复提出申诉的。

对于不予受理的学生申诉申请，学生申诉处理委员会应当书面驳回，并说明驳回理由。

第十条 学生申诉处理委员会对学生提出的申诉进行复查，在接到书面申诉之日起15日内作出复查结论并告知申诉人。情况复杂，不能在规定期限内作出结论的，经学生申诉处理委员会主任批准，可延长15日。学生申诉处理委员会认为必要的，可以建议学校暂缓执行有关规定。

第十一条 申诉学生本人有要求学生申诉处理委员会相关成员回避的权利。学生申诉处理委员会委员有下列情形之一的，应当自行回避，申诉学生和学生申诉处理委员会也有权要求其回避：

（一）是申诉学生近亲属的；

（二）与本项申诉有利害关系的；

（三）与申诉学生、被申诉机关的负责人有其他关系，可能影响申诉公正处理的；

（四）申诉学生提出其他正当回避理由的。

回避决定应当在提出回避申请3日内由学生申诉处理委员会作出，并及时通知提出回避的申请人。

第四章 调查与审理

第十二条 学生申诉处理委员会的工作程序包括：

（一）调阅、复审学生处理或者处分相关材料；

（二）约谈涉及学生处理或者处分事宜的相关部门和相关人员，进一步了解核实有关情况；

（三）听取申诉学生的有关申诉；

（四）对认为不清楚的事实和证据，做进一步调查。确有必要时，可决定组织召开申诉调查会；

（五）作出复查结论或提出建议。

第十三条 学生申诉处理委员会应当对原处理或者处分决定是否合法进行审查。审查主要内容包括：

（一）事实是否清楚，主要证据是否充分；

（二）定性是否准确；

（三）程序是否符合规定；

（四）原处理或者处分决定是否公正、公平；

（五）适用法律、法规和规章制度是否适当；

（六）处理中是否存在超越职权或滥用职权的情况；

（七）其他需要查清的问题。

第十四条 学生申诉处理委员会应对处理或处分的事实、依据、程序等进行复查，按以下情形分别作出复查结论：

（一）事实清楚、依据明确、定性准确、程序正当、处分适当的，予以维持；

（二）认定事实清楚，但认定情节有误、定性不准确，或者适用依据有错误的，建议学校予以变更或者重新作出决定；

（三）认定事实不清、证据不足，或者违反《普通高等学校学生管理规定》（中华人民共和国教育部令第41号）以及学校规定的程序和权限的，建议学校重新作出决定；

（四）认定事实不存在，或者学校超越职权、违反上位法规定作出决定的，建议学校予以撤销。

其中，变更或撤销留校察看及以下等级处分的，相关职能部门予以研究后，重新提交专门会议作出决定；变更或撤销退学处理、取消学籍、取消入学资格或开除学籍处分的，由相关职能部门予以研究后，重新提交校长办公会作出决定。

第十五条 学生申诉处理委员会对学生申诉进行合议时，必须有三分之二以上应到会人员到会方可举行。学生申诉处理委员会就有关事项进行投票表决，需以无记名方式进行，实行少数服从多数原则，赞成人数超过应到会人数的半数为通过。

第十六条 学生申诉复查决定书应及时送达申诉学生本人，送达方式视情况可采取下列方式：

（一）当面送达。当面交由申诉学生本人签收；

（二）留置送达。对拒绝签收的申诉学生，由两名工作人员联合送达，并邀请申诉学生所在学院的工作人员代表、学生代表到场见证，说明情况，在《申诉复查决定书送达通知书》上记明拒收事由和日期，由送达人、见证人签名或者盖章，即视为送达；

（三）邮寄送达。对已经离校的申诉学生，可根据申诉学生提交的地址进行邮寄送达，并保存邮寄存根，作为档案材料一并归档；

（四）公告送达。对难于联系的申诉学生，可利用学校网站、校园公告栏等方式进行公告送达。公告期为60天，公告期满即视为送达。

第十七条 学生申诉期间，原处理或者处分决定不停止执行。

第十八条 在未作出申诉复查结论前，申诉学生可以撤回申诉，但须以书面形式撤回申诉申请。学生申诉处理委员会办公室接到学生撤回申诉申请后，即终止申诉复查工作。

第十九条 学生对复查决定有异议的，在接到学校申诉复查决定书之日起15日内，可向北京市教育委员会提出书面申诉。

第五章 附 则

第二十条 接受高等学历继续教育

的学生、港澳台侨学生、留学生的申诉参照本办法执行。

第二十一条 本办法经2019年12月25日校长办公会议审议通过，并报北京市教育委员会备案。

第二十二条 本办法自2020年1月1日起施行，原《中央民族大学学生申诉管理办法》（民大校发〔2017〕309号）同时废止。其他有关文件规定与本办法不一致的，以本办法为准。

第二十三条 本办法由中央民族大学学生申诉处理委员会办公室负责解释。

中央民族大學
MINZU UNIVERSITY OF CHINA

教职工情况

2019年教职工基本情况统计表

单位：人

项目		合计	女	中共党员	学历				年龄			
					研究生	大学本科	大学专科	其他	35岁及以下	36岁至40岁	41岁至50岁	51岁及以上
总计		1978	1123	1262	1510	349	52	67	320	414	665	579
校本部教职工数	小计	1751	1012	1156	1444	249	40	18	299	373	605	474
	教学科研岗	1152	625	696	1027	113	10	2	184	221	418	329
	其他专技岗	175	127	107	111	50	12	2	17	52	61	45
	辅导员岗	61	51	59	61	0	0	0	41	13	7	0
	管理岗	352	209	293	245	86	17	4	57	87	119	89
	工勤岗	11	0	1	0	0	1	10	0	0	0	11
	其他	0	0	0	0	0	0	0	0	0	0	0
直属单位教职工数	小计	82	18	33	14	17	9	42	3	4	12	63
	教学科研岗	0	0	0	0	0	0	0	0	0	0	0
	其他专技岗	16	10	12	9	6	1	0	1	3	3	9
	管理岗	23	7	18	5	11	4	3	2	1	7	12
	工勤岗	43	1	3	0	0	4	39	0	0	2	41
	其他	0	0	0	0	0	0	0	0	0	0	0
附属单位教职工数	小计	145	93	73	52	83	3	7	18	37	48	42
	附中专技	132	87	68	47	80	3	2	16	35	46	35
	管理岗	5	3	3	2	3	0	0	1	1	1	2
	工勤岗	5	0	0	0	0	0	5	0	0	0	5
	其他	3	3	2	3	0	0	0	1	1	1	0

2019 年教职工少数民族情况统计表

单位：人

项目	合计	其中						
		教学科研岗	辅导员岗	其他专业技术岗	管理岗	工勤岗	附中专技	其他
总计	713	395	25	83	170	14	26	
蒙古族	120	76	1	15	22	0	6	
回族	118	47	3	22	32	9	5	
藏族	47	31	3	3	10	0	0	
维吾尔族	36	18	2	4	11	0	1	
苗族	31	15	0	8	5	2	1	
彝族	22	12	1	1	8	0	0	
壮族	24	12	0	5	7	0	0	
布依族	11	5	1	3	1	0	1	
朝鲜族	65	50	0	3	11	0	1	
满族	98	52	6	8	27	3	2	
侗族	6	3	2	0	0	0	1	
瑶族	11	7	0	0	4	0	0	
白族	11	3	0	1	6	0	1	
土家族	32	15	3	3	6	0	5	
哈尼族	2	2	0	0	0	0	0	
哈萨克族	15	14	1	0	0	0	0	
傣族	2	1	1	0	0	0	0	
黎族	6	2	0	0	4	0	0	

续表

项目	合计	其中						
		教学科研岗	辅导员岗	其他专业技术岗	管理岗	工勤岗	附中专技	其他
傈僳族	1	0	0	0	0	0	1	
畲族	6	3	0	2	1	0	0	
高山族	1	0	0	0	1	0	0	
拉祜族	2	2	0	0	0	0	0	
东乡族	1	0	0	0	1	0	0	
纳西族	1	0	0	1	0	0	0	
柯尔克孜族	2	0	0	0	2	0	0	
土族	6	3	0	1	2	0	0	
达斡尔族	4	2	0	0	1	0	1	
仫佬族	5	1	0	2	2	0	0	
锡伯族	5	4	0	0	1	0	0	
仡佬族	3	3	0	0	0	0	0	
鄂温克族	6	2	0	1	3	0	0	
裕固族	1	1	0	0	0	0	0	
羌族	2	1	1	0	0	0	0	
塔塔尔族	1	1	0	0	0	0	0	
鄂伦春族	3	2	0	0	1	0	0	
门巴族	0	0	0	0	0	0	0	
毛南族	2	2	0	0	0	0	0	
赫哲族	3	2	0	0	1	0	0	
京族	1	1	0	0	0	0	0	

2019 年专业技术人员学历情况统计表

项目	合计（人）
专业技术人员	1539
学历情况	
博士	862
硕士	411
学士	201
其他	65

2019 年专业技术人员年龄情况统计表

项目	合计（人）
专业技术人员	1539
年龄结构	
30 岁及以下	54
31 岁至 40 岁	487
41 岁至 50 岁	545
51 岁至 60 岁	431
61 岁及以上	22

2019 年专任教师情况统计表

项　目	合　计（人）
专任教师总数	1152
学位结构	
博士	790
硕士	242
学士	106
其他	14
性别结构	
女性	625
男性	527
民族结构	
汉族	757
少数民族	395
专业技术职称结构	
正高级职称	330
副高级职称	365
中级职称	420
初级职称	18
未定职级	19
年龄结构	
30 岁以下	29
31 岁至 40 岁	349
41 岁至 50 岁	421
51 岁至 60 岁	331
61 岁以上	22

2019 年底博士后在站人数

流动站	民族学	中国语言文学	中国史	哲学	社会学
人数	9	6	4	5	4
总计（人）	28				

2019 年聘请客座教授名单

赵进东（生命与环境科学学院）

2018 年新增研究生导师名单

民大校发【2019】8 号

2019 年 3 月 4 日

根据《中央民族大学研究生指导教师工作条例》（民大校发〔2017〕183 号）的精神，经个人申请、所在单位审核、专家小组审议、研究生院（学位办）审核、学校学位评定委员会审议及公示等程序，韩思艺等 24 人为我校 2018 年新增博士研究生导师，吴本健等 30 人为我校 2018 年新增学术型硕士研究生导师，马亮亮等 81 人为我校 2018 年新增专业学位硕士研究生导师。现将 2018 年新增研究生导师名单予以公布。

一、新增博士生导师名单

1. 哲学与宗教学学院：韩思艺

2. 经济学院：张春敏

3. 管理学院：王亚欣

4. 民族学与社会学学院：张娜、焦开山

5. 中国民族理论与民族政策研究院：吴月刚

6. 教育学院：侯会生

7. 音乐学院：斯琴朝克图

8. 少数民族语言文学系：赵丽芳

9. 蒙古语言文学系：包满亮

10. 维吾尔语言文学系：艾尔肯·阿热孜

11. 哈萨克语言文学系：杜山那里·阿不都拉西木

12. 美术学院：周莹

13. 舞蹈学院：杨敏、马云霞

14. 生命与环境科学学院：唐阵武、张淑萍、高飞、王晓东

15. 药学院：程勇

16. 教育学院：孙杰远（兼职）

17. 历史文化学院：扎洛（兼职）

18. 藏学研究院：郑堆（兼职）、黄维忠（兼职）

二、新增学术型硕士生导师名单

1. 经济学院：吴本健、解树江

2. 藏学研究院：完麻加、杨毛措、岗措

3. 蒙古语言文学系：朝鲁、好比斯嘎拉图

4. 维吾尔语言文学系：艾克拜尔·卡德尔、热孜娅·努日

5. 哈萨克语言文学系：努尔巴汗·卡力列汗

6. 朝鲜语言文学系：金青龙、任广旭

7. 文学与新闻传播学院：毛湛文、娄育

8. 民族学与社会学学院：陈伟驹、赵萱、赵蜜

9. 中国民族理论与民族政策研究院：杨须爱

10. 教育学院：傅淳华、袁梅

11. 历史文化学院：马金生

12. 美术学院：林自栋、杨宁

13. 生命与环境科学学院：唐阵武、夏淑华、于潇、金正宇

14. 理学院：赵尚威

15. 马克思主义学院：管前程

16. 管理学院：刘小青

三、新增专业学位硕士生导师名单

1. 经济学院：吴本健、解树江、许晨、刘红、史锦华、闫妍、谢文心、赵海云、和萍、王润球、侯超惠、周英、蔡萌、杨丹、刘云喜、王飞、刘宏海、王华、陶春生、喆儒、侯志茹、王博、郭利华、田东霞、雷小兵、姜伟、谢丽霜、时保国、刘清、周民良

2. 法学院：梁利华、赖力静

3. 美术学院：林自栋

4. 舞蹈学院：马亮亮、谭伟、王天佑、肖继元、李进、苏娅菲、金永森

5. 音乐学院：黄祎、张英浩、金东根、王婷、步振勇

6. 国际教育学院：韩笑、张海威、王祖嫘

7. 民族学与社会学学院：良警宇、张薇薇、李冬冬

8. 教育学院：陆小英、袁梅、张阳阳、张珂、傅淳华

9. 信息工程学院：孙娜、卢勇

10. 管理学院：李仲广、杨宏浩、宋子千、黄小琳、蒋依依、谢继忠

11. 文学与新闻传播学院：贾文清、徐智、赵鹏、梁悦悦

12. 理学院：于力超、杨慧、郭红莲、李传波、刘明成、陈根祥、张晓明、董连春、彭洪尚、郑嘉、高研

13. 外国语学院：杨恒

14. 体育学院：李建平

2019年新增研究生导师名单

民大校发【2019】94号

2019年9月6日

根据《中央民族大学研究生指导教师工作条例》（民大校发〔2017〕183号）的精神，经个人申请、所在单位审核、专家小组审议、研究生院（学位办）审核、学校学位评定委员会审议及公示等程序，黄志辉等33人为我校2019年新增博士生导师，阿拉坦等37人为我校2019年新增学术型硕士生导师，王玉玲等37人为我校2019年新增专业学位硕士生导师。现将2019年新增研究生导师名单予以公布。

一、新增博士生导师名单

1. 民族学与社会学学院：黄志辉、庄晨燕、陈俊杰、陈心想、张曦、杨慧

2. 中国少数民族语言文学学院：阿不力奇木

3. 经济学院：陶春生、郭利华

4. 管理学院：黄锐、谢作渺、崔瑜

5. 马克思主义学院：宫玉涛

6. 文学院：宋旭红、毛巧晖（兼职）

7. 历史文化学院：崔岷、哈斯巴根

8. 教育学院：崔玲玲

9. 外国语学院：宋达

10. 生命与环境科学学院：覃筱燕、郭泺、李鲜婵

11. 药学院：陈乃宏（兼职）、屠鹏飞（兼职）、叶敏（兼职）

12. 理学院：杨玉平、彭洪尚

13. 信息工程学院：吴立成、毕晓君、翁彧

14. 美术学院：周梦、芮法彬、乌日切夫

二、新增学术型硕士生导师名单

1. 民族学与社会学学院：阿拉坦、陈俊杰、陈心想、马东亮、田方萌

2. 中国少数民族语言文学学院：焦玉琴、金艳、阿依努·艾比西

3. 管理学院：朱金强、何修良

4. 马克思主义学院：刘然、陶玉、王晓红

5. 新闻与传播学院：曾庆香（兼职）

6. 哲学与宗教学学院：韩思艺、尹志华

7. 历史文化学院：哈斯巴根、陈鹏、赵桅

8. 教育学院：杨秀芹

9. 生命与环境科学学院：武海波、罗斐贤、邢璇、李鲜婵

10. 药学院：乌恩奇

11. 理学院：张智勇、王玉风

12. 信息工程学院：李霞丽、蒲秋梅、毕晓君

13. 美术学院：乌日切夫、何威、蒋彦婴

14. 舞蹈学院：沙呷阿依、刘柳、丛帅帅

15. 音乐学院：楚高娃

三、新增专业学位硕士生导师名单

1. 经济学院：王玉玲、于潇、马博、马光秋、王庶、冯彦明、龙贺兴、张冬梅

2. 管理学院：沈澈

3. 新闻与传播学院：黄小川（兼职）、郑茜（兼职）、蔺玉红（兼职）、左衡（兼职）

4. 教育学院：岳永杰、杨秀芹

5. 外国语学院：马士奎、宋达、覃俐俐、姜静

6. 理学院：刘蓓、苏宇楠、张磊、张彦芳、吴立东（兼职）

7. 信息工程学院：岑翼、梁骁、毕晓君

8. 美术学院：乌日切夫、蒋彦婴、张曙光、何威、李伟（兼职）、盛葳（兼职）

9. 舞蹈学院：丛帅帅

10. 音乐学院：李勇翔、谈龙建（兼职）

11. 体育学院：李新龙

2019年高层次人才聘用名单（131人）

（按聘用档次、学科类型、姓氏笔画排序）

民大校发〔2019〕137号

2019年12月13日

按照《中央民族大学高层次人才管理办法（修订）》（民大校发〔2019〕90号）规定的遴选程序，现已确定中央民族大学2019年度高层次人才聘用人选131人（名单附后）。

2019年度高层次人才（不含资深教授）聘期为2019年9月1日至2022年8月31日。签订聘用协议，考核按照《中央民族大学高层次人才管理办法（修订）》（民大校发〔2019〕90号）严格执行，聘期待遇从2019年9月1日起兑现。

一、资深教授

黄泰岩　　党委办公室、校长办公室（学校档案馆、督查室）

二、杰出人才A档3人

1. 人文类1人

阿不都热西提·亚库甫　　中国少数民族语言研究院

2. 社科类1人

麻国庆　　党委办公室，校长办公室（学校档案馆，督查室）

3. 理工医类1人

再帕尔·阿不力孜　　党委办公室、校长办公室（学校档案馆，督查室）

三、杰出人才B档8人

1. 人文类2人

张铁山　　中国少数民族语言研究院

游斌　　哲学与宗教学学院

2. 社科类1人

杨宗丽　　马克思主义学院

3. 理工医类4人

王文忠、李传波　　理学院

龙春林、李鲜婵　　生命与环境科学学院

4. 艺体类1人

斯琴朝克图　　音乐学院

四、优秀人才 A 档 12 人

1. 人文类 4 人

叶尔达、汪立珍　中国少数民族语言文学学院

钟焓、蒙曼　历史文化学院

2. 社科类 6 人

青觉、严庆　民族学与社会学学院（中国民族理论与民族政策研究院）

王军、祁进玉、王建民　民族学与社会学学院

苏德毕力格　教育学院

3. 理工医类 2 人

毕晓君　信息工程学院

陈根祥　理学院

五、优秀人才 B 档 44 人

1. 人文类 12 人

才让太、扎巴、苗东霞　中国少数民族语言文学学院

王蓓、胡素华　中国少数民族语言研究院

尹志华、杨桂萍　哲学与宗教学学院

苍铭、尚衍斌　历史文化学院

何克勇　外国语学院

赵丽芳　新闻与传播学院

曹立波　文学院

2. 社科组 14 人

乌小花　研究生院（学位办公室）

田方萌、杨慧、黄志辉、焦开山　民族学与社会学学院

朱金强、李俊清、李健　管理学院

杨须爱　民族学与社会学学院（中国民族理论与民族政策研究院）

张丽君、郭利华　经济学院

党秀云、崔瑜、彭建　管理学院

3. 理工医类 7 人

刘庆山　药学院

刘蓓、彭洪尚　理学院

邱莉榕　信息工程学院

金军、周宜君、夏建新　生命与环境科学学院

4. 艺体类 11 人

马云霞、朴永光、沙呷阿依　舞蹈学院

刘向华、李洁、周莹、周梦、赵盼超、钟捷、殷会利　美术学院

安鲁新　音乐学院

六、优秀青年人才 40 人

1. 人文类 7 人

张海威	国际教育学院
蒋爱花	历史文化学院
毛湛文	新闻与传播学院
金艳	中国少数民族语言文学学院
叶楚炎	文学院
朱德康	中国少数民族语言研究院
王梓	哲学与宗教学学院

2. 社科类 16 人

于潇、吴本健	经济学院
区缵、杨磊、陈伟驹、姚红、赵蜜	民族学与社会学学院
曲纵翔、黄锐	管理学院
江凤娟、余红玉、陈志伟、袁梅、傅淳华	教育学院
杨毛措	藏学研究院
阿拉坦	民族学与社会学学院（世界民族学人类学研究中心）

3. 理工医类 11 人

王玉凤、李明杰、李静、赵尚威、郭青、董连春	理学院
李华、罗斐贤、金正宇、夏淑华	生命与环境科学学院
翁彧	信息工程学院

4. 艺体类 6 人

车延芬、丛帅帅、刘柳、杨希、张一可	舞蹈学院
吴非	体育学院

七、优秀青年人才培育计划 23 人

1. 人文类 7 人

王遥	历史文化学院
史经鹏	哲学与宗教学学院
安静	文学院
那加才旦	中国少数民族语言文学学院
陈鹏	历史文化学院
徐智	新闻与传播学院
梁悦悦	新闻与传播学院

2. 社科类 6 人

李海军	民族学与社会学学院
张其鉴	法学院
郑毅	法学院
秦广强	民族学与社会学学院

程春华	民族学与社会学学院（中国民族理论与民族政策研究院）
蔡萌	经济学院

3. 理工医类 5 人

张宇识	信息工程学院
武海波	生命与环境科学学院
胡吉成	生命与环境科学学院
高研	理学院
施洪龙	理学院

4. 艺体类 5 人

亓雯	舞蹈学院
苏娅菲	舞蹈学院
李强	美术学院
赵娜	音乐学院
楚高娃	音乐学院

中央民族大学医院 2019 年医疗情况统计表

项 目	门急诊医疗	健康体检	计划免疫	慢病管理
数量（人次）	79856	20000	5960	2012

2019年离退休人员情况统计表

单位：人

项目	人数	男	女	正局	副局	正处	副处	正高	副高	中级	初级	正科	副科	干部	工人	少数民族	中共党员	备注
总数	1653	680	973	4	18	115	109	220	374	453	32	163	22	1215	438	493	743	
离休	62	28	34		7	7	33	6	20			1	1	62		19	54	
退休	1591	652	939	4	11	108	76	214	354	453	32	162	21	1153	438	474	689	

中央民族大學
MINZU UNIVERSITY OF CHINA

学生情况

2019 年在校本科学生人数统计表

单位：人

院系	专业名称	学制	总人数	女生数	总人数	女生数	2014 级		2015 级		2016 级		2017 级		2018 级		2019 级		共青团员	共产党员	少数民族	港澳台	残疾人
							总计	女生数	总计	女生数	总计	女生数	总计	女生数	总计	女生数	总计	女生数					
			11334	7827	11334	7827	1	0	118	42	2737	1878	2807	2000	2813	1939	2858	1968	10194	47	5393	23	5
法学院	法学	4	861	640	455	338			1	1	96	72	102	74	131	103	125	88	810	4	427	3	0
	法学(藏语基地班)	4			71	43			1		19	9	30	19	21	15							
	法学(法学与英语)	4			313	244			2		87	71	87	66	67	51	70	56					
	法学(民族基地班)	4			22	15											22	15					
管理学院	财务管理	4	1002	731	91	74					45	39	46	35					948	8	559	1	1
	工商管理	4			37	24					37	24											
	工商管理类	4			317	227									150	106	167	121					
	公共管理类	4			158	119									75	59	83	60					
	公共事业管理	4			70	45			1		39	21	30	24									
	行政管理	4			79	51					42	29	37	22									
	会计学	4			93	84					46	43	47	41									
	旅游管理(藏语实验班)	4			25	16							25	16									
	旅游管理(民族基地班)	4			18	10											18	10					
	人力资源管理	4			45	34					45	34											
	市场营销	4			41	27			1				40	27									
	政治学与行政学	4			28	20							28	20									

续表

院系	专业名称	学制	总人数	女生数	总人数	女生数	2014级		2015级		2016级		2017级		2018级		2019级		共青团员	共产党员	少数民族	港澳台	残疾人
							总计	女生数	总计	女生数	总计	女生数	总计	女生数	总计	女生数	总计	女生数					
国际教育学院	汉语国际教育	4	61	55	61	55									30	28	31	27	58	0	27	0	0
教育学院	教育学	4	172	135	172	135					44	32	48	42	40	34	40	27	163	1	84	1	0
经济学院（少数民族经济研究所）	财政学	4	1076	796	103	80			2		51	43	50	37					1036	6	489	2	0
	国际经济与贸易	4			131	88			4	1	79	56	48	31									
	金融学	4			231	165			1		97	71	133	94									
	经济学	4			97	67			1	1	46	32	50	34									
	经济学类	4			514	396									268	206	246	190					
理学院	光电科学与工程类	4	932	566	75	36									75	36			880	3	432	1	0
	光电信息科学与工程	4			158	68					46	17	36	20			76	31					
	纳米材料与技术	4			56	31			1	1	23	11	32	19									
	统计学	4			75	57			1		39	31	35	26									
	统计学类	4			172	133									93	69	79	64					
	信息与计算科学	4			222	123			1		57	30	51	38	56	25	57	30					
	信息与计算科学(民族实验班)	4			30	16											30	16					
	信息与计算科学(西藏班)	4			68	42			1		21	13	23	15	23	14							
	应用统计学	4			75	60			1	1	38	29	36	30									
	应用物理学	4			1	0			1														
历史与文化学院	历史学	4	229	165	58	44											58	44	208	5	98		
	历史学(基地班)	4			107	76					33	22	34	26	40	28							
	历史学(中国与周边国家关系史实验班)	4			64	45					20	14	23	16	21	15							

续表

院系	专业名称	学制	总人数	女生数	总人数	女生数	2014级		2015级		2016级		2017级		2018级		2019级		共青团员	共产党员	少数民族	港澳台	残疾人
							总计	女生数	总计	女生数	总计	女生数	总计	女生数	总计	女生数	总计	女生数					
美术学院	服装与服饰设计	4	768	544	100	85			3	1	22	20	24	21	26	21	25	22	681	1	89		1
	环境设计	4			142	91			7	1	29	16	35	22	36	23	35	29					
	绘画(油画)	4			105	51			8	1	24	10	24	12	25	14	24	14					
	美术学(美术教育)	4			99	71			1		24	19	22	11	27	19	25	22					
	美术学(美术教育师范)	4			50	45											50	45					
	视觉传达设计	4			141	104			1		34	29	36	28	36	26	34	21					
	视觉传达设计(影像设计)	4			52	38					10	4	13	10	13	9	16	15					
	艺术设计(影像设计)	4			1	0											1						
	中国画	4			78	59					18	12	20	16	20	16	20	15					
民族学与社会学学院	民族学	4	632	470	148	118			1		38	28	37	29	35	30	37	31	604	1	284	2	1
	民族学(民族理论与民族政策)	4			1	0			1														
	民族学(孝通班)	4			76	51							29	20	25	16	22	15					
	社会工作	4			84	58					33	22	28	18	23	18							
	社会学	4			121	81					39	16	41	35	41	30							
	社会学类	4			56	42											56	42					
	文物与博物馆学	4			146	120					40	34	34	28	34	25	38	33					

续表

院系	专业名称	学制	总人数	女生数	总人数	女生数	2014级		2015级		2016级		2017级		2018级		2019级		共青团员	共产党员	少数民族	港澳台	残疾人
							总计	女生数	总计	女生数	总计	女生数	总计	女生数	总计	女生数	总计	女生数					
生命与环境科学学院	化学	4	744	513	42	23			1	1	21	10	20	12					712	0	311	0	0
	环境工程	4			72	48					38	30	34	18									
	环境科学	4			64	51					30	24	34	27									
	环境科学(中外合作办学)	4			43	22											43	22					
	环境科学与工程类	4			181	140									84	68	97	72					
	生态学	4			63	45			2		32	22	29	23									
	生物技术	4			59	40			2	1	27	16	30	23									
	生物科学	4			48	30			1		23	15	24	15									
	生物科学类	4			172	114									80	53	92	61					
体育学院	体育教育	4	159	27	159	27			2		37	8	39	8	41	5	40	6	128	0	33	0	0
外国语学院	俄语	4	596	503	91	72					20	13	25	23	20	16	26	20	575	1	244	3	0
	翻译	4			157	138			1		50	45	53	46	53	47							
	日语	4			77	68					24	21			27	24	26	23					
	日语(日本语言文化)	4			21	16							21	16									
	外国语言文学类	4			104	91											104	91					
	英语	4			146	118			1		53	41	43	36	49	41							
文学院	汉语国际教育	4	382	329	28	25					28	25							371	2	174		
	汉语言文学	4			354	304			2		78	65	105	91	84	71	85	77					

续表

院系	专业名称	学制	总人数	女生数	总人数	女生数	2014级		2015级		2016级		2017级		2018级		2019级		共青团员	共产党员	少数民族	港澳台	残疾人
							总计	女生数	总计	女生数	总计	女生数	总计	女生数	总计	女生数	总计	女生数					
舞蹈学院	舞蹈编导	4	434	248	17	9			1						16	9			308	2	160	3	0
	舞蹈表演	4			137	75			2	1	34	20	33	18	36	18	32	18					
	舞蹈表演(民族英才班)	4			84	37					13		20	20	15		36	17					
	舞蹈学(舞蹈教育)	4			196	127			4	2	46	32	54	37	36	18	56	38					
新闻与传播学院	广告学	4	441	349	94	72					29	22	37	26	28	24			411	3	230	4	0
	新闻学	4			188	156					57	50	59	46	72	60							
	新闻学(藏语基地班)	4			46	36					23	16	23	20									
	新闻学(民族实验班)	4			22	15											22	15					
	新闻学类	4			91	70											91	70					
信息与工程学院	电子信息工程	4	957	447	57	25					28	15	29	10					898	5	487	3	0
	电子信息类	4			154	66									79	35	75	31					
	工学类(藏语创新班)	4			66	28					14	6	27	14	25	8							
	计算机科学与技术	4			153	81			1		35	17	50	26	67	38							
	计算机科学与技术(民族实验班)	4			23	8											23	8					
	计算机类	4			157	70											157	70					
	软件工程	4			148	73			3	1	33	19	49	26	63	27							
	数据科学与大数据技术	4			39	15									39	15							
	通信工程	4			63	41			1		31	15	31	26									
	物联网工程	4			35	17					35	17											
	自动化	4			62	23			1		31	14	30	9									

续表

院系	专业名称	学制	总人数	女生数	总人数	女生数	2014级		2015级		2016级		2017级		2018级		2019级		共青团员	共产党员	少数民族	港澳台	残疾人
							总计	女生数	总计	女生数	总计	女生数	总计	女生数	总计	女生数	总计	女生数					
药学院	制药工程	4	68	43	68	43			1		22	12	22	18	23	13			67	0	29	0	0
音乐学院	音乐表演(打击乐)	4	611	374	7	4					3	2	2	1	2	1			508	0	231	0	0
	音乐表演(钢琴)	4			28	22			1	1	8	6	6	5	5	3	8	7					
	音乐表演(管乐)	4			62	22			1		15	5	16	8	13	3	17	6					
	音乐表演(民乐弹拨)	4			37	33							13	12	12	10	12	11					
	音乐表演(民族英才班)	4			73	32					15	6	19	11	20	8	19	7					
	音乐表演(少数民族器乐演奏)	4			56	23			8	3	13	6	12	6	13	5	10	3					
	音乐表演(声乐)	4			66	44			3	3	23	15	17	11			23	15					
	音乐表演(弦乐)	4			63	45			3	1	14	12	12	6	16	13	18	13					
	音乐表演[中国乐器演奏(拉弦吹奏)]	4			70	49			1		33	28	14	10	11	6	11	5					
	音乐学	4			32	28			1		8	7	10	8	6	6	7	7					
	音乐学[音乐教育(器乐)]	4			7	6							7	6									
	音乐学[音乐教育(声乐)]	4			26	17					15	9	11	8									
	音乐学(音乐教育)	4			47	28			4		7	4			18	12	18	12					
	作曲与作曲技术理论	4			37	21					9	4	11	5	9	8	8	4					
哲学与宗教学学院	哲学	4	229	160	99	68			1	1	29	20	39	24	30	23			213	0	87	0	1
	哲学类	4			57	36											57	36					
	宗教学	4			73	56			2	1	24	19	19	15	28	21							

续表

院系	专业名称	学制	总人数	女生数	总人数	女生数	2014级		2015级		2016级		2017级		2018级		2019级		共青团员	共产党员	少数民族	港澳台	残疾人
							总计	女生数	总计	女生数	总计	女生数	总计	女生数	总计	女生数	总计	女生数					
中国少数民族语言文学学院	朝鲜语	4			12	8									12	8							
	中国少数民族语言文学(藏)	4			134	73					31	13	40	27	33	12	30	21					
	中国少数民族语言文学(藏语零起点班)	4			15	13									15	13							
	中国少数民族语言文学(藏语零起点班)	5			17	14			17	14													
	中国少数民族语言文学(朝鲜语)	4			107	87					28	22	26	22	23	20	30	23					
	中国少数民族语言文学(哈萨克)	4	980	733	96	72					19	11	38	29	19	15	20	17	935	5	918		1
	中国少数民族语言文学(哈萨克语零起点班)	4			17	15									17	15							
	中国少数民族语言文学(哈萨克语零起点班)	5			20	14	1				19	14											
	中国少数民族语言文学(汉藏翻译)	4			16	10					16	10											
	中国少数民族语言文学(汉语维吾尔语翻译)	4			63	48					22	17	21	16	20	15							
	中国少数民族语言文学(蒙古)	4			113	91			5	2	27	22	25	19	26	21	30	27					

续表

院系	专业名称	学制	总人数	女生数	总人数	女生数	2014级		2015级		2016级		2017级		2018级		2019级		共青团员	共产党员	少数民族	港澳台	残疾人
							总计	女生数	总计	女生数	总计	女生数	总计	女生数	总计	女生数	总计	女生数					
中国少数民族语言文学学院	中国少数民族语言文学(蒙古语汉语双语)	4	980	733	72	61					22	18	27	23	23	20			935	5	918		1
	中国少数民族语言文学(维吾尔)	4			79	58			2	2	18	14	19	14	20	16	20	12					
	中国少数民族语言文学(维吾尔语零起点班)	4			14	11							14	11									
	中国少数民族语言文学(语言学/民族文学)	4			133	93					38	26	31	25	34	22	30	20					
	中国少数民族语言文学(中韩经贸翻译)	4			72	65			1	1	28	25	23	22	20	17							

2019 年在校本科学生民族成分统计表

单位：人

民族	总计	2014 级		2015 级		2016 级		2017 级		2018 级		2019 级	
		总计	女生数	总计	女生数	总计	女生数	总计	女生数	总计	女生数	总计	女生数
阿昌族	2							1		1	1		
白族	92			1		18	15	19	14	25	21	29	19
保安族	3									1	1	2	2
布朗族	3							1	1	2	2		
布依族	98					30	21	23	15	21	13	24	19
藏族	756			9	4	194	110	224	156	165	89	164	93
朝鲜族	318			3	2	84	69	75	63	71	57	85	59
穿青人	17							8	6	1		8	3
达斡尔族	15					4	3	3	2	5	5	3	3
傣族	29					12	6	7	5	6	4	4	3
东乡族	32					12	7	3		10	6	7	6
侗族	88			1		29	24	24	22	13	10	21	12
独龙族	2					1	1					1	1
俄罗斯族	4					1		2	2			1	1
鄂伦春族	1							1	1				
鄂温克族	1					1	1						
高山族	5											5	5
哈尼族	20					6	5	1	1	4	3	9	5
哈萨克族	239			6	2	55	40	76	57	55	45	47	38
汉族	5945	1		64	20	1393	971	1410	998	1500	1042	1577	1127
赫哲族	2					1				1	1		
回族	750			5	1	192	125	192	131	187	124	174	122
基诺族	4					1	1	1	1			2	2
京族	4					1	1			1		2	1
景颇族	5					1	1	1	1	1		2	2
柯尔克孜族	8					1	1	2	2	4	4	1	

续表

民族	总计	2014 级		2015 级		2016 级		2017 级		2018 级		2019 级	
		总计	女生数	总计	女生数	总计	女生数	总计	女生数	总计	女生数	总计	女生数
拉祜族	2							2	2				
黎族	54					14	7	14	10	11	6	15	9
傈僳族	10					3	3	1		4	3	2	2
珞巴族	1											1	1
满族	302					69	52	75	53	75	47	83	51
毛南族	6					4	1	1	1			1	1
门巴族	3					1		1				1	
蒙古族	656			14	6	156	113	167	129	155	106	164	122
苗族	249					61	33	77	52	56	41	55	30
仫佬族	11					1	1	4	3	3	3	3	2
纳西族	13			1	1	4	3	4	4	3	2	1	1
怒族	2					1	1	1					
普米族	8					1		1	1	5	4	1	0
其他	7					3	2			4	2		
羌族	19			1	1	4	3	3	3	8	5	3	1
撒拉族	8					2	1			3	1	3	2
畲族	16							6	3	6	4	4	2
水族	18					8	5	2	2	6	5	2	1
塔吉克族	3			1				2	2				
塔塔尔族	1					1							
土家族	430			4	2	113	78	105	79	101	67	107	73
土族	33					7	5	6	6	12	9	8	6
佤族	7					3	2	1	1	3	2		
维吾尔族	334			4	1	83	58	74	52	97	71	76	45
乌孜别克族	4			1		2	2					1	1
锡伯族	15					4	2	5	1	2	2	4	3
瑶族	90					23	16	22	17	27	20	18	12
彝族	234			2	1	54	29	60	39	61	37	57	36
仡佬族	28					9	8	7	4	8	5	4	1
裕固族	10					2	2	4	1	1	1	3	
壮族	317			1	1	67	49	88	57	88	68	73	43
合计	11334	1		118	42	2737	1878	2807	2000	2813	1939	2858	1968

2019年本、预科招生计划编制原则

民大校发〔2019〕40号

2019年4月26日

为贯彻落实全国教育大会精神，按照学校第八次党代会精神和学校“双一流”建设的总体要求，突出为国家战略和民族团结进步事业服务、为少数民族和民族地区经济社会发展服务的办学宗旨和人才培养目标，根据教育部、国家民委、北京市相关规定，结合社会需求，经学校党委常委会研究，现就2019年学校本、预科招生计划编制提出如下原则意见。

一、本、预科招生计划总量略有增加，其中本科计划2880名（含中外合作办学计划40名），较2018年增加50名；预科计划185名（含新疆协作计划30人），保持不变。

二、充分挖掘、整合已有办学资源，力求办学效益最大化；继续实施大类招生，除艺体类各专业外实现按专业类招生全覆盖。

三、加强对各地人才需求的分析预测，根据学校办学定位，动态调整分省区、分专业计划：

（一）继续向民族地区、武陵山片区所在省区和少数民族考生较多省区倾斜；

（二）结合学校服务面向和各地区人才实际需求，在兼顾学校特色优势专业传承发展的同时，继续提高应用型专业计划数在西部地区的投放比例；

（三）积极创造条件，落实《北京市拓展中小学教师来源的行动计划（2018—2022）》，完成50名美术教育师范生招生计划，促进区域、城乡和各级各类教育均衡发展，确保北京基础教育师资队伍建设需要；

（四）在保持计划总量不变的情况下，调减中国少数民族语言文学专业计划，增加“应用型专业+民族语”专业计划；提高民考汉学生比例，改“应用型专业+民族语”专业单一民族编班模式为多民族混合编班。

四、除保证符合学校办学定位的优势特色专业外，根据社会需求，参照生源情况、就业质量、师资队伍状况等因素适当增减各招生专业的计划数。

2019 年普通本科、预科招生计划完成情况

2019 年本科、预科、港澳台侨各类计划具体划分及完成情况详见下表。

<table>
<tr><th>层次</th><th colspan="2">类　别</th><th>计划数（人）</th><th>完成数（人）</th><th>备注说明</th></tr>
<tr><td rowspan="10">本
科</td><td colspan="2">分省区计划</td><td>2065</td><td>2086</td><td></td></tr>
<tr><td colspan="2">预升本</td><td>182</td><td>182</td><td rowspan="6"></td></tr>
<tr><td rowspan="2">内地班</td><td>新疆</td><td>35</td><td>35</td></tr>
<tr><td>西藏</td><td>41</td><td>41</td></tr>
<tr><td rowspan="3">艺术类</td><td>音 乐</td><td>165</td><td>152</td></tr>
<tr><td>舞 蹈</td><td>126</td><td>122</td></tr>
<tr><td>美 术</td><td>230</td><td>230</td></tr>
<tr><td colspan="2">高水平运动员</td><td>20</td><td>15</td><td></td></tr>
<tr><td colspan="2">预 留</td><td>16</td><td></td><td>计入上述分项计划完成数</td></tr>
<tr><td colspan="2">本科合计</td><td>2880</td><td>2863</td><td></td></tr>
<tr><td rowspan="3">预科</td><td colspan="2">本校预科</td><td>185</td><td>188</td><td></td></tr>
<tr><td colspan="2">外校委培预科</td><td>无</td><td>无</td><td></td></tr>
<tr><td colspan="2">预科合计</td><td>185</td><td>188</td><td>教育部增加 3 名协作计划任务</td></tr>
<tr><td colspan="3">本校合计</td><td>3065</td><td>3051</td><td></td></tr>
<tr><td>港澳
台侨</td><td colspan="2">联合招生及台湾学测</td><td>20</td><td>14</td><td>计划单列，不计入年度计划总盘子</td></tr>
<tr><td colspan="3">总　计（含港澳台侨）</td><td></td><td>3065</td><td></td></tr>
</table>

2019年普通本科、预科各省区录取分数线

<table>
<tr><th colspan="2" rowspan="3">省区市</th><th colspan="2">各类批次线</th><th colspan="6">实际录取分数线</th></tr>
<tr><th rowspan="2">文史</th><th rowspan="2">理工</th><th colspan="3">文史类</th><th colspan="3">理工类</th></tr>
<tr><th>最高分</th><th>最低分</th><th>平均分</th><th>最高分</th><th>最低分</th><th>平均分</th></tr>
<tr><td rowspan="2">北京</td><td>普通类</td><td rowspan="2">559</td><td rowspan="2">527</td><td>624</td><td>618</td><td>620.4</td><td>637</td><td>630</td><td>631.7</td></tr>
<tr><td>提前批</td><td>--</td><td>--</td><td>--</td><td>615</td><td>609</td><td>611.6</td></tr>
<tr><td colspan="2">天　津</td><td>500</td><td>551</td><td>637</td><td>630</td><td>631.7</td><td>629</td><td>621</td><td>624.1</td></tr>
<tr><td rowspan="3">河北</td><td>普通类</td><td rowspan="3">549</td><td rowspan="3">502</td><td>637</td><td>628</td><td>631.8</td><td>631</td><td>622</td><td>625.0</td></tr>
<tr><td>少数民族</td><td>639</td><td>626</td><td>630.2</td><td>625</td><td>616</td><td>619.4</td></tr>
<tr><td>国家专项</td><td>--</td><td>--</td><td>--</td><td>625</td><td>621</td><td>623.8</td></tr>
<tr><td rowspan="2">山西</td><td>普通类</td><td rowspan="2">542</td><td rowspan="2">507</td><td>593</td><td>584</td><td>588.3</td><td>614</td><td>579</td><td>585.9</td></tr>
<tr><td>中外合作</td><td>--</td><td>--</td><td>--</td><td>553</td><td>542</td><td>546.2</td></tr>
<tr><td rowspan="5">内蒙古</td><td>普通类</td><td rowspan="4">522</td><td rowspan="4">477</td><td>626</td><td>612</td><td>617</td><td>631</td><td>597</td><td>607.5</td></tr>
<tr><td>国家专项</td><td>--</td><td>--</td><td>--</td><td>606</td><td>595</td><td>601.8</td></tr>
<tr><td>中外合作</td><td>--</td><td>--</td><td>--</td><td>586</td><td>577</td><td>580.0</td></tr>
<tr><td>预科班</td><td>597</td><td>552</td><td>581.0</td><td>594</td><td>550</td><td>570.4</td></tr>
<tr><td>民语答卷</td><td>398</td><td>348</td><td>593</td><td>548</td><td>559.3</td><td>557</td><td>537</td><td>546.0</td></tr>
<tr><td rowspan="4">辽宁</td><td>普通类</td><td rowspan="4">564</td><td rowspan="4">512</td><td>631</td><td>623</td><td>625.9</td><td>645</td><td>622</td><td>627.8</td></tr>
<tr><td>中外合作</td><td>--</td><td>--</td><td>--</td><td>597</td><td>583</td><td>588.6</td></tr>
<tr><td>预科班</td><td>621</td><td>620</td><td>620.5</td><td>612</td><td>609</td><td>610.5</td></tr>
<tr><td>民语答卷</td><td>605</td><td>543</td><td>587.7</td><td>587</td><td>540</td><td>560.0</td></tr>
<tr><td rowspan="3">吉林</td><td>普通类</td><td rowspan="3">544</td><td rowspan="3">530</td><td>603</td><td>586</td><td>593.5</td><td>619</td><td>579</td><td>595.0</td></tr>
<tr><td>预科班</td><td>559</td><td>553</td><td>556.3</td><td>567</td><td>544</td><td>554.2</td></tr>
<tr><td>民语答卷</td><td>594</td><td>567</td><td>577.3</td><td>616</td><td>531</td><td>550.1</td></tr>
<tr><td rowspan="3">黑龙江</td><td>普通类</td><td rowspan="3">500</td><td rowspan="3">477</td><td>600</td><td>589</td><td>594.0</td><td>621</td><td>603</td><td>608.0</td></tr>
<tr><td>预科班</td><td>538</td><td>526</td><td>530.0</td><td>567</td><td>559</td><td>562.0</td></tr>
<tr><td>民语答卷</td><td>590</td><td>547</td><td>565.6</td><td>574</td><td>485</td><td>522.3</td></tr>
<tr><td colspan="2">上海</td><td colspan="2">503</td><td colspan="2">548</td><td colspan="2">534</td><td colspan="2">541.4</td></tr>
<tr><td colspan="2">江苏</td><td>339</td><td>345</td><td>382</td><td>375</td><td>377.1</td><td>390</td><td>382</td><td>383.4</td></tr>
<tr><td colspan="2">浙江</td><td colspan="2">595</td><td colspan="2">655</td><td colspan="2">645</td><td colspan="2">650.5</td></tr>
</table>

续表

省区市		各类批次线		实际录取分数线					
		文史	理工	文史类			理工类		
				最高分	最低分	平均分	最高分	最低分	平均分
安徽	普通类	550	496	617	613	615.1	612	601	606.8
	国家专项			--	--	--	604	595	598.9
福建		550	493	604	599	601.4	617	585	590.6
江西	普通类	558	522	609	606	607.2	610	601	604.2
	国家专项			--	--	--	612	601	605.3
山东	普通类	542	514	617	609	611.0	622	610	614.5
	中外合作			--	--	--	600	590	596.5
河南	普通类	536	502	611	600	606.1	621	608	613.0
	少数民族			605	560	588.0	616	602	608.0
	国家专项			--	--	--	623	594	600.1
	中外合作			--	--	--	579	568	574.2
湖北	普通类	542	505	603	598	600.3	612	598	601.4
	国家专项			--	--	--	600	595	597.3
	中外合作			--	--	--	583	572	577.5
	预科班			598	596	597.0	593	587	590.4
湖南	普通类	553	500	623	614	616.7	614	590	594.6
	国家专项			--	--	--	596	588	591.5
	预科班			596	584	589.3	565	516	546.4
广东		546	495	604	600	601.3	588	577	580.9
广西	普通类	521	509	618	597	603.6	631	608	614.2
	国家专项			--	--	--	604	577	591.2
	预科班			594	576	582.2	606	587	593.6
海南		654	603	774	744	755.7	756	704	716.5
重庆	普通类	545	525	617	605	609.8	625	603	608.4
	国家专项			--	--	--	610	601	605.0
	中外合作			--	--	--	574	561	566.2
	预科班			566	565	565.5	563	547	554.8
四川	普通类	540	547	611	603	605.3	643	634	636.6
	国家专项			--	--	--	631	626	627.4
	中外合作			--	--	--	625	599	608.0
	预科班			572	563	567.8	591	579	585.1
	民语答卷	307	297	515	444	482.3	531	480	494.2

续表

省区市		各类批次线		实际录取分数线					
		文史	理工	文史类			理工类		
				最高分	最低分	平均分	最高分	最低分	平均分
贵州	普通类	542	470	634	622	626. 1	619	584	594. 0
	国家专项			--	--	--	595	585	587. 7
	中外合作			--	--	--	562	536	548. 0
	预科班			614	602	607. 0	569	543	551. 9
云南	普通类	560	535	637	625	629. 2	638	619	627. 5
	国家专项			--	--	--	634	617	624. 1
	预科班			623	615	617. 7	608	590	599. 2
西藏	汉族	420	425	588	559	573. 2	615	583	597. 5
	藏族	350	325	436	412	418. 7	425	393	405. 5
陕西	普通类	518	468	628	616	619. 5	598	589	593. 9
	国家专项			--	--	--	593	587	589. 9
甘肃	汉族	519	470	618	592	599. 2	583	559	566. 7
	少数民族			589	566	574. 8	562	538	547. 5
	国家专项			--	--	--	569	541	552. 4
	预科班			547	535	541. 0	530	486	510. 4
	民语答卷			615	555	571. 6	536	486	511. 0
	民语加试			556	479	512. 3	479	438	458. 8
青海	普通类	488	407	579	547	558. 9	556	522	533. 3
	预科班			555	550	552. 5	501	500	500. 5
	民语答卷			615	561	581. 5	572	502	517. 9
宁夏	普通类	538	457	627	595	604. 0	569	550	558. 4
	提前批			595	590	592. 5	576	544	560. 0
	预科班			588	549	572. 2	512	471	485. 0
新疆	普通类	510	450	594	582	587. 3	578	555	563. 9
	单列类	408	365	553	540	547. 8	539	500	516. 4
	单列类预科			544	520	528. 8	503	493	498. 5
	双语班	347	325	421	348	375. 8	402	341	366. 5

2019年普通本科、预科各省区/分专业录取分数情况统计表

专业名称	总数	北京	天津	河北	山西	内蒙古	辽宁	吉林	黑龙江	上海	江苏	浙江	安徽	福建	江西	山东	河南	湖北	湖南	广东	广西	海南	重庆	四川	贵州	云南	西藏	陕西	甘肃	青海	宁夏	新疆	新疆异地班	西藏异地班	台湾学生测试	联合招生	预升本
总计	3051	159	35	127	40	167	109	116	93	11	46	52	64	53	33	86	96	100	152	31	142	52	77	122	131	140	71	44	103	86	79	176	35	41	182		
民族学	41	4		1		2		2			2	2						2	3	2	4		2		2	2					2		3	3	3		
社会学类	63	2	2	2		3		2	2	2				2	1	2	2	2	3		4	1	2	2	2	5		1	1	3	2	2			11		
文物与博物馆学	42	3	3		2					3	2	2				2	3		2	2	2			2		1		2	2		2		2	3	2		
中国少数民族语言文学（朝鲜）	30					2	8	14	6																												
中国少数民族语言文学（蒙古）	30					26	2																									2					

续表

专业名称	总数	北京	天津	河北	山西	内蒙古	辽宁	吉林	黑龙江	上海	江苏	浙江	安徽	福建	江西	山东	河南	湖北	湖南	广东	广西	海南	重庆	四川	贵州	云南	西藏	陕西	甘肃	青海	宁夏	新疆	新疆异地班	西藏异地班	台湾学生测试	联合招生	预升本
中国少数民族语言文学（维吾尔）	20																															20					
中国少数民族语言文学（哈萨克）	20																															20					
中国少数民族语言文学（语言学/民族文学）	30																				1			6	11	12											
中国少数民族语言文学（藏）	30																							8		2	8		4	8							
汉语国际教育	32	2	2	2			2	2	2									4	2		2		2		2	2			2		2				2		
汉语言文学	85	3	2	2	2	4	2	2	3		2	2	2	2	2	2	2	2	3		4	2	2	3	2	2	3	2	3	2	2	3	3	3	10		
新闻传播学类	90	4	2	4	2	2	6	3	3		2	2	2	2	2	3	2	3	3	2	3	2	2	3	3	3		2	3	3	2	2		3	10		

续表

专业名称	总数	北京	天津	河北	山西	内蒙古	辽宁	吉林	黑龙江	上海	江苏	浙江	安徽	福建	江西	山东	河南	湖北	湖南	广东	广西	海南	重庆	四川	贵州	云南	西藏	陕西	甘肃	青海	宁夏	新疆	新疆异地班	西藏异地班	台湾学生测试	联合招生	预升本
新闻学（民族实验班）	22						2	2	2																		5		2	3		1			5		
俄语（俄语+中亚语）	25	2				1																						4	2	2	2	6	4		2		
日语	26	3	2				2	3	3	1	2	2		2			1		3																2		
外国语言文学类	104	5	2	4	2	6	2	3	4	2	2	3	2	2	1	5	2	4	6	2	5	2	5	4	5	3		2	2		4	2	4	3	4		
经济学类	245	8	4	8	4	8	7	10	8	2	3	4	4	4	4	7	7	8	10	3	10	6	6	8	12	10	7	4	7	7	8	11	8	8	20		
工商管理类	167	4	2	3	2	10	3	6	3		3	3	2	2	2	3	3	7	8	2	8	4	5	7	8	8	7	2	6	6	6	8		2	22		
公共管理类	84		1	2	2	3	5	2	2		2		1	2		3	3	3	3		3	2	2	3	3	5	5	1	3	3	3	2		3	12		
旅游管理（民族实验班）	18						2	1	2															2			3		3	4		1					
法学类	196	6	3	6	4	10	6	6	6		2	4	4	4	5	4	4	8	8	2	10	4	7	6	8	8	12	4	6	4	6	6			23		
法学（民族基地班）	22						1	2	2															2			5		3	6		1					

续表

专业名称	总数	北京	天津	河北	山西	内蒙古	辽宁	吉林	黑龙江	上海	江苏	浙江	安徽	福建	江西	山东	河南	湖北	湖南	广东	广西	海南	重庆	四川	贵州	云南	西藏	陕西	甘肃	青海	宁夏	新疆	新疆异地班	西藏异地班	台湾学生测试	联合招生	预升本
哲学类	59	4	1	1	1	2	2	2	2		2	2	1	2	1	1	2	2	2	1	2	3	2	2	2	1	1	3	1	2	2	2	2	3			
历史学类	59	3		2		3	2	2	2			2		2		2	2	2	1		3	2	2	3	2	2	2	2	2	2	2	3			7		
教育学	40			2				3	2			2		2		2			2		2	2		2	2	2	3		2		2		3		5		
生物科学类	94	3		2	2	3	2	4			2	2	2	2	2	3	5	6	7		6	1	2	6	4	10		2	2		3	4			7		
生物科学类（定向）																																					
环境科学与工程类	99		2	5		3		8	2		2	2	3	2	1			4	3		6	5	3	5	6	9		2	8	3	3	5			7		
环境科学（中外合作办学）	44	5			4	4	5									4	4	4					4	6	4												
中药学																																					
计算机类	156	2	2	5	3	5	3	6	6		3		5	2	2	4	5	5	9	2	7	4	6	6	12	9		5	6	3	4	7	3	5	10		
电子信息类	76	2		3		5		3	3		2	2		2	5	4	4	3	7		8		2		3	6					3	4			5		
计算机科学与技术（民族实验班）	23						2	3	2															2			5		3	5		1					

续表

专业名称	总数	北京	天津	河北	山西	内蒙古	辽宁	吉林	黑龙江	上海	江苏	浙江	安徽	福建	江西	山东	河南	湖北	湖南	广东	广西	海南	重庆	四川	贵州	云南	西藏	陕西	甘肃	青海	宁夏	新疆	新疆异地班	西藏异地班	台湾学生测试	联合招生	预升本
信息与计算科学	69		2	2		5		3	2			2	4	2		4	2	3	4		4		2	3	2	3	2		2		3	2	3	5	3		
光电信息科学与工程	78			4		4		3			2			2	2	2	4	7	7		6		2	6	4	4		2	3	3	3	4			4		
统计学类	82	3			3	2	2	4	5		2	2	1	2			3	3	6		9	3	3	2	9	5		2	3			2			6		
信息与计算科学（民族实验班）	19						1	2	2															2			3		3	5		1					
美术学（美术教育）	25	2		8		1			1				5				3		1		3										1						
绘画（油画）	25	1		7							2	2	2			2	6			1									2								
中国画	20			6							1		4			1	2		2	1	2								1								
视觉传达设计	50			11			2	1				2	11	1	1	2	6	1	8		2				1							1					
环境设计	35	1		7	1				1			3	5	1		2	6	1	5		1			1													
服装与服饰设计	25			8			1		1		1		3			2	1	1	2		3			1					1								

续表

专业名称	总数	北京	天津	河北	山西	内蒙古	辽宁	吉林	黑龙江	上海	江苏	浙江	安徽	福建	江西	山东	河南	湖北	湖南	广东	广西	海南	重庆	四川	贵州	云南	西藏	陕西	甘肃	青海	宁夏	新疆	新疆异地班	西藏异地班	台湾学生测试	联合招生	预升本
美术学(美术教育师范)	50	50																																			
舞蹈学(舞蹈教育)	54	7		4		3	7	1		1	2	2	1	2	1	3	2	3	4	4		1	1	1					2	1		1					
舞蹈表演	32	4					6	2	2		1	2					1		2	3		2	1	1					3	1		1					
舞蹈表演(民族英才班)	36	4		1		4	3	2						3			1		5	2			1	1		1				2	1	5					
音乐表演(声乐)	24	1	1	3		7	2		1							4	2		1	1								1									
音乐学	7	2		1	1											2	1																				
作曲与作曲技术理论	8	2			1											3	1		1																		
音乐表演(管乐)	17	5	1	2		2	1							1			1		1									1	1		1						
音乐表演(弦乐)	18	4	1	1	2	2	1		2		1			1					1							1					1						

续表

专业名称	总数	北京	天津	河北	山西	内蒙古	辽宁	吉林	黑龙江	上海	江苏	浙江	安徽	福建	江西	山东	河南	湖北	湖南	广东	广西	海南	重庆	四川	贵州	云南	西藏	陕西	甘肃	青海	宁夏	新疆	新疆异地班	西藏异地班	台湾学生测试	联合招生	预升本
音乐表演(钢琴)	8	2		1	1	1			1						1							1															
音乐表演(民乐-弹拨)	12	1		2	1	2	2									2			2																		
音乐表演(民乐-少数民族乐器)	10					4																			1					1		4					
音乐表演(民乐-拉弦吹奏)	11						3				1			1		3								1					1		1						
音乐表演(民族英才班)	19					5																		1	3	2				3		5					
音乐学(音乐教育民族班)	18					1	1		1			1				1	1			1	1		1	2		3						4					
体育教育	39	5		5		8	8							1		2	2				3	5															
预科班	188					12	4	8	7									12	15		18		10	12	18	19			8	4	8	33					

2019年毕业生就业情况统计

一、毕业生规模

2019届毕业生总人数4266人。其中：本科毕业生2707人，占毕业生总数的63.46%；毕业研究生1559人（硕士1348人，博士211人），占毕业生总数的36.54%。

二、毕业生结构

1. 生源地结构。从毕业生的来源看，来自中西部和东北地区的毕业生3040人，占全体毕业生的71.26%。其中，来自西部地区的毕业生1770人，占比为41.49%；来自中部地区的毕业生822人，占比为19.27%；来自东北地区的毕业生447人，占比10.48%。

2. 民族结构：2019届毕业生中，少数民族毕业生1836人，占全体毕业生总数的43.04%。其中本科毕业生中少数民族占比为49.30%，博士毕业生中少数民族占比为43.60%，硕士毕业生中少数民族占比30.42%。

三、毕业生就业率

2019届毕业生初次就业率为90.48%。其中本科毕业生初次就业率为86.99%，毕业研究生初次就业率为96.54%。

2019届毕业生初次就业率统计表

序号	培养单位名称	学历	毕业生总人数（人）	分学历就业率	整体就业率
1	国际教育学院	研究生	59	98.31%	98.31%
2	马克思主义学院	研究生	14	100.00%	100%
3	舞蹈学院	本科生	91	100.00%	100%
		研究生	28	100.00%	
4	藏学研究院	研究生	45	88.89%	88.89%
5	外国语学院	本科生	170	97.06%	97.12%
		研究生	38	97.37%	
6	生命与环境科学学院	本科生	147	89.80%	92.57%
		研究生	55	100.00%	

续表

序号	培养单位名称	学历	毕业生总人数（人）	分学历就业率	整体就业率
7	信息工程学院	本科生	217	99.54%	99.61%
		研究生	38	100.00%	
8	音乐学院	本科生	136	100.00%	100%
		研究生	32	100.00%	
9	中国少数民族语言文学学院	本科生	265	78.49%	83.72%
		研究生	128	94.53%	
10	历史文化学院	本科生	56	98.21%	95.83%
		研究生	64	93.75%	
11	药学院	本科生	28	78.57%	87.76%
		研究生	21	100.00%	
12	法学院	本科生	203	65.52%	78.42%
		研究生	177	93.22%	
13	理学院	本科生	187	95.19%	96.20%
		研究生	76	98.68%	
14	美术学院	本科生	170	87.65%	87.89%
		研究生	20	90.00%	
15	教育学院	本科生	44	77.27%	89.54%
		研究生	109	94.50%	
16	民族学与社会学学院	本科生	172	80.23%	90.43%
		研究生	246	97.56%	
17	管理学院	本科生	241	83.82%	88.94%
		研究生	175	96.00%	
18	体育学院	本科生	40	90.00%	92.45%
		研究生	13	100.00%	
19	文学院	本科生	90	70.00%	77.87%
		研究生	32	100.00%	
20	经济学院	本科生	271	90.04%	92.56%
		研究生	92	100.00%	
21	新闻与传播学院	本科生	118	78.81%	86.11%
		研究生	62	100.00%	
22	哲学与宗教学学院	本科生	61	98.36%	96.88%
		研究生	35	94.29%	

2019 届本科各专业毕业生初次就业率统计表

单位：人

专业名称	人数	就业率	专业名称	人数	就业率
电子信息工程	31	100.00%	音乐表演（钢琴演奏）	5	100.00%
社会学	35	94.29%	生物技术	19	84.21%
环境科学	30	96.67%	行政管理	38	86.84%
中国少数民族语言文学（古籍文献）	16	81.25%	统计学	35	100.00%
金融学	102	91.18%	中国少数民族语言文学（蒙古语汉语双语）	24	37.50%
中国少数民族语言文学（藏）	38	81.58%	朝鲜语	24	100.00%
制药工程	28	78.57%	中国少数民族语言文学（朝鲜）	24	100.00%
音乐表演［中国乐器演奏（少数民族乐器）］	11	100.00%	音乐学［音乐教育（声乐）］	11	100.00%
环境工程	32	96.88%	中国少数民族语言文学（哈萨克）	39	74.36%
会计学	44	81.82%	新闻学（藏语基地班）	3	33.33%
生物科学	23	78.26%	新闻学	61	72.13%
哲学	28	96.43%	民族学	42	76.19%
工商管理	1	100.00%	法学（法学与英语）	79	62.03%
历史学（中国与周边国家关系史实验班）	24	95.83%	英语（语言文学）	44	100.00%
生态学	23	82.61%	法学	102	62.75%
财务管理	45	86.67%	翻译（英语）	52	92.31%
通信工程	32	100.00%	文物与博物馆学	40	85.00%
法学（藏语基地班）	22	90.91%	舞蹈表演	36	100.00%
化学	20	95.00%	民族学（民族理论与民族政策）	26	73.08%
舞蹈编导	16	100.00%	舞蹈学（舞蹈教育）	39	100.00%
音乐表演（打击乐）	3	100.00%	旅游管理	23	73.91%

续表

专业名称	人数	就业率	专业名称	人数	就业率
中国画	21	66.67%	中国少数民族语言文学（语言学/民族文学）	17	88.24%
汉语言文学	67	67.16%	软件工程	30	100.00%
政治学与行政学	22	86.36%	视觉传达设计（影像设计）	16	87.50%
中国少数民族语言文学（中韩经贸翻译）	31	87.10%	音乐表演（管乐演奏）	18	100.00%
音乐表演（声乐）	21	100.00%	绘画（油画）	23	78.26%
财政学	42	90.48%	中国少数民族语言文学（哈萨克语零起点）	14	92.86%
社会工作	29	68.97%	俄语（俄语、吉尔吉斯语）	1	100.00%
体育教育	40	90.00%	中国少数民族语言文学（蒙古）	21	71.43%
光电信息科学与工程	19	100.00%	俄语（俄语、乌兹别克语）	26	96.15%
日语（日本语言文化）	23	100.00%	应用物理学	13	100.00%
中国少数民族语言文学（汉语维吾尔语翻译）	20	75.00%	宗教学	33	100.00%
音乐表演（弦乐演奏）	15	100.00%	历史学（基地班）	32	100.00%
中国少数民族语言文学（维吾尔）	21	80.95%	经济学	49	83.67%
音乐学［音乐教育（器乐）］	4	100.00%	公共事业管理	30	90.00%
教育学	44	77.27%	作曲与作曲技术理论	10	100.00%
自动化	33	100.00%	计算机科学与技术	61	100.00%
国际经济与贸易	78	92.31%	广告学	32	81.25%
新闻学（藏语实验班）	22	100.00%	物联网工程	30	96.67%
信息与计算科学	71	90.14%	汉语国际教育	23	78.26%
美术学（美术教育）	25	92.00%	纳米材料与技术	13	100.00%
音乐表演［中国乐器演奏（拉弦吹奏）］	17	100.00%	市场营销	38	78.95%
环境设计	32	96.88%	服装与服饰设计	22	90.91%
音乐学	8	100.00%	应用统计学	36	94.44%
音乐表演［中国乐器演奏（弹拨）］	13	100.00%	视觉传达设计	31	93.55%

2019届硕士各专业毕业生初次就业率统计表

单位：人

专业名称	人数	就业率	专业名称	人数	就业率
国际法学	2	100.00%	诉讼法学	5	80.00%
环境科学	7	100.00%	中国哲学	8	100.00%
高等教育学	6	50.00%	景观生态学	6	100.00%
植物生态学	9	100.00%	语言学及应用语言学	32	100.00%
藏学	37	86.49%	学科教学（体育）	13	100.00%
中国民族法学	3	100.00%	音乐学	10	100.00%
刑法学	5	60.00%	学科教学（物理）	16	100.00%
中国现当代文学	8	100.00%	工商管理	39	89.74%
民族教育学	5	80.00%	历史地理学	3	100.00%
比较文学与世界文学	9	88.89%	中国古代史	7	100.00%
生物物理学	2	100.00%	技术经济及管理	5	80.00%
民族法学	2	100.00%	学科教学（音乐）	11	100.00%
文物与博物馆	44	97.73%	计算机科学与技术	9	100.00%
会计学	8	100.00%	比较教育学	5	80.00%
中外政治制度	4	100.00%	动物学	5	100.00%
舞蹈学	9	100.00%	民商法学	15	86.67%
学科教学（数学）	23	95.65%	行政管理	24	100.00%
民俗学	4	100.00%	汉语国际教育	55	98.18%
光学工程	21	100.00%	金融学	8	100.00%
旅游管理	5	100.00%	舞蹈	17	100.00%
马克思主义哲学	2	100.00%	国际关系	4	100.00%
科学社会主义与国际共产主义运动	1	100.00%	社会学	24	100.00%
宗教学	6	83.33%	汉语言文字学	6	100.00%
社会工作	41	100.00%	政治经济学	6	100.00%
法律（非法学）	53	94.34%	植物学	2	100.00%
统计学	8	100.00%	软件工程	7	100.00%
音乐	20	100.00%	中国古典文献学	4	100.00%

续表

专业名称	人数	就业率	专业名称	人数	就业率
宪法学与行政法学	4	100.00%	区域经济学	6	100.00%
学科教学（语文）	57	98.25%	社会保障	4	100.00%
世界史	6	100.00%	数学	8	100.00%
考古学	14	85.71%	人口、资源与环境经济学	7	100.00%
新闻与传播	37	100.00%	中国少数民族经济	23	100.00%
国际贸易学	6	100.00%	民族学	42	95.24%
企业管理	8	100.00%	人类学	20	100.00%
法学理论	4	100.00%	中国少数民族语言文学	59	88.14%
环境工程	7	100.00%	马克思主义理论	14	100.00%
美术	10	80.00%	学科教学（英语）	16	100.00%
教育学原理	5	100.00%	现代教育技术	22	100.00%
美术学	7	100.00%	教育经济与管理	7	85.71%
民族医学（含藏医学、蒙古医学等）	16	100.00%	伦理学	1	100.00%
传播学	11	100.00%	中国少数民族艺术	9	100.00%
新闻学	14	100.00%	生物化学与分子生物学	7	100.00%
公共管理	53	98.11%	中国少数民族史	8	87.50%
中国古代文学	5	100.00%	中国近现代史	13	100.00%
西方经济学	6	100.00%	法律史	3	33.33%
财政学	9	100.00%	马克思主义民族理论与政策	12	91.67%
法律（法学）	61	98.36%	民族政治学	7	100.00%
课程与教学论	6	100.00%	文艺学	3	100.00%
历史文献学	3	66.67%	外国哲学	4	75.00%
专门史	6	83.33%	经济法学	8	87.50%

2019届博士各专业毕业生初次就业率统计表

单位：人

专业名称	人数	就业率	专业名称	人数	就业率
民族学	11	100.00%	人类学	10	100.00%
民族地区公共行政管理	9	100.00%	语言学及应用语言学	14	100.00%
专门史	4	100.00%	社会学	5	100.00%
藏学	8	100.00%	中国少数民族传统医学	5	100.00%
宗教学	8	100.00%	中国近现代史	3	100.00%
中国古代文学	3	100.00%	中国少数民族教育	5	100.00%
比较文学与世界文学	4	100.00%	民俗学	1	100.00%
中国哲学	2	100.00%	中国古代史	6	100.00%
中国古典文献学	2	100.00%	中国少数民族语言文学	27	100.00%
中国少数民族史	3	100.00%	中国少数民族艺术	7	100.00%
中国少数民族经济	21	100.00%	国际汉语教学	4	100.00%
民族法学	12	100.00%	马克思主义民族理论与政策	5	100.00%
中国史	2	50.00%	民族生态学	10	100.00%
汉语言文字学	3	100.00%	马克思主义哲学	4	100.00%
中国现当代文学	4	100.00%	民族政治学	9	100.00%

2019年推荐免试攻读硕士学位研究生名单

（418人）

民族学与社会学学院

民族学专业

徐瑾如、冯溪歌、梁心铭、赵春燕、于泽博

民族学（孝通班）

洪鉴璇、方璐瑜、李天元、廖华威、陈九如、李思琪、李硕

社会工作

赵一帆、叶怡洁、张健、姜初阳、王天齐

社会学

温紫欣、李琳惠、王美喆、沈利文、罗必强

文物与博物馆学

庄壹涵、奥欣悦、蔡馨毅、江润华

中国少数民族语言文学学院

中国少数民族语言文学（藏）

达珍拉姆、当增尖措、热旺

中国少数民族语言文学（藏语零起点班）

黄佳瞳、黄冰聪、杜雨薇、叶西勘卓、张晶晶

中国少数民族语言文学（汉藏翻译）

普吾扎西

中国少数民族语言文学（朝鲜）

张慧玲、李耶荣、池成斌

中国少数民族语言文学（中韩经贸翻译）

朴姬秀、金美延、张国香

中国少数民族语言文学（哈萨克）

加依娜·加阿勒克、玛合巴力·奴尔达那勒

中国少数民族语言文学（蒙古）

白雪艳、哈达、苏日娜、阿丽雅、雪娜

中国少数民族语言文学（蒙古语汉语双语）

阿茹罕、超日雅、奈日斯格、立斌

中国少数民族语言文学（语言学/民族文学）

戚柯瑄、刘洋阳、班庆梅、曾雪雨、赵雯静、谯金亚、顾晓凤、杨正瑛、渠玺月、彭敏

中国少数民族语言文学（维吾尔）

阿曼古丽·巴拉提、阿依谢姆古丽·图尔荪、木沙江·许库尔

中国少数民族语言文学（汉语维吾尔语翻译）

衣拉木江·买买提、海比热·阿不都吉力、阿扎提古丽·萨依木

法学院

法学

马文洁、贾紫涵、刘易霖、黄晨雨、李楠、卢云赟、莫心蕊、程照锦、王思仪、王崭、朱玉洁、梁宇佳、张劭格格、罗佳佳、陈英熠、张爱湫慧

法学（藏语基地班）

南吉卓玛、泽仁巴姆、拉毛草

法学（法学与英语）

崔文浩、于松宁、邹莉、苏镘圯、肖智慧、周媛、许秀洁、郭一鸣、陆美晨、刘宇、赵梓舒

管理学院

财务管理

常慧源、何晶晶、刘琪、汤娇娇、张凌炜、洪若涵、陈温都苏

工商管理

何悦、徐子迪、谭韵、王欣、刘睿、张靖萱

公共事业管理

林芳彬、王明志、刘欢、何清仪、陈李杨、冉海江

会计学

唐芷颖、徐一泽、王鑫、黄俊、张钰炜、张莹玥、李欢

人力资源管理

杨雨欣、杨子萱、莫柠宁

行政管理

许斯琪、孙国梁、宋美儒、吴语嫣

教育学院

教育学

章滢滢、王驰、王凡、邹奕淳、吴爽、王怡雯、黄优

经济学院

财政学

刘安卓、吕明燃、韩楚雯、李睿婕、吕宁、方崇颖、文晓倩、刘玥、张丹、哈欣昱

国际经济与贸易

王佳悦、陈静、梁泽龙、汪浩帆、杨滢、李思维、王昭、马榕、史超敏、梁恬、贺洁

金融学

李思函、陶昕彤、牟韵曦、郭梦涵、蔡珺、叶雅玲、林虹、张小贤、张娟、黄龙涛、郝婉琪、胡婼婵、王倩、宋戈、王者风、于岳梅

经济学

陈钰沛、蒋晶晶、汤李琛、司正方圆、叶恒毅、曹洁

理学院

应用物理学

范浩然、陈娜、陈舒姿、马成、付饶、张倩、张宇轩、孙浩楠

光电信息科学与工程

陈浩、谢蕊懋、杨梦涵、张奥楠

纳米材料与技术

王宇男、毕安琪、杨雨诗、瞿钰松、胡译文、李嘉琪

统计学

陈思源、凌宛莹、丁文晶、陈澄、顾茵如、黄依薇、荣开元、罗艳花

信息与计算科学

彭韦一、董家骅、李祎博、王明俊、包舒玲、罗宇恒、马雪薇、刘鱼迁、焦春辉、孔令晖、余佳谦、曹新昊、旦正加、全洛君

应用统计学

马文萱、孟祥瑞、刘欣然、王春雨、邱丽影、王宇航、杨心怡、范晨华、胡钰雪

历史文化学院

历史学（基地班）

张曼特、王自然、孙浩然、应孝璐、金瑶、洪闽京、崔高翔、沈婷、吴金营、姚璇、胡楚意、王悦、刘苏琳、施睿、唐晓雪、薛淑婷

历史学（中国与周边国家关系史实验班）

张爽、张秉琛、陈思琪、起靖洋、王瑞琦、王思宇、张璐、王诗萱、郑晓夏

美术学院

服装与服饰设计

陈予歆、陈佳欣

环境设计

霍庆煜、张行、程跃

绘画（油画）

徐啸、马静淳

美术学（美术教育）

尉文祥

视觉传达设计

牛蕊、何乐薇、石鑫、张腾辉、周言怡

中国画

王品丹

生命与环境科学学院

化学

李桂杰、初亦周、王成彧、曹立娇

环境工程

刘畅、陈易静、张小艺、吴比、程秀洁

环境科学

李慧香、唐蕴恩、刘一鸣

生态学

张何昱青、王静玮、侯肖育、王越、黄渝岚、彭琼艳、杨灵

生物技术

魏如倩、姚赐琴、刘嘉欣、许惠茹、周君兰

生物科学

伍盈欣、段浩宇、郝俊铎、寸淑娟

体育学院

体育教育

陆雯斯、李晓梦、田虎同、刘一帜、杨卓雅、王玉洁、杨瑞、李宸、郑子伟

外国语学院

俄语（俄语、哈萨克语）

麦日排提·艾克拜尔、依帕尔古丽·艾买提

翻译

徐璐铭、穆娟、郭姝璇、温彭玉、丁孟媛、王文琪、刘子聪

日语

申玲、杨滢

英语

海江凝、郭艳垣、贾锡彤、张琳、张陈霆嫣、覃海凌

文学院

汉语国际教育

祝溪、奉千榆、李若兰、宋嘉颖

汉语言文学

覃聪、方英权、李欣迪、周子晗、任培馨、赵鸿琳、朱冠怡、张琪、陈妍洁

新闻与传播学院

广告学

苏健威、魏小璇

新闻学

潘星月、林星妤、许琳迪、周子璇、张茗帜、孙欣然、崔艺璇、张伊琳

新闻学（藏语实验班）

泽仁得措

舞蹈学院

舞蹈表演

陈艺丹、郝雪妍、周袁俊彪、赵浩洋、王炳臻

舞蹈表演（民族英才班）

向谷全、阿拉牧斯

舞蹈学（舞蹈教育）

袁源、杨扬、金焕雯、胡雅欣、冉俊楠、买金、宋昕怡、杨家渝、张诗煜、谭欣露

信息工程学院

电子信息工程

李泓嘉、李玉华、刘凌雁、陈丽娟

计算机科学与技术

才让先木、陈俊任、齐析屿、韩洋、贾钰、詹岱依

软件工程

徐馨润、黄丽蓉、刘贤颖、叶博洋、尹一君

通信工程

方怡莹、刘笑、胡鉴清、丁元博、刘牧云、郭芳芳

物联网工程

艾丽亚、陕言、吴瑕、张海玉、冯晓娟

自动化

段嘉欣、王佳勉、贾沫涵、许晴、梁永才、杨思雪

药学院

制药工程

覃露媛、蒙艺灵、陈梦丽、朱馨茹

音乐学院

音乐表演（民族英才班）

汤仲伊

音乐表演（声乐）

丁鸽、苗宇

音乐表演（弦乐演奏）

王珏

音乐表演［中国乐器演奏（弹拨）］

徐佳睿、董轩儿

音乐表演［中国乐器演奏（拉弦吹奏）］

李晓凤

音乐表演［中国乐器演奏（少数民族乐器）］

高日罕

音乐学

李天杭

作曲与作曲技术理论

闫廷昊

哲学与宗教学学院

哲学

赵海若、刘雨翩、崔芳溪、高文心、卞玥兰

宗教学

崔欣、骆思颖、杜思成

2019 年外国学生情况统计表

单位：人

序号	国籍		长期生						长期生小计	短期生	合计
		汉进	普进	高进	专科	本科	硕研	博研			
1	泰国	1	1	0	0	33	35	9	79	1	80
2	越南	0	0	0	0	3	53	11	67	0	67
3	韩国	9	0	0	0	1	11	7	28	31	59
4	哈萨克斯坦	8	0	0	0	6	23	7	44	15	59
5	日本	11	2	0	0	1	3	0	17	40	57
6	乌兹别克斯坦	11	0	0	0	20	7	3	41	0	41
7	蒙古	1	0	0	0	1	13	13	28	0	28
8	吉尔吉斯斯坦	7	0	0	0	10	3	0	20	0	20
9	塔吉克斯坦	6	0	0	0	5	0	1	12	0	12
10	巴基斯坦	7	0	0	0	1	3	0	11	0	11
11	缅甸	0	0	0	0	0	6	5	11	0	11
12	老挝	0	0	0	0	3	2	3	8	0	8
13	伊朗	2	0	0	0	0	2	3	7	1	8
14	土耳其	2	0	0	0	1	2	0	5	0	5
15	印度尼西亚	0	0	0	0	0	3	1	4	1	5
16	土库曼斯坦	2	0	0	0	0	1	0	3	0	3
17	也门	1	0	0	0	0	2	0	3	0	3
18	马来西亚	0	0	0	0	0	1	1	2	1	3
19	柬埔寨	0	0	0	0	2	1	0	3	0	3
20	尼泊尔	0	0	0	0	0	1	1	2	0	2
21	印度	0	0	0	0	0	1	1	2	0	2
22	新加坡	0	0	0	0	0	0	1	1	0	1
23	以色列	0	1	0	0	0	0	0	1	0	1
亚洲小计		68	4	0	0	87	173	67	399	90	489
24	美国	3	1	1	0	3	0	2	10	54	64
25	加拿大	1	0	0	0	0	0	0	1	1	2

续表

序号	国籍	长期生							长期生小计	短期生	合计
		汉进	普进	高进	专科	本科	硕研	博研			
北美洲小计		4	1	1	0	3	0	2	11	55	66
26	俄罗斯联邦	0	1	1	0	0	11	2	15	0	15
27	意大利	0	0	0	0	0	1	1	2	4	6
28	爱尔兰	3	0	0	0	0	0	0	3	1	4
29	匈牙利	0	2	0	0	0	0	0	2	0	2
30	乌克兰	0	0	0	0	0	1	1	2	0	2
31	瑞士	0	0	1	0	0	0	0	1	1	2
32	法国	1	0	0	0	0	0	0	1	0	1
33	英国	0	0	0	0	0	0	1	1	0	1
34	白俄罗斯	0	0	0	0	0	0	1	1	0	1
35	葡萄牙	0	0	0	0	0	0	0	0	1	1
欧洲小计		4	3	2	0	0	13	6	28	7	35
36	埃及	6	0	0	0	0	2	1	9	0	9
37	乍得	0	0	0	0	0	2	0	2	0	2
38	刚果（布）	0	0	0	0	2	0	0	2	0	2
39	突尼斯	0	0	0	0	0	1	1	2	0	2
40	津巴布韦	1	0	0	0	0	1	0	2	0	2
41	喀麦隆	0	0	0	0	1	0	0	1	0	1
42	坦桑尼亚	0	0	0	0	0	0	1	1	0	1
43	几内亚	0	0	0	0	0	1	0	1	0	1
非洲小计		7	0	0	0	3	7	3	20	0	20
合计		83	8	3	0	93	193	78	458	152	610

2019 年外国学历本科毕业生名单

序号	中文姓名	护照姓名	国籍	毕业日期	学习专业
1	艾迪克	MANAROV EDIK	吉尔吉斯斯坦	2019-06-30	汉语国际教育（国际经贸方向）
2	艾力	BAGI ARLI	吉尔吉斯斯坦	2019-06-30	汉语国际教育（国际经贸方向）
3	热妮娅	OGAY EVGENIYA	乌兹别克斯坦	2019-06-30	汉语国际教育（国际经贸方向）
4	柳映珠	RYU YOUNG JOO	韩国	2019-06-30	旅游管理
5	欧拉	PERIASTROVA OLGA	哈萨克斯坦	2019-06-30	汉语国际教育（汉语教学方向）
6	加汉尼	ABDURAKHMONOV JAKHONGIR	乌兹别克斯坦	2019-06-30	汉语国际教育（汉语教学方向）
7	周雅琴	SINGKAEW MISS KETSARAPORN	泰国	2019-06-30	汉语国际教育（汉语教学方向）
8	李梦琪	POUNGJAKTAR MISS PRAICHA	泰国	2019-06-30	汉语国际教育（汉语教学方向）
9	赵健博	INTATED MR. THARATHEP	泰国	2019-06-30	汉语国际教育（汉语教学方向）
10	江晓霜	SUPA MISS SUPITCHA	泰国	2019-06-30	汉语国际教育（汉语教学方向）
11	雪云	UMAROVA SHIRIN	乌兹别克斯坦	2019-06-30	汉语国际教育（汉语教学方向）
12	韩永莉	HARNCHAINITTAYAPHUN MISS KAMOLWAN	泰国	2019-06-30	汉语国际教育（汉语教学方向）
13	心灵	ZAMIRBEKOVA CHOLPON	吉尔吉斯斯坦	2019-06-30	汉语国际教育（汉语教学方向）
14	哈山	KHORKASHOV HASAN	塔吉克斯坦	2019-06-30	汉语国际教育（汉语教学方向）
15	阿丽娜	KIM ALINA	吉尔吉斯斯坦	2019-06-30	汉语国际教育（汉语教学方向）
16	周玉晶	KAEWNORWAN MISS PETKESORN	泰国	2019-06-30	汉语国际教育（汉语教学方向）

续表

序号	中文姓名	护照姓名	国籍	毕业日期	学习专业
17	谢玉婷	RACHPUNGKEE MISS PRANEE	泰国	2019-06-30	汉语国际教育（汉语教学方向）
18	陈玉美	SE DAVIN	柬埔寨	2019-06-30	汉语国际教育（汉语教学方向）
19	安愿溪	SIWARO MISS ARATEE	泰国	2019-06-30	汉语国际教育（汉语教学方向）
20	阿尔达克	ZHANTEMIROVA ARDAK	哈萨克斯坦	2019-06-30	汉语国际教育（汉语教学方向）

备注：外国学历硕博士毕业生名单见 2019 年硕博士毕业生名单

2019 年本科毕业学生名单

（2767 人）

藏学研究院

中国少数民族语言文学（藏）专业（37）

看着措、娘果吉、甲巴吉、卓玛加、才让卓玛、兰措席摸、池真、多杰朗加、拉毛杰、美多吉、洛桑次成、次旦玉珍、仁青伦珠、康作卓玛、刚尕措、德吉卓玛、李琴、旦知才旦、罗塔、索南巷杰、索南卓玛、羊措卓么、李本尖措、索南多杰、拉姆央金、兰却乎加、索朗旦增、追给央宗、班典、扎西吉、夏道草、旦知刀吉、彭毛卓玛、多杰才仁、班地才让、次仁卓玛、巴桑国杰、景美见赞（结业）

朝鲜语言文学系

中国少数民族语言文学（朝鲜）专业（55）

朴爱兰、崔美香、张艺婷、蔡银珠、金信、孙慧颖、田凤海、朴红梅、朴河颖、崔珠琳、吴成俊、许香男、黄玲美、姜彦如、卢俊、金峰、金智蕙、崔竹燕、王淳、金鑫、郑丽敏、金香伊、全书连、裴洋、金京妍、金海燕、明志衍、安美丹、吴颂惠、李泽奇、吕文瀚、郑艳舟、林科旭、安美花、尹智瑜、金慧玢、金小燕、洪睿、权玲慧、金春兰、千瑷宁、玄恩瑛、李兰花、朴秀京、金正瀚、金玉京、李俞亭、张成慧、崔智妍、李锦梅、元美玲、明美子、崔敏莹、李婉、尹昶杰

法学院

法学专业（104）

金秀、全昭婧、骆昭锐、武佳怡、石一依作、文晓宇、朱源宇、王慧萍、包塔娜、宋丹妮、胡彬杨、赵家宝、樊雪华、马新宇、孜劳拉·艾合买提、齐凌宇、

宋卓君、赵璟、扎吾列西·波拉提、白秋凡、张明秀、崔伊铭、周天、谢执萱、安楠、洒爽、刘周源、龙家平、赵佳琳、王继慧、王颖弘、杨来、任佰虎、李嗣帆、蒙萌、蒋秋玲、迟中一、田译心、代媛媛、马君宇、赖宛仪、依拉妲·哈结克拜尔、李程浩、韦柳冰、闫佳、王鸿瑶、姜楠、蒋和珈、董艺、安坤隆、那荣、周心阳、张璇、刘彤曦、陈选万、王岑雪、黄东梅、李昕翀、仁青曲珍、唐茁淳、王明杨、李思颖、赵婉辰、李昊阳、马建宏、马伊鹤、马希言、曹阳、魏悦彤、周晓花、麦恩侨、王媛媛、张露冉、李府、曾彬彬、吴妍、孙凌洁、银浩然、马菊、莫旺珊、车星权、王大瑾、邵建朝、杨东升、陈羽韩、詹一、刘晓晨、谌世景、苏森、周珊、陈天元、何天秀、刘宇洁、姚相丞、聂嵲、李金珂、陈文聪、姬元贞、陈晓宇、刘芳铭、常译文、王佳宁、胡慧婷（毕业，未获学位）、张艺丹（肄业）

法学（藏语基地班）专业（22）

达哇卓玛、索朗央宗、格绒泽仁、杨华吉草、彭毛措、土旦仁增、索郎旦增、才让当知、索南华旦、完代草、甲央扎西、吉宗普尺、东珠仁青、多吉措姆、普琼、白玛曲吉、旦正草、贡秋甲、才让东主、冷本扎西、罗吉卓玛、桑登（结业）

法学（法学与英语）专业（81）

肖骁、陈洋、辛坤谕、朱天朗、叶子娴、徐畅、陈大红、刘健东、李彦儒、贺玉佳、蓝凤香、姚宣印、胡迪、刘露琪、代婉秋、何琪、罗婷藐、包芮溪、丰书炜、李佳莹、张一凡、陈子璇、叶颖怡、倪帆钒、万燕、凌华聪、白一丹、戴子鸾、周璇、林晨、刘李夏、杨金晶、刘昱、田婷、刘子钰、吴嘉蕾、王晴宇、陈倩倩、李佳音、徐一诺、李殊、李文同、侯蒙焯、邱榆杰、郑攀、王雨欣、邝雪晶晶、王翀、袁宇萱、陈慕杭、杨翰姝、侯一璇、尹航、段叶平、田雨琪、董鑫、姜冬蕾、刘雅倩、李紫薇、武毅鹍、毕诗若、徐露、韩威、徐恺妮、刘杨、吴菡、张钟文、刘苇漪、李东方、卜小翠、谈歌颂、李凡、窦梦湜、付尧、何婷、冯培霞、梁琴、潘雨蒙、余志兵、刘镇宏、程嘉琪

管理学院

财务管理专业（45）

仇素、莫菲菲、黄佳兴、龚尚昀、韦业琦、邹莹、吴小林、张丰翼、吴亦彤、罗帆、马东辉、谭莉、杨文杰、秦阿杰、李梅、门旭、李佳、刘心夷、陈菲、于明洋、梁菁菁、张雨、封涛、杜邦、高逸凡、李欣怡、韦雨晨、冉易、吴佳美、雷王菲、陈明月、马颖珺、王舒婷、刘年、吴思霖、陈思洁、张兰丹、达哇松保、刘一尧、邓君仪、彭里、向晴霞、解婧、邓海翔、梁倩宁

工商管理专业（1）

翁越舟

公共事业管理专业（30）

李昕睿、浩建菊、马英梅、侯云潇、马宝鹏、战易琳、尹溢青、叶鸶、孟俊梅、赵旭、张文阁、宋丹丹、丛乾、柯新源、陈希、白玛次旦、益西措、胡麦德、赛美拉·卡哈尔、金铃、柏新星、杨琳琬、赵倩、慕忠宇、开洒尔·努尔、敏如平、洛桑曲珍、黄敏、王珊、尼玛卓玛

行政管理专业（38）

冶诚、任峰毅、汪峻宇、周梅芬、吴菁华、吴清薇、邵培松、张晨曦、马麟润、

胡鸣茜、吴倩、陈欣芸、李心洁、何少妮、王晓宇、周露、钱鹤伊、王佳菁、由振婕、卢施、海明珠、马甜甜、吴梦竹、王祯、刘晨雨、乃菊拜·阿力、秋尼松毛、赵丹、尹必富、彭旭华、黄贝贝、张玉英、熊天绪、伊丽达娜·艾力、欧阳江莲、张宇、陈雨薇、练偲伊

会计学专业（44）

刘睿语、夏诗雨、张宇昕、熊金、龚书雯、龚爽、黄慧敏、乐雅雯、韦力文、王璨、王敏、张文婷、吴瑨、黄文婷、吴含笑、梁凯云、奉依霖、李国创、刘芷君、张天一、范敬祎、林露伟、李怡敏、周虹、张雨琛、方宏博、金仁秀、许芹、朱云睿、杨芸、马洪冬、徐明理、潘中锦、全永婷、向姣、丁世民、王天骄、崔美霖、马玥、关琦凡、杨添淇、王伟航、赵慧颖、娄清柯

旅游管理专业（23）

李柯、李新明、阿什日吉、严向明、方丽娟、刘轩如、黎仕宁、刘雨晴、黄会楠、李锋源、韦旖馨、杨婧、田甜、韩志茹、李慕芳、李玥、柏青青、杨娟、李晓庆、夏菲、蓝静雯、白玛永宗、严清霞

市场营销专业（38）

赵新哲、杨依依、张晓娅、达娜·巩力杰、索朗坚才、郑富元、吴懿、江村、陈德益、熊朗、刘鸿博、周草原、王喆敏、陈思懿、何阳、任明达、马嘉轩、庞博、马凤霞、于晓艳、张钦文、玛尔玛尔·叶尔兰、郝梦源、袁雅、高永闯、罗璇、张巧、叶尔布力·赛力克江、陈凯旋、姚若雨、陈昕蓉、沙子茗、黄俊忠、郑储晨、马杰、赵贤文、李磊（毕业，未获学位）、格桑平措（结业）

政治学与行政学专业（22）

张国尧、潘剑瑛、李维茜、徐绍峰、向玉环、周蕊、王喻、陈飞、张艺锋、汪明旭、马小强、谭杰、张丹妮、沈欣、左胜美、李林遥、薛雅、杨欢、姚蟒、代琳燕、白宸、梁倩梦

哈萨克语言文学系

中国少数民族语言文学（哈萨克）专业（38）

买兰别克·库万、夏特克·巴合提努尔、阿合特列克·阿达力、唐努尔·革命、阿衣布力·奴尔江、昂沙尔·阿尔布江、也斯哈提·努尔哈孜、切那古丽、宝塔·阿依达尔、马尔福哈·阿布都哈依木、阿合别尔·吾坦、古丽扎提·杰尼斯、吾勒加尼·哈勒克、杜曼·努尔萨哈提、热吾扎·阿曼吐尔、热依娜·马合苏特汗、玛哈那·木拉提、阿克胡·杰恩斯、胡安什·那合孜汗、沙黑拉·巴合提、加得拉·波兰、阿依达依·巴孜尔别克、胡安太、马河江·朱曼、那扎尔·革命别克、阿依木古丽·努尔包拉提、布朗泰·阿恒、迪格达尔·玛旦亚提、都曼·巴扎尔别克、波塔·木拉提、巴岩·朱马别克、萨亚·叶尔肯、库丽等·布拉恩拜、加孜义拉·达吾肯、塔娜·塔力哈提、阿尔达克·艾尔肯、爬里旦·开买尔、加拿提·巴克特努尔、吉盖尔·叶尔保力

中国少数民族语言文学（哈萨克语零起点班）专业（14）

马雅馨、波塔阔孜·阿迪力、陈开雯、海霞、古丽娜·波拉提、朱晓钰、胡希塔尔·阿依丁、张园、景曼珂、马越、梁雪、周文琴、木丽得尔·毛力提、朱妍月

教育学院

教育学专业（44）

陈舒妤、李鑫、赵桐、赵文琴、陈阳、沙涛、曾辉、刘兰、马哈巴勒·巴合提、热米拉·西热甫、刘春宏、顾家月、石佳悦、杨颖、韩瑛、姜健、边芙郁、杨吉铭、陈梁莹、赵滢滢、萨哈尼西·哈布力、鲜文静、熊浩天、董力嘉、于文浩、谭晓晖、孟林、黄兴、王玉琳、杨静、吴晓静、王晓娟、朱美华、莫瑶、和艳芬、郭颂、马嘉恩、马文娟、徐艺伟、包乐尔、金慧婷、许银姬、边心玮、徐荣荣

经济学院（少数民族经济研究所）

财政学专业（43）

徐菲菲、曾其琪、刘虹伯、田敏玥、周伟邦、拥措、马倩思、排丽扎·库瓦尼什、付玛情、陈杰钊、韩双、苏静、钟羽、眼丁莫色杂、韦曾嵘、肖炀萌、段海庚、周玮、张传祖、桑吉卓嘎、梁国栋、努尔阿力木·吾布力、吴柏啸、王亚枭、丹增贡卓、林起、覃江慧、陈思、武晓俊、冯金梅、李盈萱、田野、杨乐、郑亚飞、马英洁、陈镜、周凡、王渊、杜婧源、王玉萌、崔亦萌、欧雨佳、普小龙

国际经济与贸易专业（81）

马悦、秦子涵、周敏洁、李梦欣、王菲睿、阮君慧、肖紫嫣、宋锋、艾丽菲娅·阿力木江、黄逸晟、李丽春、康爱红、刘丹、何采霖、蔡孟洁、蒋婉琪、边杨、明千卉、杨佳、马玲、多青念扎、杨紫嫣、陆镜名、王馨迎、台珊、刘仁佳娃、金怡廷、刘阳、陈亚玲、刘翔、车容娴、于元惠、赵欢欢、蓝之洋、方婉怡、巫翊秀、向莉、李春谊、王晓彤、田花、寿珊珊、王滋、徐易凡、李鹏、王梦君、赵越丽、何叶、钟云娇、程家昊、白婷、宗梅、曹奇、沈雪晴、李祉璇、刘静、金超、旦增卓嘎、程佳乐、次珍、杨亦潇、黄佳玲、文玉香、肖程午、农茜茜、周迅、方舒怡、贺婧怡、吴昊宁、黄伯宁、张思恩、杨格、杨远鹏、马媛、孔亚玲、刘典、许可珂、王云东、帕提古丽·托合提、范昳冰、平措江村（毕业，未获学位）

金融学专业（102）

张业智、肖裕、黄玺蓉、郑析、牛永霞、李寒冰、胡轲心、邹佳威、舒航、南嘎扎西、彭鑫晨、金彤、党逸航、杨砚芳、杜欢欢、陈黛玥、杨易川、马晓丽、高彬铖、余景娟、吐尔孙阿依·吐尔孙、肖明珏、安若童、杨富钧、赵思博、刘致嘉、孙媛媛、夏文聪、张棠、王妍、曾新欣、杨清瀚、林辰怡、陈晓龙、周嘉辰、富仕榕、才旦卓嘎、马君梅、张智雅、刘茁然、张添、四朗旺姆、林天一、张钰、甘洛源、邵浦、孙开喆、米星菊、张雪纯、冯娅、周晓冬、黄钰杰、曹馨予、马骋、何振宇、苏盈莹、吴悦、高泽静、马丰韬、赵晨彤、谢夏、唐磊、张雨淅、金雨葭、田世阔、李珊慧、吴一鸣、穆霖、王采妮、周圆、冷雪、乃非赛·海力力、黄敏、管述克、付饶、焦曦雨、李俊麒、庄伟博、蒋依凡、俞江南、徐莹、冉皓雪、周圆、张得珍、刘雨峰、沈国港、杨金霖、付瑶、胡十尹、钟唯、王思晨、夏姗姗、刘芳池、王怡欢、李昀桐、卢荣会、常玥、单羚慧、罗婧怡、闫欣娜、田明、张忆琳

经济学专业（50）

巴桑罗布、飞露兰·阿斯木、傅颖腾、马诚志、王怡苏、刘晓君、田佳鑫、解

希玮、何影、陈洁、李琳、古丽克孜·那斯尔、樊庭君、廖依林、买志航、杨洋、彭柳琳、索朗卓玛、张凤仪、祖丽霍玛尔·艾尼瓦尔、李蕊、贾思琪、索朗卓玛、张萌、罗然、郎卡卓玛、孙尚彦、郭彬彬、邴柠、廖青松、张然、孟晴、马彤、黄鹤云、王兰英、罗瑛、德日沁夫、王亚嵘、赵枘楠、冯春昉、孙巾雅、曾伟杰、王梦辉、李若菡、高研、唐朝艺、马吉忠、葛涵博、詹依林、叶子

理学院

光电信息科学与工程专业（19）

朱绍鑫、刘花语、樊星言、唐际杰、余春龙、曾鹏博、李一航、杨宏、陈紫薇、何世琪、宁超宇、周伦、马灵涛、杨晓雨、刘义、杨京兴、周塑渝、李娇阳、马晓明

纳米材料与技术专业（13）

雷诗婧、马正泰、粟敏、杨纯莉、余佳桐、冯月宝平、苏康慧、陶春江、李成焕、刘思浩、张晨、黄兰品、吴茜

统计学专业（36）

牛玉婷、王一栋、毛倩、戴玉婷、谭又村、马义雲、郭周丽、许如雪、丁祎宁、张兆驰、田瑶、林玮琦、刘艳、田可、云丹怡、梁桂宇、余星媛、李梦洁、赵琪琦、闫威呈、马占山、杨琴、韩欣宇、钟港、李梦、桃丽、吴文琴、董瑾铃、孟令欣、玉媾宝、刘峥宇、刘思佳、侯恒悦、吴希昱、李京洮、伍呈翊

信息与计算科学专业（75）

马千里、翁宇如、龙宜欣、张运娇、韩双嵘、吴振东、申亚琳、丁莹、崔文韬、高亚雯、贾彤、苏蔚、马玉梅、裴婷婷、隋晓雪、胡港、姚忻圆梦、苏昕、于琦、冯铭、陈洁蔚、张灿、谢春艳、邓楠、段丽娟、曾旎、包晓彤、梁孔昌、刘铭、何益祥、宫子涵、库德热提·依事买买提、吴立纯、章清倩、蒙雅璐、郑旭、赵晨曦、艾力米努尔·库尔班、黄凤云、宋泽江、黄金兰、刘培、陈学娟、刘家宏、崔桂棋、苟榆帝、朱文杰、朱元军、蒋帅男、巨雯雯、邵令群、贾昂、扎西坚增、扎西旦增、巴桑普赤、旦增晋扎、扎西罗布、丁增多吉、欧珠、麦拉措姆、落桑才仁、贵嘎、扎西拉毛、达尔金措、完德卓玛、益西坚参、热西、贡曲杰、才让、余林、索郎旺堆、阿力甫别克·朱马地力、旦增多吉（毕业，未获学位）、赵擎天（结业）、落松江措（结业）

应用统计学专业（37）

张茹、朱斌辉、杨萍、张益铭、唐诗雨、路洁、韩芳芳、张晓伟、张文译、王雨霞、邓雪曼、辛籽钰、杜纹钰、杨溢笑、于子棋、施芙蓉、洪子迪、徐畅、邱辰禹、沙学琴、陈爽、赵日培、张龙玺、王潇、范程昊、李欣泽、张苗苗、刘天越、霍帅、沈金保、李佳琳、叶倪、张云霞、马佳、沙婷婷、祝艺晴、马思琦

应用物理学专业（14）

禹凯鑫、张曼予、李家琳、江萍、符靳森、马萍、何昊南、白雪琪、何涌、杨果、邹含月、廖琨、胡耀章、邱楚丹

历史学院

历史学（基地班）专业（32）

龙飞、刘刚、马婧、骆晨斐、王颖、李天庆、马芊芊、郭晓宇、王颖、舒展、李宥儒、林静、黄欣睿、杨伊婳、姚星宇、王苏佳、马秉贤、马群、于丹波、王雅洁、褚聪、畅言、范哲昱、斯琴塔娜、龙毓、冯雅琦、孙男、杨美、胡蓥蓥、冉卓异、薛晴文、马健

历史学（中国与周边国家关系史实验班）专业（24）

王墨飞、代宇、李英杰、马志杰、伊兰、范玖如、周钰林、张泽枫、包钰、白鹞、周琳、许雅贤、朴盛默、李明、田佳文、青兰、高浩桉、丁真措姆、黄议娴、柳一菲、卢广英、罗秋洪、逄勃、连起

美术学院

服装与服饰设计专业（27）

赵钺、李婷伟、李玉洁、庄舒婕、曲润泽、王丹妮、张纯、张家铭、宋晓红、方强、张蕾、李玲、唐叶、高文雯、苏柳、徐水天、陈安琪、李晓宇、苏小琪、金妍希、汪智婕、高孙一格格、吴碧仪、郭俊杰、赵子良（结业）、宫雪华（肄业）、张欢（肄业）

环境设计专业（35）

刘浩明、黎明、林培青、朱临、崔嘉晖、邹浩鑫、赵学峰、熊远东、李禹希、覃天霖、王致君、田雨阳、王韵涵、陈小童、陈晨、李雨欣、李思瑶、祝玉娇、侯晓琪、王丽云、吴香丹、裴可心、林祉菡、王晓雪、赵军、吕文静、郑媛、郑克旭、赵家昆、陈瑶、张晓雨、周俊杰、刘梦婷、张可宜、冯天一

绘画（油画）专业（28）

赖诗鉴、特列克·江波拉提、金果、刘稼豪、李梵、谢宜廷、李朋、林雨星、安俊丽、刘伟、刘浩东、姚凯耀、李婷、李吟歌、郭梓翰、杨亚萍、张婉婷、葛珈妤、孟庆洋、李震、范柯玮、闫艳美、张浩潮、吴冬毅、赵家成、赵江（结业）、杨明（结业）、张朕（结业）

美术学（美术教育）专业（26）

胡怡辉、张路、罗治电、陈玉婷、郑煌、陈惠庭、刘晴、陈居三、赵晗、李亭亭、杨亚青、穆雅梦、周玮、程文童、蔡文静、林铭君、陈佳男、郭东华、徐晓琳、刘子琦、吴祚盛、王洁玲、朱伟嘉、张兆扬、张婷婷、张译文

视觉传达设计专业（32）

林敏慧、蔡警锋、龚紫菊、黄瑶、刘志良、吴菊妍、张丁予、陈霄、霍永鑫、逯宏超、薛伊欣、彭远晴、郭增彪、杨奥杰、秦敬薇、张九英、童倩倩、张佩文、谭龙、姜士茜、马园园、周苏红、王家瑞、范鑫、曹舒婷、刘镇、官晴宇、郑迎平、李建树、才隽、吴宇婷、张湘

视觉传达设计（影像设计）专业（16）

张金戈、刘麒、陈绮枫、尹胜、苏佳敏、张怡爽、刘诗轩、施宛云、万佳慧、姚紫薇、周麟韬、常芯萍、张靖、刘政武、马兰韬、曾彦

中国画专业（21）

罗夕斌、时梦颖、刘腾泽、盛子涵、邹德琳、赵晨曦、张睿睿、孙晗、张棋、陈玺钰、王子瑜、周键鸿、葛思敏、李刚刚、时卿、吴睿凝、张雨卉、李文杰、梁洁楹、王玉莹、陈镜羽

蒙古语言文学系

中国少数民族语言文学（蒙古）专业(20)

娜日苏、其力根、贺其英贵、娜荷芽、满都日娃、包苏日娜、笑笑、海日、斯琴、庞佳丽、苏日娜、胡毕玲、塔格塔、雅静、包彩云、海英、帕玛措、阿密娜、智光、乌尼尔、腾克斯（结业）

中国少数民族语言文学（蒙古语汉语双语）专业（24）

苏日娜、萨仁图雅、巴音才其格、哈德、孟根祖鲁、娜日格勒、新格日来、李艳堂、好根祝来、金秋花、木希叶、萨仁高娃、汗噶日、格格日乐、高如和、何

轩、常乌芝斯古楞、嘎毕拉、才仁其木格、苏日古格其其格、娜和雅、吴格根夫、满达、王瑛

民族学与社会学学院

民族学专业（42）

奔善、王颖钰、德白、蒋佩容、陈雯晶、邱昱颐、韦潇、谢家俊、四郎巴珍、马贵楠、伊丽娜热·伊力亚尔、叶惠儿、陈诗麒、线东润、肖遥、赵一婷、纪志成、吕丽波、李俞谷、王柳君、帝娜·阿德力、侯艳芬、米热古丽·阿卜杜热西提、何文娟、阿拉依·沙阿提别克、陈舒婷、冯冠杰、李武洋、谭晓倩、杨璧瑞、刘北、曾维泓、吴彤、米热地力江·吐尔洪、卓娜、蓝凌、范伯骏、石天姣、贺海纳、李想、沙依班·赛买提、赛涵

民族学（民族理论与民族政策）专业（27）

格桑拉姆、王菀渟、明珠拉姆、谭诗韵、西热卓玛、唐振博、陈常嘉、吕子恬、刘泽锋、格丹措毛、陈家睿、程晨、瞿梦圆、陆婷、何昭颖、王怀甲、王建凯、雷倩、龙超然、王韩雅馨、妥泽民、陈名越、熊智霞、莫钰凤、王新媛、普堃湘、德吉央金

社会工作专业（29）

游诗谣、胡娇娇、罗学强、李欢欢、马建琴、吴宇伦、罗佳、李屹莹、王雪、李永恒、尔盼·阿力甫、张陆阳、张润珠、厉丽、张孟雄、侯丝雨、金春玲、李阳、唐征玺、崔婷、边片、秦夏萌、锁忠强、颜玉蓉、杨小龙、温坚恒、黄若彤、党晓懋、龚政阳

社会学专业（35）

佟红霞、项泽楷、韩非、孙烨飞、陈蕊、余雪文、王欣竹、龙道平、张林猛、依俊、尹伊、迪丽达尔·阿斯哈尔、张楠、董书昊、冀忆、莎尼亚·阿不利孜、岳梅、张森、吴思凝、文渤茜、周思瑶、宋佳琳、梁丽娜、徐柏鋆、旋桐、苗书瑄、罗娴静、杨佳兵、滕楠、毕蓉静、石佳宝、刘立凤、张依然、薛嘉树、刘钰滢

文物与博物馆学专业（40）

阿迪力江·图尔荪尼亚孜、杨昊、张梦桐、王俐珺、徐一丹、吴晨、喻明玥、曾琪、黄应飞、秦心竹、太禹瑞、祁翔、袁之本、孜丽哈·巴肯、四郎洛松、周逸泽、董月美、牟姝玮、马青青、梁璟怡、陈珂尧、梅凡伟、胡乔云、黄姗、巴天宇、曾旭、严青青、马晓艳、孙雪阳、拉扎提、侯雅涵、李乐其、杨朝颖、浣发祥、张溪纯、陈春蕙、任心禾、戴至昭、德青卓嘎（毕业，未获学位）、格桑诺布（结业）

少数民族语言文学系

中国少数民族语言文学（古籍文献）专业（16）

杨福丽、杨姗姗、沈玉梦、李彬彬、张婷婷、钟魏莲、张刘伍、陈雪、班仕琴、李雪梅、彭婉影、覃如媛、其美格、魏秋华、罗晓燕、符国译

中国少数民族语言文学（语言学/民族文学）（17）

卓佳露、骆蕊慧、许君悦、王丝涵、朱旖珂、石淑萍、刘欣琳、龙仙梅、史可心、土南、杨木秀、陈泽利、吴玲、蒋兰静、张煜明、李灵珊、李青

生命与环境科学学院

化学专业（20）

李楷文、陈啸飞、欧仁政、王辉彬、金

婕、石晓利、张娟、李想、马为之、吴华、马凤芳、马小岩、马龙、杨艳磊、韦小兰、田红美、刘亚琴、刘玚、胡嘉莉、陈利红

环境工程专业（32）

徐天祥、刘雪莉、韦金杏、张涛、黄芳、向航迪、王丹、胡飞、钟灿美、兰付俨、刘雅欣、吴成卓、朱洪旺、徐奎、杨祉浩、李荣、董学凤、杨盛媛、田涛、胡昕怡、黎丹丹、杨尚植、齐双、刘权、田佳莉、汤朝露、郑锦怡、曾超、陈轩雯、汪东珠、柏娜、王诗绘

环境科学专业（30）

梁亚峰、邓睿忞、方婧怡、查汗才次克、杨昕蕊、赵尔格、杨哲、幸韵欣、韩国栋、梅晨雨、严伊竣、李媛媛、马志晗、包峻松、洪坤钰、马天朔、安你佳、陈际、魏春丽、王冉、刘惠、韦昕妍、杨琳、尹晴晴、朱有长、和庚合、王茜、吕妍、李小玥、刘敬雅

生态学专业（23）

田轩、林诚怡、李瑞、吴亚杰、马美轩、张彩云、易应超、龙绍芬、袁储君、蔡星丽、陈阳、孙珊珊、肖航、罗秋桃、焦子迅、尹希文、陈波、邱嘉薇、陆桂江、田佳玲、张仕兰、陈相吾、张宪弘（结业）

生物技术专业（19）

张笑祎、甄雪晴、首文华、陈永森、廖婉君、向杰平、安瑞源、陈冠宇、杨敏、李佳佳、梁文琦、桂略宁、吴乌云、武安东、陈鉴、刘吉安、王康浓、马曙晗、姜承勇

生物科学专业（23）

周佳丽、高梦涵、余锦晨、王雨菡、袁蜜蜜、张文豪、李辰昱、朱韦芮、张玲、李竹韵、丁加晴、刘诗敏、余卫星、罗心瑜、陈佳静、戴迈凡、和丽芳、韩文雯、赵海盟、郑天宇、谢宛汝、刘祺钰、王小宇

体育学院

体育教育专业（41）

黄镇焕、周宏、刘大志、李响、张嘉炜、郑海涛、赵振华、霍达、热福海提·热夏提、韦蓝诗、矫德旭、李威、符机奋、崔鑫、陈少君、张雄龙、刘鹏、宋明阳、孙泽好、王洋、张奥博、张哲珲、林金柳、曾维恒、谷春雨、于敬文、李彦铖、岳行、马赛、胡之宇、赵天、陈采永、范昌昊、白天昊、于婉晴、韩孟硕、黄翌赫、古家兴、袁艺真、周凡舒（毕业，未获学位）、赵平竹（肄业）

外国语学院

朝鲜语专业（24）

崔娇、闫欣欣、温婧、张萌婷、排木苯、周筱璇、卢宁、吴咏媛、吴冶琳、戴政达、谭梦丘、史佩柔、杨敬昱、李艺、李安朔、王怡舒、陈子玉、郝原仪、王雪婷、李嘉璇、张雅淳、王晨昱、马天柔、高雅

俄语（俄语、吉尔吉斯语）专业（27）

阿布都热合曼·阿塔拉、徐佳辉、买吾兰江·哈木然提、古再丽努尔·艾合买提、丁卉雯、沈犇、金芊羽、高哈尔·哈帕尔、董翔、乌仁、马芮、张京京、阿尔成·哈得力别克、陈欣悦、巴燕·阿迪里、李明翰、吴婕、阿热孜古丽·阿里木江、岳彤、马雨荷、刘莹函、李春美、聂峰娇、王娟、侯嘉慧、张明达、穆轩轩（结业）

翻译（英语）专业（54）

田帅、田地、韩星源、杭亮莉、李兰清、

唐胤、李春榆、董艳虹、孙振邦、路佳、鲍怡然、陈妍、王越、冶玉娜、杨艳丽、祖拜旦木·吐尔逊江、刘晶丹、蔡紫秋、张译文、马翔、闫思宇、温福、敏晓庆、施美玲、陈子晨、马小琴、麦热穆姑丽·艾孜提玉麦尔、邹先梓、周安济、米娜瓦尔·买合木提、胡晓昕、罗宇汐、杨茉、孟悦、汤慧、陈嘉敏、赖琪美、汪莹、胡轶凡、吴格格、吕凌、伍春昊、黄舒琪、杨文柳、马沛臻、陈廷芳、赵玉华、黄泽华、邹宇驰、周可、何姗玲、张万芷、张智萌、戴榕（肄业）

日语（日本语言文化）专业（24）

王诗雯、李明熙、崔桂菊、陈慧珠、王筱苏、徐楚帆、赵越、黄云如、华洛、路璐、张祎、孙震宇、吴公昊、刘子同、林舒婕、周姝婷、王韵尧、邱水一芳、黄韵霖、赵梦圆、朱子林、张正瑜、杨一鹤、张芮格

英语（语言文学专业（45）

喻靖鑫、吴鸿潇、林铃锦、姜莹、修瑜璐、陆楠、赵小妍、胡宜乐、吴远东、王子晴、陈泫邑、李晨希、汪玲、杨萍萍、罗曼斯、胡婧尔、原思楠、王映红、邓源、余林玉、朱爽、苏妙歌、吴若尘、覃裕雯、自贵龙、刘兴宇、伍文妍、万雪、冷傲楚、雷敏、邓逸群、朱紫依、何茹倩、吴美宜、黄亦晖、汪梦雪、曾兰淇、金莹、杨婷、金亨宇、王琦、崔静、黄馨文、张家湉、向维（结业）

维吾尔语言文学系

中国少数民族语言文学（维吾尔）专业（20）

达尼亚尔·亚力坤、艾克达·阿斯哈尔、阿不都拉·阿不力米提、热比古丽·阿西木、阿丽飞拉·亚森、祖丽湖马尔·米吉提、努祖凯·吾买尔江、迪拉热·艾合麦提、苏比伊努尔·阿卜力米提、穆耶赛尔·阿卜杜如苏力、艾力克木·艾尼瓦尔、帕提古丽·买买提、塔依尔江·阿不力克木、阿布都热依木江·吾买尔、穆斯塔法·吾甫尔、艾克然木·艾尔肯、古丽妮尕尔·艾赛提、苏比努尔·艾拜、阿丽米热·艾合麦提、叶尔夏提（结业）

中国少数民族语言文学（汉语维吾尔语翻译）专业（20）

古丽旦娜·阿布力克木、谢伊代·热合曼、萨尼亚·凯赛尔、米尔阿迪力·马合木提、祖力阿亚提·热西提、地里胡玛、买日孜亚·尼扎木、阿迪莱·麦麦提萨吾提、依巴地古丽·吐尔逊、克力比努尔·艾尔肯、娜孜拉·甫拉提、玛依热·吾斯曼、古丽娅尔·木拉提、祖木来提·艾克木、祖拉也提·艾力、祖丽呼玛尔·玉素甫、木尼热·买买提吐尔逊、阿迪来·阿不来提、伊力尔江·哈力克、玛依热·阿布力米提、努尔艾力·买买提、美孜叶汗·依力尼亚孜

文学与新闻传播学院

广告学专业（32）

韩韫真、冯磷飞、李慧伶、陈宣妤、明微、章晨辉、禹享玎、龚王宁、邓淑蓉、汤宛馨、许丹蓝、谢露、邢玥、赵冬子、刘莹、阮航达、宾晓楠、周孟涛、孙小蒲、马倩、罗舒月、袁蕾、余飞、符诣、杜可、何宇琪、黄麟、胡媛媛、翟漠雨、张依宁、林芳、李珲

汉语国际教育专业（23）

周姣美、靳黎娜、蒋赫阳、翟自严、邢雨涵、陈旭瑶、王德馨、李楠、高明欣、陶琳、杨嘉丽、宋彦仪、管跃然、李旭、

李虹毅、杜钰、张艺颖、谈倩妤、吴雨加、杨协、谢亨、肖涵予、王键玥

汉语言文学专业（67）

吴佳儒、巴音塔娜、姜璟辉、许桐溪、高艺菡、王昊、王祺、刘晨、荆信耀、冯昕、金彤、朱月琪、张儒秋、马琦、秦珊、鲁越、高宸、成文静、孙潇潇、陈默蕾、孔灿、王琛、王洁颖、陈悦、杨赫、乃飞斯·艾来提、孙翔、刘文萱、蔡文怡、吕奕伟、刘宇、高炳睿、李昕容、林珏、李如登、田璐、咸明锐、曾鑫怡、史佳琳、马维梅、黄越、黄荣、孔祥凤、付珊珊、蒙燕、马雪梅、刘江北、屠靖铃、王首一、张雪迎、王双柘、李资仪、张昕、王宜家、李鑫、贺春燕、马梅、郭玉坤、吴雨宵、李易忆、沈芳、栾艺铭、夏瑞雪、王杰琳、于雅萱、赵娜、朱黎丹

新闻学专业（61）

阿合卓力·巴合提、揭鹏星、徐艳昀、蒲颖莹、潘世慧、曾诗雨、曹语晗、李棋、蒙婧、杨舒宇、张甜甜、赵行知、李志伟、郭志辉、马其虎、王思齐、白钰、艾丽达娜·艾尼瓦尔、迪娜尔·阿不都热苏力、杨桦倩、段星佚、马瑞娅、张宝誉、李冠楠、郑明杉、李毅康、万博涵、王毅、尹艺繁、陈红菊、李若凡、刘迪雅、关靖怡、陆文雅、帕丽扎·巴合提别克、韩天旭、杨智雄、叶力扎提·哈力木拉提、王子月、张海帆、官梦浩、任阳、杜鹏程、沈于入、米瑞·别日克、和纳、陈松、黄甘慧、冯舒婷、刘子微、钱坤、张濛、丁心歌、古丽巴尔·赛力克、官昕、孙一戈、田梦园、俞浩淼、徐姁、王子薇、王晨婷

新闻学（藏语基地班）专业（3）

四郎泽仁、才仁扎西、旦增华本（结业）

新闻学（藏语实验班）专业（22）

旦增央金、却生杰、甲央桑多、次旦拉姆、次旦拉姆、罗伟、热毛友、完德先、德吉卓玛、周措、其美巴姆、仲玛拉姆、卓玛措、王国菁、七林央宗、赛日措、桑姆次仁、向前多杰、达桑、边旦次旺、兰松卓玛、旦知道吉

舞蹈学院

舞蹈编导专业（16）

曲苗苗、靳奇暾、吴眉沂、廉娅洁、韩金泉、刘晓龙、方鸿锦、刘丁睿、李禛怡、龚卓、张益嘉、马丽星、马阳、石慧娟、刘颢然、莫骏开

舞蹈表演专业（38）

王雨、曾毓康、何壮壮、郭美延、张钊玮、王斓烨、朱秦旺、左欣然、王子恩、段玥、张思佳、钱妍霖、何靖、焦洋、宋怡娴、周星、殷彤瑛、张宝文、白宏伟、孙洪天、徐陈林、蒋瑾、卢琪琪、刘昊东、张晨山、王艺霏、丁奥允、孙万欣、吴咏琪、易流、邓凌杰、田野、周振民、肖子涵、李天卓、任浚烽（结业）、沈验（结业）、闫嘉辉（结业）

舞蹈学（舞蹈教育）专业（39）

戈庆丰、张巳烨、金玉贤、索慕瑶、张梦雅、梁皓博、王剑峰、费正一、姜丰、郑皓文、陈天一、黄可、王诗羽、谢轩、雷晓海、康佳惠、孔秋雨、刘铭、姚天宇、刘思佳、郝文业、周仲明、黄帝桦、彭颖怡、李峰、张新羿、李一蒙、谢佳霖、夏萱、邱俊箐、金可涵、龚铭、张鹏、刘晓倩、聂佳鑫（结业）、石飞洋（结业）、更尕才仁（结业）、马思源（结业）、阿布都外力·阿布来提（结业）

信息工程学院

信息工程学院专业（31）

安望、杨岳松、刘亿、罗臻、苏敬媛、赖锡林、文林、吴婷、陈春梅、田小花、汪婧宇、宋领志、陈艺琳、冯琪、金晓鹏、陈丽、王涵、孙苇轩、韦爱莲、刘宏博、徐安泽、徐成、卢立静、多晶晶、徐文涛、向洋、李颖、李丹丹、王欣宇、邓君兰、杨阳（结业）

计算机科学与技术专业（61）

李健、李章涛、谢依达·艾尔肯、艾热发提·胡什塔尔、翁劲、马中福、李春婷、古深乐、李敏琴、张子欣、刘忠杰、李思佳、王瑞林、赵瀚榕、尹园园、劳安、余玉洁、陈思瑾、韩昱、容雪娥、马佰灵、王玮、汪强、周雪峰、才玉、刘渝海、杨自东、李浩然、桑吉拉姆、马兰英、杨依平、张扬、石育、陈彩琳、吴娴、提力曼·吐尔逊、甘靖凯、王樱儒、田媛、曲木苦哈、彭毛才让、边巴次仁、拉巴、刘宇豪、才旺罗培、闹塔、浪旺加措、边巴加拉、米桑、白玛措、格桑央吉、尕玛南吉、扎西文毛、帕巴措、扎桑、格桑央金、如江、夺尔机、南角扎西、仲杰、巴桑次仁

软件工程专业（31）

王龙楷、苏光国、颜诗垚、单蓉、孙菱、李曦凌、黄鑫、石宇、杨思琪、黄琦、毛红禄、曹晓丽、严舒航、赵永妍、李世政、张轶凡、杨玉梅、覃大创、张玥、张光翰、李未人、张家敏、韦幼丹、黄杨丽、李喜乾、牟祎楠、谈睿、田诗园、余凤、韦彩奕、马亮（结业）

通信工程专业（32）

阳成、杜婧、杨倩倩、袁晓丽、李荣梅、逄博、刘明宇、曾璇、姜檬柠、周欣蕊、王亚南、罗艳、徐鹤洋、马雯娟、孟天宇、定旺、谢欣宇、龚成苹、黄俊、李亚璠、王晨熹、何格、孟小玲、张博雨、白蓉、陈雪飞、丁亚荣、余素花、周鑫、杨岚、方斯颖、牛宏宇（毕业，未获学位）

物联网工程专业（30）

刘千钰、丁丹阳、王之琦、陈洪高、彭畅、马玉兰、李叶文、刘颖珏、胡志莹、陈子骞、郑晓宇、曾麒维、李静怡、杜行健、张颖琦、王智远、雷从贺、赵梓杰、李明玲、张港鉴、张敬瑞、崔贵鑫、罗植源、周琦、卢胤光、黄一恒、付丹丹、王小红、李嘉伟（结业）、王杭（结业）

自动化专业（33）

陈鹏凯、田家炜、杨勇、彭盛威、周杰、李春阳、周本加、王春梅、周小婷、王子维、郭文玲、朱丹莉、赵婷婷、卢梅、何丽婷、孙燕、王鑫、许学海、钟发兴、周思宇、张婷、廖琼华、陈文前、冉阳、张晨一、田荟铭、杨莉、李璐萍、周文治、杨瑞坤、肖羽皓、徐浩然（结业）、游桂潞（结业）

药学院

制药工程专业（28）

张映江、王秀梅、田娜娜、石敏捷、廖文涛、王兴欣、罗子君、雷小英、张天庆、廖睿锋、白慧玟、兰玮妃、王琳、李克新、杜依泽、许耀丹、张羽欧、祝娜、钱程、郑力、吴洪宇、孙民意、汪冬红、杨秀榕、王晨钰、罗小敏、刘博豪、马绍辉

音乐学院

音乐表演（打击乐）专业（3）

邓馨、纪航、马梓杰（结业）

音乐表演（钢琴演奏）专业（6）

周卓然、杜涵、李奕璇、孙镜博、张雨

桥、杜雨卿

音乐表演（管乐演奏）专业（20）

王婉云、田思雨、李嘉鹏、周润彬、扎西·亚拉热、纪天德、孔熙琳、段冉、徐润徽、乌斯日格、卫星妍、代广哲、余姮雨、杨硕、金宇龙、张怀翊、钱昱寰、具素妍(结业)、姜拓(结业)、万梁(结业)

音乐表演［中国乐器演奏（少数民族乐器）］专业（12）

高志军、雷洁、尹木王、陈晶霞、张燕妮、艾孜买提·哈山、金梦春、刘越扬、魏晓宇、叶尔那尔·加合斯力克（毕业，未获学位）、阿比旦·阿地力（结业）、王嘉莹（结业）

音乐表演（声乐）专业（24）

乌英格、杨博、黄诗倍、黄苏雅拉、和兴凤、李欣书、李金昊、赵力、伍正洋、汪美君、王梓名、吴秋雨、杨思扬、王亚男、武怡岚、孙菲阳、景竹薪、阿洛阿宁、陈娉婷、黄钰善、刘文、李苑鸣、李禹坤（结业）、苏雨蒙（结业）

音乐表演（弦乐演奏）专业（16）

牛逸伦、石雨璇、赵梦琪、任哲徽、李贤卿、杨华凌、宋欣欣、覃思雯、宋佳漪、韩僮、段艺晨、范廷扬、王捷凯、李欣冉、李虹味、沙梦鸽（结业）

音乐表演［中国乐器演奏（弹拨）］专业（14）

高宇翔、杨雅雯、刘畅、王樱谛、徐晨斐、李兴、苏乃馨、徐家琳、任禹蓉、贾敏、郭小滔、张晓苏、郭雅祯、王旭

音乐表演［中国乐器演奏（拉弦吹奏）］专业（17）

吴天择、马瑜骏、强茸、那耕、魏雅然、董艺斐、甘天淼、张晓晨、梁秋旭、陈梁一卉、余晓雪、王俏、郝天浩、程烁宇、王晨泽、孙松、许思怡

音乐学专业（9）

龚雅文、黄鑫炜、董思、徐小舒、陆茵仪、杨泽宇、王锦云、牛震

音乐学［音乐教育（器乐）］专业（6）

何馨、赵啓君、阿尔哈力克·托汗、刘倩、梁潇（结业）、薄铁文（肄业）

作曲与作曲技术理论专业（10）

林翘楚、周立冉、詹兴悦、刘文君、安冬妮、高清宇、刘雅欣、方天昊、吴泽西、邓舒月（结业）

哲学与宗教学学院

哲学专业（29）

余明静、方俊彦、朱弈、张楠、万明媛、牛丹、张琪雪、韩丰泽、薛雅琨、陈智超、乔迎舟、肖莹、刘阳、寇倩、李好男、黄金、张啸尘、何昕怡、黄丽丹、塔依尔江·吐尔洪、赵明哲、李凯悦、刘佳奇、夏天明、谭鸣飞、王子函、王兴隆、米玛才旺（毕业，未获学位）、扎西旦白（毕业，未获学位）

宗教学专业（34）

古丽孜尔·阿不都热西提、刘璐、张超越、杨昕雨、阿依博塔·达吾列提、马玮珺、田潇、刘平、书宜、旦增玉珍、苏比努尔·帕尔哈提、祝璐安、马红琴、陈景枢、更增玛、林法璋、祖丽胡玛尔·塔依尔、张树香、马博宇、周甫翰、张筱嘉、斯郎曲珍、唐幸儿、白思雨、仲格草、周正杰、王馨漫、马克善、高语含、泽边、卢圣贤、时欣怡、斯朗德西（毕业，未获学位）、龙登云（结业）

中国少数民族语言文学学院

中国少数民族语言文学（中韩经贸翻译）专业（1）

崔景丽

2019年各培养单位在籍研究生统计表

（统计截止时间：2019年12月26日）

单位：人

学院	小计		2019级		2018级		2017级		超学制	
	博士	硕士	博士	硕士	博士	硕士	博士	硕士	博士	硕士
藏学研究院	27	141	6	50	9	43	10	48	2	
法学院	50	519	10	187	12	212	18	116	10	4
管理学院	63	621	15	227	15	206	13	137	20	51
国际教育学院	22	156	4	55	6	71	6		6	30
教育学院	55	334	16	130	11	149	12	48	16	7
经济学院	60	295	22	159	17	68	11	65	10	3
理学院	0	217		102		96		19		
历史文化学院	66	121	16	42	16	40	17	39	17	
马克思主义学院	0	44		14		15		15		
美术学院	14	83	3	30	3	24	5	27	3	2
民族学与社会学学院	256	500	74	178	68	185	59	128	55	9
生命与环境科学学院	70	163	23	54	17	52	14	54	16	3
体育学院	0	49		30		16				3
外国语学院	15	121	2	62	1	34	3	22	9	3
文学院	37	73	5	23	14	22	13	26	5	2
舞蹈学院	8	93	4	34	1	32	2	26	1	1
新闻与传播学院	0	152		82		44		22		4
信息工程学院	0	103		41		40		19		3
药学院	45	58	14	25	12	17	8	16	11	
音乐学院	11	122	2	34	2	43	4	33	3	12
哲学与宗教学学院	56	71	11	21	14	20	16	28	15	2
中国少数民族语言文学学院	174	289	51	83	53	93	44	106	26	7
合　计	1029	4325	278	1663	271	1522	255	994	225	146

2019 年研究生学位授予情况

一、2019 年春季学期研究生学位授予情况

2019 年春季学期，学校共授予 185 位博士研究生博士学位，752 位学术型硕士研究生硕士学位，593 位专业学位硕士研究生专业硕士学位。

院系名称	学科门类	专业名称	博士研究生（含留学生）	硕士研究生（含留学生）		小计		合计（人）
				学术型	专业学位	博士	硕士	
民族学与社会学学院	法学	民族学	11	44		11	44	55
民族学与社会学学院	法学	人类学	8	21		8	21	29
民族学与社会学学院	法学	社会学	4	23		4	23	27
民族学与社会学学院	法学	民俗学	1	4		1	4	5
民族学与社会学学院	法学	马克思主义民族理论与政策	5	12		5	12	17
民族学与社会学学院	法学	民族政治学	6	6		6	6	12
民族学与社会学学院	历史学	考古学		12			12	12
民族学与社会学学院	社会工作	社会工作			40		40	40
民族学与社会学学院	文物与博物馆	文物与博物馆			45		45	45
少数民族语言文学系	文学	语言学及应用语言学	9	20		9	20	29
少数民族语言文学系	文学	中国少数民族语言文学	4	15		4	15	19
少数民族语言文学系	文学	中国古典文献学	3	4		3	4	7
少数民族语言文学系	文学	比较文学与世界文学	3	4		3	4	7
蒙古语言文学系	文学	中国少数民族语言文学	10	10		10	10	20
朝鲜语言文学系	文学	中国少数民族语言文学	6	6		6	6	12

续表

院系名称	学科门类	专业名称	博士研究生（含留学生）	硕士研究生（含留学生）		小计		合计（人）
				学术型	专业学位	博士	硕士	
维吾尔语言文学系	文学	中国少数民族语言文学	3	19		3	19	22
维吾尔语言文学系	文学	语言学与应用语言学	1			1		1
哈萨克语言文学系	文学	中国少数民族语言文学	1	9		1	9	10
藏学研究院	法学	藏学	8	36		8	36	44
经济学院	法学	中国少数民族经济	20	22		20	22	42
经济学院	经济学	人口、资源与环境经济学		7			7	7
经济学院	经济学	西方经济学		6			6	6
经济学院	经济学	政治经济学		6			6	6
经济学院	经济学	财政学		8			8	8
经济学院	经济学	国际贸易学		15			15	15
经济学院	经济学	金融学		8			8	8
经济学院	经济学	区域经济学		6			6	6
管理学院	法学	民族地区公共行政管理	6			6		6
管理学院	法学	民族政治学	2	1		2	1	3
管理学院	法学	科学社会主义与国际共产主义运动		1			1	1
管理学院	法学	中外政治制度		4			4	4
管理学院	法学	国际关系		4			4	4
管理学院	管理学	社会保障		4			4	4
管理学院	管理学	教育经济与管理		6			6	6
管理学院	管理学	行政管理		21			21	21
管理学院	管理学	旅游管理		7			7	7
管理学院	管理学	会计学		8			8	8
管理学院	管理学	技术经济及管理		5			5	5
管理学院	管理学	企业管理		10			10	10
管理学院	工商管理	工商管理（MBA）			30		30	30

续表

院系名称	学科门类	专业名称	博士研究生（含留学生）	硕士研究生（含留学生）		小计		合计（人）
				学术型	专业学位	博士	硕士	
管理学院	公共管理	公共管理（MPA）			36		36	36
法学院	法学	民族法学	11	2		11	2	13
法学院	法学	中国民族法学		3			3	3
法学院	法学	民商法学		15			15	15
法学院	法学	刑法学		5			5	5
法学院	法学	国际法学		2			2	2
法学院	法学	法律史		3			3	3
法学院	法学	法学理论		4			4	4
法学院	法学	宪法学与行政法学		4			4	4
法学院	法学	经济法学		8			8	8
法学院	法学	诉讼法学		5			5	5
法学院	法律	法律（法学）			61		61	61
法学院	法律	法律（非法学）			53		53	53
法学院	法律	法律			7		7	7
马克思主义学院	法学	马克思主义理论		14			14	14
文学与新闻传播学院	文学	汉语言文字学	3	9		3	9	12
文学与新闻传播学院	文学	中国古代文学	2	5		2	5	7
文学与新闻传播学院	文学	中国现当代文学	4	8		4	8	12
文学与新闻传播学院	文学	文艺学		3			3	3
文学与新闻传播学院	文学	新闻学		14			14	14
文学与新闻传播学院	文学	传播学		12			12	12
文学与新闻传播学院	新闻与传播	新闻与传播			37		37	37
哲学与宗教学学院	哲学	马克思主义哲学	3	2		3	2	5
哲学与宗教学学院	哲学	中国哲学	2	8		2	8	10
哲学与宗教学学院	哲学	外国哲学		4			4	4
哲学与宗教学学院	哲学	宗教学	8	6		8	6	14
历史文化学院	法学	中国少数民族史	3	8		3	8	11
历史文化学院	历史学	专门史	3	6		3	6	9
历史文化学院	历史学	中国古代史	4	7		4	7	11
历史文化学院	历史学	中国近现代史	3	13		3	13	16

续表

院系名称	学科门类	专业名称	博士研究生（含留学生）	硕士研究生（含留学生）		小计		合计（人）
				学术型	专业学位	博士	硕士	
历史文化学院	历史学	历史地理学		3			3	3
历史文化学院	历史学	历史文献学		3			3	3
历史文化学院	历史学	世界史		6			6	6
教育学院	法学	中国少数民族教育	5			5		5
教育学院	法学	中国少数民族艺术		8			8	8
教育学院	教育学	民族教育学		5			5	5
教育学院	教育学	教育学原理		5			5	5
教育学院	教育学	课程与教学论		7			7	7
教育学院	教育学	比较教育学		5			5	5
教育学院	教育学	高等教育学		5			5	5
教育学院	教育	学科教学（语文）			56		56	56
教育学院	教育	学科教学（音乐）			11		11	11
外国语学院	文学	比较文学与世界文学		5			5	5
外国语学院	文学	语言学及应用语言学		16			16	16
外国语学院	教育	学科教学（英语）			15		15	15
生命与环境科学学院	法学	民族生态学	7			7		7
生命与环境科学学院	理学	植物生态学		9			9	9
生命与环境科学学院	理学	景观生态学		6			6	6
生命与环境科学学院	理学	植物学		2			2	2
生命与环境科学学院	理学	生物化学与分子生物学		7			7	7
生命与环境科学学院	理学	动物学		4			4	4
生命与环境科学学院	理学	生物物理学		2			2	2
生命与环境科学学院	工学	环境科学		7			7	7
生命与环境科学学院	工学	环境工程		7			7	7
药学院	法学	中国少数民族传统医学	3			3		3
药学院	医学	民族医学		16			16	16
理学院	理学	数学		9			9	9
理学院	理学	统计学		8			8	8
理学院	教育	学科教学（数学）			23		23	23

续表

院系名称	学科门类	专 业 名 称	博士研究生（含留学生）	硕士研究生（含留学生）		小计		合计（人）
				学术型	专业学位	博士	硕士	
理学院	教育	学科教学（物理）			15		15	15
理学院	工程	光学工程			21		21	21
信息工程学院	工学	计算机科学与技术		9			9	9
信息工程学院	工学	软件工程		7			7	7
信息工程学院	教育	现代教育技术			22		22	22
美术学院	法学	中国少数民族艺术	3			3		3
美术学院	艺术学	美术学		7			7	7
美术学院	艺术	美术			10		10	10
舞蹈学院	法学	中国少数民族艺术	3			3		3
舞蹈学院	艺术学	舞蹈学		10			10	10
舞蹈学院	艺术	舞蹈			17		17	17
音乐学院	法学	中国少数民族艺术	1			1	30	31
音乐学院	艺术学	音乐与舞蹈学		10				
音乐学院	艺术	音乐			20			
体育学院	教育	学科教学（体育）			13		13	13
国际教育学院	文学	国际汉语教学	6			6		6
国际教育学院	汉语国际教育	汉语国际教育			61		61	61
合　　计			185	752	593	185	1345	1530

二、2019 年秋季学期研究生学位授予情况

2019 年秋季学期，学校共授予 41 位博士研究生博士学位，13 位学术型硕士研究生硕士学位，99 位专业学位硕士研究生专业硕士学位。

学院	学科门类	专 业 名 称	博士研究生（含留学生）	硕士研究生（含留学生）		小计		合计（人）
				学术型	专业学位	博士	硕士	
民族学与社会学学院	法学	人类学	2			2		2
民族学与社会学学院	法学	民族学	3	1		3	1	4
民族学与社会学学院	法学	社会学		1			1	1
民族学与社会学学院	社会工作	社会工作			1		1	1

续表

学院	学科门类	专业名称	博士研究生（含留学生）	硕士研究生（含留学生）		小计		合计（人）
				学术型	专业学位	博士	硕士	
民族学与社会学学院	法学	民族政治学	1			1		1
中国少数民族语言文学学院	文学	中国少数民族语言文学	5	0	0	5	0	5
中国少数民族语言文学学院	文学	比较文学与世界文学	1	0	0	1		1
中国少数民族语言文学学院	文学	语言学及应用语言学	1	0	0	1		1
文学院	文学	中国现当代文学	1	0	0	1	0	1
文学院	文学	汉语言文字学	1	0	0	1	0	1
国际教育学院	文学	国际汉语教学	5			5		5
藏学研究院	法学	藏学	1	0		1	0	1
经济学院	经济学	政治经济学		2			2	2
经济学院	经济学	国际贸易学		1			1	1
管理学院	法学	民族地区公共行政管理	2	0	0	2	0	2
管理学院	法学	民族政治学	1	0	0	1	0	1
管理学院	工商管理	工商管理	0	0	39	0	39	39
管理学院	公共管理	公共管理	0	0	31	0	31	31
法学院	法学	民族法学	2			2		2
法学院	法律	法律			13		13	13
新闻与传播学院	文学	新闻学		1			1	1
新闻与传播学院	新闻与传播	新闻与传播			1		1	1
哲学与宗教学学院	哲学	马克思主义哲学	5	0		5	0	5
历史文化学院	历史学	中国近现代史	1			1		1
历史文化学院	历史学	中国史	1			1		1
教育学院	法学	中国少数民族教育	3			3		3
教育学院	法学	中国少数民族艺术		1			1	1
教育学院	教育学	课程与教学论		1			1	1
教育学院	教育	教育管理			7		7	7
教育学院	教育	学科教学（语文）			1		1	1

续表

学院	学科门类	专业名称	博士研究生（含留学生）	硕士研究生（含留学生）		小计		合计（人）
				学术型	专业学位	博士	硕士	
外国语学院	文学	语言学及应用语言学		1			1	1
外国语学院	教育	学科教学（英语）			1		1	1
生命与环境科学学院	法学	民族生态学	2			2		2
生命与环境科学学院	理学	生物物理学		1			1	1
药学院	法学	中国少数民族传统医学	1			1		1
信息工程学院	工学	计算机科学与技术		1			1	1
舞蹈学院	法学	中国少数民族艺术	1			1		1
音乐学院	法学	中国少数民族艺术	1			1		1
音乐学院	艺术学	音乐学		2			2	2
音乐学院	艺术	音乐			3		3	3
体育学院	教育	学科教学（体育）			2		2	2
合计			41	13	99	41	112	153

2019年秋季学期获硕士、博士学位毕业生名单

（153人）

第一部分　博士（41人）

民族学与社会学学院

人类学专业：王昊午、雅楠

民族学专业：马瑞雪、苗雨露、唐欢

民族政治学专业：杨四代

中国少数民族语言文学学院

中国少数民族语言文学专业：包青玉、娜仁图雅、哈森其其格、阿依江·别力克、增宝当周

比较文学与世界文学专业：张晓明

语言学及应用语言学专业：李雪巧

文学院

中国现当代文学专业：SIRICHAISOPON MISS RUNGNAPA

中国古代文学专业：耿淑娟

国际教育学院

国际汉语教学专业：闫槿、MURODOVA YULIYA、YOU MIN、AMORNPRAPHAWAT MISS SUTHISA、NGUYEN VAN TRANG

藏学研究院

藏学专业：普华

管理学院

民族政治学专业：于烨

民族地区公共行政管理专业：郑腾龙、吕玮

法学院

民族法学专业：杜博、林砥如

哲学与宗教学学院

马克思主义哲学专业：任学鹏、孙微茗、苏胜毅、李莹波、艾春洋

历史文化学院

中国近现代史专业：李巍

中国史专业：张亚萍

教育学院

中国少数民族教育专业：满都玛、杨清霞、杜青芬

生命与环境科学学院

民族生态学专业：祖拜代・木依布拉、皮泓漪

药学院

中国少数民族传统医学专业：黄国东

舞蹈学院

中国少数民族艺术专业：KIM AEMI

音乐学院

中国少数民族艺术专业：于晓菲

第二部分　硕士（112人）

民族学与社会学学院

社会学专业：王晓骁

民族学专业：代凌婕

社会工作专业：孟舒一

经济学院

政治经济学专业：毕春蕾、靳跃林

国际贸易学专业：KONGTHANANUSAK MISS PANIDA

管理学院

工商管理专业：李嘉、张磊、武艳清、李炜、张凝馨、储敏、何莹莹、刘伟、张帆、安保柱、孙青、陈云洲、刘晓宇、罗丹、刘振恺、彭长征、陈迪升、王博文、何正标、陈灵飞、王欢、罗斓、王尊鹏、曾真、闫慧、陈驰、尹晓燕、张焱、刘臣平、张洁、关琦、高飞、苏幼月、孙俊、申世庆、贾雪静、迟世明、田雪雪、王一如

公共管理专业：刘万庆、唐可平、周晶、王珺、廖阳、韩璐璐、谷悦嘉、孙春妍、宫文、闫汐若、王嘉琦、梁青芳、卢婷婷、刘伟、马路遥、陈昂、乔雅娟、陈三炼、戴昕童、王欣欣、郑燕、刁小萌、冯淑娟、耿青、韩冰、韩天祥、刘岩、汤争先、田静、田潇钰、王羿舒

法学院

法律专业：杨彦杰、方卫、王倩、辛凤娇、王鹏、樊泊岩、张莹臻、欧晓媛、杭帆、刘丹、霍岩、于杰、高帅

新闻与传播学院

新闻学专业：高哲琳

新闻与传播专业：周梦瑾

教育学院

课程与教学论专业：张丹丹

中国少数民族艺术专业：杨文婷

学科教学（语文）专业：李媛

教育管理专业：王宁宁、张燕、庹迎香、于旻峥、贾红玉、李兴、刘雨春

外国语学院

语言学及应用语言学专业：郭佳

学科教学（英语）专业：倪根培

生命与环境科学学院

生物物理学专业：王晓青

信息工程学院

计算机科学与技术专业：邵冲

音乐学院

音乐学专业：冯滢朴、许诺

音乐专业：赖思羽、唐璇、郑博文

体育学院

学科教学（体育）专业：熊瑞、荆芹朦

2019年春季学期获硕士、博士学位毕业生名单

（1532人）

第一部分　博士（185人）

藏学研究院

藏学专业：更尕易西、格知合南加、夏吾多杰、夸加、朝告才让、桑杰卡、张程程、刘哲安

朝鲜语言文学系

中国少数民族语言文学专业：千恩花、徐燕、朴贵花、崔惠花、金春燕、崔春梅

法学院

民族法学专业：多杰昂秀、范景萍、张茂林、刀慧娟、史本军、刘伟涛、张砚哲、胡曼、王琳、王萌、王保同

管理学院

民族地区公共行政管理专业：黄智宇、肖耀科、任雪、李海民、王晔、田铮、赵晓雷

民族政治学专业：张育瑄

朝鲜语言文学系

中国少数民族语言文学专业：千恩花、徐燕、朴贵花、崔惠花、金春燕、崔春梅

教育学院

中国少数民族教育专业：龙雪娜、李佳、周娟、成丽宁、黄宁宁

中国少数民族经济专业：彭冰琪、杜发春、吴桂林、杨昌德、李静、刘燕燕、刘廷兰、李晶、尉巍、何理、孙晓飞、吴建伟、刘洋、戴婧妮、曾泓霖、赵晓明、张博文、顿楠、于倩、董玉峰

历史文化学院

中国少数民族史专业：盘霄远、黄菡薇、李双

中国古代史专业：周娟妮、李大旗、刘佺仕、肖晴

中国近现代史专业：马冬、王海文、张永梅

专门史专业：武晓丽、王一凡、吕晓青

美术学院

中国少数民族艺术专业：王圆明、邹维佳、胡扬

蒙古语言文学系

中国少数民族语言文学专业：丽艳、李前强、乌日乌特、玛瑙花、乌亚汉、萨日那、樱桃、乌兰、白晓梅、那达木德

民族学与社会学学院

人类学专业：蒋萍、阿妮尔、王永军、王伟、张晓霞、李波、刘姝曼、SIN SANGSUK

民族学专业：徐何珊、陈钧、马文婧、苏二龙、张艳飞、卢晓、陈炼、夏晓莉、马振超、格日措、张紫东

马克思主义民族理论与政策专业：张娇、马豪

社会学专业：马胜春、康永征、何燕兰、许龙飞

民族政治学专业：都日晨、朱亚峰、平维彬、王阳、王慧珍、左岫仙

民俗学专业：焦学振

马克思主义民族理论与政策专业：李阳、康旭、包格乐

少数民族语言文学系

语言学及应用语言学专业：段秋红、朱瑶瑶、鲍薇、赵丽萍、白阿茹娜、潘佳琦、袁乌日嘎、岳朋雪、NGUYEN NGOC THIEN KIM

中国少数民族语言文学专业：刘明

比较文学与世界文学专业：黄晓坚

中国古典文献学专业：赵剑锋、郑华栋、區佩儀

中国少数民族语言文学专业：龙润田、黄海暑、杨一男

比较文学与世界文学专业：叶尔扎提·阿地里、李颖

维吾尔语言文学系

语言学及应用语言学专业：努尔曼·热合曼

中国少数民族语言文学专业：阿比力克木·西尔牙孜旦、茹黑也木·吾斯曼、姚家兴

哈萨克语言文学系

中国少数民族语言文学专业：阿曼·阿宝

生命与环境科学学院

民族生态学专业：王庆华、高路、马芳、谷荣辉、陈宁美、孙晓杰、王兴蕾

文学与新闻传播学院

汉语言文字学专业：牛慧芳、金梦鸽、王泉月

中国古代文学专业：杨莹莹、刘雪青

中国现当代文学专业：万冲、张仁竞、高姝妮、王鑫

舞蹈学院

中国少数民族艺术专业：雷斯曼、毛毳、张嘉烜

音乐学院

中国少数民族艺术专业：向婷

药学院

中国少数民族传统医学专业：黄安、王绍辉、邢韶芳

哲学与宗教学学院

宗教学专业：马丽娜·阿布都、孙岩岩、彭彦斌

马克思主义哲学专业：韩拓、王玉沿

中国哲学专业：唐春玉、解加馨于

宗教学专业：刘鹏、张正、王伟、李鹏飞、葉靈毅、AHMED GAMAL ALY MOHAMED KHALIFA

第二部分　硕士（1347 人）

藏学研究院

藏学专业：羊宗、旦增益西、当子扎西、冷措加、南拉加、娘吉合加、群拉、桑吉次力、索朗降措、索太吉、万玛本、伊西才仁、卓么吉、银措吉、拉项多杰、江才多杰、普日杰、周毛吉、泽仁拉姆、曲古、布姆德西、才旦加、嘎玛东多、拉毛才让、拉么东主、洛绒降措、南俊昂杰、普毛卓尕、仁青吉、赛藏、索南多杰、完德卓玛、完么南杰、叶忠措、周秀才让、卓玛措

朝鲜语言文学系

中国少数民族语言文学专业：崔桂荣、桂丽、李文福、裴磊敏、朴银珠、张旻庆

法学院

民族法学专业：尚琬淇、丁韫智

法学理论专业：罗歆

民商法学专业：李勇、王海伦、何柳、黄丹丹、李熙贤、马晓鹏、庞宇涵、邱怡、孙弘、唐冰、王墨笛、王倩茹、徐嘉励、杨玲琳、杨宜凡

诉讼法学专业：黄越、陈汉易、李晶、任璐、张莹

宪法学与行政法学专业：李诗涵、杜雅丽、刘蕊、汪芮

中国民族法学专业：李铮敏、农君君、盛安妮
法律史专业：白云杰、代剑锋、翁颖欣
法学理论专业：肖亮、张倬亚、赵杨杨
国际法学专业：傅璐虹、周扬
经济法学专业：袁月、董丽君、董勤生、方钦达、宫晓娜、郝剑楠、王雪花、张若男
刑法专业：高颖、于璟、赵琴、赵泽至、周伟
法律（法学）专业：王云、李宇昕、杨钧婵、某色伍达、王厦来、周志超、盛雪媛、赵世龙、李晨瑜、钱坤、董世勋、宋春苗、蔡登凡、杨琬柔、盘茜、郭玉石、贾真龙、何明明、惠志君、赵丹琪、王青松、朱丽敏、高林雪、王育传、李煜、邹庆华、姚虹宇、王虹洁、陈文超、齐佳兴、彭欣、焦方祺、梁擎宇、刘天怡、刘鹏、殷庚庚、邓旭宸、陈祥平、施培佳、史菁薇、杜媛媛、段旭武、孙士凯、韩文文、阮军胜、王玥、赵冰洁、柯奕男、马航程、马颖华、乔慧、翟亚勇、张晓、王轩、王娴、郑迪、曾凯慧、郭文戈、刘华曦、刘灿、刘亚欣
法律（非法学）专业：高燕茹、姜维嘉、潘厚芹、蔡梦雨、陈富欣、崔开元、邓广迪、丁姣、费敬一、郭赫喆、国红、郝唯俏、胡英帅、冀同同、姜莉、蒋婉君、金淑婷、兰培耕、李超、李楚月、李天博、李晓墨、李学娟、李雪宁、梁嘉伟、刘晓强、刘鑫、刘泽斐、马悦、彭佳敏、邱豪、曲发鑫、任静怡、任露雯、施丹妮、石顺、孙宗升、谭柳丹、王慧、王慕婧、王帅、王颖琪、吴华臻、吴昆、许梦华、杨文杰、袁小娟、翟雪冰、张洁、张蕊、张文娟、张晓宇、王红蕾
法律专业：裴忠秀、王建、耿晓栋、秦敏、刘菲、王利宏、孟凯波、高俊英、贾朋

管理学院

行政管理专业：张新航、秦世刚、杨悦、周鹏、陈忠祥
会计学专业：王美、周建东、洪东东、李莹、宋璞御、滕俊楠、王燕婉、郑潇潇
科学社会主义与国际共产主义运动专业：范爱琳
民族政治学专业：李晓萌
国际关系专业：杜君君、米雪、王第、姚威
行政管理专业：董洁、傅开、韩莹钰、和慧英、胡德畅、马一丹、敏筱臣、王晶、王志睿、肖青娣、杨真一、张璐、张婷、张熙莉、郑蕾、周宇
技术经济及管理专业：胡玲、颜鹇瑶、杨晓营、弋生辉、赵耀荣
教育经济与管理专业：丹永飞、何光远、李姝洁、马晓莉、双瑞、王卓煊
旅游管理专业：陈鲁闽、马越萱、宋世通、徐景芳、RADNIYOM MISS DOEANRAT、KATSURA MIKA、MYA YE PHYO
企业管理专业：胡熠、寇志斌、刘宁、陕思婕、王如如、杨保云、黄山、李键明、BATMUNKH OTGONTSETSEG、NGUYEN THI CAM LINH
社会保障专业：胡月、李晓云、刘亚江、徐冬
中外政治制度专业：贾媛芳、李春磊、李佳鹏、梁书慧
工商管理专业：赵越、刘涵、陈文哲、孟杨、闫德庆、郭宇、徐悦婷、唐欢欢、朱坤玉、周艾平、何睦、沙俊男、李世杰、王正、杨尊尊、杨嘉怡、周薇、李

雅平、刘小君、于晓媛、安真真、白莹、陈香润、金肖凌、李奇男、刘文、陆平、苏尝根、于航、张平

公共管理专业：王飞、张清华、陈博涵、李鑫、穆旭静、高坤、胡欣宇、李华辰、胡雪、宋亚娟、尉雁东、史景慧、王梦、史欣欣、吕媛媛、万博、陈洁、陈政、丁倩、杜宜迟、高然、郭文瑜、贾红玫、李博、林永贺、柳博元、莫鑫、倪晓平、杨国苹、袁媛、孙昂、张媛、郝文雍、孙永明、武春放、贾佳辖

国际教育学院

汉语国际教育专业：冯逸群、陈永吉、张警震、马玉佩、张醒、池晓兰、张建丹、石晓瑀、孙琦、薛红亮、谢可心、吴茜青、李珊珊、张思琦、李梦霞、邢子云、胡一帆、窦鑫、张慧超、彭倩、周玉婷、刘影、陈良飞、李隽、李天池、毕琳雯婷、王一凡、王清、王英心、吴金金、宗翊萱、吕哲、田甄楚、景宇琦、李川、刘文艺、刘美伯、李欣、陈明丽、崔婷、崔毓铮、冯紫盈、回瑞璇、纪子瑶、李诺恩、李阳、麻佳妤、王贝贝、王黎明、闫琪、印盼、赵炳国、赵川、钟巧玲、周若熙、NGUYEN THI AI QUYNH、KRAILERT MISS BENJAMAS、SURAWET MISS NATTAPORN、YERALIYEVA DALEL、HTWE HTWE KYI、JA DOI

哈萨克语言文学系

中国少数民族语言文学专业：肯巴提·努尔兰别克、迪丽努尔·贝坎、迪娜拉·克孜尔哈力、江力汗·金恩斯、利娜·哈吉木拉提、马合巴丽·沙吾列别克、玛依努尔·包达西、乌木尔江·赛山湖力、吾兰·吐尔汗

教育学院

中国少数民族艺术专业：安达、刘菁、沙吗阿玑嫫、田槟琪、黄彦熙子、李艺、鲍雅丽、张照明

课程与教学论专业：刘笑辰、蒋亚君、李亚龙、路明洁、邵雪威、王从从、ALLANOV JAKHONGIR

民族教育学专业：郭永宏、刘悠然、龙思彤、魏舒欣、仲丹丹

比较教育学专业：蔡丽娜、程冬冬、梁艳、毛冰雪、朴妍香

高等教育学专业：丁苗苗、刘文波、马荣玉、乔尚、索迪

教育学原理专业：蔡星星、何欣欣、刘璐、刘前莉、于洋

学科教学（音乐）专业：韩涛、钱江婧玥、舒乐、尚明悦、王思雨、刘洋、苏春淼、任帅达、崔文杰、胡菁智、李灿灿

学科教学（语文）专业：吴冬梅、马慧慧、许靓雯、孙燕、努尔达娜·哈番、胡梅、贺笑楠、刘芳、高静、陈佳颖、刘亦恒、杜丽娟、刘兆丹、陈偏、伍诗韵、巩爽、张景晨、刘晓云、闫雅茹、翟月、王悦、高琳琳、陈亚萌、王元元、王馨、闫晓琦、王静、吕燕、张跃、焦婵、孙新宇、王璐、段阳、刘子颖、杨晓倩、廖观阳、王乐、黄海伦、杨舒颖、连晓冉、杨哲、柳梦婕、段月芬、杨希子、宋群、李钦芳、刘闰双、肖艳艳、王晖蓉、常烨倩、马琳、宋征莉、孙佳琪、石锐、高庆歌、汪君怡

经济学院

中国少数民族经济专业：阿里米热·阿里木、阿斯娜、查帅、李明轩、马乐、任天松、谢爽秋、杨崇婷、杨思明、江蓝、艾丽雅、戴雨航、黄旻歆、李思捷、李响、罗红艳、马麟、马晓旭、唐思蓉、

谢楚楚、易阳、张正
财政学专业：陈茜、贾路路、王晓龙、文飘、徐峻、张琪、周娱、侯雪莹
国际贸易学专业：郭甄薇、虎恩鹏、林雪、田秀娜、肖婉秋、张天翼
金融学专业：陈希婕、丁奇生、葛宇航、贾博洋、王德曜、张映智、张震、李佳珉
区域经济学专业：李昌龙、李旭光、秦聪、王时延、张雪晴、喻芬芬
人口、资源与环境经济学：毕京津、聂玮莹、任娟成、宋健、王佳玮、郑凯迪、梁宇程
西方经济学专业：赖甜、李茂生、刘思超、王婷、杨博宇、杨晨旭
政治经济学专业：郭伟栋、侯张喆、吴欢、杨辛泰、邹雪开、危洁
国际贸易学：KODIROV FARRUKHJON、KHALMUKHAMEDOVA NARGIZA、SUPAPUENG MISS CHUTHAMAS、YESSENTURKYZY KURALAY、TRUONG THI HUYEN TRANG、JETTANADEE MISS JINTANA、VILASTHIP MISS MONTIPA、TIANTHONG MR. CHAYAPA、ABILOVA ARAILYM

理学院

数学专业：满丙其、白昕、单美玲、高燕良、兰凤琴、郎甲机、刘洪琛、张森、AUKEN LINA
统计学专业：简小琴、雷蕾、刘远、纳涵颖、苏清秀、徐凡启、杨旭丹、赵宇
学科教学（物理）专业：阿西伍惹、张文皓、张焕笛、黄琭琰、杨雅歆、毕温冉、武志伟、韩丹、任静、贺安祁、安军、李玉香、杨悦、胡禔臻、安蓉
学科教学（数学）专业：崔丽波、彭瑶瑶、李明鑫、吴梦菲、姚宏一、李静静、桑比东周、刘红、杜丹阳、孙晓宁、田艳、张佳、裴晓增、翟洁、丁彦隽、梅树茂、张璐璐、刘占全、王玥、卢雅泽、任夫浩、王悦华、王慧聪
光学工程专业：曾冬、李金亮、刘幸、赵振宇、覃静蕾、郭红梅、赵武星、李挺、姚佩池、张晓谕、李成、叶盛、付数艺、汪硕、韩洪松、屈庆山、张晨、华四伟、曹阳、张成、焦晓妍

历史文化学院

中国近现代史专业：阳序言、马超、向禹、白云、白霞、张沫、陈培城、李学斌、刘怡琛、王秀梅、许颖轩、杨文宇、张帅
中国少数民族史专业：杨菊丽、尤瑞、王淋、呼和、黎艳、荣加林、许月、赵志鹏
历史地理学专业：洪安娜、刘泽、朱国兵
历史文献学专业：柴瑞、封渊、朱巧钰
中国古代史专业：常心月、陈红静、孔研丹、李永超、刘良亮、任阳、杨子琦
专门史专业：戴伊迪、任知奇、王昊、王明倩、王琪、智梅娟
世界史专业：白明宇、蔡晨、刘路迎、徐添、杨哲明、赵团团

马克思主义学院

马克思主义理论专业：蔡瑜、方贝贝、李凯、刘慧、刘婧、刘晓曼、吕瑶、王秀娟、肖平、谢文山、杨扬、张鹏利、张艳飞、周金凤

美术学院

美术学专业：王泳力、韩璐、李子昂、刘佳、王苗苗、许超、张月娇
美术专业：刘鹏辉、柳子凤、马丽、王康、王梓燕、韦金料、吴家玮、徐道宽、张轩、郑彬倩

蒙古语言文学系

中国少数民族语言文学专业：格格、达

格尼、阿古达木、敖敦格日乐、包双双、韩迎秋、沙出日拉、石小红、王玉红、乌日汗

民族学与社会学学院

民族学专业：布琼、才丹华姆、格桑翁姆、吉晶晶、卢德玉、罗燕、马佳圆、满都拉、曲别军林、谢广显、袁娅琴、邱玲、吴彪、王博力涛、格日勒太、梁艳艳、陈佳敏、陈婷婷、崔景丽、丹珍央金、邓锦莹、丁旭、冯幸、高婉婷、李旭东、刘畅、刘春草、刘军、罗静萍、麦合布拜木·买买提江、宋艳丽、苏文慧、孙睿婷、孙晓晨、王文爽、杨晓天、鱼耀、张梦妍、朱思敏、刘润蛟、孟振、王雪、KOSHIDA KANAKO、ASSYL BALGYN

考古学专业：胡宇煊、陈峰、陈丽丽、李丽、梁丹、刘泽林、汪晴川、武丹阳、耶文静、张建妍、周磊、周敏

人类学专业：林荟、白雪微、叶思太·卡得尔汗、陈颖雷、郭呈如、李有静、罗木散、马宇潇、欧阳广敏、沈燕、王效乾、吴姗姗、周如郡、林思颖、毛筱倩、王敏澄、吴越、许肖静、姚畅、庄昳泱、PUREVSUREN ALTANGEREL

马克思主义民族理论与政策专业：乔峙鹏、白文汇

社会学专业：卜娜娜、陈婉玲、杜鹃、龚晓艳、何健、候小敏、李楚妍、刘文博、刘洋、马林刚、宁雨露、滕鸿飞、汪虎、王明会、王书洁、闫文曦、余丹、张丹阳、陈泠伊、王文奕、颜修贵

民俗学专业：徐睿凝、杨慧红、姚昶宇、张雯佳

马克思主义民族理论与政策专业：曾明志、杜梦云、耿妍、郭紫宇、黄筱阡、姜贞贞、李安然、梁越、刘凤丽、邱悠悠

民族政治学专业：巴春阳、崔舒怡、何志锋、李连桥、刘琼芳、张艳娇

社会工作专业：龙群美、田丰、苏大慢、刘馨彤、杨姮、杨桢、安智龙、吴娴、李燕、谭笑、于涛、王志平、方洁、刘阳、胥璇、杨洋、李云亮、周圆、赵慧洁、孙庆冉、黄灿灿、宁安吉、王璐、李大为、杜宇、俞宗菲、吴强、李灵春、李雪梅、于小寒、任艾琳、周丽肖、郑越、朱登艳、靳苗、白叶、赵佳丽、刘梦圆、罗京、谭广宁

文物与博物馆专业：杨筑、冯洁、孙安疆、仁增白姆、陆佳伶、古丽娜·阿不都热依木、孟冲、付丽、哈少川、孟紫薇、赵婷婷、郑舒丹、管佳宁、王浩祯、顾旭垚、王姝雨、张少迪、蔡琳雅、郝洪熠、丁伊璇、纪雅雯、王钰、界东蕾、李冠、林德祺、何佳昕、单影、邢育浩、谭亚慧、莫明园、李婷、赵坤、王丹、杨江丽、吕柳峰、王宜若、韩凤君、纪凯萍、崔校、朱莹、赵进平、王程、王瑞丽、陈迪、TRAN HUU HOA

少数民族语言文学系

语言学及应用语言学专业：安冉欣、程兰清、王封霞、庞欣、杨晓平、高菲、陈秋蓉、侯俊冉、李笑笑、卢晓琳、孙少波、王方、张茜茜、张双、朱瑞、韦懿宸、WIRIYAKRAIKUL MISS PATTARAPORN、SOMBOONLERTSIRI MISS KAMPEEPUN、DANG THAO MY、NGUYEN THI MINH NGUYET

中国少数民族语言文学专业：赵勇、杨云、杨正辉、阿木子达、张磊、常楠、和梦佳、姜亚飞、马玉琴、门议炜、乔亚楠、王蓉、徐婧怡、杨银梅、郑家齐

比较文学与世界文学专业：张煜婷、刘宁、刘杨、王天然

中国古典文献学专业：文智、李荣荣、刘少华、赵洁洁

生命与环境科学学院

植物生态学专业：石梅莉、张贝西

动物学专业：程红、高丽君、刘妮妮、俞云

环境工程专业：包芮于、陈晓雨婧、符瑜、林沐、王可、杨婷婷、金庆豪

环境科学专业：冯堃、胡煜、李珺琪、梁飘飘、刘东阳、姚妮均、郑艳侠

景观生态学专业：马志杰、崔楠、黄超、王庆慧、杨兴媛、余乐霞

生物化学与分子生物学专业：冯婉倩、何秉淑、贾甜甜、马丹丹、马鹏举、唐帅、王坤

生物物理学专业：尚晓娟、张倩

植物生态学专业：单凌飞、兰玉婷、刘思朝、秦昭、孙佳庆、万英洁、王明

植物学专业：郝娜、刘爱静

体育学院

学科教学（体育）专业：哈杨、卢英、刘晓男、王明、孙佳琼、赵舒婉、高吭、范超、白俊、

王伟、孙誉洋、刘尊思、张旭红

外国语学院

语言学及应用语言学专业：马小燕、桂镜月、拉毛卓玛

比较文学与世界文学专业：江静、刘祥祥、田甜、王梓、王斯琪

语言学及应用语言学专业：高晶晶、牛幸佳、田文可、雅茹、黄青、刘小娟、王敏洁、谷呈雨、全明月、王纯、何其凡、张晨潇、孙津宁

学科教学（英语）专业：姜沛宇、石天乐、王雪薇、徐丹、陈文文、姜华、泽旺卓嘎、王荣华、何桃兰、梁艳、方运涵、郝俊叶、李心悦、董爱婷、满运欣

维吾尔语言文学系

中国少数民族语言文学专业：阿丽耶·如苏力、阿布都热哈曼·木拉洪、迪丽拜尔·艾依提、地丽拜尔·买买提明、伊卜拉伊木·马木提、帕提古丽·麦提图尔荪、麦日耶木·阿布都克尤木、阿卜拉江·玉苏普、艾可拜尔·阿不都热依木、布沙热木·喀哈尔、李雪、麦尔瓦依提罕·麦麦提阿卜杜拉、乔伟、赛尔达尔·吾麦尔、童僮、吐拉尼克孜·吾斯曼、王雪纯、闫姿含、祖丽皮耶·图尔荪

文学与新闻传播学院

汉语言文字学专业：韩月、董璐、王辛未、谢梦雅、赵辉、王倩惟、HUYNH, DUC DU、GANTUMUR BUDJARGAL、THONGTHIP MISS NAMTHIP

新闻学专业：田璐嘉、周瑞、殷东贵、成若飞、边庆瑜、段硕、郜亚章、李佳珊、李沁、刘钰水、孙噐闻、张洁琼、张昀竹、张琦

传播学专业：马巧耕、陈锦超、陈晨、冯琳、郭雅倩、解子豪、刘伊丽琪、唐延杰、张雪、赵欣莹、左玉钰、NGUYEN DUONG NAM

中国现当代文学专业：柯立松、肖炜、陈丹文、阚平、马凤、苏晗、王宁、王莘乔

文艺学专业：白玉、李焕然、云旻昱

中国古代文学专业：辜超敏、刘亚宁、吴纯燕、徐志鹏、杨倩影

新闻与传播专业：夏峰、周士超、李唯倩、杨卓琼、胡蓝月、李晓斐、张嘉悦、高轶楠、曹丹宁、刘柳、郭端砚、刘力兴、李真甜、孙杰、邓楚蓉、王洪娇、张友全、张啸、陈盼盼、黄子航、王新月、施蓉君、杨逸凡、李想、付同乐、项威、高寅菲、张青、张波、郭夏、刘培辛、张绮蝶、任

宇坤、张子晴、王艺、普晶、赵光辉

舞蹈学院

舞蹈学专业：陈韵、刘璟璇、张姗、褚红、安萍、樊敬岩、杨思诗、张宇星、卓龙、TRAN DINH HOANG

舞蹈专业：向清、陈佳欣、陈雪寒、丁宁、范月涵、丰丹阳、韩邱子瑶、李帆、李欣亭、刘一凡、苗苗、倪楚楚、彭天慧、孙婷、武宁、张琦千纯、周莹

信息工程学院

软件工程专业：周川畅、李英豪、王涛、王星星、薛丽苗、姚海申、余佳、

计算机科学与技术专业：常朝霞、冯小兰、李钦钦、刘雷、刘文强、路遥、夏春磊、夏天赐、郑男

现代教育技术专业：王松、唐野野、柯丹、杨瑞青、余亮亮、李清宇、邓凤明、李浩、郑超亚、徐佩瑶、陈露敏、王颖、雷锹、李凡、吴婷、张秀、李慧、笪诗颖、王瑞、王羽、张聪聪、裴欢欢

药学院

民族医学（含：藏医学、蒙医学等）专业：牟菲、李金诚、刘辰、程哲康、邓冉、杜丽洁、付骞卉、何娜、蔺曼、马君、秦越、万思琦、王嫚、王松月、谢丹、赵奇慧

音乐学院

音乐学专业：向思宇、阿莉曼、鲁彪、王帅、付麒睿、宋紫婷、王馨羚、吴丹、吴润阿慧、蒲一赞

音乐专业：张康祥、卓娜、宋瑞婷、何敏、方珂卿、洪毅雯、孔晖、李珂然、李卓娅、刘宇杰、

蒲上赢、王秋琳、王璇、向旻琦、张博雅、张木子、张心、赵晋宇、赵梓月、周文涛

哲学与宗教学学院

中国哲学专业：林文凯、刘京承

马克思主义哲学专业：李洁、佐拉

外国哲学专业：包米玉、丁小凤

外国哲学专业：李宗峻、严朔

中国哲学专业：郭雨莹、李衣芗、李瑜、田雯、杨楠、赵哲轩

宗教学专业：艾曼·艾山江、李志花、刘铭、麦日排提·麦合木提、谭泽民、杨青松

2019 年成人高等学历教育本科生统计表

专业名称	在校生数（人）					
	合计	一年级	二年级	三年级	四年级	五年级
成人本科生	1945	705	764	113	113	250
函授本科	86	63	23	0	0	0
专科起点本科	86	63	23	0	0	0
行政管理	1	1	0	0	0	0
人力资源管理	7	5	2	0	0	0
会计学	0	0	0	0	0	0
金融学	7	3	4	0	0	0
教育学	10	3	7	0	0	0
法学	61	51	10	0	0	0
业余本科	1859	642	741	113	113	250
高中起点本科	783	160	147	113	113	250
行政管理	30	0	0	0	14	16
会计学	41	0	0	0	0	41
人力资源管理	250	62	57	51	32	48
音乐学	119	15	24	28	27	25
工商管理	181	65	51	34	0	31
英语	16	0	0	0	16	0
艺术教育	40	0	0	0	0	40
市场营销	73	0	0	0	24	49
舞蹈表演	33	18	15	0	0	0
专科起点本科	1076	482	594	0	0	0
行政管理	38	18	20	0	0	0
工商管理	127	59	68	0	0	0
音乐学	44	33	11	0	0	0
人力资源管理	232	54	178	0	0	0
会计学	137	55	82	0	0	0
摄影	0	0	0	0	0	0
舞蹈编导	13	9	4	0	0	0

续表

专业名称	在校生数（人）					
	合计	一年级	二年级	三年级	四年级	五年级
视觉传达设计	80	43	37	0	0	0
市场营销	58	30	28	0	0	0
艺术设计学	51	26	25	0	0	0
心理学	0	0	0	0	0	0
英语	0	0	0	0	0	0
新闻学	70	34	36	0	0	0
教育学	136	98	38	0	0	0
学前教育	47	0	47	0	0	0
金融学	43	23	20	0	0	0

2019 年成人高等学历教育专科生统计表

专业名称	在校生数（人）			预计毕业生数（人）
	合计	一年级	二年级	
成人专科生	1680	791	889	889
函授专科	2	0	2	2
高中起点专科	2	0	2	2
法律事务	2	0	2	2
会计	0	0	0	0
业余专科	1678	791	887	887
高中起点专科	1678	791	887	887
工商企业管理	0	0	0	0
市场营销	0	0	0	0
航空运输类专业	0	0	0	0
会计	0	0	0	0
金融类专业	0	0	0	0
舞蹈表演	34	22	12	12
空中乘务	1294	620	674	674
广播影视类专业	45	31	14	14
戏剧影视表演	6	6	0	0

续表

专业名称	在校生数（人）			预计毕业生数（人）
	合计	一年级	二年级	
人力资源管理	222	108	114	114
教育类专业	0	0	0	0
学前教育	63	0	63	63
音乐表演	14	4	10	10

2019 年培训班统计表

序号	班名	对象	人数（人）
1	福建宁德蕉城区宣传及意识形态工作优秀干部综合素能（海南）	党政干部	57
2	乌鲁木齐市委统战部 2019 年驻村管寺干部培训班	宗教人士	50
3	香格里拉市税务系统干部综合素能提升培训班	党政干部	51
4	楚雄州税务系统纪检监察业务能力提升培训班	党政干部	50
5	全国维吾尔语汉语双语法官培训班（第五期）	专业技术人员	30
6	黔西南试验区新时代民族宗教工作理论提升班	党政干部	50
7	第二期香格里拉税务局干部培训班	党政干部	53
8	广西东兴经济开发区领导和干部能力提升班	党政干部	100
9	福建省莆田市政协干部培训班	党政干部	91
10	2019 年中共海南省陵水黎族自治县统战干部培训班	党政干部	51
11	“凯商会”第八期高端培训班	党政干部	40
12	2019 年宁夏民族宗教系统及民委委员单位干部学习习近平总书记关于民族宗教工作重要论述专题研讨班	党政干部	56
13	迪庆丽江税务局纪检监察干部素质能力提升培训班	党政干部	50
14	重庆大渡口区委统战部民族宗教干部培训班	党政干部	50
15	内蒙古财经大学民族教育管理及蒙古语汉语双语师资培训班	专业技术人员	46
16	重庆彭水县管正职（文旅融合）培训班	党政干部	58
17	深度贫困地区乡村教师教学技能提升计划——2019 第二期集中培训音乐班	专业技术人员	46
18	广西东兴经济开发区管理干部培训班	党政干部	100

续表

序号	班名	对象	人数（人）
19	吴忠市“落实民族宗教政策，推进民族团结宗教和顺“专题培训班	党政干部	50
20	中共陵水党委宣传部宣传干部“不忘初心，牢记使命”主题教育培训班（送教）	党政干部	800
21	网络微电影导演培训班	专业技术人员	49
22	第 12 期全国民族语文翻译工作业务骨干高级研修班	党政干部	66
23	北京市文物局系统中青年干部培训班	党政干部	71
24	乌鲁木齐驻村管寺干部培训班（送教）	宗教人士	500
25	国家税务总局北京市丰台区税务局税务所干部培训班（第一期）	党政干部	100
26	四川省巴中市人力资源社会保障局专业技术人才研修培训班（第二期）	专业技术人员	31
27	国家税务总局北京市丰台区税务局税务所干部培训班（第二期）	党政干部	100
28	国家税务总局北京市丰台区税务局税务所干部培训班（第三期）	党政干部	118
29	十九届四中全会精神解读研讨班	党政干部	173
30	沈阳市委党校培训班	党政干部	80
31	广西东兴经济开发区管理干部培训班	党政干部	100
32	青海省藏传佛教代表人士培训班暨民族团结专题研修班	宗教人士	80
33	2019 年首都博物馆新入职人员培训班	宗教人士	47
34	河北省人大民侨外系统干部能力提升暨民族自治县立法培训班	党政干部	85
35	第一期工信部电子商务师（初级）培训班	专业技术人员	37
36	第二期工信部电子商务师（初级）培训班	专业技术人员	300

2019 年成人高等学历教育毕业生名单

（1928 人）

一、本科

市场营销专业

卞岛、李平平、陈雷、龚婷、周迪、王海涛、常春雪、李冰、陈天怡、马榕、赵红艳、林先勇、王玉环、杨姗姗、王伊、耿力佳、陈金玉、杜丽娟、刘利晶、古丽拜克热木·吾甫尔、王江、刘希、赵彬、娄树燕、候婷婷

会计学专业

刘静、夏恒岐、高洪梅、刘蕊、卓雅真、陈晨、丁祎、刘静、单安静、王露露、张佳佳、孔凤娇、杨文解、吴翠华、孙秀娟、申晶晶、梅杨、吕春燕、邸红、杨小利、崔光磊、曹亚敏、刘春丽、陈彦、周秀丽、段东超、吴迪、朱晓影、程夏、郝瑞格、宋爱彬、王振令、杜华、白玉玲、尹艳英、李佳星

工商管理专业

张如月、马晓龙、张锋、洪伟、张昕、朱小雨、张姗、孔榕琳、俞倩、谭凯、陈美娟、鲁士亮、赵欣欣、刘冰、宋智群、陈二岗、霍岩岩、王叶朝、谢盼盼、王春磊、姜媛媛、李建新、余海洋、申阳、王卿、李伟姣、高云、李海波、闫婕、贺翠芳、李伟

艺术教育专业

周婷、涂佳钰、王洋、马利、陈慎开、魏杰、寇雯、黄伊宁、李曼、马玥、王安同、党静楠、张雨彤、李明鹤、于潇、张锦云、徐雪静、刘朝万、刘然、王京楠、陈爽、刘雨佳、张彩云、孙彩凤、李永坤、王影、刘超、赵俊、韩欢、韩乐、芦达、张寅梦

行政管理专业

高杰、刘明晓、胡甜妹、刘志辉、雷舒雅、陈爽、李巍巍、汤晓琴、卜彦珍、高磊、唐瞻涛、赵灿、张朋朋、石慧、魏玮、薛克轩、顾艳阳、吕永梅、高雪敬、贾建丛

人力资源管理专业

亢文翩、杨秋霞、王欢、刘军、王超、白玥、刘凯、艾溪、倪文娟、朱文文、李欢欢、杨伟立、陈杰、茹雅琪、汪文慧、安立新、付颖、邓凌东、杨丽娜、付春娜、于海容、张盼、王莹、王丛聪、田德翠、范加锋、赵恺、冀毫、李雪、裴进进、刘雪、陈秀丽、郭敏、刘璇、郭滕、华萍、魏志琪、苗孟飞、张莉、胡蓉、张向洁、袁宝嘉

音乐学专业

罗诗婷、冯尚丽、陈妍燕、陈佳薇、张妙思、秦颢玮、邵孟泽、周礼江、于泽化、李政伟、沈芳宇、巴音保力稿、黄伊伊、唐林、张敏、姜星宇、张雯嘉、张哲瑜、孔利男、刘志敏、火红霞、陆茜茜、王玉萍、李昉、穆丽红、张继艳、夏谢莲、马腾、孟凡晓、寇娟、杨东梅

英语专业

郭姬丹、程可盈、钟飞燕、王娜娜、周杰、贾会粉、陈雪、孙德祥、宋丹、吴

呈凤、聂金梅、李春霞、曹展、关振超、刘微、杨佳、刘梦雪、张丽娟、郝晓娜、张坤银、姜斌、商亚静、王小珍、郭华

二、专升本

行政管理专业

徐彩璐、余慧颖、祝悦、黄颖、谢爽、林思彤、逄来、张欣、孙安杰、李净、王露露、王胜

会计学专业

郭晓蕾、张邦伟、王娇娇、刁玲雪、郝奇、邓宗艳、张亚平、张爱平、侯宁娟、张莉、周爽、唐莎、吴小芳、郑微、张文君、任媛、田梦、陈冠桦、金香玉、张静、孙文丽、李云斌、陈海涛、谭大明、张萌、姚林林、姚玉秀、盖丽华、郭祎然、张苏平、高海悦、刘秩、李雅媛、吴泳辰、徐凤、陆特丹、刘艳琦、苗地、施佳星、万颖、张建、刘岩、李乐园、姜巍巍、曹潇凯、薛珊珊、张艳、赵玉乔、祁立春、高然、李华、于艳北、李秋爽、杨晨、高丽丽、屈笑、季然、王胜娇、张丽洁、郭佳新、彭涛、吴楠、土丹、李巍、王艳、项明雪、张立新、吴春慧、胡志翔、顾娟娟、邵粉粉、钟慧、蒋丽、许晓帆

法学专业

买买提·依明、艾力哈木·吐尔逊、董雪亮、米文龙、杜永旭、何欣璇、王喆、周霜、高建建、莫丽华、崔甜甜、周圆、李晓兰、董晓阳、皮尔多斯·库尔班江、王庆华、张尚霞、孙帷、张丽蓉、万阳、钟世新、艾尔帆·艾依提、张珍珍、康慈善、王艳艳、周超、李丹丹、刘浪、曹静、赵生奎、刘少峰、孙李杰、陈谱、纪明明、高春林、阿布都拉·吐尔迪、库尔班·马木提、吐尔洪·依米尔、玉散·麦合麦提、叶尔夏提·热扎克、努尔买买提·买买提吐地、艾合买提·吐尔松、艾麦尔江·艾麦提、阿力木江·艾则孜、艾尔肯·艾则孜、阿布力克木·阿合尼牙孜、艾合买提·买提吐尔地、阿依先木·尕依提、艾孜麦提·默罕默德、玉苏甫江·木台力甫、热合曼·克热木、古丽米热·买买提、穆太力普·买买提、亚森·沙吾提、艾力·卡斯木、依斯拉皮力·阿布拉、吾斯曼·沙吾提、吾布力卡斯木·艾合买提、艾克拜·艾拜都拉、叶里夏提·吾斯曼江、衣热夏提·阿不来提、成聪聪、宋佳林、郝晶晶、曹晨阳、娜仁高娃、刘喜庭

摄影专业

李佩冉、蒋雪、蒋国清、张慧娜、冯博、王刚、魏昊辰、孙征、刘之光、杨竞、韩雪、薛小珍、白家鹏、周静、刘舒阳、李信、高格、詹远、蒋东、李晓飞、王珂、宋子川、侯李芳、汪开俊、董敏、汪婉娟、姜平宇、刘昶宇、王景义、姚辰、刘晓红、郑文利、张伟光

教育学专业

田文亚、李淑华、丛佳莹、王宾、张雨潇、张亚玲、闫芳、康潘、付立欣、仇斌、徐硕安、王菲菲、吴芳、尚园、崔雅、杜倩、王子龙、付蒙丽、段晓宇、段苏娜、周立超、李肖玲、沈丽萍、段妍鹏、周一帆、鲁冉

人力资源管理专业

张超、袁小芳、徐子依、马红丽、吴娜娜、贾培、郑保凤、于成、张莉娜、王实凡、高硕、刘梦凯、孟思、高珊、李静、王永辉、陈一玮、陈媛、李博、屠乐松、马建一、杨艳、门博、孙薇、石雪、管晓宁、马秀秀、孟繁凡、郭曼、董伊凡、贾立蕊、抗永霞、李琦、李彦

霖、周玉剑、曲磊、李超月、白爽、吴思凡、刘经纬、王杨、马可欣、马洁、英超、褚珊珊、王云、张慧、王懿鸥、赵宇、魏飒、许影、胡斌、陈智、王恒、张凯明、秦凯凯、王盼、关飞、王圆圆、郝东磊、杨庆娟、郝凯、王维、甄毅、崔伟、刘玉莹、李腾、林艳平、刘妍、刘杨、代鹏、郝云琳、刘春苗、刘达、王亚楠、才畅、屈磊、李雅贤、段德顺、刘海萌、韩凡凯、马旭萌、邢洪宇、梁猛、赵继萍、张蝶、王伶伶、李响、张爽、张丽莉、代晓振、郭凡、李军军、何佳、侯俊有、曹帅、月东、贾可心、杨晶、马艳杰、赵庆勇、岳欣、高海凤、白瑞云、李河涛、关佳利、赵坤、金静、崔玉江、禹林妹、禹春妹、沈红梅、张红、常磊、李文武、高鹏、刘杨、辛杨、李晓丹、张立平、奚海洋、曹泽韩、王彬、王沙沙、薛桂茹、宋红艳、杨利、宋雪娇、皮红梅、李丽容、解颖、陈旭、高杰、史家峰、李湘、朱微微、冯小嘉、赵娜、武乐

音乐学专业

娜仁卓丹、马敏、安颖、肖晓、徐晨、徐向官、于小萱、泽让娜姆、陈晓怡、徐庭壮、杨强、刘杨、迟美琪、宋佳、刘志祥、张晓蕾、邢金泽、刘京桉、琚燕翔、丁梦媛、郭爱花、王栋、康向文、张金艳

舞蹈编导专业

操俊杰、胡志云、郑诚哲

英语专业

王媛、张馨予、谢相相、刘秀、黄秀丽、李梦、高新、刘玉洁、达戈准、刘旋、牛琨、隋芳茹、高红

金融学专业

张梦妮、耿昕、张国帅、黄硕、赵芷馨、冯珊、徐博涛、李元孟、姚春欣、王丹丹、韩竹雯、付嫣然、张坤、张晓滢、陈晓、许钦红、孔玥

市场营销专业

栾钰、关有海、苗文真、张兰允、计明阳、郭佳琪、孙颖、刘征、徐孟竹、刘烨彤、常啊涛、陈骁翔、王利芹、刘蕊、焦旭东、魏学军

心理学专业

李晓琳、孔然、孟博君、王飞洋、甄菲菲、李秋成、邢建楠、徐炜洪、谢璟瑜、杨潇、王琳琳、刘洪珍、彩争、张帅、傅莉莉、王伊、苑译文、张宜菁、王世嘉、刘晓娜、张洪彬、马静莹、张馨元、李龙、张芳、黄婉秋、宋铱恬、燕美珍、冯志丹、王丽丽、李思绮、张爱琳

工商管理专业

张凤艳、魏臣、王爽、吴玲玲、杨丽、马旭东、任相明、谭科宇、郑李红、梁敏瑞、姜宁、林青塬、鹿晶、贾文、石思锐

新闻学专业

龙硕、隋钰博、杨润琪、宛月、吕凤麟、李菲、黄兴、穆鹏、贺智慧、卢巫芝、马国岳、刘北峰、陈冬梅、徐畅、李倩、宋远赟、陈佳奇、米凡凡、陈蓓

艺术设计专业

王慧、孙春播、温海珍、徐志翔、刘洁、陈姊璇、史可欣、杜辉、刘妍、李小燕、石向楠、黄栋、彭艳、王雪、付琳琳、安健夫、刘军、童萌、王猛、俞翰东、李聪聪、孙则浩、范娜、王师、薛艳艳、刘辉、康宏稷、杨博、柏学文、田可欣、王昊、葛昊宇、王阿丽、扈小兵、刘淑燕、郑寅初

学前教育专业

李丹、李佳、包燕、赵明慧、马淑贞、

王静雅、陈可歆、刘婷、张唯、松楠、梁鸽、王彦博、朱芷乐、沈静、夏田悦、李蕾、尹文、刘兰兰、许迪、张子谊、梁广兰、降方琳、李钰、陈爽、赵倩、何佳、赵蕾、王硕、刘小双、于丽媛、王玲、梁梦、周佳、牛晓凯、邵帅、吴小杉、梁宇、孙梦晗、马思佳、刘璐颖、杨迪、王鑫、梁佳、崔雨竹、王赛、王雪圆、王丛、孙阳、王梦迪、赵骞禹、蔡雅倩、韩艺、周健、王晶、刘佳音、张泽毓、金婷婷、李迎晨、孙秀明、陈敏敏、李蕊、孟玲玲、陶雨瞳、白笑影、王丽、袁江鸿、李佳、岳晓丹、韩琪、刘思琦、张转、王伊、刘宇佳、仰思旭、王璐

市场营销专业

苏金金、李博超

三、专科

航空服务专业

张双立、李峰、王露露、卜玉宁、梁凯悦、朱丹琪、管亚楠、郦湘芸、周美芳、刘文婷、陈璐、金炳瑜、孙小岗、王栋尧、马海铭、肖健昌、王文君、潘琦、霍丽娜、杨维山、朱炳达、赵壮、吴昊翰、徐大龙、李振、刘文铠、马彦鹏、郭子尧、梁栋、徐向楠、赵海翔、摆成新、丁宇雯、于欣禾、朱树旭、李文雯、张铭玉、张亚洁、王嘉欣、马天宝、穆颖、才子怡、陈振兴、李蓉蓉、侯生博、李轩、马心千、何世伟、张晶晶、陈贺伟、张渝、王暖、李婧阁、徐婷婷、郝彦、刘佳敏、张一同、马林坪、张艳慧、蒋壮壮、张政、高雯骏、邵帅、房姝言、王诗淇、聂雅鸿、王心如、盛嘉智、胡懿桐、周诗翔、崔金玉、蔡晶晶、张荣强、周彦希、张隽赫、王清奕、李豪威、孙健雄、吴逊梅、张香林、宗雨霏、廖权、郭勇、李洋洋、刘欣、徐傲淼、徐帆、牟泽熙、王馨雨、银杉、郭雄雄、陈劲宇、李伟达、李承泽、黎宇佳、苏鹏、杨旭婷、李雨思、王添花、范海青、邢全鸿、张新蕾、汤皓然、云莫宸、赵彩伊、马永琪、刘博洋、郭雅欣、韩帅、巩慧雯、程璐、姚叶茂、温小琴、任雨露、陈宇、史婉婷、姜灵玲、陈万州、黎瑞、张琦童、赵子瑶、张婧怡、李时光、阳冠华、王凯婷、于诗雨、李妍洁、韩玉洁、宦宏昊、宋可欣、曹佳慧、王秋茹、吴悦麒、高斌、戴雪儿、瞿勤芮、周茹、周昊明、王海涛、朱磊、齐晓旭、谭钿钿、张扬、林籽彤、温超颖、李文通、彭嗣龙、李博、刘照晖、刘苗苗、张淋淋、李建立、李彩华、裴钰博、蔡永彪、黄嘉鑫、赵炳程、范雅慧、陈俊吉、程文涛、唐红琳、杨子涵、徐成林、张润泽、黄乙雯、余京松、李浩宇、郝苗琴、张婉纺、赵婉伊、万志豪、潘琪、付裕、阚家豪、张惠茜、刘东明、王白露、党嘉欣、陈艳秋、汪柯、彭丽媛、陈达良、卿前彪、吕昊宁、臧旭凤、廖桓、蒋佳、李阳、贺志国、齐晓晨、王国鑫、程浩、盛登奎、亢帆帅、王欣、李倩、黄庆、海兆瑞、阮徐钦、姚知延、姜立坤、陈诗瑶、高旭、王戬、王倩、杨耀、梁仁碧、杨柳、戚盛文、乔雪芳、温家辉、王娅霖、张月、陶姬萍、王凯、王雪梅、姜珊、赵芳铭、王钰茹、边泓宇、张潇文、田影碟、李祥鑫、张振华、马超、郭昂、蒙媛媛、高皓、韩佳玲、张子平、杨万鑫、刘梦崎、郭南、万雨桐、徐文玉、冯江蓉、王建泽、严磊、赵兴强、白玥、段明洁、王鑫炎、刘宝、王惟琛、祁宇菡、高玉、张雅鑫、江海

洋、高慧、许紫琪、安腾森、赵旭、唐红霞、王沭骅、邵薇、刘爱颖、马星月、马丽娜、常心乐、胡贤尉、左殿成、刘佰英、马静文、王伟雄、王戌兰、吴思宇、苏雪冬、李建辉、王迪、吕文新、韩杨宇辉、张若峰、常新雨、赫成君、刘祖澳

空中乘务专业

曲弘宝、陈雨豪、李佳轩、李汶曼、高彦皓、彭楠琦、张馨尹、马紫薇、褚永祺、客凯鹏、钟鼎文、侯梓成马梦圆、冯丽丽、陶萱、海子健、李高锋、赵禹茜、马吉龙、崔可鹏、金锐、李雯婧、王新生、张文瑄、余朋耘、马巾栋、何新月、王铭辉、陈春云、黄玲玲、姜月、方赛寅、张倩、王丽、孟佳姝、韩筱、李宜诺、袁冉、张玲丽、吴亚婷、张倩倩、章璐妮、杨若程、汪歆哲、王琪、韩佳璐、宋媛妮、黎优、曾虎翼、周丽欣、李晓萌、施萍榕、王道滨、高英杰、黄鑫、鲁琼、苏鼎文、陈志坚、廖腾、田亚洲、刘荣辉、戴梓豪、王旭健、黄婷、谭晗、沈少强、刘英姿、刘嘉韵、文雅婷、宋丽婷、陈泽、许思思、余旗旗、胡绍靖、金朝阳、翁佳迪、杨慧铭、戴佳洋、张威丽、戴桑桑、龚佳乐、黎慕蓉、欧阳丹、张千一、陈诗雅、沈梦莎、杨瑞、周艺静、茅银枰、梅汇琳、李永欣、宋大潮、张耀天、王清蕴、陈龙、梁嘉欣、杜石康、庄丹妮、王凯、孙梦朵、余婉霞、金思含、李靓依、顾丽君、杨天淇、郭桂萍、曹欣怡、易鑫、陈铁钶、张彩仙、何婷、刘潇键、熊安娜、李诗琦、方美英、张迪、朱鸿波、魏子颜、侯清秀、袁雨晴、王涛、汪美琳、王姝、刘宗鑫、张梦瑶、崔同同、付金子、单皓月、焦中磊、马钰淋、尹国丞、李嘉惠、陈怡霖、邓婧雯、郭丁嘉、王亚勋、郭峻池、李德琳、薛美玲、杨晓焱、张敖宸、宫栋轩、孟浩雅、张宇、姚欣楠、史姿、安万焌、陈雨、杨震、张志凯、孙亚楠、刘嘉欣、刘嘉、刘彦佐、吴思萌、吴婉婉、武莹、程宇、李敖、崔祚荣、赵晓澜、袁圆、周映汝、刘荣俊、张龙龙、张灵昊、陈恩惠、李英、章婷婷、王莉、魏丽娜、柴科泽、赵文静、金瓯、姜圣暖、徐威立、黎惠明、庄莹莹、赵小雨、杨俊蓉、王云萍、王伟、叶群辉、洪小琳、毕馨睿、刘清燕、杜晓芳、马晨琳、郑思斯、何靖欣、史经玮、米翔、刘云超、蔡靖霖、李乐瑶、赵江澳、江峰、厉世超、余佳蓉、方清清、张嘉诚、柳佳妮、罗依格、张良硕、张茜、袁思利、许英姿、伊力凡·依比热依木、杨彬、薛欣慧、蒙政玮、许玉欣、刘金刚、陈嘉琳、黄馨漫、王旭、蒲彦君、马福轩、刘景晔、者楠、岳鑫薏、江珏环、苟艺瀚、潘昱辰、周文静、张亚军、王天宇、杜欣然、王丹妮、郑陶蓉、徐涵颖、富乃伦、杨小艳、周佳琦、张佳明、曹港澳、郭锐、邱筱茜、陈冰娜、卜诺、万思言、李玉泉、罗玉燕、宁思思、沈学英、李铭轩、李金芳、刘蒙婷、于骊麟、徐慧丽、蒋梦瑶、马婧赟、王佳钰、胡然、马驰骁、何静、陈嘉丽、庄树安、韩斯杰、林永锟、田雨泽、徐国文、孔广泽、曹荣芬、冯志伟、闫雪龙、叶绍泉、张雨晨、高鹏、党洁、杨逸雯、李杰涯、荣皓静、陈艺尹、江宇恒、许佳佳、戴璇、隆洋、阮佳玲、杨小曼、王婧、韩逍晓、何鑫、孙丽、袁新华、叶婷、胡琼黎、王姝瓔、周广苓、杨春春、陈霞、黎炉增、尹宇茜、余浩义、陈天齐、杨赛、孙柠、王

广青、胡阳、胡东、徐彤、杨玉瑛、李檽、王洁、朱凤、张博宇、张晴晴、邓颖潇、高诗、杨锦芳、郭辉、喻乾彧、时靖俞、谭盈、曲鑫威、邓珊、胡旭、王晓岚、李轩宇、李金航、邵珠嘉、胡靖、张琪伟、韩甲一、康馨元、刘文青、伍星宇、李天、彭梦晴、张雨淇、马铭瑞、叶淑敏、卢怡秀、鲁高男、伍淳瀚、杜沈阳、周影、刘瑾、金莹莹、陈佳欣、王君儒、严煌菲、楚皓文、荣皓洁、方晓倩、谢嘉毅、孙超渊、毛紫琪、王琪、傅子珏、刘静、肖佳豪、李道意、杨晴、蔡丽娜、尚龙飞、吕浩然、廖佳、王志浩、王晶晶、张建平、董禹希、陈斌、张泽、王秋铖、范厚禄、王文乐、胡婴匀、任芷萱、罗凤丽、高楠、韩雨彤、董云瑶、丁义轩、朱璐莎、覃冰倩、杜琳、钟俞麟、汪雪睿、于卫政、马丽婷、梅雨敏、余丹妮、姚金妮、王潇、张卜文、姚佳佳、张議心、邹雨硕、麻小晴、刘彦毅宇、龙科宇、潘彦哲、洪薇、方雪、郭可航、刘钧裕、唐坤、朱志航、杨妮、曹俊杰、徐菲阳、马佳铭、郭可宇、刘欢、耿新悦、邹嘉豪、张天成、彭芬、张萍萍、陈嘉烨、徐杰、钟奕、孙欧阳、柴诗雨、王银、王艺洁、徐巧巧、谢瀛妃、郭恩铭、王亚宁、时婉婷、于东伟、徐永淳、张陈丽、魏文语、翁娜、杨佳宁、陈丽、黄霜婷、孙诗博、李雅姿、叶雅静、尤杰美、黄晶、李松燐、方敦奕、夏铭悦、张佳铖、沈伟娟、金紫玲、于檬檬、张豪栋、金燕莎、苏新宇、王肇刚、李好、周麟虎、张淇丝、张思毅、许晶、叶超杰、周金波、刘佩、汤玲、石绍娟、杨展涛、柳佳威、高振鹏、蒋聪、郭明浩、张林鹏、何洁、蒋君梦、范月晨、修婉清、徐思珍

法律事务专业

麦麦提江·库尔班、古丽加马力·阿不都力、亚森·艾山、阿卜杜克尤木·阿卜力孜、图尔迪·艾合麦提、艾买尔·库尔班、热西旦木·艾木都力、阿扎代姆·居麦、努尔曼古力·阿布拉、努尔艳木·艾海提、艾克白尔·吐合提、热克甫·亚森、亚森·肉孜、艾合塔木·吐尔孙、阿卜来提·穆萨、古扎丽努尔·伍卜力喀斯木、玉苏甫·木合旦尔、吾买尔沙古丽·艾木都力、布瓦夏木·哈力、阿里甫·艾尔肯、阿迪力·牙森、帕提曼·阿布拉、麦麦提·伊明、热依汗古丽·吐尔逊、阿布力克木·吐地、左拉古力·吐松、比拉力·米吉提、迪力夏提·阿布都、艾合台尔尼沙·达吾提、安外尔·艾买尔、维力·阿布来提、再乃甫汗·依米提、夏依买热旦·买买提艾明、艾米都拉·吐尔地、阿衣古力·麦提尼牙孜、吐尼亚孜·斯依提、阿布里克木·艾山、艾海提·托呼提、玛依拉·艾尼瓦尔、吐热尼沙·热合曼、艾力·热合曼、努日买买提·热合曼、、塔吉古丽·希克尔、阿力木·阿迪力、吐尔逊·艾合买提、亚力昆·艾山、古丽加娜提·艾尼瓦尔、艾克拜尔江·奥斯曼、阿卜力克木·吾麦尔

视觉传达艺术设计专业

郝培培、王少霞、郭晓颖、马永珍、曲田田、伍粤欣、魏颖、于延君、杜佩剑、陈锡岩、赵艳辉、张小镝、甘金鑫、高竞强、李维、陈怡全、周东海、李浩、陆向涛、邹双燕、王天皓、孟飞、牛泽敏、王涛、林淑慧、米金萍、吴淑霞、宋立宁、刘振、王宁、王全和、张朋、周存元、张玉红、陈金成、高龙、李洪涛、高珊、翟金虎、杜学敏、闫星、唐

雪林、李奔月、王微、王旭东、王永宁、罗立冬、王历虹、雷金龙、刘胜利、李玉、陈金环、周长立、陈山、梁文海、周娅娜、吕连英、高峰、陈菲菲、陈征、李军、李亚臣、王玉兰、王霞、杜静丽、曾毅

音乐表演专业

伊利其、王语萱、王培军、白洋、刘雪、安丽丽、邹娜、申力丹、周丽珍、李小东、王硕、邵明慧、罗亚文、赖丹

舞蹈表演专业

薛佳孟、奚艺宁、薛继珍、闫鑫龙、陈箫、冯浩、陶玥佟、戴佳妮、王鹤楠、王倩倩、王芋迪、冯玉翔、甘文婷、郝悦莹、许晨、李嘉欣、余嘉宝、管油省、谢姝瑀、孔德勇

影视表演专业

顾鸿飞、李陈明月、史嘉成、郑心茹、雷正海、樊宇、张立辉、陆子怡、邵莉雯、苏久长

人力资源管理专业

林艳、周珍、张雅琪、王立凯、张斌斌、王苹、刘燕玲、艾雨欣、周文娟、杨奇奇、王宝仪、王艳红、于雪莲、程稚惠、李彩玲、买尔哈巴·依克然木、杨美静、刘丹、张艳花、武全凤、徐中秋、许珍、伍朝阳、万宁、张思思、王丽丽、刘昆、黄馨怡、王殿臣、王雪娇、刘丽娜、郝东成、康建奇、袁振荣、徐萌萌、廖珍珍

市场开发与营销专业

李珊珊、康璇、吕泓力、崔峥、苑金东、刘玉良、张国祥、谭菲菲、代林红、董利、张刚杰、魏鹏、肖依婷、王婷婷、陈彦珍

工商企业管理专业

马彦保、马平、黄盼、郝建龙、周阿芳、张文雅、徐明、孟文君、宋美玲、涂文明、饶明隆、张超、胡雪君、许秀枝、李斌、张伟生、丁志成、刘梦竹、李杨、何丽、邵陟广、马毅、吴俊玲、李新伟、闫立霞、田松、张月、王刚、马青霞、胡月、沈超、张振路、王兴、张春月、王思娜、刘艳国

会计专业

吴丽涛、张宇、孟敏、杜晓爽、王帅思男、吴斯思、祁紫娟、汪宁、郭丽霞、王军、李桂琴、郭靖、齐朵朵、连慧楠、赵丽、杨洋、张天波、刘春萍、杨梦玲、葛春雷、刘思梦、陈秀兰、张黎

金融与证券专业

翟张伟、张江荣、方岚、龚超、肖尧、王鑫、蔡志全、李玲、单宏雷、苏娇、董旭、时凯、张欣欣

学前教育专业

应志芬、张欢欢、李晓斐、李俊茹、班学薇、张镜心、翟晓娜、周强强、平玲、杜斌斌、张宁花、张萌、邸雪镜、马娜、刘丽、刘琳、苏忠云、张慧、吴智洁、张薇、张海英、苏元元、肖燔、刘秀颖、韩彬、梁金瑞、师静飞、周佳萌、曹欣雨、余桂林、高翠、郝爽、马硕、陈变林、张俊梅、陈璐、张进琪、徐雅琴

幼儿艺术教育专业

韩雅丽、郭瑶、耿宏雪、杜欣、段亚宁、杨佳乐、高灵芝、张丹阳、王梦男、汤文静、张鹏花、杨国庆、柴艳杰、张秀清、白玉梅、谷静轩、邓嘉、李春雪、邱俐荔、李芳、魏莹、靳花

中央民族大學
MINZU UNIVERSITY OF CHINA

机构设置

中央民族大学校级领导名单

党委书记：张京泽

党委副书记、校长：黄泰岩

党委常务副书记（正司级）、纪委书记：马文喜

党委常委、副校长：宋　敏

党委常委、副校长：石亚洲

副校长：再帕尔·阿不力孜

党委副书记：邹吉忠

党委常委、副校长：王丽萍

党委常委、副校长：田　琳

党委副书记、副校长：李计勇

党委常委、副校长：麻国庆

总会计师：张艳丽

中国共产党中央民族大学第八届委员会名单

党委书记：张京泽

党委副书记：黄泰岩、马文喜、刀波（傣族，2018年5月免职）

党委常委10名（按姓氏笔画为序）：刀波（傣族，2018年5月免职）、马文喜、王丽萍（女）、石亚洲（苗族）、田琳（苗族）、邹吉忠、宋敏（女）、张京泽、张艳丽（女）、黄泰岩

党委委员24名（按姓氏笔画为序）：刀波（傣族，2018年5月免职）、马文喜、马国伟（彝族）、王丽萍（女）、乌小花（女，蒙古族）、石亚洲（苗族）、田琳（苗族）、包永贵（藏族）、冯金朝、江波（女，壮族）、孙英（女）、吴应辉、何光（土家族）、邹吉忠、宋敏（女）、宋志光（蒙古族）、张京泽、张艳丽（女）、罗云（彝族）、钟进文（裕固族）、班班多杰（藏族）、黄泰岩、麻国庆、蒙曼（女，满族）

中央民族大学纪律检查委员会名单

纪委书记：马文喜（兼）

纪委副书记：何光（土家族）

纪委委员 10 名（按姓氏笔画为序）：马娟（女，彝族）、马文喜、田宁（女，藏族）、包永全（蒙古族）、刘明新（女，回族）、肖莉莉（女，回族，2019 年 4 月免职）、何光（土家族）、雷明光（瑶族）、魏国敏（回族）

中央民族大学党群机构、直属机构及教学科研机构设置

一、学校党政职能部门、群众团体

党委办公室、校长办公室（档案馆、督查室）

党委组织部（党校、机关党委）

党委宣传部（新闻中心）

党委统战部

纪委办公室、监察处

党委教师工作部、人事处（人才交流中心）

党委学生工作部（武装部）、学生处（学生资助管理中心）

保卫部、综合治理办公室

团委

工会（教代会）

教务处（考试中心、教师教学发展中心）

研究生院（学位办公室）

科研处

发展规划处

财务处

招生就业工作处

审计处

国际合作处（港澳台事务办公室）

国内合作处（校友工作办公室、教育基金会秘书处）
基本建设管理处（丰台校区建设办公室）
资产管理处（实验室建设管理中心、招标采购中心）
后勤保障处（后勤集团）、后勤保障处直属党支部
信息化建设管理处
离退休工作处、离退休教职工党委
海南校区筹建处

二、教学科研单位

民族学与社会学学院
中国语言文学部（2019 年 7 月成立）
中国少数民族语言文学学院
中国少数民族语言研究院
少数民族语言文学系（2019 年 7 月撤销）
蒙古语言文学系（2019 年 7 月撤销）
朝鲜语言文学系（2019 年 7 月撤销）
维吾尔语言文学系（2019 年 7 月撤销）
哈萨克语言文学系（2019 年 7 月撤销）
藏学研究院
经济学院
管理学院
法学院
马克思主义学院
哲学与宗教学学院
文学与新闻传播学院（2019 年 7 月撤销）
文学院（2019 年 7 月成立）
新闻与传播学院（2019 年 7 月成立）
历史文化学院
教育学院
外国语学院
生命与环境科学学院
药学院
理学院
信息工程学院
美术学院
舞蹈学院

音乐学院

体育学院

国际教育学院

继续教育学院（干部培训部）

预科教育学院

中国少数民族研究中心、少数民族事业发展协同创新中心

三、学校直属（附属）单位

图书馆

民族博物馆

校医院（疾病防控办公室）

出版社有限责任公司

期刊社

附属中学

幼儿园

四、二级党委

民族学与社会学学院党委

中国少数民族语言文学学院党委

经济学院党委

管理学院党委

法学院党委

文学与新闻传播学院党委（2019 年 7 月撤销）

文学院党委（2019 年 7 月成立）

新闻与传播学院党委（2019 年 7 月成立）

历史文化学院党委

教育学院党委

外国语学院党委

生命与环境科学学院党委

理学院党委

信息工程学院党委

机关党委

离退休教职工党委

附属中学党委

五、党总支

少数民族语言文学系党总支（2019 年 7 月撤销）
蒙古语言文学系党总支（2019 年 7 月撤销）
朝鲜语言文学系党总支（2019 年 7 月撤销）
维吾尔语言文学系党总支（2019 年 7 月撤销）
哈萨克语言文学系党总支（2019 年 7 月撤销）
藏学研究院党总支（2019 年 7 月撤销）
马克思主义学院党总支
哲学与宗教学学院党总支
药学院党总支
美术学院党总支
舞蹈学院党总支
音乐学院党总支
体育学院党总支
国际教育学院党总支
预科教育学院党总支
直属单位党总支

六、直属党支部

中国少数民族语言研究院直属党支部（2019 年 7 月成立）
藏学研究院直属党支部（2019 年 7 月成立）
继续教育学院直属党支部
后勤保障处直属党支部

中央民族大学处级干部名单

党政职能部门、群众团体负责人名单

<table>
<tr><th>单　位</th><th>职　务</th><th>姓　名</th><th>职　务</th><th>姓　名</th></tr>
<tr><td rowspan="2">党委办公室、校长办公室（档案馆、督查室）</td><td>校长助理</td><td>吕家兴
韦达提·米吉提</td><td></td><td></td></tr>
<tr><td>主任</td><td>包永贵</td><td>副主任</td><td>王军杰（督查室主任）
马宏
王海舟
冯慧想（档案馆馆长）</td></tr>
<tr><td rowspan="5">党委组织部（党校）</td><td>部长</td><td>邹吉忠（兼）</td><td rowspan="5">副部长</td><td rowspan="5">路义旭
刘晓华</td></tr>
<tr><td>党校校长</td><td>邹吉忠（兼）</td></tr>
<tr><td>常务副部长（正处级）</td><td>张文香</td></tr>
<tr><td>党校专职副校长</td><td>张文香</td></tr>
<tr><td>组织员</td><td>杨恩勋（2019 年 7 月免职）
周杰晶
宫　艳</td></tr>
<tr><td>党委宣传部、新闻中心</td><td>部长/主任</td><td></td><td>副部长/副主任</td><td>董真祎（兼主任，主持工作）
贺露露
刘　佳</td></tr>
<tr><td rowspan="2">党委统战部</td><td>部长</td><td>石亚洲（兼）</td><td rowspan="2"></td><td rowspan="2"></td></tr>
<tr><td>常务副部长（正处级）</td><td>江　波</td></tr>
<tr><td>纪委办公室、监察处</td><td>主任/处长</td><td>何　光</td><td>副主任/副处长</td><td>张军辉
胡　鑫</td></tr>
</table>

续表

单　位	职　务	姓　名	职　务	姓　名
党委教师工作部、人事处（人才交流中心）	部长、处长	杜　林	副处长、副部长、主任	刘云喜
			副部长、副处长	钟志勇 刘　莹
党委学生工作部（武装部）、学生处（学生资助管理中心）	部长/处长	马国伟	副处长/副部长	邓　群 麦什一 王润茜
	组织员、辅导员	艾力肯	主任	麦什一
保卫部、综合治理办公室	部长/主任	周　浩	副部长	林海萍 宋理斌 苗运长
			副主任	宋理斌
团委	书记	樊博（副处级）	副书记	李　冉（正科级） 崔雅满（正科级） 程旭辉（2019 年 4 月任职，正科级） 张茜（兼）
工会	主席	邹吉忠（2019 年 1 月兼任）	副主席	宋志光（常务，正处级） 王　淼 雷明光
教代会	主席	邹吉忠（2019 年 1 月兼任）	副主席	雷明光（常务） 宋志光 侯超惠
教务处（考试中心、教师教学发展中心）	处长	冯金朝	副处长	吴桂群 李　琳 马映君
			考试中心主任	李　琳
			教师教学发展中心主任	马映君

续表

单　位	职　务	姓　名	职　务	姓　名
研究生院（学位办公室）	院长/主任	乌小花	副院长	薛寒冰 赵英男
			副主任	赵英男
			副处级调研员	苏日娜（2019年11月免职）
科研处	处长		副处长	陈立新（主持工作） 付　娜
发展规划处	处长		副处长	张　焰（主持工作） 孙立慧
财务处	处长	魏国敏	副处长	贺永革 仇　磊 侯超惠
招生就业工作处	处长	京　生	副处长	宋海斌 张继伟
审计处	处长	刘睿君	副处长	朱　姝
国际合作处（港澳台事务办公室）	处长	胡华征	副处长	贾　珅 臧　宁
	主任	胡华征	副主任	臧　宁
国内合作处（校友工作办公室、教育基金会秘书处）	处长、主任、秘书长	白　勇	副处长、副主任	文　杰
基本建设管理处（丰台校区建设办公室）	处长、主任	韩昌涛	副处长、副主任	姚秀华 周加才让 陈姝言

续表

单　位	职　务	姓　名	职　务	姓　名
资产管理处（实验室建设管理中心、招标采购中心）	处长	罗　云	副处长	马明胜 索兴梅 李佳晔 王永才
			实验室建设管理中心主任	马明胜
			招标采购中心主任	李佳晔
后勤保障处（后勤集团）	处长	柯雅斌	副处长	于　璞 薛冬雪 刘　强
信息化建设管理处	处长	马传连	副处长	张国兵 马佳楠
离退休工作处	处长	王华军	副处长	朱　涛 刘珂欣
海南校区筹建处	主任	田　琳（兼）	副主任	张　焰（常务） 魏立功

学校教学、科研单位负责人名单

单　　位	院长（主任、所长）	副院长（副主任）
民族学与社会学学院	麻国庆	关凯（2019 年 4 月免职） 王军（2019 年 4 月免职） 罗惠翾 郭伟和（2019 年 4 月任职）
中国语言文学部	石亚洲（2019 年 7 月兼）	阿不都热西提・亚库甫（2019 年 7 月兼） 钟进文（2019 年 7 月兼） 杨天舒（2019 年 7 月兼） 江傲霜（2019 年 7 月兼）
中国少数民族语言文学学院	钟进文（2019 年 7 月任职） 阿不都热西提・亚库甫（2019 年 7 月免职）	艾尔肯・阿热孜 金青龙（2019 年 7 月任职） 努尔巴汗・卡力列汗（2019 年 7 月任职） 好比斯嘎拉图（2019 年 7 月任职） 王利萍（2019 年 7 月任职） 周国炎（2019 年 7 月免职） 朝格吐（2019 年 7 月免职）
中国少数民族语言研究院	阿不都热西提・亚库甫	朝格吐（2019 年 7 月任职，正处级） 周国炎（2019 年 7 月任职，正处级） 赵丹华（2019 年 7 月任职） 吾麦尔江・吾吉艾合麦提（2019 年 7 月任职）

续表

单　位	院长（主任、所长）	副院长（副主任）
少数民族语言文学系	周国炎（2019 年 7 月免职）	王利萍（2019 年 7 月免职）
蒙古语言文学系	朝格吐（2019 年 7 月免职）	好比斯嘎拉图（2019 年 7 月免职）
朝鲜语言文学系	–	金青龙（2019 年 7 月免职）
维吾尔语言文学系	艾尔肯·阿热孜（2019 年 7 月免职）	吾麦尔江·吾吉艾合麦提（2019 年 7 月免职）
哈萨克语言文学系	–	努尔巴汗·卡力列汗（2019 年 7 月免职）
藏学研究院	苏发祥	周　拉
经济学院	张丽君	张春敏 王润球
管理学院	李曦辉	车　峰 徐　伟
法学院	韩　轶	段　威 宋　玲
马克思主义学院	孙　英	邵士庆 苏海舟
文学与新闻传播学院	钟进文（2019 年 7 月免职）	杨天舒（2019 年 7 月免职） 毛湛文（2019 年 7 月免职）
文学院	–	杨天舒（2019 年 7 月任职，主持行政工作）
新闻与传播学院	赵丽芳（2019 年 7 月任职）	毛湛文（2019 年 7 月任职）
哲学与宗教学学院	刘成有	萨敏娜 孙悟湖
历史文化学院	彭　勇	盛肖霞 陈　鹏
教育学院	高　兵	夏仕武 江凤娟（2019 年 4 月任职）
外国语学院	张　娜	马士奎 朱小琳
生命与环境科学学院	周宜君	金　军 薛　堃
药学院	再帕尔·阿不力孜（兼）	庞宗然 唐　丽（2019 年 7 月免职） 黄火强（2019 年 11 月任职）
理学院	陈根祥	张谷令 魏传华
信息工程学院	吴立成	翁　彧 宋　伟
美术学院	芮法彬	龚东林 李贵男

续表

单　位	院长（主任、所长）	副院长（副主任）
舞蹈学院	马云霞	杨　敏 姜铁红
音乐学院	包爱军	林　晶 安鲁新（2019 年 4 月任职）
体育学院	张　涛	侯会生 宗雪飞
国际教育学院	–	李　锷 江傲霜
继续教育学院	朴承权	赵丽红 韩易杭
预科教育学院	闫建敏	赵富芬
中国少数民族研究中心、少数民族事业发展协同创新中心	丁　宏	刘湘晖（常务，正处级） 丁　娥

学校直属（附属）单位负责人名单

单　位	职　务	姓　名	职　务	姓　名
图书馆	馆长	刘明新	副馆长	杨蔚宇 董印红
民族博物馆	馆长	张铭心	副馆长	马晓华
校医院（疾病防控办公室）	院长	东　珍（2019 年 4 月任职，兼疾病防控办公室主任）	副院长	东　珍（2019 年 4 月免职） 李　军
出版社有限责任公司	董事长/总经理	赵秀琴		–
期刊社	社长	苏发祥（2019 年 4 月兼任） 贾仲益（2019 年 4 月免职）	副社长	张子新
附属中学	校长	田　琳	副校长	唐洪波 王国德 杨　岭 魏立功
			海南陵水分校校长	魏立功
			总会计师	李淑霞
幼儿园	园长	崔　洁（副处级）		–

党的基层组织负责人名单

党组织名称	书　记	副书记或组织员
机关党委	张文香	王　淼（2019年4月兼任）
离退休教职工党委	包永全	刘珂欣
民族学与社会学学院党委	王　洁（2019年4月任职）	王　洁（2019年4月免职） 麻国庆 张彤彤 柏秀艳（2019年4月任组织员）
中国少数民族语言文学学院党委	石亚洲（2019年7月兼任）	格日乐图（2019年7月任常务副书记，正处级） 钟进文（2019年7月任职，正处级） 阿力木·托合提（正处级） 袁辰霞（2019年7月任职，副处级） 仁乃杰（2019年7月任职，副处级） 刘正发（2019年7月免职，正处级） 李廷海（2019年7月免职，正处级） 伊利贵（2019年7月免职，正处级） 赵丹华（2019年7月免职，副处级） 尹哲爱（组织员）
少数民族语言文学系党总支	刘正发（2019年7月免职）	袁辰霞（2019年7月免职）
蒙古语言文学系党总支	格日乐图（2019年7月免职）	朝格吐（2019年7月免职）
朝鲜语言文学系党总支	李廷海（2019年7月免职）	彭亚华（2019年7月免职）
维吾尔语言文学系党总支	阿力木·托合提（2019年7月免职）	艾尔肯·阿热孜（2019年7月免职） 李振旭（2019年7月免职）
哈萨克语言文学系党总支	伊利贵（2019年7月免职）	努尔巴汗·卡力列汗（2019年7月免职）
中国少数民族语言研究院直属党支部	刘正发（2019年7月兼任）	–
藏学研究院党总支	邓光奇（2019年7月免职）	苏发祥（2019年7月免职） 仁乃杰（2019年7月免职）
藏学研究院直属党支部	苏发祥（2019年7月兼任）	李振旭（2019年7月任职）
经济学院党委	张玉刚	张丽君 闫　妍 赵一君（组织员）
管理学院党委	李文娟	李曦辉 肖春娟 黄　波（组织员）
法学院党委	杨莉萍	韩　轶 从　静 阿孜古力·阿不都拉（组织员）
马克思主义学院党总支	孙　英	温英杰
文学与新闻传播学院党委	赵丽芳（2019年7月免职）	钟进文（2019年7月免职） 张　英（2019年7月免职）
文学院党委	邓光奇（2019年7月任职）	张　英（2019年7月任职）

续表

党组织名称	书　记	副书记或组织员
新闻与传播学院党委	伊利贵（2019 年 7 月任职）	赵丽芳（2019 年 7 月任职） 彭亚华（2019 年 7 月任职） 李廷海（2019 年 7 月任组织员）
哲学与宗教学学院党总支	吕炳丽	刘成有 萨敏娜 杨渭川（2019 年 4 月免职，组织员）
历史文化学院党委	刘翠兰	彭　勇 魏延梅
教育学院党委	苏德毕力格	高　兵 岳永杰
外国语学院党委	李红梅	张　娜 何晓磊
生命与环境科学学院党委	张　严	周宜君 王叶红
药学院党总支	马现珠	唐　丽（2019 年 7 月免职） 黄火强（2019 年 11 月任职）
理学院党委	瓮　建	李松洁 敖　玲（2019 年 3 月免职） 王立昆（组织员）
信息工程学院党委	叶孔敏	吴立成 宋志民 曹　萍（组织员）
美术学院党总支	陈　刚	胡文会
舞蹈学院党总支	马　娟	马云霞 陈　钧
音乐学院党总支	白艳秋	包爱军 徐晓鹃
体育学院党总支	姚显志	张　涛 侯会生
继续教育学院直属党支部	朴承权	赵丽红
预科教育学院党总支	韩国鹏	闫建敏 李晓华
国际教育学院党总支	周铁海	李　锷
附中党委	佟丽娟	田　琳（2019 年 4 月免职） 李　品 唐洪波（2019 年 4 月任职）
后勤保障处直属党支部	柯雅斌	薛冬雪
直属单位党总支	田　宁	东　珍

中共中央民族大学委员会部分基层党组织设置调整情况

民大党发〔2019〕21号
2019年7月9日

按照《中国共产党普通高等学校基层组织工作条例》和北京市委《关于规范基层党组织设置的指导意见》（京组通〔2016〕10号）要求，为进一步规范学校基层党组织设置，经2019年7月8日学校党委常委会研究决定，对部分基层党组织的设置进行调整，现通知如下：

一、撤销7个党的委员会、总支部委员会

撤销中共中央民族大学文学与新闻传播学院委员会；

撤销中共中央民族大学少数民族语言文学系总支部委员会；

撤销中共中央民族大学蒙古语言文学系总支部委员会；

撤销中共中央民族大学朝鲜语言文学系总支部委员会；

撤销中共中央民族大学维吾尔语言文学系总支部委员会；

撤销中共中央民族大学哈萨克语言文学系总支部委员会；

撤销中共中央民族大学藏学研究院总支部委员会。

二、成立4个党的委员会、直属支部委员会

成立中共中央民族大学文学院委员会；

成立中共中央民族大学新闻与传播学院委员会；

成立中共中央民族大学中国少数民族语言研究院直属支部委员会；

成立中共中央民族大学藏学研究院直属支部委员会。

中央民族大学2019年研究生招生工作领导小组名单

组　长：黄泰岩（校长）

副组长：再帕尔·阿不力孜（主管副校长）、乌小花（研究生院院长）

成　员：赵英男、薛寒冰、马国伟、周浩

中央民族大学丰台校区管理委员会成员名单

民大党发〔2019〕18号

2019年5月29日

经2019年5月29日学校党委常委会研究决定，成立中央民族大学丰台校区管理委员会（以下简称“管委会”）。现将有关事项通知如下：

一、管委会组成人员

主　　任： 田　琳　校党委常委、副校长

常务副主任： 罗　云　资产管理处处长

副 主 任： 包永贵　党委办公室、校长办公室主任

韩昌涛　基本建设管理处处长兼丰台校区建设办公室主任

柯雅斌　后勤保障处（后勤集团）处长、后勤保障处直属党支部书记

委　　员： 马国伟　党委学生工作部部长、武装部部长、学生处处长

周　浩　保卫部部长、综合治理办公室主任

冯金朝　教务处处长

乌小花　研究生院院长、学位办公室主任

张　焰　发展规划处副处长（主持工作）

魏国敏　财务处处长

马传连　信息化建设管理处处长

王永才　资产管理处副处长

二、管委会主要职责

管委会为学校议事协调机构，主要负责丰台校区的运行管理、协调和服务。具体职责为：

（一）负责统筹协调丰台校区学生入住、学习与教师进驻、教学的基本条件保障工作；

（二）负责组织协调学生入住和教师进驻丰台校区工作；

（三）在学生入住后，负责丰台校区的日常管理与协调工作，确保丰台校区的教学组织、学生教育管理、后勤服务和安全稳定等各方面工作有序开展；

（四）负责制定丰台校区的具体管理模式、运行机制和管委会的工作机构设置；

（五）负责其他与丰台校区管理工作相关事宜。

2019 年成立或调整的校级委员会、领导小组名单

民大校发〔2019〕82 号

2019 年 7 月 19 日

一、第十一届教学工作专门委员会委员名单

主　任：宋　敏

委　员（按姓氏笔画为序排列）：

马云霞、韦景云、毛湛文、田艳、冯金朝、刘成有、闫建敏、江傲霜、安鲁新、苏海舟、苏德毕力格、李鸿宾、杨天舒、杨敏、吴立成、宋玲、张谷令、张春敏、张娜、罗惠翾、金青龙、周宜君、宗雪飞、钟进文、徐伟、郭伟和、陶春生、黄秀兰、龚东林、彭勇、蔡果兰、薛堃

分　组：

人文科学（按姓氏笔画为序排列）：

韦景云、刘成有、江傲霜、李鸿宾、杨天舒、张娜、金青龙、钟进文、彭勇

社会科学（按姓氏笔画为序排列）：

毛湛文、田艳、苏海舟、宋玲、张春敏、罗惠翾、徐伟、郭伟和、陶春生

艺术体育（按姓氏笔画为序排列）：

马云霞、闫建敏、安鲁新、苏德毕力格、杨敏、宗雪飞、龚东林

理工医（按姓氏笔画为序排列）：

冯金朝、吴立成、张谷令、周宜君、黄秀兰、蔡果兰、薛堃

二、第十一届学术委员会成员名单

主任委员：黄泰岩

副主任委员：宋敏、再帕尔·阿不力孜（主持日常工作）、班班多杰

秘书长：乌小花

委员（按姓氏笔画为序排列）：

王林、扎巴、乌小花、叶尔达、包爱军、冯金朝、兰保森、朴香兰、再帕尔·阿不力孜、刘玉屏、刘成有、苍铭、苏德毕力格、李锦芳、李曦辉、杨圣敏、吴应辉、宋敏、张志伟、张丽君、张铁山、阿布都热西提·亚库甫、陈根祥、陈群峰、周宜君、赵小兵、宫玉涛、班班多杰、敖登格日乐、黄泰岩、麻国庆、彭勇、敬文东、游斌

三、第十一届学术委员会学部成员名单

人文学部

主任：刘成有　副主任：彭勇

成员（按姓氏笔画为序排列）：

王林、叶尔达、刘玉屏、苍铭、李锦芳、吴应辉、张铁山、阿布都热西提·亚库甫、班班多杰、敬文东、游斌

社科学部

主任：麻国庆

副主任：杨圣敏

成员（按姓氏笔画为序排列）：

扎巴、乌小花、苏德毕力格、李曦辉、张丽君、陈群峰、宫玉涛、黄泰岩

艺体学部

主任：包爱军

副主任：张志伟

成员（按姓氏笔画为序排列）：

兰保森、宋敏、敖登格日乐

理工医学部

主任：冯金朝

副主任：陈根祥

成员（按姓氏笔画为序排列）：

朴香兰、再帕尔·阿不力孜、周宜君、赵小兵

四、第十届学位评定委员会委员名单

主　席：黄泰岩

副主席：宋　敏、再帕尔·阿不力孜（主持日常工作）、王丽萍、麻国庆

委　员：马云霞、乌小花、包爱军、冯金朝、孙英、刘玉屏、刘成有、芮法彬、苏发祥、苏德毕力格、李曦辉、吴立成、吴应辉、张丽君、张娜、张涛、阿不都热西提·亚库甫、周宜君、庞宗然、钟进文、彭勇、韩轶、魏传华

五、2019年学校督导组专家名单（共10人）

刘裕明、朱崇先、康基柱、苏玉成、徐鲁亚、云峰、蒙小燕、陈慧英、李东光、李德龙

中央民族大学成立国家民委民族美术创意创新研究中心

民大校发〔2019〕11号

2019年3月7日

根据《中央民族大学科研平台管理办法（试行）》（民大校发〔2016〕376号）的规定，经学校党委常委会研究决定，成立国家民委民族美术创意创新研究中心，纳入美术学院管理。

一、主要职能

在国家民委的直接指导下，依托中央民族大学雄厚的民族艺术研究成果及实践资源，整合全国人才资源，开展民族文化艺术理论与实践创新案例研究，为国家民委提供相关决策咨询，为民族美术与文化艺术行业发展提供智力支持，为民族地区文化艺术产业发展提供规划建议，为民族文化艺术学术研究者提供合作平台，以前瞻性理论与创新性技术推动民族美术与文化艺术产业发展，打造服务于民族地区新兴产业发展的基础设施，成为民族文化艺术创新发展的国家级行业智库。

二、机构设置

"国家民委民族美术创意创新研究中心"为校级非独立科研平台，不确定行政级别，挂靠美术学院。平台经费统一划拨美术学院，专项管理使用。

三、人员编制

"国家民委民族美术创意创新研究中心"的人员按照专兼结合方式进行聘用，设中心主任1名，办公室行政人员（主任助理）1名，专职研究人员3名。专兼职人员主要依托美术学院及学校相关专业师资队伍和研究团队，按科研平台建设的方式在校内外进行人员聘用。平台负责人由美术学院党政联席会议确定，报学校备案。

中央民族大学成立“中国兴边富民战略研究院”

民大校发〔2019〕28号

2019年3月28日

根据《中央民族大学科研平台管理办法（试行）》（民大校发〔2016〕376号）的规定，经学校党委常委会研究决定，成立中国兴边富民战略研究院，纳入经济学院管理。

一、主要职能

以习近平新时代中国特色社会主义理论为指导，全面贯彻落实党的十九大、中央民族工作会议精神和中央关于深入推进兴边富民行动精神，聚合各种研究力量，立足国家战略，致力研究边境地区发展中遇到的各类问题，更好地服务党和国家在边疆治理和边境地区发展问题上的重大战略需求，为边境地区的全面发展提供强有力的支撑，为铸牢中华民族共同体意识提供强有力的支持。

二、机构设置

“中国兴边富民战略研究院”为校级非独立科研平台，不确定行政级别，挂靠经济学院。平台经费统一划拨经济学院，专项管理使用。

三、人员编制

“中国兴边富民战略研究院”的人员按照专兼结合方式进行聘用，设10个编制，9个研究人员岗位（其中4个岗位可用于面向海内外引进相关领域人才，5个岗位用于在校内聘用专兼职人员），1个行政岗位。“中国兴边富民战略研究院”的行政人员要在校内统筹安排，专兼职研究人员主要依托经济学院及学校相关专业师资队伍和研究团队，按照科研平台建设的方式和高层次人才引进的标准在校内外进行人员聘用。平台负责人由经济学院党政联席会议确定，报学校备案。

中央民族大学成立“光电子研究中心”

民大校发〔2019〕48 号

2019 年 5 月 27 日

根据《中央民族大学科研平台管理办法（试行）》的规定，经学校党委常委会研究决定，成立中央民族大学“光电子研究中心”校级非独立科研平台。

一、主要职能

依托理学院光学工程学科，围绕当前国家亟需的光电子芯片方向，开展与光电芯片紧密相关的材料、工艺、器件及系统研究，解决制约光电子芯片发展的关键技术。同时为引进人才的科研工作提供有效支撑，促进光学工程学科的快速发展。为进一步申报省部级科研平台，积极参与国家和北京市光电子技术领域的研究和发展奠定必要的平台基础。

二、机构设置与人员编制

中央民族大学“光电子研究中心”为校级非独立科研平台，挂靠理学院。设办公室行政人员 1 名，专职研究人员 3 名，主要依托理学院及学校相关专业师资队伍和研究团队，按科研平台建设的方式在校内外进行人员聘用，平台经费统一划拨理学院，专项管理使用。

中央民族大学成立国家大学科技园创建工作领导小组

民大校发〔2019〕53 号

2019 年 6 月 12 日

为贯彻落实《国家中长期科学和技术发展规划纲要（2006—2020 年）》，推进我校智力资源与社会资源相结合，促进我校科研成果转化，提升我校师生创新创业能力和水平，经 5 月 29 日学校党委常委会议研究，决定创建国家大学科技园，并成立创建工作领导小组。

组　长：黄泰岩

副组长：石亚洲

成　员：包永贵、冯金朝、罗云、魏国敏、柯雅斌、白勇、陈立新

领导小组办公室设在国内合作处，办公室主任由白勇兼任。所需场地由学校统筹安排，专职工作人员由学校另行聘任。

中央民族大学调整中国语言文学学科相关院系

民大校发〔2019〕79号

2019年7月9日

为适应学校“双一流”建设发展的需要，加强体制机制创新，推动学术力量整合，促进学科交叉融合，学校党委研究决定对中国语言文学学科相关院系进行调整。具体如下：

一、院系调整

（一）成立中国少数民族语言文学学院实体机构

中国少数民族语言文学学院作为实体学院成立后，取消其原所属少数民族语言文学系、蒙古语言文学系、朝鲜语言文学系、维吾尔语言文学系、哈萨克语言文学系五个处级机构。藏学研究院藏语言文学专业调整入中国少数民族语言文学学院。在原有少数民族语言文学等各学科的基础上成立南方少数民族语言文学系、蒙古语言文学系、朝鲜语言文学系、维吾尔语言文学系、哈萨克语言文学系和藏语言文学系六个教学系；保留中国民族语文应用研究院非独立科研平台。

（二）成立文学院实体机构

在原文学与新闻传播学院汉语言文学专业的基础上成立文学院实体机构。根据需要设立专业教研室和大学语文公共课程教研室。

（三）成立新闻与传播学院实体机构

在原文学与新闻传播学院新闻传播类专业基础上成立新闻与传播学院实体机构。

（四）成立藏学研究院处级独立科研平台

藏学研究院由教学科研机构调整为处级独立科研平台。

（五）成立中国语言文学学部

由中国少数民族语言文学学院、文学院、国际教育学院三个学院和中国少数民族语言研究院一个独立科研平台组成中国语言文学学部。

二、内设管理机构设置

中国语言文学学部设置办公室一个，内设科级管理机构，具体负责落实学部日常管理相关事务。

中国少数民族语言文学学院设立学院办公室、党团与学生工作办公室和教

学办公室三个内设科级管理机构。

文学院设立办公室和党团与学生工作办公室两个内设科级管理机构。

新闻与传播学院设立办公室和党团与学生工作办公室两个内设科级管理机构。

三、机构职责

学部负责统筹中国语言文学一级学科建设工作，整合相关资源，搭建学科综合交叉平台，统筹重大科研项目，推进跨学院科研平台建设。

学院作为学校的处级教学科研实体，负责组织实施以人才培养为中心的业务工作，负责本学院基层党建、思想政治教育、师德师风建设、教学科研管理、学科建设、学生管理、人事人员管理、行政管理等工作。根据学校安排，承担全校公共课程教学和学校安排的其他教学任务。

内设管理机构职责按照《中央民族大学教学科研单位和教学辅助单位内部管理机构及岗位设置管理暂行办法》（民大校发〔2019〕21号）规定执行。

教学系的职责按照《中央民族大学基层教学组织建设管理办法（试行）》（民大校发〔2018〕500号）规定执行。

中央民族大学成立“铸牢中华民族共同体意识研究院”

民大校发〔2019〕114号

2019年10月31日

经学校党委常委会研究决定，我校成立铸牢中华民族共同体意识研究院。具体如下：

一、指导思想

以习近平新时代中国特色社会主义思想为指导，增强“四个意识”，坚定“四个自信”，做到“两个维护”，以铸牢中华民族共同体意识为主线，以服务党和国家民族工作为主要任务，推动构建具有中国特色、中国风格、中国气派的民族研究学科体系、学术体系和话语体系，为实现中华民族伟大复兴的中国梦提供重要智力支撑。

二、主要职能

（一）整合学校研究力量，形成专门研究团队

全面整合凝聚校内相关研究力量，聘用专职研究人员，汇聚校内现有相关研究成果，多方位开展学术交流活动，加强人才培养，形成专门研究团队，提升协同创新能力，产出铸牢中华民族共同体意识的科研成果。

（二）探索学术前沿，构筑铸牢中华民族共同体意识阵地

依托我校民族学等优势特色学科，以现有科学研究成果为基础，结合学校

教育方针、教育管理、专业设置、教学内容和教学方法等特点，针对学校特殊办学宗旨和教育对象，加强中华民族共同体意识理论和实践研究，探索铸牢中华民族共同体意识理论和实践前沿，构筑铸牢中华民族共同体意识阵地，为党和国家深化民族团结进步教育、铸牢中华民族共同体意识提供智力支持。

（三）服务国家战略，服务民族地区，推进民族团结进步事业

坚持服务国家战略和民族团结进步事业，针对新时代背景下少数民族和民族地区经济社会发展中的重大理论和现实问题展开研究，加强宏观政策、战略和理论基础的深入研究，将民族问题智库建设同民族团结进步事业紧密联系，为民族团结进步事业发展献计献策，形成一批能够服务国家战略、服务民族地区和有利于推进民族团结进步事业的科研成果。

三、机构和编制

“铸牢中华民族共同体意识研究院”为校级独立科研平台，研究院设专职研究人员和行政人员岗位15个。

中央民族大学公布2018年动态调整学位授权点

民大校发〔2019〕93号

2019年9月6日

根据北京市学位委员会下发的《关于下达2018年动态调整撤销和增列的学位授权点名单的通知》（京学位〔2019〕4号），我校动态调整撤销“政治学”硕士学位授权一级学科（代码0302），动态调整增列“光学工程”硕士学位授权一级学科（代码0803）。

根据北京市学位委员会下发的《关于下达工程硕士、博士专业学位授权点对应调整名单的通知》（京学位〔2019〕3号），我校“光学工程”领域（代码：085202）工程硕士专业学位授权点对应调整为“电子信息”类别工程硕士专业学位授权点（代码0854）。2019年招生及已入学的工程硕士仍按调整前的工程领域进行培养和学位授予。自2020年起，按照调整后的专业学位类别进行招生、培养和学位授予。

中央民族大學
MINZU UNIVERSITY OF CHINA

教学与科研

中央民族大学现设本科专业学科门类统计表（2019年）

目前，学校有本科专业66个，涵盖11个学科门类33个专业类。其中人文类专业16个，社科类专业17个，理工类专业21个，艺术类专业12个。教育部本科专业目录中共有12个学科门类，只有农学一门学科没有专业。

分类	学科门类	数量	专业类	数量	序号	专业名称	英文名称	专业代码	学制	设置时间	招生时间	授予学位	所在院系	备注
人文类（16个）	哲学	2	哲学类	2	1	哲学	Philosophy	010101	4	1956	1956	哲学	哲学与宗教学学院	
					2	宗教学	Religion	010103K	4	1994	1994			
社科类（17个）	经济学	4	经济学类	1	3	经济学	Economics	020101	4	1978	1979	经济学	经济学院	
			财政学类	1	4	财政学	Public Finance	020201K	4	1993	1994			
			金融学类	1	5	金融学	Finance	020301K	4	1989	1989			
			经济与贸易类	1	6	国际经济与贸易	International Economics and Trade	020401	4	2001	2002			
社科类	法学	5	法学类	1	7	法学	Law	030101K	4	1978	1979	法学	法学院	
			政治学类	1	8	政治学与行政学	Politics and Public Administration	030201	4	2000	2001		管理学院	
			社会学类	2	9	社会学	Sociology	030301	4	1999	2001		民族学与社会学学院	
					10	社会工作	Social Work	030302	4	2004	2009			
			民族学类	1	11	民族学	Ethnology	030401	4	1956	1956		民族学与社会学学院 马克思主义学院	

续表

分类	学科门类	数量	专业类	数量	序号	专业名称	英文名称	专业代码	学制	设置时间	招生时间	授予学位	所在院系	备注
人文类	教育学	2	教育学类	1	12	教育学	Pedagogy	040101	4	1995	1996	教育学	教育学院	
			体育学类	1	13	体育教育	Physical Education	040201	4	2000	2001		体育学院	
	文学	10	中国语言文学类	3	14	汉语言文学	Chinese Language & Literature	050101	4	1958	1958	文学	文学与新闻传播学院	
					15	汉语国际教育	Teaching Chinese to Speakers of Other Language	050103	4	2002	2004			
					16	中国少数民族语言文学	Chinese Ethnic Languages & Literature	050104	4	1951	1951		少数民族语言文学系 蒙古语言文学系 朝鲜语言文学系 维吾尔语言文学系 哈萨克语言文学系 藏学研究院	
			外国语言文学类	5	17	英语	English Language and Literature	050201	4	1987	1987		外国语学院	
					18	俄语	Russian Language and Literature	050202	4	1989	1989			
					19	日语	Japanese Language and Literature	050207	4	2003	2004			
					20	朝鲜语	Korean Language and Literature	050209	4	2003	2004			
					21	翻译	Translation and Interpreting	050261	4	2004	2004			
			新闻传播学类	2	22	新闻学	Journalism	050301	4	1984	1984		文学与新闻传播学院	
					23	广告学	Advertising	050303	4	2001	2003			
	历史学	2	历史学类	2	24	历史学	History	060101	4	1956	1956	历史学	历史文化学院	
					25	文物与博物馆学	Antiquity & Museology	060104	4	1985	1986		民族学与社会学学院	

续表

分类	学科门类	数量	专业类	数量	序号	专业名称	英文名称	专业代码	学制	设置时间	招生时间	授予学位	所在院系	备注
理工类（21个）	理学	8	数学类	1	26	信息与计算科学	Information and Computing Science	070102	4	1978	1978	理学	理学院	
			物理学类	1	27	应用物理学	Applied Physics	070202	4	1993	1994			
			化学类	1	28	化学	Chemistry	070301	4	1996	1997		生命与环境科学学院	
			生物科学类	3	29	生物科学	Biological Science	071001	4	1995	1996			
					30	生物技术	Biotechnology	071002	4	2001	2002			
					31	生态学	Ecology	071004	4	2000	2001			
			统计学类	2	32	统计学	Statistics	071201	4	2002	2003		理学院	
					33	应用统计学	Applied Statistics	071202	4	2002	2003			
	工学	12	材料类	1	34	纳米材料与技术	Nano materials and Technology	080413T	4	2013	2014	工学	理学院	新专业
			电子信息类	3	35	电子信息工程	Electronic Information Engineering	080701	4	1989	1989		信息工程学院	
					36	通信工程	Telecommunication Engineering	080703	4	2001	2002			
					37	光电信息科学与工程	Opto-Electronics Information Science and Engineering	080705	4	2002	2003	理学	理学院	
			自动化类	1	38	自动化	Automation	080801	4	2002	2004	工学	信息工程学院	
			计算机类	4	39	计算机科学与技术	Computer Science and Technology	080901	4	1988	1988	工学	信息工程学院	
					40	软件工程	Software Engineering	080902	4	2013	2014			新专业
					41	物联网工程	Internet of Things Engineering	080905	4	2014	2015			新专业

续表

分类	学科门类	数量	专业类	数量	序号	专业名称	英文名称	专业代码	学制	设置时间	招生时间	授予学位	所在院系	备注
理工类（21个）	工学	12	计算机类	4	42	数据科学与大数据技术	Data Science and Big Data Technology	080910T	4	2017	2018	工学	信息工程学院	新专业
			化工与制药类	1	43	制药工程	Pharmaceutical Engineering	081302	4	2002	2003		生命与环境科学学院	
			环境科学与工程类	2	44	环境工程	Environmental Engineering	082502	4	2013	2014	工学		新专业
					45	环境科学	Environmental Science	082503	4	1999	2000	理学		
	医学	1	中药学类	1	46	中药学	Chinese Materia Medica	100801	4	2018	2019	理学	药学院	新专业
社科类	管理学	8	工商管理类	5	47	工商管理	Business Administration	120201K	4	2000	2001	管理学	管理学院	
					48	市场营销	Marketing	120202	4	2001	2002			
					49	会计学	Accounting	120203K	4	1997	1998			
					50	财务管理	Financial Management	120204	4	2003	2006			
					51	人力资源管理	Human Resource Management	120206	4	2003	2006			
			公共管理类	2	52	公共事业管理	Public Affairs Management	120401	4	2003	2006			
					53	行政管理	Public Administration	120402	4	2000	2001			
			旅游管理类	1	54	旅游管理	Tourism Management	120901K	4	2001	2002			

续表

分类	学科门类	数量	专业类	数量	序号	专业名称	英文名称	专业代码	学制	设置时间	招生时间	授予学位	所在院系	备注
艺术类（12个）	艺术学	12	音乐与舞蹈学类	6	55	音乐表演	Music Performance	130201	4	1959	1959	艺术学	音乐学院	
					56	音乐学	Musicology	130202	4	1987	1987			
					57	作曲与作曲技术理论	Composition and Compositional Theory	130203	4	1959	1959			
					58	舞蹈表演	Dance Performance	130204	4	2002	2003		舞蹈学院	
					59	舞蹈学	Dance Studies	130205	4	1957	1957			
					60	舞蹈编导	Choreography	130206	4	2002	2003			
			美术学类	3	61	美术学	Fine Arts	130401	4	1959	1959		美术学院	
					62	绘画	Painting	130402	4	1959	1959			
					63	中国画	Chinese Painting	130406T	4	1959	1959			
			设计学类	3	64	视觉传达设计	Visual Communication Design	130502	4	1990	1990			
					65	环境设计	Environment Design	130503	4	2005	2005			
					66	服装与服饰设计	Fashion Design	130505	4	2002	2002			

2020 年校级“一流课程”建设项目列表（81 项）

民大校发〔2019〕155 号

2019 年 12 月 31 日

项目编号	项目名称	负责人	项目单位
KC2001	民族社会学	何俊芳	民族学与社会学学院
KC2002	人类学入门导读	黄志辉	民族学与社会学学院
KC2003	社会统计学	焦开山	民族学与社会学学院
KC2004	民族学导论	麻国庆	民族学与社会学学院
KC2005	世界民族研究专题（系列教学资源库建设）	祁进玉	民族学与社会学学院
KC2006	社会分层与流动	秦广强	民族学与社会学学院
KC2007	民族考古学	佟　珊	民族学与社会学学院
KC2008	组织社会学	王旭辉	民族学与社会学学院
KC2009	中国民族志	杨筑慧	民族学与社会学学院
KC2010	应用人类学	张　曦	民族学与社会学学院
KC2011	影视人类学	朱靖江	民族学与社会学学院
KC2012	汉语少数民族语翻译经典导读	艾尔肯·阿热孜	中国少数民族语言文学学院
KC2013	中国少数民族文学概论	钟进文	中国少数民族语言文学学院
KC2014	金融学	郭利华	经济学院
KC2015	经济学导读	张春敏	经济学院
KC2016	微观经济学	舒燕飞	经济学院
KC2017	国际经济学	田东霞	经济学院
KC2018	政治经济学	王桂琴	经济学院
KC2019	运营管理	郭　捷	管理学院
KC2020	战略人力资源管理	贺新闻	管理学院
KC2021	管理会计学	黄小琳	管理学院
KC2022	财务管理学	金鲜花	管理学院
KC2023	会计学	刘璐琳	管理学院
KC2024	民事诉讼法	张文香	法学院
KC2025	马克思主义基本原理概论	邵士庆	马克思主义学院
KC2026	《红楼梦》导读	曹立波	文学院

续表

项目编号	项目名称	负责人	项目单位
KC2027	外国文学史	高志强	文学院
KC2028	中国现代文学史	刘　震	文学院
KC2029	中国古代文学史	叶楚炎	文学院
KC2030	广告文案写作	范小青	新闻与传播学院
KC2031	融合新闻概论	毛湛文	新闻与传播学院
KC2032	品牌管理学	杨　超	新闻与传播学院
KC2033	马克思主义哲学导论	刘　梅	哲学与宗教学学院
KC2034	中国哲学史	史经鹏	哲学与宗教学学院
KC2035	宗教学导论	孙悟湖	哲学与宗教学学院
KC2036	道家哲学专题	尹志华	哲学与宗教学学院
KC2037	"一带一路"宗教文明史专题	游　斌	哲学与宗教学学院
KC2038	近代中外关系史	陈　鹏	历史文化学院
KC2039	隋唐五代史	李鸿宾	历史文化学院
KC2040	中国民族史概要	尚衍斌	历史文化学院
KC2041	中国近代史	张晨怡	历史文化学院
KC2042	终身学习导论	陈志伟	教育学院
KC2043	教育社会学	胡迪雅	教育学院
KC2044	现代教育技术	江凤娟	教育学院
KC2045	民族教育学	苏德毕力格	教育学院
KC2046	外国教育史	吴明海	教育学院
KC2047	教育经济学	杨秀芹	教育学院
KC2048	大学英语	石　嵩	外国语学院
KC2049	基础英语	朱小琳	外国语学院
KC2050	化学原理课程群	陈　坦	生命与环境科学学院
KC2051	基础生态学	冯金朝	生命与环境科学学院
KC2052	水力学课程群	任华堂	生命与环境科学学院
KC2053	遗传学	周宜君	生命与环境科学学院
KC2054	光电子技术基础	陈根祥	理学院
KC2055	大学物理	崔　彬	理学院
KC2056	工程光学	贾　莹	理学院
KC2057	信号与系统	李　敏	理学院
KC2058	光电信息专业实验	吕　敏	理学院
KC2059	高等数学（经管类）	马胜春	理学院
KC2060	X-射线晶体学	施洪龙	理学院

续表

项目编号	项目名称	负责人	项目单位
KC2061	线性代数（工科民族实验班）	杨　慧	理学院
KC2062	量子物理	杨玉平	理学院
KC2063	信息光学	张　颖	理学院
KC2064	电磁场与电磁波	邹　斌	理学院
KC2065	计算机文化基础	林　旺	信息工程学院
KC2066	数字图像处理	宋　伟	信息工程学院
KC2067	计算机技术基础-Python 程序设计	王淑琴	信息工程学院
KC2068	服装 CAD 制版	魏　莉	美术学院
KC2069	蒙古族舞蹈	敖登格日乐	舞蹈学院
KC2070	藏族舞蹈	丛帅帅	舞蹈学院
KC2071	朝鲜族舞蹈	崔月梅	舞蹈学院
KC2072	傣族舞蹈	马　啸	舞蹈学院
KC2073	维吾尔族舞蹈	美哈阿依·喀依尔	舞蹈学院
KC2074	大学英语（一、二）	杨长喜	预科教育学院
KC2075	“铸牢中华民族共同体意识”社会实践	宋　敏	校长办公室
KC2076	走进少数民族语言（MOOC）	金青龙	中国少数民族语言文学学院
KC2077	中国少数民族歌曲欣赏与学唱（MOOC）	安鲁新	音乐学院
KC2078	中华民族文化（MOOC）	待　定	民族学与社会学学院
KC2079	中华民族精神（MOOC）	待　定	文学院
KC2080	中华民族历史（MOOC）	待　定	历史文化学院
KC2081	中华民族疆域（MOOC）	待　定	生命与环境科学学院

2020 年校级优秀教学成果培育项目列表（9 项）

民大校发〔2019〕155 号

2019 年 12 月 31 日

项目编号	项目名称	负责人	项目单位
CG2001	新文科建设下的民族学人才培养模式改革	罗惠翾	民族学与社会学学院
CG2002	体验式教学模式在财务与会计教学过程中的运用	李书锋	管理学院
CG2003	比较文学课程在中文学科拔尖人才培养中的优势作用	宋旭红	文学院
CG2004	民族高校学生宗教观教育教学体系建设内涵研究	王文东	哲学与宗教学学院
CG2005	将“弘扬优秀传统文化，铸牢中华民族共同体意识”纳入传统文化课程体系的探索	曹　流	历史文化学院
CG2006	“历史学+”研究型中国民族历史创新英才培养模式的探索与实践	丁慧倩	历史文化学院
CG2007	“中国与周边国家关系史”实验班教学成果的培育	章毅君	历史文化学院
CG2008	基于项目的新工科光电类科教融合型课程群设计与实践	陈　笑	理学院
CG2009	一种创新型实验课程——《光伏电池》	杨　笛	理学院

2020 年“铸牢中华民族共同体意识”教改项目列表（12 项）

民大校发〔2019〕155 号

2019 年 12 月 31 日

项目编号	项目名称	负责人	项目单位
JG2001	“铸牢中华民族共同体意识”情景模拟实验	陈丽明	民族学与社会学学院
JG2002	铸牢中华民族共同体意识融入民族高校思政课教学内容和教学评价体系教改研究	吴月刚	民族学与社会学学院
JG2003	新时代铸牢中华民族共同体意识的公共课路径研究	严　庆	民族学与社会学学院
JG2004	“石榴籽”课外实践训练营（经济管理类）	吴本健	经济学院
JG2005	“铸牢中华民族共同体意识”的思政课堂内容体系建设研究	杨宗丽	马克思主义学院
JG2006	中国跨境民族中的中华民族共同体意识研究	严　赛	历史文化学院
JG2007	中华民族共同体意识进课堂模式的探索与实践	傅淳华	教育学院
JG2008	树立文化自信铸牢中华民族共同体意识的培养——以传统医药文化大讲堂课程建设为例	裴凌鹏	药学院
JG2009	在创新实践中落实铸牢中华民族共同体意识教育	张谷令	理学院
JG2010	创新民族预科语文教育 铸牢中华民族共同体意识	雷　蕾	预科教育学院
JG2011	中央民族大学暑期边疆专项家访（委托项目）	麦什一	党委学生工作部（学生处）
JG2012	图书馆为本科教学质量评估服务的实证研究（委托项目）	罗惠琼	图书馆

2019 年基层教学组织设置及负责人一览表

序号	院系	基层教学组织名称	成员人数	主任	副主任
1	民族学与社会学学院	民族学系	24	祁进玉	黄志辉
2		社会学系	32	郭伟和	良警宇
3		文物与博物馆系	14	肖小勇	刘连香
4		民族理论与民族政策教研室	14	严 庆	王冬丽
5	少数民族语言文学学院	汉语文教学部	6	阮宝娣	
6		南方少数民族语言文学系	20	韦景云	文 京 田 静
7		蒙古语言文学系	14		韩国君
8		朝鲜语言文学系	14	崔鹤松	朴顺姬
9		维吾尔语言文学系	9	热孜娅·努日	
10		哈萨克语言文学系	9	阿依努·艾比西	
11		藏语言文学系	11	那加才旦	增宝当周
12	经济学院	经济学系	13	舒燕飞	马 博
13		财政学系	11	杨松武	汪 彤
14		国际经济与贸易系	12	王 飞	田东霞
15		金融学系	12	郭利华	赵海云
16	管理学院	工商管理系	16	崔 瑜	
17		公共管理系	29	金红磊	曲纵翔
18		会计系	10	盛庆辉	刘璐琳
19		人力资源管理系	6	贺新闻	
20	法学院	法学理论教研室	5	阿依古丽	
21		宪法行政法教研室	10	张步峰	田 艳
22		民商事法教研室	12	李玉子	陈徐奉
23		刑事法教研室	11	王 琪	田 刚
24		经济法与国际法教研室	9	陈群峰	

续表

序号	院系	基层教学组织名称	成员人数	主任	副主任
25	马克思主义学院	马克思主义中国化教研中心（中国化教研中心）	6	宫玉涛	
26		中国近现代史纲要教研中心（纲要教研中心）	6	韩秀霜	
27		马克思主义基本原理教研中心（马原教研中心）	5	王晓红	
28		思想道德修养与法律基础教研中心（基础课教研中心）	5	韩克芳	
29		形势与政策教学研究中心	5	汤　洁	
30		研究生思政教育研究中心	5	刘　然	
31	文学院	中国古代文学教研室	9	叶楚炎	
32		中国现当代文学教研室	8	毕　海	
33		文艺学与外国文学教研室	6	高志强	
34		语言学教研室	10	娄　育	赵　强
35		大学语文教研室	10		
36	新闻与传播学院	新闻系	10	陈俊妮	梁悦悦
37		视听新媒体系	5	岳广鹏	
38		广告系	6	杨　超	
39	哲学与宗教学学院	马克思主义哲学与外国哲学	10	刘　梅	常宏
40		中国哲学	7	史经鹏	
41		宗教学原理与民族宗教	6	尹志华	
42		世界宗教	6	李晓瞳	
43	历史文化学院	中国古代史教研室	8	蒋爱花	
44		中国近现代史教研室	6	陈　鹏	
45		中国民族史教研室	11	丁慧倩	
46		世界史教研室	5	崔丽娜	
47	教育学院	教育学教研室	21	林　玲	陈志伟
48		心理学教研室	5	陆小英	
49		艺术教育教研室	9	徐广伟	
50	外国语学院	英语系	24	王　林	胥　云
51		翻译系	10	雷　静	
52		俄语系	7	赵春晶	
53		日语系	6	陶　芸	
54		大学外语教学部	36	石　嵩	李　佳
55		公共外语研究生教学部	5	王如利	

续表

序号	院系	基层教学组织名称	成员人数	主任	副主任
56	生命与环境科学学院	生物科学系	27	张淑萍	高　飞
57		环境科学系	13	任华堂	陈　坦
58		化学系	14	王文蜀	王中华
59		实验教学管理中心	11	薛　堃	李文瑞
60	药学院	中药学系	27	唐　丽	黄火强
61	理学院	信息与计算科学系	19	蔡果兰	王　兢
62		统计学系	10	贾旭杰	于力超
63		高等数学教学部	12	肖春祥	夏　霞
64		光电与纳米教学中心	24	陈　笑	杨玉平
65		基础物理教学实验中心	7	冯　帅	
66	信息工程学院	计算机科学与技术系	27	胥桂仙	赵　悦
67		电子信息与通信系	20	蒋惠萍	李景聪
68		公共计算机基础教学部	9	赵洪帅	
69		基础实验中心	11	丁仁伟	郤新凯
70		数据科学卓越工程师教学团队（跨院系）			
71	美术学院	美术教育系	6	秦秀杰	
72		中国画系	7	曹宝泉	
73		油画系	5	夏　展	
74		视觉传达设计系	11	张志伟	张　朋
75		影像设计系	5	袁江名	
76		环境艺术设计系	7	何　威	
77		服装与服饰设计系	7	李　洁	
78		美术师范专业教研室	5	张曙光	
79	舞蹈学院	基本功第一教研室	10	潘薇佳	崔　涛
80		基本功第二教研室	6	谭　伟	
81		民间舞第一教研室	8	崔月梅	
82		民间舞第二教研室	5	马　啸	
83		钢琴教研室	13	刘紫葳	马庆玲
84		创作排练教研室	10	马亮亮	苏娅菲
85		理论教研室	6	车延芬	

续表

序号	院系	基层教学组织名称	成员人数	主任	副主任
86	音乐学院	声歌系	18	乌日娜	黑　力
87		钢琴系	7	宋湘锴	
88		管弦系	17	陈继涛	金红花
89		民乐系	13	张　珊	王　溪
90		少数民族器乐系	5	张全胜	
91		音乐学系	7	李建军	
92		作曲系	10	安鲁新	牛小凤
93	体育学院	球类教研室	5	吴　非	
94		田径教研室	5	赵志忠	
95		民族传统体育教研室	5	张凤民	
96		群体与体测教研室	10	王　新	苏日塔拉图
97		理论教研室	5	兰保森	
98	国际教育学院	汉语国际教育系（国际本科生）	20	陈天序	
99		汉语国际教育系（中国本科生）	10	冯凌宇	徐明斐
100	预科教育学院	语文-汉语教研室	8	琚静斋	
101		数学教研室	4	马立玲	
102		英语教研室	7	曹红梅	

2019年硕士学位授予权专业名单

代码	专业类别	专业领域代码	专业领域名称	招生学院
1252	公共管理	125200	公共管理	管理学院
0351	法律	035101	法律（非法学）	法学院
		035102	法律（法学）	
0453	汉语国际教育	045300	汉语国际教育	国际教育学院
1351	艺术	135101	音乐	音乐学院
		135106	舞蹈	舞蹈学院
		135107	美术	美术学院
1251	工商管理	125100	工商管理	管理学院
0352	社会工作	035200	社会工作	民族学与社会学学院
0451	教育	045103	学科教学（语文）	教育学院
		045104	学科教学（数学）	理学院
		045105	学科教学（物理）	理学院
		045108	学科教学（英语）	外国语学院
		045111	学科教学（音乐）	教育学院
		045114	现代教育技术	信息工程学院
		045116	心理健康教育	教育学院
0651	文物与博物馆	065100	文物与博物馆	民族学与社会学学院
0552	新闻与传播	055200	新闻与传播	新闻与传播学院
0251	金融	025100	金融	经济学院
0252	应用统计	025200	应用统计	理学院
0254	国际商务	025400	国际商务	经济学院
0452	体育	045201	体育教学	体育学院
		045202	运动训练	
0551	翻译	055100	翻译	外国语学院
1253	会计	125300	会计	管理学院
1254	旅游管理	125400	旅游管理	管理学院
0854	电子信息	085400	电子信息	理学院

2019 年博士学位授予权专业名单

代码	门类	一级代码	一级名称	二级代码	二级名称	招生学院	备注
01	哲学	0101	哲学	010101	马克思主义哲学	哲学与宗教学学院	
				010102	中国哲学		
				010103	外国哲学		
				010104	逻辑学		
				010105	伦理学		
				010106	美学		
				010107	宗教学		
				010108	科学技术哲学		
03	法学	0303	社会学	030301	社会学	民族学与社会学学院	
				030302	人口学		
				030303	人类学		
				030304	民俗学（含中国民间文学）		
				0303Z1	工业社会与管理	管理学院	自设
		0304	民族学	030401	民族学	民族学与社会学学院	
				030402	马克思主义民族理论与政策		
				030403	中国少数民族经济	经济学院	
				030404	中国少数民族史	历史文化学院	
				030405	中国少数民族艺术	音乐学院、美术学院、舞蹈学院	
				0304Z2	民族地区公共行政管理	管理学院	自设
				0304Z3	中国少数民族教育	教育学院	自设
				0304Z4	藏学	藏学研究院	自设
				0304Z5	民族政治学	民族学与社会学学院	自设
				0304Z6	民族法学		自设
				0304Z7	中国少数民族传统医学	药学院	自设
				0304Z8	民族生态学	生命与环境科学学科	自设

续表

代码	门类	一级代码	一级名称	二级代码	二级名称	招生学院	备注
05	文学	0501	中国语言文学	050101	文艺学		未招生
				050102	语言学及应用语言学	中国少数民族语言文学学院 外国语学院	
				050103	汉语言文字学	文学院	
				050104	中国古典文献学	中国少数民族语言文学学院	
				050105	中国古代文学	文学院	
				050106	中国现当代文学	文学院	
				050107	中国少数民族语言文学(分语族)	中国少数民族语言文学学院	
				050108	比较文学与世界文学	中国少数民族语言文学学院	
				0501Z1	国际汉语教学	国际教育学院	自设
06	历史学	0602	中国史			历史文化学院	

2019年成人高等学历教育专业设置情况

专　业	层　次	学习形式	修业年限
艺术设计学	专升本	业余	2.5
财务管理	专升本	业余	2.5
法学	专升本	函授	2.5
教育学	专升本	业余、函授	2.5
会计学	专升本	业余、函授	2.5
工商管理	专升本	业余	2.5
人力资源管理	专升本	业余、函授	2.5
金融学	专升本	业余、函授	2.5
市场营销	专升本	业余	2.5
新闻学	专升本	业余	2.5
行政管理	专升本	业余、函授	2.5
音乐学	专升本	业余	2.5
舞蹈编导	专升本	业余	2.5
视觉传达设计	专升本	业余	2.5
人力资源管理	高起本	业余	5
舞蹈表演	高起本	业余	5
音乐表演	高起本	业余	5
工商管理	高起本	业余	5
空中乘务	专科（高职）	业余	2.5
人力资源管理	专科（高职）	业余	2.5
戏剧影视表演	专科（高职）	业余	2.5
音乐表演	专科（高职）	业余	2.5
舞蹈表演	专科（高职）	业余	2.5
视觉传播设计与制作	专科（高职）	业余	2.5

2019 年实习基地情况统计表

序号	基地名称	建立时间	学院名称	面向校内专业	是否是创业实习基地	是否是示范性教育实践基地	地址	每次可接纳学生数（人）	当年接纳学生总数（人次）
1	中央民族大学藏学研究院汉藏翻译实践教学基地	2015	中国少数民族语言文学学院	中国少数民族（藏）语言文学	否	否	北京市海淀区人民大学北路倒座庙 1 号、西藏自治区山南地区乃东县湖南路 3 号	30	21
2	新疆塔城日报社	2014	中国少数民族语言文学学院	中国少数民族（哈萨克）语言文学	否	否	新疆塔城市解放路 115	4	4
3	新疆哈巴河县政府	2015	中国少数民族语言文学学院	中国少数民族（哈萨克）语言文学	否	否	新疆哈巴河县人民路	20	20
4	新疆富蕴县政府	2015	中国少数民族语言文学学院	中国少数民族（哈萨克）语言文学	否	否	新疆富蕴县文化西路	20	20
5	新疆新源县政府	2015	中国少数民族语言文学学院	中国少数民族（哈萨克）语言文学	否	否	新疆维吾尔自治区伊犁哈萨克自治州新源县环城西路	20	20
6	新疆阿勒泰地区影视译制中心	2016	中国少数民族语言文学学院	中国少数民族（哈萨克）语言文学	否	否	新疆维吾尔自治区阿勒泰地区阿勒泰市解放路 311 号	4	4
7	央视国际网络有限公司	2016	中国少数民族语言文学学院	中国少数民族（哈萨克）语言文学	否	否	北京市海淀区紫竹院南路 20 号外文文化创意园 8 号楼	10	10
8	新疆伊犁特克斯县	2018	中国少数民族语言文学学院	中国少数民族（哈萨克）语言文学	否	否	新疆伊犁特克斯县	20	19

续表

序号	基地名称	建立时间	学院名称	面向校内专业	是否是创业实习基地	是否是示范性教育实践基地	地址	每次可接纳学生数（人）	当年接纳学生总数（人次）
9	哈萨克斯坦阿勒法拉比大学人文学院	2018	中国少数民族语言文学学院	中国少数民族（哈萨克）语言文学	否	否	哈萨克斯坦阿勒法拉比大学	20	19
10	中央人民广播电台	2014	中国少数民族语言文学学院	中国少数民族（蒙古）语言文学	否	否	北京市西城区外大街 2 号	10	0
11	央视网	2017	中国少数民族语言文学学院	中国少数民族（蒙古）语言文学	否	否	北京市海淀区西三环中路 10 号望海楼 D 座	5	5
12	民族出版社	2014	中国少数民族语言文学学院	中国少数民族（蒙古）语言文学	否	否	北京市东城区和平里北街 14 号国家民委新闻出版大楼	5	5
13	民族画报社	2014	中国少数民族语言文学学院	中国少数民族（蒙古）语言文学	否	否	北京市东城区和平里北街 14 号国家民委新闻出版大楼	5	0
14	民族团结杂志社	2014	中国少数民族语言文学学院	中国少数民族（蒙古）语言文学	否	否	北京市东城区和平里北街 14 号国家民委新闻出版大楼	5	0
15	民族语文翻译局	2014	中国少数民族语言文学学院	中国少数民族（蒙古）语言文学	否	否	北京市海淀区人民大学北路倒座庙 1 号	10	3
16	中国国际广播电台蒙古语部	2014	中国少数民族语言文学学院	中国少数民族（蒙古）语言文学	否	否	北京市石景山路甲 16 号	5	3
17	人民网	2016	中国少数民族语言文学学院	中国少数民族（蒙古）语言文学	否	否	北京市朝阳区金台西路 2 号人民日报社新媒体大厦	10	3
18	内蒙古日报社	2014	中国少数民族语言文学学院	中国少数民族（蒙古）语言文学	否	否	内蒙古呼和浩特市新城区新城西街 25 号	5	0
19	内蒙古人民出版社	2014	中国少数民族语言文学学院	中国少数民族（蒙古）语言文学	否	否	内蒙古自治区呼和浩特市新城区新华东街 93 号	5	0

续表

序号	基地名称	建立时间	学院名称	面向校内专业	是否是创业实习基地	是否是示范性教育实践基地	地址	每次可接纳学生数（人）	当年接纳学生总数（人次）
20	内蒙古教育出版社	2014	中国少数民族语言文学学院	中国少数民族（蒙古）语言文学	否	否	呼和浩特市新城西街西护城河巷30号	5	0
21	内蒙古科学技术出版社	2014	中国少数民族语言文学学院	中国少数民族（蒙古）语言文学	否	否	内蒙古赤峰市红山区哈达街南一段4号	5	0
22	内蒙古少年儿童出版社	2014	中国少数民族语言文学学院	中国少数民族（蒙古）语言文学	否	否	内蒙古通辽市科尔沁区霍林河大街312号	5	0
23	内蒙古文化出版社	2014	中国少数民族语言文学学院	中国少数民族（蒙古）语言文学	否	否	内蒙古自治区海拉尔市河东新春路22号	5	0
24	远方出版社	2014	中国少数民族语言文学学院	中国少数民族（蒙古）语言文学	否	否	内蒙古呼和浩特市新城区老缸房街15号	5	0
25	内蒙古画报社	2014	中国少数民族语言文学学院	中国少数民族（蒙古）语言文学	否	否	内蒙古呼和浩特市昭乌达路桥靠西街12号	5	1
26	内蒙古电视台	2014	中国少数民族语言文学学院	中国少数民族（蒙古）语言文学	否	否	内蒙古呼和浩特市新华大街71号	5	0
27	前郭尔罗斯蒙古族中学	2014	中国少数民族语言文学学院	中国少数民族（蒙古）语言文学	否	否	吉林省松原市源江东路1025号	5	2
28	通辽日报	2014	中国少数民族语言文学学院	中国少数民族（蒙古）语言文学	否	否	内蒙古通辽市交通路24号	10	5
29	通辽广播电视台	2014	中国少数民族语言文学学院	中国少数民族（蒙古）语言文学	否	否	内蒙古自治区通辽市科尔沁大街东段140号	5	0
30	青海海西文联	2015	中国少数民族语言文学学院	中国少数民族（蒙古）语言文学	否	否	青海省海西蒙古族藏族自治州德令哈市长江路11号	5	1

续表

序号	基地名称	建立时间	学院名称	面向校内专业	是否是创业实习基地	是否是示范性教育实践基地	地址	每次可接纳学生数（人）	当年接纳学生总数（人次）
31	民族出版社	2008	中国少数民族语言文学学院	中国少数民族（维吾尔）语言文学	否	否	北京市东城区和平里北街14号（国家民委新闻出版大楼）	4	4
32	新疆电视台	2008	中国少数民族语言文学学院	中国少数民族（维吾尔）语言文学	否	否	新疆维吾尔自治区乌鲁木齐市天山区团结路830号	5	5
33	新疆妇女杂志社	2008	中国少数民族语言文学学院	中国少数民族（维吾尔）语言文学	否	否	新疆维吾尔自治区乌鲁木齐金银路82号	5	5
34	伊宁县政府	2014	中国少数民族语言文学学院	中国少数民族语言文学（维吾尔语零起点）	否	否	伊犁哈萨克州伊宁县人民政府（吉里于孜大街16号）	25	25
35	中央民族翻译中心（翻译局）	2008	中国少数民族语言文学学院	中国少数民族（维吾尔）语言文学	否	否	北京市	4	1
36	中央人民广播电台	2008	中国少数民族语言文学学院	中国少数民族（维吾尔）语言文学	否	否	北京市西城区复兴门外大街2号	4	1
37	新疆维吾尔自治区民族语文工作委员会《语言与翻译》杂志	2017	中国少数民族语言文学学院	中国少数民族（维吾尔）语言文学	否	否	新疆维吾尔自治区乌鲁木齐市	10	7
38	新疆维吾尔自治区文学艺术界联合会《塔里木》杂志维吾尔文编辑部	2017	中国少数民族语言文学学院	中国少数民族（维吾尔）语言文学	否	否	新疆维吾尔自治区乌鲁木齐市	10	5
39	新疆维吾尔自治区文学艺术界联合会《文学翻译》杂志维吾尔文编辑部	2017	中国少数民族语言文学学院	中国少数民族（维吾尔）语言文学	否	否	新疆维吾尔自治区乌鲁木齐市	10	2

续表

序号	基地名称	建立时间	学院名称	面向校内专业	是否是创业实习基地	是否是示范性教育实践基地	地址	每次可接纳学生数（人）	当年接纳学生总数（人次）
40	新疆维吾尔自治区文学艺术界联合会《新疆文学评论》杂志维吾尔文编辑部	2017	中国少数民族语言文学学院	中国少数民族（维吾尔）语言文学	否	否	新疆维吾尔自治区乌鲁木齐市	10	2
41	乌鲁木齐晚报维吾尔文编辑部	2017	中国少数民族语言文学学院	中国少数民族（维吾尔）语言文学	否	否	新疆维吾尔自治区乌鲁木齐市	10	8
42	新疆人民广播电台维吾尔语部	2017	中国少数民族语言文学学院	中国少数民族（维吾尔）语言文学	否	否	新疆维吾尔自治区乌鲁木齐市	10	5
43	新疆人民出版社维吾尔文编辑部	2017	中国少数民族语言文学学院	中国少数民族（维吾尔）语言文学	否	否	新疆维吾尔自治区乌鲁木齐市	10	12
44	新疆经济报社维吾尔文编辑部	2017	中国少数民族语言文学学院	中国少数民族（维吾尔）语言文学	否	否	新疆维吾尔自治区乌鲁木齐市	10	8
45	新疆日报社编辑二部	2017	中国少数民族语言文学学院	中国少数民族（维吾尔）语言文学	否	否	新疆维吾尔自治区乌鲁木齐市	10	2
46	《中国民族》杂志社维吾尔文编辑部	2017	中国少数民族语言文学学院	中国少数民族（维吾尔）语言文学	否	否	新疆维吾尔自治区乌鲁木齐市	10	6
47	新疆科技出版社维吾尔文编辑部	2017	中国少数民族语言文学学院	中国少数民族（维吾尔）语言文学	否	否	新疆维吾尔自治区乌鲁木齐市	10	6
48	新疆哈密市人民政府	2014	中国少数民族语言文学学院	中国少数民族（维吾尔）语言文学	否	否	新疆维吾尔自治区哈密市	40	0
49	新疆吐鲁番市人民政府	2014	中国少数民族语言文学学院	中国少数民族（维吾尔）语言文学	否	否	新疆维吾尔自治区吐鲁番市	40	0

续表

序号	基地名称	建立时间	学院名称	面向校内专业	是否是创业实习基地	是否是示范性教育实践基地	地址	每次可接纳学生数（人）	当年接纳学生总数（人次）
50	新疆教育出版社（维吾尔文部）	2017	中国少数民族语言文学学院	中国少数民族（维吾尔）语言文学	否	否	新疆维吾尔自治区乌鲁木齐市	10	10
51	新疆维吾尔自治区工人时报	2017	中国少数民族语言文学学院	中国少数民族（维吾尔）语言文学	否	否	新疆维吾尔自治区乌鲁木齐市	10	5
52	大恒新纪元科技股份有限公司光电集团学生见习基地	2011	理学院	光电信息科学与工程	否	否	北京海淀区上地信息路甲 9 号 4 号楼	15	0
53	大恒新纪元科技股份有限公司光电集团学生见习基地	2011	理学院	纳米材料与技术	否	否	北京海淀区上地信息路甲 9 号 4 号楼	15	0
54	东软睿道教育大学生见习实习基地	2012	理学院	信息与计算科学	否	否	天津自贸试验区（空港经济区）西七道 26 号 438	70	53
55	中央民族大学理学院–仁光科技实践教学基地	2015	理学院	光电信息科学与工程	否	否	北京海淀区上地信息路 26 号中关村创业大厦一层	10	0
56	中央民族大学理学院–仁光科技实践教学基地	2015	理学院	纳米材料与技术	否	否	北京海淀区上地信息路 26 号中关村创业大厦一层	10	0
57	中央民族大学理学院–睿光科技实践教学基地	2015	理学院	光电信息科学与工程	否	否	北京亦庄经济技术开发区凉水河一街五号	10	0
58	中央民族大学理学院–睿光科技实践教学基地	2015	理学院	纳米材料与技术	否	否	北京亦庄经济技术开发区凉水河一街五号	10	0
59	清华大学基础工业训练中心	2007	理学院	光电信息科学与工程	否	否	清华大学	260	123

续表

序号	基地名称	建立时间	学院名称	面向校内专业	是否是创业实习基地	是否是示范性教育实践基地	地址	每次可接纳学生数（人）	当年接纳学生总数（人次）
60	清华大学基础工业训练中心	2007	理学院	纳米材料与技术	否	否	清华大学	260	37
61	丰台利智康复中心	2016	管理学院	公共事业管理	否	否	北京丰台区丰西北里 93 号	30	40
62	民政部社会福利中心	2017	管理学院	公共事业管理	否	否	北京市西城区白广路 7 号	5	20
63	民政部社会福利中心	2017	管理学院	行政管理	否	否	北京市西城区白广路 7 号	5	20
64	利安达会计师事务所	2016	管理学院	会计学	否	否	北京市朝阳区慈云寺北里 210 号远洋国际二期 E 座 11/12 层	20	0
65	新道科技股份有限公司	2017	管理学院	会计学	否	否	北京市海淀区北清路 68 号	60	0
66	北京沃尔玛购物广场（知春路店）	2019	管理学院	工商管理	否	否	北京市海淀区知春路甲 48 号盈都大厦 4 号楼	50	20
67	四川省凉山彝族自治州昭觉县专业实习基地	2007	中国少数民族语言文学学院	中国少数民族语言文学（语言学/民族文学）	否	否	四川省凉山彝族自治州昭觉县	50	0
68	广西壮族自治区田林县专业实习基地	2007	中国少数民族语言文学学院	中国少数民族语言文学（语言学/民族文学）	否	否	广西壮族自治区田林县	50	0
69	广西平果县民宗局专业实习基地	2008	中国少数民族语言文学学院	中国少数民族语言文学（语言学/民族文学）	否	否	广西平果县	50	0
70	四川攀枝花民宗局专业实习基地	2011	中国少数民族语言文学学院	中国少数民族语言文学（语言学/民族文学）	否	否	四川攀枝花	50	0
71	云南禄劝县民宗局专业实习基地	2016	中国少数民族语言文学学院	中国少数民族语言文学（语言学/民族文学）	否	否	云南禄劝县	50	0
72	贵州望谟民族中学专业实习基地	2016	中国少数民族语言文学学院	中国少数民族语言文学（语言学/民族文学）	否	否	贵州望谟	50	0

续表

序号	基地名称	建立时间	学院名称	面向校内专业	是否是创业实习基地	是否是示范性教育实践基地	地址	每次可接纳学生数（人）	当年接纳学生总数（人次）
73	中央人民广播电台朝鲜语部	1992	中国少数民族语言文学学院	中国少数民族（朝鲜）语言文学	否	否	北京市复兴门外大街2号	6	5
74	中国国际广播电台朝鲜语部	1992	中国少数民族语言文学学院	中国少数民族（朝鲜）语言文学	否	否	北京市石景山路甲16号	6	4
75	民族翻译局朝鲜语部	1992	中国少数民族语言文学学院	中国少数民族（朝鲜）语言文学	否	否	北京市海淀区人民大学北路倒座庙1号	6	3
76	民族出版社朝鲜语部	1992	中国少数民族语言文学学院	中国少数民族（朝鲜）语言文学	否	否	北京市和平里北街14号	6	3
77	《中国民族》杂志社朝鲜语部	1992	中国少数民族语言文学学院	中国少数民族（朝鲜）语言文学	否	否	北京市和平里北街14号	2	0
78	《民族画报》杂志社朝鲜语部	2014	中国少数民族语言文学学院	中国少数民族（朝鲜）语言文学	否	否	北京市和平里北街14号	2	1
79	《民族文学》杂志社朝鲜语部	2015	中国少数民族语言文学学院	中国少数民族（朝鲜）语言文学	否	否	北京市西城区后海南沿大翔凤胡同3号	2	1
80	中央人民广播电台网络部	2014	中国少数民族语言文学学院	中国少数民族（朝鲜）语言文学	否	否	北京市复兴门外大街2号	2	0
81	鸿元知识产权代理公司	2014	中国少数民族语言文学学院	中国少数民族（朝鲜）语言文学	否	否	北京市朝阳区光华路7号汉威大厦东区18A6室	6	6
82	韩国韩亚银行望京支店	2015	中国少数民族语言文学学院	中国少数民族（朝鲜）语言文学	否	否	北京市朝阳区望京广顺北大街33号福码大厦1层	2	0
83	韩国广场律师所北京代表处	2015	中国少数民族语言文学学院	中国少数民族（朝鲜）语言文学	否	否	北京市朝阳区曙光西里甲1号第三置业1802号	2	0

续表

序号	基地名称	建立时间	学院名称	面向校内专业	是否是创业实习基地	是否是示范性教育实践基地	地址	每次可接纳学生数（人）	当年接纳学生总数（人次）
84	《新华网》韩国语部	2015	中国少数民族语言文学学院	中国少数民族（朝鲜）语言文学	否	否	北京市宣武门西大街 129 号金隅大厦	6	2
85	《人民网》韩国语部	2015	中国少数民族语言文学学院	中国少数民族（朝鲜）语言文学	否	否	北京市朝阳区金台西路 2 号	3	1
86	黑龙江省宁安市市政府	2014	中国少数民族语言文学学院	中国少数民族（朝鲜）语言文学	否	否	黑龙江省宁安市	10	0
87	中央人民广播电台朝鲜语部	1992	中国少数民族语言文学学院	中国少数民族语言文学（中韩经贸翻译）	否	否	北京市复兴门外大街 2 号	6	4
88	中国国际广播电台朝鲜语部	1992	中国少数民族语言文学学院	中国少数民族语言文学（中韩经贸翻译）	否	否	北京市石景山路甲 16 号	6	4
89	民族翻译局朝鲜语部	1992	中国少数民族语言文学学院	中国少数民族语言文学（中韩经贸翻译）	否	否	北京市海淀区人民大学北路倒座庙 1 号	6	2
90	民族出版社朝鲜语部	1992	中国少数民族语言文学学院	中国少数民族语言文学（中韩经贸翻译）	否	否	北京市和平里北街 14 号	6	3
91	《中国民族》杂志社朝鲜语部	1992	中国少数民族语言文学学院	中国少数民族语言文学（中韩经贸翻译）	否	否	北京市和平里北街 14 号	2	0
92	《民族画报》杂志社朝鲜语部	2014	中国少数民族语言文学学院	中国少数民族语言文学（中韩经贸翻译）	否	否	北京市和平里北街 14 号	2	1
93	《民族文学》杂志社朝鲜语部	2015	中国少数民族语言文学学院	中国少数民族语言文学（中韩经贸翻译）	否	否	北京市西城区后海南沿大翔凤胡同 3 号	2	1
94	中央人民广播电台网络部	2014	中国少数民族语言文学学院	中国少数民族语言文学（中韩经贸翻译）	否	否	北京市复兴门外大街 2 号	2	0

续表

序号	基地名称	建立时间	学院名称	面向校内专业	是否是创业实习基地	是否是示范性教育实践基地	地址	每次可接纳学生数（人）	当年接纳学生总数（人次）
95	鸿元知识产权代理公司	2014	中国少数民族语言文学学院	中国少数民族语言文学（中韩经贸翻译）	否	否	北京市朝阳区光华路 7 号汉威大厦东区 18A6 室	6	3
96	韩国韩亚银行望京支店	2015	中国少数民族语言文学学院	中国少数民族语言文学（中韩经贸翻译）	否	否	北京市朝阳区望京广顺北大街 33 号福码大厦 1 层	2	0
97	韩国广场律师所北京代表处	2015	中国少数民族语言文学学院	中国少数民族语言文学（中韩经贸翻译）	否	否	北京市朝阳区曙光西里甲 1 号第三置业 1802 号	2	0
98	《新华网》韩国语部	2015	中国少数民族语言文学学院	中国少数民族语言文学（中韩经贸翻译）	否	否	北京市宣武门西大街 129 号金隅大厦	6	1
99	《人民网》韩国语部	2015	中国少数民族语言文学学院	中国少数民族语言文学（中韩经贸翻译）	否	否	北京市朝阳区金台西路 2 号	3	1
100	黑龙江省宁安市市政府	2014	中国少数民族语言文学学院	中国少数民族语言文学（中韩经贸翻译）	否	否	黑龙江省宁安市	10	0
101	北京市宗教事务局	2002	哲学与宗教学学院	宗教学	是	是	北京市西城区枣林前街 70 号	35	29
102	广西南宁大明山国家级自然保护区管理局	2006	哲学与宗教学学院	宗教学	是	是	广西壮族自治区南宁市武鸣区两江镇	35	0
103	河北柏林禅寺	2006	哲学与宗教学学院	宗教学	是	是	河北省石家庄市赵县石塔路 23 号	35	0
104	宁夏回族自治区吴忠市委统战部、宗教局	2005	哲学与宗教学学院	宗教学	是	是	宁夏回族自治区吴忠市利通区朝阳东路 299 号	35	0
105	山东泗水县尼山圣源书院	2008	哲学与宗教学学院	宗教学	是	是	山东省济宁市泗水县圣源大道	35	0
106	河北平乡太平道 文化教学研究基地	2013	哲学与宗教学学院	宗教学	是	是	河北省邢台市平乡县中华路 83 号	35	0

续表

序号	基地名称	建立时间	学院名称	面向校内专业	是否是创业实习基地	是否是示范性教育实践基地	地址	每次可接纳学生数（人）	当年接纳学生总数（人次）
107	北京市宗教局	2002	哲学与宗教学学院	哲学	是	是	北京市西城区枣林前街 70 号	35	31
108	广西南宁大明山国家级自然保护区管理局	2006	哲学与宗教学学院	哲学	是	是	广西壮族自治区南宁市武鸣区两江镇	35	0
109	河北柏林禅寺	2006	哲学与宗教学学院	哲学	是	是	河北省石家庄市赵县石塔路 23 号	35	0
110	宁夏回族自治区吴忠市委统战部、宗教局	2005	哲学与宗教学学院	哲学	是	是	宁夏回族自治区吴忠市利通区朝阳东路 299 号	35	0
111	山东泗水县尼山圣源书院	2008	哲学与宗教学学院	哲学	是	是	山东省济宁市泗水县圣源大道	35	0
112	河北平乡太平道 文化教学研究基地	2013	哲学与宗教学学院	哲学	是	是	河北省邢台市平乡县中华路 83 号	35	0
113	中国人民大学附属中学第二分校	2005	体育学院	体育教育	否	是	本校区	8	5
114	民族大学附属中学	2005	体育学院	体育教育	否	是	本校区	8	4
115	回民小学	2014	体育学院	体育教育	否	是	本校区	8	5
116	北京实验学校	2014	体育学院	体育教育	否	是	本校区	8	6
117	农科院附属小学	2014	体育学院	体育教育	否	是	本校区	8	7
118	浙江省温州中国鞋都鞋文化博物馆	2001	民族学与社会学学院	文物与博物馆学	否	否	浙江省温州市	20	0
119	北京市房山区周口店北京人遗址管理处	2003	民族学与社会学学院	民族学	否	否	北京市房山区周口店大街 1 号	100	27

续表

序号	基地名称	建立时间	学院名称	面向校内专业	是否是创业实习基地	是否是示范性教育实践基地	地址	每次可接纳学生数（人）	当年接纳学生总数（人次）
120	北京市房山区周口店北京人遗址管理处	2003	民族学与社会学学院	社会学	否	否	北京市房山区周口店大街 1 号	100	33
121	北京市房山区周口店北京人遗址管理处	2003	民族学与社会学学院	文物与博物馆学	否	否	北京市房山区周口店大街 1 号	100	36
122	故宫博物院	2003	民族学与社会学学院	民族学	否	否	北京市东城区景山前街 4 号	100	0
123	故宫博物院	2003	民族学与社会学学院	社会学	否	否	北京市东城区景山前街 4 号	100	0
124	故宫博物院	2003	民族学与社会学学院	文物与博物馆学	否	否	北京市东城区景山前街 4 号	100	32
125	首都博物馆	2003	民族学与社会学学院	文物与博物馆学	否	否	北京市西城区复兴门外大街 16 号	100	35
126	北京孔庙和国子监	2006	民族学与社会学学院	文物与博物馆学	否	否	北京市东城区国子监街 15 号	100	30
127	北京孔庙和国子监	2006	民族学与社会学学院	民族学	否	否	北京市东城区国子监街 15 号	100	0
128	北京孔庙和国子监	2006	民族学与社会学学院	社会学	否	否	北京市东城区国子监街 15 号	100	0
129	河北省孟村县回民中学	2006	民族学与社会学学院	民族学	否	否	河北省沧州市孟村回族自治县民族大街 358 号	50	40
130	河北省孟村县回民中学	2006	民族学与社会学学院	社会学	否	否	河北省沧州市孟村回族自治县民族大街 358 号	50	40

续表

序号	基地名称	建立时间	学院名称	面向校内专业	是否是创业实习基地	是否是示范性教育实践基地	地址	每次可接纳学生数（人）	当年接纳学生总数（人次）
131	河北省易县易水职业技术学校	2006	民族学与社会学学院	民族学	否	否	河北省	50	35
132	河北省易县易水职业技术学校	2006	民族学与社会学学院	社会学	否	否	河北省	50	0
133	山东青州民族中专	2007	民族学与社会学学院	文物与博物馆学	否	否	山东省青州市海岱北路 999 号	100	30
134	山东青州民族中专	2007	民族学与社会学学院	民族学	否	否	山东省青州市海岱北路 999 号	100	40
135	山东青州民族中专	2007	民族学与社会学学院	社会学	否	否	山东省青州市海岱北路 999 号	100	0
136	宁夏银川市贺兰山岩画管理处“世界岩画馆”	2008	民族学与社会学学院	文物与博物馆学	否	否	宁夏回族自治区	10	5
137	宁夏银川市贺兰山岩画管理处“世界岩画馆”	2008	民族学与社会学学院	民族学	否	否	宁夏回族自治区	10	0
138	宁夏银川市贺兰山岩画管理处“世界岩画馆”	2008	民族学与社会学学院	社会学	否	否	宁夏回族自治区	10	0
139	甘肃临夏基地	2009	民族学与社会学学院	文物与博物馆学	否	否	甘肃省临夏回族自治州	30	0
140	甘肃临夏基地	2009	民族学与社会学学院	民族学	否	否	甘肃省临夏回族自治州	30	10
141	甘肃临夏基地	2009	民族学与社会学学院	社会学	否	否	甘肃省临夏回族自治州	30	0

续表

序号	基地名称	建立时间	学院名称	面向校内专业	是否是创业实习基地	是否是示范性教育实践基地	地址	每次可接纳学生数（人）	当年接纳学生总数（人次）
142	四川省凉山彝族自治州昭觉县竹核乡	2009	民族学与社会学学院	文物与博物馆学	否	否	四川省凉山彝族自治州昭觉县竹核乡	100	0
143	四川省凉山彝族自治州昭觉县竹核乡	2009	民族学与社会学学院	民族学	否	否	四川省凉山彝族自治州昭觉县竹核乡	100	40
144	四川省凉山彝族自治州昭觉县竹核乡	2009	民族学与社会学学院	社会工作	否	否	四川省凉山彝族自治州昭觉县竹核乡	100	0
145	四川省凉山彝族自治州昭觉县竹核乡	2009	民族学与社会学学院	社会学	否	否	四川省凉山彝族自治州昭觉县竹核乡	100	35
146	广西恭城县莲花镇	2010	民族学与社会学学院	文物与博物馆学	否	否	广西恭城县莲花镇	50	0
147	广西恭城县莲花镇	2010	民族学与社会学学院	民族学	否	否	广西恭城县莲花镇	50	42
148	广西恭城县莲花镇	2010	民族学与社会学学院	社会学	否	否	广西恭城县莲花镇	50	0
149	吉林省阿拉底村	2010	民族学与社会学学院	文物与博物馆学	否	否	吉林省吉林市龙潭区乌拉街满族镇阿拉底村	50	0
150	吉林阿拉底村	2010	民族学与社会学学院	民族学	否	否	吉林省吉林市龙潭区乌拉街满族镇阿拉底村	50	0
151	吉林阿拉底村	2010	民族学与社会学学院	社会学	否	否	吉林省吉林市龙潭区乌拉街满族镇阿拉底村	50	40
152	甘肃藏学研究所	2012	民族学与社会学学院	文物与博物馆学	否	否	甘肃省甘南拉卜楞镇雅鸽塘257号	30	0

续表

序号	基地名称	建立时间	学院名称	面向校内专业	是否是创业实习基地	是否是示范性教育实践基地	地址	每次可接纳学生数（人）	当年接纳学生总数（人次）
153	甘肃藏学研究所	2012	民族学与社会学学院	民族学	否	否	甘肃省甘南拉卜楞镇雅鸽塘257号	30	5
154	甘肃藏学研究所	2012	民族学与社会学学院	社会学	否	否	甘肃省甘南拉卜楞镇雅鸽塘257号	30	0
155	内蒙古锡林郭勒盟蒙古中学	2012	民族学与社会学学院	文物与博物馆学	否	否	内蒙古锡林浩特市锡林大街38号	50	0
156	内蒙古锡林郭勒盟蒙古中学	2012	民族学与社会学学院	民族学	否	否	内蒙古锡林浩特市锡林大街38号	50	0
157	内蒙古锡林郭勒盟蒙古中学	2012	民族学与社会学学院	社会学	否	否	内蒙古锡林浩特市锡林大街38号	50	36
158	青海社科院民族宗教研究所与中央民大民社院联合教学实习基地	2013	民族学与社会学学院	文物与博物馆学	否	否	青海省西宁市上滨河路一号	30	0
159	青海社科院民族宗教研究所与中央民大民社院联合教学实习基地	2013	民族学与社会学学院	民族学	否	否	青海省西宁市上滨河路一号	30	20
160	青海社科院民族宗教研究所与中央民大民社院联合教学实习基地	2013	民族学与社会学学院	社会学	否	否	青海省西宁市上滨河路一号	30	0
161	湖南省怀化市麻阳县本科实习基地	2013	民族学与社会学学院	民族学（民族理论与民族政策）	否	否	湖南省怀化市麻阳县	35	35
162	北京市西城区牛街街道工委、办事处	2014	民族学与社会学学院	民族学	否	否	北京市西城区牛街街道	100	0

续表

序号	基地名称	建立时间	学院名称	面向校内专业	是否是创业实习基地	是否是示范性教育实践基地	地址	每次可接纳学生数（人）	当年接纳学生总数（人次）
163	北京市西城区牛街街道工委、办事处	2014	民族学与社会学学院	社会工作	否	否	北京市西城区牛街街道	100	35
164	北京市西城区牛街街道工委、办事处	2014	民族学与社会学学院	社会学	否	否	北京市西城区牛街街道	100	0
165	北京市西城区牛街街道工委、办事处	2014	民族学与社会学学院	文物与博物馆学	否	否	北京市西城区牛街街道	100	0
166	迪庆州文物管理所	2014	民族学与社会学学院	民族学	否	否	迪庆藏族自治州香格里拉市建塘镇池慈卡街25号	30	0
167	迪庆州文物管理所	2014	民族学与社会学学院	社会学	否	否	迪庆藏族自治州香格里拉市建塘镇池慈卡街26号	30	0
168	迪庆州文物管理所	2014	民族学与社会学学院	文物与博物馆学	否	否	迪庆藏族自治州香格里拉市建塘镇池慈卡街27号	30	15
169	贵州民族大学民族学与社会学学院	2014	民族学与社会学学院	文物与博物馆学	否	否	贵州省贵阳市花溪区花溪大道南段	50	0
170	贵州民族大学民族学与社会学学院	2014	民族学与社会学学院	民族学	否	否	贵州省贵阳市花溪区花溪大道南段	50	40
171	贵州民族大学民族学与社会学学院	2014	民族学与社会学学院	社会工作	否	否	贵州省贵阳市花溪区花溪大道南段	50	0
172	贵州民族大学民族学与社会学学院	2014	民族学与社会学学院	社会学	否	否	贵州省贵阳市花溪区花溪大道南段	50	0
173	贵州省台江县施洞镇“贵州河湾高级研究基地”	2014	民族学与社会学学院	民族学	否	否	贵州省台江县施洞镇	50	0

续表

序号	基地名称	建立时间	学院名称	面向校内专业	是否是创业实习基地	是否是示范性教育实践基地	地址	每次可接纳学生数（人）	当年接纳学生总数（人次）
174	贵州省台江县施洞镇“贵州河湾高级研究基地”	2014	民族学与社会学学院	社会工作	否	否	贵州省台江县施洞镇	50	0
175	贵州省台江县施洞镇“贵州河湾高级研究基地”	2014	民族学与社会学学院	社会学	否	否	贵州省台江县施洞镇	50	37
176	宁夏岩画研究中心	2014	民族学与社会学学院	民族学	否	否	宁夏回族自治区银川市兴庆区利民街 121 号	20	0
177	宁夏岩画研究中心	2014	民族学与社会学学院	社会学	否	否	宁夏回族自治区银川市兴庆区利民街 122 号	20	0
178	宁夏岩画研究中心	2014	民族学与社会学学院	文物与博物馆学	否	否	宁夏回族自治区银川市兴庆区利民街 123 号	20	5
179	亚运村街道办事处	2014	民族学与社会学学院	民族学	否	否	北京朝阳区安苑北里 21 号楼	100	0
180	亚运村街道办事处	2014	民族学与社会学学院	社会工作	否	否	北京朝阳区安苑北里 22 号楼	100	35
181	亚运村街道办事处	2014	民族学与社会学学院	社会学	否	否	北京朝阳区安苑北里 23 号楼	100	0
182	亚运村街道办事处	2014	民族学与社会学学院	文物与博物馆学	否	否	北京朝阳区安苑北里 24 号楼	100	0
183	甘肃省武威市古浪县本科实习基地	2015	民族学与社会学学院	民族学（民族理论与民族政策）	否	否	甘肃省武威市古浪县	35	32

续表

序号	基地名称	建立时间	学院名称	面向校内专业	是否是创业实习基地	是否是示范性教育实践基地	地址	每次可接纳学生数（人）	当年接纳学生总数（人次）
184	中央民族大学民族学与社会学学院教学科研实习基地	2016	民族学与社会学学院	民族学	否	否	贵州省从江县高增乡岜扒村	150	0
185	北京市城市民族工作研究实践基地	2016	民族学与社会学学院	民族学	否	否	北京市	300	20
186	北京市城市民族工作研究实践基地	2016	民族学与社会学学院	社会工作	否	否	北京市	300	0
187	北京市城市民族工作研究实践基地	2016	民族学与社会学学院	社会学	否	否	北京市	300	0
188	北京市城市民族工作研究实践基地	2016	民族学与社会学学院	文物与博物馆学	否	否	北京市	300	0
189	逊克教学科研实践基地	2018	民族学与社会学学院	民族学	否	否	北京市	150	2
190	逊克教学科研实践基地	2018	民族学与社会学学院	社会工作	否	否	北京市	150	0
191	逊克教学科研实践基地	2018	民族学与社会学学院	社会学	否	否	北京市	150	0
192	逊克教学科研实践基地	2018	民族学与社会学学院	文物与博物馆学	否	否	北京市	150	0
193	民族学与人类学实习基地社会创新教育与研究基地	2018	民族学与社会学学院	民族学	否	否	云南省丽江市华坪县	150	35

续表

序号	基地名称	建立时间	学院名称	面向校内专业	是否是创业实习基地	是否是示范性教育实践基地	地址	每次可接纳学生数（人）	当年接纳学生总数（人次）
194	中央民族大学-大智慧股份公司金融教学实习基地	2015	经济学院	金融学	否	否	北京市西城区西直门南小街玉廊西园9号楼上海大智慧股份有限公司北京分部	10	20
195	中央民族大学-国都证券金融教学实习基地	2015	经济学院	金融学	否	否	北京市海淀区中关村南大街9号理工科技大厦3层国都证券有限责任公司北京中关村证券营业部	20	20
196	中央民族大学-东兴证券金融教学实习基地	2015	经济学院	金融学	否	否	北京市海淀区复兴路20号翠微商业楼二段东兴证券股份有限公司复兴路营业部	20	20
197	中央民族大学-华泰证券金融教学实习基地	2015	经济学院	金融学	否	否	北京市西三环北路72号世纪经贸大厦A座华泰证券有限公司北京西三环营业部	20	20
198	中央民族大学-万得信息股份公司金融教学实习基地	2015	经济学院	金融学	否	否	北京市西城区金融大街35号国际企业大厦上海万得信息技术股份有限公司北京分部	20	20
199	东方君泰（北京）信息技术有限公司	2016	外国语学院	翻译	否	否	北京市丰台区顺三条21号嘉业大厦1号楼12B09室	10	0
200	中国新闻社新疆分社	2016	外国语学院	俄语	否	否	新疆乌鲁木齐金银大道新疆新闻大厦七楼	15	11
201	民大-央广训练营	2015	新闻与传播学院	新闻学	否	否	北京市西城区复兴门外大街2号中央人民广播电台	24	6
202	民大-央广训练营	2015	新闻与传播学院	广告学	否	否	北京市西城区复兴门外大街3号中央人民广播电台	10	6

续表

序号	基地名称	建立时间	学院名称	面向校内专业	是否是创业实习基地	是否是示范性教育实践基地	地址	每次可接纳学生数（人）	当年接纳学生总数（人次）
203	中央人民广播电台民族节目中心	2014	新闻与传播学院	新闻学（藏语基地班）	否	否	北京市西城区复兴门外大街4号中央人民广播电台	20	20
204	北京时间	2017	新闻与传播学院	新闻学	否	否	北京电视台	17	5
205	北京时间	2017	新闻与传播学院	广告学	否	否	北京电视台	8	5
206	西藏日报社	2017	新闻与传播学院	新闻学（藏语基地班）	否	否	西藏自治区拉萨市城关区色拉路82附近	10	5
207	西藏电视台	2017	新闻与传播学院	新闻学（藏语基地班）	否	否	西藏自治区拉萨市城关区林廓西路	10	5
208	拉萨市广播电视台	2017	新闻与传播学院	新闻学（藏语基地班）	否	否	西藏自治区拉萨市城关区江苏东路22号	10	5
209	"青春BANG"社会设计工作坊	2018	新闻与传播学院	广告学	否	否	北京市朝阳区望京启阳路4号中轻大厦16层	15	5
210	中关村软件园	2019	信息工程学院	信息与计算科学	是	否	北京市海淀区东北旺	120	100
211	中关村软件园	2019	信息工程学院	信息与计算科学（西藏班）	是	否	北京市海淀区东北旺	120	100
212	苏州思得普信息科技有限公司	2018	信息工程学院	电子信息工程	是	否	苏州工业园区	50	28
213	北京中兴协力科技有限公司	2013	信息工程学院	通信工程	是	否	北京市海淀区上园村3号交大科技大厦	100	40
214	清华大学基础工业训练中心	2019	信息工程学院	电子信息工程	是	否	清华大学	300	40

续表

序号	基地名称	建立时间	学院名称	面向校内专业	是否是创业实习基地	是否是示范性教育实践基地	地址	每次可接纳学生数（人）	当年接纳学生总数（人次）
215	清华大学基础工业训练中心	2019	信息工程学院	通信工程	是	否	清华大学	300	40
216	国际·大庆数字艺术创新中心	2019	美术学院	视觉传达设计（影像设计）	否	否	大庆开发区服务外包园 C1/C2 座 4 层、深圳市福田保税区槟榔道创意保税园 3 楼 312	15	0
217	北京市门头沟区小龙门林场教学实习基地	1999	生命与环境科学学院	生态学	否	是	北京市门头沟区小龙门国家森林公园	150	30
218	北京市门头沟区小龙门林场教学实习基地	1999	生命与环境科学学院	生物技术	否	是	北京市门头沟区小龙门国家森林公园	150	30
219	北京市门头沟区小龙门林场教学实习基地	1999	生命与环境科学学院	生物科学	否	是	北京市门头沟区小龙门国家森林公园	150	20
220	北京上甸子大气本底站	2017	生命与环境科学学院	环境科学	否	否	北京市密云区高龄镇上甸子村	80	35
221	北京上甸子大气本底站	2017	生命与环境科学学院	环境工程	否	否	北京市密云区高龄镇上甸子村	80	40
222	北京科卓检测技术有限公司	2017	生命与环境科学学院	环境科学	否	否	北京市通州区环科中路 17 号 15A	35	35
223	北京自来水博物馆	2017	生命与环境科学学院	环境科学	否	是	北京市东直门北大街清水苑社区	80	35
224	北京自来水博物馆	2017	生命与环境科学学院	环境工程	否	是	北京市东直门北大街清水苑社区	80	40
225	北京沙河再生水厂	2019	生命与环境科学学院	环境科学	否	否	北京市昌平区定泗路	80	35

续表

序号	基地名称	建立时间	学院名称	面向校内专业	是否是创业实习基地	是否是示范性教育实践基地	地址	每次可接纳学生数（人）	当年接纳学生总数（人次）
226	北京沙河再生水厂	2019	生命与环境科学学院	环境工程	否	否	北京市昌平区定泗路	80	40
227	北京朝阳循环经济产业园	2016	生命与环境科学学院	环境科学	否	是	北京市朝阳区金盏乡高安屯	80	35
228	北京朝阳循环经济产业园	2016	生命与环境科学学院	环境工程	否	是	北京市朝阳区金盏乡高安屯	80	40
229	鲁家山垃圾焚烧发电厂	2015	生命与环境科学学院	环境科学	否	是	北京市门头沟区鲁家山石灰石矿南区矿区	80	35
230	鲁家山垃圾焚烧发电厂	2015	生命与环境科学学院	环境工程	否	是	北京市门头沟区鲁家山石灰石矿南区矿区	80	40
231	宁夏北控睿源再生资源有限公司	2019	生命与环境科学学院	环境工程	否	是	宁夏宁东煤化工园区盛源路以东	40	80
232	清大国华宁东危险废物处置及综合利用中心	2019	生命与环境科学学院	环境工程	否	是	宁夏宁东国家级能源化工基地	40	80
233	宁夏德坤环保科技实业集团有限公司	2019	生命与环境科学学院	环境工程	否	是	宁夏灵武市东山坡 307 国道 10 公里处	40	80
234	燕京啤酒厂	2017	生命与环境科学学院	生物科学	否	否	北京市顺义区双河路 9 号	50	150

2019 年科研成果情况统计表

学科门类	出版著作（部）	发表论文（篇）	CSSCI 收录论文	SSCI、A&HCI 收录论文	获奖成果（项）（省部级及以上）
法　学	31	268	123	7	8
管理学	7	58	15	7	0
教育学	3	48	20	6	2
经济学	7	66	21	3	2
历史学	6	54	25	0	2
文　学	26	209	59	4	7
艺术学	9	70	25	0	2
哲　学	14	30	12	2	1

学科门类	发表论文（篇）	国外学术刊物发表（篇）	SCIE 收录（篇）
自然科学	145	106	86
工程与技术	92	63	44
医药科学	49	39	21
合计	286	208	151

2019 年单位和个人获奖情况（含校级）

序号	成果名称	成果类型	第一获奖人	奖励名称	奖励等级
1	中国藏语文信息化发展现状调查及对策建议	调研报告	赵小兵	国家民委社会科学研究成果奖（调研报告类）	一等奖
2	近十年涉民族因素网络舆情状况调查研究	调研报告	毛湛文	国家民委社会科学研究成果奖（调研报告类）	二等奖
3	关于边疆民族地区人口与经济社会发展情况的调研报告	调研报告	马胜春	国家民委社会科学研究成果奖（调研报告类）	二等奖
4	以全方位教育扶贫计划推进深度贫困民族地区脱贫攻坚——关于四川省凉山彝族自治州教育扶贫的调研报告	调研报告	吴本健	国家民委社会科学研究成果奖（调研报告类）	三等奖
5	关于我国民族院校新型智库建设的调查研究	调研报告	马金生	国家民委社会科学研究成果奖（调研报告类）	三等奖
6	乌兰牧骑发展现状调查与新时代民族艺术传承创新的对策建议	调研报告	包爱军	国家民委社会科学研究成果奖（调研报告类）	三等奖
7	马克思主义经典作家“民族”概念及其语境考辨——兼论“民族”概念的汉译及中国化	论文	杨须爱	北京市哲学社会科学优秀成果奖	二等奖
8	将“四个意识”贯穿党的政治建设全过程	论文	孙　英	北京市哲学社会科学优秀成果奖	二等奖
9	中亚费尔干纳盆地的民族过程及相关问题研究	著作	张　娜	北京市哲学社会科学优秀成果奖	二等奖
10	老北京土话语法研究	著作	卢小群	北京市哲学社会科学优秀成果奖	二等奖
11	民族语言媒体研究：功能、效果与受众	著作	赵丽芳	北京市哲学社会科学优秀成果奖	二等奖
12	“看不见”的元凶	科普讲解	李　崴	国家民委系统科普讲解大赛	一等奖

续表

序号	成果名称	成果类型	第一获奖人	奖励名称	奖励等级
13	野火	科普讲解	成　功	国家民委系统科普讲解大赛	二等奖
14	清朝史的基本特征再探究：以对北美“新清史”观点的反思为中心	学术类专著	钟　焓	国家民委人文社会科学优秀成果评估	一等奖
15	中国少数民族古籍珍品图典：民族古文字古籍整理研究100年通览	古籍整理类—著作	张公瑾（已故）	国家民委人文社会科学优秀成果评估	一等奖
16	人类学的全球意识与学术自觉	学术类专著	麻国庆	国家民委人文社会科学优秀成果评估	一等奖
17	中华民族共同体意识：概念内涵、要素分析与实践逻辑	学术类论文	青　觉	国家民委人文社会科学优秀成果评估	一等奖
18	教育均衡发展背景下民族地区“小微学校”建设	学术类论文	苏　德	国家民委人文社会科学优秀成果评估	一等奖
19	定性比较分析（QCA）与新闻传播学研究	学术类论文	毛湛文	国家民委人文社会科学优秀成果评估	一等奖
20	咸同之际“督办团练大臣”与地方官员的“事权”之争	学术类论文	崔　岷	国家民委人文社会科学优秀成果评估	二等奖
21	中国少数民族文字珍稀典籍汇编	古籍整理类著作	中国少数民族语言与古籍研究所	国家民委人文社会科学优秀成果评估	二等奖
22	中国《玛纳斯》学辞典	普及类工具书	托汗·依萨克	国家民委人文社会科学优秀成果评估	二等奖
23	信德与德性：耶儒德性伦理的会通与转化	学术类专著	韩思艺	国家民委人文社会科学优秀成果评估	三等奖
24	“俺答封贡”的创作思考	学术类论文	钟　捷	国家民委人文社会科学优秀成果评估	三等奖
25	现时代理性认识的特点与中国边疆学建构	学术类论文	吴楚克，徐珊珊	国家民委人文社会科学优秀成果评估	三等奖
26	重温先声：费孝通的政治经济学与类型学	学术类专著	黄志辉	国家民委人文社会科学优秀成果评估	三等奖

2019 年专利授权情况统计表

序号	专利名称	所属单位	专利发明人	授权号	授权日期
1	污泥生物干化处理方法	药学院	乌日图，乌恩奇	CN 104529112 B	2019-09-03
2	一种细菌细胞顺序识别器以及细胞计算机	信息工程学院	陈　梅	201811556217. 5	2019-10-11
3	基于有机半导体的一维光子晶体边发射激光器及实现方法	理学院	陈笑，李长伟，王义全，蔡园园，王晓青	ZL201810154994. 0	2019-09-10
4	检测布鲁氏菌的引物及检测方法	生命与环境科学学院	王俊丽，肖泽丰，彭耀，林昱星，张一鸣，刘名飞，黄婧婧	ZL 2016 1 0708565. 4	2019-07-19
5	一种基于图的关键词抽取方法	信息工程学院	王志娟	ZL 2016 1 0530337. 2	2019-07-02
6	一种基于图片构建资源稀缺语言可比语料库的方法及系统	信息工程学院	王志娟	CN 106844648 B	2019-07-26
7	一种网络文本舆情分类的方法及系统	信息工程学院	胥桂仙	CN 107045524 B	2019-12-27
8	一种有机无机杂化钙钛矿量子点及其制备方法	理学院	彭洪尚，杨牧	2016 1 1178389. 4	2019-02-19
9	维药斯米孜·欧提提取物在制备肝保护药物和保健品中的应用	药学院	鲁碧楠，庞宗然，宋新龙，陈书，张耀丹，苏冷高娃	ZL201610460036. 7	2019-12-24

2019 年编写教材情况统计表

序号	工号	教师姓名	教材名称	出版社	ISBN	出版时间
1	退休	穆合塔尔·阿布勒哈克	哈萨克语视听说教程（下）	中央民族大学出版社	9787566016881	2019 年 10 月
2	退休 退休 2012019	色尕 苏自红 李惠君	《佤山舞韵——佤族舞蹈课程男女班教材》	北京天天文化艺术有限公司、北京环球音像出版社出版	9787881073576	2019 年 10 月
3	2003037	贾长龙	俄罗斯文化之旅-影视艺术 100 问	高等教育出版社	9787040525793	2019 年 9 月
4	2001019	梁积江 李媛媛（外校）	企业资本运营管理	企业管理出版社	9787516420638	2019 年 12 月
5	9900018	韦景云	壮语基础教程（2018 年修订版）	民族出版社	9787105156887	2019 年 2 月
6	9900018	韦景云	武鸣壮语词汇研究	中央民族大学出版社	9787566015624	2019 年 1 月

填报说明：

1. 统计范围为 2019 年 1 月 1 日—2019 年 12 月 31 日期间，公开正式出版的教材
2. 只统计我校教师作为第一主编的公开出版教材

2019 年校级科研平台一览表

序号	名称	负责人	成立时间	依托单位
1	中国少数民族研究中心	丁　宏	2001 年 3 月	独立
2	少数民族事业发展协同创新中心	丁　宏	2015 年 11 月	独立
3	中国少数民族语言研究院	阿布都热西提	2016 年 7 月	独立
4	藏学研究院	苏发祥	2019 年 7 月	独立
5	“一带一路”民族文化大数据中心	马传连	2017 年 7 月	信息化建设管理处
6	中国民族理论与民族政策研究院	青　觉	2015 年 12 月	民族学与社会学学院
7	世界民族学人类学研究中心	麻国庆	2011 年 11 月	民族学与社会学学院
8	“一带一路”与民族发展研究院	麻国庆	2016 年	民族学与社会学学院
9	中国民族语文应用研究院	曲木铁西	2017 年 12 月	中国少数民族语言文学学院
10	中俄能源研究院	解树江	2016 年 11 月	经济学院
11	习近平新时代中国特色社会主义思想研究基地	邹吉忠	2018 年 4 月	马克思主义学院
12	中华文化研究院	刘成有	2017 年	哲学与宗教学学院
13	宗教研究院	游　斌	2016 年 11 月	哲学与宗教学学院
14	生物成像与系统生物学研究中心	再帕尔	2016 年 12 月	生命与环境科学学院
15	转化神经科学中心	程　勇	2017 年 3 月	生命与环境科学学院
16	中国边疆民族历史研究院	彭　勇	2018 年 12 月	历史文化学院
17	中国兴边富民战略研究院	黄泰岩	2019 年 3 月	经济学院
18	光电子研究中心	李传波	2019 年 5 月	理学院
19	国家民委民族美术创意创新研究中心	芮法彬	2019 年 3 月	美术学院
20	铸牢中华民族共同体意识研究院	麻国庆	2019 年 10 月	独立

2019年科研经费情况统计表

项目类别	立项数	资助金额（万元）
国家级项目	88	3635
省部级项目	64	887
其他纵向项目	76	1396
横向项目	36	1597
校级自主科研项目	213	1287
合　计	477	8802

2019年科研课题情况

一、2019年承担国家级科研项目情况

序号	项目名称	负责人	所在单位	项目类别
1	中国特色社会学学术体系和话语体系研究	陈心想	民族学与社会学学院	国家社科基金国家社科基金一般项目
2	马克思主义民族理论基本概念的中国化研究	杨须爱	民族学与社会学学院	国家社科基金国家社科基金重点项目
3	礼经思想与中国传统伦理规范体系建设研究	王文东	哲学与宗教学学院	国家社科基金后期资助项目
4	干涉主义对心灵因果性的讨论	董　心	哲学与宗教学学院	国家社科基金后期资助项目
5	中国南方民族迁徙类口头传统研究	王　丹	少数民族事业发展协同创新中心	国家社科基金后期资助项目
6	20世纪英语世界的反乌托邦叙事研究	赵柔柔	中国少数民族语言文学学院	国家社科基金后期资助项目
7	《儒林外史》原型人物考论	叶楚炎	文学院	国家社科基金后期资助项目
8	“非洲之角”国家边界和跨境民族档案文献的整理、译介研究	施　琳	民族学与社会学学院	国家社科基金冷门绝学项目
9	南方民族糯稻文化与文明互鉴研究	杨筑慧	民族学与社会学学院	国家社科基金冷门绝学项目

续表

序号	项目名称	负责人	所在单位	项目类别
10	西藏明清时期嘎玛嘎赤派绘画遗存调查与研究	刘冬梅	藏语研究院	国家社科基金冷门绝学项目
11	历史语言学视野下的怒苏语真实文本语料研究	罗自群	少数民族语言研究院	国家社科基金冷门绝学项目
12	新疆山普拉等古墓人群骨骼的资料库建设及相关文化习俗研究	肖小勇	民族学与社会学学院	国家社科基金冷门绝学项目
13	国社科专项	尚衍斌	历史文化学院	国家社科基金专项
14	国社科专项	曹　流	历史文化学院	国家社科基金专项
15	国社科专项	杨圣敏	协同创新中心	国家社科基金专项
16	习近平新时代中国特色社会主义思想生动实践的案例（民族地区）与教学应用研究	苏海舟	马克思主义学院	国家社科基金思政专项项目
17	少数民族深度贫困地区精准扶贫的社会工作介入机制研究	杨　慧	民族学与社会学学院	国家社科基金一般项目
18	老年人口的健康状况转变与未来健康需求研究	焦开山	民族学与社会学学院	国家社科基金一般项目
19	新媒体对铸牢中华民族共同体意识的挑战及应对研究	王冬丽	民族学与社会学学院	国家社科基金一般项目
20	从文本到实践的新时代民族事务法治化研究	彭　谦	民族学与社会学学院	国家社科基金一般项目
21	非洲政党民族化与民族分离主义运动研究	王　伟	民族学与社会学学院	国家社科基金一般项目
22	新疆扎滚鲁克墓地先民遗骸的整理、数据库建设及儿童头骨体质特征研究	李海军	民族学与社会学学院	国家社科基金一般项目
23	当代西方社会实践论的形成、发展及应用研究	范叶超	民族学与社会学学院	国家社科基金一般项目
24	“中非友谊”背景下中国人与尼日利亚人的跨国婚姻研究	邱　昱	民族学与社会学学院	国家社科基金一般项目
25	中国西南跨境民族多元宗教及其文献整理与研究	雷李洪	民族学与社会学学院	国家社科基金一般项目
26	基于方言比较的普米语形态演变轨迹研究	蒋　颖	中国少数民族语言文学学院	国家社科基金一般项目
27	基于 FIELDWORKS 数据库平台的土族语民和方言研究	韩国君	中国少数民族语言文学学院	国家社科基金一般项目
28	新中国第一代作家口述史及其研究	赵天成	中国少数民族语言文学学院	国家社科基金一般项目
29	广西边境石刻整理研究	何思源	中国少数民族语言研究院	国家社科基金一般项目

续表

序号	项目名称	负责人	所在单位	项目类别
30	康家语参考语法研究	赖欣欣	中国少数民族语言研究院	国家社科基金一般项目
31	契丹语及满通古斯诸语共有词研究	卡　佳	中国少数民族语言研究院	国家社科基金一般项目
32	我国传统彝文家谱的内容挖掘与可视化方法研究	叶康杰	中国少数民族语言研究院	国家社科基金一般项目
33	生活成本提高背景下城镇新居民与原地居民公共资源配置研究	舒燕飞	经济学院	国家社科基金一般项目
34	乡村振兴背景下城乡高质量融合发展的动力机制研究	侯志茹	经济学院	国家社科基金一般项目
35	2020年后深度贫困地区提升脱贫人口收入机制与路径研究	张玉刚	经济学院	国家社科基金一般项目
36	中国旅游发展方案与太平洋岛国发展理念、发展战略对接研究	张　瑛	管理学院	国家社科基金一般项目
37	产业融合背景下中国电影企业数字化转型研究	程立茹	管理学院	国家社科基金一般项目
38	激励性刑法规范与预防性刑法观的实现研究	韩　铁	法学院	国家社科基金一般项目
39	北运河流域民间文学资源的传承与区域文化建设研究	王卫华	文学院	国家社科基金一般项目
40	心学的形成发展与四书学的重构研究	孙宝山	哲学与宗教学学院	国家社科基金一般项目
41	南北朝敦煌遗书《涅槃经》注疏整理与研究	史经鹏	哲学与宗教学学院	国家社科基金一般项目
42	保罗新观与“因信称义”的中国再诠释	王　梓	哲学与宗教学学院	国家社科基金一般项目
43	达瓦宣教运动及其风险防控研究	杨桂萍	哲学与宗教学学院	国家社科基金一般项目
44	罗马帝国后期政教关系研究	王　遥	历史文化学院	国家社科基金一般项目
45	敦煌藏文文献中的藏族部落名称考释及相关研究	德倩旺姆	历史文化学院	国家社科基金一般项目
46	清代东部蒙古藏传佛教发展研究	魏建东	历史文化学院	国家社科基金一般项目
47	近代中国与土耳其关系研究（1868—1934）	陈　鹏	历史文化学院	国家社科基金一般项目
48	《哈萨克斯坦通史》（五卷本）翻译与研究	张　娜	外国语学院	国家社科基金一般项目

续表

序号	项目名称	负责人	所在单位	项目类别
49	基于“大数据+深度学习”的藏文网络突发事件分析及预警研究	胥桂仙	信息工程学院	国家社科基金一般项目
50	新中国成立70年民族教育发展的历程、经验与趋势研究	许丽英	教育学院	国家社科基金一般项目
51	基于贵州苗族女性传统服饰技艺的创新设计研究	周　梦	美术学院	国家社科基金一般项目
52	中国古代北方多民族服饰文化融合及中华文化认同实证研究	苏日娜	民族学与社会学学院	国家社科基金重大项目
53	基督教中国化之经典、礼仪与思想研究	游　斌	哲学与宗教学学院	国家社科基金重大项目
54	中国特色社会主义少数民族经济发展及其国际比较研究	李曦辉	管理学院	国家社科基金重大项目
55	防范和化解地方政府隐性债务风险治理体系优化研究	史锦华	经济学院	国家社科基金重点项目
56	宁夏鸽子山第10地点考古调查、发掘资料整理与综合研究	彭　菲	民族学与社会学学院	国家社科基金重点项目
57	新时代中国马克思主义人类学的理论创新和意识形态建设研究	巫　达	民族学与社会学学院	国家社科基金重点项目
58	室内乐《丝路戏韵》	于　洋	音乐学院	国家艺术基金
59	室内乐《阳关赋》	庞振国	音乐学院	国家艺术基金
60	合唱《卡丽普赛达思》	刘洋洋	音乐学院	国家艺术基金
61	合唱《骆越风》	陈昌宁	音乐学院	国家艺术基金
62	舞台艺术表演	曾雅兰	音乐学院	国家艺术基金
63	民族地区编导人才培养	徐小平	舞蹈学院	国家艺术基金
64	单人舞《花溪晴雨》	杨　希	舞蹈学院	国家艺术基金
65	群舞《走在幸福路上》	姜铁红	舞蹈学院	国家艺术基金
66	舞蹈、舞剧编导	苏娅菲	舞蹈学院	国家艺术基金
67	舞蹈、舞剧编导	李　进	舞蹈学院	国家艺术基金
68	舞蹈、舞剧编导	刘晶晶	舞蹈学院	国家艺术基金
69	少数民族文化时尚创意提升人才培养	蒋彦婴	美术学院	国家艺术基金
70	当代彝族题材美术作品展	董小慧	美术学院	国家艺术基金
71	群舞《阿噶人》	格日南加	舞蹈学院	国家艺术基金滚动支持项目
72	群舞《布衣者》	格日南加	舞蹈学院	国家艺术基金滚动支持项目

续表

序号	项目名称	负责人	所在单位	项目类别
73	群舞《梦·宣》	丛帅帅	舞蹈学院	国家艺术基金滚动支持项目
74	面向弹性光网络的新型可重构光分插复用器技术研究	陈根祥	理学院	国家自然科学基金国际（地区）合作与交流项目
75	代谢物成像与原位分析质谱装置的研制	再帕尔·阿不力孜	校长办公室	国家自然科学基金国家重大科研仪器研制项目
76	深海多金属结核矿石采集作业车关键技术研究	夏建新	生命与环境科学学院	国家自然科学基金联合基金
77	活体层次神经递质在单囊泡内储存与释放的电分析化学研究	李鲜婵	生命与环境科学学院	国家自然科学基金面上项目
78	荒漠孑遗植物四合木基于表皮脂类代谢的干旱适应性研究	徐小静	生命与环境科学学院	国家自然科学基金面上项目
79	草型富营养化湖泊淤积死亡加速机制研究	黑鹏飞	生命与环境科学学院	国家自然科学基金面上项目
80	基于表示学习和生成对抗网络的藏文知识库问答关键技术研究	孙　媛	信息工程学院	国家自然科学基金面上项目
81	硅基一维异质纳米热电材料结构与性能调控及其器件基础研究	李传波	理学院	国家自然科学基金面上项目
82	连续可调谐有机半导体光子晶体激光器的研究	王义全	理学院	国家自然科学基金面上项目
83	基于端到端多任务学习的藏语多方言语音识别方法研究	赵　悦	信息工程学院	国家自然科学基金面上项目
84	安全关键系统级联失效的可靠性与安全性分析及优化	贾旭杰	理学院	国家自然科学基金面上项目
85	傣药嘿蒿烘（通关藤）逆转NSCLC获得性EGFR-TKIs耐药的作用机制研究	刘同祥	药学院	国家自然科学基金面上项目
86	基于碳/硅还原偶联的有机硅合成新方法	罗斐贤	生命与环境科学学院	国家自然科学基金青年科学基金项目
87	基于“主体-产业-空间”协同视角的传统村落发展模式与重构研究	陶　慧	民族学与社会学学院	国家自然科学基金青年科学基金项目
88	基于光子灯笼光纤的传感网络解调方法及关键技术研究	梁　骁	信息工程学院	国家自然科学基金青年科学基金项目

二、2019年承担省部级科研课题情况

序号	项目名称	项目来源	项目类别	负责人
1	“跨语际小说”理论建构与身份认同研究	教育部	青年基金项目	雷　静
2	当代藏族风格合唱作品分析、指挥艺术处理及教学运用研究	教育部	青年基金项目	曾雅兰
3	生命历程视角下早期不幸生活经历影响居民健康不平等的中介机制及干预研究	教育部	青年基金项目	杨　磊
4	极化发展背景下民族间发展差距变化及其治理研究	教育部	青年基金项目	卢小平
5	德国应用型大学创新化项目模式推动人才培养机制研究	教育部	青年基金项目	陈志伟
6	基于产业链分工和产业融合测度分析的两岸产业合作研究	教育部	青年基金项目	时保国
7	民国时期外国文学与国民教育关系研究	教育部	青年基金项目	张　珂
8	民族语言调查·西藏泽当藏语卫藏方言前藏土语泽当话	教育部	语保项目	刘　洋
9	民族语言调查·四川丹巴藏语二十四村话	教育部	语保项目	刘　洁
10	民族语言调查·西藏札达藏语阿里土语札达话	教育部	语保项目	格日杰布
11	民族语言调查·西藏吉隆藏语卫藏方言吉隆话	教育部	语保项目	宗晓哲
12	民族语言调查·四川峨边彝语北部方言衣诺话	教育部	语保项目	曲木铁西
13	民族语言调查·四川米易彝语北部方言亚拉话	教育部	语保项目	叶康杰
14	民族语言调查·云南建水彝语南部方言建水话	教育部	语保项目	胡素华
15	民族语言调查·云南勐海哈尼语哈雅方言僾尼话	教育部	语保项目	李泽然
16	民族语言调查·四川盐边纳西语东部方言摩梭话	教育部	语保项目	刘正发
17	民族语言调查·云南耿马景颇语贺派话	教育部	语保项目	蒋　颖
18	民族语言调查·广东连山壮语北部方言连山土语	教育部	语保项目	李锦芳
19	民族语言调查·云南金平壮语北部方言金平话	教育部	语保项目	韦景云
20	民族语言调查·贵州威宁布依语第三土语威宁话	教育部	语保项目	朱德康

续表

序号	项目名称	项目来源	项目类别	负责人
21	民族语言调查·广西巴马瑶族布努语东挪方言	教育部	语保项目	石德富
22	民族语言调查·贵州毕节苗语西部方言大南山话	教育部	语保项目	周国炎
23	民族语言调查·甘肃肃北蒙古语卫拉特方言肃北土语	教育部	语保项目	韩国君
24	民族语言调查·云南芒市德昂语弯手寨话	教育部	语保项目	刘　岩
25	民族语言调查统筹与运作	教育部	语保项目	宋　敏
26	民族语言调查项目技术支撑	教育部	语保项目	朱德康
27	民族语言调查项目管理	教育部	语保项目	丁石庆
28	民族院校大学生参与民族优秀传统文化传承、传播、交融路径研究	国家民委	委托项目	宫骅芮
29	民族团结进步创建工作对民族地区脱贫攻坚作用研究	国家民委	委托自筹项目	赵秀琴
30	当前流动人口的族际通婚状况分析	国家民委	后期资助项目	沈　思
31	新疆边境地区人口发展态势分析	国家民委	后期资助项目	蔡果兰
32	从云南地域经验看中华民族共同体意识的形成和发展	国家民委	后期资助项目	杨喻清
33	中缅跨境流动人口的日常生活实践与边疆安全研究	国家民委	基地项目	杨青青
34	群体安全感与增进和谐民族关系研究	国家民委	基地项目	林含章
35	欧洲白人极端主义运动研究	国家民委	基地项目	王　伟
36	新媒体对铸牢中华民族共同体意识的挑战及应对研究	国家民委	一般项目	王冬丽
37	新中国70年民族经济政策演变的历史逻辑与体系化调整	国家民委	一般项目	黄健英
38	“区域协调发展战略”视阈下民族职业教育社会服务能力提升策略研究	国家民委	一般项目	苏　德
39	构筑中华民族共同体的历史经验研究	国家民委	青年项目	袁　剑
40	涉民族因素网络舆情应对策略研究	国家民委	青年项目	毛湛文
41	中华民族共同体意识培育与民族地区博物馆定位研究	国家民委	自筹项目	雷虹霁
42	新时代“因地制宜”“与时俱进”地实施《民族区域自治法》研究	国家民委	委托	郑　毅
43	近年来西方民族主义与民粹主义交织案例研究	国家民委	委托	严　庆
44	中华民族共同体意识的历史渊源	国家民委	自筹项目	苍　铭
45	高度重视我国局部地区少数民族人口安全问题	国家民委	自筹项目	徐世英

续表

序号	项目名称	项目来源	项目类别	负责人
46	新时代民族院校铸牢中华民族共同体意识研究	国家民委	委托项目	刘达、吴月刚
47	新时代中国特色社会主义人权话语体系建构研究	北京市社科联	重点项目	韩克芳
48	新时代中国反贫困实践中的价值观研究	北京市社科联	重点项目	孙　英
49	习近平新时代中国特色社会主义思想的哲学基础研究	北京市社科联	重点项目	王金磊
50	习近平总书记关于文化自信重要论述的内在逻辑与当代价值研究	北京市社科联	一般项目	师英杰
51	社区公共性建构与复合治理的北京实践研究	北京市哲学社会科学规划办公室	青年项目	王旭辉
52	北京多民族文化融合文学叙事研究及文献整理（1978—2018）	北京市哲学社会科学规划办公室	一般项目	毕　海
53	北京传统体育文化与公共文化建设互动研究	北京市哲学社会科学规划办公室	一般项目	韦晓康
54	北京民间文学英文文本的整理与翻译传播研究	北京市哲学社会科学规划办公室	一般项目	姜　静
55	成长型心智模式的培养及其对小学生问题提出与问题解决能力的影响与干预研究	北京市教育规划	青年项目	董连春
56	战马	北京市文化艺术基金项目	舞台艺术创作项目	苏娅菲
57	情深谊长	北京市文化艺术基金项目	大型原创民族舞剧	沙呷阿依
58	“三区三州”教研员和骨干教师专业成长案例指导和研究	教育部民族教育发展中心	委托项目	贾旭杰
59	2019 年民族教育舆情研究	教育部民族教育发展中心	委托项目	许丽英
60	社会转型过程中的俄罗斯民族学研究	教育部	后期资助项目	丁　宏
61	来华国际流动教师的生活经验研究	四川省教育厅	基地项目	杨小兰
62	生态环境污染刑事治理预防性机制研究	司法部	一般课题	李　梁
63	国际刑事司法合作视野下的缺席审判程序研究	司法部	中青年课题	王一超
64	北京辖区上市公司管理会计水平、价值创造及转型升级	北京市自然科学基金委员会	面上项目	黄小琳

三、2019年校级自主科研项目专项情况（共213项）

1. 研创新团队计划项目

序号	项目名称	负责人	所在单位
1	从边疆民族地区考古看“多元一体”格局的形成	肖小勇	民族学与社会学学院
2	言语产出中韵律生成的认知过程：跨语言比较研究	王　蓓	中国少数民族语言研究院
3	朝鲜族文学与比较文学科研创新团队	吴相顺	朝鲜语言文学系
4	现实版全球化理论悖论与“一带一路”的创新发展	李曦辉	管理学院
5	信息时代的法学理论更新与法律体系完善研究	韩　轶	法学院
6	媒介与民族文化研究	赵丽芳	文学与新闻传播学院
7	中国民族文化对外传播和翻译研究	马士奎	外国语学院
8	生态系统生态学创新团队计划	桑卫国	生命与环境科学学院
9	防治2型糖尿病特色民族药的筛选及作用机理研究	庞宗然	药学院
10	基于双光栅结构的新型波长选择开关的研制	陈根祥	理学院
11	智能系统与智能信息处理团队	吴立成	信息工程学院
12	少数民族题材美术创作与研究	殷会利	美术学院
13	大型原创民族舞剧《情深谊长》	沙呷阿依	舞蹈学院
14	京津冀一体化背景下三地校园足球协同发展研究	侯会生	体育学院
15	图书馆数字人文与学科服务创新团队研究	刘明新	图书馆

2. 国家基金预研学术工作坊项目

序号	项目名称	负责人	所在单位
1	新时代社会发展与治理研究工作坊	郭伟和	民族学与社会学学院
2	新时代民族事务治理现代化研究工作坊	程春华	民族学与社会学学院
3	文博考古工作坊	李海军	民族学与社会学学院
4	藏缅语从非分析型向分析型语言演化研究	蒋　颖	中国少数民族语言文学学院
5	蒙古民间文学研究工作坊	朝格吐	蒙古语言文学系
6	蒙古文多文字文献研究工作坊	叶尔达	蒙古语言文学系
7	蒙古语族语言研究工作坊	色音巴雅尔	蒙古语言文学系
8	国家社科基金中华学术外译项目申报工作坊	金　艳	朝鲜语言文学系
9	党和国家领袖著作的汉维翻译研究	艾尔肯·阿热孜	维吾尔语言文学系

续表

序号	项目名称	负责人	所在单位
10	民族文学与世界文学交流史研究及语料数据库建设	赵天成	维吾尔语言文学系
11	中华民族共同体意识建设和边境乡村治理学术工作坊	伊利贵	哈萨克语言文学系
12	古今哈萨克语语言结构研究	杜山那里·阿不都拉西木	哈萨克语言文学系
13	改革开放四十年藏族妇女婚姻家庭观念的变化及幸福指数研究	切吉卓玛	藏学研究院
14	藏文文本与碑刻文献研究工作坊	完麻加	藏学研究院
15	国家基金经济发展课题预言工作坊	姜　伟	经济学院
16	发展金融研究工作坊	郭利华	经济学院
17	新旧动能转换期地方政府债务违约风险研究	史锦华	经济学院
18	经济理论创新与社会热点问题研究	马　淮	经济学院
19	国际经贸研究工作坊	刘　红	经济学院
20	民族地区基层社会治理体系现代化的实现机制与推进路径研究	党秀云	管理学院
21	“流动的边疆”：人类学视野下的边疆观及对中国边疆治理的启示研究	何修良	管理学院
22	民族地区经济发展困境及政策作用下的双要素驱动发展战略	谢作渺	管理学院
23	中国上市公司与资本市场会计问题研究工作坊	黄小琳	管理学院
24	上市公司社会责任信息披露的影响因素及其质量提升路径研究	叶　华	管理学院
25	社会管理创新与法律变革	韩　轶	法学院
26	民法典编纂与中国私法发展：文化·理念·制度	段　威	法学院
27	新时代理论法学的发展与思考	宋　玲	法学院
28	后出资管制时代的公司法资本制度研究	张其鉴	法学院
29	传统家国情怀的现代转型及伦理价值研究	孙　英	马克思主义学院
30	新时代国史研究学术工作坊	苏海舟	马克思主义学院
31	世界社会主义与新时代中国特色社会主义理论与实践研究	宫玉涛	马克思主义学院
32	马克思主义与新时代中国问题研究工作坊	王晓红	马克思主义学院
33	汉语言文字学学术工作坊	卢小群	文学与新闻传播学院
34	中国现当代文学前沿问题研究	冷　霜	文学与新闻传播学院

续表

序号	项目名称	负责人	所在单位
35	文化传播视野下民族文艺的交流融合与现代表述研究	王卫华	文学与新闻传播学院
36	经典诠释与文化创新	孙宝山	哲学与宗教学学院
37	南北之间：中国民族史诸问题研究	曹　流	历史文化学院
38	“历史与理论：中国与周边国家及地区关系”学术工作坊	章毅君	历史文化学院
39	时空视域下的中西文化比较研究	黄义军	历史文化学院
40	近代中国边疆民族区域政治史研究	彭武麟	历史文化学院
41	少数民族教育研究能力提升工作坊	苏　德	教育学院
42	翻译学研究	覃俐俐	外国语学院
43	美国文学与文化研究	邓建新	外国语学院
44	生态学基金预研学术工作坊	桑卫国	生命与环境科学学院
45	环境科学与工程基金预研学术工作坊	金　军	生命与环境科学学院
46	生物学基金预研学术工作坊	王晓东	生命与环境科学学院
47	草原生态学基金预研学术工作坊	肖春旺	生命与环境科学学院
48	应用化学基金预研学术工作坊	张　严	生命与环境科学学院
49	民族医药防治高发疑难疾病药效物质基础及作用机制研究	庞宗然	药学院
50	“四物汤煎液纳米粒子对辐射损伤斑马鱼造血系统的影响”等4项目申报国家自然基金提升性培育计划	朱　丹	药学院
51	民族药物药效作用于药理机制研究学术工作坊	乌恩奇	药学院
52	民族药应用基础研究学术工作坊	刘伟志	药学院
53	民族药交叉新技术研究（滚动申请）	刘庆山	药学院
54	应用数学学术工作坊	李成岳	理学院
55	物理科学学术工作坊	张谷令	理学院
56	应用统计学术工作坊	贾旭杰	理学院
57	微纳光电子学术工作坊	王义全	理学院
58	智能系统与智能信息处理工作坊	李霞丽	信息工程学院
59	智能信息处理类国家级项目申请工作坊	宋　伟	信息工程学院
60	网络数据挖掘工作坊	胥桂仙	信息工程学院
61	大数据与社会计算	蒲秋梅	信息工程学院
62	中国传统手工艺造型的当代创造性转化研究	袁江名	美术学院
63	少数民族地区铜管、木管艺术人才培养	陈继涛	音乐学院
64	“一带一路”民族艺术歌曲创新研究	张　纯	音乐学院

续表

序号	项目名称	负责人	所在单位
65	关于少数民族地区老年人群的增龄与健康水平的调查研究	苏日塔拉图	体育学院
66	运动影响心理健康和认知发展工作坊	马　强	体育学院
67	汉语作为第二语言习得与教学研究	刘玉屏	国际教育学院
68	面向“一带一路”的汉语国际教育研究工作坊	娄开阳	国际教育学院
69	二语习得和三语（民族语–汉语–英语）比较研究工作坊	乔　翔	预科教育学院
70	教育学学术英语语料库建设研究工作坊	杨长喜	预科教育学院
71	民族文化自觉与社会治理研究	王　丹	中国少数民族研究中心、少数民族事业发展协同创新中心
72	中国少数民族古籍整理研究	高　娃	中国少数民族语言研究院
73	中国南方少数民族语言方言比较研究工作坊	李泽然	中国少数民族语言研究院
74	民族古籍整理与研究工作坊	黄金东	图书馆
75	净明道与江南道教地方化模式研究	焦玉琴	中国少数民族语言文学学院

3. 青年教师科研能力提升计划项目

序号	项目名称	负责人	所在单位
1	社区公共性建构与复合治理的实践路径	王旭辉	民族学与社会学学院
2	民族地区教育扶贫困境及社会工作介入研究	杨　慧	民族学与社会学学院
3	海南岛屿城市发展与港口渔民生计转型研究	区　缵	民族学与社会学学院
4	社会转型背景下邯郸传统村落重构研究	陶　慧	民族学与社会学学院
5	大运河文化带与城市副中心文化建设	张青仁	民族学与社会学学院
6	基于生态位理论的生态治理政策分析与绩效评价研究	赵丹华	中国少数民族语言文学学院
7	苗语白苗支系方言声调系统研究——以黄栗树苗语为例	杨　波	少数民族语言文学系
8	胡仁乌力格尔《神星传》口头与书面双重性研究	布仁巴雅尔	蒙古语言文学系
9	境外宗教对少数民族大学生渗透情况分析及其防御机制研究	金东光	朝鲜语言文学系
10	汉维有定性对比研究	祖农·纳司尔丁	维吾尔语言文学系
11	宋代治理广西方略及措施	梁　琛	哈萨克语言文学系
12	现代藏语语法学理论研究	格日杰布	藏学研究院

续表

序号	项目名称	负责人	所在单位
13	新时代沿边地区对外开放政策评价研究	吴　凡	经济学院
14	社区林业股份合作组织的绩效研究	龙贺兴	经济学院
15	新货币政策框架下的价格型调控有效性研究	帅昭文	经济学院
16	坏人会变好吗？道德清洁的作用	朱金强	管理学院
17	知识与权力：福柯空间观下公共政策终结空间构建研究	曲纵翔	管理学院
18	“一带一路”与公共外交在东北亚地区的互动发展研究	林圣爱	管理学院
19	代位执行之法理基础释析	卢　桂	法学院
20	刑事缺席审判制度研究	王一超	法学院
21	审判权配置原理研究	王　帅	法学院
22	习近平生态文明建设思想研究	韩秀霜	马克思主义学院
23	创新型国家建设的文化支撑研究	师英杰	马克思主义学院
24	欧美汉语音韵学成果的引介与翻译	娄　育	文学与新闻传播学院
25	新时代高等院校“思政群岛效应”的构建与路径探析	王军杰	文学与新闻传播学院
26	《资本论》中的政治哲学思想研究	刘　梅	哲学与宗教学学院
27	关于手抄本甘珠尔所收《八千颂般若经》版本谱系的考释	乌达木	哲学与宗教学学院
28	卢卡奇合类性思想的民主诉求研究	胡昕雯	哲学与宗教学学院
29	辽与中原王朝交往史料辑考	曹　流	历史文化学院
30	蒙古文历辈察罕殿齐呼图克图传记研究	魏建东	历史文化学院
31	《古代海洋丝绸之路上的城市：唐宋时期的中南半岛史料考述》	廖靖靖	历史文化学院
32	少数民族学生的城市融入问题研究	袁　梅	教育学院
33	民族地区跨域流动教师的专业经验研究	傅淳华	教育学院
34	云南怒江州深度贫困地区教育精准脱贫研究	陈志伟	教育学院
35	转译视野下的包天笑翻译文学研究	李　青	外国语学院
36	多元文化主义语境下的当代美国华裔文学研究	王　凯	外国语学院
37	美国互联网内容治理政策研究	石丽荣	外国语学院
38	运用传统绳结纹样的数字表现研究	李　强	美术学院
39	中国艺术形象的海外建构——以伦敦“中国艺术国际展览会”为例	姜宛君	美术学院
40	民族服饰叠穿艺术的创新应用研究	周　莹	美术学院
41	调式化写作与五声调式系统	史小龙	音乐学院

续表

序号	项目名称	负责人	所在单位
42	传承与创新——低音提琴室内乐重奏的作用和优势	张　裕	音乐学院
43	少数民族题材作品在唢呐演奏和教学中的应用研究	胡美玲	音乐学院
44	“一带一路”背景下推广少数民族传统体育文化国际化研究之“博克”运动调研	吴　非	体育学院
45	基于计划广度的汉语二语者口语能力发展研究	韩　笑	国际教育学院
46	在华留学生汉语语言互动能力的动态评估	徐明斐	国际教育学院
47	中外教育学期刊英文摘要多维度研究	杨长喜	预科教育学院
48	清代珲春旗人社会研究三题	顾松洁	少数民族语言研究院
49	民族地区的殡葬改革研究：以贵州省为中心	马金生	中国少数民族研究中心、少数民族事业发展协同创新中心
50	边疆地区少数民族社会变迁与历史记忆研究	马　欣	中国少数民族研究中心、少数民族事业发展协同创新中心
51	乡村振兴视角下西南民族地区产业融合路径研究	王耀宇	党委办公室、校长办公室（学校档案馆、督查室）
52	20 世纪 50 年代我国少数民族研究学科体系的形成与嬗变	郭丹丹	党委办公室、校长办公室（学校档案馆、督查室）
53	李文求与胡学文农村小说中典型人物形象比较	李美善	科研处
54	双一流建设背景下，民族院校怎么看？怎么干？——基于优化学科布局视角	罗贤丽	发展规划处
55	朝鲜半岛文献目录规则的历史变迁与国际化道路研究	刘　晋	图书馆
56	《东都事略》版本研究	郑　蕊	图书馆
57	H-OCR 民族语言文档识别系统在中央民族大学藏文古籍文献数字化中的应用	塔　娜	图书馆
58	习惯法在民族地区社会治理创新中的作用研究	梁利华	期刊社
59	非物质文化遗产保护语境下的少数民族史诗传承人研究	罗丹阳	出版社
60	近红外第二窗口有机小分子荧光探针设计、合成及生物成像应用研究	罗斐贤	生命与环境科学学院
61	电化学耦合氧化系统去除民族地区水体中抗生素类污染物的研究	邢　璇	生命与环境科学学院

续表

序号	项目名称	负责人	所在单位
62	凉山彝族自治州农地政策绩效、居民环境认知程度与乡村振兴路径研究	于　潇	生命与环境科学学院
63	2-萘基苯酚激发态质子转移过程的理论研究	夏淑华	生命与环境科学学院
64	植物源化合物 Asterain 纳米杀线虫剂的制备与优化	武海波	生命与环境科学学院
65	黄芪赤风汤提取物药代动力学及对早期 RA 治疗作用物质基础研究	谷雨龙	药学院
66	质谱分析和质谱成像新方法研究及其应用于中草药物质基础的探究	李艳艳	药学院
67	基于 AFAI-MSI 质谱成像技术发现绥草治疗糖尿病肾病的活性化合物及其作用机制研究	周文斌	药学院
68	南疆职业教育现状及对口支援的机制、成效研究	董连春	理学院
69	带渐近扰动的紧邻随机游动若干性质的研究	杨　慧	理学院
70	太赫兹成像技术在印制品的鉴别和防伪中的应用研究	崔　彬	理学院
71	金属/铁电异质纳米电缆的性能研究	付军丽	理学院
72	碘氧铋@银复合纳米材料的制备及其性能研究	贾　莹	理学院
73	功能化金属有机框架材料在纳米医学中的研究	刘　蓓	理学院
74	基于知识图谱的藏文问答系统研究	孙　媛	信息工程学院
75	应用于大规模互联网数据集的暴恐视频检测方法研究	郑　睿	信息工程学院
76	少数民族民间文化资源传承与开发应用示范	丁仁伟	信息工程学院
77	基于群智能的推荐算法研究	孙　娜	信息工程学院
78	基于深度特征融合的异常事件检测	岑　翼	信息工程学院
79	北京某高校教职工健康体检结果分析	李淑英	校医院
80	南方民族文化遗产中的技艺传承与聚落保护研究	佟　珊	民族学与社会学学院
81	基于大数据技术的新社会阶层构成特征与政治功能演化分析（1978—2018）	秦广强	民族学与社会学学院
82	蒙古文古籍文献整理与研究	朝　鲁	蒙古语言文学系
83	新时期朝鲜族文学研究青年学术团队建设	金贤哲	朝鲜语言文学系
84	汉维语体翻译理论与技巧研究	吾麦尔江·吾吉艾合麦提	维吾尔语言文学系
85	比较文学视野下的藏族当代文学及其翻译研究	增宝当周	藏学研究院

续表

序号	项目名称	负责人	所在单位
86	收入分配与反贫困研究青年学术团队建设	王　庶	经济学院
87	民族地区脱贫攻坚案例研究青年学术团队	王润球	经济学院
88	民族地区电商+乡村特色产业培育政策的梗阻与应对	卢小平	管理学院
89	社会企业生态系统构建及运行机制研究	李　健	管理学院
90	生态环境污染刑事治理预警机制研究	李　梁	法学院
91	民法典编纂背景下民事习惯研究	陈徐奉	法学院
92	人类命运共同体思想对马克思主义理论的贡献与发展	田志亮	马克思主义学院
93	文化传承与再造："新北京"城市形象书写（1949—1966）	杨天舒	文学与新闻传播学院
94	泛媒介视域下的民族文化传播创新研究	毛湛文	文学与新闻传播学院
95	多民族融合视域下西北地区少数民族宗教信仰现状调查	李晓瞳	哲学与宗教学学院
96	19—20世纪初叶中国政治与外交的现代转型	崔　岷	历史文化学院
97	民族地区中小学信息化教学资源的校本化研究	钟志勇	教育学院
98	政策与行动：深度贫困地区基础教育政策的协同创新机制研究	江凤娟	教育学院
99	英语世界中国民族文化译介与传播接受研究	石　嵩	外国语学院
100	美国经典和少数族裔文学及语言文化研究	王　林	外国语学院
101	基于生物成像的转基因生物安全性评价	薛　堃	生命与环境科学学院
102	民族地区典型工业污染区持久性有毒化学污染物复合污染特征与协同修复技术研究	胡吉成	生命与环境科学学院
103	民族地区数学与理科教育质量提升研究	苏傲雪	理学院
104	微纳生物光子学青年学术团队	杨玉平	理学院
105	基于多技术交叉策略的药物分析新方法的构建	申刚义	药学院
106	我国中西部各主要少数民族慢性病患病差异与肠道菌群相关性研究	赵焕虎	药学院
107	基于消除冗余扩散和补偿平衡的信息过滤推荐算法研究	刘向春	信息工程学院
108	青年学术团队之"传感器与微系统"	耿照新	信息工程学院
109	改革开放40年"走向世界"的中国少数民族题材电影研究	张次禹	美术学院
110	高原地区青少年身心发展研究学术团队	马　强	体育学院

续表

序号	项目名称	负责人	所在单位
111	全国普通高级中学体育特长生运动性疲劳评价指标的研究与分析	李建平	体育学院
112	舞蹈钢琴伴奏应用研究	马庆玲	舞蹈学院
113	汉语二语习得研究与测评方法的创新与应用	张海威	国际教育学院
114	少数民族大学生意识形态教育研究	李松洁	学生处
115	全维度天线系统资源调度方法的研究	冉静学	信息化建设管理处
116	新中国成立 70 年少数民族双语教育研究	海　路	期刊社
117	图书馆学科服务创新实践研究	刘如娟	图书馆
118	耳穴放血疗法治疗睑腺炎/麦粒肿的病理生理机制研究	杜　萍	校医院
119	少数民族健康促进的理论与实践研究	丁　娥	中国少数民族研究中心
120	抑郁症生物标记物筛选及机制研究	程　勇	生命与环境科学学院
121	活体层次神经递质在单囊泡内储存与释放的电分析化学研究	李鲜蝉	生命与环境科学学院

4. 青年文库项目

序号	项目名称	负责人	所在单位
1	中国少数民族文化产业融资问题研究	赵　佳	舞蹈学院
2	蒙古国音乐研究文学综录	楚高娃	音乐学院

四、2019 年国际（境外）合作项目统计表

年度	合同名称	负责人	承接单位	成果形式	合同金额（万元）	状态	甲方名称
2018	内蒙古锡林郭勒盟生态移民家庭能力建设行动研究	任国英	民族学与社会学学院	其他	40	进行	香港理工大学应用社会科学系

2019 年主办学术会议情况表

序号	主题	主办单位	日期
1	中央民族大学藏学研究院第十届宗喀巴学术研讨会	藏学研究院	12 月 11 日
2	“比较文学视野下的藏族当代文学翻译及其研究”	藏学研究院	4 月 20—21 日
3	中央民族大学藏学研究院“2019 年藏族民俗研究工作坊”学术研讨会	藏学研究院	4 月 14 日
4	“莲花戒思想与藏传佛教本土化”暨国家社科基金项目《莲花戒佛学著作整理与研究》的（中期）成果研讨会	藏学研究院	5 月 11—12 日
5	近代藏族历史研究学术研讨会	藏学研究院	11 月 15 日—11 月 17 日
6	全国民族法学博士生论坛	法学院	11 月 28 日
7	2019 年民族法学博士生论坛	法学院	11 月 30 日
8	经济学管理学中国学派研究 60 人论坛第二届年会	管理学院	12 月 10 日
9	民族和民族地区高校经济管理学院院长论坛暨民族经济学科建设研讨会——民族经济 70 年回顾与展望	管理学院	12 月 10 日
10	“中国工商管理研究年度高端论坛”	管理学院	3 月 30 日
11	心理健康讲座暨心理委员培训大会	管理学院	11 月 26 日
12	首届汉语国际教育研究方法中青年学者圆桌论坛	国际教育学院	4 月 14 日
13	首届汉语国际教育研究方法高端论坛	国际教育学院	10 月 12 日
14	2018 中国热点前沿排名发布会	经济学院	1 月 15 日
15	中国兴边富民战略研究院成立大会暨首届中国兴边富民论坛	经济学院	5 月 20 日
16	中央民族大学经济学院第一届研究生学术论坛	经济学院	12 月 27 日
17	中国民族政策研究会 2019 年学术年会	科研处	12 月 2 日

续表

序号	主题	主办单位	日期
18	唐朝多维角度的审视：唐史专题研讨会暨唐史学会理事会会议	历史文化学院	6月15—16日
19	南方民族历史与文化青年论坛	历史文化学院	11月2—3日
20	新时代与马克思主义大众化高端论坛暨第六届北方民族发展论坛	马克思主义学院	11月19日
21	习近平生态文明思想研究	马克思主义学院	12月13日
22	青年学术论坛“走向生态文明新时代”	马克思主义学院	9月27日
23	世界经济体系百年未有之大变局	马克思主义学院	11月15日
24	北京高校博物馆文创论坛	民族博物馆	10月25日
25	中央访问团受赠锦旗学术挖掘研讨会	民族博物馆	12月6日
26	中国民族理论与民族政策研究院第二十三届研究生学术研讨会	民族学与社会学学院	11月20日
27	2019中国世界民族学会常务理事会暨“多民族国家治理与世界安全”学术研讨会	民族学与社会学学院	11月11日
28	“城乡发展与社会治理现代化”研讨会暨第三届“费孝通田野调查奖”颁奖仪式	民族学与社会学学院	12月2日
29	中国民族理论与民族政策研究院第二十三届学术研讨会	民族学与社会学学院	12月17日
30	《社会建设》创刊五周年庆祝会暨国家治理现代化视野下的社会政策与社会工作论坛	民族学与社会学学院	12月10日
31	《东非民族志》编撰工作坊	民族学与社会学学院	1月10日
32	中国民俗学70年：学科发展与话语体系建设学术研讨会	民族学与社会学学院	6月16日
33	潘光旦与中国现代学术：纪念潘光旦诞辰120周年学术研讨会	民族学与社会学学院	11月7—9日
34	中国民族学学会2019学术年会暨“新中国民族学七十年与民族学中国学派之路”学术研讨会	民族学与社会学学院	10月11—13日
35	社会工作参与社会治理现代化转型高峰论坛暨民政部政策理论研究基地挂牌仪式	民族学与社会学学院	5月31日

续表

序号	主题	主办单位	日期
36	舞蹈学院60周年院庆暨“区域性少数民族舞蹈生存与发展观现状研究”专题研讨会	舞蹈学院	12月4日
37	西部高校、民委高校新闻传播学科院长论坛暨“知行奖”启动仪式	新闻与传播学院	9月4—7日
38	第三届中国民族志纪录片学术展	新闻与传播学院	10月25—28日
39	经典诠释与文化创新研讨会	哲学与宗教学学院	4月12—14日
40	新中国70年民族学学科建设高层论坛暨《西北民族研究》创刊百期纪念研讨会	中国少数民族研究中心、少数民族事业发展创新中心	3月30日
41	“少数民族健康促进的理论与实践”研讨会	中国少数民族研究中心、少数民族事业发展创新中心	6月15日
42	新时代台湾少数民族研究学术话语体系研讨会暨台湾少数民族研究会2019年年会	中国少数民族研究中心、少数民族事业发展协同创新中心	11月3日
43	第二期新时代民族理论与民族工作研习班	中国少数民族研究中心、少数民族事业发展协同创新中心	9月19—20日
44	第二期新时代民族理论与民族工作研习班	中国少数民族研究中心、少数民族事业发展协同创新中心	9月19—20日
45	国家社科基金重大课题“东北人口较少民族口头文学抢救性整理与研究”	中国少数民族语言文学学院	3月18日
46	比较文学前沿讲座	中国少数民族语言文学学院	3月29日
47	欢度苗族四月八节，文化旅游推荐会及产学研合作研讨会	中国少数民族语言文学学院	5月11日
48	80、90后朝鲜族作家、作品研讨会	中国少数民族语言文学学院	5月11日
49	70后朝鲜族作家作品研讨会	中国少数民族语言文学学院	5月25日
50	“一带一路”沿线蒙古文多种文字文献国际学术研讨会	中国少数民族语言文学学院	11月2—3日
51	民族语地理语言学沙龙	中国少数民族语言研究院	4月6日

2019年研究生学术论文、著作、应用成果奖励名单

序号	姓名	院系	专业	培养层次	成果类别	科研成果名称	发表/出版/专利申请时间	发表刊物/专著ISBN号/专利号/研究报告采纳对象	署名顺序（含通讯作者）	认定等级
1	孙元元	文学院	中国现当代文学	博士研究生	学术论文	在“坦白”与“沉默”之间——关于乡村非虚构叙事中的两重虚构	2019年11月	中国现代文学研究丛刊	第一作者	C
2	宗喀·益西丹佛	哲学与宗教学学院	宗教学	博士研究生	学术论文	现象学视角到诠释学视角——宗教学研究中的一种方法论探讨	2019年第2期	青海民族研究	第一作者	C
3	宗喀·益西丹佛	哲学与宗教学学院	宗教学	博士研究生	学术论文	甘青藏区文昌帝君信仰的文本解读	2019年第3期	中国藏学	第一作者	B
4	曾晨刚	国际教育学院	国际汉语教学	博士研究生	学术论文	普通话塞擦音声学界标研究	2019年9月	语言科学	第一作者	B
5	邢蜜蜜	国际教育学院	国际汉语教学	博士研究生	学术论文	东南亚国家汉语考试体系化建设研究	2019年2月	民族教育研究	第一作者	C
6	刘继文	民族学与社会学学院	社会学	硕士研究生	学术论文	文化资本理论视角下瑶族语言文字的传承与发展研究	2019年10月	广西民族研究	第一作者	C

续表

序号	姓名	院系	专业	培养层次	成果类别	科研成果名称	发表/出版/专利申请时间	发表刊物/专著ISBN号/专利号/研究报告采纳对象	署名顺序（含通讯作者）	认定等级
7	胡文兰	民族学与社会学学院	民族学	博士研究生	学术论文	布依族妇女传统蜡染服饰变迁的“真假”之喻	2019年2月	广西民族研究	第一作者	C
8	龙金菊	民族学与社会学学院	民族政治学	博士研究生	学术论文	民族心态秩序构建：铸牢中华民族共同体意识的社会心理路径	2019年12月1日	西南民族大学学报（哲学社会科学版）	第一作者	C
9	徐欣顺	民族学与社会学学院	民族政治学	博士研究生	学术论文	民族团结进步教育研究的理论图景与反思——改革开放以来民族团结进步教育研究文献述评	2019年10月1日	民族教育研究	第一作者	C
10	徐欣顺	民族学与社会学学院	民族政治学	博士研究生	学术论文	民族地区易地扶贫搬迁：给予型政策与地方性秩序的张力研究——基于国家与社会关系的分析视角	2019年11月1日	人大复印报刊资料《民族问题研究》	第一作者	C
11	赵超	民族学与社会学学院	民族政治学	博士研究生	学术论文	象征的再生产：形塑中华民族共同体意识的一个文化路径	2019年4月	人大复印报刊资料《民族问题研究》	第一作者	C
12	曹静	民族学与社会学学院	人类学	博士研究生	学术论文	社会区隔的文化隐喻与实践	2019年7月	《西北民族研究》2019年第3期	第一作者	C
13	浦天龙	民族学与社会学学院	社会学	博士研究生	学术论文	学生消防素质关系国家安全发展	2019年11月	《中国教育报》理论版	第一作者	C
14	和红梅	民族学与社会学学院	民族学	博士研究生	学术论文	印度民族国家构建中应对复杂多样性的政治策略及其效果	2019年6月	西南民族大学学报（人文社会科学版）	第一作者	C

续表

序号	姓名	院系	专业	培养层次	成果类别	科研成果名称	发表/出版/专利申请时间	发表刊物/专著ISBN号/专利号/研究报告采纳对象	署名顺序（含通讯作者）	认定等级
15	侯馨茹	民族学与社会学学院	民族学	博士研究生	学术论文	地方性知识融合学校道德教育教学的初步探讨	2019年8月	民族教育研究	第一作者	C
16	白木仁	法学院	民族法学	博士研究生	学术论文	蒙古人财产继承习惯法研究	2019年第4期	中国蒙古学	第一作者	C
17	刘俊	法学院	民族法学	博士研究生	学术论文	鼓藏头产生的逻辑规则及法治维度	2019年第2期	中央民族大学学报（哲社版）	第一作者	B
18	徐宜可	法学院	民族法学	博士研究生	学术论文	民族地区生态移民参与权及其实现	2019年11月1日	中国蒙古学	第一作者	C
19	包朝鲁门	法学院	民族法学	博士研究生	学术论文	关于《蒙古-卫拉特法典》审判制度的几个问题	2019年9月	中国蒙古学	第一作者	C
20	国建文	教育学院	中国少数民族教育	博士研究生	学术论文	研究生导师道德责任的古典视域及其现代启示	2019年7月	学位与研究生教育	第一	C
21	阿木古楞	教育学院	中国少数民族教育	博士研究生	学术论文	新中国成立70年内蒙古民族教育政策的逻辑进路与时代走向	2019年10月	民族教育研究	第一	C
22	李秋丽	教育学院	中国少数民族教育	博士研究生	学术论文	新中国成立70年民族院校发展政策的演进逻辑	2019年1月	民族教育研究	第一	C
23	蔡春虹	教育学院	中国少数民族教育	博士研究生	学术论文	凭什么流动：乡村教师流动资本变迁研究	2019年8月	民族教育研究	第一作者	C
24	柔金措毛	藏学研究院	藏学	博士研究生	学术论文	历史记忆与文化表述：记忆视阈下的藏族祝赞词研究	2019年7月	青海民族研究	第一作者	C

续表

序号	姓名	院系	专业	培养层次	成果类别	科研成果名称	发表/出版/专利申请时间	发表刊物/专著ISBN号/专利号/研究报告采纳对象	署名顺序（含通讯作者）	认定等级
25	桑杰吉	藏学研究院	藏学	博士研究生	学术论文	汉藏对照词典与藏语新词语词典编纂的现状、特点及问题管窥	2019年第4期	中国藏学（藏文）	第一作者	C
26	文巴加	藏学研究院	藏学	博士研究生	学术论文	略论《司徒文法详解》中关于文法要点的重释问题	2019年第4期	中国藏学（藏文）	第一作者	C
27	罗让旦真	藏学研究院	藏学	硕士研究生	学术论文	敦煌文献OR1282之桑斯噶地名考述	2019年12月1日	中国藏学（藏文）	独立撰写	C
28	刘正航	经济学院	财政学	硕士研究生	学术论文	PPP项目风险管理问题探析——基于D市海底隧道项目的案例分析	2019年11月	财务与会计导刊（上半月·实务版）	第一作者	C
29	祁志伟	管理学院	民族地区公共行政管理	博士研究生	学术论文	新时代贫困治理的预设图景及国外经验借鉴	2019年1月10日	西南民族大学学报（人文社科版）	第一作者	C
30	唐留芳	中国少数民族语言文学学院	语言学及应用语言学	博士研究生	学术论文	安顺大硐口苗语的三域声调系统	2019年4月5日	《民族语文》2019年第2期	第一作者	B
31	李秀华	中国少数民族语言文学学院	中国少数民族语言文学	博士研究生	学术论文	和温壮语并列复合词结构及其词序特征	2019年10月5日	民族语文	第一作者	B
32	全景	中国少数民族语言文学学院	中国少数民族语言文学	硕士研究生	学术论文	韩国语与中国朝鲜语隔写法对比研究	2019年7月2日	中国朝鲜语文（朝文版）	第一作者	C
33	王燕	中国少数民族语言文学学院	中国少数民族语言文学	博士研究生	学术论文	朝鲜语“잡다”与汉语“抓”的语义扩展机制对比	2019年5月2日	中国朝鲜语文（朝文版）	第一作者	C

续表

序号	姓名	院系	专业	培养层次	成果类别	科研成果名称	发表/出版/专利申请时间	发表刊物/专著ISBN号/专利号/研究报告采纳对象	署名顺序（含通讯作者）	认定等级
34	吴英格	中国少数民族语言文学学院	中国少数民族语言文学专业	博士研究生	学术论文	莫·伊达木苏荣短篇小说节奏艺术	2019年9月15日	中国蒙古学	第一作者	C
35	王苏佈敦其其格	中国少数民族语言文学学院	中国少数民族语言文学专业	博士研究生	学术论文	论挖掘运用蒙古固有词汇的重要性	2019年5月15日	ISSN1673—1247《中国蒙古学》	第一作者	C
36	高迎春	中国少数民族语言文学学院	中国少数民族语言文学专业	博士研究生	学术论文	蒙古喇嘛服饰的文化信息传播功能	2019年1月15日	ISSN1673—1247《中国蒙古学》	第一作者	C
37	小春	中国少数民族语言文学学院	中国少数民族语言文学专业	博士研究生	学术论文	《黄史》的成书年代考	2019年7月15日	ISSN1673—1248《中国蒙古学》	第一作者	C
38	乌日古嘎	中国少数民族语言文学学院	中国少数民族语言文学专业	博士研究生	学术论文	《蒙古秘史》情态副词语义研究	2019年7月15日	ISSN1673—1249《中国蒙古学》	第一作者	C
39	苏日娜	中国少数民族语言文学学院	中国少数民族语言文学	硕士研究生	学术论文	《土尔扈特全部归顺记》蒙古文录文对堪	2019年5月1日	ISSN1673—1250《中国蒙古学》	第一作者	C
40	马巍	民族学与社会学学院	民族学	博士研究生	调研内参	“少数民族华侨华人”调研专题：泰国华人穆斯林的生存状况研究	2019年11月28日	教育部《高校智库专刊》2019年第14期（总第40期）	第一作者	C
41	海璐	民族学与社会学学院	民族学	博士研究生	调研内参	“少数民族华侨华人”调研专题：正确认识尼泊尔藏人身份的多元化与多重性	2019年11月28日	教育部《高校智库专刊》2019年第14期（总第40期）	第一作者	C
42	陈其晓	民族学与社会学学院	民族学	博士研究生	调研内参	沙特回族华侨华人的现状及多重身份认同	2019年11月1日	教育部《高校智库专刊》2019年第14期（总第40期）	第一作者	C

国际交流与合作

2019 年签署校际协议汇总表

序号	级别	协议有效期	国家/地区	合作院校	协议名称	签署人
1	院系级	2019. 01. 14—2022. 01. 13	泰国	泰国艺术大学教育学院	《中国中央民族大学中国少数民族语言文学系与泰国艺术大学教育学院学术交流合作谅解备忘录》	周国炎
2	院系级	2019. 01. 14—2022. 01. 13	泰国	泰国艺术大学教育学院	《中国中央民族大学中国少数民族语言文学系与泰国艺术大学教育学院学生交换协议》	周国炎
3	院系级	2019. 01. 15—2024. 01. 15	中国台湾	台湾成功大学	《中央民族大学民族学与社会学学院与台湾成功大学文学院合作约定书》	麻国庆
4	校级	2019. 01. 28—2024. 01. 28	中国台湾	台湾清华大学	《中央民族大学与台湾清华大学学术交流合作备忘录》	黄泰岩
5	校级	2019. 03. 05—2024. 03. 04	澳大利亚	澳大利亚西悉尼大学	《中国中央民族大学与澳大利亚西悉尼大学学术合作备忘录》	黄泰岩
6	校级	2019. 02. 01—2024. 02. 01	澳大利亚	澳大利亚西悉尼大学	《中国中央民族大学与澳大利亚西悉尼大学课程对接协议》	黄泰岩
7	校级	2019. 03. 20—2022. 03. 20	美国	纽约州立大学石溪分校	《中国中央民族大学与纽约州立大学石溪分校学生交换协议与合作谅解备忘录》	宋　敏
8	院系级	2019. 04. 20—2024. 04. 20	蒙古国	蒙古国科学院语言文学研究院	《中国中央民族大学蒙古语言文学系与蒙古国科学院语言文学研究院研究生交换协议》	朝格吐
9	院系级	2019. 04. 20—2024. 04. 20	蒙古国	蒙古国科学院语言文学研究院	《中国中央民族大学蒙古语言文学系与蒙古国科学院语言文学研究院学术交流协议书》	朝格吐
10	校级	2019. 04. 07—2024. 04. 07	苏格兰	圣安德鲁斯大学	《中国中央民族大学与圣安德鲁斯大学合作协定书》	黄泰岩

续表

序号	级别	协议有效期	国家/地区	合作院校	协议名称	签署人
11	校级	2019. 04. 07—2024. 04. 07	苏格兰	圣安德鲁斯大学	《中国中央民族大学与圣安德鲁斯大学交流协议书》	黄泰岩
12	校级	2019. 03. 20（无有效期）	蒙古国	蒙古国科学院历史与考古研究所、蒙古国乌兰巴托大学	《中国中央民族大学与蒙古国科学院历史与考古研究所、蒙古国乌兰巴托大学学术交流与合作协议》	黄泰岩
13	院系级	2019. 03. 06（无有效期）	阿根廷	阿根廷布宜诺斯艾利斯大学	《中国中央民族大学民族学与社会学学院与阿根廷布宜诺斯艾利斯大学社会科学学院教师交流协议》	麻国庆
14	校级	2019. 03. 21—2024. 03. 21	德国	科隆大学	《中国中央民族大学与德国科隆大学学生交流协议》	胡华征
15	校级	2019. 07. 09（无有效期）	中国	中国人民对外友好协会美大工作部	《中国人民对外友好协会美大工作部与中央民族大学战略合作备忘录》	宋　敏
16	院系级	2019. 09. 09（无有效期）	哈萨克斯坦	阿勒-法拉比哈萨克重点国立大学语文学及外国语系	《中国中央民族大学中国少数民族语言文学学院与哈萨克斯坦共和国阿勒-法拉比哈萨克重点国立大学语文学及外国语系关于 2019 年中方学生在哈方开展教学实习的补充协议》	钟进文
17	校级	2019. 06. 20—2021. 08. 31	英国	牛津大学	《中国中央民族大学与英国牛津大学暑期学术交流项目合作谅解备忘录》	黄泰岩
18	校级	2019. 06. 20—2021. 08. 31	英国	剑桥大学	《中国中央民族大学与英国剑桥大学暑期学术交流项目合作谅解备忘录》	黄泰岩
19	校级	2019. 09. 23—2024. 09. 23	柬埔寨	金边皇家大学	《中国中央民族大学与柬埔寨金边皇家大学合作谅解备忘录》	宋　敏
20	校级	2019. 09. 23—2024. 09. 23	柬埔寨	金边皇家大学	《中国中央民族大学与柬埔寨金边皇家大学学生交换协议》	宋　敏
21	校级	2019. 09. 19—2024. 09. 19	日本	日本名古屋市立大学	《中国中央民族大学与日本名古屋市立大学学术交流协议书》	黄泰岩
22	校级	2019. 07. 13—2024. 07. 13	葡萄牙	国际伊比利亚纳米技术实验室	《中国中央民族大学与国际伊比利亚纳米技术实验室合作谅解备忘录》	黄泰岩

续表

序号	级别	协议有效期	国家/地区	合作院校	协议名称	签署人
23	校级	2019. 10. 17—2024. 10. 17	澳大利亚	乐卓博大学	《中国中央民族大学与乐卓博大学合作谅解备忘录》	宋　敏
24	校级	2019. 09. 23—2029. 09. 23	美国	查塔姆大学	《中国中央民族大学与美国查塔姆大学合作谅解备忘录》	黄泰岩
25	校级	2019. 07. 08—2020. 03. 01	英国	英国女王大学贝尔法斯特	《中国中央民族大学与英国女王大学协议谅解备忘录补充协议》	宋敏、李曦辉
26	校级	2019. 10. 21—2026. 10. 21	爱尔兰	爱尔兰国立科克大学	《中国中央民族大学生命与环境科学学院与爱尔兰国立科克大学生物、地球与环境科学学院环境科学本科中外合作办学项目合作原则及执行协议》	宋　敏
27	校级	2019. 01. 10—2024. 01. 10	吉尔吉斯斯坦	巴拉萨根民族大学	《中央民族大学与吉尔吉斯巴拉萨根民族大学谅解备忘录》	黄泰岩
28	校级	2019. 12. 12—2024. 12. 12	吉尔吉斯斯坦	奥什国立大学	《中国中央民族大学与吉尔吉斯斯坦奥什国立大学关于合作建设“中国-吉尔吉斯斯坦人文交流中心”协议书》	黄泰岩
29	校级	2019. 10. 10—2024. 10. 10	英国	斯特灵大学	《中央民族大学与斯特灵大学谅解备忘录》	黄泰岩
30	院系级	2019. 03. 30—2024. 03. 30	蒙古国	国立大学	《中央民族大学历史文化学院与蒙古国国立大学人文学院学术合作谅解备忘录》	彭　勇
31	院系级	2019. 03. 30—2024. 03. 30	蒙古国	国立大学	《中央民族大学历史文化学院与蒙古国国立大学人文学院教师、研究人员交流协议》	彭　勇
32	院系级	2019. 03. 30—2024. 03. 30	蒙古国	国立大学	《中央民族大学历史文化学院与蒙古国国立大学人文学院研究生交换协议》	彭　勇
33	院系级	2019. 03. 30—2024. 03. 30	蒙古国	国立大学	《中央民族大学历史文化学院与蒙古国国立大学人文学院本科生交换协议》	彭　勇

2019年出国教职工出访国别情况统计表

（单位：人次）

序号	单位／国家	党委办公室、校长办公室	党委宣传部	党委教师工作部、人事处	研究生院	教务处	国际合作处（港澳台事务办公室）	信息化建设管理处	民族学与社会学学院	中国少数民族语言文学学院	文学院	国际教育学院	历史文化学院	哲学与宗教学学院	外国语学院	马克思主义学院	经济学院	管理学院	法学院
1	阿拉伯联合酋长国													1					
2	埃　及													1					
3	爱尔兰																		
4	澳大利亚								1										
5	巴巴多斯						1												
6	巴　西	1							2										
7	波　兰						1		1							1	3		
8	德　国								1				1	1	1				
9	俄罗斯	1					2						1		1				
10	法　国		1				2	1					1	1					
11	芬　兰					1	1												

续表

序号	单位/国家	党委办公室、校长办公室	党委宣传部	党委教师工作部、人事处	研究生院	教务处	国际合作处（港澳台事务办公室）	信息化建设管理处	民族学与社会学学院	中国少数民族语言文学学院	文学院	国际教育学院	历史文化学院	哲学与宗教学学院	外国语学院	马克思主义学院	经济学院	管理学院	法学院
12	哈萨克斯坦									2									
13	韩　国	1					1			1					1			3	
14	荷　兰								1				1						
15	加拿大								1					1				1	1
16	捷　克									2									
17	科威特																		
18	老　挝																		
19	黎巴嫩													4					
20	马来西亚										1	2							
21	美　国						1		3		1					1			
22	蒙古国									4									
23	秘　鲁	1							2										
24	墨西哥								1										
25	葡萄牙																	1	
26	日　本	2					1		2	2		1	1		2		1	2	
27	瑞　士																		
28	塞尔维亚																		

续表

序号	单位 国家	党委办公室、校长办公室	党委宣传部	党委教师工作部、人事处	研究生院	教务处	国际合作处（港澳台事务办公室）	信息化建设管理处	民族学与社会学学院	中国少数民族语言文学学院	文学院	国际教育学院	历史文化学院	哲学与宗教学学院	外国语学院	马克思主义学院	经济学院	管理学院	法学院
29	泰　国								4	1									
30	突尼斯								2										
31	新加坡					1			1									1	
32	新西兰											1						1	1
33	匈利亚																		
34	牙买加																		
35	意大利																		
36	英　国			1	1		2											2	
37	越　南										1								
	总　计	6	1	1	1	2	12	1	22	12	3	4	5	9	5	2	4	11	2

备注：1. 其他部门、单位无因公临时出国人员

2. 部分团组出国目的地为多国

2019年出国教职工出访国别情况统计表

续表 （单位：人次）

序号	单位 / 国家	教育学院	预科教育学院	生命与环境科学学院	药学院	理学院	信息工程学院	音乐学院	舞蹈学院	美术学院	体育学院	中国少数民族语言研究院	藏学研究院	中国少数民族研究中心、少数民族事业发展协同创新中心	图书馆	民族博物馆	出版社有限责任公司	附属中学	总计
1	阿拉伯联合酋长国																		1
2	埃　及																		1
3	爱尔兰						1												1
4	澳大利亚						1					1							3
5	巴巴多斯								1										2
6	巴　西																		3
7	波　兰																		6
8	德　国			1		1													6
9	俄罗斯		1																6

续表

序号	单位／国家	教育学院	预科教育学院	生命与环境科学学院	药学院	理学院	信息工程学院	音乐学院	舞蹈学院	美术学院	体育学院	中国少数民族语言研究院	藏学研究院	中国少数民族研究中心、少数民族事业发展协同创新中心	图书馆	民族博物馆	出版社有限责任公司	附属中学	总计
10	法　国					2		1	2	1			1			1			14
11	芬　兰	3								1									6
12	哈萨克斯坦																		2
13	韩　国															1			8
14	荷　兰																		2
15	加拿大			1															5
16	捷　克																		2
17	科威特														1				1
18	老　挝													1					1
19	黎巴嫩																		4
20	马来西亚																2		5
21	美　国	3	1	2	2		1		4		1	3	1						24
22	蒙古国																		4
23	秘　鲁																		3
24	墨西哥																		1
25	葡萄牙					4													5

续表

序号	单位 国家	教育学院	预科教育学院	生命与环境科学学院	药学院	理学院	信息工程学院	音乐学院	舞蹈学院	美术学院	体育学院	中国少数民族语言研究院	藏学研究院	中国少数民族研究中心、少数民族事业发展协同创新中心	图书馆	民族博物馆	出版社有限责任公司	附属中学	总计
26	日　本			1						4				1				3	23
27	瑞　士												1						1
28	塞尔维亚								2										2
29	泰　国			2													2		9
30	突尼斯																		2
31	新加坡																		3
32	新西兰																		3
33	匈利亚											1							1
34	牙买加			1															1
35	意大利					3													3
36	英　国					1	2				1								10
37	越　南																		1
	总　计	6	2	8	2	11	5	1	9	6	2	5	3	2	1	2	4	3	175

备注：1. 其他部门、单位无因公临时出国人员

2. 部分团组出国目的地为多国

2019年因公临时出国教职工出访目的统计表

（单位：人次）

单位 出访目的	党委办公室、校长办公室	党委宣传部	党委教师工作部、人事处	研究生院	教务处	国际合作处（港澳台事务办公室）	信息化建设管理处	民族学与社会学学院	中国少数民族语言文学学院	文学院	国际教育学院	历史文化学院	哲学与宗教学学院	外国语学院	马克思主义学院	经济学院	管理学院	法学院
参　会	1				1	3		3	4	2	3	4	6	1		2	5	
访问学者								4		1				1	1		2	2
公务出访	3					4	1	2	1			1	1	1			1	
文化交流		1				2												
学术交流			1	1	1	2		13	6	1	4	1	6	1	1	4	2	
因私访学																		
总　计	4	1	1	1	2	11	1	22	11	4	7	6	13	4	2	6	10	2

备注：1. 其他部门、单位无因公临时出国人员

2. 部分团组出国目的地为多国

2019年因公临时出国教职工出访目的统计表

续表　（单位：人次）

单位/出访目的	教育学院	预科教育学院	生命与环境科学学院	药学院	理学院	信息工程学院	音乐学院	舞蹈学院	美术学院	体育学院	中国少数民族语言研究院	藏学研究院	中国少数民族研究中心、少数民族事业发展协同创新中心	图书馆	民族博物馆	出版社	附属中学	总计
参会	4		6		5	4		2	1		2	2	2	1				64
访问学者	2	1	2			1		3		1		1						22
公务出访		1			1				1									18
文化交流							1	3							1			8
学术交流	3			2	5			3	4		2				1	2	3	69
因私访学										1	1							2
总　计	9	2	8	2	11	5	1	11	6	2	5	3	2	1	2	2	3	183

备注：1. 其他部门、单位无因公临时出国人员

2. 部分团组出国目的地为多国

2019年因公赴港澳台地区教职工情况统计表

（单位：人次）

单位		党委办公室、校长办公室	国际合作处（港澳台事务办公室）	后勤保障处（后勤集团）、后勤保障处党总支	民族学与社会学学院	中国少数民族语言文学学院	文学院	历史文化学院	哲学与宗教学学院	法学院	教育学院	理学院	中国少数民族研究中心、少数民族事业发展协同创新中心	民族博物馆	总计
地区	中国澳门		2						1		1			4	8
	中国台湾	1	1	1	4			3	1	1	1		5	2	20
	中国香港					1	2					1			4
	总计	1	3	1	4	1	2	3	2	1	2	1	5	6	32
目的	参访	1	1		1			1		1	1				6
	参会	1	1		1		1	2		1	2			2	11
	访学						1		1						2
	讲学				1		1								2

续表

单位		党委办公室、校长办公室	国际合作处（港澳台事务办公室）	后勤保障处（后勤集团）、后勤保障处党总支	民族学与社会学学院	中国少数民族语言文学学院	文学院	历史文化学院	哲学与宗教学学院	法学院	教育学院	理学院	中国少数民族研究中心、少数民族事业发展协同创新中心	民族博物馆	总计
目的	培训			1										2	3
	调研				2			1					5		8
	文化交流		2	1										4	7
	学术访问							1							1
	学术交流				1				1			1		2	5
	其他					1									1
	总计	2	4	2	6	1	3	5	2	2	3	1	5	10	46

备注：1. 其他部门、单位无因公临时出国人员

2. 部分团组出国目的地为多国

2019年接待国外及港澳台地区来访人员情况统计表

（单位：人次）

序号	国家/地区	各类仪式	合作会谈	宣讲	文化交流	其他
1	爱尔兰	15	10	2		3
2	奥地利					2
3	澳大利亚		10			2
4	波兰		6			
5	德国		8			
6	多米尼加				6	
7	法国		5			
8	古巴				6	
9	国内			1		
10	韩国		2			
11	吉尔吉斯斯坦		4			
12	加拿大		8			
13	老挝				12	
14	马来西亚				71	
15	美国		19	2		1
16	蒙古国	2	4			
18	秘鲁				7	
19	缅甸				2	
20	日本			3		
21	泰国		5			
22	西班牙		3			
23	新加坡		4			
24	匈牙利		2			
25	意大利		3			
26	英国		6	4		1
27	越南				5	
28	赞比亚				20	
29	中国台湾		3		56	
	总计	17	102	12	185	9

2019 年在读港澳台侨学生情况统计表

（单位：人次）

序号	生源	类别				总计
		本科生	硕士研究生	博士研究生	交换生	
1	中国香港	5		1	1	7
2	中国澳门	1				1
3	中国台湾	16	3	8	9	36
4	侨生	2				2
5	合计	24	3	9	10	46

2019年公派长期项目（90天及以上）学生出境情况统计表

（单位：人次）

序号	院系／国家（地区）	民族学与社会学学院	中国少数民族语言文学学院	文学院	国际教育学院	历史文化学院	哲学与宗教学学院	新闻与传播学院	外国语学院	经济学院	管理学院	法学院	教育学院	生命与环境科学学院	理学院	信息工程学院	音乐学院	舞蹈学院	美术学院	藏学研究院	总计
1	爱尔兰	1	2		5				1	1	1		1		1						13
2	澳大利亚				1			1	1				1								4
3	波　兰	4	1		1																6
4	德　国	1	2							1											4
5	俄罗斯		1						4												5
6	法　国	1		1																	2
7	古　巴	1																			1
8	哈萨克斯坦		40						5												45
9	韩　国		30		2				3												35
10	荷　兰													1							1
11	黑　山				1																1
12	立陶宛						3														3
13	罗马尼亚				1																1

续表

序号	院系 / 国家（地区）	民族学与社会学学院	中国少数民族语言文学学院	文学院	国际教育学院	历史文化学院	哲学与宗教学学院	新闻与传播学院	外国语学院	经济学院	管理学院	法学院	教育学院	生命与环境科学学院	理学院	信息工程学院	音乐学院	舞蹈学院	美术学院	藏学研究院	总计
14	马来西亚	1				2															3
15	美　国	5	2		12		2		2	6	5	1		5		1				2	43
16	蒙古国		8																		8
17	尼泊尔	1																			1
18	葡萄牙														2						2
19	日　本		2			1			23	1											27
20	瑞　典		2																		2
21	斯洛文尼亚				1																1
22	泰　国	1	4		1																6
23	新加坡		1																		1
24	匈牙利		1																		1
25	意大利																		7		7
26	印度尼西亚				1																1
27	英　国				4	1			2	2	2		1	1	5						18
28	中国台湾	6		1		7	4	4		2	2		1				2	3			32
29	中国香港								2												2
	总　计	22	96	2	30	11	9	5	43	13	10	1	4	7	8	1	2	3	7	2	276

备注：其他学院无学生派出

2019年公派短期项目（90天以内）学生出境情况统计表

（单位：人次）

序号	院系 / 国家（地区）	民族学与社会学学院	中国少数民族语言文学学院	文学院	历史文化学院	哲学与宗教学学院	新闻与传播学院	外国语学院	经济学院	管理学院	法学院	教育学院	生命与环境科学学院	药学院	理学院	信息工程学院	音乐学院	舞蹈学院	美术学院	总计
1	爱尔兰															1				1
2	奥地利	1		1				2												4
3	巴巴多斯																3	4		7
4	德国												3							3
5	俄罗斯	1																		1
6	法国																7	12		19
7	韩国		2		1	1		2	1		3	2								12
8	加拿大							1					6			4				11
9	美国						1						2		1					4
10	蒙古国		33														1			34
11	日本	1	1		1	2		1	1	2			3	1						13

续表

序号	院系 / 国家（地区）	民族学与社会学学院	中国少数民族语言文学学院	文学院	历史文化学院	哲学与宗教学学院	新闻与传播学院	外国语学院	经济学院	管理学院	法学院	教育学院	生命与环境科学学院	药学院	理学院	信息工程学院	音乐学院	舞蹈学院	美术学院	总计
12	泰国		9																	9
13	乌干达												2							2
14	西班牙						1													1
15	新加坡		1	2		2	1		1	4			2		1	1				15
16	英国	9		1		4	3	5	2	6	8	3	2	2	2					47
17	中国香港			1				1											1	3
18	中国台湾			1														2		3
19	中国澳门	1	4					1				1				1	2	3		13
	总计	13	50	6	2	9	6	13	5	12	11	6	20	3	4	7	13	21	1	202

备注：其他学院无学生派出

2019年获科技部批复资助“高端外国专家引进计划”列表

序号	项目名称	项目编号	项目类别	学　科	所在部门
1	GEORGELEWIS民大讲座	G20190001713	社会与生态建设类	音乐与舞蹈学	音乐学院
2	“一带一路”与发展中国家民族问题研究基地	G20190001706	社会与生态建设类	民族学	民族学与社会学学院
3	“一带一路”舞蹈跨文化交流系列活动（2019）	G20190001703	社会与生态建设类	音乐与舞蹈学	舞蹈学院
4	“一带一路”沿线国家音乐教育项目	G20190001707	社会与生态建设类	音乐与舞蹈学	音乐学院
5	民族文化数据科学与大数据技术学科创新引智培育基地	G20190001721	产业技术创新类	计算机科学与技术	信息工程学院
6	哈萨克斯坦语言文学专家项目	G20190001709	社会与生态建设类	中国语言文学	中国少数民族语言文学学院
7	中欧跨文化教育理论与实践	G20190001718	社会与生态建设类	教育学	教育学院
8	音乐治疗学科建设	G20190001708	社会与生态建设类	音乐与舞蹈学	音乐学院
9	引进蒙古语言文学专业高端外专计划	G20190001710	社会与生态建设类	中国语言文学	中国少数民族语言文学学院
10	语言专家教研计划	G20190001715	社会与生态建设类	外国语言文学	外国语学院

续表

序号	项目名称	项目编号	项目类别	学　科	所在部门
11	生物资源与生态环境保护	G20190001716	社会与生态建设类	生态学	生命与环境科学学院
12	音乐学院国际知名声乐教授教学交流项目	G20190001719	社会与生态建设类	音乐与舞蹈学	音乐学院
13	兴边富民与民族地区可持续发展创新引智培育基地	G20190001714	农业与乡村振兴类	工商管理	管理学院
14	音乐指挥交流项目	G20190001717	社会与生态建设类	音乐与舞蹈学	音乐学院
15	“一带一路”宗教研究	G20190001705	社会与生态建设类	哲学	哲学与宗教学学院
16	转化神经科学中心	G20190001712	战略科技发展类	生物学	生命与环境科学学院
17	梵文与梵文文本研究	G20190001702	社会与生态建设类	外国语言文学	藏学研究院
18	西藏与喜马拉雅山地区藏文古文献的搜集、整理与研究	G20190001704	社会与生态建设类	中国语言文学	藏学研究院
19	海外汉语教学名家民大讲堂	G20190001720	社会与生态建设类	教育学	国际教育学院
20	可再生微生物燃料电池和生物传感器	G20190001711	战略科技发展类	化学	理学院
21	国际视野下铸牢中华民族共同体意识的理论研究	BG20190001069	社会与生态建设类	民族学	民族学与社会学学院
22	西藏艺术研究工作坊系列之藏戏研究	BG20190001070	社会与生态建设类	社会学	藏学研究院

2019 年校级学科创新引智基地列表

（校内 111 计划项目）

序号	项目名称	所属院系
1	“中国少数民族语言信息结构”学科创新引智基地	中国少数民族语言文学学院
2	“转化神经科学”学科创新引智基地	生命与环境科学学院
3	“公共管理与社会政策研究”学科创新引智基地	管理学院
4	“新型光电功能材料与器件”学科创新引智基地	理学院
5	“‘一带一路’宗教研究”学科创新引智基地	哲学与宗教学学院
6	“‘一带一路’与发展中国家民族问题”学科创新引智基地	民族学与社会学学院
7	“民族文化数据科学与大数据技术”学科创新引智基地	信息工程学院

2019年其他校级重点引智项目列表

序号	项目类别	聘请院系	聘请专家	专家海外工作单位	国籍
1	海外知名学者民大讲坛项目	国际教育学院	Lening Liu	美国哥伦比亚大学	美国
2	海外知名学者民大讲坛项目	国际教育学院	YuFeng	美国布兰戴斯大学	美国
3	海外知名学者民大讲坛项目	教育学院	FredericDervin	芬兰赫尔辛基大学	法国
4	海外知名学者民大讲坛项目	教育学院	TamaraSadalova	俄罗斯阿尔泰共和国国立大学	俄罗斯
5	海外知名学者民大讲坛项目	教育学院	Zoia Kyrgys	俄罗斯图瓦共和国国际呼麦学术研究中心	俄罗斯
6	海外知名学者民大讲坛项目	外国语学院	NaokoHigurashi	日本千叶大学	日本
7	海外知名学者民大讲坛项目	外国语学院	Serafin M. Coronel-Molina	美国印第安纳大学布鲁明顿分校	美国
8	海外知名学者民大讲坛项目	舞蹈学院	Emily Wilcox	美国密歇根大学	美国
9	海外知名学者民大讲坛项目	音乐学院	StefanoGibellato	意大利威尼斯“贝内代托·马赛罗”音乐学院	意大利
10	海外知名学者民大讲坛项目	中国少数民族语言文学学院	Jelena Krivokapic	美国密歇根大学	德国
11	海外知名学者民大讲坛项目	中国少数民族语言文学学院	Bilguudei Gaadamba	蒙古国科学院	蒙古国
12	海外知名学者民大讲坛项目	民族学与社会学学院	Jonathan Scott Hearn	英国爱丁堡大学	美国
13	海外知名学者民大讲坛项目	音乐学院	KazuakiOgikubo	日本东邦音乐大学	日本

续表

序号	项目类别	聘请院系	聘请专家	专家海外工作单位	国籍
14	海外知名学者民大讲坛项目	中国少数民族语言文学学院	Bareja-Starzynska Agata	波兰华沙大学	波兰
15	海外知名学者民大讲坛项目	中国少数民族语言文学学院	Birtalan Agnes Erzsebet	匈牙利罗兰大学	匈牙利
16	海外知名学者民大讲坛项目	中国少数民族语言文学学院	Gelegpil Chuluunbaatar	蒙古国科学院	蒙古国
17	海外知名学者民大讲坛项目	中国少数民族语言文学学院	Nadmid Sukhbaatar	蒙古国师范大学	蒙古国
18	海外知名学者民大讲坛项目	中国少数民族语言文学学院	Tsendina Anna	俄罗斯人文大学	俄罗斯
19	海外知名学者民大讲坛项目	中国少数民族语言文学学院	Ibrayev Shakimashrip	哈萨克斯坦国立大学	哈萨克斯坦
20	海外知名学者民大讲坛项目	中国少数民族语言研究院	Chi-Lin Shih	美国伊利诺伊大学	美国
21	课程教学引智项目	教育学院	RobertoMalighetti	意大利米兰比卡可大学	意大利
22	课程教学引智项目	经济学院	Piotr Lasak	波兰雅盖隆大学	波兰
23	课程教学引智项目	历史文化学院	Gordon Ramsey	英国女王大学	英国
24	课程教学引智项目	中国少数民族语言文学学院	Jumdaan Lusvsandagva	蒙古国立大学	蒙古国
25	课程教学引智项目	中国少数民族语言文学学院	Jur Bayansan	蒙古国文化艺术大学	蒙古国
26	课程教学引智项目	中国少数民族语言文学学院	Otgonbaatar Rinchinsambuu	蒙古国科学院	蒙古国
27	课程教学引智项目	生命与环境科学学院	Edward J. Kennelly	美国纽约城市大学	美国
28	课程教学引智项目	舞蹈学院	SergeyAyusheev	俄罗斯布里亚特共和国加尔歌舞团	俄罗斯
29	课程教学引智项目	音乐学院	Tseren Chuluuntsetseg	蒙古国文化艺术大学	蒙古国

续表

序号	项目类别	聘请院系	聘请专家	专家海外工作单位	国籍
30	课程教学引智项目	音乐学院	Davaa Erdenechimeg	蒙古国文化艺术大学	蒙古国
31	课程教学引智项目	音乐学院	DorjnyamShinetsoggyeni	蒙古国国立马头琴乐团	蒙古国
32	课程教学引智项目	音乐学院	Galletti Alberto	意大利罗马圣切奇莉亚国立音乐学院	意大利
33	课程教学引智项目	音乐学院	Hadama Yoko	意大利罗马圣切奇莉亚国立音乐学院	意大利
34	课程教学引智项目	音乐学院	Yadira Elizabeth Albornoz De Tripputi	委内瑞拉安第斯大学	委内瑞拉
35	课程教学引智项目	哲学与宗教学学院	Johan Ferreira	澳大利亚墨尔本神学学院	澳大利亚
36	课程教学引智项目	中国少数民族语言研究院	Fred Cummins	爱尔兰都柏林大学	爱尔兰
37	中外合作科研引智项目	中国少数民族语言文学学院	Orynay Zhubayeva	哈萨克斯坦拜吐尔逊语言研究所	哈萨克斯坦
38	中外合作科研引智项目	理学院	Oda Shunri	日本东京理工学院	日本
39	中外合作科研引智项目	理学院	Syeda Sitwat Batool	巴基斯坦工程与应用科学大学	巴基斯坦
40	中外合作科研引智项目	生命与环境科学学院	JanChristoph Axmacher	英国伦敦大学学院	德国
41	中外合作科研引智项目	中国少数民族语言文学学院	Demchigmaa Oyunkhand	蒙古国国立大学	蒙古国
42	中外合作科研引智项目	中国少数民族语言文学学院	SvetlanaNikolaevna Tsedenova	俄罗斯卡尔梅克国立大学	俄罗斯
43	中外合作科研引智项目	生命与环境科学学院	GregoryE. Welbaum	美国弗吉尼亚理工学院	美国
44	中外合作科研引智项目	中国少数民族语言文学学院	Dojoo Tsedev	蒙古国乌兰巴托国立大学	蒙古国

中央民族大學
MINZU UNIVERSITY OF CHINA

财务、校产与基建

2019 年财务情况

2019 年，在国家民委的大力支持下，学校预算指标较上年继续保持增长，保障并促进了各项事业发展。

一、收入支出结构分析

（一）收入结构

2019 年学校实际收入 201,223.06 万元（含附中 19,757.66 万元），具体如下：

2019 年收入结构表　　单位：万元

单位名称	收入结构						
	本年收入	财政拨款收入		事业收入		其他收入	
		金额	占本年收入%	金额	占本年收入%	金额	占本年收入%
中央民族大学（本级）	182,497.65	124,089.31	68.00%	27,255.70	14.93%	31,152.64	17.07%
中央民族大学附属中学	19,757.66	9,148.47	46.30%	163.56	0.83%	10,445.63	52.87%
合计	201,223.06	133,237.78	66.21%	27,419.26	13.63%	40,566.02	20.16%

备注：合计数中抵消了本级与附中之间的往来 1032.25 万元

1. 财政拨款收入 133,237.78 万元，占总收入的 66.21%，其中：基本支出财政拨款 85,886.78 万元（含附中 8,884.98 万元），占财政拨款收入的 64.46%，包括人员经费拨款 760,054.70 万元，公用经费拨款 9,832.08 万元；项目支出财政拨款 47,351 万元，占财政拨款收入的 35.54%，其中行政事业类项目财政拨款 26,351 万元，中央基建投资拨款 21,000 万元。

2. 事业收入 27,419.26 万元，占总收入的 13.63%，其中教育收费 16,651.56 万元。

3. 其他收入 40,566.02 万元，占总收入的 20.16%。

（二）支出结构

2019 年学校实际支出 172,953.27 万元（含附中 18,093.88 万元），具体如下：

1. 按照资金来源：财政拨款支出 127,144.68 万元，占总支出的 73.51%，其他资金支出 45,808.59 万元，占总支出的 26.49%。

2. 按照支出性质：基本支出 123,241.22 万元，占总支出的 71.26%，项目支出 49,712.05 万元，占总支出的 28.74%。

3. 按照支出经济分类：工资福利支出 71,933.86 万元，占总支出的 41.59%，商品和服务支出 54,079.68 万元，占总支出的 31.27%，对个人和家庭的补助支出 20,353.92 万元，占总支出的 11.77%，资本性支出 26,506.55 万元，占总支出的 15.33%，债务利息支出 79.26 万元，占总支出的 0.04%。

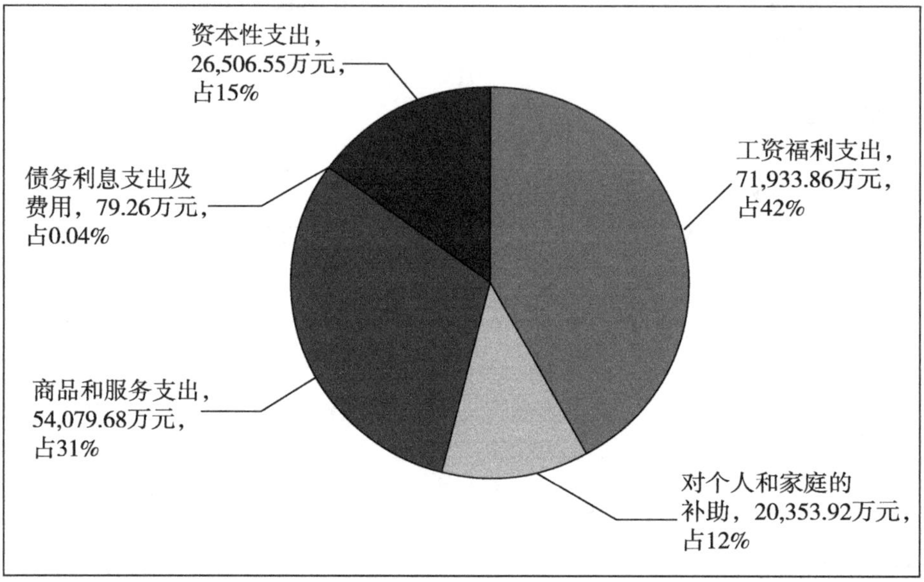

2019 年支出结构图

二、年末资金结转情况

截至 2019 年末，学校共结转资金 42,709.21 万元，其中：财政拨款结转 13,524.87 万元，非财政资金结转 29,184.34 万元。

三、资产负债情况

（一）资产情况

2019 年末学校资产总额 388,824.05 万元，比上年增加 39,453.87 万元，增加 11.29%。

1. 流动资产 212,246.51 万元，比上年增加 21,391.54 万元，增加 11.21%。其中：货币资金 71,012.48 万元，较上年增加 11,785.08 万元，主要由于本年北京市拨款等其他收入增加；财政应返还额度 13,524.87 万元，较上年增加 5,717.32 万元，主要由于人员经费以及部分专项未执行完毕；预付账款 118,473.85 万元，比上年增加 833.47 万元，主要为基建工程预付款；其他应收款净额 8,723.49 万元，比上年增加 2,651.70 万元，主要为各类暂付的差旅、保险、住院款等。

2. 非流动资产 172,884.32 万元，比上年增加 17,981.42 万元，增加 11.61%。其中：长期股权投资 1,039 万元，与上年一致；固定资产净值 101,663.42 万元，比上年减少 2,328.25 万元；在建工程 70,103.72 万元，比上年增加 20,231.97 万元，主要由于本年新校区基建在建工程增加。

（二）负债情况

2019 年末学校负债总额 26,324.29 万元，比上年减少 2,299.01 万元，减少 8.03%。

1. 流动负债 20,578.71 万元，比上年减少 2,818.67 万元，减少 12.05%。其中：预收账款 4,068.43 万元，为实施政府会计制度后预收的科研经费等；应交增值税、其他应交税 1,283.48 万元，比上年增加 843.02 万元，主要由于 2019 年个人所得税制度改革后，12 月产生的税额大幅度增加；其他应付款 14,059.93 万元，比上年减少 8,257.67 万元，一是由于本年与央保中心清算了以前年度暂存的职业年金个人缴纳部分，二是本年集中清理了以前年度的其他应付款。

2. 非流动负债 2,052.36 万元，比上年增加 440.64 万元，增加 27.34%，主要为银行贷款增加。

（三）净资产情况

2019 年末学校净资产 362,499.76 万元，比上年增加 41,752.88 万元，增加 13.02%。其中：累计盈余 357,582.12 万元，专用基金 4,917.64 万元。

附表 1：2019 年度收入支出决算总表

附表 2：2019 年度收入决算表

附表 3：2019 年度支出决算表

附表 4：2019 年度财政拨款支出决算明细表

附表 5：2019 年度资产负债简表

附表 1

2019 年度收入支出决算总表

金额单位：万元

收入					支出									
项目	行次	年初预算数	调整预算数	决算数	项目（按功能分类）	行次	年初预算数	调整预算数	决算数	项目（按支出性质和经济分类）	行次	年初预算数	调整预算数	决算数
栏次		1	2	3	栏次		4	5	6	栏次		7	8	9
一、一般公共预算财政拨款收入	1	98,091.50	133,237.78	133,237.78	一、一般公共服务支出	31	0.00	0.00	0.00	一、基本支出	56	118,595.91	155,330.77	123,241.22
二、政府性基金预算财政拨款收入	2	0.00	0.00	0.00	二、外交支出	32	0.00	0.00	0.00	人员经费	57	73,501.73	87,597.01	83,716.30
三、上级补助收入	3	0.00	0.00	0.00	三、国防支出	33	0.00	0.00	0.00	日常公用经费	58	45,094.18	67,733.76	39,524.92
四、事业收入	4	25,460.00	25,460.00	27,419.26	四、公共安全支出	34	0.00	0.00	0.00	二、项目支出	59	40,779.85	61,970.26	49,712.05
五、经营收入	5	0.00	0.00	0.00	五、教育支出	35	145,430.01	194,391.99	152,809.17	其中：基本建设类项目	60	1,110.99	22,110.99	20,909.09

续表

收入					支出									
项目	行次	年初预算数	调整预算数	决算数	项目（按功能分类）	行次	年初预算数	调整预算数	决算数	项目（按支出性质和经济分类）	行次	年初预算数	调整预算数	决算数
栏次		1	2	3	栏次		4	5	6	栏次		7	8	9
六、附属单位上缴收入	6	0.00	0.00	0.00	六、科学技术支出	36	0.00	0.00	0.00	三、上缴上级支出	61	0.00	0.00	0.00
七、其他收入	7	28,840.00	28,840.00	40,566.02	七、文化旅游体育与传媒支出	37	0.00	0.00	0.00	四、经营支出	62	0.00	0.00	0.00
	8				八、社会保障和就业支出	38	8,561.04	17,524.33	14,958.61	五、对附属单位补助支出	63	0.00	0.00	0.00
	9				九、卫生健康支出	39	0.00	0.00	0.00		64			
	10				十、节能环保支出	40	0.00	0.00	0.00		65			
	11				十一、城乡社区支出	41	0.00	0.00	0.00	经济分类支出合计	66	—	—	172,953.27
	12				十二、农林水支出	42	0.00	0.00	0.00	一、工资福利支出	67	—	—	71,933.86

续表

收入					支出									
项目	行次	年初预算数	调整预算数	决算数	项目（按功能分类）	行次	年初预算数	调整预算数	决算数	项目（按支出性质和经济分类）	行次	年初预算数	调整预算数	决算数
栏次		1	2	3	栏次		4	5	6	栏次		7	8	9
	13				十三、交通运输支出	43	0.00	0.00	0.00	二、商品和服务支出	68	—	—	54,079.68
	14				十四、资源勘探信息等支出	44	0.00	0.00	0.00	三、对个人和家庭的补助	69	—	—	20,353.92
	15				十五、商业服务业等支出	45	0.00	0.00	0.00	四、债务利息及费用支出	70	—	—	79.26
	16				十六、金融支出	46	0.00	0.00	0.00	五、资本性支出（基本建设）	71	—	—	19,858.37
	17				十七、援助其他地区支出	47	0.00	0.00	0.00	六、资本性支出	72	—	—	6,648.18
	18				十八、自然资源海洋气象等支出	48	0.00	0.00	0.00	七、对企业补助（基本建设）	73	—	—	0.00
	19				十九、住房保障支出	49	5,384.71	5,384.71	5,185.49	八、对企业补助	74	—	—	0.00

续表

收入					支出									
项目	行次	年初预算数	调整预算数	决算数	项目（按功能分类）	行次	年初预算数	调整预算数	决算数	项目（按支出性质和经济分类）	行次	年初预算数	调整预算数	决算数
栏次		1	2	3	栏次		4	5	6	栏次		7	8	9
	20				二十、粮油物资储备支出	50	0.00	0.00	0.00	九、对社会保障基金补助	75	—	—	0.00
	21				二十一、灾害防治及应急管理支出	51	0.00	0.00	0.00	十、其他支出	76	—	—	0.00
	22				二十二、其他支出	52	0.00	0.00	0.00		77			
	23				二十三、债务还本支出	53	0.00	0.00	0.00		78			
	24				二十四、债务付息支出	54	0.00	0.00	0.00		79			
	25					55					80			
本年收入合计	26	152,391.50	187,537.78	201,223.06	本年支出合计	81	159,375.76	217,301.03	172,953.27					

续表

收入					支出									
项目	行次	年初预算数	调整预算数	决算数	项目（按功能分类）	行次	年初预算数	调整预算数	决算数	项目（按支出性质和经济分类）	行次	年初预算数	调整预算数	决算数
栏次		1	2	3	栏次		4	5	6	栏次		7	8	9
用事业基金弥补收支差额	27	0.00	0.00	1,032.25	结余分配	82	—	—	18,736.93					
年初结转和结余	28	6,984.26	29,763.25	32,144.10	年末结转和结余	83	0.00	0.00	42,709.21					
	29					84								
总　计	30	159,375.76	217,301.03	234,399.41	总　计	85	159,375.76	217,301.03	234,399.41					

注：本套决算报表中刷绿色单元格为自动取数生成，不需人工录入数据

附表 2

2019 年度收入决算表

金额单位：万元

项目				本年收入合计	财政拨款收入	上级补助收入	事业收入		经营收入	附属单位上缴收入	其他收入
支出功能分类科目编码			科目名称				小计	其中：教育收费			
类	款	项	栏次	1	2	3	4	5	6	7	8
			合计	201,223.06	133,237.78	0.00	27,419.26	16,651.56	0.00	0.00	40,566.02
205			教育支出	178,445.01	110,467.98	0.00	27,419.26	16,651.56	0.00	0.00	40,557.77
20502			普通教育	178,445.01	110,467.98	0.00	27,419.26	16,651.56	0.00	0.00	40,557.77
2050204			高中教育	18,263.24	7,654.62	0.00	163.56	163.56	0.00	0.00	10,445.06
2050205			高等教育	160,181.77	102,813.36	0.00	27,255.70	16,488.00	0.00	0.00	30,112.71
208			社会保障和就业支出	17,424.33	17,424.33	0.00	0.00	0.00	0.00	0.00	0.00
20805			行政事业单位离退休	17,424.33	17,424.33	0.00	0.00	0.00	0.00	0.00	0.00
2080505			机关事业单位基本养老保险缴费支出	6,352.03	6,352.03	0.00	0.00	0.00	0.00	0.00	0.00
2080506			机关事业单位职业年金缴费支出	11,072.30	11,072.30	0.00	0.00	0.00	0.00	0.00	0.00
221			住房保障支出	5,353.73	5,345.47	0.00	0.00	0.00	0.00	0.00	8.26
22102			住房改革支出	5,353.73	5,345.47	0.00	0.00	0.00	0.00	0.00	8.26
2210201			住房公积金	3,595.68	3,588.00	0.00	0.00	0.00	0.00	0.00	7.68
2210202			提租补贴	408.05	407.47	0.00	0.00	0.00	0.00	0.00	0.58
2210203			购房补贴	1,350.00	1,350.00	0.00	0.00	0.00	0.00	0.00	0.00

附表 3

2019 年度支出决算表

金额单位：万元

项目				本年支出合计	基本支出	项目支出	上缴上级支出	经营支出	对附属单位补助支出
支出功能分类科目编码			科目名称						
类	款	项	栏次	1	2	3	4	5	6
			合计	172,953.27	123,241.22	49,712.05	0.00	0.00	0.00
205			教育支出	152,809.17	103,097.12	49,712.05	0.00	0.00	0.00
20502			普通教育	152,809.17	103,097.12	49,712.05	0.00	0.00	0.00
2050204			高中教育	15,692.71	15,283.34	409.37	0.00	0.00	0.00
2050205			高等教育	137,116.46	87,813.78	49,302.68	0.00	0.00	0.00
208			社会保障和就业支出	14,958.61	14,958.61	0.00	0.00	0.00	0.00
20805			行政事业单位离退休	14,958.61	14,958.61	0.00	0.00	0.00	0.00
2080505			机关事业单位基本养老保险缴费支出	4,712.91	4,712.91	0.00	0.00	0.00	0.00
2080506			机关事业单位职业年金缴费支出	10,245.70	10,245.70	0.00	0.00	0.00	0.00
221			住房保障支出	5,185.49	5,185.49	0.00	0.00	0.00	0.00
22102			住房改革支出	5,185.49	5,185.49	0.00	0.00	0.00	0.00
2210201			住房公积金	3,435.15	3,435.15	0.00	0.00	0.00	0.00
2210202			提租补贴	415.93	415.93	0.00	0.00	0.00	0.00
2210203			购房补贴	1,334.41	1,334.41	0.00	0.00	0.00	0.00

附表 4

2019 年度财政拨款支出决算明细表

金额单位：万元　共 4 页第 1 页

支出功能分类科目编码（类/款/项）	科目名称	合计	工资福利支出：小计	基本工资	津贴补贴	机关事业单位基本养老保险缴费	职业年金缴费	其他社会保障缴费	住房公积金	医疗费	其他工资福利支出
	栏次	1	2	3	4	5	6	7	8	9	10
	合计	127,144.68	62,810.91	12,332.35	28,938.85	4,712.91	10,324.38	18.30	3,427.47	12.67	3,043.99
205	教育支出	107,008.84	42,865.98	12,332.35	27,380.00	0.00	78.68	18.30	0.00	12.67	3,043.99
20502	普通教育	107,008.84	42,865.98	12,332.35	27,380.00	0.00	78.68	18.30	0.00	12.67	3,043.99
2050204	高中教育	6,615.05	4,698.04	1,047.93	3,125.93	0.00	78.68	18.30	0.00	12.67	414.53
2050205	高等教育	100,393.79	38,167.95	11,284.42	24,254.07	0.00	0.00	0.00	0.00	0.00	2,629.46
208	社会保障和就业支出	14,958.61	14,958.61	0.00	0.00	4,712.91	10,245.70	0.00	0.00	0.00	0.00
20805	行政事业单位离退休	14,958.61	14,958.61	0.00	0.00	4,712.91	10,245.70	0.00	0.00	0.00	0.00
2080505	机关事业单位基本养老保险缴费支出	4,712.91	4,712.91	0.00	0.00	4,712.91	0.00	0.00	0.00	0.00	0.00
2080506	机关事业单位职业年金缴费支出	10,245.70	10,245.70	0.00	0.00	0.00	10,245.70	0.00	0.00	0.00	0.00
221	住房保障支出	5,177.24	4,986.32	0.00	1,558.85	0.00	0.00	0.00	3,427.47	0.00	0.00
22102	住房改革支出	5,177.24	4,986.32	0.00	1,558.85	0.00	0.00	0.00	3,427.47	0.00	0.00
2210201	住房公积金	3,427.47	3,427.47	0.00	0.00	0.00	0.00	0.00	3,427.47	0.00	0.00
2210202	提租补贴	415.36	224.44	0.00	224.44	0.00	0.00	0.00	0.00	0.00	0.00
2210203	购房补贴	1,334.41	1,334.41	0.00	1,334.41	0.00	0.00	0.00	0.00	0.00	0.00

共4页第2页

项目		商品和服务支出																								
支出功能分类科目编码	科目名称	小计	办公费	印刷费	咨询费	手续费	水费	电费	邮电费	取暖费	物业管理费	差旅费	因公出国（境）费用	维修（护）费	租赁费	会议费	培训费	公务接待费	专用材料费	劳务费	委托业务费	工会经费	公务用车运行维护费	其他交通费用	税金及附加费用	其他商品和服务支出
类 款 项	栏次	11	12	13	14	15	16	17	18	19	20	21	22	23	24	25	26	27	28	29	30	31	32	33	34	35
	合计	25,947.43	1,239.28	1,161.68	197.23	1.59	603.26	1,118.21	106.36	1,389.35	730.97	2,342.69	217.07	8,254.07	276.25	117.29	18.77	6.83	1,623.27	2,413.33	2,590.25	169.27	14.89	234.39	0.56	1,120.58
205	教育支出	25,947.43	1,239.28	1,161.68	197.23	1.59	603.26	1,118.21	106.36	1,389.35	730.97	2,342.69	217.07	8,254.07	276.25	117.29	18.77	6.83	1,623.27	2,413.33	2,590.25	169.27	14.89	234.39	0.56	1,120.58
20502	普通教育	25,947.43	1,239.28	1,161.68	197.23	1.59	603.26	1,118.21	106.36	1,389.35	730.97	2,342.69	217.07	8,254.07	276.25	117.29	18.77	6.83	1,623.27	2,413.33	2,590.25	169.27	14.89	234.39	0.56	1,120.58
2050204	高中教育	1,202.51	119.94	20.24	0.00	0.03	64.34	21.47	19.35	4.18	296.62	62.63	0.00	174.72	10.60	0.00	3.42	0.57	35.95	92.89	59.85	10.14	14.89	39.12	0.56	151.00
2050205	高等教育	24,744.92	1,119.34	1,141.44	197.23	1.56	538.92	1,096.74	87.02	1,385.18	434.35	2,280.06	217.07	8,079.35	265.65	117.29	15.35	6.25	1,587.32	2,320.44	2,530.39	159.13	0.00	195.26	0.00	969.59
208	社会保障和就业支出	0.00	0.00	0.00	0.00	0.00	0.00	0.00	0.00	0.00	0.00	0.00	0.00	0.00	0.00	0.00	0.00	0.00	0.00	0.00	0.00	0.00	0.00	0.00	0.00	0.00
20805	行政事业单位离退休	0.00	0.00	0.00	0.00	0.00	0.00	0.00	0.00	0.00	0.00	0.00	0.00	0.00	0.00	0.00	0.00	0.00	0.00	0.00	0.00	0.00	0.00	0.00	0.00	0.00
2080505	机关事业单位基本养老保险缴费支出	0.00	0.00	0.00	0.00	0.00	0.00	0.00	0.00	0.00	0.00	0.00	0.00	0.00	0.00	0.00	0.00	0.00	0.00	0.00	0.00	0.00	0.00	0.00	0.00	0.00
2080506	机关事业单位职业年金缴费支出	0.00	0.00	0.00	0.00	0.00	0.00	0.00	0.00	0.00	0.00	0.00	0.00	0.00	0.00	0.00	0.00	0.00	0.00	0.00	0.00	0.00	0.00	0.00	0.00	0.00
221	住房保障支出	0.00	0.00	0.00	0.00	0.00	0.00	0.00	0.00	0.00	0.00	0.00	0.00	0.00	0.00	0.00	0.00	0.00	0.00	0.00	0.00	0.00	0.00	0.00	0.00	0.00
22102	住房改革支出	0.00	0.00	0.00	0.00	0.00	0.00	0.00	0.00	0.00	0.00	0.00	0.00	0.00	0.00	0.00	0.00	0.00	0.00	0.00	0.00	0.00	0.00	0.00	0.00	0.00
2210201	住房公积金	0.00	0.00	0.00	0.00	0.00	0.00	0.00	0.00	0.00	0.00	0.00	0.00	0.00	0.00	0.00	0.00	0.00	0.00	0.00	0.00	0.00	0.00	0.00	0.00	0.00
2210202	提租补贴	0.00	0.00	0.00	0.00	0.00	0.00	0.00	0.00	0.00	0.00	0.00	0.00	0.00	0.00	0.00	0.00	0.00	0.00	0.00	0.00	0.00	0.00	0.00	0.00	0.00
2210203	购房补贴	0.00	0.00	0.00	0.00	0.00	0.00	0.00	0.00	0.00	0.00	0.00	0.00	0.00	0.00	0.00	0.00	0.00	0.00	0.00	0.00	0.00	0.00	0.00	0.00	0.00

共 4 页第 3 页

项目		对个人和家庭的补助								
支出功能分类科目编码（类 款 项）	科目名称	小计	离休费	退休费	抚恤金	生活补助	医疗费补助	助学金	奖励金	其他对个人和家庭的补助
	栏次	36	37	38	39	40	41	42	43	44
	合计	14,946.28	1,152.82	3,310.49	122.62	4.17	2.76	9,463.35	1.72	888.35
205	教育支出	14,755.36	1,145.17	3,127.22	122.62	4.17	2.76	9,463.35	1.72	888.35
20502	普通教育	14,755.36	1,145.17	3,127.22	122.62	4.17	2.76	9,463.35	1.72	888.35
2050204	高中教育	225.36	0.00	128.02	0.00	0.00	2.76	93.09	0.30	1.20
2050205	高等教育	14,530.00	1,145.17	2,999.20	122.62	4.17	0.00	9,370.27	1.42	887.15
208	社会保障和就业支出	0.00	0.00	0.00	0.00	0.00	0.00	0.00	0.00	0.00
20805	行政事业单位离退休	0.00	0.00	0.00	0.00	0.00	0.00	0.00	0.00	0.00
2080505	机关事业单位基本养老保险缴费支出	0.00	0.00	0.00	0.00	0.00	0.00	0.00	0.00	0.00
2080506	机关事业单位职业年金缴费支出	0.00	0.00	0.00	0.00	0.00	0.00	0.00	0.00	0.00
221	住房保障支出	190.92	7.65	183.27	0.00	0.00	0.00	0.00	0.00	0.00
22102	住房改革支出	190.92	7.65	183.27	0.00	0.00	0.00	0.00	0.00	0.00
2210201	住房公积金	0.00	0.00	0.00	0.00	0.00	0.00	0.00	0.00	0.00
2210202	提租补贴	190.92	7.65	183.27	0.00	0.00	0.00	0.00	0.00	0.00
2210203	购房补贴	0.00	0.00	0.00	0.00	0.00	0.00	0.00	0.00	0.00

共 4 页第 4 页

项目		资本性支出（基本建设）		资本性支出								
支出功能分类科目编码 类 款 项	科目名称	小计	房屋建筑物购建	小计	房屋建筑物购建	办公设备购置	专用设备购置	大型修缮	信息网络及软件购置更新	其他交通工具购置	文物和陈列品购置	其他资本性支出
	栏次	45	46	47	48	49	50	51	52	53	54	55
	合计	19,858.37	19,858.37	3,581.70	29.30	1,205.46	1,461.35	35.73	631.88	13.82	20.29	183.87
205	教育支出	19,858.37	19,858.37	19,858.37	19,858.37	1,205.46	1,461.35	35.73	631.88	13.82	20.29	183.87
20502	普通教育	19,858.37	19,858.37	19,858.37	19,858.37	1,205.46	1,461.35	35.73	631.88	13.82	20.29	183.87
2050204	高中教育	0.00	0.00	0.00	0.00	452.44	10.15	0.00	0.00	0.00	0.00	3.95
2050205	高等教育	19,858.37	19,858.37	19,858.37	19,858.37	753.02	1,451.20	35.73	631.88	13.82	20.29	179.92
208	社会保障和就业支出	0.00	0.00	0.00	0.00	0.00	0.00	0.00	0.00	0.00	0.00	0.00
20805	行政事业单位离退休	0.00	0.00	0.00	0.00	0.00	0.00	0.00	0.00	0.00	0.00	0.00
2080505	机关事业单位基本养老保险缴费支出	0.00	0.00	0.00	0.00	0.00	0.00	0.00	0.00	0.00	0.00	0.00
2080506	机关事业单位职业年金缴费支出	0.00	0.00	0.00	0.00	0.00	0.00	0.00	0.00	0.00	0.00	0.00
221	住房保障支出	0.00	0.00	0.00	0.00	0.00	0.00	0.00	0.00	0.00	0.00	0.00
22102	住房改革支出	0.00	0.00	0.00	0.00	0.00	0.00	0.00	0.00	0.00	0.00	0.00
2210201	住房公积金	0.00	0.00	0.00	0.00	0.00	0.00	0.00	0.00	0.00	0.00	0.00
2210202	提租补贴	0.00	0.00	0.00	0.00	0.00	0.00	0.00	0.00	0.00	0.00	0.00
2210203	购房补贴	0.00	0.00	0.00	0.00							

注：本表为自动生成表

附表 5

2019 年度资产负债简表

金额单位：万元

政府会计制度	行次	年初数	年末数
栏次		1	2
一、资产合计	1	349,370.18	388,824.05
流动资产	2	190,854.97	212,246.51
货币资金	3	59,227.40	71,012.48
短期投资	4	0.00	0.00
财政应返还额度	5	7,807.55	13,524.87
应收票据	6	0.00	0.00
应收账款净额	7	0.00	92.81
预付账款	8	117,640.38	118,473.85
应收股利	9	0.00	0.00
应收利息	10	0.00	0.00
其他应收款净额	11	6,071.79	8,723.49
存货	12	107.84	173.70
待摊费用	13	0.00	245.31
一年内到期的非流动资产	14	0.00	0.00
其他流动资产	15	0.00	0.00
非流动资产	16	154,902.90	172,884.32
长期股权投资	17	1,039.00	1,039.00
长期债券投资	18	0.00	0.00
固定资产原值	19	183,320.60	187,749.20
减：固定资产累计折旧	20	79,328.93	86,085.77
固定资产净值	21	103,991.67	101,663.42
工程物资	22	0.00	0.00
在建工程	23	49,871.75	70,103.72
无形资产原价	24	3.60	83.75
减：无形资产累计摊销	25	3.13	5.58
无形资产净值	26	0.48	78.17
研发支出	27	0.00	0.00
公共基础设施原值	28	0.00	0.00
减：公共基础设施累计折旧（摊销）	29	0.00	0.00
公共基础设施净值	30	0.00	0.00
政府储备物资	31	0.00	0.00

续表

政府会计制度	行次	年初数	年末数
文物文化资产	32	0.00	0.00
保障性住房原值	33	0.00	0.00
减：保障性住房累计折旧	34	0.00	0.00
保障性住房净值	35	0.00	0.00
长期待摊费用	36	0.00	0.00
待处理财产损益	37	0.00	0.00
其他非流动资产	38	0.00	0.00
受托代理资产	39	3,612.31	3,693.22
	40		
二、负债合计	41	28,623.30	26,324.29
流动负债	42	23,397.38	20,578.71
短期借款	43	0.00	0.00
应交增值税	44	13.28	116.71
其他应交税费	45	427.18	1,166.77
应缴财政款	46	0.00	0.00
应付职工薪酬	47	639.32	946.80
应付票据	48	0.00	0.00
应付账款	49	0.00	11.00
应付政府补贴款	50	0.00	0.00
应付利息	51	0.00	0.00
预收账款	52	0.00	4,068.43
其他应付款	53	22,317.60	14,059.93
预提费用	54	0.00	209.07
一年内到期的非流动负债	55	0.00	0.00
其他流动负债	56	0.00	0.00
非流动负债	57	1,611.72	2,052.36
长期借款	58	1,611.72	2,052.36
长期应付款	59	0.00	0.00
预计负债	60	0.00	0.00
其他非流动负债	61	0.00	0.00
受托代理负债	62	3,614.19	3,693.22
	63		
三、净资产合计	64	320,746.88	362,499.76
累计盈余	65	315,755.46	357,582.12
专用基金	66	4,991.42	4,917.64
权益法调整	67	0.00	0.00

2019 年学校仪器家具增减情况统计表

（单位：万元）

单位名称	行次	上年度末实有数						本年度末实有数					
		合计		其中 5 万元以上		其中 800 元以上教学、科研		合计		其中 5 万元以上		其中 800 元以上教学、科研	
		台 件	金 额	台件	金 额	台 件	金 额	台 件	金 额	台件	金 额	台 件	金 额
总　　计		213021	65858. 64	1349	27918. 45	47135	45291. 23	214084	69560. 58	1446	31133. 40	48212	48663. 97
学校办公室	1	3723	1293. 66	18	278. 54	10	1. 63	3750	1308. 84	18	278. 54	16	6. 24
组织部（党校）、人事处	2	739	189. 92	2	14. 60	43	16. 19	728	195. 08	2	14. 60	43	16. 19
宣传部、新闻中心	3	498	305. 39	6	75. 08	95	173. 49	510	309. 20	6	75. 08	95	173. 49
纪律监察办公室	4	94	23. 54	0	0. 00	0	0. 00	90	19. 89	0	0. 00	0	0. 00
统战部	5	54	10. 84	0	0. 00	0	0. 00	59	11. 45	0	0. 00	0	0. 00
学生工作部（学生处）	6	535	119. 97	1	9. 90	7	2. 99	537	112. 55	0	0. 00	7	2. 99
保卫部（武装部）、综合治理办公室	7	4595	1233. 51	16	161. 21	0	0. 00	4613	1286. 80	16	161. 21	0	0. 00
机关总支	8	42	11. 79	0	0. 00	0	0. 00	34	10. 24	0	0. 00	0	0. 00
发展规划处	9	142	46. 33	0	0. 00	4	2. 36	126	38. 37	0	0. 00	3	0. 67
新校区建设指挥部综合办公室	10	423	65. 04	0	0. 00	0	0. 00	419	62. 88	0	0. 00	0	0. 00

续表

单位名称	行次	上年度末实有数						本年度末实有数					
		合计		其中5万元以上		其中800元以上教学、科研		合计		其中5万元以上		其中800元以上教学、科研	
		台件	金额	台件	金额	台件	金额	台件	金额	台件	金额	台件	金额
教务处	11	18613	2579.66	52	858.58	3634	1795.10	19012	2716.67	51	846.48	4114	2009.55
科研处	12	234	95.89	1	25.00	28	15.99	226	96.24	1	25.00	26	15.75
就业工作处	13	309	79.28	1	10.00	6	1.92	439	197.37	4	38.90	10	31.93
国际合作处	14	418	113.88	0	0.00	38	31.66	410	111.64	0	0.00	38	31.66
研究生院（学位办公室）	15	693	290.82	9	101.31	61	54.17	622	274.22	8	95.09	44	39.81
财务处	16	526	248.22	9	93.61	10	0.88	527	280.37	10	126.61	10	0.88
审计处	17	153	31.88	0	0.00	1	0.15	163	34.87	0	0.00	1	0.15
离退休干部处	18	1596	208.74	2	23.86	26	33.29	1609	212.70	2	23.86	29	33.59
基本建设管理处	19	313	52.53	0	0.00	0	0.00	317	67.38	0	0.00	0	0.00
资产管理处	20	3477	596.49	2	69.58	247	123.41	3904	652.82	2	69.58	239	115.98
工会	21	1692	161.64	1	11.48	10	10.67	1649	163.76	1	11.48	14	14.21
团委	22	3175	823.49	11	157.97	18	37.23	3970	937.90	11	157.97	18	37.23
信息化建设管理处	23	10643	9233.30	224	4278.76	7913	7581.28	9865	9359.16	244	4678.81	7596	7412.18
图书馆	24	10131	2591.52	61	1281.65	2777	939.38	10170	2619.94	61	1281.65	2797	959.85
博物馆	25	11575	1036.65	15	197.95	168	108.17	15266	1101.57	17	210.79	227	144.57

续表

单位名称	行次	上年度末实有数						本年度末实有数					
		合计		其中5万元以上		其中800元以上教学、科研		合计		其中5万元以上		其中800元以上教学、科研	
		台件	金额	台件	金额	台件	金额	台件	金额	台件	金额	台件	金额
出版社	26	321	43.01	0	0.00	0	0.00	300	29.82	0	0.00	0	0.00
期刊社	27	250	42.81	0	0.00	15	3.78	271	52.85	1	5.95	14	3.13
校医院（疾病防控办公室）	28	1609	1598.30	27	1251.06	5	3.04	1664	1625.68	27	1251.06	5	3.04
后勤保障处	29	59593	4769.66	78	1389.63	86	250.99	55346	4366.09	71	1121.75	427	258.78
附中	30	13	6.48	0	0.00	0	0.00	13	6.48	0	0.00	0	0.00
社区居民委员会	31	210	21.37	0	0.00	1	1.17	231	27.31	0	0.00	1	1.17
国内合作处	32	144	42.46	0	0.00	0	0.00	147	43.35	0	0.00	0	0.00
民族学与社会学学院	33	3894	1326.52	22	188.58	1631	1151.23	3699	1325.14	24	238.62	1505	1142.39
国家语言监测少数民族语言分中心	34	78	185.50	7	132.59	72	184.73	75	185.50	7	132.59	72	184.73
中国少数民族语言文学学院	35	3719	1220.61	9	111.97	1524	9E+06	3793	1271.80	9	111.97	1592	971.35
藏学研究院	36	598	167.67	0	0.00	222	124.99	470	134.57	0	0.00	173	101.38
经济学院（少数民族经济研究所）	37	2196	925.67	14	171.43	1028	792.12	2067	908.59	14	171.43	1029	780.51
管理学院	38	1207	391.53	5	69.83	478	273.33	1280	410.05	6	88.29	454	265.33
法学院	39	1212	284.54	2	10.88	464	215.45	1393	356.29	2	10.88	620	278.48
马克思主义学院	40	694	101.26	0	0.00	137	63.25	719	125.65	0	0.00	162	87.63

续表

单位名称	行次	上年度末实有数						本年度末实有数					
		合计		其中5万元以上		其中800元以上教学、科研		合计		其中5万元以上		其中800元以上教学、科研	
		台件	金额	台件	金额	台件	金额	台件	金额	台件	金额	台件	金额
哲学与宗教学学院	41	614	409.29	13	153.14	341	363.74	598	408.86	13	153.14	345	365.29
历史文化学院	42	1127	340.83	0	0.00	493	290.72	1057	296.32	0	0.00	428	246.46
教育学院	43	866	268.24	2	16.78	310	215.30	830	273.43	2	16.78	316	218.42
外国语学院	44	1282	403.20	4	68.35	531	311.19	1271	406.20	4	68.35	535	314.45
生命与环境科学学院	45	7645	9132.51	164	6230.04	5249	8937.64	7738	10960.36	209	7936.61	5338	10760.65
信息工程学院	46	7817	3784.73	98	1180.96	4791	3561.93	7499	3678.42	98	1180.96	4467	3454.05
理学院	47	8080	6507.79	178	4160.64	4303	6176.86	8045	6987.76	193	4642.25	4266	6656.36
美术学院	48	4061	1361.55	38	458.90	1244	1254.66	4007	1390.71	38	458.90	1320	1286.15
舞蹈学院	49	8758	1988.23	58	629.02	2865	1734.94	9061	2048.43	58	623.02	3163	1793.10
音乐学院	50	4731	2132.83	67	1008.67	2150	1984.45	4967	2234.99	72	1026.91	2382	2086.20
体育学院	51	1772	551.93	7	136.99	460	452.40	1775	545.08	7	136.99	495	463.41
继续教育学院	52	886	206.71	3	38.58	165	122.61	903	213.78	3	38.58	171	124.17
国际教育学院	53	7624	907.43	11	125.87	681	392.04	6660	872.19	11	125.87	671	383.07
预科教育学院	54	514	98.29	1	5.90	103	44.74	515	98.95	1	5.90	104	45.40
世界民族学人类学研究中心	55	159	84.49	0	0.00	43	49.28	162	88.93	0	0.00	43	49.28
中国少数民族研究中心	56	205	50.98	0	0.00	86	34.12	292	74.49	1	5.80	120	55.53
中国少数民族传统医学研究院	57	3046	3540.80	83	2425.15	1314	3325.14	3171	4318.98	94	3154.75	1398	4097.74

续表

单位名称	行次	上年度末实有数						本年度末实有数					
		合计		其中5万元以上		其中800元以上教学、科研		合计		其中5万元以上		其中800元以上教学、科研	
		台件	金额	台件	金额	台件	金额	台件	金额	台件	金额	台件	金额
中国少数民族语言研究院	58	185	72.12	1	6.13	90	57.88	260	98.01	1	6.13	122	77.54
少数民族协同创新发展中心	59	56	14.27	0	0.00	32	13.25	58	14.62	0	0.00	34	136.01
幼儿园	60	659	85.79	1	5.98	144	45.84	2018	162.12	1	5.98	165	53.45
中国民族理论与民族政策研究院	61	74	24.83	0	0.00	72	18.64	80	32.17	1	6.80	77	25.94
文学院	62	647	147.88	1	9.28	175	97.65	786	186.85	2	22.47	250	131.42
新闻与传播学院	63	1063	921.56	16	199.66	608	827.84	1075	930.50	16	199.66	620	836.78
虚拟部门	64	771	185.80	6	89.35	1	0.65	771	185.80	6	89.35	1	0.65
海南校区筹建处	65	0	0	0	0	0	0	2	1.54	0	0	0	0

2019 年学校基本建设及修缮改造工程情况统计表

2019 年 1 月 1 日—2019 年 12 月 31 日

序号	基本建设及修缮改造工程名称			建设及修缮工程量	结构型式	建筑层数		建设及修缮日期		工程计划总投资额（万元）	2019 年投资额（万元）	实际已投资额（万元）	审定总造价（万元）	备注
	基建及修缮	在建及改造	竣工交用			地上	地下	开工日	竣工日					
	（1）	（2）	（3）	（4）	（5）	（6）	（7）	（8）	（9）	（10）	（11）	（12）	（13）	（14）
1		新校区教学科研楼建设工程		23800m²	框架 剪力墙结构	四层	二层	2018. 3. 16		10333. 58	440. 64	5458. 72		由国拨资金建设，基本建设管理处（丰台校区建设办公室）负责施工管理
2		新校区西区 食堂、学生宿舍建设工程		72524m²	框架 剪力墙结构	五层	一层	2018. 8. 10		29685. 58	8527. 01	19232. 87		由国拨资金建设，基本建设管理处（丰台校区建设办公室）负责施工管理
3		新校区社科组团教学楼、公共教学楼建设工程		37582m²	框架 剪力墙结构	五层		2018. 10. 10		17359. 26	4900. 48	11900. 4		由国拨资金建设，基本建设管理处（丰台校区建设办公室）负责施工管理

续表

序号	基本建设及修缮改造工程名称			建设及修缮工程量	结构型式	建筑层数		建设及修缮日期		工程计划总投资额（万元）	2019 年投资额（万元）	实际已投资额（万元）	审定总造价（万元）	备注
	基建及修缮	在建及改造	竣工交用			地上	地下	开工日	竣工日					
	（1）	（2）	（3）	（4）	（5）	（6）	（7）	（8）	（9）	（10）	（11）	（12）	（13）	（14）
4		新校区图书馆和计算中心建设工程		$35630m^2$	框架 剪力墙结构	五层	二层	2018. 11. 8		19340. 91	5741. 07	11924. 32		由国拨资金建设，基本建设管理处（丰台校区建设办公室）负责施工管理
5		新校区基础设施及室外工程（雨水调蓄池）		$12776.62m^3$	混凝土结构		地下	2018. 10. 19		1522. 00	531. 2	1454. 2		由国拨资金建设，基本建设管理处（丰台校区建设办公室）负责施工管理
6		新校区外部供电工程（一期）		1 座	3 进 14 出 开闭站	地上		2019. 01. 15		3800		2181		由国拨资金建设，基本建设管理处（丰台校区建设办公室）负责管理，委托北京市供用电建设承发包有限公司负责组织实施。
				2 座	分界室	地上								
				1 座	小区配电室	地上								
				5469 米	3×300 高压电缆		地下							
				2290 米	3×240 高压电缆		地下							
				1854 米	电力管井		地下							
				52 座	电力井		地下							

续表

序号	基本建设及修缮改造工程名称			建设及修缮工程量	结构型式	建筑层数		建设及修缮日期		工程计划总投资额（万元）	2019年投资额（万元）	实际已投资额（万元）	审定总造价（万元）	备注
	基建及修缮	在建及改造	竣工交用			地上	地下	开工日	竣工日					
	（1）	（2）	（3）	（4）	（5）	（6）	（7）	（8）	（9）	（10）	（11）	（12）	（13）	（14）
7		新校区教学科研楼建设项目装修工程		$23800m^2$		四层	二层	2019. 05. 15		2084. 05	1667. 24	1667. 24		由国拨资金建设，基本建设管理处（丰台校区建设办公室）负责施工管理
8		新校区公共教学楼和社科组团教学楼建设项目装修工程		$37582m^2$		五层		2019. 06. 10		3240. 23	1971. 29	1971. 29		由国拨资金建设，基本建设管理处（丰台校区建设办公室）负责施工管理
9		新校区宿舍食堂建设项目装修工程		$72524m^2$		五层	一层	2019. 06. 10		2808. 54	1988. 07	1988. 07		由国拨资金建设，基本建设管理处（丰台校区建设办公室）负责施工管理

2019 年学校基本建设及修缮改造在施工程统计表

2019 年 1 月 1 日—2019 年 12 月 31 日

基本建设及修缮改造工程名称			序号	建设及修缮工程量	结构形式	建筑层数		建设及修缮开工日期	备注
						地上	地下		
中央民族大学	新校区	新校区教学科研楼建设工程	1	23800m²	框架剪力墙结构	四层	二层	2018. 3. 16	由国拨资金建设。基本建设管理处（丰台校区建设办公室）负责施工管理
		新校区西区食堂、学生宿舍建设工程	2	72524m²	框架剪力墙结构	五层	一层	2018. 8. 10	由国拨资金建设。基本建设管理处（丰台校区建设办公室）负责施工管理
		新校区社科组团 教学楼、公共教学楼建设工程	3	37582m²	框架剪力墙结构	五层		2018. 10. 10	由国拨资金建设。基本建设管理处（丰台校区建设办公室）负责施工管理
		新校区图书馆和计算中心建设项目	4	35630m²	框架剪力墙结构	五层	二层	2018. 11. 8	由国拨资金建设。基本建设管理处（丰台校区建设办公室）负责施工管理
		新校区基础设施及室外工程（雨水调蓄池）	5	12776. 62m²	混凝土结构		地下	2018. 10. 19	由国拨资金建设。基本建设管理处（丰台校区建设办公室）负责施工管理

续表

基本建设及修缮改造工程名称			序号	建设及修缮工程量	结构形式	建筑层数		建设及修缮开工日期	备注
						地上	地下		
中央民族大学	新校区	新校区外部供电工程（一期）	6	1 座	3 进 14 出开闭站			2019. 01. 15	由国拨资金建设，基本建设管理处（丰台校区建设办公室）负责管理，委托北京市供用电建设承发包有限公司负责组织实施
				2 座	分界室				
				1 座	小区配电室				
				5469 米	3×300 高压电缆				
				2290 米	3×240 高压电缆				
				1854 米	电力管井				
				52 座	电力井				
		新校区教学科研楼建设项目装修工程	7	23800m^2		四层	二层	2019. 05. 15	由国拨资金建设。基本建设管理处（丰台校区建设办公室）负责施工管理
		新校区公共教学楼和社科组团教学楼建设项目装修工程	8	37582m^2		五层		2019. 06. 10	由国拨资金建设。基本建设管理处（丰台校区建设办公室）负责施工管理
		新校区宿舍食堂建设项目装修工程	9	72524m^2		五层	一层	2019. 06. 10	由国拨资金建设。基本建设管理处（丰台校区建设办公室）负责施工管理

2019年土地和房屋情况

按照学校的指示及管理工作的实际需要，资产管理处在历年上报的《中央民族大学土地和房屋统计年鉴》的基础上，结合一年来学校土地房屋管理使用的实际情况，对学校的土地和房屋进行统计和规范整理，编制了《2019年度中央民族大学土地和房屋情况统计表》。

学校土地和房屋情况统计截止期为2019年12月31日。

一、我校总占地面积380830.35平方米（约571.25亩），其中：

（一）中央民族大学

土地占有面积317118.77平方米（约475.67亩）。

1. 教学区土地占有面积242387.06平方米（约363.58亩）；

2. 生活区土地占有面积70802.26平方米（约106.20亩）。（注：民族印刷厂单独办理土地证，不计入我校土地面积）

3. 民族大学西路60号院1号楼土地占有面积1461.73平方米（约2.19亩），单独办理土地证。

4. 民族大学西路60号院2号楼土地占有面积2467.72平方米（约3.70亩），单独办理土地证。

（二）中央民族大学附属中学

土地占有面积22887.20平方米（约34.33亩）。

（三）黑山扈（西山）中央民族干部学院

土地占有面积40824.38平方米（约61.24亩）。

（注：以上统计的土地面积均以北京市国土资源局颁发的土地证为准）

二、校房屋总建筑面积589262.69平方米。

其中：（一）中央民族大学房屋总建筑面积533894.09平方米。

1. 教学区建筑面积350674.72平方米；

2. 生活区建筑面积181472.37平方米；

3. 校外区建筑面积1747.00平方米。

（注：原附小、幼儿园和承坤商贸中心已计入生活区面积中）

（二）中央民族大学附属中学房屋总建筑面积55368.60平方米。

（三）黑山扈（西山）民族干部学院总建筑面积23413.80平方米。（注：黑山扈房屋建筑面积不计入学校房屋总建筑面积）

三、我校房屋2019年登记拆除：无。

四、我校被外单位借用、占用土地总面积51132.65平方米（约76.70亩）。

我校被外单位借用、占用房屋总建筑面积91332.02平方米。

五、几点说明：

（一）房屋分类按国家教委要求划分为三大类：

1. 教学及辅助用房（下设5个子目）；

2. 行政办公用房；

3. 生活用房（下设6个子目）。

（二）学校危房总建筑面积为2154.00平方米。

其中：1. 教学区：建筑面积0平方米；

2. 生活区：建筑面积2154.00平方米。

（三）为有利于学校房屋、土地产权的管理和使用，将产权编号、产权面积计入统计表中。

（四）中央民族大学附属中学和黑山扈（西山）干部学院的土地占有面积以2004年12月正式下发的土地证面积为依据。

（五）学校出租土地、与有关单位联合开发的土地，因相关手续不全，又无权威性结论证明，在报表中仍统计在学校总占地面积之中。

（六）关于房屋产权办理工作，三证指规划许可证、施工许可证、工程合格证，无三证无法办理房屋权属登记。

附表：

（1）2019年度学校房屋和土地情况统计总表（表一）

（2）2019年学校教学及辅助用房明细表（表二）

（3）2019年学校行政办公用房明细表（表三）

（4）2019年学校生活用房明细表（表四）

（5）2019年其他单位在中央民族大学占地、占房和建房情况（表五）

2019 年度学校房屋和土地情况统计总表（表一）

项目 面积 房屋分类	编号	学校产权建筑面积/m^2				拆除房屋面积（平方米）	土地及新校区（平方米）
		房屋建筑总计	其中：危房	其中：当年新增	其中：本校外单位借用		
甲	乙	1	2	3	4	5	
总　计	01	589262.69	2154.00	0	13941.34	289	学校土地总面积 380830.35m^2（约 571.25 亩）
一、教学及辅助用房	02	168830.84	0	0	0	289	1. 中央民族大学校园区及家属院占地面积：317118.77m^2 2. 民大附中占地面积：22887.20m^2 3. 黑山扈（西占地：40824.38m^2
（1）教室	03	55932.98	0	0	0	0	
（2）图书馆	04	25366.68	0	0	0	0	
（3）体育馆	05	5603.22	0	0	0	0	
（4）会堂	06	3046.64	0	0	0	0	
（5）实验室、实习场所及附属用房	07	78881.32	0	0	0	289	
二、行政办公用房	08	33450.1	0	0	3353.54	0	

续表

项目 面积 房屋分类	编号	学校产权建筑面积/m²				拆除房屋面积（平方米）	土地及新校区
		房屋建筑总计	其中：危房	其中：当年新增	其中：本校外单位借用		
甲	乙	1	2	3	4	5	
三、生活用房	09	388612.64	2154.00	0	10587.80	0	4. 中央民族大学新校区项目根据北京市规委复函，新校区总用地约为806700 m²（约1210.05亩） 新校区拟建场址位于北京市西南部丰台区王佐镇青龙湖地区，京石高速的西侧。东至六环路绿化带，西至规划青龙湖地区七号路，南至魏各庄路，北至云岗西路
（1）学生宿舍	10	131280.19	0	0	0	0	
（2）学生食堂	11	8985.27	0	0	0	0	
（3）教工食堂	12	1972.49	0	0	0	0	
（4）教工单身宿舍	13	25371.78	0	0	0	0	
（5）教工住宅	14	183394.58	2154.00	0	0	0	
（6）生活福利及其他附属用房	15	37330.63	0	0	10587.80	0	

2019 年学校教学及辅助用房明细表（表二）

房屋建筑名称		序号	建筑面积（平方米）	占地面积（平方米）	结构型式	建筑层数		竣工时间	产权编号	产权面积（平方米）	产权占地面积（平方米）	备注
						地上	地下					
（1）教室	北智楼（原北主楼）	1	1837.68	5478.3	框架	6—7	—	1990 年	教学 11#	24445	产权证中教学 11#为北智楼、南睿楼、中慧楼三楼一体	北智楼总建筑面积 8824.34 m^2［详见表二（1）及表三］
	中慧楼（原中主楼）	2	1929		框架	1—5	1	1990 年				中慧楼建筑面积 7124.30m^2［详见表二（1）（5）］
	南睿楼（原南主楼）	3	6292		框架	6—7	—	1990 年				南睿楼建筑面积 8658.27 m^2［详见表二（1）（5）］
	10 号教学楼（舞蹈学院）	4	2347	469.4	框架	5	—	1999 年 8 月	—	—	—	大礼堂北侧（无三证）
	音乐学院、舞蹈学院教学楼	5	667	333.5	砖混	2	—	1999 年 9 月	—	—	—	16 号教学楼北侧（无三证）
	舞蹈学院琴房	6	75.2	75.2	砖混	1	—	20 世纪 70 年代	教学 77#	75.2	75.2	18 号教学楼西侧 5 间
	16 号教学楼	7	1504	1347.8	砖木	2	—	1951 年	教学 54#	2695.7	1347.8	楼总建筑面积 2695.7m^2［详见表二（1）（5）］
	18 号教学楼（音乐学院、舞蹈学院、美术学院）	8	1678.53	1488	砖木	1—3	—	1954 年	教学 72#	4151	2074	楼总建筑面积 2976m^2［详见表二（1）（5）］

续表

房屋建筑名称		序号	建筑面积（平方米）	占地面积（平方米）	结构型式	建筑层数		竣工时间	产权编号	产权面积（平方米）	产权占地面积（平方米）	备　注
						地上	地下					
（1）教室	音乐学院琴房楼	9	1959	559.71	砖混	3—4	—	2001年11月	—	—	—	18号楼与20号楼之间（临建）（原房屋教73#：925.6 m^2）
	音乐学院琴房楼加层	10	236	—	钢结构	第5	—	2002年4月	—	—	—	增加层（临建）
	20号教学楼（琴房、舞蹈房）	11	978.72	626	砖混	2~3	—	1981年	—	—	—	楼总建筑面积1565m^2 ［详见表二（1）（5）］
	21号教学楼（美术学院教学楼）	12	1692.02	732.67	砖混	3	—	1998年	—	—	—	民族博物馆西北侧楼总建筑面积2198m^2 ［详表二（1）（5）］（无“三证”）
	美术学院画室楼	13	865.26	288.42	砌块混合	3	—	2001年5月	—	—	—	民族博物馆与18号教学楼之间（无“三证”）
	美术学院教学楼	14	2273	759.3	钢结构	3	—	2003年12月	待办	待办	待办	16号楼北侧红色新楼（临建）
	美术学院陶艺室平房	15	63	63	砖混墙彩钢聚苯板	1	—	2005年8月	—	—	—	由学校投资建设民族博物馆楼西南侧（临建）

续表

房屋建筑名称		序号	建筑面积/m^2	占地面积/m^2	结构型式	建筑层数		竣工时间	产权编号	产权面积（平方米）	产权占地面积（平方米）	备注
						地上	地下					
（1）教室	学生8号公寓教室（国际教育学院）	16	979.65	1899.03	全现浇剪力墙	3—15	2	2004年9月	待办	待办	待办	2009年实测总建筑面积21435.07m^2（含教室979.65m^2，办公用房185.76m^2），人防出口平房52.43m^2） 另见［表二（5）］：［表三］；［表四（1）］：［表四（2）］；［表四（6）］
	成教学院琴房	17	288	—	轻体	第3层	—	2002年8月	—	—	—	学生食堂临建
	成教学院琴房	18	81	81	砖混	第1层	—	1990年	教学143#	62.4	62.4	学生食堂东北侧（原边锋设计所）
	成教学院琴房	19	64	—	轻质板房	第2层	—	2001年	—	—	—	学生食堂东北侧成教学院琴房二层（临建）
	文华楼教室	20	17313.84	3203.89	全现浇剪力墙	14	1	2005年12月	待办	待办	待办	2009年实测总建筑面积：42377.72 m^2；其中：1—11层为教室（7—10层部分房间为文科院系实验室）；12—14层为院系行政办公用房8425.74 m^2；西区和东区之间会议厅1580.54 m^2，地下一层人防面积2646.84 m^2，人防出口平房82.88 m^2 ［详见表二（1）（2）（4）（5），表三，表四（6）］

续表

房屋建筑名称		序号	建筑面积（平方米）	占地面积（平方米）	结构型式	建筑层数		竣工时间	产权编号	产权面积（平方米）	产权占地面积（平方米）	备　注
						地上	地下					
（1）教室	附中教学楼	21	7232.83	1570.05	全现浇框架剪力墙	15	1	2005年8月	待办	待办	待办	2009年实测总面积19959 m^2. 其中综合楼15层：12782.78m^2，教学楼6层：7176.22 m^2 综合楼：1层为教学辅助用房；2—4层为学生宿舍；5—15层留学生、引进人才（专家）、博士后公寓 其中人防出口基地面积17.34 m^2。 详见［表二（1）、（5）］： 详见［表四（4）］： 详见［表四（6）］
	附中教学楼加层	22	2267	—	钢结构	第7—8层	—	2009年8月	待办	待办	待办	加层（临建）
	附中教室	23	2152.25	993.3	框架	1—4	—	1992年7月—1994年8月	生活81	3474.9	993.3	2005年附小解散，教学楼共3474.9平方米，改为老干部活动室1322.65平方米、附中教室2152.25平方米
	附中综合楼	24	707	235.67	框架	3	—	1999年9月	待办	待办	待办	楼总建筑面积4184m^2［详表二（1）（3）、表三、表四（2）（6）］（有三证）
	幼儿园舞蹈教学楼	25	450	225	框架	2	—	2003年11月	—	—	—	（临建）
小　　计		25项	55932.98	21422.54	7种	1~7	0~1	1951年~2005年	5项	34904.2	10031	表二（1）教室

续表

房屋建筑名称		序号	建筑面积（平方米）	占地面积（平方米）	结构型式	建筑层数		竣工时间	产权编号	产权面积（平方米）	产权占地面积（平方米）	备注
						地上	地下					
（2）图书馆	图书馆	24	24366.68	1512.5	框架剪力墙玻璃幕	15	2	2003年4月	待办	待办 24416.56	待办 ［1512.5］	2009年实测总面积24416.56 m^2，含人防面积1639.38m^2，其中人防出口平房面积49.88m^2［见表二（5）］
	文华楼图书资料室	25	1000	［3203.89］	全现浇剪力墙	14	1	2005年12月	待办	待办	待办	大礼堂北侧2009年实测总建筑面积：42377.72 m^2
小计		2项	25366.68	1512.5	1种	1—15	0—2	2003年	0项	0	0	表二（2）图书馆
（3）体育馆	逸夫体育馆	26	2382.6	2382.6	框架	1	—	1990年	教学159#	2382.6	2382.6	
	逸夫体育馆扩建	27	222	222	装配轻体	1	—	1999年10月	—	—	—	体育馆内健身房（无三证）
	逸夫体育馆东平房	28	一层220	220	砖混	2	—	1997年	—	—	—	二层为办公用房，见表三（无三证）
	逸夫体育馆扩建（2001年7月前大厅、门厅，2012年楼上乒乓球室）	29	逸夫体育馆前大厅门厅317，逸夫体育馆楼上加层乒乓球室240	317	大厅、门厅为砖混、玻璃幕，楼上乒乓球室为轻体	2	—	2001年7月；2012年10月（楼上加层）	—	—	—	（无三证）
	附中综合楼（室内体育场，三层）	30	1306.4	［1435.6］	框架	第2	—	1999年9月	待办	待办	待办	楼总建筑面积4184m^2［详见表二（1）（3），表三，表四（2）（6）］（有“三证”）
	地下体质测试室及教学辅助用房	31	1277.22	—	钢混	14	1	2005年12月	待办	待办	待办	学生3号公寓与4号公寓之间，原27号学生宿舍楼地下室
小计		6项	5603.22	3131.6	4种	1—2	0	1990—2001年	1项	2382.6	2382.6	表二（3）体育馆

续表

房屋建筑名称		序号	建筑面积（平方米）	占地面积（平方米）	结构型式	建筑层数		竣工时间	产权编号	产权面积（平方米）	产权占地面积（平方米）	备注
						地上	地下					
（4）会堂	大礼堂	32	1466. 1	1466. 1	砖木	1—2	—	1951 年 1996 年改	教学 45#	1466. 1	1466. 1	屋顶 1/3 为钢架结构
	文华楼会议厅 （原文科楼会议厅）	33	1580. 54	［3203. 89］	全现浇剪力墙	14	1	2005 年 12 月	待办	待办	待办	2009 年实测总建筑面积：42377. 72 m^2。其中：1—11 层为教室（7—10 层部分房间为文科院系实验室）；12—14 层为院系行政办公用房 8425. 74 m^2；中间三层会议厅：1580. 54 m^2；地下一层人防面积 2646. 84 m^2，人防出口平房 82. 88 m^2 详见［表二（1）］ 详见［表二（2）］ 详见［表二（4）］ 详见［表二（5）］ 详见［表三］ 详见［表四（6）］
小计		2 项	3046. 64	1466. 1	2 种	1—2	0	1951—2005 年	1 项	1466. 1	1466. 1	表二（4）会堂

续表

房屋建筑名称		序号	建筑面积（平方米）	占地面积（平方米）	结构型式	建筑层数		竣工时间	产权编号	产权面积（平方米）	产权占地面积（平方米）	备注
						地上	地下					
（5）实验室、实习场所及附属用房	学生会地下教室出口（东）	34	161.6	161.6	砖混	1	地下	20世纪70年代	教学59#	161.6	161.6	16号教学楼东北侧
	工会地下教室	35	1000	1000	砖混	—	1	20世纪70年代	—	—	—	人防部门批准使用
	图书馆人防出口平房	36	49.88	49.88	砖混	1	人防	2003年5月	待办	待办	待办	2009年实测总面积24416.56 m^2［详见表二（2）（5）］
	中慧楼（原中主楼）实习场所及教学辅助用房	37	5195.3	［5478.3］	框架	1—5	1	1990年	详表二（1）［教学11#］	详表二（1）［24445］	详表二（1）［5478.3］	北智楼总建筑面积8824.34m^2 中慧楼总建筑面积7124.30m^2 南睿楼总建筑面积8658.27m^2 其中教学及辅助用房18232.75 m^2 办公用房6374.16 m^2 ［详见表二（1）（5）及表三］
	南睿楼（原南主楼）实习场所及教学辅助用房	38	2366.27		框架	6—7	—					
	1号办公楼	39	4712.8	1215.12	砖混	3—4	1	1955年	教学46#	6072	1518.9	2005年8月拆除1/5，拆除部分为实验室1178.2 m^2
	16号教学楼	40	1191.7	1347.8	砖木	2	—	1951年	教学54#	2695.7	1347.8	楼总建筑面积2695.7m^2［详见表二（1）（5）］

续表

房屋建筑名称		序号	建筑面积（平方米）	占地面积（平方米）	结构型式	建筑层数		竣工时间	产权编号	产权面积（平方米）	产权占地面积（平方米）	备注
						地上	地下					
（5）实验室、实习场所及附属用房	18 号教学楼（音乐学院、舞蹈学院、美术学院）	41	1297.47	［1488］	砖木	1—3	—	1954 年	详表二（1）［教学72#］	详表二（1）［4151］	详表二（1）［2074］	楼总建筑面积 2976m²［详见表二（1）（5）］
	20 号教学楼（琴房、舞蹈房）	42	586.28	［626］	砖混	2—3	—	1981 年	—	—	—	楼总建筑面积 1565m²［详见表二（1）（5）］
	21 号教学楼（美术学院）	43	505.98	［732.67］	砖混	3	—	1998 年 8 月	—	—	—	图书馆西北侧楼总建筑面积 2198m²［详见表二（1）（5）］
	22 号民族博物馆楼	44	4874.1	1604.6	砖混	1—4	—	1962 年 2003 年改	教学 71#	4874.1	1604.6	含行政办公用房
	附属中学综合楼体育馆加层房	45	15.36	—	塑钢彩玻	第 2	—	2003 年 8 月	—	—	—	楼上加层（临建）
	西校门新建传达室（南、北两间平房）	46	66.4	66.4	砖混	1	—	1983 年	教学 113#	30.7	30.7	位于学校西门南、北两侧，原址扩建
	东北校门传达室	47	60	60	舒乐板轻体	1	—	1999 年 12 月	—	—	—	（原房屋教 158#，104.5m²）（原位临建）
	东大门传达室	48	58.72	117.44	砖混	1	—	1990 年	—	—	—	北传达室 3 间，南收发室 3 间 均为 58.72 m² 共计 117.44 m²（临建）
	东大门收发室	49	58.72									

续表

房屋建筑名称		序号	建筑面积（平方米）	占地面积（平方米）	结构型式	建筑层数		竣工时间	产权编号	产权面积（平方米）	产权占地面积（平方米）	备　注
						地上	地下					
（5）实验室、实习场所及附属用房	附中教学、综合楼教学附属用房	50	2331.48	［1570.05］	框架	15	1	2005 年 8 月	待办	待办	待办	2009 年实测总面积 19959 m^2 其中综合楼 15 层：12782.78m^2，教学楼 6 层：7176.22 m^2 综合楼：1 层为教学辅助用房；2—4 层为学生宿舍；5—15 层为留学生、引进人才（专家）、博士后公寓。其中含人防面积 340.48 m^2，人防出口基地面积 17.34 m^2 ［详见表二（1）（5）： 详见［表四（4）］： 详见［表四（6）］
	学生 8 号公寓教学辅助用房 （原 5 号楼留学生楼）	51	2434.93	［1899.03］	全现浇剪力墙	3—14	2	2004 年 9 月	待办	待办	待办	2009 年实测总建筑面积 21435.07 m^2 （含教室 979.65 m^2，办公用房 185.76 m^2） 详见［表二（1）］： ［表二（5）］： ［表三］； ［表四（1）］： ［表四（2）］； ［表四（6）］

续表

房屋建筑名称		序号	建筑面积（平方米）	占地面积（平方米）	结构型式	建筑层数		竣工时间	产权编号	产权面积（平方米）	产权占地面积（平方米）	备　注
						地上	地下					
（5）实验室、实习场所及附属用房	离退休干部处党员活动室	52	23	23	砖木	1	—	1999年8月	—	—	—	原附小西北角平房（临建）
	离退休干部处老年大学象棋室	53	37	37	砖木	1	—	1994年10月	—	—	—	原附小北墙平房（临建）
	离退休干部处书画社	54	260	260	砖木	1	—	1965年5月	生活61#	260	260	原附小北墙平房（共7间）
	音乐学院中专部传达室	55	27.4	27.4	砖混	1	—	1994年8月	生活82#	27.4	27.4	位于原附小大门东侧
	离退休干部处老年大学活动室	56	85	85	混合	1	—	1995年3月	—	—	—	原附小北墙板房（临建）
	离退休干部处老年大学沙弧球室	57	29	29	砖混	1	—	1996年4月	—	—	—	原附小后楼东平房（临建）
	幼儿园体质活动室	58	52	52	砖木	1	—	1994年8月	—	—	—	原附小操场南平房（临建）

续表

房屋建筑名称		序号	建筑面积（平方米）	占地面积（平方米）	结构型式	建筑层数 地上	建筑层数 地下	竣工时间	产权编号	产权面积（平方米）	产权占地面积（平方米）	备注
（5）实验室、实习场所及附属用房	文华楼实验室（原文科教学大楼）	59	12000	［3203.89］	全现浇剪力墙	14	1	2005年12月	待办	待办	待办	2009年实测总建筑面积：42377.72m² 其中：1—11层为教室；7—10层部分房间为文科院系实验室；中间三层为会议厅：1580.54m²；12—14层为院系行政办公用房：8425.74m² 详见［表二（1）、（2）］ 详见［表二（4）、（5）］ 详见［表三］ 详见［表四（6）］
	文华楼体质测试用房（原文科教学大楼）	60	1800									
	理工楼实验室（原理科教学楼）	61	30169.10	2240.68	全现浇剪力墙	15	2	2007年8月	待办	待办	待办	位于图书馆东侧，总建筑面积：38693.98m²。 理工楼1—9层为公共机房及实验室；10层办公室1603m²；11—14层为实验室；15层为设备层；地下1层为教学用库房；人防面积2993.75m²；含人防出口平房和室外楼梯面积，均为46.25m² 详见［表二（5）］［表三］ 及［表四（6）］
	理工楼教研室及教辅用房（原理科教学楼）	62	6875.63									

续表

房屋建筑名称		序号	建筑面积（平方米）	占地面积（平方米）	结构型式	建筑层数		竣工时间	产权编号	产权面积（平方米）	产权占地面积（平方米）	备注
						地上	地下					
（5）实验室、实习场所及附属用房	学生1号公寓活动中心（原28号楼公寓）	63	556.2	［4293.86］	全现浇剪力墙	14	3	2005年7月	待办	待办	待办	2009年实测总面积：59373.65m² 南楼：24366.08m² （含人防面积2627.83m²） 北楼：35007.57m² （北楼食堂：4250m²） （活动中心：556.2m²） 南楼：1—14层为学生宿舍286间 地下1层为库房；地下2—3层为人防层 北楼：3—13层为学生宿舍477间，管理室22间，地下1层—地上2层为食堂；3层有大学生活动中心 详见［表二（5）］； 详见［表四（1）］； 详见［表四（2）］； 详见［表四（6）］
小计		30项	78881.32	8376.92	7种	1—7	0.5—1	1951—2007年	7项	14243.5	5073	表二（5）附属用房等
合计		66项	168830.84平方米	35909.66平方米	12种型式	1层至15层	0.5层至3层	1951年至2007年8月	有产权14项（2项重复项未计入）	53996.4平方米	18952.7平方米	合计中建筑面积及占地面积为56项累加之和，产权面积及产权占地面积为14项之和，重复的产权项不累加

2019 年学校行政办公用房明细表（表三）

房屋建筑名称	序号	建筑面积（平方米）	占地面积（平方米）	结构型式	建筑层数		竣工时间	产权编号	产权面积（平方米）	产权占地面积（平方米）	备　　注
					地上	地下					
2 号办公楼	1	2472	1002.3	砖木	2~3	—	1954 年	教学 23#	2444.2	1002.3	行政单位办公用房
3 号办公楼	2	2512	1002.3	砖木	2~3	—	1951 年	教学 24#	2444.2	1002.3	党政机关办公用房
北智楼办公用房（原北主楼二层至七层）	3	6986.66	［5478.3］	框架	6~7	—	1990 年	教学 11#	［24445］	［5478.3］	北智楼总建筑面积 8824.34m^2 详见［表二（1）］及［表三］
后勤产业集团办公室	4	159.2	159.2	砖木	1	—	20 世纪 60 年代	教学 137#	159.2	159.2	校医院东北侧
社区居委会办公室	5	350	350	砖混	1	—	1978 年 1990 年扩	生活 18#	329.5	329.5	07 年改造为居委会办公室（表四调至表三）
6 号办公楼（社科院民研所）	6	3353.54	1306.8	砖混	3~4	—	20 世纪 50 年代	教学 34#	4796.86	1306.8	我校产权，属外单位借用；约 218 间
北综合楼	7	4902	621.75	框架	6	2	2001 年 12 月	产权证号 333336 号	6633.34	待办	人防面积 869.49m^2，楼总建筑面积 7500m^2［详表三、表四（1）］
基建处办公室平房	8	369	369	砖混	1	—	20 世纪 70 年代 1997 年改	—	—	—	15 号教师宿舍楼北侧（临建）；2006 年暑假研究生活动中心改造为基建处办公室
附中综合楼	9	798.9	-	框架	15	1	2005 年 8 月	待办	待办	待办	附中综合楼二层改办公用房

续表

房屋建筑名称	序号	建筑面积（平方米）	占地面积（平方米）	结构型式	建筑层数		竣工时间	产权编号	产权面积（平方米）	产权占地面积（平方米）	备　注
					地上	地下					
学生 8 号公寓办公室	10	185.76	[1899.03]	全现浇剪力墙	3—14	2	2004 年 9 月	待办	待办	待办	大操场东侧，6 号楼南总建筑面积 21435.07 m^2 详见［表二（1）］：详见［表二（5）］：详见［表三］；详见［表四（1）］：详见［表四（2）］；详见［表四（6）］
财务处办公室	11	589.8		全现浇剪力墙	3—14	2	2004 年 9 月	待办	待办	待办	学生 8 号公寓一层东侧
理工楼办公区（十层）	12	1603	[2240.68]	砖混	2	—	2007 年 8 月	待办	待办	待办	位于图书馆东侧；总建筑面积 38693.98 m^2 详见［表二（5）］、［表三］及［表四（6）］
文华楼办公区（十二层至十四层）	13	8425.74	[3203.89]	全现浇剪力墙	14	1	2005 年 12 月	待办	待办	待办	2009 年实测总建筑面积：42377.72 m^2；12~14 层为院系行政办公用房，面积为 8425.74 m^2；详见［表二（1）、（2）］：详见［表二（4）、（5）］：详见［表三］详见［表四（6）］
逸夫体育馆东平房加层	14	112		轻体	第二层		2012 年 10 月	待办	待办	待办	
合　　计	14 项	32103.1 平方米	4994.21.44 平方米	5 种型式	1 层至 6 层	0 层至 2 层	1951 年至 2007 年 8 月	产权项 6 项	16477.8 平方米	3470.60 平方米	行政办公用房共 13 项，含产权项：6 项无产权待办产权 7 项

2019 年学校生活用房明细表（表四）

房屋建筑名称		序号	建筑面积（平方米）	占地面积（平方米）	结构型式	建筑层数		竣工时间	产权编号	产权面积（平方米）	产权占地面积（平方米）	备　注
						地上	地下					
（1）学生宿舍	北综合楼（北智楼）	1	2598	937.5	框架	6	2	2001 年 12 月	产权证号 333336 号	6633.34		楼总建筑面积 7500m^2 [详见表三、表四（1）]
	学生 2 号公寓	2	4375	1244.4	砖木	3—4	—	1954 年	教学 39#	4411.6	1244.4	含邮局
	学生 3 号公寓	3	4751	1292.6	砖混	3—4	1	1957 年	教学 70#	4564.8	1292.6	含住户 1 间，22m^2
	学生 4 号公寓	4	17595	1452.85	全现浇剪力墙	10	2	2003 年 8 月	待办	待办 [17595]	待办 [1402.29]	2009 年实测总建筑面积 17645.56m^2，含人防面积 1441.78m^2。详见表四（1）、表四（6）
	学生 5 号公寓	5	9093.36	1515.56	砌块砖混	6	—	2002 年 7 月	待办	待办 [9093.36]	待办 [1515.56]	校医院南侧（有三证）
	学生 6 号公寓	6	5672	1036.2	砖混	5	—	1980 年 1993 年扩	教学 156#	5181.1	1036.2	含办公室 3 间，63m^2
	学生 7 号公寓	7	5672	1036.2	砖混	5	—	1980 年 1993 年扩	教学 157#	5181.1	1036.2	含办公室 4 间，84m^2
	学生 8 号公寓（原 5 号楼留学生楼）	8	15350.35	1899.03	全现浇剪力墙	3—14	2	2004 年 9 月	待办	待办	待办	2009 年实测总建筑面积 21435.07m^2。详见[表二(1)]、详见[表二(5)]、[表三]、[表四(1)][表四(2)]、[表四(6)]

续表

房屋建筑名称		序号	建筑面积（平方米）	占地面积（平方米）	结构型式	建筑层数		竣工时间	产权编号	产权面积（平方米）	产权占地面积（平方米）	备　注
						地上	地下					
（1）学生宿舍	宿舍平房（幼儿园幼儿卧室）	9	479.3	479.3	砖木	1	—	20世纪50年代	生活70#	479.3	479.3	庙房改造
	宿舍平房（幼儿园幼儿卧室）	10	94.5	94.5	砖木	1	—	20世纪50年代	生活71#	94.5	94.5	庙房改造
	宿舍平房（幼儿园幼儿卧室）	11	94.5	94.5	砖木	1	—	20世纪50年代	生活72#	94.5	94.5	庙房改造
	宿舍平房（幼儿园幼儿卧室）	12	261.7	261.7	砖木	1	—	20世纪50年代	生活73#	261.7	261.7	庙房改造
	附属中学学生宿舍楼	13	5070	845	砖混	6	—	2000年8月	待办	待办	待办	位于民大西门西侧附属中学院内（有三证）
	附中学生宿舍楼	14	8300	1185	框架	5	2	2013年8月	待办	待办	待办	

续表

房屋建筑名称		序号	建筑面积（平方米）	占地面积（平方米）	结构型式	建筑层数		竣工时间	产权编号	产权面积（平方米）	产权占地面积（平方米）	备注
						地上	地下					
（1）学生宿舍	学生1号公寓（原28号楼大学生公寓）	15	51873.48	4293.86	全现浇剪力墙	14	3	2005年7月	待办	待办	待办	位于邮电局对面，2009年实测总面积为：59373.65m^2。南楼：24366.08m^2（含人防面积2627.83m^2）；北楼：35007.57m^2（北楼食堂：4250m^2）（活动中心556.2m^2）南楼：1—14层为学生宿舍286间；地下1层为库房；地下2—3层为人防层。北楼：3—13层有学生宿舍477间，管理室22间，地下1层—地上2层为食堂；3层有大学生活动中心。 详见[表二(5)]： 详见[表四(1)]： 详见[表四(2)]； 详见[表四(6)]
小计		15项	131280.19	17668.2	5种	1—14	1—3	1950年—2005年7月	8项	23743.5	6532.7	表四（1）学生宿舍

续表

房屋建筑名称		序号	建筑面积（平方米）	占地面积（平方米）	结构型式	建筑层数		竣工时间	产权编号	产权面积（平方米）	产权占地面积（平方米）	备注
						地上	地下					
（2）学生食堂	学生食堂	16	2886.51	2285.1	砖混	2	1	1984年	教学146#	4715.6	2285.1	学生食堂包括学生清真食堂和地下风味餐厅
	四灶食堂操作间	17	157.76	78.88	砖混	2	—	2003年9月	—	—	—	8号学生宿舍楼与新浴室之间西侧（一层为主食操作间，二层有男女宿舍4间，临建）。
	四灶食堂副食操作间平房	18	119	119	轻钢彩板	1	—	2003年9月	—	—	—	8号学生宿舍楼与新浴室之间西侧（2间，临建）
	厨房（1间）	19	2	2	混合	1	—	2004年	—	—	—	与教学楼西北一层教室衔接（临建）
	附属中学综合楼（学生食堂）	20	1435.6	1435.6	框架	第1	—	1999年9月	待办	待办	待办	楼总建筑面积4184m^2［详见表二（1）（3）、表三、表四（2）（6）］（有三证）

续表

房屋建筑名称		序号	建筑面积（平方米）	占地面积（平方米）	结构型式	建筑层数		竣工时间	产权编号	产权面积（平方米）	产权占地面积（平方米）	备注
						地上	地下					
（2）学生食堂	幼儿园厨房	21	134.4	134.4	砖木	1	—	20世纪50年代改建	生活74#	134.4	134.4	西墙处（详见表二、表三、表四）
	学生1号公寓食堂	22	4250	[4293.86]	全现浇剪刀墙	14	3	2005年7月	待办	待办	待办	原28号楼大学生公寓内，2009年实测总面积：59373.65 m^2 南楼：24366.08 m^2 北楼：35007.57 m^2 （北楼食堂：4250 m^2） （活动中心：556.2m^2） 南楼：1—14层为学生宿舍286间；地下1层为库房；地下2—3层为人防层。 北楼：3—13层为学生宿舍477间，管理室22间，地下1层至地上2层为食堂；3层有大学生活动中心。 [详见表二（5），表四（1）（2）（6）]
小计		7项	8985.27	4054.98	5种	1—14	0—2	1950年至2005年7月	1项	134.4	134.4	表四（2）学生食堂

续表

房屋建筑名称		序号	建筑面积（平方米）	占地面积（平方米）	结构型式	建筑层数		竣工时间	产权编号	产权面积（平方米）	产权占地面积（平方米）	备　注
						地上	地下					
（3）教工食堂	教工食堂	23	1972.49	[2285.1]	砖混	2	—	2002年 8月	—	—	—	原二、三灶清真食堂总4859 m^2，2006年暑假三食堂改造为教工食堂，装修改造面积为1972.49m^2
小　计		1项	1972.49	0	0种	—	—	—	0项	0	0	表四（3）教工宿舍
（4）教工单身宿舍	14号教工宿舍楼	24	2153	1050	砖木	2	—	1953年	教学68#	2100	1050	含库房3间共100m^2
	15号教工宿舍	25	2138	1095	砖木	2	—	1951年	教学64#	2190	1095	含值班室1间
	23号教工宿舍楼（青年公寓）	26	11470.37	1911.73	砌块 砖混	6	—	2000年 7月	—	—	—	218套西校门处（有三证）
	保安宿舍	27	140.3 214.8	140.3 —	砖混 彩钢板	第1层 第2层	—	1996年 2015年8月	—	—	—	校医院北侧（临建）

续表

房屋建筑名称		序号	建筑面积（平方米）	占地面积（平方米）	结构型式	建筑层数		竣工时间	产权编号	产权面积（平方米）	产权占地面积（平方米）	备注
						地上	地下					
（4）教工单身宿舍	附中教学、综合楼（专家、博士后公寓）	28	9255.31	1570.05	框架	15	1	2005年8月	待办	待办	待办	2009年实测总面积19959m²。其中综合楼15层：12782.78m²，教学楼6层：7176.22m²。综合楼：1层为教学辅助用房；2—4层为学生宿舍；5—15层为留学生、引进人才（专家）、博士后公寓。其中含人防面积340.48 m²，人防出口基地面积17.34 m²。 详见［表二（1）］； 详见［表二（5）］； 详见［表四（4）］； 详见［表四（6）］
小计		5项	25371.78	4149.03	3种	1—15	1	1953年—2005年	2项	4290.0	2145.0	表四（4） 教工单身宿舍

续表

房屋建筑名称		序号	建筑面积（平方米）	占地面积（平方米）	结构型式	建筑层数		竣工时间	产权编号	产权面积（平方米）	产权占地面积（平方米）	备注
						地上	地下					
（5）教工住宅	1号住宅楼（1—2单元）	29	1581	322.1	砖混	5	—	1975年	生活31#	1610.3	322.1	30套
	2号住宅楼（3—6单元）	30	3320	629.9	砖混	5	16单元	1975年	生活30#	3308.2	629.9	60套（含人防157.8m^2）
	3号住宅楼（7—8单元）	31	1764	327	砖混	5	17单元	1978年	生活39#	1797.7	327	30套（人防由社区委员会出租162.5m^2）
	4号住宅楼（9—12单元）	32	3205	644.3	砖混	5	—	1978年	生活27#	3221.4	644.3	56套
	5号住宅楼（13—16单元）	33	3399	641.7	砖混	5	113单元	1978年	生活37#	3368.7	641.7	56套（人防由社区委员会出租162.5m^2）
	6号住宅楼（17—20单元）	34	3177	626.2	砖混	5	—	1982年	生活59#	3136	626.2	60套
	7号住宅楼（21—24单元）	35	3812	626.2	砖混	5	1	1982年	生活58#	3757.2	626.2	60套（人防由离退休干部处使用635.3m^2）
	8号住宅楼（25单元）	36	794	158.4	砖混	5	—	1982年	生活57#	791.8	158.4	15套
	13号住宅楼（26—28单元）	37	2635	375.4	砖混	6.5	0.5	1996年	生活77#	2854.6	375.4	42套
	14号住宅楼（29—31单元）	38	2635	375.4	砖混	6.5	0.5	1996年	生活78#	2854.6	375.4	42套

续表

房屋建筑名称		序号	建筑面积（平方米）	占地面积（平方米）	结构型式	建筑层数		竣工时间	产权编号	产权面积（平方米）	产权占地面积（平方米）	备注
						地上	地下					
（5）教工住宅	9号住宅楼（32—35单元）	39	2998	710.9	砖混	4	—	1983年	生活38#	2843.8	710.9	32套
	16号住宅楼（和平楼）	40	1028	344	砖木	3	—	1954年	生活28#	1032	344	12套
	17号住宅楼（文工楼）	41	1126	568.7	砖木	2	—	1953年	生活40#	1137.4	568.7	52间，含伙房、水房、厕所14间
	10号住宅楼（1高，高1、2门）	42	13600	777	内浇外挂	14	2	1985年	生活24#	12773	777	182套（含人防、设备1658m²，由后勤产业集团使用）
	11号住宅楼（2高，高3、4门）	43	13600	777	内浇外挂	14	2	1986年	生活22#	12773	777	182套（含人防、设备1658m²，由离退休干部处使用）
	12号住宅楼（3高，高5、6门）	44	13600	777	内浇外挂	14	2	1989年	生活21#	12773	777	182套（含人防、设备1658m²，由离退休干部处使用）
	15号住宅楼（4高，高7、8门）	45	14891.8	873.9	全现浇	14	2	1997年	1501号住宅生活80#	14891.8	873.9	140套（含人防、设备1551m²，由离退休干部处使用）
	15号住宅楼（4高，高9门）	46	6118.7	480	全现浇	10	2	1997年	1502号住宅生活79#	6118.7	480	60套（含设备2层853m²，由离退休干部处使用）
	18号住宅楼（5高，高10门）	47	13944.22	794.25	全现浇	14—16	2	2001年12月	海确字第12585号	13944.22	794.25	124套（含地下一、二层1794m²，由离退休干部处使用）

续表

房屋建筑名称		序号	建筑面积（平方米）	占地面积（平方米）	结构型式	建筑层数		竣工时间	产权编号	产权面积（平方米）	产权占地面积（平方米）	备注
						地上	地下					
（5）教工住宅	南一排（西）住宅平房	48	91	91	砖木	1	—	1953 年	生活 10#	203. 3	203. 3	1 套
	南二排（西）住宅平房	49	93	93	砖木	1	—	1953 年	生活 17#	186. 1	186. 1	1 套 1 户
	西区住宅平房	50	64	64	砖木	1	—	1953 年	—	—	—	风味餐厅 老干部活动中心东南侧
	新西一排住宅平房	51	398	398	砖混	1	—	1985 年 1993 年	—	—	—	15 套 一高北侧
	新西二排住宅平房	52	586	586	砖混	1	—	1993 年	—	—	—	19 套 三高南侧
	附中 1 号高层住宅楼	53	9582. 6	684. 47	全现浇	12	2	1998 年 7 月	待办	待办	待办	96 套（含民委 70 套） （有三证）
	附中 2 号高层住宅楼	54	5801. 9	564. 8	全现浇	9	1	1993 年 10 月	产权证号 00647#	5801. 9	564. 8	72 套

续表

房屋建筑名称		序号	建筑面积（平方米）	占地面积（平方米）	结构型式	建筑层数		竣工时间	产权编号	产权面积（平方米）	产权占地面积（平方米）	备　注
						地上	地下					
（5）教工住宅	西三旗教工住宅楼	55	1377	—	全现浇	6~22	—	1996年	已出售	已出售	—	19套户
	六道口教工住宅楼	56	370	—	砖混	6~18	—	1997年	已出售	已出售	—	5套户
	西围墙1号住宅楼 西围墙2号住宅楼	57	总：30473.1 ①12548.98 ②17924.12	1461.73 2467	①②全现浇剪力墙	18 18	2 2	2003年10月 2004年5月	待办	待办	待办	由北京蔷薇工程监理有限责任公司投资与学校合作建楼。教工住宅144套户。 1号住宅楼人防面积613m²；2号住宅楼人防面积726m²。（附属用房2089.86m²，地上3层，地下1层，2002年1月16日竣工使用）
	（新建） 19号、20号住宅楼及车库工程 （经济适用房）	58	27329.16	2354	①②全现浇剪力墙	8 20	2 2	2007年12月	待办	待办	待办	位于民大家属院南门五高东侧由合作方投资建楼，学校回购。 合作方和基建处共同负责施工管理。 总建筑面积：27513.36m² 其中：20号住宅楼：7250.18m²； 19号住宅楼：16292.15m² 地下车库3971.03m² 人防面积3547.3m²；人防出口184.2m²。
小　计		30项	183394.58	19859.07	7种	1~22	0.5~2	1953年~2007年	25项	111199.52	11804.35	表四（5）教工住宅

续表

房屋建筑名称		序号	建筑面积（平方米）	占地面积（平方米）	结构型式	建筑层数		竣工时间	产权编号	产权面积（平方米）	产权占地面积（平方米）	备　注
						地上	地下					
（6）生活福利及其他附属用房	附中食堂库房	59	16	16	混合钢梯	1—2	—	2004年8月	—	—	—	食堂与浴室结构之间
	变电室	60	278.6	278.6	砖混	1	—	1985年1997年扩建	生活32#	138.6	138.6	新增面积140m²（无三证）
	新水泵房	61	118	118	砖混	1	—	1997年	—	—	—	（原房屋生活19#，94.8m²）（无三证）
	老水泵房	62	99	99	砖混	1	—	1985年1995年扩建	生活23#	85	85	1高西南侧
	燃气取暖锅炉房	63	817	817	框架砖混	1—2	—	2002年10月	—	—	—	原锅炉房生活41#、生活42#，469.2m²和41.3m²（原位建设）（有规划证）
	离退休教工第一活动室	64	352	352	砖混	1	—	1989年1997年扩建	—	—	—	2高楼与3高楼之间（临建）
	离退休教工会议室（原附小图书阅览室）	65	69	69	砖混	1	—	1995年7月	—	—	—	2005年附小停办，交由离退休干部处使用
	社区居委会办公室（南）	66	41.3	41.3	砖木	1	—	1957年	生活1#	61.3	61.3	家属宿舍南门西侧
	南门传达室	67	20	20	砖木	1	—	1957年	生活1#	61.3	61.3	家属宿舍南门西侧

续表

房屋建筑名称		序号	建筑面积（平方米）	占地面积（平方米）	结构型式	建筑层数		竣工时间	产权编号	产权面积（平方米）	产权占地面积（平方米）	备注
						地上	地下					
（6）生活福利及其他附属用房	离退休教工活动室（原附小教学楼改造）	68	1322.65	[993.3]	框架	1—4	—	1992年7月—1994年8月	生活 81#	3474.9	993.3	2005年附小解散，教学楼共3474.9 m^2：二层改造为老干部处活动室（1322.65 m^2）；音乐学院教室2152.25 m^2
	南门保安值班室	69	2.25	2.25	塑钢玻	1	—	2003年12月	—	—	—	（临建）
	东北门值班室	70	17	17	砖混	1	—	1998年	—	—	—	（临建）
	民大承坤商贸中心（清真超市）及天池餐厅	71	1177.8	396.8	砖混	2	1	1985年	生活 68#	1177.8	396.8	民大附小南门东侧后勤产业集团经营用房
	民大承坤商贸中心（清真超市）扩建房	72	12	12	混合	1	—	2003年扩	—	—	—	民大附属小学东南侧（临建）
	人防出口平房：①11号住宅楼人防出口平房（2高住宅楼）；②12号住宅楼人防出口平房（3高住宅楼）；③7号住宅楼人防出口平房（21—24单元住宅楼）	73	18.618 23.114 14.6	18.618 23.114 14.6	砖混 砖混 砖混	1 1 1	人防 人防 人防	2003年9月	—	—	—	①2高住宅楼北侧（临建） ②3高住宅楼北侧（临建） ③21—24单元住宅楼北侧（临建）
	15号住宅楼附属平房（4高人防出口）	74	48	48	砖混	1	人防	1997年12月	待办	待办	待办	四高1号楼北侧离退休干部处办公用房（有三证）
	18号住宅楼附属平房（5高人防出口）	75	62.8	62.8	砖混	1	人防	2001年12月	待办（2002）海防工产字第002号	待办 [760]	待办	五高东北侧社区居委会办公用房（有三证）

续表

房屋建筑名称		序号	建筑面积（平方米）	占地面积（平方米）	结构型式	建筑层数		竣工时间	产权编号	产权面积（平方米）	产权占地面积（平方米）	备　注
						地上	地下					
(6)生活福利及其他附属用房	后勤产业集团劳动服务公司仓库	76	53	53	混合	1	—	1995年	—	—	—	一高北侧（临建）
	后勤产业集团动力维修部小院库房	77	275.6	275.6	砖混	1	—	2006年	—	—	—	中铁建工集团临建改造，校内8号楼北侧8间库房（测量核实）
	公厕平房（家属院内）	78	31	31	砖混	1	—	2006年5月	—	—	—	学校投资建设，家属院内原公厕重建
	后勤产业集团经营用房（洗衣、理发、开水房）	79	37.8	37.8	砖混	1	—	1994年	生活25#	37.8	37.8	一高东北侧
	自行车棚值班室	80	15	15	砖混	1	—	2002年3月	—	—	—	12单元与13单元之间（临建）
	校园环保部办公平房	81	83.5	83.5	混合	1	—	2003年11月	—	—	—	26号学生宿舍楼西侧（5间，院子$248m^2$）（临建）
	职工消费合作社分店（便民经营用房）	82	68	68	砖混	1	—	2003年6月	—	—	—	配电室东侧（4间）（临建）

续表

房屋建筑名称		序号	建筑面积（平方米）	占地面积（平方米）	结构型式	建筑层数		竣工时间	产权编号	产权面积（平方米）	产权占地面积（平方米）	备注
						地上	地下					
（6）生活福利及其他附属用房	附中1号高层住宅楼人防出口平房	83	15	15	砖混	1	—	1998年7月	待办	待办	待办	（临建）（有三证）
	附中东南门传达室	84	7.84	7.84	轻质铝板	1	—	2001年8月	—	—	—	生活区东门（临建）
	幼儿园活动室	85	21.2	21.2	砖混	1	—	20世纪90年代	—	—	—	（临建）
	幼儿园经营用房	86	136.9	136.9	砖混	1	—	20世纪70年代	生活75#	136.9	136.9	含办公室2间，$40m^2$；储藏室1间，$10m^2$；传达室1间，$10m^2$
	幼儿园经营用房	87	48.8	48.8	砖木	1	—	20世纪50年代	生活76#	48.8	48.8	含办公室2间，$40m^2$；储藏室1间，$10m^2$；传达室1间，$10m^2$

续表

房屋建筑名称		序号	建筑面积（平方米）	占地面积（平方米）	结构型式	建筑层数		竣工时间	产权编号	产权面积（平方米）	产权占地面积（平方米）	备　注
						地上	地下					
（6）生活福利及其他附属用房	幼儿园经营用房	88	21	21	砖混	1	—	1998 年	—	—	—	（临建）
	开水房、面包烤房	89	17	17	彩钢聚苯	1	—	2005 年 8 月	—	—	—	（原位临建）
	小二班卧室	90	35	35	彩钢聚苯	1	—	2005 年 8 月	—	—	—	（临建）
	幼儿园水房	91	8	8	砖混	1	—	1955 年改	—	—	—	（临建）
	幼儿园东门传达室	92	11.25	11.25	砖混	1	—	2004 年 8 月	—	—	—	（临建）
	学生 4 号公寓人防出口平房（原 27 号学生宿舍楼）	93	50.56	[50.56]	砖混	1	人防	2003 年 8 月	待办	待办 [50.56]	待办 [50.56]	总建筑面积 17645.56m^2，含人防面积 1441.78m^2，其中人防出口 50.56m^2；详见表四（1）、表四（6）
	大操场看台平房	94	454.26	454.26	砖混	1	—	2001 年 6 月	—	—	—	共 16 间，由体育学院使用（无三证）

续表

房屋建筑名称		序号	建筑面积（平方米）	占地面积（平方米）	结构型式	建筑层数		竣工时间	产权编号	产权面积（平方米）	产权占地面积（平方米）	备注
						地上	地下					
（6）生活福利及其他附属用房	出版社办公用房	95	18	18	砖混	1	—	20 世纪 90 年代改建	—	—	—	新浴室西北侧（原房屋教 144#、教 145#，$0m^2$ 和 $0m^2$）
	出版社办公用房	96				1	—	20 世纪 90 年代改建	—	—	—	
	科技综合开发楼（西餐厅）	97	559	279.5	框架	1.5	0.5	1993 年	教学 160#	559	279.5	南墙东侧
	科技综合开发楼（东餐厅）	98	559	279.5	框架	1.5	0.5	1993 年	教学 161#	559	279.5	南墙东侧
	经营用房（5 间）	99	70	70	彩钢聚苯	1	—	2005 年 8 月	—	—	—	南二排北侧（临建）
	经营用房（1 间）	100	12	12	砖混	1	—	2005 年 10 月	—	—	—	新水泵房西侧（临建）
	四灶食堂副食操作间附属用房	101	36	36	轻钢彩板	1		2003 年 9 月	—	—	—	四灶食堂副食操作间平房南侧（含仓库 2 间、燃气罐房 1 间、厕浴 2 间，临建）
	北街商业 1 号楼	102	1671	557	砖混	3	—	1996 年	—	—	—	北墙西侧（有规划证），现称魏公街 18 号楼

续表

房屋建筑名称		序号	建筑面积（平方米）	占地面积（平方米）	结构型式	建筑层数		竣工时间	产权编号	产权面积（平方米）	产权占地面积（平方米）	备注
						地上	地下					
（6）生活福利及其他附属用房	北街商业2号楼（1/3部分）	103	714	238	砖混	3	—	1994年	—	—	—	楼总建筑面积2146m²，北墙西侧，出版社办公用房（有规划证），现称魏公街16号楼
	北街商业5号楼	104	1423	474.3	砖混	3	—	1996年	—	—	—	北墙东侧（有规划证），现称魏公街8号楼
	北街商业6号楼	105	724	241.3	砖混	3	—	1995年	—	—	—	北墙东侧（有规划证），现称魏公街6号楼
	驴肉火烧店	106	43.5	43.5	砖混	1	—		—	—	—	民大一退休老师之子占用出租，民大北路眉州东坡饭店西侧
	校医院楼（消毒、放射、门诊、锅炉）	107	2119.3	1284.3	砖混	1—2	—	1978年 1980年	教学134#	2119.3	1284.3	含锅炉房、消毒室、放射室共80间；含办公室、会议室10间，199m²
	校医院加层	108	318		轻体	第2	—	1994.9	—	—	—	
	校医院加层（发热筛查门诊）	109	200	—	轻钢彩板	第2	—	2003年12月	—	—	—	（临建）
	校医院危险品仓库	110	60	60	混合	1	—	2003年6月	—	—	—	校医院西侧（6间，临建）
	校医院保健室	111	130		砖混	1	—	1997年	—	—	—	原保安宿舍
	校医院保健灶平房	112	117.7	117.7	砖木	1	—	20世纪50年代	教学135#	117.7	117.7	校医院北侧
	动力维修部值班室	113	7.5	7.5	砖混	1	—	2004年11月	—	—	—	12号楼南侧（临建）

续表

房屋建筑名称		序号	建筑面积（平方米）	占地面积（平方米）	结构型式	建筑层数		竣工时间	产权编号	产权面积（平方米）	产权占地面积（平方米）	备　注
						地上	地下					
（6）生活福利及其他附属用房	保卫部仓库用房	114	22.23	22.23	砖混	1	—	1997年	—	—	—	1号办公楼东南侧3间（临建）
	施工单位临时用房	115	63	63	砖混	1	—	1997年	—	—	—	1号办公楼东南侧平房总建筑面积147m²，共7间（临建）
	施工单位临时用房	116	42	42	砖混	1	—					
	施工单位临时用房	117	42	42	砖混	1	—	1997年	—	—	—	1号楼东南侧2间（临建，2007年改变用途，由表三调至表四）
	燃气取暖锅炉房	118	1516.8	758.4	框架	1—2	—	2001年11月	—	—	—	逸夫体育馆西侧（原锅炉房教149#，638.9m²，原位建设）（有规划证）
	新浴室、浴室锅炉房	119	1651.21	825.61	砌块混合	2	—	2001年7月	—	—	—	原浴室教129#，872.6m²（异地建设）
	锅炉房仓库兼操作间	120	108	108	砖混	1	—	2004年	—	—	—	锅炉房东侧（该房实际竣工时间为2003年8月）
	电话总机楼	121	508.1	254	砖混	2	—	1985年	教学118#	508.1	254	节能办公室
	校工会公厕平房	122	8.75	8.75	混合	1	—	2004年1月	—	—	8.75	由学校投资建设（临建）

续表

房屋建筑名称		序号	建筑面积（平方米）	占地面积（平方米）	结构型式	建筑层数		竣工时间	产权编号	产权面积（平方米）	产权占地面积（平方米）	备注
						地上	地下					
（6）生活福利及其他附属用房	后勤产业集团平房	123	103.7	103.7	混合板房	1	—	20世纪70年代	教学132#	103.7	103.7	校医院东侧（含食堂职工休息室，2004年装修为集团办公室，2间）
	后勤产业集团平房	124	28	28	混合	1	—	2001年7月	—	—	—	职工自建房3间（临建）
	后勤产业集团平房	125	18	18	混合	1	—	1998年	—	—	—	职工自建房1间（临建）
	后勤产业集团零星用房 ①职工厨房 ②职工厨房 ③环保部职工宿舍	126	4 6 5.25	4 6 5.25	混合 混合 混合	1 1 1	— — —	2003年9月 2003年7月 2003年8月	—	—	—	①校医院北学生宿舍院内西北侧；②动力维修部院内西北侧；③校医院北学生宿舍院内西南侧（临建）
	后勤产业集团经营用房（食品水果商店）	127	37	—	砖混	1	—	2004年	—	—	—	第二食堂东侧外楼梯下（临建，实际建设时间为2003年9月）
	教职工活动中心出入口新建平房	128	12	12	砖混	1	—	2006年9月	—	—	—	学校投资建设，原工会地下室门口
	新建车队平房及室外工程	129	987	987	砖混	1	—	2006年6月	—	—	—	图书馆南侧，含办公、宿舍、车库
	社科院宿舍平房	130	72.23	72.23	砖混 混合	1	—	20世纪80年代	教学114#	0	0	西校门传达室东北角
	西校门平房	131	1348.97	1348.97	砖木 砖混	1	—	1960年 20世纪80年代初	教学115#	498.2	498.2	含社科院宿舍和美术系陶艺室，原保卫部用［详见表四（6）171项］

续表

房屋建筑名称		序号	建筑面积（平方米）	占地面积（平方米）	结构型式	建筑层数		竣工时间	产权编号	产权面积（平方米）	产权占地面积（平方米）	备注
						地上	地下					
（6）生活福利及其他附属用房	电话总机楼北平房（厕所水房）	132	15.9	15.9	砖木	1	—	20世纪80年代	教学116#	15.9	15.9	社科院民族学与人类学研究所使用
	电话总机楼北平房（宿舍平房）	133	167.25	167.25	砖混	1	—	20世纪80年代	—	—	—	社科院民族学与人类学研究所宿舍（原房屋教117#，15.9m²）（原位临建）
	后勤产业集团用房	134	88.83	88.83	砖混	1	—	20世纪70年代90年代改	—	—	—	水塔西侧6间（原房屋教140#，60.2m²）（原位临建）
	后勤产业集团泵房值班室	135	78	78	砖混	1	—	1980年	教学141#	21	21	教学区水塔东侧
	后勤产业集团泵房	136			砖混	1	—	1977年	教学142#	27	27	教学区水塔东侧（多余面积为临建）
	学校平房	137	25	25	砖混	1	—	20世纪70年代80年代改建	—	—	—	18号教学楼西侧（原房屋教77#，75.2m²，3间，2004年8月拆除2间50m²）（原位临建）
	舞蹈系库房	138	125	125	砖混	1	—	20世纪70年代80年代改建	—	—	—	18号教学楼西侧5间（原房屋教78#，86.6m²）
	总变电室	139	456.98	228.49	砖混	2	1	2002年2月	—	—	—	2号办公楼东侧（有规划证）
	配电室（中心配电）	140	494.4	494.4	砖混	1	—	1977年1985年	教学95#	494.4	494.4	18号教学楼北侧

续表

房屋建筑名称		序号	建筑面积（平方米）	占地面积（平方米）	结构型式	建筑层数		竣工时间	产权编号	产权面积（平方米）	产权占地面积（平方米）	备注
						地上	地下					
（6）生活福利及其他附属用房	花房楼（南）	141	275	183.3	框架	1.5	0.5	1995年	—	—	—	2号办公楼东南侧
	花房办公平房（南）	142	57.5	57.5	砖混	1	1	2002年12月	—	—	—	2号办公楼东南侧4间（临建）
	东南侧花房办公室及公厕平房	143	25.4	25.4	混合	1	—	2004年7月	—	—	—	花房西南侧（临建）
	垃圾站新建平房	144	9.36	9.36	彩钢	1	—	2006年5月	—	—	—	学校投资建设，原属环卫局垃圾楼已拆除
	资产处报废家具库	145	54	54	彩钢	1	—	2013年	—	—	—	2号办公楼南侧
	校园环保部用房（清洁）	146	15	15	混合	1	—	2003年扩	—	—	—	8号学生宿舍楼西北院内（临建）
	南综合楼（中扬实业集团有限公司）	147	8280	1035	框架	6	2	2001年8月	329397号	329397号	—	含人防约1000m^2（有规划证、开工证）合同期50年
	9号学生宿舍楼邮电所门厅廊	148	12	12	钢玻	1	—	2002年9月	—	—	—	9号学生宿舍楼北门1间（临建）

续表

房屋建筑名称		序号	建筑面积（平方米）	占地面积（平方米）	结构型式	建筑层数		竣工时间	产权编号	产权面积（平方米）	产权占地面积（平方米）	备　注
						地上	地下					
（6）生活福利及其他附属用房	附属中学综合楼（浴室）	149	332	332	砖混	1	—	1999年9月	待办	待办	待办	楼总建筑面积 4184m^2［详见表二（1）（3）、表三、表四（2）（6）］（有三证）
	西校门平房（原保卫部宿舍平房）	150	130	130	砖木	1	—	1960年	教学115#	498.2	498.2	含美术系陶艺室和社科院宿舍（前排）［详见表四（6）152项］
	琴房	151	46	46	阳光铝玻	1	—	2002年7月	—	—	—	西南墙处1间（临建）
	新建传达室（原附属小学）	152	12	12	砖混	1		2005年12月	—	—	—	原附小大门口东侧
	美术学院管理用房	153	25	25	砖混	1	—	2004年1月	—	—	25	美术学院教学楼北侧（临建）
	西围墙1号住宅楼人防出口平房	154	42.88	42.88	框架	1	人防	2003年10月	待办	待办	待办	由北京蔷薇工程监理有限责任公司投资与学校合作建楼。
	西围墙2号住宅楼人防出口平房	155	42.88	42.88	框架	1	人防	2004年5月	待办	待办	待办	由北京蔷薇工程监理有限责任公司投资与学校合作建楼。

续表

房屋建筑名称		序号	建筑面积（平方米）	占地面积（平方米）	结构型式	建筑层数		竣工时间	产权编号	产权面积（平方米）	产权占地面积（平方米）	备注
						地上	地下					
（6）生活福利及其他附属用房	学生8号公寓人防出口（原5号留学生楼）	156	52.43	[1899.03]	全现浇剪力墙	3—14	2	2004年9月	待办	待办	待办	2009年实测总建筑面积21435.07 m^2（教室979.65 m^2，教辅用房2754.73m^2，办公用房185.76 m^2，食堂185.76 m^2，宿舍15350.35 m^2，生活附属用房1926.39m^2，人防出口平房52.43 m^2）详见[表二(1)]、[表二(5)]、[表三]、[表四(1)][表四(2)]、[表四(6)]
	学生8号公寓地下库房及附属用房（原5号留学生楼）	157	1656.39	[1899.03]	全现浇剪力墙	3—14	2	2004年9月	待办	待办	待办	
	学生1号公寓人防层（28号楼大学生公寓）	158	2669.32	[4293.86]	全现浇剪力墙	14	3	2005年7月	待办	待办	待办	2009年基建处报实测总面积：59373.65 m^2 南楼：24366.08 m^2 北楼：35007.57 m^2 （北楼食堂：4250 m^2） （活动中心：556.2m^2） 详见[表二(5)]；详见[表四(1)]；详见[表四(2)]；详见[表四(6)]
	学生1号公寓人防出口平房（28号楼大学生公寓）	159	24.65									

续表

房屋建筑名称		序号	建筑面积（平方米）	占地面积（平方米）	结构型式	建筑层数		竣工时间	产权编号	产权面积（平方米）	产权占地面积（平方米）	备注
						地上	地下					
（6）生活福利及其他附属用房	（新建）住宅楼人防出口（经济适用房、集资楼）	160	184. 2	［2354］	全现浇剪力墙	1		2007 年 12 月	待办	待办	待办	位于民大家属院南门；总建筑面积：27513. 36m² 其中：1 号住宅 7250. 18m²；2 号住宅 16292. 15m²；地下车库 3971. 03m²（人防面积 3547. 3m²；人防出口 184. 2m²）
	理工楼人防出口	161	46. 25	［2240. 68］	全现浇剪力墙	1		2007 年 8 月	待办	待办	待办	位于图书馆东侧；总建筑面积：38693. 98 m² 理工楼 1—9 层为公共机房及实验室；10 层办公室 1603m²；11—14 层为实验室；15 层为设备层；地下 1 层为教学用库房；地下 2 层为人防面积 2993. 75m²；含人防出口平房和室外楼梯面积均为 46. 25 m²。详见［表二（5）］［表三］及［表四（6）］

续表

房屋建筑名称		序号	建筑面积（平方米）	占地面积（平方米）	结构型式	建筑层数		竣工时间	产权编号	产权面积（平方米）	产权占地面积（平方米）	备注
						地上	地下					
（6）生活福利及其他附属用房	文华楼人防层	162	257.60	［3203.89］	全现浇剪力墙	14	1	2005年12月	待办	待办	待办	原名文科教学大楼2009年实测总建筑面积：42377.72m^2； 地下一层人防，人防出口平房82.88m^2. 详见［表二（1）、（2）］ 详见［表二（4）、（5）］ 详见［表三］ 详见［表四（6）］
	附中教学、综合楼人防层（民大留学生公寓）	163	340.48	［1570.05］	框架	15	1	2007年8月	待办	待办	待办	2009年实测总面积19959m^2. 其中综合楼15层：12782.78m^2； 教学楼6层：7176.22m^2 详见［表二（1）］： 详见［表二（5）］： 详见［表四（4）］： 详见［表四（6）］
小计		105项	37308.38	15562.15	14种	1—15	0.5—3	1950年—2007年12月	25项	10820.1	5909.4	表四（6）附属用房等
合计		163项	390666.7平方米	61289.14平方米	16种型式	1层至22层	0.5层至3层	1950年至2007年12月	有产权61项 无产权120项	147741.82	26561.75	表四： （1）学生宿舍 （2）学生食堂 （3）教工食堂 （4）教工单身宿舍 （5）教工住宅 （6）生活附属用房等

2019 年其他单位在中央民族大学占地、占房和建房情况（表五）

房屋建筑名称	序号	竣工时间	结构型式	建筑层数		产权编号	产权面积（平方米）	房屋总建筑面积（平方米）	院房总占地面积（平方米）	备注
				地上	地下					
社科院民研所：									总：3548.02	
① 6 号办公楼	1	20 世纪 50 年代	砖混	3—4	—	教学 34#	总：6376.86 其中：4796.86	总：6220.74 其中：4796.86	其中：1306.8 1486.68	①②项位于中央民族大学 8 号学生公寓北侧。 ⑤项产权面积 498.2m² 中含有校保卫部办公、宿舍平房和美术学院陶艺室平房面积。 ⑥项 2153m² 为 14 号楼总产权面积
② 6 号办公楼四周平房		20 世纪 90 年代	砖混 木板	1	—	—	0	约 874.95	平房占地：约 874.95 院子占地：约 611.73	
③ 电话总机楼北侧平房（厕所、水房）		20 世纪 80 年代初	砖木	1	—	教学 116#	15.9	15.9	15.9	
④ 电话总机楼北侧平房（宿舍平房）		20 世纪 80 年代初	砖混	1	—	教学 117#	15.9	167.25	167.25	
⑤ 西校门平房		20 世纪 60—90 年代 2005 年 7 月翻建	砖木砖混塑瑷半砖墙	2	—	教学 115#	498.2	327.39	533 平房占地：约 327.39 院子占地：约 205.61	
⑥ 14 号楼教工宿舍楼库房（2 间）		1953 年	砖木	2	—	教学 68#	2153	38.39	38.39	
⑦驴肉火烧店	2		砖混	1	—		43.5			民大一教师之子占用并出租，眉州东坡饭店西侧

续表

房屋建筑名称	序号	竣工时间	结构型式	建筑层数		产权编号	产权面积（平方米）	房屋总建筑面积（平方米）	院房总占地面积（平方米）	备注
				地上	地下					
垃圾站小院 新建平房（3间）	3	2006年5月	彩钢 聚苯板 砖混	1	—	—	0	总：70.98m^2 1间9.36m^2（由学校建） 2间：61.62m^2	总占地：322m^2 平房占地：70.98 院子占地：251.02	原垃圾楼拆除，移址民大教学区2号办公楼东南侧
天然气调压站	4	20世纪80年代	混合	1	—	—	0	50.1m^2	总：293.32m^2 平房占地：约50.1 院子占地：约243.22	民大教学区电话总机楼西北侧
市政水源井	5	20世纪80年代	砖混	1	—	—	0	20m^2	总：360m^2 平房占地：约20 院子占地：约340	民大教学区图书馆西侧
南综合楼 （中扬实业集团有限公司） ☆合同期50年☆	6	2001年8月	框架	6	2	学校待办	学校待办	8280m^2	1035m^2	民大教学区东南侧（未办备案，未交档案）
鑫德家园商住楼 （金鹏房地产开发公司） ☆合同期70年☆	7	2000年10月	全现浇剪力墙	20（含2个设备层）	2	住宅楼已出售	不详	约41565m^2	总：4209.07m^2 楼房占地：约2078.25 院子占地：约2130.82	民大教学区西南侧
附中1号高层住宅楼（民委70套）	8	1998年7月	全现浇剪力墙	12	2	附中待办	附中待办	7572m^2	540.86m^2	附属中学生活区东南侧

续表

房屋建筑名称	序号	竣工时间	结构型式	建筑层数		产权编号	产权面积（平方米）	房屋总建筑面积（平方米）	院房总占地面积（平方米）	备注
				地上	地下					
其他零散户： 生活区住宅楼平房、楼房 （平房7套户；楼房31套户）	9	1954年至1999年	砖混 砖木 全现浇 内浇外挂	1—14	1—2	生活	平房：7套户 楼房：31套户	总：约2140m^2 平房：280（40平方米/套户×7户） 楼房：1860（60平方米/套户×31户）	—	民大生活区内分散租住
校外区西山（黑山扈） 中央民族干部学院 ①国家民委 ②北京天桥建筑集团有限公司十分公司	10	2003年4—11月 2003年6月	框架 砖混 盒子楼 砖混	1—4 1—3	0.5—1 —	国家民委待办 —	国家民委待办 —	总：25413.8m^2 其中： 楼六栋，平房三幢：约23413.8 楼二栋，平房二幢：约2000	总占地面积：40824.38m^2（土地证面积）	由国家投资，国家民委与学校共同合作建楼。2004年占地总面积51206.69m^2；2005年依据西山黑山扈土地证面积统计为：40824.38m^2
合计	10项	1950年至2006年5月	8种型式	1层至20层	0.5层至2层	有产权4项 无产权2项 待办产权3项		91377.02平方米	51176.15平方米（约76.70亩）	分布在学校 教学区 生活区 校外区

中央民族大学
MINZU UNIVERSITY OF CHINA

图书馆、博物馆与档案馆工作

图书馆 2019 年收藏文献统计表

<table>
<tr><td rowspan="15">文献积累总量（册/件）</td><td rowspan="10">纸质文献</td><td rowspan="3">纸质图书（册）</td><td>中文图书（含古籍）</td><td>1743937</td></tr>
<tr><td>外文图书</td><td>84148</td></tr>
<tr><td>民族文字</td><td>194897</td></tr>
<tr><td rowspan="4">报刊（册）</td><td>中文期刊</td><td>57709</td></tr>
<tr><td>外文期刊</td><td>8467</td></tr>
<tr><td>民文期刊</td><td>4649</td></tr>
<tr><td>报纸合订本</td><td>45575</td></tr>
<tr><td colspan="2">硕士学位论文</td><td>15590</td></tr>
<tr><td colspan="2">博士学位论文</td><td>4902</td></tr>
<tr><td colspan="2">合计</td><td>2159874</td></tr>
<tr><td rowspan="4">电子文献</td><td colspan="2">缩微文献</td><td>0</td></tr>
<tr><td colspan="2">音像资料</td><td>22143</td></tr>
<tr><td colspan="2">电子图书</td><td>2805512</td></tr>
<tr><td colspan="2">合　计</td><td>2827655</td></tr>
<tr><td colspan="3">总　　计</td><td>4987529</td></tr>
<tr><td rowspan="11">当年入藏文献量（册）</td><td rowspan="11">纸质文献</td><td rowspan="4">纸质图书</td><td>中文图书</td><td>49478</td></tr>
<tr><td>外文图书</td><td>2011</td></tr>
<tr><td>民族文字</td><td>2816</td></tr>
<tr><td>接受赠书</td><td>8115</td></tr>
<tr><td rowspan="4">入库报刊</td><td>中文期刊</td><td>918</td></tr>
<tr><td>外文期刊</td><td>132</td></tr>
<tr><td>民文期刊</td><td>137</td></tr>
<tr><td>报纸合订本</td><td>136</td></tr>
<tr><td colspan="2">硕士学位论文</td><td>2119</td></tr>
<tr><td colspan="2">博士学位论文</td><td>296</td></tr>
<tr><td colspan="2">合　计</td><td>66158</td></tr>
<tr><td rowspan="4" colspan="3">数据库建设总量（个）</td><td>中文期刊数据库</td><td>27</td></tr>
<tr><td>外文期刊数据库</td><td>11</td></tr>
<tr><td>其他资料数据库</td><td>0</td></tr>
<tr><td>合　计</td><td>38</td></tr>
<tr><td rowspan="3" colspan="3">当年校拨图书购置费</td><td colspan="2">当年图书购置费：199.4 万元</td></tr>
<tr><td colspan="2">电子文献购置经费：527 万元</td></tr>
<tr><td colspan="2">其他：57.6 万元</td></tr>
</table>

图书馆 2019 年读者服务工作统计表

书刊文献借阅量（册次）	图书	244594
	报刊	12529
	合计	257123
电子期刊使用效率（次）	电子文献访问量	61970695
	电子文献点击量	13018582
	电子文献下载量	11165466
接待读者量（人次）	30876	
阅览工作	阅览室数	23
	阅览座位	1905
	开馆时间	105 小时/周

图书馆 2019 年业务工作统计表

科研统计（人次）	校级科研项目	6
	省部级科研项目	1
	发表核心期刊论文	3
	著作	0
组织召开研讨会	9	
发文量（篇）	信息门户发文量	115
	微信公众平台推文量	123
获奖情况（项）	校内奖励	46
	省部级奖励	4
	国家级奖励	1
	合计	51
交流与培训（人次）	国外学术会议	1
	国内学术会议	12/16
	业务培训	24/79
书展（场）	7	

民族博物馆 2019 年举办展览情况统计表

展览名称	展览性质	举办单位	经费来源	时间	地点（省市）	参观人数
中华民族传统文化展——北方民族服饰文化	国内	校博物馆主办	学校	2004. 09 至今	中央民族大学民族博物馆	14 万多人
中华民族传统文化展——南方民族服饰文化	国内	校博物馆主办	学校	2004. 09 至今	中央民族大学民族博物馆	14 万多人
中华民族传统文化展——宗教文化	国内	校博物馆主办	学校	2004. 09 至今	中央民族大学民族博物馆	14 万多人
大地回声——中国少数民族乐器文化展	国内	校博物馆主办	学校	2018. 09. 28 至今	中央民族大学民族博物馆	1. 6 万多人
“锦绣中华” 专题展	国内	中央民族大学艺术人类学研究所/校博物馆	学校	2019 年 6. 14—6. 29	中央民族大学民族博物馆	2 千多人
忆初心　担使命　馆藏中央访问团受赠锦旗展	国内	校博物馆主办	学校	2019 年 10. 25—11. 30	中央民族大学民族博物馆	3 千多人
台湾少数民族文物展	国内	校博物馆主办	学校	2004. 09 至今	中央民族大学民族博物馆	14 万多人
中央民族大学校史展	国内	校博物馆主办	学校	2004. 09 至今	中央民族大学民族博物馆	14 万多人
先生还在身边——民大名师纪念展	国内	校博物馆主办	学校	2015. 12. 16 至今	中央民族大学民族博物馆	3. 5 万人
中国民族古文字与古籍陈列展	国内	校语言文学院	学校	2010. 10 至今	中央民族大学民族博物馆	8 万人

民族博物馆2019年举办交流情况统计表

交流活动名称	交流性质	举办单位	时间	地点
郑喜淑老师应邀前往韩国三育大学讲学	国际	韩国三育大学	2019年5月8日—5月10日	韩国三育大学斯密斯人文学院
在澳门开展“中华民族雕塑园”布展培训工作	国内	澳门特别行政区市政署	2019年8月29日—9月1日	澳门特别行政区何贤公园
祁春英老师应邀为“中国非遗传承人群研修研习培训计划——民族服饰设计”研培班开展讲座	国内	文化部非遗司	2019年6月8日—6月10日	湖南吉首师范学院
北京高校博物馆文创论坛暨优秀文化创意案例展示会	国内	民族博物馆	2019年10月25日	中央民族大学
赴台湾史前文化博物馆参加南岛学术会议	国内			
“塞纳中华情——庆祝新中国成立70周年专场晚会”在塞纳河隆重举行，博物馆支部书记林文负责馆藏民族服饰秀，代表我馆随团前往	国际	中外文化交流中心、国家民委和巴黎中国文化中心主办，中央民族大学承办	2019年9月	塞纳河
邀请国家文物局李学良、故宫博物院严勇、北京市文物局祁庆国、中国民族博物馆郑茜等4位研究员和布依族非遗传承人王婧开办专题学术讲座	国内	民族博物馆	2019年	博物馆二楼会议室
《传承文化根脉、共筑民族未来——非物质文化进校园》活动	国内	我馆联合内蒙古锡林郭勒盟苏尼特左旗承办	2019年10月25日	中央民族大学
《非物质文化遗产中央民族大学校园展》	国内	民族博物馆	2019年11月10日	中央民族大学

民族博物馆展览内容简介

一、常设展览——中华民族传统文化展

中国是一个统一的多民族国家。56个民族及其先祖血脉相融，共同组成了勤劳、智慧、热爱和平的中华民族。

在五千年延绵不断的历史征程中，各族人民团结奋斗，互相学习，共同创造了博大精深、辉煌灿烂的中华文化：以四大发明、天文历算和中医药学为典型的科学技术；璀璨迷人的文明史迹；浩如烟海的文献典籍；绚丽多姿的文学艺术；精美绝伦的服饰、饮食与建筑；源远流长的哲学、宗教信仰……

根据现有条件，常设展览《中华民族传统文化展》分为《北方民族服饰文化展》《南方民族服饰文化展》《生活文化厅》（该展厅2018年上半年展出：中国少数民族头饰文化展；下半年展出：大地回声——中国少数民族乐器文化展）和《宗教文化展》4个展厅，主要展出我馆收藏的56个民族的部分文物。

与浩瀚的中华文化海洋相比，本展览只是沧海一粟。但我们仍能从中感悟历史，理解现实，领略中华民族传统文化的魅力与风采，提高我们的民族自信心，增进我们的民族凝聚力。

1. 北方民族服饰文化厅

北方民族是指主要分布在我国东北、华北、西北地区的满、朝鲜、赫哲、蒙古、达斡尔、鄂温克、鄂伦春、回、东乡、土、撒拉、保安、裕固、维吾尔、哈萨克、柯尔克孜、锡伯、塔吉克、乌孜别克、俄罗斯、塔塔尔、汉等22个民族。他们多生活在冬季寒冷、四季及早晚温差明显的高原或山区，多数民族曾经长期从事畜牧业、渔猎业或农业生产。复杂的生态环境、多样的生计方式，形成了其传统服饰以长袍长裤及配套完备的鞋帽手套为主要款式、季节变化明显、防寒保暖功能强、适应骑射生活等特点。本展览共展出上述民族清代、民国及现代的服装、首饰、鞋帽、手套等90多件套。

2. 南方民族服饰文化厅

南方民族是指主要分布于我国西南、中南和东南地区的藏、门巴、珞巴、羌、彝、白、哈尼、傣、傈僳、佤、拉祜、纳西、景颇、布朗、阿昌、普米、怒、德昂、独龙、基诺、苗、布依、侗、水、仡佬、壮、瑶、仫佬、毛南、京、土家、黎、畲、高山等34个民族。多雨湿热的生态环境，相对稳定的农耕生活，以及各民族独特的审美心理、价值观念、宗教信仰等自然与人文因素，共同构成了其传统服饰以衣裤或衣裙型短装为主要款式、衣料轻薄、透气性好、刺绣与蜡染等装饰工艺应用广泛、首饰佩物丰富多彩、文化底蕴深厚等特点。本展览共展出上述民族清代、民国及现代的服装、

首饰、鞋帽、背被、织锦、刺绣工艺品等100多件套。

3. 大地回声——中国少数民族乐器文化展

2018年9月28日，原《生活文化厅》的《中国少数民族头饰文化展》经改造换陈《大地回声——中国少数民族乐器文化展》，以崭新的面貌对外开放。

中国少数民族乐器种类繁多，其形制、材质和制作工艺复杂多变。作为表达情感和举行仪式的重要工具，其律制、音色、功能更是丰富多样，蕴涵深奥。基于乐器的民族性与地域性，本展览将中国少数民族乐器分为“东北、西北、西南、中东南”四部分，以突出其地域分布特点和历史流变、文化融合的内涵。

展览所展示的乐器，以中央民族大学民族博物馆收藏的各少数民族乐器为主。相对于数量逾500种的各少数民族乐器而言，本展览仅选取了部分具有代表性的乐器，借此表达对中国各少数民族音乐文化的敬意，协助观众了解少数民族乐器的丰富内涵，体悟缤纷多彩、魅力非凡的少数民族音乐文化。同时，我馆也借本展览关注民族音乐学科的科研教学，力图使之成为该学科的实践教学基地。

二、专题展览

1. 台湾少数民族文物展

高山族是中华民族大家庭的成员之一。主要分布在台湾地区和大陆的福建、浙江、北京等地。因地区、语言、文化的差异，内部又有阿美、泰雅、排湾、布农、鲁凯、卑南、邹、赛夏、雅美等支系差别。

高山族是台湾的少数民族，自古以来就繁衍生息在祖国的宝岛上，并创造了绚丽多姿、特色鲜明的民族文化，充实和丰富了中华民族文化宝库。本展览所展文物均为20世纪30年代前后民族学家和人类学家在台湾进行田野调查时所征集。它们生动地记录和反映了当时高山族人民的生产、生活面貌及审美崇尚、宗教信仰等精神文化状况，具有极高的历史、艺术和学术研究价值。

2. 先生还在身边——民大名师纪念展

该展览于2015年12月16日推出，这是一台前辈师长的纪念展览。展示的人物都是中央民族大学创校的功臣和兴教的业师，又都是全国知名乃至有着广泛国际影响力的学术大师。他们是中华民族的英杰，是民族教育事业的瑰宝，是中央民族大学的骄傲和荣光。

他们倾心浇灌祖国学术的百花园，即使遭逢冤屈和厄运，虽九死犹未悔。他们以渊博的知识、精湛的学术、开阔的视野、高尚的品格、博大的胸襟，为中华民族大家庭的和谐兴旺培养了一批批栋梁之材。他们树立起的为人为学的宗师风范，已经深刻地化育了学校的传统，凝结成校园文化的精魂。他们播撒和培育的人文种子必将在中央民族大学的一代代师生中发芽、生长、开花、结果，他们的生命、智慧和博爱将随着中央民族大学各项事业的蒸蒸日上而绽放出越来越绚烂的光彩。

这里展出的二十位先生，是参与中央民族大学创建，为中央民族大学乃至中国民族高等教育的学科建设、人才培养、科学研究、服务社会而筚路蓝缕、呕心沥血的老一代教师的代表。但二十位先师先贤也只是本校学术先贤的代表而远非全部。本馆将围绕中心服务大局，持续收集和展出这些前辈学人的生平业绩。

云山苍苍，江水泱泱，先师风范，山高水长。先生们铸造了中央民族大学的师魂，他们作为时代精神主体的一生使人感动，令人敬仰，引人向上。先生们虽已驾鹤远去，但其精神和业绩却与世长存，激励后人。作为民大人，我们要熟知他们，学习他们，沿着他们的足迹，努力向更远的目标开拓前进。

本次展览与其说是民大人对先生们的怀念与致敬，不如讲是先生们对民大人的启发与鞭策——作为民大人，要心中装着国家，装着民众，不为个人名利，而为国家富强、民族兴盛去奋斗。

3. 中国少数民族古文字展

中国是人类文字的起源地之一，也是世界上文种最多、类型最齐全的文字大国。世界几大文字体系都曾在中国历史上出现，有的还一直沿用至今。为了保护和展示这份珍贵的记忆遗产，我们组织了这台中国民族古文字展览。展览分成《汉文体系的民族古文字》《外来文字体系的民族古文字》《原始信息符号与古籍版本》《本土民族古文字》四大板块。本展览展示了30余种文字，有的沿用数千年至今，也有的早已消亡。文字是人类文明起源的重要标志之一，中国各民族使用文字的情况错综复杂，许多现象已经湮没在悠久的历史当中。通过本展览可以了解到人类文字产生与发展的脉络，也可以了解到不同族群的文明起源与旅程。

4. “锦绣中华”专题展

由中央民族大学艺术人类学研究所申报并且承担的2019年中关村国际青年艺术季项目“锦绣中华”专题展及中国刺绣传习营在中央民族大学民族博物馆二楼举办。

展览将中国各地方、各民族的刺绣服饰汇聚一堂，呈现出中华文化的独特性、丰富性和多样性。蔡梅英女士的33幅作品以及12个刺绣及缂丝团扇在刺绣艺术精品厅展出。摄影、油画、工笔国画、水墨写意等原作通过刺绣大师娴熟运用配色、针法、绣法进行二度创作的重新演绎，栩栩如生地呈现在观众面前。

作品中值得关注的是获得国家工艺美术最高奖山花奖的《盛世滋生图》，又名《姑苏繁华图》，全场15.9米，画面中有人物12000多个、建筑200多栋、桥梁50多座、船只400多艘，用丝线长达5万公里，丝线颜色2000多种，由19位大师及绣娘历时5年绣制完成。

刺绣作为中国传统手工艺的重要种类，在中国已有数千年的历史。体现了人类对于生活的理解和追求，成为展现审美情趣、承载道德伦理、区分社会群体、铭记族群历史的表达方式。

5. 忆初心　担使命　馆藏中央访问团受赠锦旗展

锦旗展览是我校博物馆从馆藏628面锦旗中精选了50多面旗帜展出，旨在再现各民族交流交往交融、共同建设美好家园的集体记忆，激发各民族师生“不忘初心，牢记使命”“中华民族一家亲、同心共筑中国梦”的爱国深情，引领各族人民不断铸牢中华民族共同体意识，创新推动民族团结进步事业，促进各民族共同团结奋斗、共同繁荣发展。

档案馆 2019 年度馆藏及档案利用概况

栏目名称		数　量	数量	其中 2019 年新增
1. 馆藏档案		20689	21464	775
文书档案	党政档案	7777		
	教学档案	8633		775
	科研档案	114		
	基建档案	2287		
	财会档案	730		
	设备档案	75		
实物档案		943		41
照　片		6846		
2. 2019 年接收档案		854 份		
3. 档案数字化（2019 年新增）		1238 卷		
4. 2019 档案利用				
	接待人次	521 人次		
	查阅档案卷数	654 卷		
	出具学历证明	242 份		
5. 年鉴编撰		完成 2015 年、2016 年年鉴出版工作，完成 2017 年年鉴编辑校对工作		
6. 其他		完成各单位、部门兼职档案员的信息更新工作、参加业务培训 4 人次		

中央民族大學
MINZU UNIVERSITY OF CHINA

附属中学

2019 年工作总结

2019 年，在国家民委的亲切关怀下，在中央民族大学的正确领导下，附中全体教职员工展现了民族团结、昂扬奋进的精神面貌，开拓进取，再谋发展。学校围绕每学期确定的各项重点工作，进一步统一思想认识，明晰工作思路，细化各项措施，扎实推进各项工作。现将 2019 工作总结如下：

一、依法管理，加强监督

加强依法治校，规范教育教学行为，深化教育体制机制改革，使民大附中逐步成为全国民族基础教育示范校，共美教育联盟的领头羊。附中牢固树立依法办事、尊重章程、法律规则面前人人平等的理念，坚持依法办学、依法治校，全面提升校长、教师和学生法律素质。运用法治思维和法律手段解决学校改革发展中突出矛盾和问题的能力，全面提高学校依法管理的能力和水平。通过健全和完善一系列规章制度并定期督察执行力，规范教职工日常工作行为，安全办学、规范办学，实现学校各项管理工作与教育教学事业同步提高。

加强对财务工作的监督和管理，坚持预算支出和政府采购、遵守政府采购和跟踪审计制度。团结班子、经常通气，重大发展规划、重要基本建设、重大合作项目、重要资产处置以及重大教育教学改革等决策事项，均按照有关规定，进行合法性论证，开展合理性、可行性和可控性评估。截至 2019 年 11 月 15 日，学校共召开（党政联席会）校长办公会议 31 次，及时召开教职工大会和相关人员的座谈会，互通情报，加大校务公开力度，提高工作透明度和认同度。

二、学习发展，与时俱进

全面开展学习教育活动，举行党员、干部、教职工三个层面的思想政治理论学习活动。学校通过干部学习会、党委理论中心组学习会、全体教职工大会、定期党员大会、不定期党支部会议等形式，扎实开展“不忘初心、牢记使命”主题教育，并结合附中特色组织各种爱国主义和民族团结教育活动，拓展各民族交往交流交融，铸牢中华民族共同体意识。

附中党委坚持推动学习教育往深里走、往心里走、往实里走，要求党员干部结合专题学习研讨，深刻认识附中“培养民族优秀人才、服务民族基础教育”的办学使命与民族团结、国家稳定、民族复兴的内在联系，自觉把习近平总书记对附中百年校庆的回信指示精神，作为引领附中建设的指南针，结合民大附中使命任务，深入开展调研、掌握实情、查找问题、解决难题，把学习成效体现到提高能力、推动教育教学建设上来。

学校继续引进京外京内优秀教师（大学编和西藏中学编），优化教师队伍和班主任队伍；重视对干部的培养，派干部外出挂职、考察学习，参加民委系统和海淀教育系统组织的专题培训，提高干部的理论和业务水平；严格教师进修制度；重点抓学科组集体研讨；树立“爱岗敬业、爱生如子、爱校如家”的良好风尚，逐步形成具有很强“国家意识、社会意识、学校意识”的团队，优质服务学生，优胜劣汰岗位。

三、教研创新，学术引领

学校秉持教科研工作在课题研究、成果转化、教师发展方向引领、教科研信息更新方面指导和管理的职责，为全校教师的专业发展保驾护航。加强对学校特色课程、品牌课程的研发和指导，开展北京大课堂社会实践课程的项目研究，加强民族团结教育课程研发，丰富和完善学科融合类课程。目前共有三本校本教材在编。

8 月 1 日到 3 日我校召开了高三教育教学工作会，12 月份即将召开 2019 年学校教育工作会议，进行案例交流、竞赛比武、质量分析、奖励表彰、示范引路、工作点评、专家报告，研究教育教学规律，突出高考校本教研，提出教育教学要求和目标、加强教学指导、推进课程改革。

2019 年，我校继续加强本校教师成长教育（导师制、教研制、进修制等）的管理，规范教师业务档案。组织和指导教师完成全国“民教杯”、北京市“京教杯”、海淀区“风采杯”教学展示活动，为不同需求的教师提供个性化的指导和帮助。在全国“民教杯”比赛中，我校有 5 位教师顺利通过预赛选拔，进入现场复赛；在北京市“京教杯”比赛中，我校有 2 人获一等奖，1 人获二等奖，1 人获三等奖；在 2019 年度海淀区第三届“风采杯”教学成果展示活动中，我校教师获得一等奖 68 人次；二等奖 58 人次；三等奖 38 人次。本年度的海淀区十三五教育科研规划课题申报中，我校有 13 项课题成功立项并顺利通过开题论证。学校化学组参加的北京师范大学高端备课研究项目也在有条不紊地进行。

四、德育为先，育人为本

学校积极落实教育部《中小学德育工作指南》的要求，扎实推进学生理想信念教育、社会主义核心价值观教育、中华优秀传统文化教育、生态文明教育和心理健康教育工作。根据不同年龄段和各民族学生的特点，分层次、分年级以爱民族、爱祖国、爱母校为核心的教育。加强国家意识、民族团结教育，促进学生全面健康发展，高一进行民族教育、养成教育、立志教育。高二进行爱心教育、文明教育、拼搏教育。高三进行责任教育、感恩教育、成才教育。全校师生积极组织开展“中国梦”“培育和践行社会主义核心价值观”“建设伟大祖国，建设美丽家乡”系列主题教育活动。以“感恩、责任、成才”为主题的成人仪式和“以成长加油站”为主题的心理咨询活动也从不同的角度给予学生的成长更多的关注和指导，有助于学生更加全面的发展。

学校团委作为学生思想道德教育的主要阵地，在思想引领和德育活动中对学生进行全面的培养。团员信息网络化是团中央近年力推之事，北京市要求尤其严格。校团委面对外地学生多，团员编号、资料极不规范等问题，主动积极完成了三个年级二千多名团员信息的规范化、信息化，获得海淀团工委的认可。

为提升学生的民族团结意识，培养对国家与社会的责任感，校团委组织学生开展“阳光路上”爱心暑假支教活动及展示汇报，民族操比赛等。为传递国家对民族学子的关怀，校团委组织发放了国家助学金、阳光爱心基金、西藏、青海等地的支援基金等资助，进行了贫困学生的学费退费等经济援助，覆盖了三个年级的学子。由于我校偏远地区学生数量增加，校团委在重大节日时均开展相关活动，如中秋联欢、国庆系列活动、元旦联欢活动、迎新生志愿服务、寒假送站服务、学雷锋志愿活动等，让学生们在学校感受到家的温暖，同时也更多地学会给予他人温暖。

2019年我校继续精细开展社会实践大课堂活动，走进38个社会实践基地(累计学生14180人次)，学校领导和老师带领学生走进北京市乃至京外各种纪念馆、博物馆、科技馆、特色主题公园等，强化学生的道德体验和感受，促进学生的情操内化和升华。践行了“德育为先，育人为本”的思想。

五、个性特色，幸福成长

加强健康促进学校和校园文化建设，张扬学生个性，培养学生的审美情操，激发学生的创造能力，学校继续在4月举行读书节，4月末召开春季田径运动会，5月举行体育节，6月举行音乐节，8月进行国防教育，9月进行民族团结教育，10月至12月举行科技艺术节，于12月举行唱“三歌”和“一二·九”大合唱比赛、科技艺术节总结表彰大会暨迎新年联欢会。2019年，通过一系列活动的有序开展，健康有益的活动充实了学生的心灵。

学生社团蓬勃发展，新成立了3个社团，社团总数达到38个。社联规范了社团管理，为每个社团建立了社团档案。2019年召开了第十六届学代会，在两个年级中征集了多份提案并向学校反馈落实，学生干部能力与思想水平在活动中得到了提升。学校通过社团表彰大会、五四表彰大会，对社团和学生个人进行表彰激励，表彰形式不断创新，本年度采取了戏剧的形式，在表彰之外，起到了更强的教育作用。

六、教学质量，稳步提升

教学工作是学校的重中之重，学校严格强化高二、高三会考，高三高考工作，强调“质量为重”的教学管理意识，按“务实、落实、扎实”原则，分解任务，责任到人。关注过程和细节，强化学科组、备课组团队作用，打整体战、比团体赛，共同提高。落实培优辅差工作，以学生为本，面向全体，抓好普通班，促进重点班，稳步提升质量，促进学生整体提高。完善评价和奖励制度，奖优罚劣。

据2019年7月统计，高考时共有716人参考，685人上本科线，本科上线率为95.7%，其中，非京籍考生503人，一本上线454人，一本上线率为90.3%，本科上线489人，上线率为99.1%。

2019年，我校学生获北京市优秀学生干部13人，获海淀区优秀学生干部62人，获校级优秀学生干部129人。获海淀区三好学生277人，获校级三好学生382人。获海淀区优秀共青团员67人，获校级优秀共青团员138人。

七、招生转变，积极落实

按照国家民委办公厅、教育部办公厅《关于切实做好中央民族大学附属中学2019年跨区招生工作的通知》（民办发［2019］68号）要求，附中面向全国16个省（市、区）计划招收少数民族应届初中毕业生515名。在各省区教育主管部门和民族教育工作部门的协同努力下，共计录取符合条件的京外少数民族学生515名，实际报到496人（占比96%），其中，“三区三州”166人，“深度贫困县”141人。同时，学校继续被纳入北京市优质高中统筹校，面向北京全市招生。学校还承担了市教委安排的贯通培养任务，为北京财贸职业学院的学生开设文化课学习。

2019年附中跨区域招生政策6月初发布，此时，几乎所有省区的中招工作都已全面启动，虽有去年招生工作基础，但仍需制定操作细则、调适网络技术、加强宣传动员，因此完全纳入当地中招还存在困难。但在16个省（区、市）相关部门的协同配合下，学校攻坚克难，较好地完成了招生前期各项基础性工作。计划和操作细则落实到了每一个招生区域，最大限度地将我校招生工作纳入了当地中招工作之中，确保落实文件精神到位、工作开展有依据、操作层面讲规范，不走样、不随意。

八、福利待遇，不断提高

2019年继续落实执行国家有关在职及退休人员增资政策，提高了正式在编及退休人员基本和薪级工资标准，落实执行市教委合作办学有关文件精神，为在朝阳校区承担统筹、贯通培养任务的教师及外派分校教师发放专项工作补助，做到随学校财力增长适当提高教职工的工资待遇。

同时，落实执行国家购房补贴、租房和房管（协助家属区维修和更新）工作，发放住房改革、助学金等对个人和家庭的补助。组织在职教师开展党团教育、教学研究、支教和趣味运动会、健身运动等文体活动，组织退休职工教师节活动、春游秋游活动、节日慰问等活动，保证了教职工的福利待遇。

九、创优示范，共美领航

2019年6月，中央民族大学附中寻根溯源回到内蒙古办学，携手当地政府共同创办中央民大附中呼和浩特分校，中央民族大学附属中学呼和浩特分校授牌仪式举行。9月，附中呼和浩特分校顺利开学，中央民大附中教育集团拥有分校数量达到21所。民大附中继续在基础教育落后地区、在老百姓家门口创办优质学校，辐射引领、带动助推当地教育发展。

学校在推动自身快速发展的同时，努力践行服务民族基础教育的办学宗旨，为民族基础教育的发展做出积极贡献。2019年学校成立了集团综合办公室，切实统领集团校的联络和导航工作。附中集团综合办成立以来规范、制订相关制度，以制度建设指导和优化各集团校共同发展进步。本年度共选派总校、集团校骨干老师12人次，赴青海玉树分校、云南红河州实验学校、乐山共美实验学校开展教学督导、支教工作。接待安排贵州挂职校长2人，甘肃迭部县、广西环江县、湖南荷塘区、湖南中方县、青海玉树分校、雄安校区来校学习培训教师59人次，接待交流学习35人次。安排分校、签约校高一新生来我校访学共计53人，与民族地区共享首都北京优质教育资源。

2019年高考结束后，民大附中高三

教师奔赴四川汶川中学、江西乐安县一中、甘肃迭部中学、内蒙古准格尔旗一中、贵州六盘水二中、湖南中方县一中、四川马边中学、内蒙古通辽二中、呼和浩特赛罕民中九个支教点，开展“共美教育领航，民族教育自强”主题支教活动，以讲座、报告、同课异构等方式，与兄弟学校开展教育教学交流。

总之，过去的一年，附中团结一心，踏实肯干，继续前进，成绩喜人。这些成绩，令人鼓舞，催人奋进。展望2020蓝图美好，重任在肩。在中央民族大学的关怀领导下，附中班子成员会带领全体师生，以知难而进的拼搏精神，脚踏实地的务实态度，争创更加优异的成绩，打造民附品牌，实现民附梦想。

2019届高考情况

2019年实际参加高考人数716人，上本科线685人，本科率为95.7%。理科最高分张苧歆同学实考成绩714分，北京市第一名；理科2人进入北京市前10名。

其中：650分以上共计123人。其中，文科16人，理科107人；600分以上共计361人。其中，文科79人，理科282人。

2019届全体毕业生本科上线人数及比例

批次		650以上	600以上	本科上线
文科（181人）	人数	16	79	174
	比例	8.90%	43.60%	96.10%
理科（535人）	人数	107	282	511
	比例	20.00%	52.70%	95.50%
合计（716人）	人数	123	361	685
	比例	17.10%	50.40%	95.70%

2019届非京籍毕业生本科上线人数及比例

批次		650以上	600以上	本科上线
文科（109人）	人数	16	69	108
	比例	14.67%	63.30%	99.1%
理科（394人）	人数	106	266	390
	比例	26.90%	67.51%	98.98%
合计（503人）	人数	122	335	498
	比例	24.25%	66.60%	99%

2019 年对外合作办学情况

序号	学校/项目	合作单位	签约时间
1	中央民族大学附中呼和浩特分校	呼和浩特市人民政府	2019 年 3 月
2	中央民族大学附中红河州实验学校	红河哈尼族彝族自治州人民政府	2019 年 3 月
3	中央民族大学附中贵阳市实验学校	贵阳市人民政府	2019 年 7 月

2019 年附中签约共建合作办学单位

序号	共建单位	签约时间
1	呼和浩特市人民政府	2019 年 3 月
2	株洲市荷塘区人民政府	2019 年 5 月
3	贵阳市人民政府	2019 年 7 月
4	巴林右旗人民政府	2019 年 7 月

2019 年教师支教情况一览表

<table>
<tr><th>支教人次</th><th>省区</th><th>学校</th></tr>
<tr><td rowspan="9">49 人</td><td rowspan="2">四川</td><td>四川汶川中学</td></tr>
<tr><td>四川马边中学</td></tr>
<tr><td>江西</td><td>江西乐安县一中</td></tr>
<tr><td>甘肃</td><td>甘肃迭部县高级中学</td></tr>
<tr><td rowspan="3">内蒙古</td><td>内蒙古通辽市二中</td></tr>
<tr><td>内蒙古准格尔旗一中</td></tr>
<tr><td>呼和浩特市赛罕区赛罕民中</td></tr>
<tr><td>贵州</td><td>贵州六盘水市二中</td></tr>
<tr><td>湖南</td><td>湖南中方县一中</td></tr>
</table>

2019 年学生支教活动一览表

支教地点	支教学校	受助人数	支教学生人数	支教时长
云南	丽江市玉龙县白沙完全小学	约 120 人	8	30 小时/人次
内蒙古	通辽市金宝屯镇中心小学	约 200 人	7	30 小时/人次
广西	崇左市扶绥县实验学校	约 60 人	5	40 小时/人次
宁夏	固原市隆德县杨河中学	约 120 人	5	40 小时/人次

中央民族大学
MINZU UNIVERSITY OF CHINA

奖励与表彰

教职工获奖情况

一、全国模范教师

杨宗丽　　马克思主义学院

二、北京市教学名师

杨桂萍　　哲学与宗教学学院

三、中宣部宣传思想文化中青年英才

杨　慧　　民族学与社会学学院

四、霍英东教育基金会第十七届高等院校青年教师奖二等奖

黄志辉　　民族学与社会学学院

五、2019 年国家民委突出贡献专家奖

苏德毕力格　　教育学院

徐小平　　舞蹈学院

六、2019 年国家民委创新团队支持计划

"新时代民族教育改革与发展研究创新团队"（带头人苏德毕力格）　教育学院

"中国语言的信息结构研究团队"（带头人阿不都热西提·亚库甫）　中国少数民族语言研究院

七、2019 年国家民委领军人才支持计划

丁　宏　　中国少数民族研究中心

刘成有　　哲学与宗教学学院

程　勇　　生命与环境科学学院

林继富　　民族学与社会学学院

胡素华　　中国少数民族语言研究院

赵丽芳　　新闻与传播学院

郭伟和　　民族学与社会学学院

八、2019 年国家民委中青年英才培养计划

于　洋	音乐学院
金　艳	中国少数民族语言文学学院
丛帅帅	舞蹈学院
周　梦	美术学院
刘东旭	民族学与社会学学院
于　潇	生命与环境科学学院
冯　帅	理学院
焦开山	民族学与社会学学院
崔　瑜	管理学院
邱莉榕	信息工程学院
范小青	新闻与传播学院
唐阵武	生命与环境科学学院
蒋爱花	历史文化学院
宫玉涛	马克思主义学院
石　嵩	外国语学院

九、2019 年国家民委教学名师

林　晶	音乐学院
金秀丽	附属中学

十、2019 年国家民委青年教学标兵

苏娅菲	舞蹈学院
王云芳	民族学与社会学学院

十一、宝钢优秀教师

巫　达	民族学与社会学学院
苏发祥	藏学研究院
杨　敏	舞蹈学院

十二、第十一届北京高校青年教师教学基本功比赛

社科思政类一等奖、最佳教案奖

王一超　　法学院

人文类二等奖、最佳教学回顾奖

刘　佳　　舞蹈学院

理科 A 组三等奖

苏傲雪　　理学院

十三、第十届外教社杯全国高校外语教学大赛北京赛区一等奖

常　媚	外国语学院

十四、第四届全国民族研究优秀成果奖（著作类）

二等奖

刘东旭	民族学与社会学学院
张　娜	外国语学院
张丽君、吴本健、王飞、马博	经济学院

三等奖

萨仁格日勒	中国少数民族语言文学学院
刘连香	民族学与社会学学院
苏德毕力格	教育学院
周　梦	美术学院

十五、第四届全国民族研究优秀成果奖（论文类）

一等奖

乌小花	研究生院
祁进玉	民族学与社会学学院

二等奖

麻国庆	党委办公室、校长办公室
杨须爱	民族学与社会学学院
张冬梅	经济学院

三等奖

严　庆	民族学与社会学学院
黄志辉	民族学与社会学学院
苏发祥	藏学研究院

十六、2018年度国家民委社会科学研究成果奖（调研报告类）

一等奖

赵小兵、王志娟	信息工程学院

二等奖

马胜春、徐世英、魏传华	理学院
李曦辉、刘璐琳、宫骅芮	管理学院
毛湛文	新闻与传播学院
范丛慧	文学院

三等奖

吴本健、王庶	经济学院

马金生、刘湘晖、马欣　　中国少数民族研究中心、少数民族事业发展协同创新中心

包爱军、楚高娃、李建军、牛小凤、刘洋洋　　音乐学院

十七、北京市第十五届哲学社会科学优秀成果奖二等奖

杨须爱　　民族学与社会学学院

孙　英　　马克思主义学院

张　娜　　外国语学院

卢小群　　文学院

赵丽芳　　新闻与传播学院

十八、第二届国家民委系统科普讲解大赛

一等奖

李　崴　　生命与环境科学学院

二等奖

成　功　　生命与环境科学学院

十九、2018 年全国优秀科普微视频作品

张宇识　　信息工程学院

二十、亚洲舞蹈艺术节暨亚洲舞蹈大赛最佳指导教师奖

徐小平　　舞蹈学院

二十一、全国第五届大学生艺术展演活动艺术表演类一等奖节目指导教师

蒙小燕、徐小平、杨敏　　舞蹈学院

二十二、第一届全国全日制教育硕士学科教学（物理）专业教学技能大赛优秀指导教师

朱　民　　理学院

二十三、2018—2019 年全国啦啦操联赛清华大学·中国石油大学站暨首都高校啦啦操比赛优秀教练员

李俊怡　　体育学院

二十四、2019 年全国大学生计算应用能力与信息素养大赛

一等奖指导教师奖

赵洪帅、林旺、韩旭　　信息工程学院

二等奖指导教师奖

翁　彧　　信息工程学院

三等奖指导教师奖

王　莉　　信息工程学院

二十五、第十七届全国大学生机器人大赛 ROBOMASTER2018 机甲大师总决赛一等奖优秀指导教师

卢　勇　　信息工程学院

二十六、第十七届全国大学生机器人大赛 ROBOMASTER2018 技术挑战赛总决赛三等奖优秀指导教师

卢　勇　　信息工程学院

二十七、2018 年第 11 届中国大学生计算机设计大赛“优秀组织奖”

卢勇、潘秀琴、李瑞翔、翁彧、孙娜　　信息工程学院

二十八、2018 全国大学生英语竞赛 C 类一等奖指导教师奖

刘雪莲、李凤、高迪迪、石嵩　　外国语学院

二十九、2019 全国大学生英语竞赛优秀组织奖

石　嵩　　外国语学院

三十、第十届“挑战杯”首都大学生课外学术科技作品竞赛一等奖

陈心想　　民族学与社会学学院

三十一、第四届中国“互联网+”大学生创新创业大赛优秀创新创业导师

翟慧、马映君　　教务处
岳广鹏　　新闻与传播学院
马明胜　　资产管理处
陈　刚　　美术学院

三十二、第九届华北五省市（区）舞蹈大赛专业青年组表演一等奖节目指导教师

马云霞、徐小平　　舞蹈学院

三十三、2018 年第九届北京市大学生人文知识竞赛优秀指导教师奖

张蒙蒙　　文学院

三十四、2018 年第九届北京市大学生人文知识竞赛教学管理先进集体奖

赵丽芳　　新闻与传播学院

马明胜	资产管理处
翟　慧	教务处
王　伟	文学院
王军杰	党委办公室、校长办公室

三十五、2018 年首都高校思想政治理论课学生社会实践论文评选

特等奖指导教师

刘　然　　马克思主义学院

一等奖指导教师

孟凡东　　马克思主义学院

二等奖指导教师

韩克芳　　马克思主义学院

三十六、首都高等学校 2018 年排球联赛优秀教练员

王　磊　　体育学院

三十七、节约型公共机构示范单位

后勤保障处

三十八、北京教育系统关心下一代工作先进集体

民族学与社会学学院

三十九、全国高校后勤事业发展先进单位

后勤保障处

四十、北京教育系统关心下一代工作先进个人

刘明新　　图书馆

四十一、2018 年度首都大中专学生暑期社会实践先进工作者

岳永杰　　教育学院

王　斌　　生命与环境科学学院

四十二、第十一届全国高校辅导员年度人物

陈　钧　　舞蹈学院

四十三、2018 年度北京高校学生心理素质教育工作先进个人

孙　娜　　学生处

四十四、2017年度北京地区高校就业工作先进个人

李廷海　　　　　　　　　中国少数民族语言文学学院

四十五、党建获奖情况（含部分学生获奖名单）

（一）第二批“全国党建工作样板支部”

历史文化学院教工党支部
音乐学院学生第一党支部

（二）首批“学校党建工作标杆院系”

民族学与社会学学院党委
经济学院党委
舞蹈学院党总支

（三）首批“学校党建工作样板党支部”

民族学与社会学学院民族学教工党支部
民族学与社会学学院本科生第一党支部
经济学院经济学教工党支部
经济学院2018级研究生第一党支部
管理学院教师第二党支部
法学院本科生第一党支部
文学院2017级硕士研究生党支部
新闻与传播学院教工党支部
哲学与宗教学学院本科生党支部
历史文化学院教工党支部
外国语学院公共外语党支部
药学院教工党支部
信息工程学院公共计算机教学部教工党支部
信息工程学院计算机软件工程物联网本科生党支部
理学院教师第三党支部
理学院研究生第一党支部
舞蹈学院教职工第二党支部
音乐学院学生第一党支部
体育学院教工党支部
直属单位党总支图书馆党支部

（四）2018年度学校党内统计先进单位

中国少数民族语言文学学院党委

管理学院党委
文学与新闻传播学院党委
哲学与宗教学学院党总支
理学院党委
信息工程学院党委
附属中学党委
后勤保障处直属党支部
直属单位党总支

（五）2018 年“一个支部一个目标、一个党员一个任务”活动“优秀支部目标”表彰

文学与新闻传播学院党委
机关党委宣传部党支部
舞蹈学院 2016 级研究生党支部
舞蹈学院教员第二党支部、2017 级研究生党支部
音乐学院教工第二党支部
文学与新闻传播学院 2017 级研究生第二党支部
信息工程学院计算机软件工程物联网本科生党支部
经济学院 2017 级研究生第一党支部
附属中学教学三支部
马克思主义学院教工第二党支部
文学与新闻传播学院新闻行政教工党支部
体育学院学生党支部
理学院本科生党支部
民族学与社会学学院民族学教工党支部
音乐学院学生第一党支部
哲学与宗教学学院本科生党支部
外国语学院本科生党支部
少数民族语言文学系 2017 级博士党支部
蒙古语言文学系研究生党支部
机关党委纪监审党支部
国际教育学院研究生党支部
法学院 2017 级法律（法学）研究生党支部
管理学院 2017 级研究生工商类党支部
教育学院 2016 级学术研究生党支部
少数民族语言文学系教工党支部
民族学与社会学学院社会学教工党支部

直属单位党总支校医院党支部
外国语学院研究生第一党支部

四十六、其他获奖情况

11 月，民族博物馆获得 2019 北京科普新媒体创意大赛优秀组织奖，副馆长马晓华、陈列部主任原媛获得 2019 北京科普新媒体创意大赛交互类银奖。

2018 年度校级考核优秀等次人员名单

一、处级干部年度考核优秀名单（2019 年 4 月 23 日民大党发〔2019〕17 号）

丁宏、马国伟、马娟、王华军、包永贵、包爱军、刘成有、江波、孙英、杜林、宋志光、张文香、张丽君、罗云、周杰晶、周宜君、周铁海、京生、高兵、麻国庆、彭勇、马明胜、王淼、杨天舒、杨蔚宇、张军辉、陈立新、林海萍、周加才让、唐丽、唐洪波、魏传华、樊博、崔洁

二、教职员工考核优秀等次名单（2019 年 9 月 3 日民大人事字［2019］29 号）

党委办公室、校长办公室（学校档案馆）：王耀宇、王宇、韩宇则
党委组织部：张茜
机关党委：刘国庆
党委宣传部、新闻中心：王卫平、李红亮
党委统战部：毅敏
纪律检查委员会办公室、监察处：王江玲
党委教师工作部、人事处：杨怡、翁慧慧
党委学生工作部、学生处：孙娜
研究生院（学位办公室）、党委研究生工作部：唐莉、严杨
保卫部（武装部）、综合治理办公室：李昂、杨诗瑶、吴希宾
校团委：马丹阳
校工会：薛白
校友工作办公室：张方译
北京中央民族大学教育基金会秘书处：金馨苹
教务处：代明利、李阿琴、李帮琼、范俊
科研处：宋宁
发展规划处：宋家庆

财务处：刘波、罗国林、马立群、林竞喆

招生就业工作处：孙洋

审计处：史学楠

国际合作处（港、澳、台事务办公室）：王婷

基本建设管理处：刘毅

资产管理处：施美珍、丁春艳

实验室建设管理处：吴爱桃

招标采购处：赵晶

后勤保障处：方辉、李志良、沈文利、周洪峰、朱琳、乔世英、王艳、李清华、申庆春、任程、王欣

信息化建设管理处：贾玲玲、李鑫刚、杨剑霞

离退休工作处：马云峰、张丹辉

海南新校区筹建处：曾宗伊

民族学与社会学学院：巫达、施琳、焦开山、马赞峰、杨青青、陈伟驹、杨磊、牛菊奎、林继富、张宗友（研辅）

中国民族理论与民族政策研究院：严庆、刘涛

世界民族学人类学研究中心：刘岩、王阳林

中国少数民族语言文学学院：苗东霞、蒋颖

少数民族语言文学系：李锦芳、汪立珍、阿孜古丽、卓小清

蒙古语言文学系：萨仁格日勒、叶尔达、高莲花

朝鲜语言文学系：金艳（教学科研岗）、金艳（管理岗）、任广旭

维吾尔语言文学系：热孜娅·努日、祖丽菲亚·阿克拜尔江、古丽娜尔·米吉提（本辅）

哈萨克语言文学系：杜山那里·阿不都拉西木、古丽海夏

中国少数民族语言研究院：张铁山、胡素华、王蓓

藏学研究院：次仁达瓦、杨毛措、马忠娥

经济学院：杨松武、赵海云、马博、吴本健、蔡萌、时保国、杨丹、石朝晖

管理学院：党秀云、李书锋、申喜连、谢作渺、彭建、程立茹、金红磊、叶华、袁贺、韦玉寒

法学院：李玉子、田艳、张艳蕊、郑毅、阿依古丽、姜莉、田刚、刘伟涛

马克思主义学院：宫玉涛、韩克芳、王晓红、颜振超、袁军生

文学与新闻传播学院：卢小群、冷霜、叶楚炎、梁森、毕海、杨超、梁悦悦、王伟、范丛慧（研辅）

哲学与宗教学学院：尹志华、康云宝、吴婷婷、邢晓英

历史文化学院：达力扎布、尚衍斌、蒙曼、蒋爱花、赵逸妍

教育学院：许丽英、崔玲玲、余红玉、唐大朋、袁梅

外国语学院：安利、陶芸、王林、张津海、刘雪莲、刘立、覃俐俐、王如利、

张蓝予、金艳丽、张珂、李盛、张敬京、楚凤霄

生命与环境科学学院：龙春林、刘春兰、王文蜀、高飞、张淑萍、石莎、云妙英、陈坦、王乔、武海波

药学院：朱丹、李树春、秦阿娜、谷雨龙

理学院：李赵祥、梁芳、付军丽、李晋枝、李明杰、施洪龙、苏傲雪、谢飞、朱民、徐世英、王义全

信息工程学院：王继业、朱丽平、孙小红、胥桂仙、闫晓东、徐晓娜、蒲秋梅、孙娜、马秀珍、罗文、郑睿、李晓旭（本辅）

美术学院：张志伟、朴春子、钟捷、夏威夷、夏展、张次禹、李果、李爱民

舞蹈学院：马啸、沙呷阿依、车延芬、刘佳、马亮亮、李惠君、朱亚超、刘紫千、李慧娟、孙婷婷

音乐学院：乌云陶丽、张珊、那红、王冰、文红宣、张全胜、金光日、张弩、金东根、李建军、林璐、史小龙、陈鹏、李江

体育学院：兰保森、曹丹、王晓芳、王建强、李新龙、董云鹏、刘昌翠（本辅）

国际教育学院：冯凌宇、鲁江、王维、钱军、孙宓琪、刘玉屏、刀慧娟（本辅、研辅）

继续教育学院：凌琳、戴文红、韩雪莲

预科教育学院：曹红梅、马立玲、刘洋、杨四代

中国少数民族研究中心、少数民族事业发展协同创新中心：马欣

图书馆：其其格、麻晓红、于显中、刘培红、穆军、罗惠琼、黄海华、黄金东、刘如娟

民族博物馆：郑喜淑、原媛

校医院（疾病防控办公室）：申玲、夏建珍、路畅、汪佰莉、张铁林、王楠、黄芳芳

出版社：戴佩丽

期刊社：马燕、包玉柱

附属中学：刘宝军、袁昌顺、金秀丽、李佳、荆森、苏布德、李艺、吕继红、王冬雪、吴晓丹、冯硕、姜明亮、林辉、宋理慧、张卫杰、周明鉴、妮乐、丛培博、高原

幼儿园：薛怡

孔子学院：韩小兵

2018年校级宣传工作先进单位优秀宣传工作者校园优秀学生记者好新闻好专栏专题名单

民大党发〔2019〕4号

2019年1月19日

一、宣传工作先进单位

校团委、朝鲜语言文学系、管理学院、法学院、文学与新闻传播学院、生命与环境科学学院、舞蹈学院、图书馆、附属中学

二、优秀宣传工作者（按姓氏笔画排序）

王佩、王军杰、白艳秋、孙熙、李冉、李品、张姝、张彤彤、周家平、胡佳媛、袁海琴、塔娜、路畅、翟慧

三、校园优秀学生记者（按姓氏笔画排序）

才让英吉、王炳臻、王熙言、毛嫣然、邓希、白雨阳、朴雪姬、自中书、孙菁、杜瑞、李钰婷、李琳、杨晓峰、杨颖、吴雪梅、汪豪威、张如心、阿米娜·阿山江、陈澄、钟曦瑶、逄增、徐颖琳、高艳铭、郭雅妮、萨如拉、康琳、韩湑如、曾刚、谢佳怡、漆加凤

四、2018年度好新闻

1. 练就奋斗精神追梦 锻造实干能力圆梦——张京泽书记与青年师生座谈学习习近平总书记考察北京大学重要讲话精神　袁海琴
2. 黄泰岩@2018民大毕业生：愿你仗剑走天涯，秀出你厉害！　记者团
3. 马云霞团队获颁“全国高校黄大年式教师团队”　李红亮
4. 学校召开干部培训暨人才工作会议　潘妩媚、李琳
5. 争做乌兰牧骑文艺轻骑兵：中央民族大学音乐学院学生走进太仆寺旗　音乐学

院、刘佳

6. 助力中非论坛：您好，我是民大青年志愿者　谢佳怡

7. 少数民族新闻传播史30年“拓荒”丰富中国新闻史的书写——少数民族新闻传播史研究新范式、新方法研讨会暨白润生先生学术思想座谈会在中央民族大学召开　牛春颖、梁悦悦、徐智

8. 中央民族大学附中与雄安新区容城县人民政府援助办学签约暨揭牌仪式成功举行　丛培博

9. “中华民族共同体的形成与发展”学术研讨会在校召开　罗惠翾

10. 学校顺利完成2018年北京高校高精尖学科申报工作　孙立慧

五、2018年度好专栏专题

1. 微周刊（官方微信）
2. 新时代@教育（新闻网）
3. 建功立业新时代（周报）
4. 青年服务国家（团委）
5. 讲述身边的故事（工会）
6. 毕业生去哪儿了（招生就业工作处）
7. 麦先生有话说（管理学院）
8. 知名学者大讲坛（教育学院）
9. 民族学与社会学学院团委“两会专题”（民族学与社会学学院）
10. 粉酷评论（文学与新闻传播学院）

参加新中国成立70周年庆祝活动校级先进集体和先进个人表彰名单

民大党发〔2019〕34号
2019年11月15日

一、参加国庆70周年活动先进集体

（一）职能部门、校属单位（6个）

党委宣传部
党委学生工作部、学生处
保卫部
财务处
后勤保障处
校医院

（二）基层党组织（10个）

中国少数民族语言文学学院党委
经济学院党委
管理学院党委
法学院党委
生命与环境科学学院党委
理学院党委
信息工程学院党委
音乐学院党总支
体育学院党总支
附中党委

二、参加国庆70周年活动先进个人

（一）教工（86人）

党委办公室、校长办公室：冯慧想
党委组织部：张茜
党委宣传部：李红亮

党委学生工作部、学生处：邓群、艾力肯

保卫部：林海萍、宋理斌、苗运长、杨诗瑶、杨泽玮、杨树江

校团委：李冉、崔雅满、程旭辉、束娴

教务处：李琳

科研处：丁冉

财务处：张晓明

国内合作处：张方译

资产管理处：李佳晔

后勤保障处：刘强、李刚

民族学与社会学学院：张宗友、刘丽艳

中国少数民族语言文学学院：阿力木·托合提、梁琛、乌云毕力格

经济学院：吴希宾、蒙永翠

管理学院：肖春娟、姚远、宫骅芮

法学院：王冰

文学院：范丛慧

外国语学院：邓周媛

生命与环境科学学院：王乔、王佩

药学院：何宏珉

理学院：胡佳媛

信息工程学院：宋志民、王帅

美术学院：李强、姚瑶

音乐学院：梁岩、那红

舞蹈学院：陈钧、刘佳、李慧娟、李雅洁、李惠君、朱亚超、赵东宁、格日南加、谭伟

体育学院：王磊、张佟海荣、徐杰、李新龙

校医院：李幼辉

附属中学：李品、杨岭、于艳君、马佳、王晶、王小冬、工柳丝、邢星、孙青青、杜瑞雪、李欣、肖茗月、张轶伟、孟丰收、赵子强、唐平、董思宇、富予、廖海峰

新进辅导员：王小婉、王珊、米拉·居尼斯、刘禹佑、李升、康佳妮、康跃南、蒲一赞

（二）学生教官（3人）

朱兴华、孟昭运、高卫东

（三）参训学生（215人）

民族学与社会学学院：王志伟、王立强、叶宇、玉莉洁、李卡捷、朱嫱、肖惠予、张城、张瑜、杨阳、何佳钰、吴晔涵、姜昱彤、段丹天、段琬琪、崔妍

中国少数民族语言文学学院： 木拉提别克·塔布斯汗、白新颖、池成斌、杨娴、张飞、阿力木江·阿地里、阿布都克依木·玉苏甫、彭敏、谯金亚

经济学院： 马晓旭、马昕、刘佳淇、王饶娆、苏欣然、安琳、李健岚、李沁晖、杨宗霖、杨菁、陈秋雨、张新雨、罗文聪、明月、黄丽嘉、唐思懿、梁馨元、曹佳郁、韩承誉、董湞成、鲁明平、鲁煜晨、程勃萱

管理学院： 王一帆、王业成、王泓烨、王莘琦、王晟杰、刘雨潼、孙传渝、杜伊琳、肖义夫、沈晟、张玉、张一林、张天宸、陈雯颖、陈温都苏、邵炜杰、明柯含、岳子哲、岩温罕、姜莹、侯建霖、黄雯、徐蕾、蔡志雯、蒙学治

法学院： 王钰玥、龙时佳、华日旦、刘琦琦、刘影、农金鸾、羊永蔚、麦迪娜·木沙江、孙鹏庆、林雅静、陆桂廷、宝音图、郑子琨、潘宇霆、程煦

文学院： 马菁晨、吴奇隆、美尔哈巴、咸立昂

新闻与传播学院： 马琰、马广涵、朴东鹤、孙铭鸿、吴健坤、贺雪君、张国辉、高豪宇、焦子琦、戴玉剑

历史文化学院： 王祚、王意鸥、王耀聆、何心、连照锋、韩智颖

外国语学院： 杨国融、周娇、宋熙瑶、胡馨雅、赵嫚嫚、罗昊、滕博

生命与环境科学学院： 马鑫、王宇辰、王嘉怡、沙正悦、陈梓慧、范清华、赵悦汝、高雅翾、黄舜弦、鄂烨

药学院： 吕若雪、马佳敏、张煜

理学院： 王泽华、向帅、纪龙、李瑾晗、李昕宇、吴汶晏、更那孜·迪力木拉提、宋德丽、宋俊蓉、者小玲、张睿忠、高浩波、赵景琳、廖春游、韩克乾

信息工程学院： 王云、王大次儿、卢浚睿、刘晏辰、汤一帆、孙浩楠、李珂、朋毛才让、姚佳林

美术学院： 马必伍哈、牛蕊、方跃斌、李如心、葛蔓

音乐学院： 马亚銮、王珏、孙丹丹、高日罕

舞蹈学院： 王昊男、王智超、乌德木、韦思琪、左欣然、杜可妮、孙洪天、李庚、杜泽辉、张煜晨、张益嘉、泽郎初、尚卫东、陶妙婵、戴燊誉

体育学院： 王梓、刘东林、李宸、张宏健、赵平杰、谭文龙

附属中学： 王泽明、扎西甲措、丹尼亚尔、乌兰夫、艾买提江·库尔班、左文英、石红崎、卢常敬、包亦加、朱志远、乔格鲁克、向硒、杨瑞骐、吴斌斌、何坤鋆、宋扬、张浩、张潇潇、阿丽玛、陈宜真、拥忠登增、范煜、罗安、金维歆、赵研研、洪轶凡、院茂鑫、聂宇腾、徐旭冉、徐金宇、黄思乐、曹星辰、韩义征

2019年从事教育工作满30年人员名单

（共28人）

民大校发〔2019〕87号
2019年9月9日

财务处：李淑华、洪波
后勤保障处（后勤集团）：谭家健
民族学与社会学学院：柏秀艳
中国少数民族语言文学学院：艾克拜尔·卡德尔、吐丽帕阿依·祖农、努尔古丽·突尔孙
文学院：曹立波
经济学院：石朝晖
管理学院：彭仕东
历史文化学院：高翠莲
教育学院：史大胜、单世洪
外国语学院：王朝晖、张红、姜秀荣
信息工程学院：袁杰
美术学院：刘晓燕
音乐学院：依曼那列
体育学院：热孜婉·阿木提、兰保森、于浩
图书馆：董印红、高桂芬
附属中学：张立、龙伟红、杨翠芝、刘雯鸿

学生获奖情况

2019 年博士研究生国家奖学金获奖学生名单

民族学与社会学学院： 谭萌、张红霞、赵超、徐欣顺、王广瑞、程志浩、王欢、刘玺鸿、宋天博

管理学院： 刘建峰、祁志伟

法学院： 刘俊、艾科热木·阿力普

教育学院： 张良

经济学院： 肖时花

历史文化学院： 冯翔、安北江

中国少数民族语言文学学院： 唐留芳、王燕、小春

国际教育学院： 曾晨刚

文学院： 武迪、朱慧、孙越

哲学与宗教学学院： 宗喀·益西丹佛

2019 年硕士研究生国家奖学金获奖学生名单

民族学与社会学学院： 吕哲臻、刘琳如、焦运佳、贾明川、张美玲、刘赫、赵佳雨、侯文晓、孙佳丰

中国少数民族语言文学学院： 郭昊、张春阳、全景、苏日娜、努尔比亚木·沙拉木、牟飘飘、梁金桂

文学院： 张媛媛、李红艳

国际教育学院： 史真、任彪、杨莎莎

藏学研究院： 拉毛肖、三木旦

经济学院： 罗玲、郭玉鑫、陈镜羽、种法宇

管理学院：孙艳玲、王建文、刘沛、王浩骅、杨蒙蒙、赵竟宇、杜男杰
法学院：罗小伟、唐诗杭、符春欢、党秀洁、郑子琨、石佳、刘彤彤、田慧娟、吴书欣
马克思主义学院：唐锡康
新闻与传播学院：黄家圣、陆欣然
哲学与宗教学学院：邢宇翔
历史文化学院：付邦、李章权
教育学院：娜迪拉·阿不拉江、杨小兰、刘灿、洪雷明、龚政阳
外国语学院：文凤强、蔡天航
生命与环境科学学院：杜洋、金京熙、于倩茹
药学院：陈西
理学院：顾凯、刘珊华、孙丹凤
信息工程学院：喻子恒、周天宝
美术学院：常正
舞蹈学院：刘嘉欣、杜帅敏
音乐学院：蒋雨婷、陆嘉淇
体育学院：申宇静

2019年宝钢教育基金优秀学生奖（研究生）名单

历史文化学院：蔡洁
生命与环境科学学院：杜洋

北京市2019届优秀毕业生名单

国际教育学院：韩晓明、郭晶、何洪霞、吕哲
蒙古语言文学系：萨日那

教育学院：梁艳、刘前莉、柳梦婕、毛冰雪
法学院：李铮敏、盛安妮、代剑锋、刘伟涛、张砚哲
藏学研究院：张程程、才旦加
生命与环境科学学院：谷荣辉、胡煜、何秉淑
历史文化学院：李双、徐添、蔡晨
民族学与社会学学院：王永军、刘姝曼、夏晓莉、李阳、刘文博、丹珍央金
信息工程学院：路遥、薛丽苗
文学与新闻传播学院：高姝妮、王泉月、谢梦雅、付同乐
外国语学院：满运欣、何其凡
美术学院：胡扬
体育学院：白俊
舞蹈学院：樊敬岩
管理学院：颜鹇瑶、胡熠、徐景芳、姚威
经济学院：王时延、吴欢、董玉峰、于倩
朝鲜语言文学系：崔惠花
药学院：邓冉
理学院：李金亮、张淼、张文皓、赵宇
少数民族语言文学系：杨银梅、刘少华、和梦佳
哲学与宗教学学院：王伟

中央民族大学 2019 届优秀毕业生名单

教育学院：梁艳、刘前莉、柳梦婕、毛冰雪
国际教育学院：何洪霞、吕哲、吴金金、张慧超
法学院：李铮敏、盛安妮、代剑锋、刘伟涛、张砚哲
蒙古语言文学系：萨日那
生命与环境科学学院：谷荣辉、胡煜、何秉淑、陈宁美、王庆慧、郝娜
藏学研究院：张程程、才旦加
历史文化学院：蔡晨、徐添、肖晴、李大旗
哈萨克语言文学系：阿曼 · 阿宝
民族学与社会学学院：王永军、刘姝曼、夏晓莉、李阳、刘文博、丹珍央金
文学与新闻传播学院：高姝妮、王泉月、谢梦雅、付同乐

外国语学院：满运欣、何其凡、江静

信息工程学院：薛丽苗、路遥、王星星、刘文强

美术学院：胡扬、许超

体育学院：白俊

舞蹈学院：安萍、武宁、丁宁

管理学院：颜鹝瑶、胡熠、徐景芳、姚威

经济学院：董玉峰、于倩、李佳珉、吴欢、王时延、杨晨旭

朝鲜语言文学系：崔惠花

药学院：邓冉

理学院：简小琴、李金亮、武志伟、杨旭丹、张淼、张文皓、赵宇、兰凤琴

少数民族语言文学系：杨银梅、刘少华、和梦佳、乔亚楠、朱瑞、龙润田

中央民族大学2019届博士生专业奖学金获奖名单

藏学研究院

一等奖

才旦加、才让多杰、文巴加

二等奖

拉毛才让、央宗、才让先、娘毛吉、才让公保、旦正加、周先吉

三等奖

格桑翁姆、赛藏、卓玛措、却合知、昂青才让、才项南杰、阿旺多吉、柔金措毛、赛措吉

舞蹈学院

一等奖

曾希卓、张迪、张璇

二等奖

李斌

三等奖

许晓云、楚歌、张佳益

法学院

一等奖

于达尔汗、白木仁、赵莹莹、张梽功

二等奖

徐宜可、江婉、刘俊、田川颐、庄俊峰、冷遥、张馨、王婧堃、艾科热木·阿力普、石顺、费蓬煜、宿云达

三等奖

赵博文、齐明、严杨、王思衍、爱如娜、朝克图、周建强、程熙、夏长久、聂晶、李春双、耿希、托玛斯·阿布都赛买提、王佩、张瑞、包朝鲁门

管理学院

一等奖

祁志伟、黄基鑫、任笑楠

二等奖

向娟、李正梅、刘建峰、谭乐霖、姚远、荣幸、王玲、高满良、史凯静、陈春宁、宋越、赵壮英、张吉林、王桂玉

三等奖

郝妮、兰博、王文静、张磊、张丽娟、徐晓、王利艳、李天顺、冯奕强、范钰婧、阿梨玛、刘继为、成鸿庚、胡乘铭、王士心、王鑫蕊、胡凡

国际教育学院

一等奖

刘晶晶、谷甲斌、肖媛

二等奖

柴闫、邵滨、任倩倩、刘丹丹、贺莉娜

三等奖

郝雷、路义旭、李晓东、王睿昕、张婧、赵京武

教育学院

一等奖

常媚、国建文、肖李

二等奖

焦石、后慧宏、薛寒、宋征莉、韩天骄、李鹤、陈烨、蔡春虹、李秋丽、邓晓凌、曹鑫莉、王珏

三等奖

韩小凡、仲丹丹、翁慧慧、原鹏程、黄俊霖、乔磊、陈岩杰、赵上宁、王正勇、

张莞、阿木古楞、苏光正、张静、肖霄、王慧东

经济学院

一等奖

吴欢、彭翔、詹筱媛、于亚男、孙咏

二等奖

许卫岳、杨森、苏超阳、黄东辉、周爱玲、李明轩、巩蓉蓉、李臻、李育儒、红霞、雷光宇、黎明、吴凡、吕明辉、张茜

三等奖

马晓旭、胡瑞华、罗红艳、牟晓燕、岳富贵、赵晨曦、刘丽伟、蒋政、赛伊娜、胡涛、田景鹏、张天宇、王耀宇、吴雪、许珂、冼军李、郑思海、丁继、周宁、席蒙蒙

药学院

一等奖

崔伟业、孙婷、向芳芳

二等奖

米盈盈、常拓、阿如娜、李舒冉、杨康、祖玛丽、牛红娟、齐彦爽、刘华、付骞卉

三等奖

白颖慧、杨静、韩丹、刘慧、刘珮、燕梦云、姚兰、左祥宇、鲍牧兰、李润田、艾阳文、赵娟娟、刘琪、张印江

历史文化学院

一等奖

梁亚群、姚兴哲、胡献漳

二等奖

赵国香、蔡洁、龙静璠、张薇、李威颖、刘星雨、姚文君、蔡名哲、刘维栋、冯翔、胡泰山、王春伟、朱国兵、张慧军、陈丽丽

三等奖

白慧贤、刘岳超、黄谋军、李阳、闫妍、安北江、禅馨、于子龙、丁燕杰、贾桢、岳树燕、段晋媛、张钰铭、王琳珂、李子君、陈红静、侃珠措、黄文学、阳序言

美术学院

一等奖

曾征、宋田田、秦志超

二等奖

黄武、刘冬、何国富、周振东

三等奖

李楚婧、唐好婧、徐亚男、德德玛

民族学与社会学学院

一等奖

吴佩琦、刘凤丽、谭刚、周陈、张雯佳、高莉莉、刘芳、张方译、黄鹏、侯馨茹、艾丽菲亚·艾克拜尔、曹静、于浩宇、胡文兰、代宏丽、次仁卓玛、包美丽、周灵颖

二等奖

徐睿凝、王悦、王行健、何昌勤、王晓莹、李翔、张欣、周涵、方泽、苏韦铨、麦合布拜木·买买提江、雅茹、阿达莱提·图尔荪、鱼耀、孙晓晨、乌日力嘎、孟凡玉、李旭东、杨思圆、彭雅琦、郭靓雯、牛家儒、马雅琦、梁媛、景磊、程艳林、穆特拜尔·库热西、周雷、李新坚、许政、海涛、都兰、王浩、斯格尔、黎人源、张玲玲、杨阳、覃奕、程志浩、敖日格乐、朱鹏飞、孙志香、韩满都拉、和红梅、徐姗姗、马欣、龙金菊、刘丽艳、赵荣、郭跃、蓝咏石、王宏宇、肖锦汉、孙荣垆、张雪、王晗冰、张俊龙、李娟、艾易斯、张伦阳

三等奖

赵尔文达、马培红、罗贤丽、刘煜、孙宗升、张红、韩旭、谢清松、黎冠冠、刘毅、崔舒怡、孙铭晨、陈天翔、崔莉、曾祥隽、张艺凡、袁娅琴、陈容娟、赛勤、马成明、袁娇、张银州、杨照珺、郭呈如、罗木散、张智林、李念霖、赵雨洁、贾聪、浦天龙、朱雨欣、马婧杰、张敏、张瀚丹、杨怡、白晓艳、张红霞、陈蕾、乔明明、李军、张梅梅、王亚涛、李婉妍、魏慧臻、陈晓璐、陈其晓、赵杜灵、宋爱明、郭宇坤、刘瑶瑶、黄晶、王飞虎、杨之海、宋天博、杨龙贺、韩敬云、梅丽、刘洋、乔婧、闻瑶、孙红林、李洁、吴少卿、赵超、黄天庆、左涛、董进、王欢、海璐、徐天雨、王广瑞、马巍、魏剑、崔希涛、石颖川、邹沁园、刘双双、陈越柳、张岳嵩、姜术容、徐欣顺、尚大超

中国少数民族语言文学学院

一等奖

阿卜力米提·阿卜杜热合曼、吴英格、马丽、阿拉法特·艾山、张歆、史春颖、热阿孜依汗·巴依安阿得、包阿拉达日吐、张雨晨、陈海艳、葛东雷、于秀娟、李小瑞、赵洁洁、马婧贤、乌日罕、崔桂荣

二等奖

达吾提·阿不都巴热、阿依古丽·阿布列米提、周双喜、朝丽娅、齐勒格日、安海莲、丽尼格尔·阿布都肉苏力、克力木汗·库尔班、李夏青、完代克、张中旭、李秀华、王洪秀、李蒙、韩苗苗、奥斯曼·阿卜杜克热木、格根曹布道、敖日格乐、郑燕、张迎治、迪丽妮嗄尔·菲达、朱恩毓、次林央珍、王斯文、史冬梅、海霞、张丹、蒋仁龙、胡淇研、安冉欣、王封霞、余筱凤、魏萌、赵勇、杨银梅、杨洁、郑桓、赵

菁、罗红流、西吉日、斯琴、巴合多来提·木那孜力、阿勒玛古丽·波拉提、伊卜拉伊木·马木提、石秋英

三等奖

古丽海夏、阿依布布·阿山别克、高迎春、王苏佈敦其其格、娜仁赞丹、美丽、满秀娥、南海仙、阿卜杜热伊木·图尔迪麦麦提、古丽莎·赛买提、邹雨橙、李金阳、杨潇、文珍、邱新霞、叶尔旦、木那尔·木哈什、呼琴图、斯钦巴特尔、巴图斯日古楞、王燕、奇曼古丽·许库力、阿布都外力·卡迪尔、古丽娜尔·米吉提、王琳、昂晋、赫如意、赵哲、伦静、黄莹洪、莫廷婷、王印娟、王彬、刘建波、其丽木格、马莉、田梦、苏培、葛玲、马海五牛、杨志喆、李林霞、杨晓平、李慧萍、苏莉亚·尼亚孜、田晓黎、蓝盛、陶文武、潘红交、峰泉、琦丽萌、青格乐图、艾丽菲热·帕尔哈提、陈春荣、马合怕丽·奴尔江、古丽夏依尔·别力克

生命与环境科学学院

一等奖

宋英杰、杨云卉、陈文明、纪圆圆、包芮于、刘春晖

二等奖

匡奕敩、李保平、邵桦、刘思彤、韩航、郑朗、林锋科、黄辰宇、陈华彬、赵文宗、胡静霞、范彦晓、任振涛、李超、路广

三等奖

刘杰、肖轶、冯舒芮、马婷、马瑛、贺建武、舒航、松布尔巴图、张瑞飞、谭金花、许素文、林国琛、刘春霖、倪明霞、耿兆鹏、何应、赵金崎、郭淑政、许华磊、于洋、杨婷婷、陈熠

外国语学院

一等奖

范梦栩、董雨晨、王晶

二等奖

迟小飞

三等奖

岳坛、赵巩翠

文学院

一等奖

许鎏源、仝筱菲、肖炜

二等奖

崔耕、陈长旭、梁清、安忆涵、孙宝新、宋萌萌、张舒、孙元元、杜建清、张世强、赵辉

三等奖

孙越、武迪、杨怀文、高乐、李侠、黄冉、朱慧、郭顺、张家瑜、李斌、张皓涵、陈修娇、何等红、苏栎、雷成佳

音乐学院

一等奖

迪娜·叶勒木拉提、武斌、付麒睿

二等奖

李艳双、张俭侠、申慧

三等奖

王佐伊、刘一播

哲学与宗教学学院

一等奖

蒋尉、雷火剑、张婷

二等奖

谭泽民、唐思瑞、杨扬、喻春勇、代洪宝、张海龙、钟艳艳、李昳聪、邱兴洁、雷梅珍、马文、刘腾飞

三等奖

孟涛、刘锦程、邱晶、郭诺明、王向阳、钟秋思、于博洋、许袖飞、李琳、赵万庆、彭欢欢、陈利文、李智、唐仲、杨万顺、王瑞

中央民族大学2019届硕士专业奖学金获奖名单

藏学研究院

一等奖

班典、措秀吉、德西翁姆、兰措席摸、贡保草、阿旺加措、贡桑白宗、扎西朋措、南杰加、加羊才让、三果、拥金、尕玛丁巴江措、刀吉仁欠

二等奖

池真、尕玛吉、彭毛卓玛、旦知才旦、散木东、完德先、尕藏卓玛、俄巴准、桑金草、夏吾旦正、完玛才让、德乐合、道吉才旦、扬毛扎西、旦增加措、白玛木、尕

玛看着、旦增南加、完玛多杰、当子扎西、罗让旦真、用旦加错、仁青卓玛、才让央宗、扎西机、格桑久米、公却乎杰、索郎措、尕旦才让

三等奖

索南拉毛、尕么项着、刀知扎西、帕玛章、增太日加、拉马扎西、赤列、索南卓玛、班代卡、甲麦、格桑曲宗、羊尖卓玛、仁欠卓玛、旦知刀吉、索南木卓玛、旦秋卓玛、甲央桑多、本吉、增巴加、英吉、仲玛拉姆、德吉卓玛、才让东知布、卡毛吉、卓玛加、尕藏三知、索朗扎西、拉虎加、李加东智、桑杰吉、才让华拉毛、卓嘎曲吉、才让拉毛、华芷卓玛、岗措卓玛、才旦多杰、罗藏扎西、才让措、东智吉、华旦才让、公巴东智、贡保南杰

舞蹈学院

一等奖

王倩雯、刘欣雅、田二林、徐雅琳、高思傲、乔嘉欣、孙洪天、刘丁睿、张益嘉

二等奖

李艺颖、陈竹韵、李思维、杨永腾、张琼、杨林君、周雨潇、尚卫东、雷雅藺、张佳丽、李美静、宋怡娴、左欣然、黄滢锦、郭馨泽、冯泽华、刘晓倩、季文伊

三等奖

郭笑晗、王靖雯、迟爽、李丹、贾伊琪、戴乙民、王婉晴、孔令洁、张歆冉、孙铎伦、张煜晨、张昕悦、张筱川、贾志鹏、杨贺婷、张译丹、王梓翔羽、王艺霏、廉娅洁、蒋瑾、邓旖馨、李杵珂、丛舒齐、迪丽阿热·阿地利江、张华仪、付军帅、周天娇

药学院

一等奖

陈西、翟新房、程硕涵、郭艳茹、丁凌、雷小英、白宏羽

二等奖

高启霞、张沐诗、董旭、沙子珺、郭华、杨册、孙雅嘉、张楠、苏玉平、张明烁、王晨钰

三等奖

周璐、张恂、郑敏思、薛帆、纪泽敏、陈姝琴、宋晶珠、刘宇、张雨、何扎西草、曹欣彤、王晴湄、陆璐、余姣能、王兴欣、毛明慧、王均琪、段宇

新闻与传播学院

一等奖

何欣蔚、李雪、杨金馨、崔洁、宝阿咪丽、马燕、胡媛媛、章璐、罗梦彤、颜珺、田雯丹、李赫、任阳、熊媛

二等奖

李郑楠、董娃、张世超、朱亚茹、翟晨肖、吴若琳、贾渊渊、尹凯民、赵鹏、袁乐、耿铎、马致远、王健楠、施蕴珊、何勤思、史赫、罗碧、谢露、夏兰、尤爱生、陆雨虹、陈雅妮、范文琪、马丽莎、张宝誉、郑昱彤、邢芷欣、张子涵、赵宇晗

三等奖

卢菲、张晓洋、杜瑶、段诗哲、胡艺、陈环环、程群、刘笑盈、冯帆、蒋林志、夏添、何鸿婷、陈慧、苏倩毓、李梦雨、陈琛、张亚莉、董灵慧、王桂琦、张释心、宋东晓、韩嘉慧、侯昌赫、纪凯丽、何竞祺、马雨晴、陈怡如、江若岚、刘子茜、仝如玉、许继杰、王珏、李佳美、王天天、张锦岚、杜亚丽、霍梦瑶、张晋通、赵梦晗、邱缘、唐强薇、饶淼、钟华、宋安琪、粟晨

法学院

一等奖

曾彬彬、李程浩、洒爽、刘明明、魏燕云、林倩、龚瑶、常悦、董宁倩、杜安娜、李顺莉、美亚赛尔·艾尼娃尔、赵楠、徐毅、王怡博、卢晋、沈洁、刘海锦、栗媛、宗惜惜、张猛、陈彦先、蒋剑、宋志超、张楠、左尚昆、孙佳伟、马欣、顾文静、郑玮、张瑜桐、马紫帆、陈豪强、刘蓉、邢琳琳、任腾飞、马奇迹、刘涛、孙一冰、高阳、王旭、王梅、敖颜思文、杨若珂、杨璟璠、张丽君、吉石甲甲莫、杨玉雪、刘洋、高雪颖、夏航、王晓菲

二等奖

安雪芬、王慧萍、冯超、单萧语、杨红梅、刘治平、余俊枫、王谦、刘中琪、窦凯、伍娇、秦英杰、张蕾、陈冰玉、鞠金泽、杨景然、范碧霖、付宜文、陈雪、李艳君、张倩、周冉、温柔莉、未志敏、张佷月、武力衡、黄丹、关斌翔、蓝凯悦、崔鹏楠、张璇、余群化、马怡聪、刘会娟、王瑞霞、王静文、韦柳冰、陈佳琦、杨帆、王婧、王竞悦、靳青青、钱婧、赵天隆、蒲梦雪、李乾、曾万选、王亚如、王圣杰、李楠、郭晓波、周学敏、周海龙、张雪、刘琪、申世棋、卢文丽、刘西贝、申坤、金钰凯、刘籽辛、陈俪文、李扬、徐逸文、刘镇平、李佳营、王文荣、张夏、秦慧铮、高雪雪、常婉婷、李玉攀、李备、黄亚平、胡鹏飞、王凤娟、李春霞、苏钰淇、刘双艳、柴耀琪、李晓露、邹蕴、滕彦彦、回亚茹、谭宇轩、乌斯曼·克来木、伍禹琪、梁昕、林杉、朱玉、王岚、张晓楠、汪宁、朱媛媛、任沐霖、朱静瑶、李樱姿、袁梦笛、李双梅、李勤勤、郑豪、石翔、陈欢欢

三等奖

李文雅、安楠、宋梦珂、闫洁男、李华容、张冲、刘波、田兴雨、刘源、安格拉玛、李承龙、邢梦晨、孟慧慧、陈泽宇、李润东、郑惠雯、刘秉信、孙翔宇、左佳琳、牟奕霖、陈嘉豪、马腾跃、代聪、赵安妮、王米米、王俊、梁妍、崔英姿、王瀚嶙、彭韦欣、文苑、邓晓凤、杨茜、胡丹凤、霍冬雪、李晓颖、韩京恩、何菲菲、康凯川、杨晨、何思文、张蕊、王颖弘、张力国、许彤、王韵琪、杨家豪、王心怡、郝家家、

孙希平、卢苇藜、李秋梦、许瑗、王川川、王子瞳、韩录川、郝倩男、霍银枝、陈瑶、屈若璇、石佳、褚雨、王谦、吴书欣、张媛、魏金丽、王一博、于志强、李达、齐欣、崔向松、房灵云、胡苗苗、武培、祝铭域、林琰、张择一、周凡儿、岑晶、高玉莹、张莉、程晨、李婷婷、马晶、朱全宇、安喆、娜荷芽、张傲、李祺悦、王可、冯雪、黄虞智多、杨林英、张力方、曲麦拉姆、高萌、曾瑶瑶、王倩、牛舒、曹冲晗、韩超、郝楠、毕晋华、张亮、符春欢、孟红、田周芸、李鲁雯、仝安琪、代丽媛、武莎、邬智雯、武思琪、周薇、张帆、段忠汝、罗小伟、苏丽多、贾玉清、伊宣颖、杨婧梅、朱亚莎、卜易伟、王辰鑫、邓露露、秦绮彤、刘彤彤、靳媛佳、王昊天、袁如娇、赵明明、方莉惠、冯洋、孙云云、张长伟、荆元帅、王泽美、商正兴、张舒雅、吕佳慧、李瑶、王泽、何紫雯、马岚、张萍萍、李野、吴思方、崔薇、王睿、叶俊伟、蔡浩文、高威娜、何泽兵、郭燕伟、刘晨蕾、章菁育

管理学院

一等奖

丁可、刘沛、殷坤、徐红飞、王浩骅、夏楚、梁波、杨立成、宋相腾、火雯婕、乔楚然、周雅琳、杜伊琳、王婷、刘广晗、郭炳耀、程昕奕、张继驰、赵竞宇、杜男杰、袁明、王瑞轩、吴佳燕、储丹丹、刘林梅、范静洁、黑百尔·哈力力、翟璐、李林根、由振婕、胡泽胜、王哲、李艳培、王奕霖、李翊绫、吴偲、朱睿怡、刘瑞悦、杨迪、吴菁华、王伟航、贾晓朋

二等奖

谷利月、王瑞、俞方圆、彭银萍、李莉瑶、章安琦、饶芯羽、李志红、马进强、彭程、许婉莹、杨兰、孙艳玲、李如意、王建文、崔鑫、雍巧云、郭慧捷、姜苏展、肖航、韦安琪、沃思婕、王一帆、沈晟、张瑞文、崔艺文、褚玉玉、马小红、向鑫、李嘉雯、李凤依、王若琳、车力木格、冯丽媛、李保磊、王志弘、贾剑琴、杨博、段智浩、郭欣欣、张万和、张利刚、周宇超、马燕敏、洪琳、孙子旭、王永旭、熊天绪、汪峻宇、刘玲玲、李艺、石晓瑶、李上、刘雅楠、杨婧、伊力尔江·哈力克、秦阿杰、董柯欣、江彬、郑家祥、王聪、谢菲儿、甘慧馨、谷佳轩、曾维佳、杨洋、买迪娜·阿布都赛买提、吴唐、赵慧颖、陈丽丽、吴瑨、闫柯璇、王铄、武新凯、段思琪、陈思羽、锁乃婧、崔一凡、王艺潞、夏彬、蒋巧

三等奖

杨蒙蒙、蒋雪可、马芳、玉清、周才媚、史昭君、陈艳、籍艳艳、任佳、王俊蕾、牛慧铭、卢飞帆、尚尔帅、赵振彤、伍宇晴、贾孟媛、张奇、谭永川、买瑞东、相戈漫、郭倩、郭田田、马晓贝、宋杰航、周兰兰、张杰、陈晓宇、杨海韵、王思雨、杨叶、闫变变、朱思锜、何腾龙、许中书、李春艳、玄文琳、彩虹措、李瑾凡、牛佳策、何佳、祁晓薇、王肇金、韩敬涛、项冉、潘玲莹、陈眉芳、张皇姬、任慧娇、杭城晨、张璐、杨言、朱越、薛新兰、唐邵晨、谢秀利、赵林、曹晓慧、齐鋆皓、侍卓瑶、张若云、张亚宁、赵烁、尉旭东、赵鹏博、顾孟雪、孙莹、董佳林、杨蕾、刘宇琦、方

灵娟、方涵、李苗苗、高思远、高艳荣、王梦杰、许彬、王雯芳、李嘉恩、赵娟、荆信耀、于小杰、刘文君、史静、黄晶、弭雪飞、金晓茹、秦茜雅、吴日升、李骁洧、武煜凯、韩绍波、赵静楠、郭强、王云晓、韩宇、李孟宇、付子萱、许仙慧、付万鹏、方奎广、李珍珍、赵利洲、董清馨、廖玲可、王威、李心宇、杨思琦、张竹君、高仕琦、孙田鑫、杨怡敏、陈书华、李海滨、薛蘅芊、侯琛琳、鲍晨、杨薇、李童福、夏文轩、李钇霏、范丽娜

国际教育学院

一等奖

史真、刘帅奇、王志鹏、廖鹏、任彪、耿亚楠、赵广萍、靳立恒、谭斌、陈慧娟、宋春雨、吴忆南、时婷婷

二等奖

朱冬蕊、梁宇彤、王西凤、许晨璐、师文佳、王小丹、冉茜茜、韩一鸣、刘梦瑶、尹伟欣、房明亮、解田林、张雪妍、樊京敏、刘峥、孙璐、范梦真、李琛琦、曹桂萍、程萌、杨若男、沈宇飞、林娇娇、宋燕、赵玉玺

三等奖

王甜丽、罗淳、刘孟津、王梦圆、谷佳芮、陈白哥、刘恬、姜乐彬、加桂欣、王洁、赵扬、胡梦怡、杨莎莎、潘丽婷、耿美华、范爽、朴任玉、王晓涵、汤楚熠、叶丽桃、夏乙菲、王君、李展、朱春晓、宋鑫、王旋辞、张云骥、徐小童、许静雯、秦晓璇、郭超越、章桐、敖姝妍、于澜、王雅慧、李梦瑶、狄慧瑶、吴丽萍

教育学院

一等奖

方晴、左培、花永翼、王皓月、李敏、孙宁宁、高晗、王凯玲、崔灿、高丁、冯艳慧、刘艺闻、许思怡、池佳璇、向莉、杨跞文、赵耀、李拉布、杨柳、王喻敏、阿米娜·阿山江、原子茜、贺柏霖、刘萍萍、李浩、谭欣、商曼、樊琳琳、王尚坤、常凯丽、宫义达

二等奖

聂思琪、鲁小倩、甘小静、吴家乐、王晓宇、王顺姣、刘晓璇、夏苗苗、周琳、王颖、杨波、程金旭、宋慧霞、李晓晴、陈东、崔英洁、袁幸娟、霍雪洁、贾超、王亚琴、潘怡然、任娅晴、完宇青、程烁宇、贾敏、艾克然木·艾尔肯、安丽思、刘倩、巴·叶尔克巴依尔、黄钰莹、陆府健、马梅花、赵鹏燕、王甜、郑燕婷、杞蕾、古朝明、蒲苗、高英姿、刘春迎、洪双双、李雪萌、张泽阳、张莹、陈芬、张梓麟、邵珮翔、米茵、张慧、章予宸、黄朝、齐翔宇、张源源、陶燕、武钰涵、王亚男、于丽君、黄瑜清、李东方、王杰、郭亚静、司然、阎梦颖

三等奖

李莎、王霞、卢杨均、李东芬、刘晓婷、殷静雪、薛盈盈、秦姗姗、瓜尔佳云端、

李祎晨、玉倩瑗、张卉、和艳芬、杨雪梨、徐公梅、方敏昕、房宜萱、梁艺琳、陈丽函、熊阳辉、韩静、何咏欣、孙晓蒙、张雪、赵振杰、徐武装、史凤坤、李梓熙、郭宴希、王敬华、张锐、王晓俊、王筱君、王攀、陈晓雨、王欣、杨星星、裴玉洁、顾兰婷、金明花、董杨、阿加曼·塞尔山、何晓、沙学美、金鑫、李燕、张明明、王宁、宋丽君、屈武、杨瑶瑶、蔡晶、王馨宁、王泽贤、马潇祺、陈斯琴、王宁、李桂芳、王亚明、党辛欣、余伍云、罗文洁、杨丽莎、王喆、聂宜楷、陈冠文、索妮、吴莲秋、沈千一、颜炳儒、白雅婷、胡根娣、吴竟、沈宏蔚、朱坤、邱源、罗丽平、管亚萍、邓文靖、肖凯元、王青、张晟歌、李苗卉、张梦莹、张琪、曹晓雪、朱胜男、郭宏燕、欧阳克荣、杨玉萍、陈未阳、张伟新、谭盼、李凯迪、潘越、唐莉彬

经济学院

一等奖

汝林、施永昌、崔碧琳、丁卓亚、李志平、张亮亮、曲莹琳、张阔、巴雅斯呼楞、毛云艺、罗娟、袁琳、邓中琴、杨希雅、牛虹燕、蒋雨涵、蔡钊阳、徐美、刘丽丽、王蕾、丁语曈、刘正航、胡宇、刘洋浩、刘文文、寇彩云、林泽慧、黑学双

二等奖

武晓俊、冯蕾、侯洁星、张祺璇、张子辰、波塔阔孜·阿迪力、李旭泽、陈宣棣、张丽丽、王永乐、杜婧源、庞亚琴、闫睿、李俊海、李雨卿、易家印、张欣竹、武林英、裴吉鹏、李冬歌、杜初江、张梦豪、辛悦、郭家宏、陈西琳、吴梦瑶、郭维丽、江燕、何锋、曹瀚文、马瑞、王建芳、姚闯、李博康、唐艺嘉、张宇婷、罗力、王劲楠、胡胜龙、苏蓝鑫、李健岚、骆焕琪、杨小宇、王文忠、朱一妃、邢莹政、王霏、高璇、田一聪、刘璐璐、张婉新、王贺、熊健、郑梦玲、王天瑞

三等奖

王兰、池依倩、段芳芳、牛洪闯、靳茜月、屈亚军、邓梅晨、袁伟伦、李正印、邓蕾、郭清煜、赵钱、廖孟娇、叶子杨、汪晨曦、马小琴、熊俊林、张玉倩、张雨婷、马硕、马雨莲、杨思琪、陈宇、王慧娟、蓝红娟、马晓杰、闫利光、魏坤、李靖、豪路妹、黄遥岑、林珏、程志伟、辛昌贺、李泽侠、王乐、徐嘉昱、谭瑞、何俞龙、张博文、谷子丰、岳世聪、熊袖璋、赵丽敏、孙义源、于冰、欧周文、李景、卓艾花、霍亚静、张子琪、于根、于雅章、贺鑫、聂静怡、鲁哲、于宛平、王依聪、贺子晋、王雪薇、周振艳、常琰琼、丁凌之、付梦雪、胡苹苹、黎启明、马海霞、薛益群、薛一帆、田颖爱、梅珺淇、王旭冉、成瑞雪、苏日娜、刘云、段新龙、李梦瑶、杜倩文、芦志跃、栗乐、于新华、军笑雨

理学院

一等奖

穆超、松雪莹、周杰、马笑笑、于玉婷、李坤婷、拉毛草、余克梅、王隐思、洪孝荣、张腾、刘亚芳、王琦、苏康慧、李佳琳、扎西拉毛、王宇航

二等奖

李娜、覃立成、尹佳玉、郎明辰、程晨、孟禹希、王睿宇、罗可越、赵晨、陈文琪、孙姚姚、于波、朱安琪、丁名杨、谭江平、吴昊、陈妍、马利、陈国良、杨志超、王蒙、戴德政、汪悦、王欣圆、姜智睿、任雪雁、崔文韬、李晶、万淑雅、孙云娟、王琼、孙佳、张婷玉、滕立青、陈孟洲、邹含月、江梦、方天赐、张毅、王京、王文昊、杨果、汪志伟、王家凝、虎立鑫、胡鑫磊、王庆贺、魏玉白、杨韫涵

三等奖

穆欢、张云秀、南翠、鄢然、郑娜娜、高蔚祖、娘七合 、张鑫瑞、高越、云可心、孙茂伟、刘一敏、黄泰朝、冉宏炜、宣格格、霍雯、马小飞、黄姗姗、郭慧芳、冯童童、王思璎、罗佳玲、尹航、朱媛媛、周林、朱天宇、李戈辉、张茹、刘景壮、李宏达、亢鹏程、郑泽雨、李雨蔚、许杨、李晓芳、贡曲杰、张艳萍、魏雅楠、曹姗姗、张磊、付鹏、黄华、刘霄、张洋、孟庆丹、路晓敏、刘思佳、刘雨虹、韦又通、姜在超、林明娟、孟超、刘子杭、赵阳、吴茜、马海花、郑慧娟、房京珂、王笑莹、陈鹏、白雪菲、王一彬、龙宜欣、张天宇、韩双嵘、虞情

历史文化学院

一等奖

李章权、钟一鸣、潘慧颖、王艺超、袁海慧、房婉莹、于红超、李林森、陈逸飞、郭晓宇、褚雨桐、卢明

二等奖

郝宇星、黄婧楠、常金鹏、王眺眺、黄韶海、孙福春、马建霞、孙闯、杨燕飞、张杰卿、冯思雨、肖万芳、乔宇、连照锋、王欣、杨思佳、包慧娴、韩旭、张建珣、李丹阳、刘彦君、王蕊、韩美丽、安熙坤、靳亚萝

三等奖

陈美丹、张宏超、宋凡奇、王晟、付晓杨、牛孟恩、阚迪、何雪梅、郭亚平、马季、徐钢强、张露露、马晨昆、任梦楠、凡秋莉、史可人、王敬、李纪慷、刘兰、刘皓冉、赵澄宇、洪长毅、张家豪、柳子曈、陈鑫、李铮、刘子芹、李宁、梁颖杰、张紫悦、夏梵淳、朱芮莹、张鼎明、张幼欣、张骁、骆丽敏、闫星启

马克思主义学院

一等奖

赵玉艳、杨欢、刘锦坤、王占斌、崔猛

二等奖

刘金华、刘姣伶、梁学伟、高晓宁、岳彤、崔慧娟、姚聪聪、李晶晶、王晋晓

三等奖

周昱含、吕心照、郭鹏慧、李春峰、蔡正清、王芳、张宁、夏婉玉、黄晓先、王宁静、汪莙霞、王德财、余竞、李娜

美术学院

一等奖

高敏、王家晛、韩璐、曾英楠、赵祯、张蕾、刘镇、陈镜羽

二等奖

李文华、齐琳、宋巧巧、牟存涛、周长昊、谢蕊、朱佳琪、王锐恺、钟芬、张梦遥、庄舒婕、陈玉婷、李华蓥、安俊丽、郑克旭、王子瑜

三等奖

汪琳钰、刘旭杰、徐梦莹、张文倩、郭雨晴、郭海璇、黄天赋、李慧敏、代德海、樊克雅、刘星冉、李睿、李博、张博、郑馀、李震、张瑞、刘稼豪、张睿睿、王晓声、杨涓春、邹德琳、王玉莹、吴舒雨

民族学与社会学学院

一等奖

于欣蕾、索南卓玛、罗秋洪、范伯蚾、许丹凤 、汪勇 、黄应飞、孙迪航、杨文盛、张欣彤、辛鸿睿、杨凡莹、李武洋、陈泽钰、李雪芬、董书昊、徐柏鋆、张钰、思娜、普华西日布、马素琰、刘继文、陈曦、甄力洋、唐永艳、李航、张瑜、刘玲燕、姜尧、马甜甜、闫可恒、王萌、曹迪、司念、秦晋、萨茹拉、谭野、高冬娟、白一莛、樊晓霞、李乌云嘎、戴优升、殷媛、王琳、杨慧云、陈盈莹、范思迪、关是宇、刘达、马全富

二等奖

普同庆、王婧、陈开雯、娜荷芽、东风·巴依尔、汪婴子、白雪瑞、周忻雨、郝文丽、杨尚冰、韩静、杜萌萌、李京谦、崔婷、段红远、尹玉涵、张媚、李甘露、周星岐、海梦雨、梁家欣、黎雪、王柳君、刘畅、曾旭、浣发祥、王祺、赵泽龙、王昕蕾、朱文静、魏冠宇、吉尼阿依尔卓、马爱欣、殷雅丽、申奥、靳宸、赵忠艳、达娃尖措、李鑫、才让当周、师良燕、郭祯臻、刘朋月、李慧宇、杨钰莹、卢素文、马润志、朱桐辉、吴俊杰、孟才、张锦华、陆妍、李晶、孙博文、杨颖、路梦晓、吕长蕊、曹艺、达娃措吉、徐琳、谢欣、刘雅天、陆江南、张杏园、纪晓娟、吴霓、马溶擎、殷玥、陈露、姜俊臣、谢雨航、陈燕、张祥、蒋萍、啥妈军林、李豪豪、任婕、银杏、相禹丞、张美玲、孙占淑、武珊珊、刘艺林、巴莫逍逍、揭乐、尤曼、郭旭东、杨丽花、史安琪、任平平、马琳、王晴、连文哲、张红丽、马蔚南、沈春阳

三等奖

郭兴、刘奕然、马鑫、蒋宜洵、杨凤双、昂格乐玛、谢家俊、晁雅婧、马旭东、沙依班·赛买提、王泊宁、周逸泽、张嘉琳、李沛航、陈慧敏 、孙艺萌、韩晶、喻明玥、霍蒙亚、刘燕、张志钢、潘晖、罗秋宇、刘英卓、任绎璇、林雨晨、逄秀云、胡一龙、梁雅清、安瑶、金善英、米热古丽·阿卜杜热西提、殷瑞珂、王凡、马豆豆、张梦雅、黄玉清、黄姗、曹攀攀、杨赫、严浩月、白雪敏、宋宁、何文娟、张艳林、

梁甜静、薛珂凝、王迎迎、孙佳慧、丁杏、凡清悦、张燕、李燕、冉巍、杨卓青、艾俊雯、王金龙、阿尔伍沙莫、仁青卓玛、冯杨、杨丹、张若晴、王春艳、邓欢、李聪婷、苏亚青、乔姝童、李晓娟、贾孟宸、江维、刘航苹、姜欢、谢平、韩斌、玛丽瓦提·叶尔波拉提、赵艳、丁慧勇、杜孝琼、方娟、肖阳、马苗、孙依纯、兰小迪、鲍世明、郝双帆、季冬青、李亚、王妍、刘彩霞、丁钰赟、蒋雅、阿娜尔、李娟、李琳、王雷、张俊妍、刘翌文、李新胜、郭青霞、李卓、朱炎炎、张灵、王琪、查苏娜、祁怿婕、杨益英、张皓、张俊平、韦丽芳、朱晓晓、丁全明、苏岩、切藏卓玛、阿琪、张濛雨、张舒、王雪、章玉茹、陈龙飞、王宇晗、石欣博、闫雪凤、马丽娜、潘梦俐、冯树磊、彭炳程、甄青霜、毛鑫、黄岨、曲直、周美君、钟徐欢、柏振芳、李晶、吴鑫璐、邓雪芳、赵婷婷、李纪洁、孙佳丰、王军、杨晛曦、陈冉宜、蒋心搏、张芳、徐玥、徐月华

少数民族语言文学学院

一等奖

郭昊、萨础仁贵、崔锦灵、斯坎坦尔·吐拉买提、阿依努尔·艾则孜、杨潇潇、张开杰、庞雅文、潘晶晶、马友呷莫、罗向鱼、博塔·阿达、其丽格尔、安英赫、塞麦提·阿卜杜热合曼、李敏、艾散江·巴吾敦、刘佳佳、吕洋、吴佳欣 、邹玉霞、爬里旦·开买尔、开维牙·雪克热特、金海燕、王丝涵、高如和、杨亚军、朱美华、钟魏莲、巴岩·朱马别克

二等奖

巴哈提古丽·马纳甫、马雪梅、乌日格木乐、萨日娜、金魏俐、金魏伶、阿迪来·依布拉音木、热依汗古丽·卡地尔、古丽妮尕尔·玉苏普、古丽加玛丽·尔肯、戴琳、张建军、赵婷婷、杨元晟、王菁菁、马凤英、阿俊琼、杨小燕、覃燕艳、王蓉、张开轩、张丽、孜尔碟·巴合提奴尔、阿尔达克·土尔逊太、阿迪亚、娜庆、郑文禹、姜博文、孜乃提姑丽·吐尔迪、姑丽那尔·买合木提、苏比努尔·买买提、迪丽湖玛尔·多力坤、钟镇操、何杨、杜海东、彭诗茹、刘静萍、覃靖珊、李言轩、臧秀秀、侯玥、许君悦、包苏日娜、钱婧萱、祖木来提·艾克木、吾勒加尼·哈勒克、格格日乐、裴洋、地里胡玛、胡希塔尔·阿依丁、金智蕙、唐努尔·革命、嘎毕拉、阿密娜、崔美香、金玉京、金小燕、土南

三等奖

塔力哈提·吐尔森艾力、叶尔波勒·木耐、阿肯·索尔坦别克、苏日嘎胡、白美凤、胡斯楞、金晟日、陈世安、米吉提·阿布拉、努尔比亚木·沙拉木、古丽娜尔·菊热、热比彥木·米吉提、萨依甫加马丽·依马木、努尔加玛力·阿布拉、魏苗苗、白雪倩、乌哈娜、阿茹恒、王琪、赵薇、曹雪静、兰鸽、禄雨薇、麦朵拉措、魏露、和菊、陈绍艳、王跃杭、土比媛媛、兰富珍、于晓、丽娜·海奴拉、俄布拉依·对山、古丽米拉·扎克尔江、天海乐、乌日汗、包香春、李洁、尹香玉、金雯、米日古丽·阿卜杜喀迪尔、阿迪来木·卡哈尔、吾力克孜、阿孜古丽·库尔班、木哈达斯·库尔

班江、阿布都瓦哈甫·亚尼塔克、阿布都克依穆·艾尼、玛依尔·阿卜拉、吉日医文莫、白佳奕、王睿智、迪丽娜孜·吐尔逊、韦新慧、罗军杰、何姗姗、刘敏、沈佼、覃慧、邓垚、杨姗姗、海兰、苏日格嘎、鲁瑞瑞、张琰、贾亚飞、余沛航、李贵英、王雨、德江初、柴丽干、骆蕊慧、木其尔、穆耶赛尔·阿卜杜如苏力、则晓莉、苏瑞、德力格尔夫、道日娜、杜金羽、仁昊、道力玛、扎呼赫尼、陈东莹、狄红霞、乌日格木勒、冯宇

生命与环境科学学院

一等奖

杨鑫豪、韩余、白志乐、张心洁、邢一明、张慧兰、韩蕊、唐权、周敏琪、李金铭、魏春丽、梁宇然、马美轩、李荣、赵海盟、王梦莹

二等奖

马勇、张萌雪、程然、李默、程颖、何俊卿、梁凯歌、魏则旭、孙思琦、崔乃心、苏博源、安士健、冷文鹏、张晶、李官华、白岚、陈璐、曹施霖、李依、王子豪、韩曼曼、杨昕蕊、杨琳、徐进、于文钰、石宇、宋雪宁、闫美辰、张鹏遥、董雪、任静怡、李欣宇

三等奖

张冉、魏抱楷、张国帅、陈宸、卢锦澜、黄航君、杨泓鑫、龙思欣、马伟伟、马燕婕、郭慧、李茜茜、曹宁、刘岩、张默实、王双蕾、拜亚红、朱桢磊、张敏娜、白冬锐、海浩、张衍亮、左茜茜、程卓、张宇、张书尧、闫逢英、许梦圆、王斐、郭芮名倩、欧英琪、邹燕丽、王世杰、姚珊、张涛、包峻松、尹晴晴、吕扬、成莉莉、路晓平、刘仪莹、杨紫萌、吴乌云、任腾腾、刘琦、刘玉影、魏慧慧、景继月

体育学院

一等奖

蚁曼霞、冯晔敏、霍达、陈少君、樊晓静

二等奖

刘畅、金璐、邓启超、韦蓝诗、官昕、张嘉炜、黄松、柏一沦、赵金娜

三等奖

李佳鑫、郭慧、冷林、夏秋阳、高利鹏、马瑞娅、徐晓亮、孙泽好、王瑞、李宛纯、李泰森、何长剑、李宏烨、张家宁

外国语学院

一等奖

罗莎、周颖、杨皓雪、丁明瑾、黄菊、师红叶、王姝卉、黄馨文、巴燕·阿迪里、许潇艺、谭啸、王婕妤、黄健、赵小双、李娜、李俊香、张翛、夏至

二等奖

孙雅丽、贾汇丽、闫玮、韩政锋、刘瑞瑾、王亚楠、胡茜蓉、李晴、林静、杜果然、赵萌、王芙蓉、韩晋彩、张宇琦、张晓威、王茜、奉蓉、张京京、沈犇、张程程、于松田、马晓琳、辛明、于丽萍、刘晓芳、药芝蓉、石镜阳、魏宏佳、余新华、谢汉江、张栋鑫、沈鑫怡、王慧、贺敬雯、姜茜、冯昕、徐阳、向润源、宋宝宇

三等奖

苏天悦、李欣悦、齐蔓、黄丹榕、章力、王一迪、蔡天航、李文欣、罗艾嘉、王雅萍、荣海纳、于钟慧、马孟琦、王泽芳、万欣怡、陈艳文、郑秀婧、潘亚玲、宋蕾、王然然、任苗苗、王涵蕾、程园园、高雨清、陈欣悦、马咸、乌仁、马雨荷、郭佳艺、屈云彤、徐玉婷、杨慧文、袁慧贤、张培伦、杨晓茜、孟真、刘逍枭、周欣雨、郭世华、谷俊敏、马柳婷、张磊、武晶、张媛媛、胡名钒、马似成、刘川江、赵一凡、秦小雨、雷澜、郭思诺、张阿丽、曹亚萍、韩卓希、何箫谦、毋凡、许桐溪、张晓燕、朱家慧、零金榆

信息工程学院

一等奖

周海雯、张亲蕊、陈超凡、孟月婷、吴旭、何帅、李冰、张鑫彤、陈思瑾、王星星

二等奖

张宁、刘俊杰、魏涵硕、蔡丰、高飞、汪泽群、周旺生、马帅森、袁珍珍、朱晓钰、田丽丽、牛鹏超、李叔恒、龚颖青、李伟、王菲菲、李逸璇、张朗悦、方瑜、史召邑、孙梓玮、潘海川

三等奖

赖文、王丽客、孙朋、乐建建、田航、冀赛赛、褚浩臻、张亮、陈泽华、宋芳、王雨晗、陈岱垚、胡潘华、韩利、于鑫、杨学臻、李虹莹、高慧敏、薛雅斯、张崇崇、彭梦瑶、黄杨丽、王晓阳、丁世宇、李春婷、谢明、王晓婷、侯飞

音乐学院

一等奖

柳文凤、孙丹丹、刘一凡、任艺瑄、李家壮 、孙亚妮、胡越、魏克特锐、徐家琳、杨峰峰

二等奖

尹无瑕、孙天姿、王齐悦、黄迪、云雅婕、于泓泓、李珊慧、谭懿、吴卉阳子、覃锐、刘亭希、陈翼飞、吴兰塔娜、王嘉琪、黄钰善、郭雨欣、魏雅然、宋佳漪、董超、周立冉、李琳

三等奖

赵相诚、王雅楠、道日瑙、徐娟、孟乐怡、钟涛、何振宇、那琴、徐晗、孙舒韵、

姜妤杰、陈思彤、马小冰、陈俊同、余晴晴、路周金兆、孙腾、袁雅曦、张茗惠、赵雅媚、李艳、肖若楠、李金昊、肖慧琳、高明睿、田佳、韩僮、刘雪莹、闫浩宇、闫芷毓、任哲徽、陈晶霞

哲学与宗教学学院

一等奖

李京蓓、谭鸣飞、杜芊芊、谢金鑫、张彤颐桢、白书宁、梁晴

二等奖

郑斯珂、马如峰、任坡、张锴、吕昀曈、宋垚、廉伟芳、王腾宇、王宗超、王惠、张恩政、任诗尧、王安然、郭庚琦

三等奖

李丹、王朝阳、朱培钰、王汉弢、高禾莹、缪玲丽、李亚静、林健、王瑞欣、易凌琳、付兵、郑幼敏、郑艺丹、丁柏予、安争珺、黄苏苏、覃冰玉、邢宇翔、曲艺苑、李瑶、王金玉

2018年优秀博士研究生学位论文（9篇）

民大校发〔2019〕34号
2019年4月19日

作者单位	论文	作者	指导教师
民族学与社会学学院	西喜马拉雅高地的礼乐记忆——西藏阿里“宣”的民族志研究	任赟娟	王建民
民族学与社会学学院	俄罗斯反对民族分裂政策研究	乔智敏	乌小花
少数民族语言文学系	砚山黄栗树苗语语音声学研究	杨　波	胡素华
少数民族语言文学系	彝文文献《毕补特依》整理与研究	吉差小明	朱崇先
蒙古语言文学系	卡尔梅克木刻《金光明经》文献学研究	朝鲁蒙格日乐	叶尔达
哲学与宗教学学院	中国伊斯兰教山东学派研究	冯　峰	杨桂萍
历史文化学院	明代九边军兵社会生活研究	崔继来	彭　勇
外国语学院	民国时期外国文学翻译中的女译者研究	刘　立	何克勇
生命与环境科学学院	黔东南传统稻田生态系中浮萍与水稻的微生物组研究	黄卫娟	龙春林

2019年优秀博士研究生学位论文（4篇）

民大校发〔2019〕112号

2019年11月13日

作者单位	学位论文	作者	指导教师
文学院	中国现代诗歌中的自然书写	万　冲	敬文东
中国少数民族语言文学学院	《第二胜者法王宗喀巴传》文献学研究	樱　桃	叶尔达
中国少数民族语言文学学院	金仁顺小说研究	徐　燕	吴相顺
药学院	壮药国虾薄（绞股蓝）皂苷及其抗非小细胞肺癌（NSCLC）作用的研究	邢韶芳	朴香兰

2019年优秀硕士研究生学位论文（39篇）

民大校发〔2019〕80号

2019年7月11日

作者单位	论文	作者	指导教师
民族学与社会学学院	过渡中的日常——京郊代耕菜农日常生产与生活中的“不同寻常”	李旭东	黄志辉
民族学与社会学学院	“三社联动”机制下城市社区民族工作社会化研究——以上海市J区S街道为例	何志锋	严　庆
民族学与社会学学院	从空间生产到景观社会——基于白塔寺街区的空间社会学研究	汪　虎	郑文换
民族学与社会学学院	蒋寨遗址晚商西周时期遗存研究	刘泽林	马　赛
民族学与社会学学院	元谋彝族向天坟的民族志调查及考古学启示	陆佳伶	朱　萍
民族学与社会学学院	政府购买社工服务背景下社工机构行动策略“表演化”研究——以北京某社工机构为例	黄灿灿	郭伟和

续表

作者单位	论文	作者	指导教师
少数民族语言文学系	汉满合璧《御制平定金川告成太学碑文》研究	李荣荣	高　娃
蒙古语言文学系	蒙古书面语减音现象试析	石小红	色音巴雅尔
朝鲜语言文学系	关于韩国语补助词“까지, 조차, 마저”的比较研究	崔桂荣	姜镕泽
维吾尔语言文学系	东洋文库本《高昌馆来文》语言研究	阿卜拉江·玉苏普	艾尔肯·阿热孜
哈萨克语言文学系	哈萨克语合成法位研究——由形态手段和虚词手段构成的合成法位	江力汗·金恩斯	张定京
藏学研究院	热巴帝师生平研究	嘎玛东多	央　珍
经济学院	供给侧改革背景下通辽市农业结构优化研究	马　乐	黄健英
经济学院	宁夏丁塘镇回族女性贫困问题研究	马晓旭	张兴无
管理学院	基于品牌认同视角的顾客购买行为研究	弋生辉	谢作渺
管理学院	运动式治理：逻辑、困境与变革——以H地新型农村社区建设为例	周　宇	李俊清
管理学院	云南民族地区医疗救助评价指标体系研究——以德宏州L县为例	李晓云	申喜连
法学院	我国多重股东代表诉讼制度构建研究	李　勇	金锡华
法学院	大数据战略下社交金融风险及法律监管研究	董丽君	陈群峰
法学院	民族自治地方自治法规的司法适用研究——以178份人民法院判决书为观察对象	李铮敏	陆平辉
法学院	我国P2P网贷平台刑法规制问题研究	于　璟	韩　轶
法学院	国际海洋法争端解决机制下我国海洋权益保护研究——以南海仲裁案为例	周　扬	黄秋丰
马克思主义学院	毛泽东廉政建设思想研究	吕　瑶	王金磊
文学与新闻传播学院	贞观时期诗教观研究	吴纯燕	陈允锋
文学与新闻传播学院	科学传播中的反智主义话语研究——基于微信公众平台“转基因”语料的考察	杨卓琼	程　刚
哲学与宗教学学院	《教典诠释》哲学思想研究	麦日排提·麦合木提	杨桂萍
历史文化学院	王莽至光武时代货币经济研究	常心月	雷虹霁
教育学院	内地西藏插班学生族际交往研究	何欣欣	许丽英
教育学院	美国儿童早期分级阅读测评研究	毛冰雪	史大胜
教育学院	人教版《变色龙》辅助系统变迁探究	段月芬	海　路
外国语学院	林文庆英译《离骚》副文本研究	刘小娟	马士奎

续表

作者单位	论文	作者	指导教师
生命与环境科学学院	三维 TiO2 复合电极光电催化去除水中有机污染物的研究	包芮于	李　华
药学院	基于 SPR 技术靶向筛选醉马草中与 α-甘露糖苷酶相互作用的活性成分	王　嫚	申刚义
理学院	几类具有临界指数增长的分数阶椭圆形方程解的存在性研究	兰凤琴	贺小明
理学院	基于 ARCS 模型的微课设计在高中物理教学中的应用探究	毕温冉	苏玉成
信息工程学院	基于深度学习的藏文问答系统研究	夏天赐	孙　媛
舞蹈学院	龟兹舞蹈的动作形态与表演——作品《龟兹梵影》的创编表演实践	韩邱子瑶	美哈阿依·喀依尔
音乐学院	论《清朝续文献通考·乐考》所载藩属乐器及用乐	付麒睿	包爱军
国际教育学院	本土教材《菲律宾华语课本》里中国形象的研究	池晓兰	韩　笑

2018—2019 学年拟获校级“先进班集体”称号班级

序号	院系	年级	班级	班级人数
1	经济学院	2017	金融一班	45
2	新闻与传播学院	2017	新闻一班	29
3	管理学院	2017	行政管理班	36
4	民族学与社会学学院	2017	社会学班	41
5	历史文化学院	2017	历史学（中国与周边国家关系实验班）	23
6	生命与环境科学学院	2017	环境工程班	34
7	外国语学院	2017	翻译一班	26
8	文学院	2017	汉语言文学二班	36
9	中国少数民族语言文学学院	2017	维吾尔语零起点班	14
10	民族学与社会学学院	2018	民社孝通班	25
			总计	309

中央民族大学第十二届“十佳大学生”

十佳大学生		
获奖类别	姓 名	院 系
全面发展	赵新哲	管理学院
全面发展	伍文妍	外国语学院
专业学习	马文萱	理学院
专业学习	方璐瑜	民族学与社会学学院
学术科研	李叶文	信息工程学院
学生工作	台　珊	经济学院
创新创业	代琳燕	管理学院
民族团结	谭欣露	舞蹈学院
自立自强	朱斌辉	理学院
文艺体育	李晓梦	体育学院
十佳大学生“提名奖”		
提名奖类别	姓 名	院 系
全面发展	叶颖怡	法学院
全面发展	程烁宇	音乐学院
专业学习	靳黎娜	文学与新闻传播学院
专业学习	赖锡林	信息工程学院
学术科研	肖汉至	生命与环境科学学院
学生工作	王慧萍	法学院
创新创业	牛枢言	文学与新闻传播学院
民族团结	谯金亚	少数民族语言文学系
志愿服务	黄冰聪	藏学研究院
志愿服务	任佰虎	法学院

中央民族大学2019年度学生民族团结进步先进集体和先进个人

一、民族团结进步先进个人（20名）（按姓名首字笔画排序）

序号	学院	姓名	民族
1	体育学院	马铭宇	回族
2	生命与环境科学学院	王本正	汉族
3	文学院	王怡诺	汉族
4	体育学院	王　梓	汉族
5	文学院	叶　威	满族
6	新闻与传播学院	朴东鹤	朝鲜族
7	药学院	伊木然江·牙力昆	维吾尔族
8	法学院	农金鸾	壮族
9	藏学院	贡桑白宗	藏族
10	历史文化学院	肖万芳	汉族
11	理学院	吴汶晏	苗族
12	民族学与社会学学院	何佳钰	回族
13	中国少数民族语言文学学院	阿力木江·阿地力	维吾尔族
14	信息工程学院	阿依达娜·吉肯	哈萨克族
15	管理学院	陈温都苏	蒙古族
16	中国少数民族语言文学学院	松金康主	藏族
17	外国语学院	罗　昊	汉族
18	舞蹈学院	泽郎初	藏族
19	音乐学院	高日罕	蒙古族
20	经济学院	韩承誉	汉族

二、民族团结进步先进集体（10个）

学院	团学组织名称
民族学与社会学学院	团委
中国少数民族语言文学学院	团委
经济学院	学生会
管理学院	团委学生会
法学院	团委
文学院	团委学生会
生命与环境科学学院	团委
舞蹈学院	团委
音乐学院	团委
体育学院	2017级体育教育班

2019年学生参加各种学科类竞赛（校级及以上）获奖情况

第一部分　本科生

序号	奖项名称	获奖作品	获奖等级	评奖组织单位	组织单位类型	获奖人姓名（本科生）
1	第五届中国“互联网+”大学生创新创业大赛（全国赛）	目一二国际儿童艺术学校	铜奖	教育部等十三部委	国内组织	杨明滢、杨阳、孙兆辰、贾艺婷、马菁、穆一品、孙兆辰、燕舒婷、迪丽胡玛尔
2	第十二届全国大学生创新创业年会	近代移民社区的内部发展与外部互动——以“汉口宝庆社区”为例	一等奖	教育部高等教育司	国内组织	安宸庆、孙浩然、张曼特、崔高翔、姚璇、马芊芊、陈荟延
3	第十二届全国大学生创新创业年会	白族阿吒力古乐的传承与保护——以云南省大理白族自治州剑川县为例	一等奖	教育部高等教育司	国内组织	赵雯静、渠玺月、邱进荣、杨娴、梁宗宇、孙楚珮
4	第十届中国大学生服务外包创新创业大赛	校园网球分拣技术应用与开发	三等奖	中华人民共和国教育部、中华人民共和国商务部、无锡市人民政府	国内组织	靳书慧、杨舒婷、杨瑞、徐丹阳、王颢尹
5	第十六届“挑战杯”全国大学生课外学术科技作品竞赛	祛魅与再魅：现代语境下佛教寺院的新媒体传播模式	二等奖	共青团中央、中国科协、教育部、全国学联	国内组织	林星妤、崔艺璇、孙欣然、潘安琪、郎朗
6	第六届全国大学生工程训练综合能力竞赛	大赛指定题目	一等奖	教育部高等教育司	国内组织	瞿钰松、付饶、赵希川
7	第六届全国大学生工程训练综合能力竞赛	大赛指定题目	二等奖	教育部高等教育司	国内组织	白星语、马晓茗、张曼曼

续表

序号	奖项名称	获奖作品	获奖等级	评奖组织单位	组织单位类型	获奖人姓名（本科生）
8	ICRA 机器人国际挑战赛	大赛指定题目	三等奖	共青团中央、全国学联	国内组织	梁永才
9	2019 年度全国大学生数学建模竞赛	大赛指定题目	全国二等奖	中国工业与应用数学学会	国内组织	赵玉、田丽君、杨文
10	教育部 2019 年第十三届“西门子杯”中国智能制造挑战赛	盈车嘉穗	特等奖	教育部高等学校自动化类专业教学指导委员会、西门子（中国）有限公司和中国仿真学会	国内组织	刘镇东、沈虎、吴家昊
11	教育部 2019 年第十三届“西门子杯”中国智能制造挑战赛	盈车嘉穗	二等奖	教育部高等学校自动化类专业教学指导委员会、西门子（中国）有限公司和中国仿真学会	国内组织	刘镇东、沈虎、吴家昊
12	教育部 2019 年第十三届“西门子杯”中国智能制造挑战赛	协作机器人	二等奖	教育部高等学校自动化类专业教学指导委员会、西门子（中国）有限公司和中国仿真学会	国内组织	杨思雪、何佳、吕诗雅
13	教育部 2019 年第十三届“西门子杯”中国智能制造挑战赛	室内垃圾回收装置	三等奖	教育部高等学校自动化类专业教学指导委员会、西门子（中国）有限公司和中国仿真学会	国内组织	贾沫涵、李朝宇、马秧子
14	2019 年全国大学生电子设计竞赛、本科组	大赛指定题目	二等奖	教育部和工业和信息产业部、北京市教育委员会	国内组织	刘亚萌、屈家生、吕诗雅
15	2019 年全国大学生电子设计竞赛、本科组	大赛指定题目	三等奖	教育部和工业和信息产业部、北京市教育委员会	国内组织	李玉华、齐亚南、向志鸿
16	2019 年全国大学生电子设计竞赛、本科组	大赛指定题目	三等奖	教育部和工业和信息产业部、北京市教育委员会	国内组织	谭敏、梁紫宣、蓝琳斯
17	2019 年全国大学生电子设计竞赛、本科组	大赛指定题目	三等奖	教育部和工业和信息产业部、北京市教育委员会	国内组织	胡一皓、周楠、丁元博

续表

序号	奖项名称	获奖作品	获奖等级	评奖组织单位	组织单位类型	获奖人姓名（本科生）
18	2019 年全国大学生电子设计竞赛、本科组	大赛指定题目	三等奖	教育部和工业和信息产业部、北京市教育委员会	国内组织	杨瑞、吴骙、刘牧云
19	2019 年全国大学生电子设计竞赛、本科组	大赛指定题目	三等奖	教育部和工业和信息产业部、北京市教育委员会	国内组织	艾丽亚、陕言、方怡莹
20	中国大学生计算机设计大赛	民族地区经济数据可视化	一等奖	教育部高等学校计算机类专业教学指导委员会	国内组织	蓝琳斯、郑巧巧
21	中国大学生计算机设计大赛	烃的衍生物间的重要反应——醇铜之恋	一等奖	教育部高等学校计算机类专业教学指导委员会	国内组织	李浚琪、宋璐璐、姜松妍
22	中国大学生计算机设计大赛	大赛指定题目	一等奖	教育部高等学校计算机类专业教学指导委员会	国内组织	王意骁、郑巧巧、蓝琳斯
23	中国大学生计算机设计大赛	基于深度学习技术的包裹携带品自动化检测系统	一等奖	教育部高等学校计算机类专业教学指导委员会	国内组织	袁明奇、才让先木
24	中国大学生计算机设计大赛	智能行	二等奖	教育部高等学校计算机类专业教学指导委员会	国内组织	余沁倩、梁永才、李朝宇、张姗姗、何煜晖
25	中国大学生计算机设计大赛	藏汉跨语言话题检测与跟踪系统	二等奖	教育部高等学校计算机类专业教学指导委员会	国内组织	刘思思、白玉杰、俄见才让
26	中国大学生计算机设计大赛	基于知识图谱的藏汉旅游问答系统	二等奖	教育部高等学校计算机类专业教学指导委员会	国内组织	白玉杰、刘思思、尕让丹巴
27	中国大学生计算机设计大赛	浅析菩萨蛮：人人尽说江南好	二等奖	教育部高等学校计算机类专业教学指导委员会	国内组织	李曦溪、彭诚倩
28	中国大学生计算机设计大赛	用 Power Map 做数据透视	二等奖	教育部高等学校计算机类专业教学指导委员会	国内组织	毕译匀、黄天骄

续表

序号	奖项名称	获奖作品	获奖等级	评奖组织单位	组织单位类型	获奖人姓名（本科生）
29	中国大学生计算机设计大赛	格宗藏汉双语问卷系统	二等奖	教育部高等学校计算机类专业教学指导委员会	国内组织	付班路、拉毛娘才、俄见才让
30	中国大学生计算机设计大赛	海洋—永恒的家园	二等奖	教育部高等学校计算机类专业教学指导委员会	国内组织	陈彦淋
31	中国大学生计算机设计大赛	MUC-Hyper	二等奖	教育部高等学校计算机类专业教学指导委员会	国内组织	蒋凌昀、周小凯、谢谦、熊章锦
32	中国大学生计算机设计大赛	基于大数据下的“和谐宜居之都”评价指标体系研究——以北京市为例	二等奖	教育部高等学校计算机类专业教学指导委员会	国内组织	凌卉
33	中国大学生计算机设计大赛	WeatherPainter 基于深度学习的图像风格迁移	二等奖	教育部高等学校计算机类专业教学指导委员会	国内组织	杨明杰、闫首屹
34	中国大学生计算机设计大赛	AllBlue	二等奖	教育部高等学校计算机类专业教学指导委员会	国内组织	彭路尧、李志嘉、张钦、叶博洋
35	中国大学生计算机设计大赛	基于云平台的疲劳驾驶检测	二等奖	教育部高等学校计算机类专业教学指导委员会	国内组织	周小凯、熊章锦、谢谦
36	中国大学生计算机设计大赛	智能家居报警器	二等奖	教育部高等学校计算机类专业教学指导委员会	国内组织	毛骏琦、刘金铭、石灿玮
37	中国大学生计算机设计大赛	一蓑烟雨任平生——高中语文古诗词“定风波”微课设计	二等奖	教育部高等学校计算机类专业教学指导委员会	国内组织	李泓嘉、李承熹、高嘉诚
38	中国大学生计算机设计大赛	基于室内二维码定位的 AGV	二等奖	教育部高等学校计算机类专业教学指导委员会	国内组织	黄俊杰、袁宇昂、沈虎
39	中国大学生计算机设计大赛	班昭	二等奖	教育部高等学校计算机类专业教学指导委员会	国内组织	祖拉亚提·阿布都外力、闫馨雅、吕明洁、米合尔阿依·如则托合提、黄文星

续表

序号	奖项名称	获奖作品	获奖等级	评奖组织单位	组织单位类型	获奖人姓名（本科生）
40	中国大学生计算机设计大赛	大赛指定题目	二等奖	教育部高等学校计算机类专业教学指导委员会	国内组织	李赓、董青秀、凌卉
41	中国大学生计算机设计大赛	大数据抗噪音性语音识别	三等奖	教育部高等学校计算机类专业教学指导委员会	国内组织	彭光超、唐子博、赵建建、毛俊琦、黄俊杰
42	中国大学生计算机设计大赛	大数据挑战项目一：DNS 异常检测	三等奖	教育部高等学校计算机类专业教学指导委员会	国内组织	仁青措毛、张枭、杨思雪、郑阿木
43	中国大学生计算机设计大赛	鲸落	三等奖	教育部高等学校计算机类专业教学指导委员会	国内组织	王源春、武文杰、牛思瑶、马颖、龙苗苗
44	中国大学生计算机设计大赛	海	三等奖	教育部高等学校计算机类专业教学指导委员会	国内组织	孙源、海那尔·哈纳提、静琦、王家诚、唐占利
45	中国大学生计算机设计大赛	西藏民主改革六十年——高原新时代	三等奖	教育部高等学校计算机类专业教学指导委员会	国内组织	匡毅、杨鹏
46	中国大学生计算机设计大赛	时间之影	三等奖	教育部高等学校计算机类专业教学指导委员会	国内组织	张姝宇、刘宇、吴睿婧
47	中国大学生计算机设计大赛	李商隐的夜、李商隐的雨	三等奖	教育部高等学校计算机类专业教学指导委员会	国内组织	吴睿婧、荣奕源、杨舒雯
48	中国大学生计算机设计大赛	改革开放农业篇	三等奖	教育部高等学校计算机类专业教学指导委员会	国内组织	吴清晶、张雨露、周钰珩
49	中国大学生计算机设计大赛	基于 GAN 的动漫头像生成、基于大数据下的和谐宜居之都指标评价体系研究——以北京市为例	三等奖	教育部高等学校计算机类专业教学指导委员会	国内组织	董青秀、李赓、旦正错
50	中国大学生计算机设计大赛	基于 Hadoop 的 YouTube 视频流行趋势分析	三等奖	教育部高等学校计算机类专业教学指导委员会	国内组织	段雯雯、张楠

续表

序号	奖项名称	获奖作品	获奖等级	评奖组织单位	组织单位类型	获奖人姓名（本科生）
51	中国大学生计算机设计大赛	人工智能挑战项目－挑战：膀胱肿瘤	三等奖	教育部高等学校计算机类专业教学指导委员会	国内组织	叶子、贾钰、齐析屿
52	中国大学生计算机设计大赛	医护人员数据清洗	三等奖	教育部高等学校计算机类专业教学指导委员会	国内组织	马雪薇、王佳丽、贾沫涵、杨军晖、王雨濛
53	中国大学生计算机设计大赛	冲压机视觉识别	三等奖	教育部高等学校计算机类专业教学指导委员会	国内组织	詹岱依、黄品儒、贾沫涵、杨昊
54	中国大学生计算机设计大赛	表情实时识别系统	三等奖	教育部高等学校计算机类专业教学指导委员会	国内组织	王佳丽、黄屿浪、戴玮洵、徐馨润、周思贻
55	中国大学生计算机设计大赛	基于大数据的电子病例临床信息管理系统	三等奖	教育部高等学校计算机类专业教学指导委员会	国内组织	尹一君、邓慕予、贡圣婷、杨斯元、沈虎
56	中国大学生计算机设计大赛	飞行实时 3D 投影机	三等奖	教育部高等学校计算机类专业教学指导委员会	国内组织	杨斯元、皇甫兴
57	中国大学生计算机设计大赛	物联网智能室内检测器	三等奖	教育部高等学校计算机类专业教学指导委员会	国内组织	艾丽亚、陕言、吴瑕
58	第七届全国大学生光电设计竞赛	大赛指定题目	二等奖	教育部高等学校电子信息类专业教学指导委员会、全国大学生光电设计竞赛委员会	国内组织	姜昊辰、王雨铜、张佳
59	第七届全国大学生光电设计竞赛	大赛指定题目	二等奖	教育部高等学校电子信息类专业教学指导委员会、全国大学生光电设计竞赛委员会	国内组织	张倩、李嘉琪、毕安琪
60	2019 年中国大学生计算机博弈大赛	五子棋	一等奖	中国人工智能学会、教育部高等学校计算机类专业教学指导委员会	国内组织	黄雨嫣、唐绘蓝

续表

序号	奖项名称	获奖作品	获奖等级	评奖组织单位	组织单位类型	获奖人姓名（本科生）
61	2019 年中国大学生计算机博弈大赛	爱恩斯坦棋	一等奖	中国人工智能学会、教育部高等学校计算机类专业教学指导委员会	国内组织	余路遥、蔡莹莹、陈木海、肖梦婷
62	2019 年中国大学生计算机博弈大赛	苏拉卡尔塔棋	一等奖	中国人工智能学会、教育部高等学校计算机类专业教学指导委员会	国内组织	唐绘蓝、黄雨嫣
63	2019 年中国大学生计算机博弈大赛	五子棋	一等奖	中国人工智能学会、教育部高等学校计算机类专业教学指导委员会	国内组织	陈俊任、何帅
64	2019 年中国大学生计算机博弈大赛	五子棋	一等奖	中国人工智能学会、教育部高等学校计算机类专业教学指导委员会	国内组织	黄雨嫣、唐绘蓝
65	2019 年中国大学生计算机博弈大赛	9 路围棋	一等奖	中国人工智能学会、教育部高等学校计算机类专业教学指导委员会	国内组织	马海龙、马文新、吕征宇、王娇龙、刘金铭
66	2019 年中国大学生计算机博弈大赛	国际跳棋 64 格	二等奖	中国人工智能学会、教育部高等学校计算机类专业教学指导委员会	国内组织	何煜晖、林耀、郑志超、田湘云
67	2019 年中国大学生计算机博弈大赛	亚马逊棋	二等奖	中国人工智能学会、教育部高等学校计算机类专业教学指导委员会	国内组织	白玉杰、刘思思、毛骏琦、杨昊、徐姜云
68	2019 年中国大学生计算机博弈大赛	9 路围棋	二等奖	中国人工智能学会、教育部高等学校计算机类专业教学指导委员会	国内组织	何帅、陈岱垚

续表

序号	奖项名称	获奖作品	获奖等级	评奖组织单位	组织单位类型	获奖人姓名（本科生）
69	2019 年中国大学生计算机博弈大赛	13 路围棋	二等奖	中国人工智能学会、教育部高等学校计算机类专业教学指导委员会	国内组织	何明洁、贺端黎、黄文星
70	2019 年中国大学生计算机博弈大赛	苏拉卡尔塔棋	二等奖	中国人工智能学会、教育部高等学校计算机类专业教学指导委员会	国内组织	詹岱依、杨秋、邓慕予、贾钰、邓俊杰
71	2019 年中国大学生计算机博弈大赛	围棋	二等奖	中国人工智能学会、教育部高等学校计算机类专业教学指导委员会	国内组织	何帅
72	2019 年中国大学生计算机博弈大赛	亚马逊棋	二等奖	中国人工智能学会、教育部高等学校计算机类专业教学指导委员会	国内组织	贾钰、杨秋、邓慕予、王真雅、王思鉴
73	2019 年中国大学生计算机博弈大赛	13 路围棋	二等奖	中国人工智能学会、教育部高等学校计算机类专业教学指导委员会	国内组织	孔令涛、张钦、吕征宇、张宇龙、张克楠
74	2019 年中国大学生计算机博弈大赛	国际跳棋 64 格	二等奖	中国人工智能学会、教育部高等学校计算机类专业教学指导委员会	国内组织	吕星晨、李凝、张蔚、王雨濛
75	2019 年中国大学生计算机博弈大赛	国际跳棋 100 格	二等奖	中国人工智能学会、教育部高等学校计算机类专业教学指导委员会	国内组织	张蔚、吕星晨、穆璇、范颖颖、李凝
76	2019 年中国大学生计算机博弈大赛	海克斯	二等奖	中国人工智能学会、教育部高等学校计算机类专业教学指导委员会	国内组织	陈佳敏、廖威明、李辅德

续表

序号	奖项名称	获奖作品	获奖等级	评奖组织单位	组织单位类型	获奖人姓名（本科生）
77	2019 年中国大学生计算机博弈大赛	二打一扑克牌	三等奖	中国人工智能学会、教育部高等学校计算机类专业教学指导委员会	国内组织	钟宏鸣、王考斌、穆穆、卢浚睿、王源春
78	2019 年中国大学生计算机博弈大赛	六子棋	三等奖	中国人工智能学会、教育部高等学校计算机类专业教学指导委员会	国内组织	王源春、卢浚睿、刘杰、穆穆
79	2019 年中国大学生计算机博弈大赛	爱恩斯坦棋	三等奖	中国人工智能学会、教育部高等学校计算机类专业教学指导委员会	国内组织	张钦、罗刚杰、张克楠、李风雷、辜俊
80	2019 年中国大学生计算机博弈大赛	久棋	三等奖	中国人工智能学会、教育部高等学校计算机类专业教学指导委员会	国内组织	吕征宇
81	2019 年中国大学生计算机博弈大赛	点格棋	三等奖	中国人工智能学会、教育部高等学校计算机类专业教学指导委员会	国内组织	段嘉欣、贡圣婷
82	2019 年中国大学生计算机博弈大赛	点格棋	三等奖	中国人工智能学会、教育部高等学校计算机类专业教学指导委员会	国内组织	郑巧巧、邓麒麟、郭雯瑜
83	2019 年中国大学生计算机博弈大赛	六子棋	优秀奖	中国人工智能学会、教育部高等学校计算机类专业教学指导委员会	国内组织	曾来、聂江龙、高飞
84	2019 年中国大学生计算机博弈大赛	围棋	优秀奖	中国人工智能学会、教育部高等学校计算机类专业教学指导委员会	国内组织	陈展、吕征宇、米合尔阿依·如则托合提、祖拉亚提·阿布都外力、闫馨雅
85	2019 年全国大学生数学竞赛	大赛指定题目	一等奖	中国数学会普及工作委员会	国内组织	杨舒雯、易名舜文、杨钧涵

续表

序号	奖项名称	获奖作品	获奖等级	评奖组织单位	组织单位类型	获奖人姓名（本科生）
86	2019年全国大学生数学竞赛	大赛指定题目	二等奖	中国数学会普及工作委员会	国内组织	毕译匀、陈采雯、马文萱、杨舟、孟祥瑞、王意骁、排舒阳、陈鹏威、黄壹、韩天祎、陈金娥、范颖颖、余沁倩、蔡莹莹、巴译晗、朱炳蔚、谢水仙、钱多、谢莹、楚然狄、高迪优、张瑞、凌卉、王楠、潘越、李赓、徐姜云、于子涵
87	2019年全国大学生数学竞赛	大赛指定题目	三等奖	中国数学会普及工作委员会	国内组织	武文齐、李瑾晗、罗海月、王振乾、温进、薛倩瑜、刘佩柔、李品间、丁靖童、周琳、梁赛楠、殷彤、李霈雯、刘荣、蔡奕杉、谢颖翀、林慧玲、张嘉霖、林莘萌、李想、陈荣发、姚沛伶、柳俊元、宋玉华、余佳、孟召煜、唐俊豪、冯凡、王东波、殷搴婍、杨心怡、张宁、邓莉、何欣原、向恒、廖静、郭甲鼎、董令凯、鲍伟、吴欣、张雨露、赵玉、张哲铭、刘盈希、李琳、刘春淼、杨斌、林耀、方威、张淇乔、陈展、杨翊婷、才仁央宗、夏航、尹伊伊、徐子雯、胡馨、廖春游、汤吉安、董青秀、吕楚维、李飞云、郑晨琛、吴汶晏、李文博、于凯男、覃丽雅、申静、黄士玮、贾於盟、孙志莹、荣奕源、

续表

序号	奖项名称	获奖作品	获奖等级	评奖组织单位	组织单位类型	获奖人姓名（本科生）
						梁育嘉、张旭冉、岳琳琳、龙娜、许发明、吕灵杰、陈亮、何煜晖、白凯元、凌宛莹、静琦、杨涵、郭津津、李玉芳、周楠、冉佳、周南伶、张以宁、李朝阳、孙洁、王新源、马星宇、曾筱薇、高文桥、杨庄立、邵明铖、丁文媛、刘波、张雨溪、刘淑玉、冯家壮、李高超、侯志文、张馨月、孙若涵、刘思宇、任睿芳、李浚琪、张天宸、方鑫、刘安卓、张鑫明、张鑫、谢薇
88	2019 年度美国大学生数学建模竞赛	2019 美赛 C 题——M 奖	一等奖	美国数学及其应用联合会	国际组织	冷建志、王炼、吕明洁
89	2019 年度美国大学生数学建模竞赛	大赛指定题目	一等奖	美国数学及其应用联合会	国际组织	刘玥、张丹、哈欣昱
90	2019 年度美国大学生数学建模竞赛	大赛指定题目	一等奖	美国数学及其应用联合会	国际组织	马榕、吴婕、史超敏
91	2019 年度美国大学生数学建模竞赛	大赛指定题目	一等奖	美国数学及其应用联合会	国际组织	何凯茜、聂江龙、梁紫宣
92	2019 年度美国大学生数学建模竞赛	大赛指定题目	一等奖	美国数学及其应用联合会	国际组织	陈澄、尹一君、林虹
93	2019 年度美国大学生数学建模竞赛	大赛指定题目	一等奖	美国数学及其应用联合会	国际组织	李文博、许发明、于子涵

续表

序号	奖项名称	获奖作品	获奖等级	评奖组织单位	组织单位类型	获奖人姓名（本科生）
94	2019年度美国大学生数学建模竞赛	大赛指定题目	一等奖	美国数学及其应用联合会	国际组织	关雅文、陈德阳、于岳梅
95	2019年度美国大学生数学建模竞赛	大赛指定题目	一等奖	美国数学及其应用联合会	国际组织	刘琪、李世政、叶恒毅
96	2019年度美国大学生数学建模竞赛	大赛指定题目	一等奖	美国数学及其应用联合会	国际组织	王意骁、高航、洪若涵
97	2019年度美国大学生数学建模竞赛	大赛指定题目	一等奖	美国数学及其应用联合会	国际组织	荣开元、李冬雪、任燚
98	2019年度美国大学生数学建模竞赛	大赛指定题目	一等奖	美国数学及其应用联合会	国际组织	董家骅、王者风、张海玉
99	2019年度美国大学生数学建模竞赛	大赛指定题目	二等奖	美国数学及其应用联合会	国际组织	吕宁、吕明燃、李睿婕
100	2019年度美国大学生数学建模竞赛	大赛指定题目	二等奖	美国数学及其应用联合会	国际组织	田玲玲、覃少蕾、曹洁
101	2019年度美国大学生数学建模竞赛	大赛指定题目	二等奖	美国数学及其应用联合会	国际组织	陈灿、徐一侨、吴宗翰
102	2019年度美国大学生数学建模竞赛	大赛指定题目	二等奖	美国数学及其应用联合会	国际组织	李高超、常昊洋、刘晓宁
103	2019年度美国大学生数学建模竞赛	大赛指定题目	二等奖	美国数学及其应用联合会	国际组织	高琳昕、马芸、王丽平
104	2019年度美国大学生数学建模竞赛	大赛指定题目	二等奖	美国数学及其应用联合会	国际组织	郑晨琛、王月含、何柳

续表

序号	奖项名称	获奖作品	获奖等级	评奖组织单位	组织单位类型	获奖人姓名（本科生）
105	2019 年度美国大学生数学建模竞赛	大赛指定题目	二等奖	美国数学及其应用联合会	国际组织	丁元博、王倩、贾璇
106	2019 年度美国大学生数学建模竞赛	大赛指定题目	二等奖	美国数学及其应用联合会	国际组织	王楚盈、任津瑶
107	2019 年度美国大学生数学建模竞赛	大赛指定题目	二等奖	美国数学及其应用联合会	国际组织	文晓倩、谭宇、杨梦源
108	2019 年度美国大学生数学建模竞赛	大赛指定题目	二等奖	美国数学及其应用联合会	国际组织	田勤昌、刘贤颖、徐芳娜
109	2019 年度美国大学生数学建模竞赛	大赛指定题目	二等奖	美国数学及其应用联合会	国际组织	张奥楠、刘鱼迁、刘晓曦
110	2019 年度美国大学生数学建模竞赛	大赛指定题目	二等奖	美国数学及其应用联合会	国际组织	黄依薇、凌宛莹、汪浩帆
111	2019 年度美国大学生数学建模竞赛	大赛指定题目	二等奖	美国数学及其应用联合会	国际组织	王若宇
112	2019 年度美国大学生数学建模竞赛	大赛指定题目	二等奖	美国数学及其应用联合会	国际组织	雷明键、蒋欣见、刘怡彤
113	2019 年度美国大学生数学建模竞赛	大赛指定题目	二等奖	美国数学及其应用联合会	国际组织	韩楚雯、张楠、周玢孜
114	2019 年度美国大学生数学建模竞赛	大赛指定题目	二等奖	美国数学及其应用联合会	国际组织	瞿钰松、付饶、张薇
115	2019 年度美国大学生数学建模竞赛	大赛指定题目	二等奖	美国数学及其应用联合会	国际组织	安琳、孟祥瑞、燕鑫龙

续表

序号	奖项名称	获奖作品	获奖等级	评奖组织单位	组织单位类型	获奖人姓名（本科生）
116	2019 年度美国大学生数学建模竞赛	大赛指定题目	二等奖	美国数学及其应用联合会	国际组织	张新雨、肖佳炜、王露
117	2019 年度美国大学生数学建模竞赛	大赛指定题目	二等奖	美国数学及其应用联合会	国际组织	王明志、刘芷君、张钦文
118	2019 第十一届全国大学生广告艺术大赛	只有一克、不止一刻	三等奖	中国高等教育学会、教育部高等学校新闻传播学类专业教学指导委员会	国内组织	梁馨予、唐怡航、余毅涵
119	2019 年 Jessup、国际法模拟法庭大赛	2019 年 Jessup、国际法模拟法庭大赛二等奖	二等奖	中国 Jessup 国际法模拟法庭比赛组委会	国内组织	卜天石、李晶莲、陈桉研、邹莉、张墨融、曹冲晗、曹家璇、李瑞康、张毅瑞
120	“日盈杯”第七届全国大学生模拟法庭竞赛	“日盈杯”第七届全国大学生模拟法庭竞赛三等奖	三等奖	教育部国家级实验室教学示范中心法学组联席会	国内组织	孙鹏庆、许林逸、兰天意、胡子平、樊晓琳
121	2019 年“外研社杯”全国英语阅读大赛	2019 年“外研社杯”全国英语阅读大赛	三等奖	外语教学与研究出版社、北京外研在线教育科技有限公司	国内组织	邵镜容
122	2019 年“外研社杯”全国英语阅读大赛	大赛指定题目	二等奖	外语教学与研究出版社、北京外研在线教育科技有限公司	国内组织	张伊然
123	2019 年“外研社杯”全国英语写作大赛	大赛指定题目	三等奖	外语教学与研究出版社、北京外研在线教育科技有限公司	国内组织	衣雪颖、刘晓雁、王文琪、任杰
124	2019 年“外研社杯”全国英语演讲大赛	My Big Story In 2049：A Better Life For Seniors	三等奖	外语教学与研究出版社、北京外研在线教育科技有限公司	国内组织	陆美好
125	2019 年“外研社杯”全国英语演讲大赛	大赛指定题目	三等奖	外语教学与研究出版社、北京外研在线教育科技有限公司	国内组织	陆美好
126	2019 年“21 世纪杯”全国英语演讲比赛	大赛指定题目	三等奖	中国日报社等	国内组织	陆美好

续表

序号	奖项名称	获奖作品	获奖等级	评奖组织单位	组织单位类型	获奖人姓名（本科生）
127	第十二届全国“桃李杯”舞蹈教育教学成果展示活动	《朝鲜族舞蹈课》	入围展演	中华人民共和国文化和旅游部	国内组织	李芝燕、黄子桐、宫鑫
128	第十二届全国“桃李杯”舞蹈教育教学成果展示活动	《水墨语》	入围展演	中华人民共和国文化和旅游部	国内组织	方媛
129	第十二届全国“桃李杯”舞蹈教育教学成果展示活动	《额尔古纳河》	入围展演	中华人民共和国文化和旅游部	国内组织	周思怡、纪懿淼、徐贺、华艺雯、钱洁、李佳桐、蔡宛凌、薛欣蕊、韩清艺、姚睿、张翼凡、吾兰巴依尔·乌云格、柴尔斯、张靖鑫
130	第十二届全国“桃李杯”舞蹈教育教学成果展示活动	《谷雨》	入围展演	中华人民共和国文化和旅游部	国内组织	陈艺丹、宫鑫、李芝燕、刘雨佳、陶然
131	第十二届全国“桃李杯”舞蹈教育教学成果展示活动	《明日之后》	入围展演	中华人民共和国文化和旅游部	国内组织	彭凡睿
132	第十二届中国舞蹈“荷花奖”民族民间舞评奖	《额尔古纳河》	“荷花奖”民族民间舞奖	中国文学艺术界联合会、中国舞蹈家协会	国内组织	周思怡、纪懿淼、徐贺、华艺雯、钱洁、姚睿、吾兰巴依尔·乌云格、柴尔斯、韩清艺、张靖鑫、李佳桐、蔡宛凌、薛欣蕊、张翼凡
133	第十二届中国舞蹈“荷花奖”民族民间舞评奖	《战马》	“荷花奖”民族民间舞奖	中国文学艺术界联合会、中国舞蹈家协会	国内组织	刘嘉豪

续表

序号	奖项名称	获奖作品	获奖等级	评奖组织单位	组织单位类型	获奖人姓名（本科生）
134	第十二届中国舞蹈“荷花奖”民族民间舞评奖	《守护》	入围	中国文学艺术界联合会、中国舞蹈家协会	国内组织	杨家渝、王鑫玉、袁源、许思扬、马嘉临、金焕雯、宋昕怡、杨扬、邓雪贝、王竣、刘志成、石责昊男、赵明轩、杨宇坤、张浩男、柴正、巴久依卓
135	第十二届中国舞蹈“荷花奖”民族民间舞评奖	《赞歌》	提名	中国文学艺术界联合会、中国舞蹈家协会	国内组织	向谷全、旦珍昂秀、阿拉牧斯、尕藏多杰、高薄含、佐林、谭和勇、袁鹏程、张杨、祁国栋、李鸿辉、阿迪力·艾尔肯、陈平、俸平、伊明江·艾海提、程川泽、李庚、陈沛楠、白小龙
136	第十二届中国舞蹈“荷花奖”民族民间舞评奖	《谷雨》	提名	中国文学艺术界联合会、中国舞蹈家协会	国内组织	陈艺丹、宫鑫、李芝燕、刘雨佳、陶然
137	第十二届中国舞蹈“荷花奖”民族民间舞评奖	《凛冬》	提名	中国文学艺术界联合会、中国舞蹈家协会	国内组织	郝雪妍
138	第十一届全国少数民族传统体育运动会民族健身操	民族健身操规定套路、自选套路、总成绩	总成绩第一名	国家民委、国家体育总局	国内组织	陆雯斯、买金、陈浩宇
139	第十一届全国少数民族传统体育运动会木球	大赛指定题目	总成绩第一名	国家民委、国家体育总局	国内组织	刘佳斌
140	第十一届全国少数民族传统体育运动会女子陀螺单打项目	大赛指定题目	总成绩第一名	国家民委、国家体育总局	国内组织	团体获奖

续表

序号	奖项名称	获奖作品	获奖等级	评奖组织单位	组织单位类型	获奖人姓名（本科生）
141	第十一届全国少数民族传统体育运动会龙舟竞速	大赛指定题目	总成绩第一名	国家民委、国家体育总局	国内组织	王雨、宋恒垣、高强、燕双林、王树杰、黎志万、牙政福、杨鸿飞、葛旭、要世伟、西伦、王浩田、安欣、李荫、邓咏迪、陈静茹、白玛尺列、旦知加、羊永发、拜雅洁、阎婧涵、迪丽娜尔·约麦尔、朱以红、郭贞妍、张忠海、何佳钰、黄诗雲、黄小风
142	第二十四届中国大学生网球锦标赛总决赛	大赛指定题目	第二名	中国大学生体育协会	国内组织	韩博仁、刘泽、张爱湫慧、官昕
143	第二十四届中国大学生网球锦标赛	团体冠军	一等奖	中国大学生体育协会网球分会	国内组织	官昕、张爱湫慧、周姿好、马瑞娅
144	第十五届中国大学生沙滩排球锦标赛	大赛指定题目	第二名	中国大学生体育协会	国内组织	孙鋆斐、周泽贤
145	第十五届中国大学生沙滩排球锦标赛	大赛指定题目	第三名	中国大学生体育协会	国内组织	杨瑞、褚瑞翠
146	第十五届中国大学生沙滩排球锦标赛	大赛指定题目	第四名	中国大学生体育协会	国内组织	魏启明、陈武华
147	第十五届中国大学生沙滩排球锦标赛	大赛指定题目	第七名	中国大学生体育协会	国内组织	刘静、朱翠颖
148	第十五届中国大学生沙滩排球锦标赛	大赛指定题目	第八名	中国大学生体育协会	国内组织	王少搏、侯崛

续表

序号	奖项名称	获奖作品	获奖等级	评奖组织单位	组织单位类型	获奖人姓名（本科生）
149	第二十一届 CUBA 中国大学生篮球三级联赛全国总决赛	篮球	一等奖	中国大学生体育协会	国内组织	农新密、叶子、赵芝瑾、秋尼、黄莹、吴书峣、王一捷、游璐嘉、赵鹏媛、陈妍冰、唐逸芸、李维茜
150	第15届中国大学生健康活力大赛暨中国大学生校园健身操舞锦标赛	轻器械规定-弹力绳之水	一等奖	中国大学生体育协会	国内组织	崔鑫、黄松、何长剑、顾静雯、李宛纯、马铭宇、唐荣、邢传琪、吕易、姜英帅、江喆、凌坤、梁文硕、常林峰、陈崇明、黎煌龙
151	第16届中国大学生健康活力大赛暨中国大学生校园健身操舞锦标赛	轻器械规定动作-响扇	一等奖	中国大学生体育协会	国内组织	崔鑫、黄松、何长剑、顾静雯、李宛纯、马铭宇、唐荣、邢传琪、吕易、姜英帅、江喆、凌坤、梁文硕、常林峰、陈崇明、黎煌龙
152	2019—2020 全国啦啦操联赛	2019—2020 全国啦啦操联赛	一等奖	清华大学体育馆	国内组织	唐荣、邢传琪、姜英帅、马铭宇、吕易、江喆、梁文硕、凌坤、黎煌龙、崔鑫、黄松、何长剑、顾静雯、李宛纯、常林峰、陈崇明
153	2019年华北五省、大学生机器人大赛	书法机器人——天下无双	二等奖	北京市教育委员会等华北五省区教育主管部门	国内组织	姚竺言、王宏韬、吕梦
154	2019年华北五省、大学生机器人大赛	笔下乾坤	二等奖	北京市教育委员会等华北五省区教育主管部门	国内组织	徐姜云、席佳璐、程兆睿
155	2019年华北五省、大学生机器人大赛	农业播种机器人	三等奖	北京市教育委员会等华北五省区教育主管部门	国内组织	吕诗雅、袁宇昂、张蔚

续表

序号	奖项名称	获奖作品	获奖等级	评奖组织单位	组织单位类型	获奖人姓名（本科生）
156	2019年华北五省、大学生机器人大赛	水果特工机械手	三等奖	北京市教育委员会等华北五省区教育主管部门	国内组织	焦春辉、韩春婷
157	2019年华北五省、大学生机器人大赛	物流服务	三等奖	北京市教育委员会等华北五省区教育主管部门	国内组织	于欣禾、庞基玮、皇甫兴
158	2019年华北五省、大学生机器人大赛	家庭服务	三等奖	北京市教育委员会等华北五省区教育主管部门	国内组织	皇甫兴、王俊潇、郭一凡
159	2019年华北五省、大学生机器人大赛	魏公村博尔特	三等奖	北京市教育委员会等华北五省区教育主管部门	国内组织	郑志超、黄莹
160	2019年华北五省、大学生机器人大赛	类人机器人竞技体育赛	三等奖	北京市教育委员会等华北五省区教育主管部门	国内组织	赵维、刘佩柔
161	2019年华北五省、大学生机器人大赛	无问东西	三等奖	北京市教育委员会等华北五省区教育主管部门	国内组织	穆璇、张馨月、高浠植
162	2019年华北五省、大学生机器人大赛	擂台机器人	三等奖	北京市教育委员会等华北五省区教育主管部门	国内组织	张子楠、杨昊、毛骏琦、田景龙
163	2019年华北五省、大学生机器人大赛	机器人武术擂台赛	三等奖	北京市教育委员会等华北五省区教育主管部门	国内组织	毛骏琦、杨昊
164	华北五省及港澳台大学生计算机应用大赛	智能安全校园路灯	二等奖	北京市教育委员会等华北五省区教育主管部门	国内组织	蓝琳斯、刘亚萌、梁紫萱、熊章锦
165	华北五省及港澳台大学生计算机应用大赛	石榴果	二等奖	北京市教育委员会等华北五省区教育主管部门	国内组织	林芋荟、汤一帆、吕星晨、张钦、翟梦琦
166	华北五省及港澳台大学生计算机应用大赛	函数精灵	二等奖	北京市教育委员会等华北五省区教育主管部门	国内组织	秦敏、韦玮、毕译匀

续表

序号	奖项名称	获奖作品	获奖等级	评奖组织单位	组织单位类型	获奖人姓名（本科生）
167	华北五省及港澳台大学生计算机应用大赛	一瓶一笑	三等奖	北京市教育委员会等华北五省区教育主管部门	国内组织	谈丽雅、王月莹、熊艳芹、薛博伦、和晓霞
168	华北五省及港澳台大学生计算机应用大赛	智能养花小助手	三等奖	北京市教育委员会等华北五省区教育主管部门	国内组织	滕春阳、付晓影、徐晓洋、蔡莹莹、王源春
169	华北五省及港澳台大学生计算机应用大赛	校园旧书收集屋	三等奖	北京市教育委员会等华北五省区教育主管部门	国内组织	何姝霖、何双艳、李雪金、马小玉、向银莎
170	第七届全国大学生光电设计竞赛华北区赛暨第三届华北地区大学生光电设计竞赛	大赛指定题目	二等奖	教育部高等学校电子信息类专业教学指导委员会、全国大学生光电设计竞赛委员会	国内组织	杨梦涵、马晓茗、张曼曼
171	第七届全国大学生光电设计竞赛华北区赛暨第三届华北地区大学生光电设计竞赛	大赛指定题目	二等奖	教育部高等学校电子信息类专业教学指导委员会、全国大学生光电设计竞赛委员会	国内组织	覃静蕾、姚瀚洋、关雅文
172	第七届全国大学生光电设计竞赛华北区赛暨第三届华北地区大学生光电设计竞赛	大赛指定题目	三等奖	教育部高等学校电子信息类专业教学指导委员会、全国大学生光电设计竞赛委员会	国内组织	刘青山、胡书赫、蔡睿
173	第十四届全国大学生“恩智浦”杯智能汽车比赛华北赛区	民大双车	三等奖	教育部高等学校自动化类专业教学指导委员会	国内组织	王丽平、郭芳芳、白玉杰、刘思思、王思鉴
174	第五届中国“互联网+”大学生创新创业大赛（北京赛区）	目一二国际儿童艺术学校	一等奖	北京市教育委员会	国内组织	杨明滢、杨阳、孙兆辰、贾艺婷、马菁、穆一品、孙兆辰、燕舒婷、迪丽胡玛尔
175	第五届中国“互联网+”大学生创新创业大赛（北京赛区）	大学生扶贫实践工作坊：搭建小农户对接大市场的 CTM 公益助农智慧新平台	一等奖	北京市教育委员会	国内组织	李亚、赵玉、张益佳、钱婧萱、雷明建、张新雨、张亚婷

续表

序号	奖项名称	获奖作品	获奖等级	评奖组织单位	组织单位类型	获奖人姓名（本科生）
176	第五届中国“互联网+”大学生创新创业大赛（北京赛区）	额日乐勤蒙古文化新媒体平台	一等奖	北京市教育委员会	国内组织	阿茹罕、张忠海、雪娜、高艳铭、雅静、满德日瓦、田容至、特日格勒、媛媛、
177	第五届中国“互联网+”大学生创新创业大赛（北京赛区）	左一新餐饮：打造以煎饼为核心的中式连锁品牌	二等奖	北京市教育委员会	国内组织	曲佳琦、向俊安、陈李杨、吴若曦、苏比依旦·艾西丁、钱炯炯、谭韵、韩楚雯、梁诗逸、赵思悦、刘浩明
178	第五届中国“互联网+”大学生创新创业大赛（北京赛区）	地球村——让世界说汉语	二等奖	北京市教育委员会	国内组织	渠玺月、徐璐铭、郭晶、刘帅奇、郭世华
179	第五届中国“互联网+”大学生创新创业大赛（北京赛区）	纳光：智造面向高色域显示的量子点新材料	二等奖	北京市教育委员会	国内组织	孙刑天、姚瀚洋、顾凯、曾凡龙、覃静蕾
180	第五届中国“互联网+”大学生创新创业大赛（北京赛区）	邦达科技：可吸收外科缝线技术创新领跑者	二等奖	北京市教育委员会	国内组织	李昕洋、陈芷姗、姚贝林、靳书慧、周小芸、胡汉彬、田容至、靳书慧、黄凌
181	第五届中国“互联网+”大学生创新创业大赛（北京赛区）	巨神科技——工业级人工智能先行者	二等奖	北京市教育委员会	国内组织	袁明奇、张鑫、张沂、钟宛臻、方威、刘杜、董青秀、姚涵
182	第五届中国“互联网+”大学生创新创业大赛（北京赛区）	凯瑞运动科技——运动干预整体解决方案供应商	二等奖	北京市教育委员会	国内组织	张晓旭、杨璇、刘沛、修雨萌、郭雨馨、王炼、陈渝林
183	第五届中国“互联网+”大学生创新创业大赛（北京赛区）	螺丝钉党务咨询服务	三等奖	北京市教育委员会	国内组织	谭鸣飞、代琳燕、杜道琛、李鹏飞
184	第五届中国“互联网+”大学生创新创业大赛（北京赛区）	LUNE、音乐	三等奖	北京市教育委员会	国内组织	高天乐、牛枢言、何佳钰、罗艺茁、罗依
185	第五届中国“互联网+”大学生创新创业大赛（北京赛区）	留白艺术馆	三等奖	北京市教育委员会	国内组织	牛蕊、谢小桐、李彧白、黄俊、蒙雨、马生义

续表

序号	奖项名称	获奖作品	获奖等级	评奖组织单位	组织单位类型	获奖人姓名（本科生）
186	第五届中国“互联网+”大学生创新创业大赛（北京赛区）	乌兰之声网络工作室	三等奖	北京市教育委员会	国内组织	乌兰·托乎塔生、吾力江·波拉提拜依、古丽加孜·加依拉吾拜、罗雨虹、周文琴
187	第五届中国“互联网+”大学生创新创业大赛（北京赛区）	TibetTallk 藏区在线职业教育及线下分享平台	三等奖	北京市教育委员会	国内组织	次旺扎西、次南欧珠、贡拉益西曲珍
188	第五届中国“互联网+”大学生创新创业大赛（北京赛区）	步兮体育：中国民族健身操先行者	三等奖	北京市教育委员会	国内组织	赵悦汝、王成彧、李品间、吕易、曾紫霞、符欣、郑晨琛、吴一品、李默
189	第五届中国“互联网+”大学生创新创业大赛（北京赛区）	“向日葵行动”：民族地区厌学留守儿童的社会工作服务	三等奖	北京市教育委员会	国内组织	赵一帆、厉丽、黄若彤、游诗谣、崔婷、李欢欢
190	第五届中国“互联网+”大学生创新创业大赛（北京赛区）	识字秀中国——国家通用语言快速学习的推广者和示范者	三等奖	北京市教育委员会	国内组织	彭路尧、叶博洋、闫首屹、贾钰、齐析屿、李丹丹、叶博洋、王雨晗、李成杰、龚颖青、李杰、周鑫
191	第五届中国“互联网+”大学生创新创业大赛（北京赛区）	雅茵茶叶——健康茶饮新选择	三等奖	北京市教育委员会	国内组织	徐赛璐、方嘉慧颖、姜子羽、唐敏、李琰欣、唐逸芸、刘冰璨、杨佳骏、吴嘉梦、黄露霏
192	第五届中国“互联网+”大学生创新创业大赛（北京赛区）	播森高原生态产品研发与品牌运营项目	三等奖	北京市教育委员会	国内组织	叶旦多杰、昂日旦、容忠泽机、仁青措毛、普华西日布
193	第五届中国“互联网+”大学生创新创业大赛（北京赛区）	壹派丨EPIE——艺术教师信息服务平台	三等奖	北京市教育委员会	国内组织	李泓嘉、石鑫、郑斯嘉、高磊
194	第五届中国“互联网+”大学生创新创业大赛（北京赛区）	麦子校园音乐——打造大学生音乐服务第一品牌	三等奖	北京市教育委员会	国内组织	张可、阿丽雅、鲍伟、王德绎、邢书铭、向玮璐、倪正帅

续表

序号	奖项名称	获奖作品	获奖等级	评奖组织单位	组织单位类型	获奖人姓名（本科生）
195	第五届中国“互联网+”大学生创新创业大赛（北京赛区）	本原印象舞剧工作室-互联网文化传播平台“壹场戏”	三等奖	北京市教育委员会	国内组织	周袁俊彪、龚卓、刘佳鑫、刘健鹏、杨宇坤、瞿友祥
196	第五届中国“互联网+”大学生创新创业大赛（北京赛区）	北京叙点文化传媒有限公司	三等奖	北京市教育委员会	国内组织	马向阳、奥亚翰、李一丹、杨瑞、赖珩、熊艳芹、姜莹、周文姣、薛安琪、俞俊
197	第五届中国“互联网+”大学生创新创业大赛（北京赛区）	飞虎-机器人编程教育	三等奖	北京市教育委员会	国内组织	王雨濛、皇甫兴、董昊承、汤吉安、贾沫涵、马帅森、袁珍珍、周旺生
198	第五届中国“互联网+”大学生创新创业大赛（北京赛区）	青森社区	三等奖	北京市教育委员会	国内组织	殷媛、马琳、杨永琦、武珊珊、赵杜灵、丁慧勇
199	第五届中国“互联网+”大学生创新创业大赛（北京赛区）	中华甲胄巡礼	三等奖	北京市教育委员会	国内组织	祁翔、陈珂尧、张溪纯
200	第十届“挑战杯”首都大学生课外学术科技作品竞赛	流动的神圣性：新媒体语境下佛教寺庙的世俗化传播问题调研	一等奖	共青团北京市委员会、北京市教育委员会、北京市科学技术委员会、北京市科学技术协会、中关村科技园区管理委员会、北京市青年联合会、北京市学生联合会	国内组织	林星妤、崔艺璇、孙欣然、潘安琪、郎朗
201	第十届“挑战杯”首都大学生课外学术科技作品竞赛	红白礼单中的“差序格局”——基于黑龙江省伊春市丰收林场张家的经验研究	一等奖	共青团北京市委员会、北京市教育委员会、北京市科学技术委员会、北京市科学技术协会、中关村科技园区管理委员会、北京市青年联合会、北京市学生联合会	国内组织	段丹天

续表

序号	奖项名称	获奖作品	获奖等级	评奖组织单位	组织单位类型	获奖人姓名（本科生）
202	第十届“挑战杯”首都大学生课外学术科技作品竞赛	基于线性滤波片和分时点亮设计的多通道便携光谱系统	二等奖	共青团北京市委员会、北京市教育委员会、北京市科学技术委员会、北京市科学技术协会、中关村科技园区管理委员会、北京市青年联合会、北京市学生联合会	国内组织	张奥楠、姜昊辰、赖春权、王雨桐
203	第十届“挑战杯”首都大学生课外学术科技作品竞赛	京津冀一体化视域下港口与腹地区域经济高质量协同发展创新研究——以河北省黄骅港为例	二等奖	共青团北京市委员会、北京市教育委员会、北京市科学技术委员会、北京市科学技术协会、中关村科技园区管理委员会、北京市青年联合会、北京市学生联合会	国内组织	田容至、王者风、周礫、蔡珺、陶昕彤、蒋晶晶、向树林、王佳琪
204	第十届“挑战杯”首都大学生课外学术科技作品竞赛	“司法+社会”视野下未成年人涉毒违法犯罪问题及治理研究——以云南省红河哈尼族彝族自治州为例	三等奖	共青团北京市委员会、北京市教育委员会、北京市科学技术委员会、北京市科学技术协会、中关村科技园区管理委员会、北京市青年联合会、北京市学生联合会	国内组织	陈英熠、卢云赟、莫心蕊、马文洁、郑宇泽、贾紫涵
205	第十届“挑战杯”首都大学生课外学术科技作品竞赛	多元理论视角下对民族地区旅游翻译的现状分析和机制创新研究——以呼和浩特与锡林浩特市为例	三等奖	共青团北京市委员会、北京市教育委员会、北京市科学技术委员会、北京市科学技术协会、中关村科技园区管理委员会、北京市青年联合会、北京市学生联合会	国内组织	王焓力、郭姝璇、字荣
206	第十届“挑战杯”首都大学生课外学术科技作品竞赛	浙江省诸葛村元明清时期格局变迁研究及保护规划分析	三等奖	共青团北京市委员会、北京市教育委员会、北京市科学技术委员会、北京市科学技术协会、中关村科技园区管理委员会、北京市青年联合会、北京市学生联合会	国内组织	奥欣悦、祝熙、楼方元、杨惠然、袁静文、赵春燕

续表

序号	奖项名称	获奖作品	获奖等级	评奖组织单位	组织单位类型	获奖人姓名（本科生）
207	第十届“挑战杯”首都大学生课外学术科技作品竞赛	哈尼族民间借贷履约机制研究——以云南省红河县“普他扎”为例	三等奖	共青团北京市委员会、北京市教育委员会、北京市科学技术委员会、北京市科学技术协会、中关村科技园区管理委员会、北京市青年联合会、北京市学生联合会	国内组织	李静艳、徐瑾如、杨子萱、潘星月、程丽婷、赵颖
208	第十届“挑战杯”首都大学生课外学术科技作品竞赛	滇池表层沉积物中痕量有机污染物的分布	三等奖	共青团北京市委员会、北京市教育委员会、北京市科学技术委员会、北京市科学技术协会、中关村科技园区管理委员会、北京市青年联合会、北京市学生联合会	国内组织	林子逸、戚敏、王雪郡、熊颖
209	第十届“挑战杯”首都大学生课外学术科技作品竞赛	流传共久长：番茅村以传承人为核心的黎锦生产性保护模式调查研究	三等奖	共青团北京市委员会、北京市教育委员会、北京市科学技术委员会、北京市科学技术协会、中关村科技园区管理委员会、北京市青年联合会、北京市学生联合会	国内组织	翟景宣、武捷、何珊珊、王苏琳、吴楚枫
210	第十届“挑战杯”首都大学生课外学术科技作品竞赛	京津冀养老服务协同发展背景下北京老年人异地养老意愿调查	三等奖	共青团北京市委员会、北京市教育委员会、北京市科学技术委员会、北京市科学技术协会、中关村科技园区管理委员会、北京市青年联合会、北京市学生联合会	国内组织	韦安琪、王建文、马小红、褚劲寿
211	第十届“挑战杯”首都大学生课外学术科技作品竞赛	社会工作介入特殊需要儿童社会康复服务的探索——基于河南省郑州市的实证调研和实践服务	三等奖	共青团北京市委员会、北京市教育委员会、北京市科学技术委员会、北京市科学技术协会、中关村科技园区管理委员会、北京市青年联合会、北京市学生联合会	国内组织	吴俊杰

续表

序号	奖项名称	获奖作品	获奖等级	评奖组织单位	组织单位类型	获奖人姓名（本科生）
212	第十届“挑战杯”首都大学生课外学术科技作品竞赛	环境规制、经济发展水平与民族地区技术创新能力	三等奖	共青团北京市委员会、北京市教育委员会、北京市科学技术委员会、北京市科学技术协会、中关村科技园区管理委员会、北京市青年联合会、北京市学生联合会	国内组织	团体获奖
213	2019年北京地区高校大学生优秀创业团队评选活动	量光新材料	一等奖	北京市教育委员会	国内组织	蒙柃沐、刘亚芳、陈妍、马利、覃静蕾
214	2019年北京地区高校大学生优秀创业团队评选活动	“拾艺”绘画教学公益平台	三等奖	北京市教育委员会	国内组织	高磊、蒙雨、黄俊、杨猜、付春艺、关雅文
215	2019年北京地区高校大学生优秀创业团队评选活动	“泥玛”环保牛粪燃料	三等奖	北京市教育委员会	国内组织	贡秋甲、余焜、达珍拉姆、池真、张璇凌、李祥华
216	2019年北京地区高校大学生优秀创业团队评选活动	北京叙点文化传媒有限公司	三等奖	北京市教育委员会	国内组织	奥亚翰、赖珩、熊艳芹、姜莹、李一丹、杨瑞
217	2019年北京地区高校大学生优秀创业团队评选活动	北京看见映像影视文化传媒有限公司	三等奖	北京市教育委员会	国内组织	刘伊松、梁笑、卢名达、起承荣、韩昕明、余飞
218	2019年北京地区高校大学生优秀创业团队评选活动	敕勒歌文化传播有限公司	三等奖	北京市教育委员会	国内组织	史超敏、王璨、刘力铭、马怡娜
219	第八届大学生科技创新作品与专利成果展示推介会	一种可吸收缝合线的制备方法	一等奖	北京市科学技术协会、北京市教育委员会、北京市总工会、共青团北京市委员会、中关村科技园区管理委员会、北京市知识产权局、北京市工商业联合会	国内组织	高宏宇、张玉福、张硕、黄绍青、周小芸、姚贝林、胡汉彬、田容至、李昕洋、陈芷姗、靳书慧

续表

序号	奖项名称	获奖作品	获奖等级	评奖组织单位	组织单位类型	获奖人姓名（本科生）
220	第八届大学生科技创新作品与专利成果展示推介会	多通道光谱型食品安全快检仪	一等奖	北京市科学技术协会、北京市教育委员会、北京市总工会、共青团北京市委员会、中关村科技园区管理委员会、北京市知识产权局、北京市工商业联合会	国内组织	陈笑、王雨桐、姜昊辰、孙洁
221	第八届大学生科技创新作品与专利成果展示推介会	邦达科技：可吸收外科缝线技术创新领跑者	一等奖	北京市科学技术协会、北京市教育委员会、北京市总工会、共青团北京市委员会、中关村科技园区管理委员会、北京市知识产权局、北京市工商业联合会	国内组织	高宏宇、周小芸、姚贝林、胡汉彬、田容至、李昕洋、陈芷姗、靳书慧、杨欢、李亚兰、赵玉、李雅轩、崔艺兰、原子茜
222	第八届大学生科技创新作品与专利成果展示推介会	硫化镉包覆二氧化钛微纳结构的制备及其性能研究	二等奖	北京市科学技术协会、北京市教育委员会、北京市总工会、共青团北京市委员会、中关村科技园区管理委员会、北京市知识产权局、北京市工商业联合会	国内组织	贺智安、危芳莹、徐欣、汪婷
223	第八届大学生科技创新作品与专利成果展示推介会	一种有机无机杂化钙钛矿量子点及其制备方法	二等奖	北京市科学技术协会、北京市教育委员会、北京市总工会、共青团北京市委员会、中关村科技园区管理委员会、北京市知识产权局、北京市工商业联合会	国内组织	覃静蕾、曾凡龙、吴茜、尤美、关雅文、孙刑天、蒙柃沐、陈妍、马利、刘亚芳
224	第八届大学生科技创新作品与专利成果展示推介会	一种可吸收胶原蛋白圈套线及其制备方法	二等奖	北京市科学技术协会、北京市教育委员会、北京市总工会、共青团北京市委员会、中关村科技园区管理委员会、北京市知识产权局、北京市工商业联合会	国内组织	高宏宇、张玉福、张硕、黄绍青、周小芸、姚贝林、胡汉彬、田容至、李昕洋、陈芷姗、靳书慧

续表

序号	奖项名称	获奖作品	获奖等级	评奖组织单位	组织单位类型	获奖人姓名（本科生）
225	第八届大学生科技创新作品与专利成果展示推介会	掺镱光纤窄线宽激光器的研制	二等奖	北京市科学技术协会、北京市教育委员会、北京市总工会、共青团北京市委员会、中关村科技园区管理委员会、北京市知识产权局、北京市工商业联合会	国内组织	杨燕、张怡南、郑洁、李雅轩
226	第八届大学生科技创新作品与专利成果展示推介会	基于 $NaHCO_3/SiO_2$ 纳米载运体系对肿瘤微环境 pH 的调制	二等奖	北京市科学技术协会、北京市教育委员会、北京市总工会、共青团北京市委员会、中关村科技园区管理委员会、北京市知识产权局、北京市工商业联合会	国内组织	孙刑天、海霞、王功成、蔡睿
227	第八届大学生科技创新作品与专利成果展示推介会	功能化金属有机框架材料在纳米医学中的应月研究	二等奖	北京市科学技术协会、北京市教育委员会、北京市总工会、共青团北京市委员会、中关村科技园区管理委员会、北京市知识产权局、北京市工商业联合会	国内组织	吴一品
228	第八届大学生科技创新作品与专利成果展示推介会	基于中阶梯光栅的高分辨率光纤激光器的研究	二等奖	北京市科学技术协会、北京市教育委员会、北京市总工会、共青团北京市委员会、中关村科技园区管理委员会、北京市知识产权局、北京市工商业联合会	国内组织	张佳、郑洁、张怡南
229	第八届大学生科技创新作品与专利成果展示推介会	左一新餐饮：打造以煎饼为核心的中式连锁品牌	二等奖	北京市科学技术协会、北京市教育委员会、北京市总工会、共青团北京市委员会、中关村科技园区管理委员会、北京市知识产权局、北京市工商业联合会	国内组织	刘浩明、向俊安、钱炯炯、张馨月、韩楚雯、陈李杨、谭韵、曲佳琦、吴若曦、苏比依旦·艾西丁、梁诗逸、赵思悦

续表

序号	奖项名称	获奖作品	获奖等级	评奖组织单位	组织单位类型	获奖人姓名（本科生）
230	第八届大学生科技创新作品与专利成果展示推介会	河北福音草生物科技有限责任公司	二等奖	北京市科学技术协会、北京市教育委员会、北京市总工会、共青团北京市委员会、中关村科技园区管理委员会、北京市知识产权局、北京市工商业联合会	国内组织	杨康、左祥宇、阿如娜、郭艳茹、郭雨茜、陈梦丽、宋田田、贾旭
231	第八届大学生科技创新作品与专利成果展示推介会	基于阳离子掺杂调制CH3NH3PbBr3钙钛矿量子点发光性能的研究	二等奖	北京市科学技术协会、北京市教育委员会、北京市总工会、共青团北京市委员会、中关村科技园区管理委员会、北京市知识产权局、北京市工商业联合会	国内组织	关雅文、刘徐熠、郑洁
232	第八届大学生科技创新作品与专利成果展示推介会	基于纳米三氧化二铝提高硅基钙钛矿量子点荧光粉稳定性能的研究	三等奖	北京市科学技术协会、北京市教育委员会、北京市总工会、共青团北京市委员会、中关村科技园区管理委员会、北京市知识产权局、北京市工商业联合会	国内组织	杜旭东、张福园、马萌洁、何东方、熊磊
233	第八届大学生科技创新作品与专利成果展示推介会	一种微创手术内窥镜圈套线装置	三等奖	北京市科学技术协会、北京市教育委员会、北京市总工会、共青团北京市委员会、中关村科技园区管理委员会、北京市知识产权局、北京市工商业联合会	国内组织	高宏宇、张玉福、张硕、黄绍青、周小芸、姚贝林、胡汉彬、田容至、李昕洋、陈芷姗、靳书慧
234	第八届大学生科技创新作品与专利成果展示推介会	碱式碳酸铜纳米粒子修饰氧化锌微纳结构的制备及光电性能研究	三等奖	北京市科学技术协会、北京市教育委员会、北京市总工会、共青团北京市委员会、中关村科技园区管理委员会、北京市知识产权局、北京市工商业联合会	国内组织	高宇、刘丹、张宇航、史慧琳

续表

序号	奖项名称	获奖作品	获奖等级	评奖组织单位	组织单位类型	获奖人姓名（本科生）
235	第八届大学生科技创新作品与专利成果展示推介会	溴氧化铋@银微纳米材料的可控合成与降解有机物性能研究	三等奖	北京市科学技术协会、北京市教育委员会、北京市总工会、共青团北京市委员会、中关村科技园区管理委员会、北京市知识产权局、北京市工商业联合会	国内组织	程冰冰、向家琼、黄洁
236	第八届大学生科技创新作品与专利成果展示推介会	TiO2 BaTiO3Cu2O 异质结构的制备和光电性能的研究	三等奖	北京市科学技术协会、北京市教育委员会、北京市总工会、共青团北京市委员会、中关村科技园区管理委员会、北京市知识产权局、北京市工商业联合会	国内组织	周思博、闫运龙、田崇益
237	第八届大学生科技创新作品与专利成果展示推介会	通关藤苷 G 逆转 NSCLC 细胞 EGFR－TKIs 获得性耐药的作用研究	三等奖	北京市科学技术协会、北京市教育委员会、北京市总工会、共青团北京市委员会、中关村科技园区管理委员会、北京市知识产权局、北京市工商业联合会	国内组织	黄屿鹤、杨凯钧、黄凌
238	第八届大学生科技创新作品与专利成果展示推介会	Ai Bala 智能教育机器人	三等奖	北京市科学技术协会、北京市教育委员会、北京市总工会、共青团北京市委员会、中关村科技园区管理委员会、北京市知识产权局、北京市工商业联合会	国内组织	努尔志别克·木拉提、丽娜·胡瓦尼西、江力汗·金恩斯
239	第八届大学生科技创新作品与专利成果展示推介会	北京麦子校园音乐文化传媒有限公司	三等奖	北京市科学技术协会、北京市教育委员会、北京市总工会、共青团北京市委员会、中关村科技园区管理委员会、北京市知识产权局、北京市工商业联合会	国内组织	张可、白照星、贾於盟、常睿涵、张子舒、达哇才仁、鲍伟、赵一璠、张一林、和云菲

续表

序号	奖项名称	获奖作品	获奖等级	评奖组织单位	组织单位类型	获奖人姓名（本科生）
240	第八届大学生科技创新作品与专利成果展示推介会	“考萨尔、首饰”：复古风文化符号首饰创作项目	三等奖	北京市科学技术协会、北京市教育委员会、北京市总工会、共青团北京市委员会、中关村科技园区管理委员会、北京市知识产权局、北京市工商业联合会	国内组织	罗木散、董书昊、米瑞·别日克、叶思太·卡得尔汗、古丽巴尔·赛力克、欧阳广敏
241	第八届大学生科技创新作品与专利成果展示推介会	北京怡和创享前沿科技教育	三等奖	北京市科学技术协会、北京市教育委员会、北京市总工会、共青团北京市委员会、中关村科技园区管理委员会、北京市知识产权局、北京市工商业联合会	国内组织	李新明、张秋亿、张莹玥、汪芮、崔妍、王业成、孙孟翊
242	第八届大学生科技创新作品与专利成果展示推介会	多源——民族影视孵化平台	三等奖	北京市科学技术协会、北京市教育委员会、北京市总工会、共青团北京市委员会、中关村科技园区管理委员会、北京市知识产权局、北京市工商业联合会	国内组织	何宇、韩聪、曹川、贾乐、徐卓宇、赵玉
243	第八届大学生科技创新作品与专利成果展示推介会	嗨篮科技有限责任公司	三等奖	北京市科学技术协会、北京市教育委员会、北京市总工会、共青团北京市委员会、中关村科技园区管理委员会、北京市知识产权局、北京市工商业联合会	国内组织	吕明燃、肖璐璐、姚贝林、李亚兰、侯雯钰、张启洋、文泽艺
244	第八届大学生科技创新作品与专利成果展示推介会	人行道 Footpath 创业计划书	三等奖	北京市科学技术协会、北京市教育委员会、北京市总工会、共青团北京市委员会、中关村科技园区管理委员会、北京市知识产权局、北京市工商业联合会	国内组织	王铁、杨雨蓉、姜子羽、隆雨可、赵彦昇、贠沁羽、耿子宁、杨金智

续表

序号	奖项名称	获奖作品	获奖等级	评奖组织单位	组织单位类型	获奖人姓名（本科生）
245	第八届大学生科技创新作品与专利成果展示推介会	传承红色精神·互联网+红色旅游资源开发项	三等奖	北京市科学技术协会、北京市教育委员会、北京市总工会、共青团北京市委员会、中关村科技园区管理委员会、北京市知识产权局、北京市工商业联合会	国内组织	吴一品、姚贝林、张新雨、玉莉洁、刘兰迪、何欣原、马荣潇、仇一竹、张洁
246	第八届大学生科技创新作品与专利成果展示推介会	基于表面工程技术制备超稳定有机–无机钙钛矿量子点荧光粉	三等奖	北京市科学技术协会、北京市教育委员会、北京市总工会、共青团北京市委员会、中关村科技园区管理委员会、北京市知识产权局、北京市工商业联合会	国内组织	覃静蕾、曾凡龙、吴茜、尤美、关雅文、孙刑天、蒙柃沐
247	第八届大学生科技创新作品与专利成果展示推介会	多模式耦合型三角晶格光子晶体折射率传感器	三等奖	北京市科学技术协会、北京市教育委员会、北京市总工会、共青团北京市委员会、中关村科技园区管理委员会、北京市知识产权局、北京市工商业联合会	国内组织	崔婷
248	2019 年北京市大学生机器人大赛	魏公村博尔特	二等奖	北京市教育委员会	国内组织	郑志超、黄莹
249	2019 年北京市大学生机器人大赛	类人机器人竞技体育赛	二等奖	北京市教育委员会	国内组织	赵维、刘佩柔
250	2019 年北京市大学生机器人大赛	书法机器人——天下无双	二等奖	北京市教育委员会	国内组织	姚竺言、王宏韬、吕梦
251	2019 年北京市大学生机器人大赛	笔下乾坤	二等奖	北京市教育委员会	国内组织	徐姜云、席佳璐、程兆睿
252	2019 年北京市大学生机器人大赛	水果特工机械手	三等奖	北京市教育委员会	国内组织	焦春辉、韩春婷

续表

序号	奖项名称	获奖作品	获奖等级	评奖组织单位	组织单位类型	获奖人姓名（本科生）
253	2019 年北京市大学生机器人大赛	物流服务	三等奖	北京市教育委员会	国内组织	于欣禾、庞基玮、皇甫兴
254	2019 年北京市大学生机器人大赛	盈车嘉穗	三等奖	北京市教育委员会	国内组织	沈虎、刘镇东、付铄文
255	2019 年北京市大学生机器人大赛	家庭服务	三等奖	北京市教育委员会	国内组织	皇甫兴、王俊潇、郭一凡
256	2019 年北京市大学生机器人大赛	无问东西	三等奖	北京市教育委员会	国内组织	穆璇、高浠植、张馨月
257	2019 年北京市大学生机器人大赛	擂台机器人	三等奖	北京市教育委员会	国内组织	张子楠、杨昊、毛骏琦、田景龙
258	2019 年北京市大学生机器人大赛	舞蹈机器人—我们都队	三等奖	北京市教育委员会	国内组织	吕诗雅、张蔚、袁宇昂
259	2019 年北京市大学生机器人大赛	机器人武术擂台赛	三等奖	北京市教育委员会	国内组织	毛骏琦、杨昊
260	北京市大学生工程训练综合能力竞赛挑战赛	大赛指定题目	一等奖	北京市教育委员会	国内组织	瞿钰松、付饶、赵希川
261	北京市大学生工程训练综合能力竞赛挑战赛	大赛指定题目	一等奖	北京市教育委员会	国内组织	刘青山、李维杰、黄富华
262	2019 年北京市大学生工程训练综合能力竞赛	大赛指定题目	一等奖	北京市教育委员会	国内组织	杨静、高歌泽、余沁倩、马成
263	2019 年北京市大学生工程训练综合能力竞赛	大赛指定题目	一等奖	北京市教育委员会	国内组织	白晨宇、赵蓉、何可欣

续表

序号	奖项名称	获奖作品	获奖等级	评奖组织单位	组织单位类型	获奖人姓名（本科生）
264	2019 年北京市大学生工程训练综合能力竞赛	大赛指定题目	一等奖	北京市教育委员会	国内组织	吴泓元、刘源、商凯敬、白晨宇
265	2019 年北京市大学生工程训练综合能力竞赛	大赛指定题目	一等奖	北京市教育委员会	国内组织	赵蓉、周国斌、杨燕、刘徐熠
266	2019 年北京市大学生工程训练综合能力竞赛	大赛指定题目	二等奖	北京市教育委员会	国内组织	何可欣、郑雅杰、卢凤彦、杨红茶
267	2019 年北京市大学生工程训练综合能力竞赛	大赛指定题目	二等奖	北京市教育委员会	国内组织	杨昊、毛骏琦、徐珲灿、田景龙
268	2019 年度全国大学生数学建模竞赛	大赛指定题目	北京市一等奖	北京数学会	国内组织	韦金池、谢钰、李玥琛
269	2019 年度全国大学生数学建模竞赛	大赛指定题目	北京市一等奖	北京数学会	国内组织	于子涵、李文博、许发明
270	2019 年度全国大学生数学建模竞赛	大赛指定题目	北京市一等奖	北京数学会	国内组织	董乔宇、韩春婷、章廷轩
271	2019 年度全国大学生数学建模竞赛	大赛指定题目	北京市一等奖	北京数学会	国内组织	王意晓、郑巧巧、高航
272	2019 年度全国大学生数学建模竞赛	大赛指定题目	北京市一等奖	北京数学会	国内组织	谢莹、楚然狄、龙宣佚
273	2019 年度全国大学生数学建模竞赛	大赛指定题目	北京市二等奖	北京数学会	国内组织	唐培锫、曾筱薇、高琳昕
274	2019 年度全国大学生数学建模竞赛	大赛指定题目	北京市二等奖	北京数学会	国内组织	李高超、常昊洋、刘晓宁

续表

序号	奖项名称	获奖作品	获奖等级	评奖组织单位	组织单位类型	获奖人姓名（本科生）
275	2019年度全国大学生数学建模竞赛	大赛指定题目	北京市二等奖	北京数学会	国内组织	李瑾晗、罗海月、王振乾
276	北京市大学生物理实验竞赛	波的偏振特性	一等奖	北京市教育委员会	国内组织	胡书赫、彭书勋、贾莹
277	北京市大学生物理实验竞赛	基于光弹性效应的透明非晶体应力测试系统	一等奖	北京市教育委员会	国内组织	金子怿、周国斌、邹斌
278	北京市大学生物理实验竞赛	AU@ Bi2、纳米花状多级结构的光诱导电荷转移表面增强拉曼性能	二等奖	北京市教育委员会	国内组织	阙姗、高宇、王文忠
279	北京市大学生物理实验竞赛	波的偏振特性	三等奖	北京市教育委员会	国内组织	秦嘉泽、王雨桐、陈笑
280	北京市大学生物理实验竞赛	空间定位	三等奖	北京市教育委员会	国内组织	李珍玲、周楠、王明娟、王继业
281	北京市大学生物理实验竞赛	利用声悬浮技术实现介质颗粒的操控	三等奖	北京市教育委员会	国内组织	侯志文、郭红莲
282	北京市大学生物理实验竞赛	基于涂覆氧化石墨烯的微纳光纤光栅湿度传感器的研究	三等奖	北京市教育委员会	国内组织	黄妍华、李聪、吕敏
283	第十一届北京市大学生化学实验竞赛	具有丰富药用价值分子骨架－－3、4－二氢喹啉酮合成新方法	北京市一等奖	北京市教育委员会	国内组织	余茂栋、帕孜来提·努尔拉、姜均洁
284	第十一届北京市大学生化学实验竞赛	新疆一枝蒿化学成分分离及其原位分布表征	北京市一等奖	北京市教育委员会	国内组织	覃露媛、杨雪纯、刘佳丽
285	第十一届北京市大学生化学实验竞赛	内蒙古包头南海湿地磷形态分布特征及植物修复研究	北京市一等奖	北京市教育委员会	国内组织	钱晨歌、谢子嫣

续表

序号	奖项名称	获奖作品	获奖等级	评奖组织单位	组织单位类型	获奖人姓名（本科生）
286	第十一届北京市大学生化学实验竞赛	耦合电化学氧化系统降解磺胺类抗生素的研究	北京市一等奖	北京市教育委员会	国内组织	冯雯意、赵春霓、苗雨婷
287	第十一届北京市大学生化学实验竞赛	截污调水后滇池表层沉积物中多环芳烃类物质的分布	北京市一等奖	北京市教育委员会	国内组织	戚敏、林子逸、杨维诚
288	第十一届北京市大学生化学实验竞赛	绞股蓝同分异构体的拆分及其对食管癌 EC109 细胞的抑制作用研究	北京市一等奖	北京市教育委员会	国内组织	唐天昕、肖鹏君、吕若雪
289	第十一届北京市大学生化学实验竞赛	农田土壤中重金属的污染评价及生物有效性研究——以包头工业区周边区域为例	北京市一等奖	北京市教育委员会	国内组织	吴粤婷、唐娟、成施雨
290	第十一届北京市大学生化学实验竞赛	基于代谢组化学技术的心叶兔儿风地上与地下部分差异成分分离及其结构鉴定	北京市一等奖	北京市教育委员会	国内组织	团体获奖
291	第十一届北京市大学生化学实验竞赛	滇池表层沉积物中芳香胺类、酚类、氯苯类、及萘类物质的分布特征	北京市一等奖	北京市教育委员会	国内组织	王雪郡、蒋欣见、熊颖
292	第十一届北京市大学生化学实验竞赛	高效磁性纳米沸石的制备及其氨氮吸附性能研究	北京市一等奖	北京市教育委员会	国内组织	吴比、纪佳辰、范宇昊
293	第十一届北京市大学生化学实验竞赛	TiO2-ACF 复合电极处理有机废水的研究	北京市二等奖	北京市教育委员会	国内组织	马福兰、卢应爽、覃海蓓
294	第十一届北京市大学生化学实验竞赛	宁夏平原不同环境样品中重金属的含量水平及风险评价研究	北京市二等奖	北京市教育委员会	国内组织	刘畅、卢佳钰、覃玉红
295	第十一届北京市大学生化学实验竞赛	对于污水碳源浓缩强化磁分离工艺优化探究	北京市二等奖	北京市教育委员会	国内组织	兰子濡、李品间、濮梦瑶

续表

序号	奖项名称	获奖作品	获奖等级	评奖组织单位	组织单位类型	获奖人姓名（本科生）
296	第十一届北京市大学生化学实验竞赛	白刺果中天然甜味物质的发现及活性测试	北京市二等奖	北京市教育委员会	国内组织	张晶、汪晓、温雨馨
297	第五届北京市大学生生物竞赛奇思妙想赛	外星移民新“膜”式 火星定居新“舍”想	一等奖	北京市教育委员会	国内组织	王本正、刘秋彤、邱凯笛、戴晓艳、方昕
298	第五届北京市大学生生物竞赛实验竞赛	粳稻和籼稻 DNA 腺嘌呤甲基化响应高温胁迫的机制研究	一等奖	北京市教育委员会	国内组织	聂艺琳、康旗、滕叶
299	第五届北京市大学生生物竞赛实验竞赛	新疆雪莲查尔酮合成酶基因克隆及酶活性鉴定	一等奖	北京市教育委员会	国内组织	王静玮、彭琼艳、刘晋芸、刘畅
300	第五届北京市大学生生物竞赛实验竞赛	何首乌苷对 MPTP 诱导的帕金森症小鼠多巴胺能神经元损伤的保护作用及机制研究	一等奖	北京市教育委员会	国内组织	郎修远、何柳、卢娇
301	第五届北京市大学生生物竞赛实验竞赛	大赛指定题目	一等奖	北京市教育委员会	国内组织	刘敏、张震、洪鑫、王炤元、王越、侯肖育、蒲明成、向毕江、赵鹏媛、丁哲旭、彭瑜、李桂杰、张何昱青、李宇昂、石欣昀、王本正、徐晨阳、李智强、滕叶、刘佳音、黄渝岚、聂艺琳、寸淑娟、刘晋芸、龚志远、单鹏程、舒杏梅、王静玮、魏如倩、姚赐琴、封富娟、王珺、罗凡、隋翔宇、翁皓坤、韩蓓、汪晓、谢慧、许子妍、邹慧婷、肖汉至、申峻丞、孙钰淞、杨双宁、许惠茹、杨晨钰、郎修远、付文静、龙宇帆、

续表

序号	奖项名称	获奖作品	获奖等级	评奖组织单位	组织单位类型	获奖人姓名（本科生）
						马小琴、彭昱锦、杨灵、夏浩然、杨敏、吴比、张鑫朝、吴冉、郝俊铎、黄屿鹤、李娜、秦智敏、颜彦、孙煜璨、齐擦毛吉、武虹秀、伍盈欣、沈杨、阎琪、赵海盟、郑天宇、潘洁、戴迈凡
302	第五届北京市大学生生物竞赛奇思妙想赛	复刻地球——定向进化蓝细菌改造土卫六	二等奖	北京市教育委员会	国内组织	杨双宁、白金鹏、李少梅、林可、刘寅都
303	第五届北京市大学生生物竞赛奇思妙想赛	可移动、会增殖的“超级蜂巢”	二等奖	北京市教育委员会	国内组织	陈奕如、郎修远、何柳、舒杏梅、陶子叶
304	第五届北京市大学生生物学竞赛知识竞赛	大赛指定题目	二等奖	北京市教育委员会	国内组织	刘淑敏、蒙艺灵、黄煦涵、潘有亮、陈梦丽、方可、罗鑫、唐蕴恩、黄舜弦、何柳、陈奕如、唐天昕、曾俊淇、余丹洋、赵扬玲、刘佳丽、王成彧、周君兰、杨雪纯、曲匡正、郭泽光、刘屹桐、郑叶、王鑫雨、段浩宇、赵佳宁、彭琼艳、马琰、林永一、方昕、和书航、李雨辰、刘郑委、李少梅、刘晓燕、田文招、贺薏帆、沈奕彤、纪佳辰、康旗、陈圆、邱凯笛、秦碧莹、蒋弘蓁、肖鹏君、邓成翔、潘明珠、初亦周、王宇辰

续表

序号	奖项名称	获奖作品	获奖等级	评奖组织单位	组织单位类型	获奖人姓名（本科生）
305	第五届北京市大学生生物竞赛实验竞赛	探究浑善达克沙地植物物种丰富度估测最优高光谱指数	三等奖	北京市教育委员会	国内组织	赵芷欣、梁小凤
306	第五届北京市大学生生物竞赛实验竞赛	大赛指定题目	三等奖	北京市教育委员会	国内组织	兰艳红、张智媛、马琰、马力力
307	第五届北京市大学生生物竞赛实验竞赛	热带油料作物西蒙得木的 SSR 分子遗传标记鉴定与开发	三等奖	北京市教育委员会	国内组织	单鹏程、徐晨阳、巩书阁、陶子叶、舒杏梅
308	第五届北京市大学生生物竞赛实验竞赛	彝药野巴子水提物对人胃癌 MGC-803 细胞凋亡和自噬的影响	三等奖	北京市教育委员会	国内组织	贺婉娜、张鑫朝、秦碧莹、余卫星
309	第五届北京市大学生生物竞赛实验竞赛	结缕草转录因子 ZjDREB1.8 基因的原核表达及蛋白质纯化	三等奖	北京市教育委员会	国内组织	汪晓、林可、蒲明成、马乐
310	第五届北京市大学生生物竞赛实验竞赛	小鼠 M1、M2 型巨噬细胞外泌体参与肿瘤免疫调节机制研究	三等奖	北京市教育委员会	国内组织	伍盈欣、和书航
311	第五届北京市大学生生物竞赛实验竞赛	全球变暖对温带典型草原根系分泌物影响及机制研究	三等奖	北京市教育委员会	国内组织	赵佳宁
312	第五届北京市大学生生物学竞赛知识竞赛	大赛指定题目	三等奖	北京市教育委员会	国内组织	田永涛、付子凌、林可、徐晨熙、马文雯、冶进忠、杨迪、齐凤颖、王晨百、崔庆通、戴晓艳、肖兰、巩书阁、张震、沙正悦、张智媛、王姝琪、闭西嫦、熊雨潇、麻新颖、邹鑫鹏、兰珊、邹雅汐、苗雨婷、李金融、贺婉娜、王洋、陈倩、马春、王雪珩、郭泽光

续表

序号	奖项名称	获奖作品	获奖等级	评奖组织单位	组织单位类型	获奖人姓名（本科生）
313	2019 中国大学生计算机设计大赛	烃的衍生物间的重要反应——醇酮之恋	一等奖	中国大学生计算机设计大赛北京市级赛组织委员会	国内组织	李浚琪、宋璐璐、姜松妍
314	2019 中国大学生计算机设计大赛	藏汉跨语言话题检测与跟踪系统	一等奖	中国大学生计算机设计大赛北京市级赛组织委员会	国内组织	刘思思、白玉杰、供秋夺吉
315	2019 中国大学生计算机设计大赛	WeatherPainter 基于深度学习的图像风格迁移	一等奖	中国大学生计算机设计大赛北京市级赛组织委员会	国内组织	叶博洋、杨明杰
316	2019 中国大学生计算机设计大赛	基于云平台的疲劳驾驶检测	一等奖	中国大学生计算机设计大赛北京市级赛组织委员会	国内组织	周小凯、谢谦、熊章锦
317	2019 中国大学生计算机设计大赛	一蓑烟雨任平生——高中语文古诗词“定风波”微课设计	一等奖	中国大学生计算机设计大赛北京市级赛组织委员会	国内组织	李泓嘉、李承熹、高嘉诚
318	2019 中国大学生计算机设计大赛	班昭	二等奖	中国大学生计算机设计大赛北京市级赛组织委员会	国内组织	祖拉亚提·阿布都外力、闫馨雅、米合尔阿依·如则托合提、吕明洁、黄文星
319	2019 中国大学生计算机设计大赛	海	二等奖	中国大学生计算机设计大赛北京市级赛组织委员会	国内组织	孙源、唐占利、静琦、海那尔·哈纳提、王家诚
320	2019 中国大学生计算机设计大赛	鲸落	二等奖	中国大学生计算机设计大赛北京市级赛组织委员会	国内组织	王源春、牛思瑶、武文杰、龙苗苗、马颖
321	2019 中国大学生计算机设计大赛	美国毒品传播特征分析及预测	二等奖	中国大学生计算机设计大赛北京市级赛组织委员会	国内组织	陈展、田湘云、黄沁如
322	2019 中国大学生计算机设计大赛	基于知识图谱的藏汉旅游问答系统	二等奖	中国大学生计算机设计大赛北京市级赛组织委员会	国内组织	白玉杰、刘思思、索郎卓玛
323	2019 中国大学生计算机设计大赛	西藏民主改革六十年——高原新时代	二等奖	中国大学生计算机设计大赛北京市级赛组织委员会	国内组织	匡毅、杨鹏

续表

序号	奖项名称	获奖作品	获奖等级	评奖组织单位	组织单位类型	获奖人姓名（本科生）
324	2019 中国大学生计算机设计大赛	浅析菩萨蛮：人人尽说江南好	二等奖	中国大学生计算机设计大赛北京市级赛组织委员会	国内组织	李曦溪、彭诚倩
325	2019 中国大学生计算机设计大赛	62153 改革开放农业篇	二等奖	中国大学生计算机设计大赛北京市级赛组织委员会	国内组织	吴清晶、张雨露、周钰珩
326	2019 中国大学生计算机设计大赛	用 Power Map 做数据透视	二等奖	中国大学生计算机设计大赛北京市级赛组织委员会	国内组织	毕泽匀、黄天骄
327	2019 中国大学生计算机设计大赛	格宗藏汉双语问卷系统	二等奖	中国大学生计算机设计大赛北京市级赛组织委员会	国内组织	付班路、拉毛娘才、俄见才让
328	2019 中国大学生计算机设计大赛	海洋—我们永恒的家园	二等奖	中国大学生计算机设计大赛北京市级赛组织委员会	国内组织	陈彦淋、杨昊
329	2019 中国大学生计算机设计大赛	基于 GAN 的动漫头像生成、基于大数据下的和谐宜居之都评价指标体系研究——以北京市为例	二等奖	中国大学生计算机设计大赛北京市级赛组织委员会	国内组织	董青秀、李赓、旦正错
330	2019 中国大学生计算机设计大赛	基于大数据的“和谐宜居之都”评价指标体系研究——以北京市为例	二等奖	中国大学生计算机设计大赛北京市级赛组织委员会	国内组织	凌卉
331	2019 中国大学生计算机设计大赛	Dream On Silk Road	二等奖	中国大学生计算机设计大赛北京市级赛组织委员会	国内组织	闫首屹、李丹丹、贾钰
332	2019 中国大学生计算机设计大赛	All Blue	二等奖	中国大学生计算机设计大赛北京市级赛组织委员会	国内组织	李志嘉、张钦、齐析屿
333	2019 中国大学生计算机设计大赛	基于 Hadoop 的 YouTube 视频流行趋势分析	二等奖	中国大学生计算机设计大赛北京市级赛组织委员会	国内组织	段雯雯、张楠

续表

序号	奖项名称	获奖作品	获奖等级	评奖组织单位	组织单位类型	获奖人姓名（本科生）
334	2019 中国大学生计算机设计大赛	面向藏族小学生的英语学习 APP	二等奖	中国大学生计算机设计大赛北京市级赛组织委员会	国内组织	梁紫宣、哦日
335	2019 中国大学生计算机设计大赛	校园全景智能寻航	二等奖	中国大学生计算机设计大赛北京市级赛组织委员会	国内组织	王佳丽、徐馨润、戴玮洵
336	2019 中国大学生计算机设计大赛	大赛指定题目	二等奖	中国大学生计算机设计大赛北京市级赛组织委员会	国内组织	王意骁、蓝琳斯、郑巧巧
337	2019 中国大学生计算机设计大赛	智能家居报警器	二等奖	中国大学生计算机设计大赛北京市级赛组织委员会	国内组织	毛骏琦、刘金铭、石灿玮
338	2019 中国大学生计算机设计大赛	飞行实时 3D 投影机	二等奖	中国大学生计算机设计大赛北京市级赛组织委员会	国内组织	杨斯元、皇甫兴
339	2019 中国大学生计算机设计大赛	基于室内二维码定位的 AGV	二等奖	中国大学生计算机设计大赛北京市级赛组织委员会	国内组织	黄俊杰、袁宇昂、谷中尉
340	2019 中国大学生计算机设计大赛	民大宇宙	二等奖	中国大学生计算机设计大赛北京市级赛组织委员会	国内组织	杨军晖、何羽荞、徐梦阳
341	2019 中国大学生计算机设计大赛	基于深度学习技术的包裹携带品自动化检测系统	二等奖	中国大学生计算机设计大赛北京市级赛组织委员会	国内组织	袁明奇
342	2019 中国大学生计算机设计大赛	大赛指定题目	二等奖	中国大学生计算机设计大赛北京市级赛组织委员会	国内组织	李赓、董青秀、凌卉
343	2019 中国大学生计算机设计大赛	物联网智能室内检测器	二等奖	中国大学生计算机设计大赛北京市级赛组织委员会	国内组织	艾丽亚、吴瑕、陕言
344	2019 中国大学生计算机设计大赛	小酒圈	二等奖	中国大学生计算机设计大赛北京市级赛组织委员会	国内组织	彭光超、孟月晨、施博轩

续表

序号	奖项名称	获奖作品	获奖等级	评奖组织单位	组织单位类型	获奖人姓名（本科生）
345	2019 中国大学生计算机设计大赛	基于 GAN 网络的动漫头像生成	二等奖	中国大学生计算机设计大赛北京市级赛组织委员会	国内组织	旦正错
346	2019 中国大学生计算机设计大赛	民族地区经济数据可视化	二等奖	中国大学生计算机设计大赛北京市级赛组织委员会	国内组织	蓝琳斯、郑巧巧
347	2019 中国大学生计算机设计大赛	虞美人课程设计	三等奖	中国大学生计算机设计大赛北京市级赛组织委员会	国内组织	王娇龙、庄瑀婷、王定莲
348	2019 中国大学生计算机设计大赛	Mamie	三等奖	中国大学生计算机设计大赛北京市级赛组织委员会	国内组织	蔡莹莹、豆旋
349	2019 中国大学生计算机设计大赛	傣族民族特色手机吊坠	三等奖	中国大学生计算机设计大赛北京市级赛组织委员会	国内组织	王定莲、庄瑀婷、王娇龙
350	2019 中国大学生计算机设计大赛	cheminet 化学虚拟实验平台	三等奖	中国大学生计算机设计大赛北京市级赛组织委员会	国内组织	何杭薇
351	2019 中国大学生计算机设计大赛	62575 蜜淘网站	三等奖	中国大学生计算机设计大赛北京市级赛组织委员会	国内组织	莫紫璇、李雪、白浩月
352	2019 中国大学生计算机设计大赛	古诗词问答系统	三等奖	中国大学生计算机设计大赛北京市级赛组织委员会	国内组织	高成冬、王佳勉、朱兴华
353	2019 中国大学生计算机设计大赛	古诗词解读之杜甫《戏为六绝句》	三等奖	中国大学生计算机设计大赛北京市级赛组织委员会	国内组织	丁元博、莫柠宁
354	2019 中国大学生计算机设计大赛	微课之苏幕遮・怀旧	三等奖	中国大学生计算机设计大赛北京市级赛组织委员会	国内组织	邓麒麟、吕星晨、刘思语
355	2019 中国大学生计算机设计大赛	基于 SW 的海洋探索者	三等奖	中国大学生计算机设计大赛北京市级赛组织委员会	国内组织	孔令涛、卢浚睿、司马长风

续表

序号	奖项名称	获奖作品	获奖等级	评奖组织单位	组织单位类型	获奖人姓名（本科生）
356	2019 中国大学生计算机设计大赛	基于大数据分析的交通预测模型	三等奖	中国大学生计算机设计大赛北京市级赛组织委员会	国内组织	韩洋、邓一萍、穆穆
357	2019 中国大学生计算机设计大赛	李商隐的夜、李商隐的雨	三等奖	中国大学生计算机设计大赛北京市级赛组织委员会	国内组织	吴睿婧、荣奕源、杨舒雯
358	2019 中国大学生计算机设计大赛	图腾文化在民族手工艺中的体现	三等奖	中国大学生计算机设计大赛北京市级赛组织委员会	国内组织	时铭成、李燕霖
359	2019 中国大学生计算机设计大赛	基于 Android 的实验室环境监测系统	三等奖	中国大学生计算机设计大赛北京市级赛组织委员会	国内组织	李燕霖、张生蓉、齐国红
360	2019 中国大学生计算机设计大赛	大赛指定题目	三等奖	中国大学生计算机设计大赛北京市级赛组织委员会	国内组织	刘牧云、李朝宇、杨瑞
361	2019 中国大学生计算机设计大赛	基于智能车的图像二值化处理与模式识别	三等奖	中国大学生计算机设计大赛北京市级赛组织委员会	国内组织	孙雪雪、段嘉欣、刘煜华
362	2019 中国大学生计算机设计大赛	数据下的真相：十八大以来的经济奇迹	三等奖	中国大学生计算机设计大赛北京市级赛组织委员会	国内组织	韦玮、秦敏
363	2019 中国大学生计算机设计大赛	刻纸人	三等奖	中国大学生计算机设计大赛北京市级赛组织委员会	国内组织	曹安波、叶子、梁媛
364	2019 中国大学生计算机设计大赛	吾乡	三等奖	中国大学生计算机设计大赛北京市级赛组织委员会	国内组织	陈哲、谢谦、李珂
365	2019 中国大学生计算机设计大赛	AR 瓷韵	三等奖	中国大学生计算机设计大赛北京市级赛组织委员会	国内组织	彭路尧
366	2019 中国大学生计算机设计大赛	租房数据可视化——以北京地区为例	三等奖	中国大学生计算机设计大赛北京市级赛组织委员会	国内组织	黄丽蓉、齐国红、王丽平

续表

序号	奖项名称	获奖作品	获奖等级	评奖组织单位	组织单位类型	获奖人姓名（本科生）
367	2019 中国大学生计算机设计大赛	赛马预测通	三等奖	中国大学生计算机设计大赛北京市级赛组织委员会	国内组织	王月莹、程瑛璐、杨军晖
368	2019 中国大学生计算机设计大赛	测试数据处理系统方案设计	三等奖	中国大学生计算机设计大赛北京市级赛组织委员会	国内组织	何佳钰、刘家齐、贾沫涵
369	2019 中国大学生计算机设计大赛	基于深度学习进行歌词创作	三等奖	中国大学生计算机设计大赛北京市级赛组织委员会	国内组织	田昊、刘睿、刘维康
370	2019 中国大学生计算机设计大赛	基于电子货架标签的校园新零售大数据分析平台	三等奖	中国大学生计算机设计大赛北京市级赛组织委员会	国内组织	刘淑琴、刘杰、何明洁
371	2019 中国大学生计算机设计大赛	利用大数据分析特色产业在扶贫中的可行性	三等奖	中国大学生计算机设计大赛北京市级赛组织委员会	国内组织	张游、龙娜、朱炳蔚
372	2019 中国大学生计算机设计大赛	探索方寸细胞天地——有丝分裂	三等奖	中国大学生计算机设计大赛北京市级赛组织委员会	国内组织	尹一君、胡鉴清、林虹
373	2019 中国大学生计算机设计大赛	5G 时代下无人机灾难响应系统	三等奖	中国大学生计算机设计大赛北京市级赛组织委员会	国内组织	马秧子、徐秋怡、梁瑞欣
374	2019 中国大学生计算机设计大赛	基于 Python 的舞蹈机器人开发与设计	三等奖	中国大学生计算机设计大赛北京市级赛组织委员会	国内组织	贾沫涵、王雨濛、朋毛才让
375	2019 中国大学生计算机设计大赛	钢琴调音机器人	三等奖	中国大学生计算机设计大赛北京市级赛组织委员会	国内组织	张馨月、徐姜云
376	2019 中国大学生计算机设计大赛	新时代我国居民生活水平态势可视化分析	三等奖	中国大学生计算机设计大赛北京市级赛组织委员会	国内组织	屈家生、林芊荟、马若彤
377	2019 中国大学生计算机设计大赛	海洋生物“进化”论	三等奖	中国大学生计算机设计大赛北京市级赛组织委员会	国内组织	何姝霖、熊艳芹、李雪金

续表

序号	奖项名称	获奖作品	获奖等级	评奖组织单位	组织单位类型	获奖人姓名（本科生）
378	2019 中国大学生计算机设计大赛	基于深度学习的识别藏文字母模型研究	三等奖	中国大学生计算机设计大赛北京市级赛组织委员会	国内组织	李加东智、依西降参、仁希旺姆
379	2019 中国大学生计算机设计大赛	趣学	三等奖	中国大学生计算机设计大赛北京市级赛组织委员会	国内组织	伍雯洁、张海玉、冯晓娟
380	2019 中国大学生计算机设计大赛	物联网数字孪生平台	三等奖	中国大学生计算机设计大赛北京市级赛组织委员会	国内组织	韦军林、杨雅妮、黄丽蓉
381	2019 中国大学生计算机设计大赛	基于机器学习的北京 PM2.5 浓度预测分析	三等奖	中国大学生计算机设计大赛北京市级赛组织委员会	国内组织	刘贤颖、乔蓓蓓
382	2019 中国大学生计算机设计大赛	五十六	三等奖	中国大学生计算机设计大赛北京市级赛组织委员会	国内组织	祝严欢
383	2019 中国大学生计算机设计大赛	运动会管理系统	三等奖	中国大学生计算机设计大赛北京市级赛组织委员会	国内组织	吕星晨、格桑、索郎纳么
384	2019 中国大学生计算机设计大赛	藏语新词术语学习 app	三等奖	中国大学生计算机设计大赛北京市级赛组织委员会	国内组织	王思鉴、仁希旺姆、仁青措毛
385	北京市大学生节能节水低碳减排社会实践与科技竞赛	首都大学生“节能减排”知识获取路径、影响因素及宣教策略研究——以中央民族大学为例	一等奖	北京市教育委员会	国内组织	荣奕源、焦春辉、刘致如、王祺、张维佳、蒋晶晶
386	北京市大学生节能节水低碳减排社会实践与科技竞赛	青藏高原的藏传文化对于低碳减排重要影响的调查	三等奖	北京市教育委员会	国内组织	田的桑、李天炜、布特、李荣
387	北京市大学生节能节水低碳减排社会实践与科技竞赛	实验室空气净化器	三等奖	北京市教育委员会	国内组织	沈杨、鄂烨、陈思懿、张晶、敏勇、白星、匡明山
388	北京市大学生节能节水低碳减排社会实践与科技竞赛	高校女生防晒霜认知调查与绿色使用方式初探	三等奖	北京市教育委员会	国内组织	程秀洁、陈昊、何丹

续表

序号	奖项名称	获奖作品	获奖等级	评奖组织单位	组织单位类型	获奖人姓名（本科生）
389	北京市大学生节能节水低碳减排社会实践与科技竞赛	节水冷凝器	三等奖	北京市教育委员会	国内组织	张飞、赵悦汝、周相龙、温雨馨、马婷、兰会鹏、李燃
390	第十一届北京市大学生模拟法庭竞赛	第十一届北京市大学生模拟法庭竞赛一等奖	一等奖	北京市教育委员会	国内组织	宋芝举、刘博尧、梁寒冰、许林逸、樊晓琳、兰天意
391	2019 第十一届全国大学生广告艺术大赛北京赛区	每位女孩天生都有魔法	二等奖	中国高等教育学会、教育部高等学校新闻传播学类专业教学指导委员会	国内组织	焦晶娴、赵聪、鲁本笑、董瑞兴
392	2019 第十一届全国大学生广告艺术大赛北京赛区	它—她	三等奖	中国高等教育学会、教育部高等学校新闻传播学类专业教学指导委员会	国内组织	孙世宁、永鸿运
393	2019 年全国大学生英语竞赛北京赛区	大赛指定题目	特等奖	北京市大学英语研究会（兼北京市竞赛委员会）	国内组织	江月筠
394	2019 年全国大学生英语竞赛北京赛区	大赛指定题目	一等奖	北京市大学英语研究会（兼北京市竞赛委员会）	国内组织	孙绮蔚、于松宁、张茗帜、陈易静
395	2019 年全国大学生英语竞赛北京赛区	本科生 C 类	一等奖	北京市大学英语研究会（兼北京市竞赛委员会）	国内组织	艾丽亚
396	2019 年第十一届北京市大学生英语演讲比赛	大赛指定题目	三等奖	北京市教育委员会	国内组织	陆美好
397	第二届国家民委系统科普讲解大赛		二等奖	国家民族事务委员会	国内组织	木丽得尔·毛力提
398	第二届国家民委系统科普讲解大赛		三等奖	国家民族事务委员会	国内组织	张晗冰

续表

序号	奖项名称	获奖作品	获奖等级	评奖组织单位	组织单位类型	获奖人姓名（本科生）
399	北京市第十届大学生人文知识竞赛	大赛指定题目	二等奖	北京市教育委员会	国内组织	张鑫明、宋裕超、侯茗涵、卢何青、张博涵、马广涵、吴奇隆
400	2019 年青年杯北京市大学生人文知识竞赛个人赛	大赛指定题目	一等奖	北京市教育委员会	国内组织	张鑫明
401	2019 年青年杯北京市大学生人文知识竞赛个人赛	大赛指定题目	二等奖	北京市教育委员会	国内组织	应孝璐、宋裕超
402	2019 年青年杯北京市大学生人文知识竞赛个人赛	大赛指定题目	三等奖	北京市教育委员会	国内组织	刘家洁、郑慧月、白露、高文心、侯茗涵
403	北京市大学生书法大赛	大赛指定题目	一等奖	北京市教育委员会	国内组织	王希萌
404	“敦煌杯”第五届北京国际民族器乐大赛	大赛指定题目	一等奖	北京市民族文化交流中心、北京市民族教育学会	国内组织	胡明照、王沛东
405	2019 年第九届河北省音乐金钟奖声乐比赛	大赛指定题目	三等奖	河北省文联、河北省文化和旅游厅、河北省广播电视局、河北省音乐家协会	国内组织	郭雨欣
406	第十六届北京市舞蹈比赛	《额尔古纳河》	一等奖	北京市文学艺术界联合会	国内组织	周思怡、纪懿淼、徐贺、华艺雯、钱洁、李佳桐、蔡宛凌、薛欣蕊、张靖鑫、吾兰巴依尔·乌云格、柴尔斯、韩清艺、姚睿、张翼凡
407	第十六届北京市舞蹈比赛	《明日之后》	一等奖	北京市文学艺术界联合会	国内组织	彭凡睿
408	第十六届北京市舞蹈比赛	《太阳总在左边》	二等奖	北京市文学艺术界联合会	国内组织	旦珍昂秀、尕藏多杰
409	第十六届北京市舞蹈比赛	《独龙脚印》	二等奖	北京市文学艺术界联合会	国内组织	龙韬、廖海龙、刘乾

续表

序号	奖项名称	获奖作品	获奖等级	评奖组织单位	组织单位类型	获奖人姓名（本科生）
410	第十六届北京市舞蹈比赛	《守护》	二等奖	北京市文学艺术界联合会	国内组织	杨家渝、王鑫玉、袁源、许思扬、马嘉临、宋昕怡、杨扬、邓雪贝、王竣、刘志成、石责昊男、杨宇坤、张浩男、柴正、赵明轩、金焕雯、姚昊东
411	第十六届北京市舞蹈比赛	《战马》	二等奖	北京市文学艺术界联合会	国内组织	刘嘉豪
412	第十六届北京市舞蹈比赛	《走在幸福路上》	二等奖	北京市文学艺术界联合会	国内组织	马骉、沙泰锋、陈崇藩、郭志强、吕振彪、朱超、库嘉浩、文心谊
413	第十六届北京市舞蹈比赛	《盛世赞歌》	二等奖	北京市文学艺术界联合会	国内组织	向谷全、旦珍昂秀、尕藏多杰、高薄含、佐林、谭和勇、袁鹏程、阿拉牧斯、张杨、祁国栋、李鸿辉、阿迪力·艾尔肯、陈平、倖平、伊明江·艾海提、程川泽、白小龙、李庚、陈沛楠
414	第十六届北京市舞蹈比赛	《谷雨》	二等奖	北京市文学艺术界联合会	国内组织	陈艺丹、宫鑫、李芝燕、刘雨佳、陶然
415	第十六届北京市舞蹈比赛	《凛冬》	二等奖	北京市文学艺术界联合会	国内组织	郝雪妍
416	第十六届北京市舞蹈比赛	《马背少年》	三等奖	北京市文学艺术界联合会	国内组织	白小龙
417	第十六届北京市舞蹈比赛	《你和我》	三等奖	北京市文学艺术界联合会	国内组织	廖海龙
418	第十六届北京市舞蹈比赛	《水墨语》	三等奖	北京市文学艺术界联合会	国内组织	方媛
419	第十六届北京市舞蹈比赛	《遥远的她》	三等奖	北京市文学艺术界联合会	国内组织	蔡宛凌

续表

序号	奖项名称	获奖作品	获奖等级	评奖组织单位	组织单位类型	获奖人姓名（本科生）
420	第十六届北京市舞蹈比赛	《石榴花开》	三等奖	北京市文学艺术界联合会	国内组织	泽郎初、玉惠敏、刘潇琬、巴久依卓、张子佳、陈璐、韦思琪、李钒嘉、刘璇、黄曼玲、马舒媛、龙丽帆、裴悦彤、恒玥、李鸿曼、刘佳鑫、李佳聪、李竺美、侯雨佳、卢怡欣、胡梦琦
421	第十六届北京市舞蹈比赛	《旗杆上不倒的旗》	三等奖	北京市文学艺术界联合会	国内组织	叶叠叠、白添宇、黄峙凯、巴音其乐图、杨庆磊、柏永昌、孙浩然、张耀澜、兰建
422	第十六届北京市舞蹈比赛	《盘风》	三等奖	北京市文学艺术界联合会	国内组织	陈璐
423	第十六届北京市舞蹈比赛	《我的碉楼、我的家》	三等奖	北京市文学艺术界联合会	国内组织	王祥宇、戴燊誉、闫傲琪、董佳凝、高溟一、刘健鹏、郭骞宇、卿前石、王智超
424	第十六届北京市舞蹈比赛	《踏雪》	三等奖	北京市文学艺术界联合会	国内组织	赵浩洋
425	第十六届北京市舞蹈比赛	《翔云》	三等奖	北京市文学艺术界联合会	国内组织	蔡宛凌
426	首都高校第五十七届学生田径运动会	男子 4×100 米接力甲 C 组第一名	一等奖	北京市教委、北京市体育局	国内组织	符嘉辉、王乐、李欣瑞、齐祥
427	首都高校第五十七届学生田径运动会	男子甲 C 组 200 米	二等奖	北京市教委、北京市体育局	国内组织	李欣瑞
427	首都高校第五十七届学生田径运动会	男子甲 C 组 100 米	二等奖	北京市教委、北京市体育局	国内组织	李欣瑞
429	首都高校第五十七届学生田径运动会	男子甲 C 组 100 米	三等奖	北京市教委、北京市体育局	国内组织	符嘉辉

续表

序号	奖项名称	获奖作品	获奖等级	评奖组织单位	组织单位类型	获奖人姓名（本科生）
430	首都高校第五十七届学生田径运动会	男子甲 C 组 400 米	三等奖	北京市教委、北京市体育局	国内组织	张宏健
431	首都高等院校第 40 届健美操、艺术体操比赛	首都高等院校第 40 届健美操、艺术体操比赛	一等奖	北京市大学生体育协会、北京市教育委员会	国内组织	唐荣、邢传琪、姜英帅、马铭宇、吕易、江喆、崔鑫、黎煌龙、凌坤、梁文硕、常林峰、陈崇明
432	第二十二界 CUBA 中国大学生篮球联赛、二级联赛	第二十二届 CUBA 中国大学生篮球联赛、二级联赛	一等奖	北京市大学生体育协会	国内组织	叶子、唐逸芸、赵鹏媛
433	首都高等学校 2019 年阳光体育排球挑战赛	首都高等学校 2019 年阳光体育排球挑战赛	一等奖	北京市大学生体育协会	国内组织	杨瑞、褚瑞翠、王雨薇、王玉洁、朱翠颖、杨卓雅、马晓宇、李晓梦、李紫懿、刘静、赵薇
434	首都高等学校 2019 年阳光体育排球挑战赛	首都高等学校 2019 年阳光体育排球挑战赛	季军	北京市大学生体育协会	国内组织	李晓燕
435	2019 年首都高校大学生女子五人制足球锦标赛	大赛指定题目	三等奖	北京大学生体育协会足球分会	国内组织	郭慧、韦蓝诗、陈静茹、邓咏迪、安欣、李颖、李萌、起馨媛、佳妮、图尔逊古丽
436	首都大学生阳光体育体能挑战赛大学生体能热力操	大集体规定项目	一等奖	北京市大学生体育协会	国内组织	崔鑫、陆雯斯、吴勃举、马铭宇、唐荣、邢传琪、吕易、姜英帅、江喆、凌坤、常林峰、陈崇明、黎煌龙
437	2019 年首都高校大学生网球联赛春季团体赛	女生乙组团体	一等奖	北京市大学生体育协会	国内组织	许媇、郭琦玮、郭海辰、
438	2019 年首都高校大学生网球联赛春季团体赛	男子甲 A 组团体	一等奖	北京市大学生体育协会	国内组织	李程浩、韩博仁、刘泽、曹心怡、钟浩然、

续表

序号	奖项名称	获奖作品	获奖等级	评奖组织单位	组织单位类型	获奖人姓名（本科生）
439	2019 年首都高校大学生网球联赛春季团体赛	女子甲 A 组团体	二等奖	北京市大学生体育协会	国内组织	张爱湫慧、官昕、周姿妤
440	2019 年首都高校大学生网球联赛春季团体赛	男子甲 A 组团体	二等奖	北京市大学生体育协会	国内组织	卓越、常宇轩、杨小宇
441	2019 年首都高校大学生网球联赛春季团体赛	女子甲 A 组团体	三等奖	北京市大学生体育协会	国内组织	朱泠子、张垚
442	2019 年第十届首都高等学校大学生网球精英赛	男子甲 A 组男双	一等奖	北京市大学生体育协会网球分会	国内组织	韩博仁、刘泽
443	2019 年第十届首都高等学校大学生网球精英赛	女子甲 A 组女双	一等奖	北京市大学生体育协会网球分会	国内组织	张爱湫慧、官昕
444	2019 年第十届首都高等学校大学生网球精英赛	女子乙组女双	一等奖	北京市大学生体育协会网球分会	国内组织	李宜霖、郭海辰
445	2019 年第十届首都高等学校大学生网球精英赛	女子乙组女单	一等奖	北京市大学生体育协会网球分会	国内组织	曹心怡
446	2019 年第十届首都高等学校大学生网球精英赛	女子甲 A 组女双	三等奖	北京市大学生体育协会网球分会	国内组织	赵婉、贾雨希
447	首都大学生念慈庵杯篮球超级联赛	京都大学生念慈庵杯篮球超级联赛	三等奖	北京市大学生体育协会	国内组织	李昀霖、潘玉龙、张杨、孙基多、牙政福、张腾宇、李宇航、吴业铭、任广辉
448	北京市大学生网球联赛秋季单项赛	女子乙组双打冠军	一等奖	北京市大学生体育协会网球分会	国内组织	郭海辰、李宜霖
449	2018—2019 首都高等学校 2019 年排球联赛总决赛	大赛指定题目	二等奖	北京市大学生体育协会	国内组织	杨瑞等 14 人

续表

序号	奖项名称	获奖作品	获奖等级	评奖组织单位	组织单位类型	获奖人姓名（本科生）
450	2019年度首都高校排球联赛	大赛指定题目	一等奖	北京市大学生体育协会	国内组织	杨瑞等18人
451	2019年度首都高校沙滩排球联赛	大赛指定题目	一等奖	北京市大学生体育协会	国内组织	魏启明、陈武华
452	2019年度首都高校沙滩排球联赛	大赛指定题目	一等奖	北京市大学生体育协会	国内组织	杨瑞、褚瑞翠
453	2019年度首都高校沙滩排球联赛	大赛指定题目	二等奖	北京市大学生体育协会	国内组织	王玉洁、冯晔敏
454	2019年度首都高校沙滩排球联赛	大赛指定题目	二等奖	北京市大学生体育协会	国内组织	王少搏、侯崛
455	2019年度首都高校沙滩排球联赛	大赛指定题目	三等奖	北京市大学生体育协会	国内组织	杨瑞、褚瑞翠、王玉洁、冯晔敏

第二部分　研究生

序号	奖项名称	获奖作品	获奖等级	评奖组织单位	组织单位类型	获奖人姓名(硕士生)
1	全国研究生数学建模竞赛	数学建模竞赛	二等奖	教育部学位与研究生教育发展中心	国内组织	马瑞
2	全国研究生数学建模竞赛	数学建模竞赛	二等奖	教育部学位与研究生教育发展中心	国内组织	苏蓝鑫
3	全国研究生数学建模竞赛	数学建模竞赛	三等奖	教育部学位与研究生教育发展中心	国内组织	陈镜羽
4	全国研究生数学建模竞赛	数学建模竞赛	三等奖	教育部学位与研究生教育发展中心	国内组织	刘洋浩
5	第十三届全国大学生“恩智浦杯”智能汽车竞赛	智能汽车竞赛	团体三等奖	教育部高等学校自动化类专业教学指导委员会	国内组织	于冰
6	第六届中国高等院校设计作品大赛	设计作品	一等奖	中国高等院校设计作品大赛组委会	国内组织	奈俐罕
7	第十一届“格致杯”物理师范生教学技能交流展示活动	教学技能交流展示	教学展示二等奖	中国教育学会物理教学专业委员会	国内组织	奈俐罕
8	第十一届“格致杯”物理师范生教学技能交流展示活动	教学技能交流展示	教学展示二等奖	中国教育学会物理教学专业委员会	国内组织	奈俐罕
9	第十一届“格致杯”物理师范生教学技能交流展示活动	教学技能交流展示	教具展示三等奖	中国教育学会物理教学专业委员会	国内组织	李美静
10	2019 Robo Master 机器人大赛	机器人大赛	二等奖	共青团中央、全国学联	国内组织	李宛纯
11	第十七届全国大学生机器人大赛	机器人大赛	团体一等奖	共青团中央、全国学联	国内组织	何长剑、李宛纯、顾静雯
12	中央民族大学 2019 年寒假社会实践成果	社会实践	团体一等奖	共青团中央	国内组织	何长剑、李宛纯、顾静雯
13	第七届全国大学生光电设计竞赛华北赛区	光电设计竞赛	二等奖（团体）	全国光电设计竞赛委员会	国内组织	韦蓝诗

续表

序号	奖项名称	获奖作品	获奖等级	评奖组织单位	组织单位类型	获奖人姓名(硕士生)
14	计算机博弈大赛五子棋	计算机博弈大赛	一等奖	中国人工智能协会	国内组织	陈玉婷
15	计算机博弈大赛围棋	计算机博弈大赛	二等奖	中国人工智能协会	国内组织	关悦
16	计算机博弈大赛 9 路围棋	计算机博弈大赛	二等奖	中国人工智能协会	国内组织	张文倩
17	中国第十七届 JESSUP 国际模拟法庭全国选拔赛	模拟法庭	团体二等奖	中国 JESSUP 国际模拟法庭比赛组委会	国内组织	何帅
18	学院奖优秀奖	学院奖	优秀奖	中国广告协会	国内组织	杨永腾
19	2019“桃李杯”舞蹈艺术展演综合场闭幕式	舞蹈《谷雨》	团体一等奖	中华人民共和国文化和旅游部	国内组织	彭欢欢（博士）、何咏欣
20	2019“桃李杯”舞蹈艺术展演综合场闭幕式	舞蹈《朝鲜族舞蹈精品课》	团体一等奖	中华人民共和国文化和旅游部	国内组织	刘倩、何咏欣
21	第十二届全国“桃李杯”教育教学研讨会	舞蹈作品《谷雨》	团体一等奖	中华人民共和国文化和旅游部	国内组织	魏涵硕、何帅、赵祯、庄舒婕、李震
22	第十二届全国“桃李杯”教育教学研讨会	舞蹈作品	团体三等奖	中华人民共和国文化和旅游部	国内组织	周旺生、张亲蕊
23	第十二届全国“桃李杯”教育教学成果展示活动	舞蹈《春之萌》	一等奖	中华人民共和国文化和旅游部	国内组织	赵祯
24	第十二届全国“桃李杯”教育教学成果展示活动	舞蹈作品	创作奖	中华人民共和国文化和旅游部	国内组织	何帅
25	第十二届全国“桃李杯”教育教学成果展示活动	教育教学成果	三等奖	中华人民共和国文化和旅游部	国内组织	郭海璇
26	第十二届中国舞蹈荷花奖	舞蹈《额尔古纳河》	团体特等奖	中国文学艺术界联合会	国内组织	戴乙民、杨林君、高思傲
27	第十二届中国舞蹈荷花奖	舞蹈《守护》	团体二等奖	中国文学艺术界联合会	国内组织	高思傲

续表

序号	奖项名称	获奖作品	获奖等级	评奖组织单位	组织单位类型	获奖人姓名(硕士生)
28	第十二届中国舞蹈荷花奖	舞蹈《谷雨》	团体二等奖	中国文学艺术界联合会	国内组织	戴乙民、陈竹韵、杨林君、李思维
29	第十二届中国舞蹈荷花奖	舞蹈《赞歌》	团体二等奖	中国文学艺术界联合会	国内组织	李思维
30	第十二届中国舞蹈“荷花奖”民族民间舞	舞蹈作品	团体二等奖	中国舞蹈家协会	国内组织	李美静
31	第十二届中国舞蹈荷花奖	舞蹈《春之萌》	三等奖	中国文学艺术界联合会	国内组织	戴乙民
32	第十二届中国舞蹈荷花奖	舞蹈《守护》	团体三等奖	中国文学艺术界联合会	国内组织	杨林君、高思傲
33	第十二届中国舞蹈荷花奖	舞蹈《谷雨》	提名奖	中国文学艺术界联合会	国内组织	赵祯
34	“网络诚信 美好生活”主题短视频征集展示活动优秀作品奖	主题短视频	优秀奖	中国网络社会组织联合会、中国互联网发展基金会	国内组织	王青璘、乔嘉欣
35	“网络诚信 美好生活”主题短视频征集展示活动优秀作品奖	学院奖	优秀奖	中国网络社会组织联合会、中国互联网发展基金会	国内组织	乔嘉欣
36	第五届“中华情”全国诗歌散文联赛	散文比赛	金奖	中国散文网、北京华夏博学国际文化交流中心	国内组织	李美静
37	散文奖	散文比赛	提名奖	中国散文家协会、华夏散文奖评审委员会、北京驰讯文化传媒	国内组织	李美静
38	第四届青年优秀论文奖	优秀论文	三等奖	中国人类学民族学研究会教育人类学专业委员会	国内组织	王倩雯
39	第三届全国大学生环保知识竞赛	知识竞赛	优秀奖	全国大学生环保知识竞赛组委会	国内组织	韦蓝诗
40	2019年第四届全国哲学伦理学博士生学术论坛	学术论坛	三等奖	中国伦理学会	国内组织	张述贵
41	最佳钢琴艺术指导	乐器类钢琴	一等奖	中国校园健康行动互联网办公室、中欧国际文化节组委会	国内组织	张述贵

续表

序号	奖项名称	获奖作品	获奖等级	评奖组织单位	组织单位类型	获奖人姓名(硕士生)
42	第10届中国高校美术作品学年展	美术作品	优秀作品奖	北京中外视觉艺术院+中国高校美术作品学年展组委会	国内组织	胡瑜芬
43	2019年首都大学生京都念慈庵杯篮球超级联赛	体育类篮球超级联赛	第三名	中国大学生体育协会	国内组织	杨永腾
44	第十一届全国少数民族传统运动会民族武术	体育类民族武术 女子传统器械	三等奖	全国传统体育运动会组织委员会	国内组织	官昕
45	第十一届全国少数民族传统运动会	体育类女子组小龙舟200米直道加速	二等奖	全国传统体育运动会组织委员会	国内组织	官昕
46	第十一届全国少数民族传统运动会	体育类小龙舟200米直道加速	二等奖	全国传统体育运动会组织委员会	国内组织	马瑞娅
47	第十一届全国少数民族传统运动会民族健身操	体育类健身操	一等奖	全国传统体育运动会组织委员会	国内组织	樊晓静
48	第十一届全国少数民族传统运动会民族健身操	体育类健身操	一等奖	全国传统体育运动会组织委员会	国内组织	孙泽好、赵天、曹冠豪
49	第十一届全国少数民族传统运动会民族健身操	体育类健身操	团体总分一等奖	全国传统体育运动会组织委员会	国内组织	王海阳
50	全国高校传统文化知识竞赛	知识竞赛	北京市二等奖	全国高校传统文化知识竞赛组委会	国内组织	崔鑫
51	全国啦啦操联赛（清华大学站）	体育类公开青年乙组集体花球自选动作	第一名	全国啦啦操比赛	国内组织	崔鑫
52	全国啦啦操联赛（清华大学站）	体育类公开青年乙组花球规定动作（2016版）	第一名	全国啦啦操比赛	国内组织	崔鑫
53	第15届中国大学生健康活力大赛即中国大学生校园健身操舞锦标赛	体育类中国风专业院校组轻器械规定动作：响扇	一等奖	中国大学生体育协会	国内组织	王倩雯

续表

序号	奖项名称	获奖作品	获奖等级	评奖组织单位	组织单位类型	获奖人姓名(硕士生)
54	第15届中国大学生健康活力大赛即中国大学生校园健身操舞锦标赛	体育类中国风专业院校组轻器械规定动作：弹力绳-水	一等奖	中国大学生体育协会	国内组织	王倩雯
55	第15届中国大学生健康活力大赛即中国大学生校园健身操舞锦标赛	体育类中国风专业院校组个人全能	第一名	中国大学生体育协会	国内组织	郭笑晗
56	第二届京津冀工商管理硕士专业学位研究生尖峰时刻创业企划大赛	创新创业	最具投资价值奖	北京市教委、天津市教委、河北省教育厅	国内组织	余克梅
57	第二届京津冀工商管理硕士专业学位研究生尖峰时刻创业企划大赛	创新创业	最具投资价值奖	北京市教委、天津市教委、河北省教育厅	国内组织	吴昊
58	第二届京津冀工商管理硕士专业学位研究生尖峰时刻创业企划大赛	创新创业	最佳创意奖	河北省教育厅、北京市教育委员会、天津市教育委员会	国内组织	聂静怡
59	第五届中国“互联网+”大学生创新创业大赛（北京赛区）	创新创业	一等奖	北京市教育委员会	国内组织	任雪雁
60	第五届中国“互联网+”大学生创新创业大赛（北京赛区）	创新创业	团体二等奖	北京市教育委员会	国内组织	覃静蕾、刘亚芳、陈妍、马利
61	第五届中国“互联网+”大学生创新创业大赛（北京赛区）	创新创业	三等奖	北京市教育委员会	国内组织	覃静蕾、顾凯、殷媛、武珊珊、普华西日布
62	北京地区高校大学生优秀创业团队评选	创新创业	团体一等奖	北京市教育委员会	国内组织	木丽得尔·毛力提
63	2019年首都大中专学生暑期社会实践活动	社会实践	优秀团队奖	中共北京团市委	国内组织	马笑笑、高睿、虞情
64	2019年首都大中专学生暑期社会实践活动	社会实践	优秀团队奖	中共北京团市委	国内组织	覃静蕾

续表

序号	奖项名称	获奖作品	获奖等级	评奖组织单位	组织单位类型	获奖人姓名(硕士生)
65	第十届北京大学生影评大赛	影评大赛	一等奖	北京市文联主办、北京电影家协会承办	国内组织	云可心、孙茂伟、牛珊
66	第二届罗国杰伦理学教育基金优秀学生	优秀学生	三等奖	北京市中国人民大学教育基金会、罗国杰伦理学教育基金	国内组织	周雨潇
67	2019“爱我祖国、兴我中华”全国民族院校大学生演讲比赛	演讲竞赛类	一等奖	国家民族事务委员会	国内组织	付邦
68	国家民委社会科学研究成果奖（调研报告类）二等奖	调研报告	二等奖	国家民族事务委员会	国内组织	龙静璠（博士）
69	国家民委社会科学研究成果奖（调研报告类）二等奖	调研报告	二等奖	国家民族事务委员会	国内组织	黄迪
70	第二届国家民委系统“科普讲解大赛”二等奖	科普讲解大赛	二等奖	国家民族事务委员会	国内组织	董超
71	第十六届北京市舞蹈比赛	舞蹈《谷雨》	团体二等奖	北京市文学艺术界联合会、北京市教育委员会	国内组织	周雨潇、张佳丽、耿铎、郭海璇
72	第十六届北京市舞蹈比赛	舞蹈《盛世赞歌》	团体二等奖	北京市文学艺术界联合会、北京市教育委员会	国内组织	周雨潇
73	第十六届北京市舞蹈比赛	舞蹈《走在幸福路上》	团体二等奖	北京市文学艺术界联合会、北京市教育委员会	国内组织	周雨潇
74	第十六届北京市舞蹈比赛	舞蹈《大傻妞》	三等奖	北京市文学艺术界联合会、北京市教育委员会	国内组织	周雨潇、马燕
75	第十六届北京市舞蹈比赛	舞蹈《春之萌》	一等奖	北京市文学艺术界联合会、北京市教育委员会	国内组织	张佳丽
76	北京市舞蹈比赛	舞蹈《额尔古纳河》	团体一等奖	北京市文学艺术界联合会、北京市教育委员会	国内组织	张佳丽、乔嘉欣、杜帅敏、周玥琪

续表

序号	奖项名称	获奖作品	获奖等级	评奖组织单位	组织单位类型	获奖人姓名(硕士生)
77	第十六届北京市舞蹈比赛	舞蹈《守护》	团体二等奖	北京市文学艺术界联合会、北京市教育委员会	国内组织	张昕悦、徐雅琳
78	第十六届北京市舞蹈比赛	舞蹈作品	团体二等奖	北京市文学艺术界联合会、北京市教育委员会	国内组织	胡瑜芬
79	第十六届北京市舞蹈比赛	舞蹈《未曾来过的故乡》	表演三等奖	北京市文学艺术界联合会、北京市教育委员会	国内组织	徐雅琳
80	第十六届北京市舞蹈大赛	舞蹈作品	团体二等奖	北京市文学艺术界联合会、北京市教育委员会、北京舞蹈家协会	国内组织	徐雅琳
81	第十六届北京市舞蹈大赛	舞蹈作品	团体二等奖	北京市文学艺术界联合会、北京市教育委员会、北京舞蹈家协会	国内组织	徐雅琳、赵鹏
82	第十六届北京市舞蹈比赛	舞蹈作品《天梯》	创作二等奖	北京市文学艺术界联合会、北京舞蹈家协会	国内组织	徐雅琳
83	第十六届北京市舞蹈比赛	舞蹈作品《我的碉楼、我的家》	创作三等奖	北京市文学艺术界联合会、北京舞蹈家协会	国内组织	杨贺婷
84	第十六届北京市舞蹈比赛	舞蹈作品《我的碉楼、我的家》	表演三等奖	北京市文学艺术界联合会、北京舞蹈家协会	国内组织	杨贺婷
85	第十六届北京市舞蹈比赛	舞蹈作品《天梯》	表演二等奖	北京市文学艺术界联合会、北京舞蹈家协会	国内组织	杨贺婷、雷雅蘭
86	第十六届北京市舞蹈比赛	舞蹈《走在幸福路上》	表演二等奖	北京市文学艺术界联合会、北京舞蹈家协会	国内组织	杨金馨
87	第十六届北京市舞蹈比赛	舞蹈《走在幸福路上》	创作二等奖	北京市文学艺术界联合会、北京舞蹈家协会	国内组织	宝阿咪丽
88	第十六届北京市舞蹈比赛	舞蹈作品《追梦土家人》	创作优秀奖	北京市文学艺术界联合会、北京市教育委员会、北京舞蹈家协会	国内组织	袁乐

续表

序号	奖项名称	获奖作品	获奖等级	评奖组织单位	组织单位类型	获奖人姓名(硕士生)
89	第十六届北京市舞蹈比赛	舞蹈作品《云迹》	创作银奖	北京市文学艺术界联合会、北京市教育委员会、北京舞蹈家协会	国内组织	张雅琳、白雪菲、任雪雁
90	第十六届北京市舞蹈比赛	舞蹈作品《一碗子》	创作优秀奖	北京市文学艺术界联合会、北京市教育委员会、北京舞蹈家协会	国内组织	王庆贺、王家凝、流阳
91	第十六届北京市舞蹈比赛	舞蹈《旗杆上不倒的旗》	创作三等奖	北京市教育委员会、北京舞蹈家协会、北京市文学艺术界联合会	国内组织	李宏烨
92	2019 敦煌杯二胡大赛日本赛区	乐器类二胡	海外重奏组银奖	中国器乐协会	国内组织	张昕悦
93	全国百校联展专业创新奖	专业创新	二等奖	北京艺术基金委员会	国内组织	张昕悦
94	2019 年首都高等学校大学生网球联赛秋季单项赛	体育类女子甲 A 组女双	第二名	北京市大学生体育协会	国内组织	周玥琪
95	2019 年第十届首都高等学校大学生网球精英赛	体育类女子甲 A 组女双	第一名	北京市大学生体育协会	国内组织	周玥琪
96	2019 年首都高等学校大学生网球联赛	体育类秋季单项赛女子甲 B 组单打	第一名	北京市大学生体育协会	国内组织	杜帅敏
97	2019 年首都高校排球锦标赛	体育类排球锦标赛	第一名	北京市大学生体育协会	国内组织	杜帅敏
98	第二届中国（浙江）民族服饰设计展演“十佳设计师”	设计作品	一等奖	浙江省民族宗教事务委员会、浙江省服装行业协会	国内组织	赵丽敏
99	2019 年“首届全国研究生科学道德和学风建设论坛”	学术论坛	二等奖	复旦大学研究生院	国内组织	孙义源
100	第五届国际藏书票博览交流会大赛	美术作品	优秀奖	江苏省青年美术家协会	国内组织	何雪梅
101	ICMRS 国际 Webster Jee 青年学者奖	青年学者奖	青年学者奖	国际华人骨研学会（the International Chinese Musculoskeletal Research Society、ICMRS）	国际组织	何雪梅

续表

序号	奖项名称	获奖作品	获奖等级	评奖组织单位	组织单位类型	获奖人姓名(硕士生)
102	ICRA 2019 RoboMaster AI Challenge 3RD PRIZE	AI 比赛	三等奖	DJI & ICRA	国际组织	曹冲晗
103	第 12 届大韩民国亲环境现代美术大赛	美术比赛	铜奖	大韩民国亲环境艺术协会	国际组织	朱慧（博士）、依香叫（博士）、毕芳
104	“百年南开”世界名校龙舟邀请赛 200 米	体育类龙舟邀请赛 200 米	第一名	天津市体育局	国内组织	谭鸣飞
105	“花城印记杯”2019 中华大学生研究生诗词大赛	诗词大赛	优秀奖	中山大学中文系	国内组织	张海龙（博士）
106	第十四届全国民族理论研究生学术研讨会论文奖	学术研讨会	三等奖	中央民族大学中国特色民族理论研究基地	国内组织	李昳聪（博士）
107	第五届学院派全国艺术与设计大展	艺术与设计大展	二等奖	包豪斯国际设计协会	国内组织	何长剑、李宛纯、顾静雯
108	第五届全国艺术与设计大展	艺术与设计大展	三等奖	北京包豪斯文化艺术院+包豪斯国际设计协会	国内组织	胡瑜芬
109	国际蒙古舞蹈大赛	舞蹈《玛拉沁呼亨》	一等奖	中国-蒙古国博览会组委会内蒙古自治区文化和旅游区	国内组织	李美静
110	第八届全国高校学生考古论坛	考古论坛	二等奖	吉林大学考古学院	国内组织	何长剑、李宛纯、顾静雯

2018—2019 学年本科生奖项名单

个人奖项

（一）国家奖学金（146 人）（授奖单位：中华人民共和国教育部）

法学院（25 人）

白芸、许林逸、陈施喈、唐晴、杨婉翌、林琳、陈慧敏、阎婧涵、蓝琼、姜佳佩、王禄金、樊晓琳、杨子萱、孙国梁、刘晓雁、鲍伟、宋奕娇、马峥嵘、陈芷姗、李越、多中措、王润、张天宸、骆涵、张上上

教育学院（2 人）

粟园、潘乐滢

经济学院（14 人）

程莎莎、李海博、邢书铭、王玉萍、冯凡、曾俊淇、刘思语、蔡燕妮、文泽艺、王嘉仪、李浚琪、白凯元、王珞馨、何林霏

理学院（12 人）

韩春婷、于子涵、董青秀、邵明钺、卓玛杰、崔婷、廖春游、李玉琳、陈筱婕、陈语嫣、王卓玛、何可欣

历史文化学院（3 人）

王璞、梁冰玉、熊航

美术学院（9 人）

霍庆煜、何乐薇、陈佳欣、陈予歆、杨茗惠、刘纬桢、刘晓丹、杨炳鑫、时铭成

民族学与社会学学院（8 人）

温紫欣、赵蕴博、吴晔涵、冷仪、黄钰婷、赵越、段丹天、刘力铭

生命与环境科学学院（9 人）

蒋欣见、李品间、孙若涵、赵鹏媛、郎修远、秦智敏、蒋弘蓁、刘一、巴译晗

体育学院（2 人）

安欣、凌坤

外国语学院（8 人）

张琳、温彭玉、王晋慧、张伊然、张子义、帕孜丽亚 · 吐尔洪、周东方、张易

文学院（6人）

祝溪、方英权、罗彤、陈衍多、程锦圆、闭月辰

舞蹈学院（5人）

王昊男、李鸿辉、薛欣蕊、龙丽帆、刘佳鑫

新闻与传播学院（6人）

苏健威、周子璇、潘星月、孙世宁、周吴君京、张宇

信息工程学院（12人）

李玉华、方怡莹、徐馨润、段嘉欣、刘奕、王月莹、蔡莹莹、张钦、杨明杰、徐姜云、刘佩柔、梁媛

药学院（1人）

唐天昕

音乐学院（7人）

王珏、李晓凤、高日罕、苗宇、李天杭、马亚銮、吴雅琳

哲学与宗教学学院（3人）

唐润生、周烨薇、仲奕嘉

中国少数民族语言文学学院（14人）

加依娜·加阿勒克、巴德玛拉、阿丽雅、阿茹罕、伊布格乐、黄佳瞳、达珍拉姆、李祥华、辛林香、金昭娟、谯金亚、龙洁、古丽巴哈尔·艾力、祖丽阿亚提·居热提

（二）国家励志奖学金（359人）（授奖单位：中华人民共和国教育部）

法学院（27人）

罗世伟、孙鹏庆、杨秋月、朱然然、张亚楠、索南达吉、闹日草、刘国燕、胡永辉、汤笑笑、张岩、娜迪兰·吐鲁洪、段倩蓉、道吉吉、华日旦、宋小敏、段艺、贠沁羽、田佳、罗楠鑫、赵成琪、蒋红、陈红、吴西西、孙嘉男、雷雨欣、娜迪拉·艾尼娃仁

管理学院（34人）

金娜、陈温都苏、谭昊婷、农新密、魏晓斌、宁恺璐、王业成、崔彤彤、李亚兰、郑晨琛、姬瓒、央初卓玛、张瀚文、任前意、邓希、赵梅贵、孙雨欣、许泷嘉、完德措毛、宽正措、汪蕊、吴春艳、谢水仙、王江凤、李玉芳、姚丽丽、安文叶、杨佳慧、曹志荣、段晓、郭雨馨、李小栏、吴林蒨、龙彦燕

国际教育学院（1人）

刘晓颖

教育学院（6人）

黄优、雷德芳、袁彩虹、何粉、李敏、罗馨雅

经济学院（32人）

汪年芬、王四四、哈欣昱、陈伊婷、廖喜梅、陈静、史超敏、向树林、刘梦雪、买小艳、白晓丹、陈颖、卓燕珊、张银霜、邢玥、蓝宏文、林宇航、宋亦擘、杨猜、

杜小瑜、李芊、钟婷婷、吴金桓、李昕洋、曾雨鑫、陈情、吴奇霖、程畦、王冰怡、马玉花、宋璐璐、岳琳琳

理学院（36 人）

杨钧涵、付雪郡、李佳欣、牟丽、李飞云、桌玛代吉、芦丽霞、王梓璇、危芳莹、吴柏杨、王楠、林智丽、李文博、李瑾晗、李赓、方威、才仁央宗、卓拉、才吉卓玛、张蓓、赵露霞、田梦、吴一品、孙洁、丁文晶、雷港茴、孟祥瑞、焦春辉、杨志琴、包舒玲、宗巴吉巴、向巴卓玛、达娃仓决、黄富华、杨珏、张倩

历史文化学院（4 人）

张曼特、罗为、胡婉灵、李雨轩

美术学院（16 人）

邹文静、石鑫、王胜男、穆欣怡、吴倩倩、辛喆、卢红、张克青、阳维、李昕、叶子腾、刘俞吟、祁嘉静、吴晨、黄泽婷、王子长

民族学与社会学学院（13 人）

刘秀琴、王玉花、靳莎莎、李俊吉、商林娟、李怡琳、杨臣知、马凤花、韦春、马记、杨亚丽、刘明亮、苏培钰

生命与环境科学学院（23 人）

曹立娇、寸淑娟、李智强、彭琼艳、卢应爽、覃玉红、陈舒婷、兰艳红、戴晓艳、朱文静、季婉婷、高雅翾、鄂烨、李文琦、罗鑫、黄小娱、陈梓慧、庞晨曦、李方舟、舒杏梅、张婧茜、马琰、刘郑委

体育学院（7 人）

周贵龙、张家乐、江喆、刘鑫、李晓梦、孙基多、王选取

外国语学院（16 人）

曹文豪、贾锡彤、汪家红、迪力拜尔·太外库力、廖彬、唐艳红、张晗、杨雨蝶、张灵澈、尔依扎·斯拉哈提、孙海燕、朱笛、张群峰、孙婷婷、施穆苏、李嘉诚

文学院（9 人）

奉千榆、覃聪、陈宗杰、姚思忆、冉小敏、白露、赖斌、付春艺、马嘉琦

舞蹈学院（12 人）

周思怡、常畅、侯雨佳、梁丽娜、叶叠叠、姚昊东、陈平、程川泽、戴燊誉、张浩男、董佳凝、胡琪

新闻与传播学院（14 人）

刘凤玲、刘洪琴、李佳芮、马琰、曾悦、旦准卓玛、扎西措、孙诺追玛、化欠、张嘉敏、张亚文、贾红、白玛拉姆、艾黑旦木·莫合达尔江

信息工程学院（34 人）

茶怡美、贾钰、刘思思、汤吉安、莫紫璇、杨瑞、梁永才、索南措吉、扎西草、才仁曲吉、才让先木、旦增卡加、德青曲珍、毛骏琦、杨昊、熊艳芹、李丹丹、吕星晨、闫馨雅、黄文星、彭路尧、镇东、尕让丹巴、依西降参、仁曾卓玛、马小雪、赵钰、陈雪、宋青、王定莲、穆璇、朋毛才让、达毛吉、叶强吉

药学院（4人）

赵敏彤、肖鹏君、肖兰、胡荣珍

音乐学院（3人）

彭倩妮、杨子仪、贾超逸

哲学与宗教学学院（5人）

于婉蓉、王佳慧、叶慧敏、陈泉舟、马泽义

中国少数民族语言文学学院（63人）

木丽得尔·阿迪、玛合巴力·奴尔达那勒、宝迪斯庆、古丽娜·马衣旦、艾黛·阿达力、奈日斯格、哈合列孜·赛勒克、加娜提古丽·朱玛别克、王鑫鑫、丽娜·胡瓦尼西、胡安得克·巴合提别克、乌日根、哈达、乌云图力、乌日力格、杨菊、汪哭、王鹏、努佳娃尔·热孜哈子、刘树梅、蔡德力格日胡、海日罕、高艳琪、韩丽丽、杜雨薇、卡毛卓玛、玛机措、嘎鲁桑姆、康珠永措、才让东知、强巴卓玛、齐军草、泽仁张尕、巴桑、次仁普尺、多杰措毛、办灯措、格龙江初、西合刀杰、立青拉宗、泽让德机、李耶荣、衿晶、金美花、王红玉、彭敏、阿尔罗宁、宝媛洁、花漫缘、和玮、余婷、王金金、刘月青、钟汝荆、努日曼古丽·阿卜杜吾普尔、阿依谢姆古丽·图尔荪、祖拉亚古丽·阿布力木、艾孜孜木·阿力甫、于淑敏、艾孜哈尔·开依沙尔、古力孜巴·阿巴拜克、玛伊热·努尔麦麦提、古丽拜克热木·艾麦尔

（三）宝钢教育基金优秀学生奖（4人）（授奖单位：宝钢教育基金会）

李泓嘉	信息工程学院
马文洁	法学院
陈易静	生命与环境科学学院
徐瑾如	民族学与社会学学院

（四）日本三菱日联银行奖学金（30人）（授奖单位：日本UFJ国际财团）

中国少数民族语言文学学院（4人）

朱拉、徐尔笑、布里都松·别克吐尔汗、娜尔克孜·木拉提

法学院（2人）

宝音图、孙义

管理学院（2人）

陈雯颖、罗小晗

民族学与社会学学院（2人）

黄悦、杨雯倩

信息工程学院（2人）

毛骏琦、王大次儿

经济学院（2人）

龙宣佚、侯雯钰

理学院（2 人）

周国斌、李文博

外国语学院（2 人）

沈馨妍、马可

音乐学院（1 人）

马亚銮

文学院（1 人）

程锦圆

药学院（1 人）

李心璨

哲学与宗教学学院（1 人）

周烨薇

教育学院（1 人）

贾　乐

生命与环境科学学院（1 人）

王佳宇

舞蹈学院（1 人）

李鸿辉

体育学院（1 人）

魏健宁

美术学院（1 人）

时铭成

国际教育学院（1 人）

那缘缘

历史文化学院（1 人）

鸿格尔卓兰

新闻与传播学院（1 人）

贾　红

（五）本科生专业奖学金（授奖单位：中央民族大学）

1. 专业一等奖学金（450 人）

法学院（32 人）

马文洁、刘易霖、龚昕、王思仪、卢云赟、程照锦、崔文浩、卜天石、王佳琪、泽仁巴姆、杨婉翌、周凝希、陈施喈、白芸、许林逸、王坤宁、那潇祎、孙鹏庆、蓝琼、索南达吉、闹日草、陈熠琼、吴西西、唐晴、陈慧敏、马怡娜、赵彦昇、道吉吉、阎婧涵、王禄金、王璐雪、常铭心

管理学院（35人）

常慧源、许婋、徐一泽、张钰炜、杨子萱、李一丹、何悦、谭韵、孙国梁、许斯琪、马峥嵘、刘欢、王明志、刘晓雁、张维佳、鲍伟、李亚兰、宋奕娇、吴昌银、韩云、蔡志雯、陈芷姗、邓希、廖之秀、李越、完德措毛、王润、谢水仙、岳子哲、刘泓、张天宸、骆涵、万晶、罗彦宁、王姝人

国际教育学院（2人）

那缘缘、张秋雯

教育学院（7人）

王凡、吴爽、俞畅、王致贤、贾乐、徐卓宇、王琛

经济学院（41人）

刘安卓、韩楚雯、吕宁、陈静、梁泽龙、王佳悦、汪浩帆、司正方圆、蒋晶晶、林虹、田容至、蔡珺、陶昕彤、崔博宇、邢玥、曹佳郁、王炼、丁靖童、吕晓萌、郑文畯、杨庄立、何凯茜、杜小瑜、郭津津、蒋丽、陈采雯、曾雨鑫、侯蕴煊、邓舒心、王珞馨、周子怡、何欣原、陈金娥、高迪优、太馨颖、杨菁、张晓漫、江煜可、张凯莉、徐泽茜、邵镜容

理学院（39人）

孙浩楠、孟祥瑞、孔令晖、旦正加、陈澄、王明俊、谢莹、凌卉、赵玉、李瑾晗、吴一品、王意骁、马文萱、瞿钰松、顾茵如、毕安琪、付饶、李文博、孙洁、才吉卓玛、胡译文、赵蓉、徐靖、董家骅、柳俊元、张晶、白千雪、刘颖洁、李飞云、李霈雯、王梓璇、高歌泽、芦丽霞、张沂、高文桥、付丽玲、白晨宇、马雪薇、赵露霞

历史文化学院（20人）

王自然、赵瑞、周天宇、李羽谦、陈珏、董衡、金瑶、安宸庆、应孝璐、张曼特、黄汇雯、沈静池、罗心悦、李骁航、冯珺涵、匡毅、许向成、贺雅慧、熊航、鸿格尔卓兰

美术学院（26人）

霍庆煜、牛蕊、陈予歆、王品丹、俞炯霞、周言怡、石鑫、袁佳仪、刘晓丹、张克青、王琳、王雨辰、刘纬桢、贾艺婷、杨茗惠、陈彦宇、杨炳鑫、时铭成、胡小雨、哈千汇、姜子羽、王思睿、李昕洋、王子长、吴慧玲、刘俞吟

民族学与社会学学院（30人）

王宇灿、徐瑾如、段琬琪、孙嘉琦、张紫东、李彧白、沐晓阳、冯明月、庄壹涵、奥欣悦、洪鉴璇、赵一帆、叶怡洁、吴书峣、冀雨点、何霆、许昕、陈玉莹、张皓源、高依然、李涵琪、方璐瑜、冯慧迪、冯溪歌、旷轶丹、马钰炜、刘菀莹、郭慕琰、林乃如、何佳钰

生命与环境科学学院（28人）

刘畅、刘秋彤、郎修远、季婉婷、濮梦瑶、赵悦汝、和书航、孙若涵、张思涵、王静玮、伍盈欣、刘一鸣、董令凯、李方舟、张何昱青、胡浩、祝严欢、庞晨曦、赵鹏媛、姚赐琴、陈易静、汪紫薇、李桂杰、吴冉、黄露霏、余焜、吴家旺、高旭

体育学院（7 人）

田虎同、马铭宇、李宸、侯崛、魏健宁、邓咏迪、江喆

外国语学院（22 人）

廖雨清、向若怡、章一凡、刘益鑫、海江凝、郭姝璇、丁孟媛、刘子聪、字荣、郭艳垣、刘媛媛、胡馨雅、宿青云、郭梦迪、茹给艳·尤苏付、邹雨彤、罗雄威、何新哲、曲佳琦、张蕾、库力曼·布尔列斯汗、麦日排提·艾克拜尔

文学院（15 人）

覃聪、陈宗杰、任培馨、陈妍洁、万恩足、陈轶昀、徐奕敏、李若涵、张霄、孙瑜苓、常格格、叶威、伍江雨、高嘉泽、赵欣然

舞蹈学院（15 人）

陈艺丹、宋昕怡、向谷全、袁源、陈倚帆、马嘉辛、陆宇业、韦思琪、玉惠敏、戴燊誉、魏渝珊、姚昊东、徐丽盈、顾畅、周袁俊彪

新闻与传播学院（16 人）

林星妤、孙世宁、张嘉敏、楼嘉慧、化欠、吴世韵、潘安琪、吴浩甜、曾悦、孙诺追玛、王励玮、张亚文、杨晓双、唐子涵、周吴君京、臧襄淇

信息工程学院（36 人）

丁元博、刘贤颖、梁永才、黄品儒、刘牧云、吕诗雅、聂江龙、贾钰、陕言、付晓影、齐析屿、黄丽蓉、高浠植、刘亚萌、依西降参、李丹丹、李晓芳、黄沁如、王雪怡、易名舜文、曹安波、龙娜、王定莲、穆璇、朋毛才让、李国男、李泓嘉、陈展、艾丽亚、黄文星、范颖颖、闫馨雅、王娇龙、张游、索南措吉、杨静

药学院（2 人）

蒙艺灵、黄屿鹤

音乐学院（20 人）

张琨、王珏、吴雅琳、谢雨珊、马亚銮、刘宜笑、周子镔、南丁、张可彧、杨子仪、李星灿、赵焱斌、赵景山、孙俊妍、鲁衍阳、胡明照、苗宇、李天杭、高日罕、李晓凤

哲学与宗教学学院（8 人）

张芃、高文心、高雅琪、涂昕、庄文笑、陈泉舟、李皓祎、崔瑜娜

中国少数民族语言文学学院（49 人）

杨菊、汪叒、曾雪雨、阿依谢姆古丽·图尔荪、衣拉木江·买买提、杨正瑛、古丽娜·马衣旦、郑斯恩、黄诗雲、韦力尔、超日雅、道吉才让、古丽巴哈尔·艾力、金文汉、木丽得尔·阿迪、池成斌、张国香、徐美兰、奇琴、奈日斯格、木沙江·许库尔、辛林香、祖木热提·加肉拉、艾黛·阿达力、徐小雲、阿迪莱·图尔荪、都乐根、陆柳慧、彭诚倩、艾孜哈尔·开依沙尔、李春晓、乌日根、朗尕吉、曾刚、立青拉宗、吴慧英、毛怡文、新吉乐、丽娜·胡瓦尼西、崔雨泓、刚尖措、李祥华、苏园淇、韩丽丽、哈达、黄冰聪、黄佳瞳、贡秋甲、当增尖措

2. 专业二等奖学金（1303人）

法学院（98人）

王钰玥、徐启慧、汤笑笑、刘国燕、杨洋、陈怡甫、陈诗潆、陆美晨、王崭、蔡沐铃、田淯屹、姜佳佩、谢昕宜、娜迪拉·艾尼娃仁、龙则灵、罗晓薇、林琳、娜迪兰·吐鲁洪、聂祎、孙义、姚贝林、朱然然、谢笑宇、杨秋月、罗佳佳、张劭格格、南吉卓玛、叶旦多杰、苏镘圯、莫心蕊、关士香、谢佳怡、于松宁、贾紫涵、马雪纯、邹俊雅、肖智慧、郭一鸣、戴宇涵、陈英熠、孙绮蔚、梁宇佳、李瑞康、王金茹、拉毛草、黄晨雨、周媛、邹莉、陈佳、王安琪、杨芃、林雅静、彭毛才旦、彭璞、卢婧、贺嘉倩、李楠、许秀洁、泽金措、王雨辰、胡未然、孙嘉男、孙怡瑶、颜韵、樊晓琳、赵梓舒、金香、宋小敏、丛琳、华日旦、戴玮资、赵美玲、才本多杰、罗卿华、李谨彤、梁诗娴、王雅茹、赵冰昕、雷雨欣、赵成琪、杨馨、魏筱、于雯、沈茗遥、时梦阳、周江涵、郭海辰、何璇、孙毅意、姚雯荻、杨安然、陶丹丹、扎西吉、负沁羽、李婉榕、罗世伟、潘宇霆、邓成锦

管理学院（109人）

张卓玥、吴语嫣、林芳彬、宁恺璐、宋美儒、牟冰清、岩温罕、唐子博、冉海江、金小英、程丽婷、马宏喆、王欣、王正富、黄妙环、纪红涛、顾涵、王晟杰、张琦、张梦宸、朱福钰、王业成、多中措、张瀚文、逄增、陈瑶、贾於盟、桑扎交、徐铭悦、周昱、郭慧兰、刘怡彤 、张晓旭、黎睿特、孙雨欣、何清仪、刘念、许泷嘉、邱禹晴、邢慧君、刘涵玥、更德玛、孙传渝、赵宇涵、徐琴、宽正措、衣雪颖、雷明键、徐蕾、郑晨琛、易甜恬、莫柠宁、农新密、王鑫、李欢、徐子迪、何晶晶、刘淑静、王荦琦、陈温都苏、咸安慧、王茹、马欣瑞、唐芷颖、姚晓辰、安文叶、刘冰璨、李汶清、曹志荣、刘琪、杨雨欣、陶海婷、汤娇娇、张凌炜、张莹玥、黄俊、哈蕊、刘睿、向俊安、徐铭泽、刘雨潼、吕祎晴、徐赛璐、张上上、马一平、赵宇琪、荣奕源、张以宁、吴欣、张赫、武麟、曾若嫣、吴睿婧、唐海东、丁淇、杨舒雯、李骥雯洁、刘雨婷、黄雯、缪欣、林珂帆、姚丽丽、李博文、郭雨馨、安馨、杨佳骏、龙彦燕、张靖萱、张延

国际教育学院（5人）

刘晓颖、罗安童、金纬、白照星、赵梓雯

教育学院（20人）

黄优、王晴阳、陈诗苗、王瑨婧、王丽荣、李妙、程函轩、章滢滢、王驰、邹奕淳、陈斯聪、谭心、王怡雯、郭雅妮、张清懿、褚雨轩、吴诗芬、李佩窈、赵心萍、葛书含

经济学院（122人）

吴宗翰、郭梦涵、梁馨元、刘怡铭、卢昱沅、钱亦梦、田勤昌、查文姝、王子行、马小明、李秦青、邓梅芳、钱多、罗艺苗、王饶娆、靳书慧、赖珩、王烁、周洁、龙宣佚、蓝宏文、吴宵缇、陈天天、曹惠程、郭莉雯、王倩、张娟、李晨、谭宇、杨滢、叶恒毅、郝婉琪、张小贤、叶雅玲、朱艺杰、陈钰沛、汤李琛、李思函、李睿婕、吕

明燃、宋戈、邱泓铭、马榕、李思维、徐丹阳、龚一心、文晓倩、赵浥颉、贺洁、王楚盈、李静艳、刘玥、牟韵曦、叶林颖、曹林丽、徐潇潇、鲁煜晨、薛汉翔、薛娜、黄龙涛、李娇阳、唐晓颖、熊荣艺、周清然、杜娅婷、梁瑞欣、陈雨萌、吴金桓、李昕洋、史慧琳、薛倩瑜、于耀翔、王晓玥、吴奇霖、王冰怡、薛尧予、张崇敏、龙兰、孙雅雯、陈伟、程畦、孙晓丹、刘思恺、陈铧敏、吴昊、修佳志、郑欣圆、相文静、席馨、陈逸如、牛林漪、王昭、曹洁、黄美霖、郭甲鼎、关睿、岳琳琳、申静、侯雯钰、陈情、陈彦霖、钟宛臻、吴嘉梦、肖悦滢、陈玉馨、聂梦涵、谭宇洋、谭杨明昕、邱子珊、贺楚慧、陈秋雨、刘清源、李默涵、宋璐璐、银纯、方崇颖、蓝思静、王艺蒙、李艾乐、唐宏、王扬钧、柯汇

理学院（119人）

范浩然、孙柏雨、赵蓉、张蓓、全洛君、李静怡、刘娜、雷港茴、黄依薇、黄富华、杨心怡、焦春辉、李文睿、赵绒梅、李嘉琪、杨颖、殷彤、丁颖、王春雨、一西娜姆、宗巴吉巴、蒋一宁、高琳昕、温进、扎西卓玛、陈诗琪、周琳、陈娜、杨雯竣、德吉卓嘎、唐培锫、杨雨诗、方威、张越、张曼曼、李珍玲、高宇、李赓、丁宁、阙姗、楚然狄、田梦、马晓茗、刘苏慧、刘徐熠、陈舒姿、杨梦涵、蔡奕杉、邱丽影、刘欣然、杨志琴、杨珏、彭韦一、凌宛莹、王宇航、武文齐、刘鱼迁、荣开元、丁文晶、李祎博、张浩、包舒玲、郑洁、曾筱薇、宋柯宇、崔婷、卓拉、才仁央宗、胡星愉、陆江镕、张宁、刘淑玉、董乔宇、周国斌、张佳、公保草、玉珍、许子健、王楠、徐一侨、罗宇恒、邓莉、王彤、郑琪琪、冯家壮、吴柏杨、侯志文、陈俊廷、刘荣、郭子瑞、韩天祎、孙婷、符羽彤、陈荣发、刘春淼、吕灵杰、向恒、桌玛代吉、娘毛先、张淇乔、钟良欣、姚涵、毕译匀、索朗拉姆、向家琼、石雨菲、李思洁、宋俊蓉、隆雨可、危芳莹、何可欣、郑雅杰、刘冰雪、商凯敬、梁佳丁、张馨艺、李冬雪、张奥楠、高浩波

历史文化学院（60人）

韩智颖、曾家昱、刘润泽、张冰倩、焦芹芹、王爽、王梦雅、白梦、额震、张秉琛、杨洁宇、罗梓叶、牟家莹、胡水香、毕汉杰、罗为、刘姗姗、张璐、孜民江·克力木、沈婷、唐晓雪、孙浩然、起靖洋、张爽、胡楚意、贺雅蓉、施睿、洪闽京、薛淑婷、王瑞琦、王思宇、王诗萱、陈思琪、吴金营、崔高翔、姚璇、杨琼芳、卢何青、施乳男、张旺杰、陈雨萌、麻荣轩、王子涵、张子良、周可希、韩昊、王祚、于慧鑫、郭瀚文、洪巧玲、金婷怡、盛利、郝翌钦、李雨轩、卢原、姚露、额日古纳、司马婧桐、李雪怡、赵玥

美术学院（74人）

张行、于亚男、杨雪雯、徐啸、黄泽婷、李欣岳、陈佳欣、何乐薇、朱天晓、杨阳、陈思蕊、张强、马静淳、柯佳源、李致怡、朱璇、尉文祥、张腾辉、郭冠廷、汤远辉、徐铭萱、胡壮、邹文静、唐晓倩、刘睿、张小雨、陈家瑜、吴越、吴倩倩、卢红、王一安、铁启萌、潘启明、田皓中、张艺馨、申映雪、孙兆辰、方圆、沈钰成、吴晨、侯伊伊、祁嘉静、韦思雨、王艺璇、田婧、辛喆、毛辛月、尹仟榕、刘冰欣、卢永慧、

王唯娜、于宛冰、张好迪、王涵、王雅迪、尹晨茜、徐静蕾、贺之业、杨新宇、黄静、赵科翔、杨帆、李雪宁、邱家扬、柴佳琪、印洛凡、宋薇、唐可伊、巩泊言、王笑笑、贾亦嘉、高菁菁、吴佳琦、赵玲玉

民族学与社会学学院（86 人）

张健、龙海峰、赵春燕、江源、王美喆、董碧珅、沈利文、廖华威、江润华、蔡馨毅、李天元、董凌宇、孙凌云、邵驿舒、张锏亓、李志龙、黄甜歌、罗必强、黄彬彬、赵嘉琪、陈果、张典、徐颖琳、徐也晴、张忠海、丁元惠、谭歆婧、庄艳丽、乔天勖、汪泽霏、祝熙、王璇、刘凌果、刘佳奇、荀玥玥、梁心铭、韩蓉、程雪阳、吴楚枫、姜初阳、王天齐、陈紫乔、于译博、李琳惠、王瑜、周蓉、司英杰、王坤和、顾凡、郑雅欣、陈九如、张继月、袁菱聆、陆尧、罗小霞、马红、李元昊、张素敏、马婉晴、周笑涵、朱婧琳、海越、苏培钰、程千芸、谢宜珈、马香凝、王天傲、范馨雨、王志伟、唐玮、肖惠予、邹思航、叶宇、赵茵梦、安怡然、初凡琪、朱嫱、马释宇、郭咏欣、卫琦、李谦云、覃睿洲、吴越、彭滢睿、谌卓雅、余海红

生命与环境科学学院（83 人）

孙煜璨、张钰、张小艺、戚敏、程秀洁、王本正、杨维诚、王潼语、陈德阳、何柳、林子逸、杨婷婷、兰艳红、李品间、熊颖、刘晋芸、彭琼艳、布特、张智媛、吴比、秦碧莹、侯肖育、戴晓艳、李汶汐、丹珍初、单鹏程、彭瑜、王慧婷、郝俊铎、周君兰、陶乐、高雅翾、王佳宇、李佳熙、舒杏梅、付文静、刘莉红、朱文静、赵佳玮、马吉祥、黄冰冰、朱璟君、危亦龙、王田田、张婧茜、谢子嫣、秦智敏、王亚琴、姜均洁、黄小娱、陈梓慧、唐熘、武虹秀、王成彧、段浩宇、纪佳辰、钱晨歌、王雪郡、魏如倩、郑叶、隋翔宇、欧慧敏、王越、黄渝岚、寸淑娟、蒋欣见、初亦周、李雨辰、肖汉至、李慧香、唐蕴恩、陈昊、张杨、尚佳欣、蒋弘蓁、谭文龙、罗鑫、徐晨阳、李文琦、王宇辰、隋雪晴、刘一、贾炬初

体育学院（13 人）

张宏健、陆雯斯、郑子伟、王玉洁、李晓梦、刘一帜、李萌、周贵龙、刘鑫、李颖、张家乐、孙基多、王选取

外国语学院（65 人）

谷书方、康靖雨、王馨如、维娜拉·别克布拉提、李雯婧、穆娟、黄元叙、王泽仪、郭昕悦、张梦瑶、石佳琪、陈馨怡、孔雯、滕博、任凤逸、周雅斯琪、崔惠玲、依帕尔古丽·艾买提、翁靓靓、申玲、陈佳琨、阿扎马提·金额斯别克、苏欣、徐璐铭、黄彦婷、王双玉、郑楚亭、任杰、高旻、覃海凌、杨滢、张陈霆嫣、罗昊、李炜烨、毛艺涵、王思娴、阿丽耶·吐尔逊、纯亮·哈斯铁尔、孙方晴、施天、刘子砚、温馨、潘瑞竹、胡雨曦、吕秋彤、王岩、韩雪妍、陈颖、林嘉怡、仇瑞、张露、李子纯、金玥、周娇、任睿、张辛、托卫司亚·吐尔逊、唐永凤、宋熙瑶、董雪、蒋娴静、王文琪、姚楷文、帕夏古丽·拍塔尔、冯世莹

文学院（44 人）

王康祺、杨久玉、曹宇昕、周巧雯、丁一涵、李欣迪、徐宽伞、韩昕明、周子晗、

赵鸿琳、张琪、邓雅珺、宋莹、黄青玲、冉小敏、侯茗涵、奉千榆、马芳晓、蒋如蓝、王德绎、姚军宇、雷靓、李若兰、邵泉尉、刘丁鋆、秦璇、白方家、白露、陈梦钥、赵莎、王亦蕾、陈泓宇、赵千僖、李腾威、吴奇隆、冉然、熊懿、杨水印、吕丹萍、付春艺、和之缘子、李地珏、赵旭晨、梁祯

舞蹈学院（45人）

赵浩洋、苑艺、胡雅欣、金焕雯、阿拉牧斯、杨扬、黄子桐、马骉、余丰缘、张翼凡、蔡宛凌、纪懿淼、常畅、张笑雯、潘卉、陈璐、侯雨佳、粟缤影、卢怡欣、胡梦琦、薛欣蕊、周思怡、李竺美、刘佳鑫、叶叠叠、张雪妍、华艺雯、买金、李鸿辉、钟焯衡、慕欣颖、刘思嘉、杨雨琪、郭正阳、王昊男、程川泽、陈平、杨宇坤、侯婉赢、曹泠思贝、刘志成、胡琪、张浩男、马嘉临、龙丽帆

新闻与传播学院（48人）

孙欣然、李若湉、马琰、张议文、泽仁得措、许琳迪、黄凡珂、李其其格、潘扬喆、钟艺、焦晶娴、丁慧君、邓莫郎措、张伊琳、庞家瑞、方溯、李佳芮、魏小璇、崔艺璇、贾斯琦、刘伊松、李怡庆、崔婧昕、扎西措、张淋媛、温文清、焦子琦、秦子媛、杨雨蓉、范佩瑶、高豪宇、袁冰雨、李宇涵、陈思潞、白玛拉姆、陈泓瑾、毛瑀涵、刘凤玲、旦准卓玛、张茗帜、张然、吴健坤、贾红、丁怡航/孙嘉辰、尼知才让、吴奕非、黄婥

信息工程学院（103人）

贾沫涵、杨思雪、韦军林、刘笑含、胡丽槿、郭芳芳、汤吉安、谢品姣、尹一君、胡鉴清、赵建建、王佳勉、刘笑、孙雪雪、蓝琳斯、谢涵、刘镇东、毛骏琦、卢浚睿、邓正政、谢云鸿、彭路尧、陈佳敏、余路遥、熊章锦、李风雷、吕星晨、梁紫宣、屈家生、刘丹、桓静、郑巧巧、仁曾卓玛、唐绘蓝、黄雨嫣、德青曲珍、邓慕予、陈俊任、索郎纳么、冯晓娟、吴骙、才仁曲吉、韩洋、才让先木、杨雅妮、蒋经宁、刘思思、索郎卓玛、张海玉、伍雯洁、吴瑕、何双艳、白玉杰、俄见才让、冶晓婷、旦正错、何姝霖、邓麒麟、熊艳芹、周伊凡、范世龙、王家诚、庄瑀婷、郑柳、刘璇、缪森、马颖、朱炳蔚、张馨月、陈侯伯、徐品、黄方俐、邹琴、王紫萱、何杭薇、龙苗苗、张仪琳、李星妤、付晓瑶、曾菲、郑颖、杨理胜、叶强吉、桑丁、达毛吉、西布、张蔚、冯瑾瑜、刘金铭、滕春阳、杨昊、宋青青、赵维、尕让丹巴、陈彦淋、马雯、谷中尉、石灿玮、赵钰、程冰冰、杨瑞、周小凯、陈哲

药学院（10人）

覃露媛、陈梦丽、刘沁宜、贺薏帆、杨雪纯、肖鹏君、张筱雨、赵敏彤、井甲龙、谷明浩

音乐学院（42人）

张晓璇、张洪禄、贾悦桐、孟峤、赵文潇、央金卓玛、陈力琦、史佳霖、张竞文、张烁、吴星橙、戴韵璇、菅萌、丁鸽、吴梅萍、司于、王南、罗雨虹、侯玉立、杨雯靖、赵修锐、赵卓扬、陈信、张雨彤、乌云苏都、栾欣阳、张英剑、阿丽娜、朱珠、黄苏林、熊月影、戴林玥、沈昊、闫廷昊、田凌宇、欧阳妍、徐佳睿、董轩儿、彭倩

妮、田如雪、弓润贤、王雪晴

哲学与宗教学学院（25人）

李欣燃、潘子萱、杨雨鑫、崔欣、叶慧敏、黄思、王佳慧、马珊珊、周幸子、谢微、崔芳溪、杜思成、骆思颖、王云霞、赵海若、周瑜、卞玥兰、田蜜、田鑫妍、冯淳筠、崔海霞、王静淳、鲍坤、郭惟一、张晓美

中国少数民族语言文学学院（132人）

拉毛卓玛、索郎当周、拉扎提·托克达森、阿依布塔·白仙、孙心语、古努丽·买提沙力、艾赛丽·叶尔博拉提、顾晓凤、海比热·阿不都吉力、提列克·卡米力江、渠丹丹、萨木哈尔·吐玛尔别克、阿扎提古丽·萨依木、王鹏、吾兰·巴哈开来得、班庆梅、李耶荣、玛合巴力·奴尔达那勒、金玲梅、黄英美、布里都松·别克吐尔汗、柳仙美、黄秋梅、木亚斯亚尔·木塔力甫、吴荣熔、韦龙珍、伊丽姆努尔·艾赛提、扎妮亚·托留、当子吉、古丽保儿·巴依、关雅婷、鲁海平、朴雪姬、热旺、朴泳锦、赵紫君、白雪艳、孟和嘎拉、阿茹罕、朱拉、潘多、巴瑞艳、包鑫鑫、祁玲雁、多杰措毛、尼玛扎西、立斌、雪娜、阿曼古丽·巴拉提、赵娜、金美延、姜彩云、吐尔逊阿依·阿布力米提、金昭伶、张慧玲、苏日娜、阿丽雅、太平、金睿、张羽裳、刘树梅、张学会、叶西勘卓、王鹤、金慧、张宝丹、艾孜孜木·阿力甫、陈昱茜、娘毛华、赵语童、伊布格乐、海歌起、旦正措、于淑敏、李丹、哈合列孜·赛勒克、卡米拉·托勒肯、娜迪拉·艾尼瓦尔、华青才让、祖丽阿亚提·居热提、姑丽米热·提力瓦力、帕提古丽·艾比布拉、古丽孜巴·艾力、古力孜巴·阿巴拜克、旦增央拉、热依玛·艾尼、乌吉斯古楞、徐尔笑、徐丽东、张飞、杨哲、李创丹、韦永领、黄微、泽仁当周、朴莲美、买丽丹·阿布拉、阿尼日罕、赵雯静、孙楚珮、王子祯、索朗热旦、加娜提古丽·朱玛别克、胡安得克·巴合提别克、张艺、朱云启、姜滢心、努佳娃尔·热孜哈子、朴彩临、全炫毅、兰晓瑜、库森代、特日格丽、胡日、赛音赞格、舒曼、顿珠次仁、金美英、张怡宁、刘莉、尹慕实、杨静怡、刘汐若、查韵芝、特日格勒、海日汗、杜雨薇、周琮、阿尔祖古丽·阿力木、普吾扎西、朴姬秀、达哇卓玛、张雯杰

（六）本科生专项奖学金（授奖单位：中央民族大学）

1. 优秀学生干部（327人）

法学院（30人）

王钰玥、刘影、宝音图、羊永蔚、谢昕宜、沙兰、梁诗逸、兰天意、孙义、陈施喈、郑斯嘉、韩琦、孙黎燕、朱玉洁、陈佳、林雅静、韩景方、许林逸、杨婉翌、索南达吉、程煦、宋欣玫、丛琳、薛天奥、洛绒占争、龙时佳、蒋曹婧、许鹏罩、罗世伟、麦迪娜·木沙江

管理学院（35人）

林芳彬、徐一泽、岩温罕、唐子博、孙国梁、冉海江、韩云、纪红涛、丁聪聪、马峥嵘、陈雯颖、逄增、陈瑶、姜莹、索郎汪姆、徐铭悦、郭慧兰、廖之秀、黄舒炫、何清仪、刘念、李越、王泓烨、李欢、辛同凯、王茹、曾星铭、汤娇娇、符敬雨、赵

雪、乌音格、刘禹晗、蒙学治、邵炜杰、塞亚热·哈帕尔

国际教育学院（2人）

罗安童、王轩

教育学院（5人）

王丽荣、吴爽、马向阳、许琳皎、徐卓宇

经济学院（35人）

吴宗翰、梁馨元、刘佳淇、欧呈皓、张兹玥、袁萌、刘淑元、马昕、杨梦源、傅一鹭、覃少蕾、刘润东、李思维、林宸、梁木子、张新雨、明月、王炼、陈林、曹佳郁、薛尧予、王增、廖罗钰、程勃萱、毕力格图、太馨颖、杨苗苗、李昕彤、陈彦霖、赵含笑、肖悦滢、陈秋雨、刘清源、王艺蒙、杨菁

理学院（26人）

拉毛东知、龚霖杰、桑周措、焦春辉、凌卉、董青秀、张英杰、李瑾晗、许发明、王雨桐、任燚、丁宁、马晓茗、韩东京、阮一涵、毕安琪、姜昊辰、王萌、许子健、赵景琳、陈勇、殷祚、张维洋、谢颖翀 、谢胡兰、王子群

历史文化学院（5人）

高燕峥、牛瑾雯、刘润泽、马嘉彤、周子瑜

美术学院（18人）

王品丹、马静淳、黄泽婷、汤远辉、郭冠廷、程跃、顿亚鹏、田皓中、胡小雨、魏俊杰、白旭东、侯伊伊、袁佳仪、卢红、刘纬桢、祁嘉静、张克青、赵诗杰

民族学与社会学学院（20人）

刘凯、庄壹涵、吴浪、叶怡洁、李爱英、于晶、郎咏琪、黄悦、胡琳琳、麦迪娜·伯克力、李雪、黄冰清、张城、李卡捷、胡雯清、何佳钰、沐晓阳、玉莉洁、刘菀莹、李妮蓁

生命与环境科学学院（19人）

李桂杰、初亦周、霍萌萌、隋翔宇、黄渝岚、龚志远、张钰、朱文静、王佳宇、何柳、刘秋彤、王本正、鄂烨、董令凯、苑耀文、王嘉怡、李媛、帕孜来提·努尔拉、刘晓燕

体育学院（4人）

李宸、李萌、李欣、赵薇

外国语学院（17人）

田若彤、陈杰、张晨、潘冰儿、佳妮、邓皓月、潘炜炼、沙吾列提·瓦力亚提、陈竹萌、张舒、沈馨妍、黄冰冰、纪昱竹、杨国融、哈斯亚提·达吾列提、何萱、宋熙瑶

文学院（12人）

丁一涵、张琪、王郁文、程锦圆、杜瑞、马英、纳丽、王亦蕾、马荣欣、伍怡欢、周欣然、刁婷

舞蹈学院（11 人）

周袁俊彪、杨家渝、谭欣露、张诗煜、泽郎初、刘佳鑫、华艺雯、姚昊东、陈平、顾畅、张耀澜

新闻与传播学院（12 人）

朴东鹤、彭文、娘格才让、更藏卓玛、崔艺璇、潘星月、鲁本笑、周吴君京、马广涵、朱旭、陈思园、崔艺兰

信息工程学院（22 人）

张生蓉、丁元博、戴玮洵、郑敏、王睿、刘奕、任思萍、陈俊任、格玛次仁、吴骙、康蕾、增太吉、李晓荣、王雨濛、姚竺言、扎西平措、刘晏辰、刘金铭、滕春阳、陈彦淋、王娇龙、张游

药学院（2 人）

于志远、马佳敏

音乐学院（14 人）

陈力琦、谢雨珊、马亚銮、韩红宝、窦凯隆、赵华骧、董鹿凤、杨子仪、张英剑、孙俊妍、李天杭、徐佳睿、彭倩妮、弓润贤

哲学与宗教学学院（6 人）

周开颜、张睿、刘佳辉、庄文笑、黄白卿、张星辰

中国少数民族语言文学学院（32 人）

古努丽·买提沙力、艾赛丽·叶尔博拉提、林美孜、南嘉然、吴弈萱、赵紫君、达珍拉姆、池成斌、雪娜、艾丽娅、巴燕·马迪、娜依玛·艾拉提、乃日嘎、曲特尔加、阿育阿支莫、阿丽娅·阿里木江、祖丽阿亚提·居热提、张飞、和云菲、王佳乐、李永玖、圈舒悦、朗尕吉、晋美曲卓、曾刚、梁昕泽、顾珊珊、边靖、毕力格、当子草、刘思林、邓玉菊

2. 学术优秀奖（41 人）

法学院（8 人）

刘易霖、李楠、马文洁、卜天石、李瑞康、徐启慧、颜韵、交巴东知

管理学院（3 人）

许斯琪、李越、魏小冲

经济学院（6 人）

刘安卓、张天凯、汪浩帆、田容至、吴宗翰、李海博

理学院（5 人）

李祎博、赵蓉、宋柯、张馨月、凌卉

历史文化学院（1 人）

张京晶

美术学院（1 人）

王品丹

民族学与社会学学院（2人）

徐瑾如、何佳钰

生命与环境科学学院（2人）

肖汉至、郎修远

外国语学院（1人）

温彭玉

文学院（2人）

罗彤、张霄

新闻与传播学院（2人）

许琳迪、苏健威

信息工程学院学院（2人）

李泓嘉、段嘉欣

哲学与宗教学学院（3人）

崔欣、高雅琪、张睿

中国少数民族语言文学学院（3人）

满德日瓦、曾刚、曲目合合

3. 文体优秀奖（94人）

法学院（12人）

毛嫣然、王坤宁、阿坡卓琳、朱然然、崔文浩、林雅静、许林逸、周凝希、王雅茹、朱以红、阎婧涵、迪丽娜尔·约麦尔

管理学院（12人）

郭倩如、金小英、唐诗杰、蔺海杉、黄山峰、孙传渝、陈虹企、向俊安、张上上、张赫、杨舒雯、黄新叶

教育学院（1人）

羊永发

经济学院（5人）

李珮珮、田容至、拜雅洁、邢玥、张晓漫

理学院（5人）

谢莹、王雨桐、李涵竹、白晨宇、巴译晗

历史文化学院（1人）

董衡

美术学院（4人）

张行、杨茗惠、涂成凤、杨泽蕊

民族学与社会学学院（7人）

杨臣知、何更一、薛嘉欣、张忠海、丁元惠、李彧白、修雨萌

生命与环境科学（13人）

杨维诚、马文雯、伍星烨、李品间、孙若涵、吴比、高雅翾、王炤元、董令凯、

张灵欣、王姝淼、王泽方、高旭

体育学院（20人）

江喆、陈静茹、张宏健、赵平杰、陆雯斯、王雨、李晓梦、符嘉辉、李宸、刘一帆、马铭宇、李萌、张家乐、李欣、燕双林、邓咏迪、安欣、王彦鹏、宋恒垣、王树杰

外国语学院（2人）

谭果、赵雪

文学院（2人）

刘丁鋆、咸立昂

新闻与传播学院（5人）

白玛尺列、刘伊松、唐子涵、朱旭、崔艺兰

信息工程学院（2人）

詹岱依、刘金铭

音乐学院（2人）

胡明照、梁颖

中国少数民族语言文学学院（1人）

黄诗雲

（七）北京市优秀（本科生）毕业生（142人）（授奖单位：北京市教育委员会）

藏学研究院（2人）

兰措席摸、索南卓玛

朝鲜语言文学系（3人）

尹智瑜、金海燕、崔珠琳

法学院（10人）

侯一璇、曾彬彬、叶颖怡、蒋秋玲、王慧萍、陈文聪、韦柳冰、张一凡、李彦儒、叶子娴

管理学院（12人）

刘心夷、高永闯、于明洋、赵贤文、胡鸣茜、庞博、赵新哲、王天骄、徐绍峰、门旭、李玥、王璨

哈萨克语言文学系（3人）

木丽得尔·毛力提、爬里旦·开买尔、巴岩·朱马别克

教育学院（2人）

刘春宏、朱美华

经济学院（14人）

王亚枭、傅颖腾、廖青松、何影、眼丁莫色杂、张棠、周嘉辰、周晓冬、赵晨彤、苏盈莹、台珊、陆镜名、文玉香、王梦君

理学院（10 人）

谢春艳、章清倩、扎西拉毛、贡曲杰、吴文琴、玉婻宝、李佳琳、宁超宇、马正泰、廖琨

历史文化学院（3 人）

斯琴塔娜、王苏佳、胡蓥蓥

美术学院（10 人）

葛思敏、李吟歌、安俊丽、林铭君、唐叶、刘镇、童倩倩、裴可心、郑克旭、刘麒

蒙古语言文学系（3 人）

金秋花、塔格塔、包苏日娜

民族学与社会学学院（9 人）

吴彤、刘北、苗书瑄、旋桐、厉丽、黄若彤、任心禾、祁翔、王菀渟

少数民族语言文学系（2 人）

张婷婷、土南

生命与环境科学学院（8 人）

胡昕怡、刘亚琴、严伊竣、张笑祎、郑天宇、郑锦怡、王茜、陈相吾

体育学院（2 人）

林金柳、霍达

外国语学院（9 人）

丁卉雯、刘子同、张译文、张萌婷、伍文妍、邹先梓、邓源、陈嘉敏、胡婧尔

维吾尔语言文学系（2 人）

伊力尔江·哈力克、祖丽湖马尔·米吉提

文学与新闻传播学院（10 人）

李昕容、吴佳儒、李鑫、赵行知、曹语晗、徐竘、赵冬子、张依宁、靳黎娜、周措

舞蹈学院（5 人）

孙洪天、左欣然、刘晓倩、龚铭、张益嘉

信息工程学院（11 人）

卢立静、曾璇、罗艳、周小婷、王鑫、李叶文、颜诗垚、赵永妍、容雪娥、陈彩琳、巴桑次仁

药学院（1 人）

张羽欧

音乐学院（9 人）

赵子嘉、程烁宇、黄钰善、贾敏、牛逸伦、郭雨欣、李琳、詹兴悦、许思怡

哲学与宗教学学院（3 人）

刘方俊彦、高语含、王馨漫

2018—2019年度“北京市三好学生”

（18名）

于子涵、王月莹、王炼、刘琪、安欣、孙世宁、李思函、杨婉翌、吴爽、何佳钰、宋奕娇、张钦、陈施喈、祖木热提·加肉拉、高日罕、郭艳垣、唐天昕、黄佳瞳

2018—2019年度“北京市优秀学生干部”

（8名）

毛骏琦、田容至、李宸、陈温都苏、金小英、徐蕾、梁馨元、张靖萱

2019—2020 学年度中央民族大学“达标创优”五四红旗团委、五四红旗团支部、优秀共青团干部、优秀共青团员

共青团中央民族大学委员会

2020 年 7 月 27 日

一、“五四红旗团委”获奖名单（5 个）

管理学院团委、生命与环境科学学院团委、经济学院团委、舞蹈学院团委、民族学与社会学学院团委

二、“五四红旗团支部”获奖名单（29 个）

民族学与社会学学院 2018 级孝通班团支部
民族学与社会学学院 2019 级文物与博物馆学硕士团支部
中国少数民族语言文学学院 2017 级南方少数民族语言文学二班团支部
中国少数民族语言文学学院 2018 级藏语零起点班团支部
经济学院 2017 级财政学班团支部
经济学院 2018 级经济学类五班团支部
管理学院 2019 级工商管理类三班团支部
管理学院 2018 级公共管理类学术型研究生团支部
法学院 2018 级法学四班团支部
法学院 2018 级法学三班团支部
马克思主义学院直属团支部
文学院 2018 级汉语言文学一班团支部
新闻与传播学院 2018 级新闻一班团支部
哲学与宗教学学院 2018 级宗教学班团支部
历史文化学院 2018 级研究生团支部
教育学院 2018 级本科生团支部
教育学院 2019 级学术型硕士团支部
外国语学院 2017 级翻译二班团支部

外国语学院 2018 级翻译二班团支部

药学院 2017 级制药团支部

生命与环境科学学院 2018 级环境科学与工程一班团支部

生命与环境科学学院 2018 级环境科学与工程二班团支部

信息工程学院 2018 级通信工程班团支部

信息工程学院 2019 级电子信息类二班团支部

理学院 2018 级信息与计算科学三班团支部

舞蹈学院 2017 级舞蹈表演（民族英才）班团支部

音乐学院 2018 级音乐教育团支部

体育学院 2018 级团支部

国际教育学院 2018 级本科生团支部

三、“优秀共青团干部”获奖名单（197 名）

民族学与社会学学院

王金龙、方可欣、叶宇、刘继文、麦迪娜、李雪、张皓、张瑜、段丹天、修雨萌、郭祯臻、黄钰婷、甄力洋、魏陈程

中国少数民族语言文学学院

乌吉斯古楞、尹帅伊、古丽孜巴·艾力、刘佳佳、苏园淇、李永玖、杨静、陆柳慧、陈昱茜、罗藏才让、和玮、胡日、都拉青格日、徐小雲、徐尔笑、道日娜

藏学研究院

甲麦

经济学院

于天瑶、于宛平、马鸿渐、王炼、王琳、王俊颖、王雪薇、刘佳淇、杜小瑜、李昕彤、李健岚、杨宗霖、吴奇霖、余彬杰、张婵、张启洋、张崇敏、陈倩、郑诗琪、梁馨元、廉舒越、潘登

管理学院

丁淇、马峥嵘、王润、王业成、王泓烨、邓雨昕、包屹宁、任前意、刘念、刘广晗、闫变变、伊琳、沈晟、张琦、张天宸、陈雯颖、邵炜杰、忽亦倩、姜莹、徐蕾、徐铭悦、韩云、韩义磊、蔡志雯

法学院

于雯、王钰玥、毛嫣然、公保端知、丛琳、曲唱、朱以红、羊永蔚、许鹏翚、农金鸾、李乾、吴超、青东措、罗卿华、单萧语、胡东涛、姚贝林、贺嘉倩、蒋曹婧、韩铭、程煦

马克思主义学院

黄晓先

文学院

王郁文、叶威、杜瑞、沈鑫怡、秦小雨

新闻与传播学院

旦增强巴、何勤思、张亚文、唐子涵、楼嘉慧、潘扬喆

哲学与宗教学学院

白鹿鸣、冯淳筠、仲奕嘉、张晓美

历史文化学院

李羽谦、李骁航、连照锋、张冰倩

教育学院

马一源、杨丽莎、吴诗芬、张清懿、罗文洁、谭心

外国语学院

王岩、纪昱竹、杨波、宋熙瑶、张子义、罗雄威、胡雨曦、宿青云、潘乐晖

药学院

王兴欣、王雪珩

生命与环境科学学院

王宇辰、刘秋彤、刘晓燕、刘梦琪、杜绰、李媛、张婧茜、段维、高旭、陶乐

信息工程学院

王大次儿、王昭琦、甘靖凯、朱炳蔚、刘璇、汤一帆、孙源、李晓荣、何杭薇、陈彦淋、祖拉亚提、穆璇

理学院

马嘉睿、王睿宇、任燚、刘春淼、孙茂伟、纪龙、杨媛、吴汶晏、吴泓元、冷建志、罗可越、聂菲、梁赛楠

美术学院

王笑笑、王雪晴、韦思雨、兰星瑜、张诗迪、官小楚、徐静蕾、舒文娟、曾晓蓝

舞蹈学院

韦思琪、孙铎伦、李竺美、曹泠思贝、戴燊誉

音乐学院

马亚銮、田如雪、孙俊妍、陈力琦、赵华骧、赵卓扬、栾欣阳

体育学院

王梓、兰昊天、吕易、赵薇

国际教育学院

刘翎羽、那缘缘

四、“优秀共青团员”获奖名单（386名）

民族学与社会学学院

马素琰、马钰炜、王志伟、文福胜、玉莉洁、朱婧琳、任绎璇、刘赫、刘朋月、

闫婕容、安怡然、苏晏尼、李晶、李子涵、李昕睿、李怡琳、李晓萌、李聪婷、杨丹、肖杨、肖惠予、沐晓阳、张城、张梦蝶、陈露、段琬琪、饶远祉、姚蔚然、徐星雨、黄坤杰、黄紫坛、覃睿洲、普同庆、蓝文娜

中国少数民族语言文学学院

乃日嘎、王子祯、王佳乐、韦力尔、乌米赛丽麦·外力江、尹慕实、古丽巴哈尔·艾力、龙洁、毕龙英、朱玉宾、朱行盖、李俊杰、李祥华、杨菊、杨恩桐、杨银芬、余婷、沙万富、阿嘎茹、迪丽胡玛尔·阿布都艾尼、罗成鹰、周毛草、哈合列孜·赛勒克、姜滢心、祖丽阿亚提·居热提、娜迪拉·艾尼瓦尔、格龙江初、特日格勒、徐丽东、黄秋梅、斯日古冷、斯那拉此、斯森塔娜

藏学研究院

扎西朋措、班典

经济学院

于冰、马昕、马新怡、王瑾、王玉萍、王珞馨、王溯寅、王嘉仪、文子汐、白凯元、朱禹辰、苏蓝鑫、李明、李博熙、李雅雯、何凯茜、何欣原、角欣颖、张心怡、张新雨、陈伟、陈曦、陈梦雅、罗琦、金鑫、金年慧、赵惠婷、姜松妍、黄丽嘉、曹煜、曹佳郁、曹奕朴、蒋雨涵、程国庆、鲁明平、鲁煜晨、曾俊淇、靳书慧、赖珩、薛尧予、魏欣媛

管理学院

王祥婧、邓希、邓启东、旦增加措、邢凯丽、邢慧君、刘泓、刘之远、刘雨婷、刘禹晗、祁晓薇、许中书、孙传渝、纪红涛、巫雪纯、李艺、李云蔚、李汶清、李琰欣、李博文、杨泽礼、杨鑫平、肖超智、吴欣、张蕾、张上上、张竞心、明柯含、岳子哲、赵薇、赵英媛、骆涵、秦兆阳、敖紫辰、徐铭泽、高静怡、曾若嫣、曾星铭、谢水仙、雷明键、鲍伟、赫赫然

法学院

马怡娜、王璐雪、韦一涵、尹浩、左佳琳、卢胜蓝、华日旦、伊兰娜、孙怡瑶、麦迪娜·木沙江、贡得、杨平、杨奕、杨馨、杨子月、杨肖艺、吴卓婧、张靖祺、陈艺敏、陈羽弋、林雅静、罗比杰、赵彦昇、胡未然、姜佳佩、娜迪兰·吐鲁洪、常祺、阎婧涵、梁诗娴、董诚倩、蒋怿旻、韩景方、雷雨欣、潘宇霆

马克思主义学院

吕心照、郭鹏慧

文学院

刁婷、马志涵、刘丁鋆、杨水印、张晓燕、张瀚文、和之缘子、周萌、赵雅堃、常格格、梁祯

新闻与传播学院

丁怡航、才让英吉、史赫、朴东鹤、李怡庆、杨若婕、邱缘、张议文、武俊慧、金志成、高豪宇、崔艺兰、霍梦瑶

哲学与宗教学学院

龙籍翰、任易、刘佳辉、杨琳、杨淇雯、张泽宜、张萌璐、黎晨

历史文化学院

于红超、于慧鑫、王梦雅、白雪微、乔宇、牟家莹、李雨轩、额日古纳

教育学院

王颖、王亚明、王致贤、卢钊、安燕飞、李含灵秀、余伍云、贾敏、贾鑫雨、原子茜、徐卓宇、郭雅妮、解辰龙、潘乐滢

外国语学院

冯世莹、马艾琳、王小雨、王晋慧、仇瑞、向若怡、刘媛媛、李子纯、李英源、杨雨蝶、邹雨彤、张易、林嘉怡、周东方、郭梦迪、滕博

药学院

谷明浩、周珺瑶、赵敏彤、郝林瑶

生命与环境科学学院

于凯男、马小琴、马吉祥、王珺、王本正、王田田、王辉虹、王嘉怡、刘一、许可、孙若涵、李超、何柳、陈梓慧、陈晴宇、尚佳欣、周敏琪、庞晨曦、胡浩、秦智敏、高雅翾、温雨馨

信息工程学院

才让卓玛、马雪剑、王月莹、毛骏琦、仁青措毛、卢浚睿、旦增朗加、朱纯正、刘丁馨、刘潇月、闫馨雅、李罡、李国男、杨军晖、杨雨欣、吴乐莎、宋青青、张一凡、张旭冉、周远昌、周垠廷、晏续花、徐培煜、徐梦阳、席佳璐

理学院

丁宁、马笑笑、王彤、王萌、王琼、付丽玲、毕译匀、乔林、向恒、李玉琳、李瑾晗、李霈雯、杨建文、杨韫涵、吴一品、何可欣、张越、张晶、陈筱婕、周杰、房颖、赵景琳、钟良欣、贺天、桌玛代吉、高宇、高琳昕

美术学院

卢红、田皓中、朱钰贤、许俊博、阮嘉成、时铭成、汪雨晴、宋薇、张诗阳、陈淼、陈彦宇、庞楚娴、项宇、俞俊、高菁菁、唐可伊、戚桂鹏

舞蹈学院

马嘉辛、王智超、龙丽帆、刘晓倩、李鸿辉、张笑雯、赵小茜、洪菲、雷雅蘭

音乐学院

王南、而车扎西旦珠、孙君萌、苏畅、吴星橙、吴雅琳、宋佳漪、张英剑、张紫雯、徐霈霆、唐一心、崔正昊、梁姝嫱、窦凯隆

体育学院

李萌、王选取、王彦鹏、西伦、翟彦宝

国际教育学院

刘晓颖、张博宇、罗著、金纬、赵佳雪

2019年度首都大中专学生暑期社会实践活动获奖名单

（共18项）

一、作品奖项

（一）优秀团队奖（共6项）

1.《地方立法抗疫实践对〈传染病防治法〉修改提供的借鉴与期待——以上海市为例》（法学院，董诚倩、陈子墨、杜旭东、邓洁、时梦阳、王禄金，指导教师：郑毅）

2.《“京”心呵护，守护“兴”光》（哲学与宗教学学院，李朝蕾、曹泠思贝、韩思宇、梁馨元、马茜晔、马荣潇、邵炜杰、王轩、文可、吴汶宴、于欣禾、赵琳、赵欣然，指导教师：李浩然）

3.《基于现有集中连续片特困地区精准扶贫模式的研究》（法学院，李心璨、陈艺敏、高翔、特日格勒、姚贝林、戴桑誉，指导教师：朱芸阳）

4.《探索疫情新形势下电商C2C模式对助力扶贫攻坚的影响——以云南省巍山彝族回族自治县为例》（法学院，李婉榕、冯成尧、王俪洁、严修平、杨少为、张傲涵，指导教师：李梁）

5.《重大突发公共卫生事件下企业工资支付分担机制研究——以湖南省邵东市为例》（法学院，雷雨欣、邓雅丹、梁芳瑜、冯馨玥、唐晴、田润，指导教师：赖力静）

6.《星火——致敬白州抗疫中的平凡英雄》（经济学院，张崇敏、马娴、司艺璇、赵滦、叶霖婵、薛倩瑜，指导教师：闫妍）

二、个人奖项

1.“青年服务国家”2020年首都大中专学生暑假社会实践先进工作者（共6名）

李　梁　　（法学院）
陈　坦　　（生命与环境科学学院）
袁　梅　　（教育学院）
蒙永翠　　（经济学院）

罗藏才让　（中国少数民族语言文学学院）
刀慧娟　（国际教育学院）

2. “青年服务国家”2020 年首都大中专学生暑假社会实践先进个人（共 6 名）

陈艺敏　（法学院）
角欣颖　（经济学院）
特日格勒　（中国少数民族语言文学学院）
刘　泓　（管理学院）
郭妍伶　（生命与环境科学学院）
孙艺蓓　（历史文化学院）

中央民族大学 2019 年度大学生寒假社会实践活动获奖名单

（共 75 项）

一、集体奖项

2020 年寒假社会实践优秀组织奖（共 5 项）

经济学院
管理学院
文学院
民族学与社会学学院
外国语学院

二、作品奖项

（一）一等奖（共 10 项）

1.《边疆少数民族村寨旅游开发中的族群参与和幸福感间的关系研究——以云南大理喜洲古镇为介入点》（中国少数民族语言文学学院，曾刚、李创丹、姚家琪、李红斌、朱田宁，指导老师：阿布力克木）

2.《明代广西奉议卫迁徙改置时间考论及其遗迹保护现状研究》（历史文化学院，梁冰玉、胡水香、龚璇、罗梓叶、牟家莹、覃颖璇，指导教师：彭勇）

3.《赴北京高校调研少数民族高考加分政策传播途径实践报告》（文学院，杜瑞、蒋如蓝、宋莹、黄青玲，指导老师：范丛慧）

4.《脱贫攻坚战略背景下藏香产业的现状及其发展策略探究——以西藏拉萨市国家级非物质文化遗产尼木藏香产业为例》（中国少数民族语言文学学院，尹慕实、张玲、尼玛加措、王玺涵、嘎玛顿珠，指导教师：仁乃杰）

5.《基于税收视角对云南烟草收购价格与出售价格差异衍生问题的调查研究——以云南省红河地区为例》（马克思主义学院，刘姣伶、李凡、刘童苏、周昱含，指导教师：宫玉涛）

6.《境外劳动力流入现状与动因解析——以云南省金平县马鞍底乡为例》（经济学院，张雨涵、陈紫、涂新莹、凌芮、刘怡铭，指导教师：郭利华）

7.《产权代理分析下民族地区土地流转现状研究——以内蒙古土默特左旗大古城村为例》（管理学院，卓纳、巫雪纯、杨雨欣、任馨尧、张倍齐，指导教师：何修良）

8.《云锦视频》（美术学院，华晨、曹昳丽、陈文心、刘睿、杨楠、贾艺婷，指导教师：姜婉君）

9.《DRGs 模式对住院医疗费用控制效果的调查与研究——以云南省大理市为例》（经济学院，张崇敏、罗林欣、马娴、钱亦梦、薛倩瑜、张增丽，指导教师：闫妍）

10.《北京市垃圾分类中明确个人责任的立法可行性分析——以北京市陶然亭街道为例》（法学院，雷雨欣、赵诗怡、周方、邓雅丹、李婉榕、田润，指导教师：师英杰）

（二）二等奖（共 20 项）

1.《东兴市京族三岛民族传统体育传承现状及“瓶颈”研究》（体育学院，韦蓝诗、李萌、蒙仪艳、梁家鹤、夏嘉辉、樊莉桃，指导教师：韦晓康）

2.《赴青海西宁调研（改革开放）民族特色饮食文化历史沿革及传承发展实践团实践报告》（文学院，陈含涛、顾思文、张郁苑、马圣舒，指导教师：张英）

3.《探究相对落后的农村地区寻找转型致富的有效途径——以江苏省徐州市贾汪区马庄村为例》（外国语学院，周东方、邱阳、邵靖然、周颖，指导教师：李清波）

4.《贡米与梯田可以融合吗？——来自酉阳县何家岩村寨生态农业与旅游产业融合的证据》（药学院，王兴欣、王晨钰、黄坤杰、余天静，指导教师：李秋蓉）

5.《内蒙古自治区及云南省少数民族地区过年习俗》（中国少数民族语言文学学院，王佳乐、许艳、崔铉哲、毕如意、段心仪，指导教师：严成浩）

6.《传统舞蹈的保护与发展现状研究——以山西省临汾市翼城花鼓为例》（舞蹈学院，黄滢锦、郭祺琦、张华仪，指导教师：朴永光）

7.《赴青海省调研易地扶贫搬迁户社会适应问题实践报告》（教育学院，冶文静、王晓宇、赵玉恩，指导教师：胡迪雅）

8.《赴河北沧州调研普通中学与民族中学合作办学教育现状实践报告》（教育学院，徐卓宇、王新媛、张清懿、马寅玄，指导教师：江凤娟）

9.《劳动力转移背景下民族地区农村老年人家庭养老支持与生活满意度研究——以贵州省安顺市为例》（经济学院，陈彦霖、罗莉莉、万相妤，指导教师：黄健英）

10.《贵州侗族鼓楼文化保护传承问题及策略》（外国语学院，李子纯、郭梦迪、金玥、任睿、王怡诺、张紫怡，指导教师：邓周媛）

11.《基于游客感知的旅游公共服务质量提升策略研究——以山东省烟台市、青岛市为例》（管理学院，王润、林珂帆、吴睿婧、劳椿清、周伊亿、孙焕芳，指导教师：谢作渺）

12.《清真食品及其管理的法制化问题探究——以内蒙古自治区呼市为例》（法学院，周凝希、杨婉翌、姜佳佩、许林逸、林琳、陈怡甫，指导教师：郑毅）

13.《微文化视域下少数民族大学生中华民族共同体意识建构路径探析——以中央民族大学为例》（管理学院，李艺、董柯欣、王晓慧，指导教师：姚远）

14.《赴山西昔阳调研方言语音格局实践报告》（文学院，赵辉、杨怀文、谢汉江，指导教师：卢小群）

15.《赴广西杆洞乡调研"百鸟衣"苗族服饰的传承与发展实践报告》（历史文化学院，蓝斯靖、肖潇、边程、王千一、唐雨静，指导教师：廖靖靖）

16.《赴北京高校调研退伍复学大学生角色认同实践报告》（教育学院，王亚明、党辛欣、黄翔、马潇祺，指导教师：曲木铁西）

17.《闽南红砖古厝文化的传承与发展研究》（管理学院，卓然、罗清、吕盈逸，指导教师：李培广）

18.《共享经济的发展状况及前景——以共享单车为例》（理学院，刘春森、邓莉、利宛余、崔增慧、胜紫菡、李波源，指导教师：胡佳媛）

19.《关于当代大学生自我照料和身心分离状况的实践报告》（哲学与宗教学学院，涂昕、王佳慧、谢微、曲婧文，指导教师：常宏）

20.《新媒体语境下考古文博类内容文化传播现状调查报告》（民族学与社会学学院，周逸泽、黄姗、曾旭，指导教师：陈伟驹）

（三）三等奖（共 30 项）

1.《福利多元主义视域下"沙漏型"养老结构研究——基于黑龙江省 A 县的经验调查》（民族学与社会学学院，段丹天、初凡琪、郭慕琰、刘明亮、吴晔涵，指导教师：陈心想）

2.《广西大化壮族饮食词汇及文化研究实践报告》（中国少数民族语言文学学院，杨恩桐、骆蕊慧、石淑萍、王丝涵，指导老师：韦景云）

3.《高铁驱动下四川少数民族地区旅游人力资源开发现状——以珙县、兴文县僰苗文化人才开发为例》（管理学院，吕安迪、邓启东、何路遥、李博文、吴双、徐奉延，指导教师：贺新闻）

4.《赴甘肃省夏河县唐尕昂乡麻隆村调研全面建成小康社会背景下的农村居民 2020 年春节消费情况报告》（藏学研究院，旦知才旦、拉虎加、旦知刀吉、桑吉草、

才让卓玛、英吉，指导教师：完麻加）

5.《不同级别城市垃圾分类推广活动的调查分析——以南京、苏州、温州、晋城为例》（新闻与传播学院，樊树显、曹敏诗、江月筠、王励玮，指导教师：李天语）

6.《赴北京市调研老北京糖葫芦背后的文化传承》（文学院，赵一凡、方娟、杜孝琼、张翛、钟华，指导教师：路杨）

7.《“一带一路”——敦煌文化现代再涅槃——以敦煌研究院文创产品为例》（外国语学院，潘瑞竹、覃羽萱、史辰雪、张舒、方玺，指导教师：桃格茹）

8.《中国农村土地制度流转现状与未来重点方向思考——以湖南省株洲市为例》（经济学院，龙宣佚、李芊、彭嘉钰、杨庄立，指导教师：闫妍）

9.《家政女工养老问题研究——以北京市望京区家政女工为例》（经济学院，李明、廖静、邓舒心、赖珩、马春婷、吕璐言，指导教师：陶玉）

10.《城市社区垃圾分类的激励机制——基于上海市部分社区的研究》（管理学院，吴嘉倩、郭雨馨、阳楚玲、刘泓、徐铭泽，指导教师：卢小平）

11.《基层权威的多重角色在乡村治理中的整合作用——以大庆市肇源县劳动村为例》（民族学与社会学学院，刘佳奇、王洁、袁菱聆、杨堇、陈宇馨，指导教师：柴玲）

12.《乡音·相印》（音乐学院，陈力琦、胡宁珏、杨子暄、陈欣怡、姜子羽，指导教师：梁岩）

13.《北方的舌尖柔情》（信息工程学院，李英可、樊秋辰、李国男、邢天娇、庄妍，指导教师：马秀珍）

14.《宗教因素对回族大学生婚恋观的影响研究——以中央民族大学为例》（法学院，姚贝林、高翔、李隽娆、李心璨、夏永强、林美孜，指导教师：段威）

15.《文旅融合背景下民族乐器代表的民族文化传承及创新发展》（经济学院，高海博、狄昭宇、闫笑晗、曾佳、张颖，指导教师：张兴无）

16.《赴北京中关村南大街周边居民区调研对垃圾分类认知情况实践报告》（生命与环境科学学院，沈杨、王阳、曹靖宜、薛彦宇、郎修远，指导教师：张严）

17.《大学生寒假社会实践参与观念及行为的个案研究》（管理学院，张姝娜、孙忆雯、卓嘎措、韩晓芳、席田寿、马淑婷，指导教师：谷明）

18.《赴通辽调研蒙古族传统游戏与文化传承调查》（教育学院，阿米娜·阿山江、洪双双、薛芝玲、郭寿梅，指导教师：钟志勇）

19.《我国区域技术创新效率的时空演化及影响因素研究》（管理学院，王建文、韦安琪、褚劲寿，指导教师：谢作渺）

20.《语言与来华留学生跨文化适应研究——以六位韩国来华留学生为例》（民族学与社会学学院，马释宇、李瑾之、谢宜珈、程千芸，指导教师：何俊芳）

21.《赴东北、西南、东南、中部地区调研经济、医疗、环境实践报告》（信息工程学院，申澳、谷中尉、黎艳仪、杨静，指导教师：陈延斌）

22.《贵州省安顺市黄腊乡布依族苗族语言使用调查报告》（中国少数民族语言文

学学院，覃慧、谯金亚、王印娟、杨姗姗、覃如媛、唐光丽，指导教师：周国炎）

23.《赴大庆市调研铁人精神在实现中国梦伟大实践中的重要作用调研报告》（国际教育学院，白照星、王铭扬、张天宸、安怡然，指导教师：张海威）

24.《赴甘肃省甘南藏族自治州开展深度贫困地区精准脱贫和乡村振兴有机衔接调查》（理学院，贡曲杰、段利秀、肖悦滢、李雅轩、徐进，指导教师：胡佳媛）

25.《赴北京海淀区各大学调研大学生消费观》（信息工程学院，田玉国、何元灏、罗梅、买小花、莫晓斌、帕孜力亚·吐尔松，指导教师：刘瑜）

26.《“流—守”儿童心理健康状况调研报告》（民族学与社会学学院，卢素文、凡清悦、王迎迎，指导教师：艾斌）

27.《人民陪审员实质化参审实效评估与制度设计——以陕西省基层法院试点为例》（法学院，白芸、刘易霖、蔡沐铃、王钰玥、颜韵、斯娜央宗，指导教师：张艳蕊）

28.《赴西藏拉萨调研八廓街区历史文化的传承与发展》（中国少数民族语言文学学院，旦增央拉、索朗列谢、土登朗杰、班玛仁珠、顿珠次仁、才木多加布，指导教师：罗藏才让）

29.《公众对北京市传统文化景点选择偏好的分析》（生命与环境科学学院，韩蕊、孟瑶、石宇、张超、张敏娜、曹施霖，指导教师：于潇）

30.《全面小康，家乡民声》（哲学与宗教学学院，张钊浦，指导教师：尹志华）

三、个人奖项

1. 2020 年寒假社会实践先进工作者（共 5 名）

常　宏	哲学与宗教学学院
张　严	生命与环境科学学院
李晓旭	信息工程学院
张艳蕊	法学院
蒙永翠	经济学院

2. 2020 年寒假社会实践先进个人（共 5 名）

孙艺蓓	历史文化学院
特日格勒	中国少数民族语言文学学院
唐子涵	新闻与传播学院
石秋爽	信息工程学院
雷雨欣	法学院

中央民族大学2019年度大学生暑期社会实践活动获奖名单

（共75项）

一、集体奖项

2020年暑期社会实践优秀组织奖（共5项）

法学院
中国少数民族语言文学学院
新闻与传播学院
历史文化学院
体育学院

二、作品奖项

（一）一等奖（共10项）

1.《福建大田“板凳龙”的过去、现在和未来》（哲学与宗教学学院，章津津，指导老师：韩秀霜）

2.《民族文化创意开发与融合发展路径实践——以“中国最后一个原始部落”云南翁丁村为例》（新闻与传播学院，崔艺兰、薛集美、侯美芝、付超奇、王翠艳、边靖，指导教师：杨超）

3.《民族地区居民人均收入影响因素实证分析——以恩施土家族苗族自治州为例》（理学院，尹黎、杨璐菱、韩媛媛、海梅、沙婷婷、李佳琳，指导老师：胡佳媛）

4.《“相对贫困”背景下W县农村残疾贫困户脱贫的个案研究》（教育学院，王晓宇、刘灿、罗远意、冶文静，指导教师：吴明海）

5.《基于居民视角的广西民族传统体育传承发展影响因素研究》（体育学院，韦蓝诗、卢誉鑫、李萌、牙政福、宋恒垣，指导教师：韦晓康）

6.《疫情防控常态化背景下乡村人居环境治理现状分析》（经济学院，张瀚云、查

帅、张欣竹、鲁童童、王福龙、易家印，指导教师：吴凡）

7.《新疆基层脱贫攻坚成果对贫困群体铸牢中华民族共同体意识的影响研究》（管理学院，荣奕源、吐尔逊江、王祺、刘致如、古丽尼格尔·阿力木江、康世成，指导教师：韩旭）

8.《黔东南苗族侗族自治州的多元龙舟文化调查》（体育学院，安欣、邓咏迪、杨轩、何佳钰、蒋鹏坤、孙基多，指导教师：张凤民）

9.《少数民族自治县城镇化水平发展调查——以河北省围场满族蒙古族自治县为例》（马克思主义学院，刘姣伶、李凡、周昱含、刘童苏，指导教师：邵士庆）

10.《四川阿坝藏族羌族自治州若尔盖县麦溪乡草原沙化治理的调研报告》（中国少数民族语言文学学院，贡秋甲、当子吉、仁则措、朗尕吉、娘毛华、尕松求占，指导教师：达瓦卓玛）

（二）二等奖（共 20 项）

1.《创新创业在民族地区脱贫攻坚战中作用机制及效果调研——基于 GEM 模型》（管理学院，杨成福、洪琳、储丹丹、董佳林，指导教师：贺新闻）

2.《贵州苗族短视频文化展演与传承现状调研报告》（新闻与传播学院，张子涵、陈凯娟、杨凡、张启凡、邢芷欣，指导教师：范小青）

3.《基于贫困家庭收入特征分析的深度贫困地区可持续减贫策略研究——以甘肃省临夏回族自治州为例》（理学院，芦丽霞、李雅轩、李英源、贡曲杰、屈思琪、段利秀，指导教师：胡佳媛）

4.《走进甘孜疫情主题征文——最美逆行者，灯火守护人》（中国少数民族语言文学学院，登真巴珍，指导教师：娜斯拉·阿依掩拉）

5.《2020 年全球新冠肺炎疫情期间地方戏剧团运营状况调查报告—— 以浙江中月婺剧团为例》（音乐学院，陈晶霞、王樱谛、闫芷毓、李琳，指导教师：王婷婷）

6.《异域风味，同脉相承》（信息工程学院，穆睿思、龚再冉、何羽荞、李国男、庄妍，指导教师：马秀珍）

7.《春归》（新闻与传播学院，边海城、杨若婕、陈怡伶，指导教师：吴占勇）

8.《消费结构升级下边销茶产业创新发展研究》（经济学院，赵明、苏绍智、于冰、李博康）

9.《蒙古族谚语与民族文化传承研究》（教育学院，郭寿梅、阿米娜·阿山江、洪双双、薛芝玲，指导教师：袁梅）

10.《防控疫情，从我做起——发生在身边的抗疫事迹》（中国少数民族语言文学学院，艾孜哈尔·开依沙尔，指导教师：热孜娅·努日）

11.《北流、光山、兴仁、和政、兴隆、石首六县疫情防控调查实践报告》（信息工程学院，熊章锦、谢谦、周小凯、苏乙滏、马小平、李金洋，指导教师：王帅）

12.《“廓尔余格”——藏区典型生态文明建设实践报告》（法学院，泽波甲、达瓦巴姆、旦真加措、罗桑、仁青卓玛、索郎达尔机，指导教师：王莉）

13.《疫情中的民族精神》(哲学与宗教学学院，付澳，指导教师：常宏)

14.《关于古丈毛尖历史文化与现代传承、转型的调查实践报告》(文学院，向润源、粟晨、夏至、向鑫，指导教师：范丛慧)

15.《同心战疫情，青年有担当：调研家乡感人事迹——以湖北、西藏、黑龙江、吉林四省（自治区）为例》(中国少数民族语言文学学院，刘汐若、旦增央拉、苏园淇、田智贤、索朗列谢，指导教师：格日杰布)

16.《关于以中宁县为例的回族聚居地区的民族文学发展现状的调研实践报告》(文学院，顾明鑫、任馨尧、田玉兰、曾琳斌，指导教师：路杨)

17.《脱贫攻坚视域下民族地区特色小镇发展模式及现状探究——以广西横县校椅镇、贵州黎平县肇兴镇为例》(经济学院，赵惠婷、石航瑜、文子汐，指导教师：张鸥燕)

18.《呼和浩特地区地摊经济的作用与问题》(哲学与宗教学学院，裴博尧、许文遥、许戈、王志源、赵润桐，指导教师：白净)

19.《非遗产业木洞山歌助力乡村振兴决战脱贫攻坚——基于重庆市巴南区木洞镇的实地调研》(药学院，王兴欣、黄坤杰、余天静、安子珍，指导教师：李秋蓉)

20.《农村人居环境改善的实施效果及提升路径的研究》(信息工程学院，刘璇、韦玮、秦敏、李曦溪、梁佳雪、马薇，指导教师：李晓旭)

（三）三等奖（共30项）

1.《赴内蒙古等地调研疫情下的复工复产复学实践报告》(外国语学院，张欣如、阿依古丽·努尔旦阿勒、陈柯颖、陈施颖、樊令娟、黄思萍，指导教师：李红梅)

2.《农业产业化扶贫效果分析》(经济学院，钱亦梦、陈诗瑶、何凯茜、王饶娆，指导教师：闫妍)

3.《少数民族落后地区幼儿受教育权利保障的现状——以四川省甘洛县为例》(法学院，王一涵、甘沁茹、梁文欣、林正雄、韦欢、杨静怡，指导教师：阿依古丽)

4.《赴江西省上饶市、吉林省延吉市、辽宁省阜新市调研以风能、太阳能、生物质能为代表的新能源在当地》(生命与环境科学学院，刘梦琪、杨金媛、李晓燕，指导教师：陈坦)

5.《从人民群众视角看防疫期间的基层公共卫生安全——以河南省新乡市为例》(历史文化学院，白若茜、马佳苗、王文清、肖潇，指导教师：廖靖靖)

6.《素质教育下书院制对研究型人才培养路径建构分析》(文学院，叶威、范欣然、马志涵、赵楚冰、周起萌、曹敏诗，指导教师：张英)

7.《基于时间序列模型分析淘宝镇特色产业结构对于多利益主体的影响——以浙江省慈溪市附海镇为例》(经济学院，张寒岩、吴欣、姜嘉东、柴媛、姚沛伶，指导教师：谷明)

8.《生态现代化视野下民族地区的乡村旅游资源开发与生计转型——以H景区为例》(民族学与社会学学院，杨茗、冯奕超、李荟荟、王微晨、张晓红、朱婧琳，指导

教师：袁凯铮）

9.《西南地区山地特色产业扶贫龙头企业带动作用发挥》（管理学院，刘泓、郭雨馨、梁秋实、吴嘉倩、吴林蒨、徐铭泽，指导教师：卢小平）

10.《教育扶贫视域下滇黔桂三省七地少数民族儿童识字能力调查报告》（国际教育学院，金纬、罗著、廖丹、陶艳、陶湘、李施彤，指导教师：张海威）

11.《北京市回民公墓现状及其发展问题的调查研究——以北京市芦井回民公墓为例》（民族学与社会学学院，隆龑、普同庆、孙雪孟、郝文丽、张迪、杜萌萌，指导教师：袁凯铮）

12.《战“疫”——全力以“复”》（信息工程学院，皇甫兴、林欣潞、姬若禹、李明明、郭一凡、马赛微，指导教师：李晓旭）

13.《赴北京市、长春市、阜新市、昆明市、南平市调研绿色发电方式现状情况实践报告——以光伏发电和风力发电方式为例》（生命与环境科学学院，刘一、张晗冰、危亦龙、何雨霏、马书仪、孙巾伟，指导教师：陈坦）

14.《疫情下中老年人卫生安全意识变化趋向和公共教育对策——基于内蒙古自治区45岁及以上中老年人的调查与分析》（教育学院，张清懿、郑子颖、何苡萱、李含灵秀、吴诗芬、潘乐滢，指导教师：袁梅）

15.《城市规划视域下城市生态研究——以保定、临汾、呼和浩特为例》（信息工程学院，孙昕、吴佩怿、武伊雪、杨雨欣，指导教师：刘瑜）

16.《内蒙古自治区通辽市新冠疫情影响下脱贫攻坚进展的现状及其发展策略探究——以库伦旗为例》（中国少数民族语言文学学院，姗姗、阿如罕、包晶晶、辛乌云嘎、珠琳其其格，指导教师：罗藏才让）

17.《内蒙古赤峰市绿色发展水平测度与政策研究》（经济学院，陈采雯、郑欣圆、陈天天、杨庄立、刘奕、吕诗雅，指导教师：侯志茹）

18.《疫情期间博物馆线上展览教育现状调查报告》（民族学与社会学学院，黄应飞、李书蓓、霍蒙亚，指导教师：朱萍）

19.《地方饮食民俗知识的流变与再造——以呼市烧麦与岭南凉茶为例》（民族学与社会学学院，程千芸、马释宇、肖惠予、王岩、潘乐晖，指导教师：林继富）

20.《调研云南各级城市卫生设施情况调查报告》（理学院，杨媛、毕译匀、吴佼怡、尹伊伊、左雪莲，指导教师：苏宇楠）

21.《赴青海省循化县宁巴村调研“螭鼓舞”传承方式实践团》（藏学研究院，尕玛吉、尕藏卓玛、巴登拥机、才让多杰、才让当周、华旦，指导教师：扎巴）

22.《后疫情时代的国民防疫意识与防疫行为——以湖北等三省部分地区民众口罩佩戴问题为中心》（历史文化学院，杨旭、覃颖璇、冯简迪、喻慧婷，指导教师：马金生）

23.《讲述抗疫故事，树立制度自信——“我身边的抗疫故事”事迹宣讲行动》（音乐学院，赵华骧、窦凯隆、吴星橙、赵雯羽，指导教师：梁岩）

24.《古都倒影——北京及开封水系的前世今生》（中国少数民族语言文学学院，朱云启、李永玖、张艺，指导教师：阿尔达克·托合达尔别克）

25.《印象拉萨》（新闻与传播学院，向浩嘉、林千鸿、杨晨、赵一霖、王昊男、纳俪文，指导教师：李天语）

26.《调查厦门市五缘湾湿地公园生态建设成果实践报告》（生命与环境科学学院，刘连霖、林翀琰、宋雨函，指导教师：彭羽）

27.《山西小花戏舞蹈活态传承——以社区周边广场舞为例》（舞蹈学院，雷雅蘭、杜帅敏、冯泽华，指导教师：崔月梅）

28.《我国“扶贫车间”模式的内在机制和可持续发展研究——以山东省潍坊市高密市阚家镇河北头村为例》（法学院，单萧语、史赫、钱婧萱、贺卫东，指导教师：邹龙妹）

29.《“呼吸之间”——以生态共享为核心的“产业孵化器”》（美术学院，贾艺婷、曹昳丽、孙兆辰、吴晨、朱秋梅，指导教师：胡文会）

30.《贵州多元民族共同体意识调研》（哲学与宗教学学院，江曼竹、黄一帆、索高杰、王堃、郑家沐，指导教师：常宏）

三、个人奖项

1. 2020 年暑假社会实践先进工作者（共 5 名）

杨　超	新闻与传播学院
王　帅	信息工程学院
郑骄阳	文学院
范钰婧	历史文化学院
梁　岩	音乐学院

2. 2020 年暑期社会实践先进个人（共 5 名）

魏陈程	民族学与社会学学院
张　舒	外国语学院
何俊鹏	信息工程学院
赵华骧	音乐学院
周　雪	药学院

中央民族大学第十二届“挑战杯”中国大学生创业计划竞赛首都赛获奖名单

（共12项）

一、银奖（共6项）

1. LUNE 澄月音乐
2. Rshow 新民乐——新型民族音乐服务平台
3. 液体活检——开启精神分裂症精诊医学新时代
4. 乡村振兴青年工坊：高校智慧赋能产业扶贫
5. 一种基于载氧纳米材料的放疗增敏剂
6. 乡愿 Design 工作室、游牧人文化传媒有限责任公司

二、铜奖（共6项）

1. 游牧人文化传媒有限责任公司
2. 乌兰之声：打造少数民族广播影视文化品牌
3. 地球村——来华留学生线上汉语辅导
4. 三知学堂“民族医药文化传承创新”
5. 额日乐勤新媒体工作室——蒙古族青年价值引领者
6. 村村兴书记助手：打造“第一书记+”兴村新模式

中央民族大学第六届“校长杯”大学生创新创业大赛获奖项目名单

（共59项）

一、作品奖项

（一）一等奖（共9项）

1. 留白艺术馆——民族特色美育培训领先电商品牌
2. 目一二儿童美术教育院
3. 乌兰之声：打造少数民族广播影视文化品牌
4. 乡村振兴青年工坊：高校智慧赋能产业扶贫
5. 高灵敏度探测器项目
6. 额日乐勤（北京）文化传媒有限公司——蒙古族青年价值引领者
7. 左一餐饮科技，互联网服务平台
8. LUNE 澄月音乐
9. 麦子校园音乐——专注青少年音乐服务

（二）二等奖（共10项）

1. 纳吾教育：基于高精度算法和多语言识别技术的国际教育推广
2. 河北乡情荟友农业科技有限公司
3. 基于 MCN 模式的少数民族地区助贫助农“村村麦”公益村播平台
4. 本原印象舞剧工作室艺术空间共享平台“艺聚场”
5. 画笙智能音乐在线教育 SaaS 平台
6. “看见幸福，拥抱未来”——基于可视化方案服务校园 MCN 推广计划
7. 新一代试试画材体验平台
8. 北京怡和创享教育科技有限公司
9. 拍照公式识别与运算推理系统
10. “甲胄文化时空”项目

（三）三等奖（共40项）

1. 液体活检，开启精神分裂症精诊医学新时代
2. 清补椰有限责任公司
3. “伍拾榴”——我国首创蜂巢式民族资源共享服务平台

4. 四方之美——大学生与民族手工艺一对一帮扶平台
5. 蒙克-民族音乐教育一站式服务平台商业计划书（By：敕勒歌文化传播工作室）
6. 巨神人工智能科技（北京）有限公司
7. Rshow 新民乐——社交型民族器乐电商平台
8. 铉源
9. “三知学堂”民族医药文化传承创新
10. 自有隐力设计工作室
11. 步兮体育：民族体育先行者
12. 自动驾驶车路协同硬件核心指挥系统
13. 叙染文化
14. What On Earth 一探究竟
15. 人工智能医学影像工作站
16. “生态彩虹”野生菌智能服务信息平台
17. 居舍优品——中国首个睡眠健康校园寝居品牌
18. 红石榴文化——非遗创新发展
19. 逸美体育：民族健身操在线培训教育引航者
20. 贤齐教育
21. 阡陌艺术空间公司
22. 迷雾视觉科技
23. “抖音”短视频唤醒老品牌推广方案
24. 壹派——艺术教师信息服务平台
25. 飞虎机器人编程教育
26. 地球村——来华留学生汉语线上辅导
27. 一行农创——三农互联的产业链“+”
28. 虑得全年龄段生涯规划评估系统
29. ET 秀——少儿才艺学习和展示平台
30. 思必奇讲座——您身边的讲座信息库
31. 交泰——打造非遗景泰蓝的年轻之路
32. “鹰眼计划”车道线预警系统
33. 十一便当
34. 北京赤焰茉语文化发展有限公司
35. 乡愿 Design 工作室
36. 螺丝钉党务
37. Viewer 视界工厂
38. 易斯特民族医药中医抗疫“清味来”：基于新型发酵技术的清肺排毒汤研发推广应用
39. 雅茵茶叶
40. 自然的味道

2019年留学生获奖情况

1. 6—10月，国际教育学院积极组织在校国际学生参加北京市“汉语之星”比赛，乌克兰学生尼基塔和哈萨克斯坦迪依娜荣获第八届外国留学生“汉语之星”大赛“复赛优秀表现奖”，学校荣获第八届外国留学生“汉语之星”大赛“优秀组织奖”。

2. 9月，5名中国政府奖学金学生参加了由教育部留学服务中心举办的“我与中国的美丽邂逅”征文比赛，最终来自蒙古国的学生孟和图拉和来自吉尔吉斯斯坦的学生乌丝娜依分获本次比赛的一等奖和三等奖，学校被评为优秀组织奖。

3. 11月，学校举办第二届中外学生“视谈中国”视频采访及讲说大赛，吴康绿（韩国）、江晓霜（泰国）、瞿玉民（缅甸）三位同学荣获第二届“视谈中国”视频采访及讲说大赛“最佳外国小记者”称号；李倩（塔吉克斯坦）、桂亚当（匈牙利）、陈玉玄（越南）、林杰（吉尔吉斯斯坦）、于渊（刚果布）、刘艳（埃及）六个小组荣获三等奖；吴康绿（韩国）、江晓霜（泰国）、张信哲（埃及）三个小组荣获二等奖；瞿玉民（缅甸）小组荣获本次大赛的一等奖。

4. 6月24日，学校第一届“四人制”（公园）排球公开赛在排球场落幕。由巴努（哈萨克斯坦）、胡一江（土库曼斯坦）、胜利（塔吉克斯坦）、那寺心（塔吉克斯坦）四名国际学生组成的国际教育学院队获得冠军。

5. 3月19—27日，学校“梦想杯”足球联赛在小足球场举行，由来自4个国家的8名国际学生组成的国际教育学院男子足球队夺冠。

6. 2019年，国际教育学院日本学生中元优获学校“梦想杯”网球比赛男子组冠军。

7. 12月20日，学校缅甸籍学生瞿玉民参加了由CCTV和孔子学院主办的2019“汉语桥”全球外国人汉语大会——中文影视作品配音比赛总决赛的“汉语桥”配音比赛总决赛，夺金奖，学校获优秀组织奖。

8. 国际教育学院阿木古楞获2019年“优攀杯”蒙古国学生中文写作与演讲比赛一等奖。

9. 在2019年北京语言大学主办的全国高校汉语教学技能大赛中，国际教育学院范梦真获一等奖和最佳风采奖，刘艺珍、于澜和徐小童荣获三等奖，吕欢获三等奖。

10. 2019年第二届全国研究生汉语教学微课大赛（北京师范大学汉语文化学院、华南师范大学国际文化学院、北京唐风汉语教育科技有限公司联合主办）中国际教育学院徐小童荣获特等奖，吕欢荣获一等奖，于澜和朱春晓荣获二等奖，张华杰和沈钰蓉荣获三等奖。

11. 2019 年第六届“当代语言学理论及国际汉语教育研究生学术论坛”优秀论文评奖中国际教育学院吴忆南荣获特等奖。

12. 在 2019 年学校研究生院与研究生会共同主办的第一届研究生学术讲演大赛中，国际教育学院徐小童、李梦瑶、靳立恒三位同学分别获得二等奖与优秀奖。

13. 2019 年“问安民大”安全知识竞赛决赛中，国际教育学院的五名中国本科生组成的队伍“我们全都能答”队荣获三等奖。五名本科生分别是张秋雯、罗安童、朱碧荷、许惠珍和罗著。

14. 2019 年第二届全国研究生汉语教学微课大赛中，国际教育学院谷陵和田艳老师荣获“优秀指导教师奖”。我校获“最佳组织奖”。

15. 2019 年度中央民族大学青年教师系列项目立项结果出炉，国际教育学院教师韩笑《基于计划广度的汉语二语者口语能力发展研究》和徐明斐《在华留学生汉语语言互动能力的动态评估》获批青年教师科研能力提升计划，张海威《汉语二语习得研究与测评方法的创新与应用》获批青年学术团队引领计划。

中央民族大學
MINZU UNIVERSITY OF CHINA

媒体看民大

媒体看民大

编号	媒体、报刊	标　题	日期
1	人民网	中央民族大学校长："90后"将成对消费增长贡献最大的群体	1月2日
2	新浪财经	中国经济增长仍有潜能 需改善营商环境促进经济高质量发展	1月2日
3	新华网	中央民族大学向新疆墨玉县幼儿园爱心捐献衣物	1月3日
4	光明日报	民大钟焓副教授反思"新清史"力著《清朝史的基本特征再探究》正式出版	1月11日
5	新华网	2018中国经济研究热点排名发布"三农"成第六大研究热点	1月16日
6	中国网	"一带一路"驻华大使新春联谊会举行 中央民族大学艺术团献上精彩表演	1月19日
7	中国青年网	中央民族大学文学与新闻传播学院聘请25位业界专家担任硕士研究生导师	1月21日
8	人民日报	经济学研究当为高质量发展服务（学苑论衡）	2月25日
9	人民网	中央民大：坚持以质量立校，奋推"双一流"建设	3月1日
10	中青在线	张京泽委员：加强高层次人才管理 杜绝乱挖人才现象	3月12日
11	农民日报	环境因素更影响返乡农民工旅游创业意愿	4月1日
12	湘西州政府门户网站	龙晓华带队到北京大学和中央民族大学考察对接	4月10日
13	光明日报	专题：学习贯彻习近平总书记在学校思想政治理论课教师座谈会上的重要讲话精神	4月10日
14	人民网	中央民大发布快闪MV庆祝新中国成立70周年	5月4日
15	光明网	民大56个民族师生员工快闪"舞起来"共迎新中国70华诞	5月4日
16	央广网	奔跑的"斜杠青年"张宇识	5月9日
17	北京青年报	思政课人格魅力足 引发大学生"抢座"	5月16日

续表

编号	媒体、报刊	标　　题	日期
18	红网株洲站	荷塘区与中央民族大学附中签署教育合作交流协议	5月21日
19	人民网	中央民族大学成立中国兴边富民战略研究院	5月24日
20	外交部	我校艺术团在巴巴多斯——中国友好协会成立仪式表演中国少数民族歌舞	5月23日
21	中国新闻网	“锦绣中华”专题展在中央民族大学民族博物馆开幕	6月16日
22	中国日报网	“锦绣中华”专题展及中国刺绣传习营	6月16日
23	人民网	中央民族大学校长黄泰岩寄语2019届毕业生：愿你同阳光奔跑，争做春天的骄傲	6月27日
24	中国民族报	守正创新：中国边疆民族历史研究焕发新活力	7月5日
25	中国民族报	感悟经典的力量	7月5日
26	中国新闻网	中国人权研究会在联合国人权理事会举办“中国少数民族人权保护”边会	7月8日
27	农民日报	读书改变命运　支教点燃青春——记甘南藏族自治州支教教师沙九产业	7月10日
28	中国民族报	打造民族高校学生工作的“精”字招牌	7月12日
29	中国民族报	把认真融入“不忘初心、牢记使命”主题教育各环节	7月13日
30	中国妇女报	从“大山深处的少女”到“引起抢座大战的老太太”，杨宗丽为什么这么“火”？	8月3日
31	中国民族报电子版	黄泰岩：新时代兴边富民战略需要处理好几大关系	8月14日
32	中国民族报	中央民族大学排球队全力备战沙排锦标赛	8月21日
33	江门人才发布公众号	促进校地人才合作，推动海上丝路文化研究江门基地成立	8月21日
34	中国共产党新闻网	《“一带一路”大型系列丛书——新疆是个好地方》发布会在上海举行	8月21日
35	光明日报	坚守人民立场是干事创业的力量源泉	8月21日
36	北京青年报	杨宗丽：用一辈子备好一堂课	9月10日
37	中国民族报	青觉：铸牢中华民族共同体意识的价值和意义	9月10日
38	新华每日电讯	习近平会见的“全国模范教师”，有位电讯报道过的“马克思主义老太太”	9月10日
39	学习强国北京学习平台	最美国庆舞者：为彝族艺术的传承而舞	9月12日
40	学习强国北京学习平台	中央民族大学《爱我中华民族韵律操》	9月19日
41	北京日报	参加完庆典，连夜写下第一份入党申请书	9月23日
42	人民日报	民大学子深情合唱《我爱你中国》	9月26日

续表

编号	媒体、报刊	标　　题	日期
43	中国日报网	“锦绣中华——中国民族艺术”访法演出团“欧洲首都”首演获当地民众好评	9月27日
44	学习强国北京学习平台	中央民族大学音乐学院各族师生深情演唱《我的祖国》	9月27日
45	光明日报	视频丨关于历史，学者蒙曼向走过70年的前辈这样请教	9月28日
46	光明网	《节日颂歌》发布 为新中国成立70周年献礼	9月30日
47	人民日报海外网	“塞纳中华情——庆祝新中国成立70周年专场晚会”在巴黎举办	10月2日
48	国际在线	塞纳中华情——庆祝新中国成立70周年专场晚会在巴黎举行-国际在线	10月2日
49	CCTV央视网	庆祝新中国成立70周年 少数民族代表：同心同向共同筑梦	10月3日
50	首都教育	今天，中央民族大学为新中国70华诞送祝福	10月4日
51	中国日报网中文网	法兰西吹起最炫中华民族风 中央民族大学承办“塞纳中华情——庆祝新中国成立70周年专场晚会”	10月5日
52	中国民族宗教网	哈尼族音乐家李勇翔音乐会将于11日在北京举办	10月11日
53	共青团中央微信公众号“中国青年杂志”	又一位青年扶贫干部离去！她为藏区脱贫留下了希望的芳华	10月12日
54	人民网	学深悟透出实招 有声有色有亮点 中央民族大学扎实开展主题教育	10月16日
55	深圳晚报	深爱民大，圳等你来！中央民族大学深圳校友会2019年会鹏城举行	10月28日
56	北京电视台	我从天安门前走过——中央民族大学	11月3日
57	新疆日报	首都教育系统服务保障国庆活动宣讲团来疆宣讲	11月7日
58	光明日报	张曙光：开拓革命文化主题创作新思路	11月7日
59	光明日报	以忠魂铸初心 用生命赴使命——追记殉职在决战脱贫路上的几位舟曲县干部职工	11月8日
60	新华社	初心一片为脱贫——追记殉职在决战脱贫路上的几位舟曲县干部职工	11月8日
61	人民日报	生命定格在绽放的芳华中	11月11日
62	千龙网，中国新闻网、海外网、凤凰网、中国日报网	精磨100天 飞越6000里　传播一堂特殊的思政课	11月15日
63	中国青年网	传递榜样力量 首都服务保障国庆活动宣讲团走进新疆	11月15日

续表

编号	媒体、报刊	标　　题	日期
64	新华网	中央民族大学成立新闻与传播学院	11 月 17 日
65	光明日报	中华法系的历史源流与现代转化	12 月 18 日
66	中国教育网络电视台	中外学者共话少数民族教育	11 月 23 日
67	中国科技网	“国际视野下的少数民族教育：历史、理论、政策与实践”国际论坛在中央民族大学举办	11 月 25 日
68	中国民族报	放眼全球，扎根中国大地办好民族教育——“国际视野下的少数民族教育”国际论坛综述	11 月 26 日
69	光明日报、中国共产党新闻网、中国青年报、中国人大网、央广网、搜狐网、求是网、光明网	坚持和完善社会主义基本经济制度 推动经济高质量发展	11 月 25 日
70	人民日报、人民网、中国日报中文网、光明网、求是网、海外网、中国社会科学网、中国文明网、中国政府法制信息网、中共中央统一战线工作部、共产党员网、中国共产党新闻网	坚定不移走中国特色解决民族问题的正确道路	12 月 5 日
71	中国民族报	将跨境经济合作区打造成“一带一路”国际合作重要平台	12 月 24 日

中央民族大學
MINZU UNIVERSITY OF CHINA

大事记

大事记

1月7日，学校在二号办公楼一层会议室召开了本科教学工作会议。校党委常委、副校长宋敏出席会议并发表重要讲话。教务处处长冯金朝、副处长吴桂群、各教学单位院长（主任）及主管本科教学工作的副院长（副主任）参会。

1月8日，学校党委在知行堂举办全国党建工作示范单位揭牌仪式，校党委书记张京泽，党委副书记、校长黄泰岩，党委副书记、纪委书记马文喜分别为三个全国党建工作示范单位揭牌。会上，校党委常委、副校长邹吉忠宣读了教育部办公厅关于全国党建工作标杆院系、样板支部、首批全国高校“双带头人”教师党支部书记工作室的通知。学校生命与环境科学学院党委入选全国党建工作标杆院系，马克思主义学院教工第一党支部入选全国党建工作样板支部，民族学与社会学学院民族理论与民族政策研究院教工党支部入选全国高校“双带头人”教师党支部书记工作室。

1月8日，学校召开二级单位党组织书记抓基层党建工作述职评议考核会，对现场述职和书面述职的33个二级单位党组织书记进行测评。校党委书记张京泽出席会议并发表讲话。

1月9日，2018年度院（系）任期目标责任和“双一流”建设项目评审会在知行堂召开，全体校领导出席会议。

1月10日，学校召开干部大会，对学校领导班子及学校领导干部进行2018年度考核民主测评。校党委副书记、校长黄泰岩代表学校领导班子做2018年度工作报告。

1月11日，学校第六届教职工代表大会暨第十四次工会会员代表大会第三次全体会议在校召开。党委书记张京泽出席会议并发表讲话。校长黄泰岩代表学校向大会做题为《凝心聚力 攻坚克难 协同奋进 为“双一流”建设做出新贡献》的工作报告。大会审议了教代会工会2018年度工作报告、学校2018年度决算和2019年度预算情况报告、第六届教代会2018年度提案工作报告、工会2018年度财务收支决算情况审查报告。

1月15日，中央民族大学、中国人民大学、经济科学出版社等联合举办2018中国经济研究热点排名发布会。发布会通过对专家学者2018年在19本统计样本期刊上发表的全部学术论文共1825篇按专题进行分类统计，得出2018年中国经济研究前10大热点。《人民日报》、新华社等媒体和中国人民大学、经济科学出版社等单位的专家和学生120人参加发布会。中国经济研究热点排名由中央民族大学教授带领的研究团队于2003年开始统计和分析，每年出版一部研究报告《中国经济热点前沿》，每年举办一次“中国经济学前沿论坛”；每年召开一次“中国经济研究热点排名发布会”；历年分析报告形成数据库。

1月17日，学校“锦绣中华·魅力民大”艺术团为“一带一路”驻华大使新春联谊会奉献专场演出。“一带一路”驻华大使新春联谊会由中国互联网中心、国家民委国际交流司等单位联合主办，校党委常委、副校长宋敏应邀出席。

1月，财务服务平台上线，全面启动网上预约报账系统。

1月，根据学校党委工作部署，完成党政职能部门领导班子换届和领导干部聘任工作，按计划完成了2018年度全校226名处级领导干部年度考核和评优工作。开展学校2018年基层党建述职评议考核。

2月26日，党委副书记、校长黄泰岩主持召开“双一流”建设管理领导小组第一次会议，研究部署学校2019年“双一流”建设引导专项经费相关事宜。

3月2日，贵州省人民政府和我校在北京贵州大厦签署战略合作框架协议。贵州省委副书记、省长谌贻琴，国家民委副主任陈改户，贵州省委常委、常务副省长李再勇，国家民委专职委员（副部长级）、中央民族大学党委书记张京泽出席签约仪式。签约仪式前，双方进行了简短的会谈。

3月5日，校工会召开2019年工作会议，校党委常委、副校长、工会主席邹吉忠参加会议。会上，按照学校党委和北京市总工会的工作部署和要求，根据学校的总体工作安排，校工会各部门分别介绍了2019年重点工作，特别是围绕深入学习贯彻党的十九大和中国工会十七大精神，提高工会专兼职干部综合素质；充分发挥教代会作用，凝心聚力促进学校事业发展；积极推进信息系统建设，创新工会服务工作手段；把握立德树人根本任务，大力开展师德师风建设；竭诚服务教职工，构筑暖人心工程；创新文体活动形式，丰富教职工文化生活等方面。校工会常务副主席宋志光，副主席王淼针对2019年工会重点、难点工作进行了梳理和部署。

3月5日，学校本科教学督导室召开了新学期第一次督导工作例会，研讨上学期课堂教学督导情况工作总结，讨论新学期督导工作安排。

3月7日，共青团中央统战部副部长黄志刚一行来校调研团组织工作。北京市委教育工委副书记李军锋及安全稳定工作处处长王建辉、组织处处长李丽辉等一行4人来校检查校园安全工作。

3月7日，党委副书记、纪委书记马文喜主持召开纪委全会，传达学习十九届中央纪委三次全会精神、国家民委2019年全面从严治党工作会议精神、2019年教育系统全面从严治党工作视频会议精神。

3月，少数民族语言文学系汪立珍教授主讲的“中国少数民族神话赏析”和民族学与社会学学院朱靖江副教授主讲的“影像中的人类学”入选国家精品在线开放课程。

3月8日，校长黄泰岩主持召开学科建设院长座谈会，就各学科完成既定学科建设目标所面临的困难、亟需学校解决的问题等听取意见和建议。

3月20—22日，学校民族博物馆与“中国羌族傩文化之乡”——陕西省宁强县建立合作关系，并举行“羌绣研究基地”挂牌仪式。

3月26日，附属中学与红河哈尼族彝族自治州政府人民政府合作签约办学。

3月29日，学校召开2019年全面从严治党工作会议，深入贯彻落实党的十九大、十九届中央纪委三次全会以及国家民委、教育部和北京市2019年关于全面从严治党工作的新精神、新要求。校党委书记张京泽出席会议并讲话。党委副书记、纪委书记马文喜作学校2019年全面从严治党工作报告。

3月，根据教育部“双万计划”和“六卓越一拔尖计划2.0”要求，制定实施《中央民族大学一流专业和一流课程建设方案》，按照“上水平、追卓越”专业认证标准，遴选22个专业，实施分类分层建设，其中A类专业4个，B类专业10个，C类专业8个。以期经过培育，逐步构建国家级、省部级、校级三级一流专业建设体系。

4月1日，学校举行教育部在线教育研究中心“智慧教学试点项目”授牌仪式。校党委常委、副校长宋敏，教育部在线教育研究中心副主任于世洁出席仪式。

3—5月，面向全校教职工发放《学校事业发展改革调查问卷(2019)》《中央民族大学新校区公租房相关事项调查问卷》，回收有效问卷千余份，调查深入、覆盖面广，为学校的改革发展决策提供了来自一线、真实可靠的数据资料。

4月4日，学校生环学院与爱尔兰国立科克大学合作举办的环境科学专业本科教育项目（批准书编号：MOE11IE2A20181936N）正式获批。该项目是学校首个申请获批的中外合作办学项目。项目计划于2019年开始招生，每年招收40人，学制4年，项目采用“2+1+1”双学位培养模式。9月份，来自全国各地10个省市的第一批学生正式入学。

4月4日，校长黄泰岩在三号楼一层会议室主持召开2019年财政专项预算执行督导会。

4月5—7日，在第16届国际中学生地理奥林匹克竞赛中国大陆地区选拔赛中，王靖博老师带领朱容立、韦凡坷、牟伟豪、和浩然4名学生斩获1金2银1铜的佳绩，并荣获团体一等奖（第二名）。其中，朱容立获金奖并入选国家队，代表中国（北京）参加第十六届国际中学生地理奥林匹克竞赛。

4月8日，古巴国务委员会主席兼部长会议主席夫人莉斯·奎斯塔女士率团来校访问，并做客“民大国际讲堂”发表演讲。国家民委专职委员、校党委书记张京泽会见了代表团一行，双方进行亲切友好的会谈。校党委副书记、校长黄泰岩向莉斯·奎斯塔女士颁发“名誉教授”聘书。校党委常委、副校长宋敏主持会见和聘书颁发仪式。

4月10日，学校与中央民族歌舞团战略合作框架协议签署仪式在知行堂举行。国家民委专职委员、校党委书记张京泽，党委副书记、校长黄泰岩，中央民族歌舞团党委书记黄耀萍出席签约仪式并举行座谈。

4月12日，历史文化学院蒙曼教授入选第八届“首都十大教育新闻人物”。

4月12日，在海淀区教育系统党建工作推进会上，附属中学等13所学校获颁“青少年涉台教育基地”“京台中小学交流基地”奖牌。

4月14日，生命与环境科学学院陈坦博士所在团队的研究成果“生物质废物精细调控好氧处理—深度资源化综合技术”（Biomass Integrated Disposal Technology of Fine Control Aerobic Treatment and Comprehensive Deep Utilization）在第47届日内瓦国际发明展上获金奖，为学校环境科学与工程学科建设水平迈上新的台阶提供了有力支撑。

4月17日，附属中学“新品牌”学校建设展示活动在海淀校区举行。本次活动的主题为“各美其美，美美与共”，通过“共美课堂”展示、“共美讲堂”分享、“共美实践”汇报、校长报告等环节充分展示和分享我校附中在全面落实立德树人根本任务，履行“培养民族优秀人才，服务民族基础教育”使命的过程中，教师队伍和人才培养、课程建设和质量提升、文化传承和内涵发展等方面的建设成果。

4月18日，科研处组织学校5名师生代表赴四川省成都市参加第二届国家民委系统科普讲解大赛。本届大赛由国家民委主办、西南民族大学承办。来自7个单位的32名代表同台竞技，我校生命与环境科学学院李崴老师以93.4分的最高分成绩获得一等奖，生命与环境科学学院成功老师、哈萨克语言文学系木丽得尔·毛力提同学获二等奖，生命与环境科学学院于倩茹、张晗冰同学获三等奖，生命与环境科学学院石莎老师获优秀指导老师奖，学校获优秀组织奖。

4月19—20日，学校举办第53届田径运动会。本届运动会共有2个竞赛项目和1个田赛项目的校运会记录被打破，1个径赛项目平校运会记录；生命与环境科学学院代表队夺得本届运动会男子团体、女子团体和男女团体总分三项桂冠，取得校运会十一连冠成绩。校党委常委、副校长王丽萍出席闭幕式，党委宣传部、校体育运动委员会、校团委、各教学单位主要负责人等参加闭幕式。校党委学生工作部部长、学生处处长马国伟主持本届运动会闭幕式。

4月23日，学校召开2019年专项巡察工作动员部署会，本年度校内首轮专项巡察工作正式启动。校党委副书记、纪委书记马文喜出席会议并做动员讲话。

4月26日，蒙古国科学院院长D.热格德乐先生向王满特嘎教授颁发科学院外籍院士证书。D.热格德乐先生在致辞中感谢王满特嘎教授在蒙古国文学理论、蒙古国文学作品以及培养蒙古学领域优秀人才等方面所做出的卓越贡献。

4月26日，学校举办在京少数民族传统节日活动召集人培训班。中央民族干部学院教授和国家民委研究室民族问题研究中心副主任分别作《新时代民族工作的根本遵循——深入学习习近平总书记关于民族工作重要论述》《在京民族传统节日活动如何在促进“三交”和铸牢中华民族共同体意识方面更好地发挥积极作用》

主题报告。与会少数民族传统节日召集人对《关于在京少数民族传统节日活动促进新时代首都民族团结进步事业发展的指导意见》征询稿进行讨论。共有28个民族的51人参加培训班。

4月26日，党委书记张京泽一行视察学校安全稳定和综合整治工作。在家属社区，张京泽详细询问社区机动车电子识别系统启用后停车管理工作成效以及社区综合改造12项工程项目推进情况，认真听取社区综合环境治理和消防安全隐患排查工作中遇到的突出问题，并与社区居民代表详细交谈。

4月，教务处组织参与2019年北京地区高校大学生优秀创业团队评选活动，6支团队荣获“2019年北京地区高校大学生优秀创业团队”荣誉称号，获一等奖1项，三等奖5项。

4—5月，举办第五届“校长杯”中央民族大学创新创业大赛，累计参赛学生1054人。2个项目入选第十二届全国大学生创新创业年会，在第八届科技创新作品与专利成果展示推介会上再创佳绩。

5月15日，北京市重点建设马克思主义学院考察组一行7人来校，通过听取汇报、实地走访、随堂听课、座谈访谈等形式，了解和考察了学校马克思主义学院重点建设情况。考察组组长、中共北京市委教育工委副书记狄涛在知行堂主持召开汇报会。校党委书记张京泽，党委副书记、校长黄泰岩，党委常委、副校长邹吉忠以及相关部门主要负责人参加会议。

5月16日，北京市教委发布《关于公布北京高校高精尖学科建设名单的通知》（京教函〔2019〕196号），公布了北京高校高精尖学科建设名单。学校城市民族学、民族艺术学、质谱成像与代谢组学3学科入选。这3个学科的入选，将增强我校的学科建设实力，助力学校“双一流”建设，提升学校综合竞争力。

5月17日，国家民族事务委员会副主任、党组成员赵勇到校调研，并主持召开铸牢中华民族共同体意识研究座谈会。

5月17日—6月28日，学校举办2019年新任处级干部、科长（主任）培训班。27名2019年新任处级干部和161位科长（主任）通过6周的学习顺利结业。

5月20日，学校成立中国兴边富民战略研究院。该研究院是国家民委支持设立的高端智库，由国家民委经济发展司、国家民委教育科技司和中央民族大学三方共建，依托学校经济学院和相关专业师资队伍和研究团队，按照科研平台建设的方式和高层次人才引进的标准在校内外进行专兼职人员聘用，并面向海内外引进相关领域人才，服务国家兴边富民行动战略。研究院设联席院长3人，包括国家民委经济发展司司长张志刚、国家民委教育科技司司长田联刚和民大校长、资深教授黄泰岩；执行院长1人，为民大经济学院院长、二级教授张丽君；院长助理2人：白钰、吴希宾。有专兼职人员36人，其中，教授10人、副教授7人。

5月20—24日，由科研处牵头，宣传部、教务处、团委、图书馆、民族博物馆、生命与环境科学学院、药学院、理学院和信息工程学院9家单位联合参与，举办了学校2019年科普活动周，国家民委教育科技司副巡视员王宏晓、科技处处长安燕莅临指导，副校长再帕尔·阿不力孜出席开幕式并致辞。本届科普活动周设置了机器人展演、生物标本、光电能源转换、药物成分分析、拓片、扎染、民族乐器等15个展区，通过科普脱口秀、名师讲坛、参观展览、操作展示、互动体验等多种形式，全方位、多角度普及生物学、生态学、电子科学与技术、药学、民族学、图书情报与档案管理等领域的科学知识。科普活动周还迎来了一群特殊的小观众——民大幼儿园6个班200余名小朋友也参加了本届科普活动周活动，孩子们通过动手操作、观察思考、探索发现等方式，增长了科学知识，培养了对科学的探索兴趣。

5月21—28日，学校“锦绣中华·魅力民大”——中国民族文化走出去艺术团一行9人应邀访问巴巴多斯，为大洋彼岸带去了多场文化盛宴，拉进了与巴巴多斯人民之间的距离，使更多的巴巴多斯人感知中国、了解中国、喜爱中国。在巴拿马转机期间，艺术团应邀顺访了巴拿马大学孔子学院。

5月26日，音乐学院200余名师生登上北京世界园艺博览会妫汭剧场的舞台，参加北京大学生音乐节森林音乐会专场演出。

5月31日，党委副书记、校长黄泰岩主持召开“双一流”建设管理领导小组第二次会议，研究审议学校2020—2022年“双一流”建设引导专项资金预算编制报告。

4—5月，发展规划处组织人事处、教务处、研究生院、科研处、国际合作处等部门编制完成了《中央高校建设世界一流大学（学科）和特色发展引导专项项目申报书（2020—2022)》；调研42所“双一流”大学建设高校和14所民族院校民族学和社会学学科设置和学科建设情况，形成《关于各高校民族学、社会学两学科设置问题的调研报告》。5月，为推进新校区图书馆、计算中心和公共教学楼群建设，学校审议通过使用农业银行8年期项目贷款2.5亿元的筹资计划，同年8月国家民委批复此计划。

5月，学校顺利完成“政府会计制度改革实施方案”中构建政府会计核算和报告体系、资产核查工作、清理分析往来款项、清理基本建设会计账务任务。

6月初，2019年本科招生宣传季正式启动，推送各专业微信推文40余篇，点击总量12万余人次；同时，向全国4500所重点中学、民族中学寄发招生传单25万余份；并派出20余名工作人员参加了10余个省区20余个城市的招生咨询会。

6月6日，北京市委常委、统战部部长齐静在学校主持召开党的政治建设座谈会，强调中央民族大学要进一步增强责任感和紧迫感，自觉扛起责任，扎实做好工作，在党的政治建设上为全国民族高校当好标杆、做出示范。座谈会后，齐静一行前往民大社区调研，考察了社区综合治理成果。

6月11日，学校召开外籍教师座谈会。

6月13—20日，美术学院在中国美术馆1层1、6、7、8、9号展厅举行“中央民族大学美术学院成立60周年作品展”暨“民族美术高等教育60年成果回顾展”。本次展览共展出13所高校的百余幅老中青艺术家作品，作品涵盖国画、油画、版画和艺术设计等多种形式。此次展览观众人数超5万人次。

6月20日，全国政协副主席，中央统战部副部长，国家民委党组书记、主任巴特尔来校调研。巴特尔到音乐学院和生命与环境科学学院看望了斯琴朝克图教授和程勇教授，并对近年来学校在学科建设方面取得的成绩给予肯定。巴特尔来到民族博物馆参观《锦“绣”中华》专题展，听取民族服饰刺绣等相关介绍，观看了中国刺绣艺术传习营现场演示。巴特尔还参观了“中央民族大学美术学院成立60周年作品展”暨“民族美术高等教育60年成果回顾展”。

6月21日，2019年毕业典礼暨学位授予仪式在逸夫体育馆举行。校领导黄泰岩、马文喜、宋敏、石亚洲、再帕尔·阿不力孜、王丽萍、田琳、张艳丽以及学校资深老教授胡振华、金炳镐、杨圣敏、班班多杰出席毕业典礼并为毕业生授予学位。本年度共授予2643人学士学位，1347人硕士学位，185人博士学位。共有142名本科生、57名研究生被评为北京市优秀毕业生。

6月23日，中国共产党新闻网“理论栏目”全文转载国家民委专职委员、中央民族大学党委书记张京泽于2018年12月24日发表在《光明日报》上题为“铸牢中华民族共同体意识 实现民族高等教育新发展”的署名文章。

6月24日，校党委在知行堂召开第四次全体（扩大）会议，党委书记张京泽讲授加强党的政治建设主题党课，党委副书记、纪委书记马文喜主持会议。

6月26日，中国科学院院士、长江学者、北京大学生命科学学院教授、原中国科学院水生生物研究所所长赵进东受聘为学校客座教授，聘任仪式在学校知行堂举行。

6月30日，学校举办“唱响新时代，助推双一流”中央民族大学第三届教职工合唱比赛。学校党政领导与来自全校的17支代表队600多名教职员工共同参加，一同庆祝中国共产党诞生98周年、迎接新中国诞生70周年。

3—6月，根据教育部和北京市关于国家级和省部级一流专业申报的相关通知要求，教务处进行了精心组织和细致安排，在各学院大力配合和支持下，开展了10余次宣传动员和工作部署，经过院校两级论证遴选和数次材料修订，顺利完成国家级一流专业和北京市级一流专业申报工作。12月24日，根据《教育部办公厅关于公布2019年度国家级和省一级一流本科专业建设点名单的通知》（教高厅函〔2019〕46号），学校民族学、社会学、中国少数民族语言文学、历史学、经济学、法学、教育学、新闻学、计算机科学与技术、公共事业管理、舞蹈表演、美术学12个专业获批首批国家级一流本科专业建设点，文物与博物馆学、生态学、光电信息科学与工程、音乐学4个专业获批首批北京市级一流本科专业建设点。

7月1日，教育部党组成员、副部长翁铁慧到校调研，听取学校思政工作情况和“双一流”建设情况汇报。国家民委专职委员、校党委书记张京泽，党委副书记、校长黄泰岩分别代表学校汇报了学校思政工作和“双一流”建设工作。调研时，翁铁慧充分肯定了学校的办学地位、办学特色和办学工作，她要求学校进一步加强党的建设和思想政治工作，学科建设和科学研究工作要突出民大特色，她还对学校的队伍建设、人事制度以及学校的近期工作重点做了要求。汇报座谈之前，翁铁慧一行还先后考察了斯琴朝克图教授工作室和北京高校少数民族学生服务管理工作站，参观了名师纪念展。教育部思政司司长魏士强、研究生司司长洪大用、社科司副司长徐艳国、学生司副司长李强等陪同调研。

7月5日，附属中学与贵阳市人民政府举行合作办学签约仪式。

7月8日凌晨2时—6时，以音乐学院为主的56名师生在天安门广场核心区域参与录制国家大型群众性歌唱节目《我爱你，中国》。师生们身着56个民族的盛装，通过放声歌唱、纵情舞蹈《我爱你，中国》快闪MV方式，为祖国70华诞献礼。成片于国庆节前夕，在中央电视台、北京电视台滚动播出。录制结束后，音乐学院那红老师、梁岩老师及2018级学生孙俊妍、叶森别克接受了北京电视台采访。该活动系中宣部部署、北京电视台举办，旨在庆祝新中国成立70周年。首都各界人士2000多人参与录制，现场参与群众约3万人。

7月16日，北京市委常委、教工委书记王宁到丰台校区考察调研，称赞民大丰台校区进展令人惊喜。王宁在实地调研后指出，我校丰台校区一年零三个月的建设进展迅速，要求相关部门和单位通力配合，共同把民大丰台校区建设成为北京的“样板”工程。

7月16日，校党委常委、副校长王丽萍到2019年北京世界园艺博览会园区看望慰问参与本次世园会志愿服务工作的学生志愿者。团委书记樊博、副书记崔雅满和专职干部马丹阳等陪同看望。

7月16—18日，学校教师教学发展中心首次对外举办教学技能工作坊（Instructional Skills Workshop，ISW）。工作坊采用参与式、体验式的学习方法，学员在引导员带领下以小组为单位学习研讨。首期工作坊包括为期4天的集体备课和每天课后不少于5个小时的反思总结，20名参训教师分别来自吉林财经大学、湖南师范大学、内蒙古师范大学等9所高校。

7月18日，学校国际教育学院首个海外“汉语国际教育实践基地”在奥克兰孔子学院举行揭牌仪式。

7月，教务处组织参与第五届中国“互联网+”大学生创新创业大赛北京赛区比赛，共计9个项目（北京地区各高校共168个项目）入围北京赛区总决赛现场比赛，其中3个项目获得北京市一等奖，6个项目获得北京市二等奖；学校获评“优秀组织奖”荣誉称号。1个项目入选“互联网+”决赛，获得国家级三等奖。

8月8日，学校与内蒙古呼伦贝尔市呼伦湖国家级自然保护区管理局签署建立“中央民族大学呼伦湖保护区草原生态试验站”协议，并举行了挂牌和揭牌仪式。该站是民大第一个生态学野外试验站，该站的建立弥补了学校生态学学科建设的短板，为未来生态学建设学科、开展国家自然保护区相关问题研究提供了支撑平台。11月23日，该试验站网站正式上线。

8月23—25日，2019年度校友工作会议在贵阳召开，10个地方校友组织以及6个行业校友组织选派代表参会。校党委常委、副校长、校友会会长石亚洲出席会议并讲话。

8月，戴庆厦教授当选新一届国家语委咨询委员会委员。

9月2日，国际教育学院博士生吉莉（Mhzaahmedova Dilsora）参与翻译的乌兹别克语版《习近平讲故事》一书，由中国人民出版社和乌兹别克斯坦Akdemnashr出版社联合出版，她本人因此获得由国家汉办和中图公司提供的“孔子新汉学计划”青年领袖项目多语种翻译研修机会。参与本书翻译的还有学校乌兹别克语教师古丽巴努尔·克拜吐里（Gulibanumu Kebaituli）。

9月2日，校党委常务副书记、纪委书记马文喜主持召开进一步推动校园环境综合治理专题会议，校党委副书记、副校长李计勇出席会议。

9月2—3日，学校党委副书记、校长黄泰岩，党委常委、副校长田琳一行前往海南，分别拜会了海南省副省长王路、教育厅厅长曹献坤和陵水黎族自治县委书记符鸣并座谈。双方就办学思路、办学进展进行了沟通与磋商，表示将共同推进建设，尽快落地。

9月5日，学校召开教学工作专门委员会会议暨本科教学工作会。

9月6日，学校召开首届西部高校、民族院校新闻传播学科院长论坛。论坛探讨西部高校、民族院校新闻传播学科的建设经验与问题，认为西部高校和民族院校自身建设面临资源配置不均衡，办学主体性不足，学科自信不足等现实瓶颈与制约因素。论坛由民大倡议，西安交通大学、兰州大学、云南大学等12所高校联合发起，设立知行奖，表彰在新闻传播教学、研究领域作出重要贡献的教师、教学成果、科研成果以及学术优秀、知行合一的本科生与研究生。来自云南大学、广西大学、宁夏大学以及国家民委五所直属院校共9所高校的100人参加论坛。

9月8—16日，第十一届全国少数民族传统体育运动会在河南省郑州市举办，学校代表北京市参加龙舟、木球、陀螺、民族健身操4个竞赛项目，1个冰蹴球表演项目。其中：民族健身操队囊括三个项目的三块金牌，龙舟队荣获两个二等奖、三个三等奖；木球队荣获三等奖；陀螺队荣获女单三等奖；冰蹴球队荣获表演项目二等奖。学校被北京市教委授予“阳光杯”优胜校荣誉称号，被北京市民宗委授予第十一届全国民运会“突出贡献奖”，10余名民大学子荣获体育道德风尚奖。音乐学院韩昌梅教授应邀参加第十一届全国少数民族传统体育运动会9月8日举行的开幕式演出。

9月9日，人力资源社会保障部、教育部决定授予中国人民大学马克思主义学院等597个单位“全国教育系统先进集体”称号；授予于淑雯等718名同志“全国模范教师”称号；授予芦咏莉等79名同志“全国教育系统先进工作者”称号。我校马克思主义学院杨宗丽教授喜获“全国模范教师”。

9月12日，学校召开“双一流”中期自评专家评审会，对学校“双一流”中期建设及建设学科目标、任务落实完成情况进行考察评审。评审专家组由中国社会科学院学部委员郝时远教授担任组长；专家组成员包括中国人民大学校长刘伟，首都师范大学校长孟繁华，北京师范大学学术委员会主任、原北京外国语大学党委书记韩震，中国金融学会副会长、原中央财经大学校长王广谦，北京大学副校长王博，北京大学社会学系邱泽奇，北京大学社会科学部部长龚六堂，北京大学学科建设办公室副主任贺飞。

9月17日，学校召开“不忘初心、牢记使命”主题教育动员部署会。国家民委党组直属高校主题教育领导小组第一指导组组长普永生出席会议并讲话。

9月18日，学校编创完成的“爱我中华”韵律操成功入选“学习强国”短视频子平台。

9月23日，“伟大历程 辉煌成就——庆祝中华人民共和国成立70周年大型成就展”在北京展览馆正式开幕。学校选送的“中央民族学院学生走出校门”图片列入“中央民族学院设立”条目，作为70周年重要成就单独展示，是全国高校中唯一一所单独展示的高等院校。10月30日，全体在校校级领导参观“伟大历程、辉煌成就——庆祝中华人民共和国成立70周年大型成就展”，并在展板前合影留念。

9月24日，图书馆举办“民族记忆·珍贵典藏”古籍特藏展览，共展出馆藏36部代表性珍本古籍。近800人次参观本展览。

9月27日，舞蹈学院获得“全国民族团结进步先进集体”荣誉称号。

9月，学校制定实施《中央民族大学全面振兴本科教育行动计划》。该《行动计划》以“构建以铸牢中华民族共同体意识为基石的一流本科人才培养体系”“为国家培养信念执着、勇于担当、务实奉献，具有家国情怀，自觉维护祖国统一和民族团结的优秀人才”为目标，开展新时代特色育人体系、高水平人才培养体系、一流专业建设体系、一流师资队伍建设体系、教育教学质量保障体系、全面振兴本科教育制度体系六大任务体系建设，推进实施思政铸魂、文化育人、实践育人三大工程，实施拔尖人才培养、卓越人才培养、特色人才培养计划等三大人才培养提升计划，推进一流专业与一流课程建设、教师教学能力提升、基层教学组织建设、教学质量监控和人才培养质量评价等21大支撑项目，将思政铸魂、文化育人和实践育人理念落实到本科教育教学全过程，全面提升专业建设水平和人才培养能力。

10月1日，国庆70周年活动中，学校共组织3207名师生承担群众游行、广场音乐区表演、广场联欢表演、文艺晚会演出和庆祝活动志愿服务五大任务。活动当天，学校全体参加师生在天安门广场光荣地接受了党和人民的检阅，以最饱满的爱国热情、最昂扬的精神风貌献礼祖国70周年华诞，圆满完成各项任务。10月25日，中华人民共和国成立70周年庆祝活动北京市筹备和服务保障工作总结表彰大会在北京会议中心会议楼报告厅举行。大会全面总结了国庆活动北京市筹备和服务保障各项工作，表彰了在活动中贡献突出、表现优异的集体和个人。国家民委专职委员、校党委书记张京泽带领我校受表彰师生代表出席大会。在本次表彰中，校团委、舞蹈学院荣获庆祝活动筹备和服务保障工作先进集体；体育学院张凤民、新闻与传播学院岳广鹏、音乐学院徐晓鹃、舞蹈学院刘博天、党委组织部肖霄、校团委马丹阳、附属中学刘长喜7位同志，管理学院研究生夏楚、舞蹈学院研究生杨贺婷、少数民族语言文学学院本科生额尔敦吉如和3位同学共10位师生获得庆祝活动筹备和服务保障工作先进个人。

10月16日，中华人民共和国成立70周年庆祝活动总结会议在京举行。我校舞蹈学院2017级本科生泽朗初、管理学院2019级研究生伊力尔江参加总结会议，受到总书记亲切会见，并同全体与会者一起合影留念。活动之后，学校组建参加国庆活动优秀师生代表宣讲团深入新疆维吾尔自治区、西藏自治区、宁夏回族自治区、广东省、国家民委机关、北京市教育系统等地开展“小我融入大我，青春献给祖国”主题宣讲。我校59岁的艾力肯老师先后参加国庆35周年、50周年、60周年和70周年四次活动。作为国庆游行方阵中教工代表里年龄最大的队员，也是唯一一名参加过四次国庆的队员。活动结束当天的《新闻联播》中，他讲述了自己从学生时代到即将退休这段时间与国庆的故事，见证了祖国从改革开放富起来到新时代强起来的伟大飞跃，表达了对祖国未来发展的坚定信心。

10月20日，国务院学位委员会第七届药学学科评议组第三次全体委员会议在校举行。

10月23日，“中央民族大学《红楼梦》研学基地”在北京植物园曹雪芹学会挂牌成立。北京曹雪芹学会创会会长、《曹雪芹研究》主编胡德平，国务院参事、全国工商联原副主席谢伯阳，中央民族大学党委常委、副校长石亚洲出席揭牌仪式。我校文学院教授、北京曹雪芹学会副会长曹立波等多位专家及20余位博士、硕士研究生参加活动。

10月25日，学校国家民委民族美术创意创新研究中心揭牌。中心为校级非独立科研平台，挂靠美术学院，在国家民委的直接领导下，依托中央民族大学民族艺术研究成果和实践资源，整合全国人才资源，开展民族文化艺术理论与实践创新案例研究，为国家民委提供相关决策咨询，为民族美术与文化艺术行业发展提供智力支持，为民族地区文化艺术产业发展提供规划建议，为民族文化艺术学术研究者提供合作平台，以前瞻性理论与创新性技术推动民族美术与文化艺术产业发展。中心主任芮法彬、副主任陈刚、蒋彦婴，有专兼职研究人员13人，其中，教授9人，副教授1人。

10月31日，党委副书记、校长黄泰岩主持召开“双一流”建设管理领导小组第三次会议，研究2019年“双一流”经费执行统筹事宜及2018年“双一流”统筹经费使用事宜。

11月1日，由中央民族大学主办，中央民族大学美术学院承办的“民族美术高等教育60年成果回顾展”续展在中华世纪坛艺术馆开幕。我校党委常委、副校长石亚洲，中央美术学院副院长王晓琳，中国少数民族美术促进会常务副会长沈刚纪，中国文联美术艺术中心副主任李伟，国家外文局美术总编审吴运鸿，首都师范大学美术学院院长韩振刚，北京工业大学艺术设计学院党委书记黄韬，北京印刷学院设计艺术学院院长张晓东，中央民族大学美术学院院长芮法彬，党总支书记陈刚以及各兄弟民族院校代表出席开幕式。

11月3—4日，学校网球代表队参加2019年首都大学生网球联赛秋季精英赛，夺得四项赛事冠军。

11月4日，“唱响新时代民族华章——中央民族大学音乐学院成立60周年庆典音乐会”在北京音乐厅举办。

11月7日，学校召开党委常委会追授张小娟同志“杰出校友”荣誉称号。张小娟同志，是学校2007年历史学和旅游管理双学位获得者，毕业后一直奋战在民族地区脱贫攻坚第一线，是学校优秀校友的缩影和杰出代表。张小娟是首位获此称号的校友。12月11日，人力资源和社会保障部和国务院扶贫办决定追授张小娟同志“全国脱贫攻坚模范”称号，全国妇联决定追授张小娟同志“全国三八红旗手”荣誉。

11月11日，学校社区志愿服务工作站正式揭牌成立。紫竹院街道办事处副主任马秀丽出席揭牌仪式并致辞。

11月15日，学校参加庆祝中华人民共和国成立70周年活动总结表彰大会在大礼堂举行。全体在校领导出席大会。各部门、各单位负责人，各院系党组织负责人，参加国庆70周年活动的全体师生，参与国庆70周年活动筹备和服务保障的师生代表参加大会。

11月16—17日，学校举办第十届东北亚民族文化论坛国际学术研讨会。会议以“‘一带一路’背景下东北亚区域社会发展”为主题，围绕中国与周边国家共同发展、构建人类命运共同体建设、推进中国与周边国家交流交往交流探讨，国内外80余名专家学者参加大会。

11月19日，信息工程学院教授、硕士生导师袁杰入选2019年“高被引科学家”跨学科领域名单，学校首次有学者获得此项殊荣。

11月20日，招生就业工作处主持召开2019年就业工作会议。22日，学校党委常务副书记、纪委书记马文喜到招生就业工作处调研特殊类型考试招生工作，督导检查招生政策和工作纪律的贯彻执行及招生工作风险点防控情况。

11月25日，《光明日报》第6版“学习贯彻习近平新时代中国特色社会主义思想”特刊第412期“深入学习贯彻党的十九届四中全会精神”栏目全文刊发了校长黄泰岩教授《坚持和完善社会主义基本经济制度 推动经济高质量发展》理论文章。

11月26日，学校与中国文艺志愿者协会签署战略合作协议。

11月27日至12月4日，副校长再帕尔·阿不力孜率团出访日本和韩国，分别访问了日本一桥大学、日本千叶大学，韩国弘益大学、韩国高丽大学、韩国首尔国立大学。代表团分别与五所大学的相关部门、院系代表会谈，就科学研究、人才培养、学者交流等领域的合作进行深入探讨。

11月27日至12月5日，校长黄泰岩应邀率团访问巴西圣保罗大学、巴西利亚大学、秘鲁天主教大学、秘鲁皮乌拉大学。此次出访为拓展我校与巴西、秘鲁知名高校在教育和科研领域的高水平合作搭建了平台，提升了我校在拉美地区的影响力，为完善构建学校全球合作网络、推进学校“双一流”建设注入了新的活力。

11月，图书馆被正式命名为第六批“全国民族团结进步教育基地”。

12月1日，法学专业设立40周年暨卓越法治人才培养论坛在校举行。

12月1日，新闻与传播学院独立建院。该院退休老教师、校友、在校师生近200人欢聚一堂，庆祝新闻与传播学院校友分会成立。

12月1日，“北京市大学生工程训练综合能力竞赛”在清华大学举行。学校5支队伍参赛，荣获一等奖3项、二等奖2项，并荣获工程文化知识竞赛一等奖和腾讯公司颁发的“最佳合作奖”三等奖。

12月2日，生命与环境科学学院夏建新教授主持的“深海多金属结核采集车关键技术研究”项目获批，是NSFC-山东联合基金重点支持项目（U1906234），项目总金额247万元，项目执行年限为：2020.01—2023.12。这是夏建新教授作为主持人获批的第二个国家自然科学基金重点项目。

12月5日，《人民日报》刊登管理学院李俊清教授撰写的《坚定不移走中国特色解决民族问题的正确道路》一文。文章发表后，受到媒体、中央和国家部委、学术机构的广泛关注，几十家媒体对文章进行了转载。

12月7日，学校光电子研究中心揭牌仪式暨第一届学术委员会会议在理工楼1027会议室举行。中国工程院周立伟院士和陈良惠院士，北京信息科技大学校长王永生，国家民委教育科技司科技处处长安燕，北京市科委新材料发展中心副主任韦瑾，我校副校长宋敏应邀出席会议。

12月10日，党委书记张京泽同志在《中国民族报》刊发题为《铸牢中华民族共同体意识，培养担当民族复兴大任的时代新人》的署名文章。

12月10日，哲学与宗教学学院杨桂萍教授荣获第十五届北京市高等学校教学名师奖。

12月11日，副校长再帕尔·阿不力孜教授研究团队在基于质谱成像技术的马兜铃酸肾毒性原位代谢组学研究中取得新进展，相关研究成果在线发表于《Acta Pharmaceutica Sinica B》（药学学报英文版，医学1区Top类）上。

12月11日，学校第六届教职工代表大会第四次全体会议在文西二层报告厅召开，大会听取《中央民族大学校内岗位聘用方案（试行）》《中央民族大学2019年绩效工资调整方案》说明，通过《中央民族大学校内岗位聘用方案（试行）》和《中央民族大学2019年绩效工资调整方案》。全体校级领导和149名教代会代表参会，教代会副主席宋志光主持会议。

12月12日，“中央民族大学—奥什国立大学‘中国-吉尔吉斯斯坦人文交流中心’”设立签约仪式在我校举行。吉尔吉斯斯坦驻华大使巴克特古洛娃女士到校见证签约。我校党委副书记、校长黄泰岩，校党委常委、副校长宋敏会见了巴克特古洛娃大使和吉尔吉斯斯坦奥什国立大学校长阔杰别科夫·库达别尔迪先生一行。黄泰岩校长、阔杰别科夫·库达别尔迪校长分别代表两校签署合作协议。

12 月 12 日，离休干部胡振华同志被中组部授予“全国离退休干部先进个人”称号。25 日，国家民委离退休干部局党委书记、局长马继祖一行，来校看望慰问刚刚获得“全国离退休干部先进个人”荣誉称号的胡振华先生，向胡教授颁发证书并表示祝贺。

12 月 13 日，张公瑾教授任名誉主编，中国少数民族语言研究院黄建明教授、张铁山教授担任主编的《中国少数民族文字珍稀典籍汇编》（28 册），获第七届中华优秀出版物（图书）奖。

12 月 16 日，校党委常委、副校长石亚洲会见来访的多米尼加“中国之家”代表团。“中国之家”为多米尼加非政府友华组织，旨在促进中多友好。双方就进一步深化与多米尼加高校和机构的友好交流与合作、共同举办中－多政产学合作论坛、邀请多米尼加高校加入“一带一路”民族艺术教育联盟等有关事宜交换了意见。

12 月 17 日，校长黄泰岩、副校长田琳前往海南陵水参加由教育部、海南省人民政府主办的海南国际教育创新岛系列活动，海南省人民政府副省长王路、教育部相关司局领导出席会议。

12 月 17—23 日，2019 年度人文社会科学优秀成果奖获奖名单中，学校共有 13 项参评成果获奖，其中一等奖 6 项、二等奖 3 项、三等奖 4 项。

12 月 18 日，2019 年第十一届全国大学生数学竞赛成绩公布，学校 410 名同学参赛获 147 项奖励。在获得 86 项国家奖中，全国一等奖 3 项，全国二等奖 24 项，全国三等奖 59 项；获全国奖的同学均获得相应等级北京市奖项。此外，还有 61 位同学获得北京市级奖励，其中二等奖 4 项，三等奖 57 项。

12 月 20 日，中国致公党北京市第九届委员会第八次全体（扩大）会议上，致公党中央民族大学支部主委、我校外国语学院海淑英教授荣获 2013—2018 年度参政议政工作先进个人。

12 月 21—22 日，以“深化育人方式改革，落实立德树人根本任务”为主题的附属中学教育集团 2019 年教育工作会召开，100 多位来自民大附中教育集团各成员校和全国各地共美教育中学联盟校的校领导和教师代表应邀出席，附中全体教职工参会。

12 月 24 日，学校首届经济学拔尖人才创新班开班。创新班注重经济学基础理论和方法训练，引进国际和国内知名经济学家加盟，旨在培养具备较高经济理论素养、掌握现代经济学分析方法、拥有开阔国际视野的高端人才。创新班经个人申请、笔试、面试等环节，面向全校 2019 级学生择优录取学生 35 人，涵盖管理学院、理学院、生命与环境科学学院、信息工程学院 4 个教学单位。创新班学制 4 年，学生修满 155 个学分，毕业授予经济学学位。

12 月 26 日，在北京市高校毕业生就业指导中心组织的北京高校毕业生就业校企合作总结及表彰大会上，学校被评选为 2019 年“北京地区高校校园双选会最具市场潜力合作高校”。

12 月 27 日，学校举办 2019 年高层次人才聘任仪式。全体在京校领导出席会议，为 2019 年度获聘的高层次人才代表颁发聘书。根据《中央民族大学高层次人才管理办法（修订）》和学校人才领导小组关于本次聘任的相关原则及规定，经校党委研究决定，同意聘任阿不都热西提·亚库甫等131名同志为学校第二批四个层次人才，其中资深教授1名，杰出人才11名，优秀人才56名，优秀青年人才40名和优秀青年培育人才23名。此次受聘的高层次人才（不含资深教授）聘期为2019年9月1日至2022年8月31日。学校党委高度重视人才队伍建设，此次高层次人才聘任表明学校党委大力推进“人才强校”战略的决心，也体现了学校党委对人才工作的重视、关心和支持。遴选四个层次人才是加强学校人才队伍建设、落实一流大学建设目标的重要抓手，对于促进学校人才队伍呈阶梯式状态健康蓬勃发展具有积极意义。为充分发挥四个层次人才的示范引领作用，带动提升学校人才队伍整体水平，严格实施有进有出的动态管理机制与优胜劣汰的考核评价机制，确保更好地发现人才、用好人才，学校2019年对《中央民族大学高层次人才管理办法（试行）》（校发〔2016〕151号）进行了修订。修订后的办法规定，中央民族大学高层次人才分为领军人才、杰出人才、优秀人才和优秀青年人才（包括优秀青年人才培育计划）四个层次。

12月27日，学校在文西一层报告厅举行教学科研单位2019年任期目标考核述职测评会。26位教学科研单位负责人现场述职。全体在京校领导出席会议，并分别对述职情况进行点评，党委副书记、校长黄泰岩作总结讲话。

12月30日，中国共产党中央民族大学第八届委员会在知行堂召开第五次全体（扩大）会议，校党委书记张京泽主持会议并发表重要讲话。

12月30日，根据《国家民委关于增设中央民族大学理论经济学等5个一级学科为国家民委重点学科的通知》（民委发〔2019〕139号），学校理论经济学、生态学、音乐与舞蹈学、教育学、马克思主义理论5个一级学科被增设为国家民委重点学科。

12月30日，学校8个项目入选北京高校“优质本科课程”和“优质本科教材课件”建设项目。

12月31日，学校丰台校区举行教职工公租房建设工程奠基仪式。校领导张京泽、黄泰岩、宋敏、石亚洲、田琳、张艳丽及丰台区王佐镇党委书记陈阳、魏各庄村党支部书记林德才出席奠基仪式。参加奠基仪式的校领导和嘉宾共同为教职工公租房培土奠基。各职能部门和校属单位主要负责人、各二级党组织负责人、施工单位、管理公司领导及青年教职工代表约300人共同见证这一历史时刻。丰台校区教职工公租房建设工程的奠基，标志着这一民心工程向前迈进了坚实的一步。丰台校区教职工公租房建设工程项目总建筑面积约26万平方米，地上住宅共2105套。项目分三期建设，第一期792套计划2021年入住，第二期809套计划2022年入住，第三期504套计划2023年入住。

2019年度，中宣部全国干部学习平台“学习强国”三次推荐学校音乐学院教授斯琴朝克图作曲作品《锡林郭勒草原》《在你身旁》《最美中国道路》。舞蹈学院藏族男子群舞作品《走在幸福路上》（编导：姜铁红）和蒙古族男子群舞作品《赞歌》（编导：姜铁红）获“学习强国”平台推荐。

2019年度，学校立项建设各类一流课程达60门以上。其中在线开放课程（MOOC）项目15项，新增民族类、少语类、艺术类等特色优质在线开放课程7门，有效推动了我校优质教育教学资源的开放共享；组织申报国家精品在线开放课程1门，做好获批的2门国家精品在线开放课程运行工作。大力推进线下课程和线下线上混合式课程建设，组织开展50门课程建设立项工作。积极推进虚拟仿真实验教学项目的校内培育及2019年国家级项目申报工作，认定支持校级虚拟仿真实验教学项目共6项，其中2项获批北京市虚拟仿真实验教学项目，并被北京市推荐参评国家级项目。

2019年度，学校积极鼓励和大力支持学生参加高质量的学科竞赛。学生参与各项影响力较大的学科竞赛32类，获得省部级及以上奖励600项，参与学生5000人次，覆盖全部教学单位。其中，在美国（国际）大学生数学建模竞赛（MCM/ICM）中首次获得特等奖提名奖，在全国大学生工程训练综合能力竞赛中首次获得国赛一等奖。

2019年度，学校顺利完成各项教学运行日常工作，完成了2710名毕业生资格和2643名学生学士学位审核工作；完成了免试研究生推荐、学生转专业和辅修专业、境外留学项目学生选拔等工作。在学校领导的带领下，在相关部门的配合下，学校推免硕士研究生名额较2018年增加30个。

2019年度，教务处考试中心完成了各级各类考试共计20余项，其中新增国家司法考试、全国税务师执业资格考试，考生累计43633人次。其中仅上半年大学英语四、六级笔试考生人数多达8000多人次，涉及考场172个。